HISTORIA ROMANA

TITO LIVIO

HISTORIA ROMANA

PRIMERA DÉCADA

ESTUDIO PRELIMINAR
DE
FRANCISCO MONTES DE OCA

QUINTA EDICION

EDITORIAL PORRÚA
AV. REPÚBLICA ARGENTINA, 15
MEXICO, 1999

Primera edición en español: Salamanca, 1497

Primera edición en la Colección "Sepan Cuantos...", 1976

ISBN 970-07-1610-4 (Rústica)
ISBN 970-07-1656-2 (Tela)

IMPRESO EN MÉXICO
PRINTED IN MEXICO

ESTUDIO PRELIMINAR

Si cabe discutir hoy, todavía, en qué medida sea una ciencia la historia y hasta qué punto un arte, la Antigüedad jamás admitió dudas al respecto. La historia era un arte para los hombres de aquel tiempo, y la personalidad del escritor constituía un factor determinante, como en nuestros días la del pintor o la del poeta. La noción misma de "historiador", aplicada a griegos o romanos, puede prestarse a equívoco, ya que en ella se incluye lo mismo a artistas geniales que escribieron acerca de los hechos del pasado, quc a mentes muy agudas que entrevieron, pese a la diferencia de épocas, algunas de las grandes leyes de la moderna investigación histórica.

En raras ocasiones fue dado a los historiadores antiguos conocer y utilizar los documentos auténticos que se guardaban en los archivos de las ciudades, en los templos o en los santuarios. Cuando no presenciaron los sucesos que narran, no tuvieron otro remedio que atenerse a testimonios más o menos autorizados, casi siempre imposibles de verificar. Los viajes resultaban en extremo difíciles y los viajeros que se arriesgaban a trasladarse al extranjero desconocían el idioma del país que visitaban. El historiador antiguo apenas podía hacer otra cosa que leer las obras de sus predecesores, compararlas entre sí y eliminar los hechos que se le antojasen inverosímiles. Ni siquiera durante el Imperio romano, cuando abundaron los documentos oficiales, se tomaron los historiadores la molestia de consultarlos y utilizarlos en la medida en que hoy hubiéramos deseado. Estaban persuadidos de que al citar literalmente un texto auténtico, rebajaban el nivel literario de su obra y rompían la unidad de tono.

Existen hoy, qué duda cabe, historiadores parciales, mas todo el mundo reconoce, sin exceptuarlos a ellos, que el cometido de la historia es establecer y exponer la verdad de los hechos. También los antiguos proclamaron de ordinario este principio, pero la mayor parte se preocupó, antes que nada, de la moral o de la elocuencia o estaba familiarizada sobremanera con los recuerdos de la epopeya. Por lo que sintieron menos escrúpulos, si no por deformar sistemáticamente la verdad, al menos por ocultar los hechos que pudieran oponerse a sus proyectos y a la impresión que pretendían grabar en sus lectores.

Cierta concepción irracional de los acontecimientos —no se pierda de vista que lo maravilloso se mezclaba en buena dosis a la vida cotidiana— impidió con frecuencia a los antiguos mirar la historia como un encadenamiento explicable de causas y de efectos y considerar como más importantes que los demás los sucesos cuyas consecuencias han sido numerosas y durables. Medían muchas veces la importancia de un hecho por su aspecto pintoresco o por su resonancia religiosa o moral. Como, por otra parte, en su mundo político ocupaban las personalidades un lugar primordial, tendían a explicar los eventos históricos invocando las responsabilidades individuales y no las causas generales. Una guerra se desencadenó por satisfacer el capricho de un hombre; una batalla se ganó o se perdió porque el general que la libró era hábil o incapaz. Hasta para los historiadores más perspicaces bastaban a veces un discurso bien hecho o una réplica hábil para cambiar el resultado de una campaña o la forma de un gobierno. De ahí un progreso constante en el arte del retrato psicológico, puesto que el carácter de los poderosos y de quienes los rodeaban adquiere una importancia determinante; de ahí también la acumulación de anécdotas, tantas veces inverosímiles, ingenuas u ociosas.

No creemos que huelguen consideraciones de este tipo antes de introducirnos en el estudio de cualquier historiador antiguo.

El propósito del romano Tito Livio, propósito que pudo llevar casi por entero a feliz término, era, como es bien sabido, consignar por escrito la total historia interna y externa de Roma, desde la fundación de la Ciudad hasta la muerte de Augusto, en 150 libros. Escribió 142, puesto que no pudo pasar la obra del año 9 d. C. Sus dimensiones eran, de cualquier modo, monumentales: unas 12,500 páginas del formato promedio usado hoy día.

Mal podría comprenderse cómo pudo llevar a cabo un hombre solo semejante tarea, si no conociéramos, por propia declaración, el método que seguía. Era, ante todo, un lector; un lector sedentario. No le interesaban gran cosa los sitios en que se desarrollaron los acontecimientos, ni concedía particular importancia a los documentos oficiales. Si no los tenía, tampoco los buscaba; si estaban a su alcance, no se tomaba la molestia de transcribirlos siquiera parcialmente, puesto que el estilo de aquéllos no era digno de su obra en gestación. Su método consistía en leer las producciones de sus predecesores, comparar sus versiones de los hechos y adoptar en cada caso la menos inverosímil, a menos que prefiriese, por escrúpulos de honestidad, atenerse a todas sin preferir ninguna.

Una vez descubierto que tal era su sistema de trabajo, se puede conceder que Tito Livio redujo al mínimo sus inconvenientes. En primer lugar, lo leyó todo: a los historiadores romanos de todas las tendencias, a los griegos, a Polibio, favorable sin duda a los romanos, pero todo un técnico de la filosofía y de la historia, así como a algunos otros harto mejor dispuesto hacia Cartago. En la búsqueda de la verdad vese no pocas veces coartado por una concepción un tanto cándida de la grandeza romana y por su desconocimiento de la vida real, pero no pierde jamás su buen sentido innato. Parece que, al tratar cada período, decidió tomar por guía, tras madura reflexión, a aquel de sus predecesores que más confianza le inspiraba y que sólo se sirvió de otros para complementarle. Los eruditos que han estudiado de cerca las fuentes de Tito Livio consideran que su espíritu crítico fue progresando a medida que iba avanzando su historia.

De suerte que Livio buscó siempre la verdad. Mas confiesa implícitamente en su prefacio que esta búsqueda la consideraba él como un medio. Su finalidad era, ante todo, moral: apartar los espíritus de las "tristes épocas que acababan de pasar", para enlazar, más allá de las contiendas civiles, con las antiguas tradiciones romanas. Así proporcionará modelos a imitar, esperando mostrar en la segunda parte de su obra los ejemplos que no se deben seguir. En definitiva, Livio decide sumarse por propia iniciativa al movimiento favorecido por Augusto de remontarse, en casi todos los dominios, a las fuentes.

Era un movimiento impulsado por la pasión y el entusiasmo. Entusiasmo que reverbera, sobre todo, en la poesía de la época de aquel emperador, pero que se comunica también a los escritores en prosa. El mismo entusiasmo que agitaba, en los albores de la literatura latina, a los antiguos historiógrafos, a los "analistas" Fabio Píctor y Cincio Alimento, a quienes el rápido encumbramiento de Roma durante las guerras púnicas indujo a plasmar en vasto cuadro la historia toda de su pueblo, amalgamándola con leyenda y poesía, hasta el punto de no diferenciarse apenas de los anales en verso de los poetas coetáneos Nevio y Enio. El hecho volvía a repetirse en Tito Livio, cuya producción histórica se emparenta estrechamente con los cantos de los más fervientes poetas de aquel tiempo, en particular con la *Eneida* de Virgilio.

Al igual que Virgilio, Tito Livio provenía de la Italia del norte. De Padua, en la región véneta, entonces la ciudad más importante de la Galia Cisalpina, reputada por su simplicidad antigua, por sus caballeros, por sus túnicas y por su vergüenza. Padua se enorgullecía, como

Roma, de un mítico fundador troyano: Antenor, cuyo recuerdo nos asalta de improviso al principio de la obra de Livio.

Nació, si fuese exacta la fecha transmitida en la *Crónica* de San Jerónimo, el año 695 de la fundación de Roma. *Messala Corvinus orator nascitur et Titus Livius Patavinus scriptor historicus,* es el testimonio del dálmata que se ha venido utilizando para la fijación cronológica del nacimiento de Livio. La *Crónica* sitúa este hecho en el 59 a. C., año en que se concierta el primero de los triunviratos. Mas no podemos aceptar la fecha como segura, pues se hacen coincidir en este texto los nacimientos de Livio y de Mesala, cuando nos consta que el último nació en el 64. Tal vez se deba a una confusión —no sabemos si de San Jerónimo o de Suetonio, su fuente— entre los cónsules del 64, César y Figulo, y los del 59, César y Bibulo. A tales confusiones de nombres consulares se deben parecidos errores cronológicos del Santo.

De su Padua nativa arrastró Tito Livio no sólo ciertos modismos del lenguaje, sino aquella *patavinitas* que Polión descubría en su escribir. Y del medio burgués paduano en que creciera, amante del orden político tradicional y que siempre se llevó bien con el partido de los optimates, heredó las tendencias morales conservadoras de su espíritu, el patriotismo, el celo religioso, la admiración por las virtudes y costumbres de los antepasados.

Diez años más joven que el autor de la *Eneida,* vivió bastante más que aquél: hasta el 17 d. C., es decir, hasta después del fallecimiento de Augusto, hasta un año antes de la muerte de Ovidio. Así, tras emparejar su vida con la de otros insignes escritores de la época de Augusto, llegó a prolongarla hasta aquella especie de eclipse que experimentó Roma en los postreros días del gran emperador; eclipse lo llamamos en comparación con las brillantes circunstancias que caracterizan el primer período. Ahí pretenden vislumbrar algunos la causa de esa tenue tristeza que parece manar de algunos pasajes de su obra, cual si hubiese tenido conciencia de que estaba asistiendo a la clausura de una época tan brillante.

Sin embargo, la producción de Livio nútrese, en su mayor parte, del fermento de entusiasmo y de meditación que dio origen al esplendor de la primera época de Augusto. Como Virgilio, como Horacio y como tantos otros, también tocó a nuestro autor templar el ánimo de su adolescencia y juventud en el fuego de la antigua República, en las ansias y sufrimientos de las discordias civiles. Mantuvo, a lo largo de su existencia, nunca desmentidos sentimientos republicanos. Fue gran admirador de Cicerón y de Pompeyo —por lo que el emperador le llamaba en son de burla "pompeyano"—, y no se mostró nunca muy dispuesto a exaltar la gloria de Julio César —del que escribió que "no era muy seguro que hubiese sido mejor para Roma el hecho de que hubiese nacido"—, ni propenso a acoger las formas del culto monárquico; razón por la cual declara desde el principio de su historia que no cree que la casa Julia descienda de Eneas, como había pretendido Julio César y como cantaban los poetas de su tiempo, tan señeramente encabezados por Virgilio.

Tan acendrados sentimientos republicanos le permitieron revivir con intensa simpatía la antigua historia de Roma, la historia de los Fabios, de los Furios, de los Camilos. Mas no le impidieron comprender y apreciar la forzosa evolución de los tiempos. Es más, reconoce los beneficios de la *Pax Augusta* y, sin renunciar a su independencia de criterio y de carácter, conversó y consultó muchas veces con Augusto, cual se infiere, si no lo supiéramos por otras fuentes, de una curiosa digresión del libro IV de la *Historia* acerca de un asunto de tradición y de culto, que iba a ser también objeto de una de las elegías romanas de Propercio. Trátase de los despojos que se decían consagrados en el templo de Júpiter Feretrio por el vencedor de los de Veyes, Cornelio Coso. El historiador consigna el testimonio recabado personalmente del emperador, intérprete de las tradiciones patrias, "fundador o restaurador de los templos todos".

Por lo demás, aquel príncipe hubo de ser simpatizante de la obra y de los propósitos del historiógrafo, si nos atenemos a sus deseos de restaurar las formas republicanas y a su designio de glorificar, hasta cierto punto, a los personajes de la antigua Roma, como lo atestiguan los *elogia* que ordenara colocar en el Foro de Augusto. La intimidad de Livio con Octavio duró hasta la muerte de éste, si es cierto, como cuenta Suetonio, que el futuro emperador Claudio se ejercitaba en escribir obras de historia bajo la guía del anciano escritor de Padua.

Al igual que en el terreno político, también en el literario compartía Tito Livio los ideales del más representativo campeón de la época precedente, Cicerón, reputado por él como clásico por excelencia al lado del griego Demóstenes en una *epistula ad filium*, citada por Quintiliano, en la que recomendaba a ambos como insuperables paradigmas de estilo: "debe leerse a Demóstenes y a Cicerón, y a los demás en tanto en cuanto se aproximan lo más posible a ellos".

Fue formado en la escuela de filosofía y de elocuencia, conforme al ideal ciceroniano del perfecto ciudadano y orador. Y, siguiendo el ejemplo del de Arpino, se enfrascó en una nada exigua producción de tipo filosófico-retórico que no ha llegado hasta nosotros y que habría que situar en los inicios de su labor como escritor. Séneca se refiere a ello en su carta centésima a Lucilio: "También escribió diálogos que puedes catalogar dentro del género filosófico tanto como en el histórico y libros expresamente consagrados a la filosofía."

Poco conocidos son los acontecimientos de su vida, acaso porque no tuvieron gran cosa de descollantes. Compartió su tiempo entre Roma y su ciudad natal. Tuvo un hijo y una hija. Jamás parece haber sentido la tentación de viajar ni de mezclarse en la política activa. Permanecen ignorados por nosotros sus primeros estudios, así como los años decisivos de su formación intelectual. Sumamente endeble es la hipótesis de su estancia en Atenas, apoyada en su amplio conocimiento de los autores griegos. En realidad Tito Livio se nos presenta como un hombre poco viajero, que conoce perfectamente Roma y mantiene cordiales relaciones con la corte imperial. Augusto, pocos meses mayor que él, le perdonó de buen grado sus opiniones republicanas y su inofensiva independencia. La apacible existencia del historiador no fue jalonada por otros acontecimientos de relieve que por la publicación progresiva de su obra, que le granjeó, aún en vida, una extensa y envidiable popularidad.

Tratando de ubicar al autor y su obra, diremos que su nacimiento coincide, por así decirlo, con la muerte de la República romana, ya que es casi contemporáneo del famoso triunvirato de César, Pompeyo y Craso, formado el año anterior, y que había de disolverse a poco para desembocar en la dictadura de Julio César y en la fundación del Imperio. Cuando el futuro historiador contaba breves meses es desterrado Cicerón por vez primera y emprende César la conquista de las Galias, que le había de proporcionar los recursos para imponerse en Roma. Cuando frisaba en los diez años atraviesan el Rubicón las huestes del soldado venturoso. Al cumplir los catorce tocaba a su fin el principado de César, al caer asesinado éste por el puñal de Bruto y de sus cómplices. A los dieciséis formaba Augusto, con Antonio y Lépido, otro triunvirato más, primera pulseada política que había de llevarle al mando supremo universal.

Perteneció a aquella generación brillante que asentó los cimientos del Imperio y dotó a Roma de la mayor cantidad de obras maestras que se hayan podido exhibir en un mismo período de la historia nacional. Pero ni esta participación en la tarea colectiva, ni su amistad con el emperador pesaron en el criterio con que el escritor había de interpretar los hechos narrados en su libro. Al contrario, parecería, como hemos apuntado anteriormente, que la circunstancia de haberse sincronizado su nacimiento con la agonía de la República hubiese contribuido a impregnarle de nostalgia por el régimen que desaparecía.

Antes del 25 a. C., hacia los treinta años de su edad, inició la magna obra que debía llenar su dilatada existencia: exponer la historia de Roma desde los orígenes hasta el principio de Augusto. Mientras Octavio, vencedor en Accio, asumía los títulos de Príncipe y de Augusto, mientras se iban imponiendo las ideas de paz y de renovación en la gran Urbe, mientras Virgilio se consagraba a la composición de su epopeya y Horacio a la de sus odas romanas, concebía Tito Livio el proyecto de la magna narración que debería ocuparle toda su vida. Sentía que se había cerrado un ciclo de historia de más de siete siglos y que se abría otro nuevo, que únicamente dispondría de continuidad y de valor, de grandeza y de gloria, si reflejase el pasado sacando de él advertencia y ejemplo.

Imposible encontrar en toda la historiografía romana una personificación más clara de Roma, como sujeto central de la historia, que la que nos ofrece Tito Livio. Su propósito es reunir los anales tradicionales de la antigua historia de su pueblo y edificar con ellos una historia continua y unitaria. Toda la corriente historiográfica que Polibio había transmitido se embalsa en nuestro autor, realzada y amplificada. Livio se mueve dentro por completo del pensamiento historiográfico y político romano al considerar la historia de Roma como historia universal y no como la particular de un gran pueblo, dentro de las muchas historias posibles. La única realidad histórica llena de verdad y de grandeza es para él la Roma universal, que como un crisol enorme funde los pueblos y las tierras con un sentido ecuménico.

La historia de Tito Livio, elaborada en la más pura concepción ciceroniana, como *opus maxime oratorium* y como *magistra vitae,* fue viendo la luz pública en sucesivas series de libros que correspondían a determinados grupos de sucesos históricos. El propio autor alude, en la introducción al relato de la guerra macedónica, a las *partes singulae tanti operis.* Es probable que precediera a cada uno una introducción y acaso también un título especial: guerras samnitas, guerras púnicas, guerras civiles... No sabemos si el propio Tito Livio distribuyó y publicó su obra en décadas, esto es, en grupos de diez libros. La primera década induce a suponer una subdivisión en semidécadas o péntadas, por el hecho de que los primeros cinco libros se cierran con un acontecimiento capital, la ocupación de Roma por los galos, y el sexto posee su propia introducción independiente.

El orden venía, pues, mecánicamente señalado, conforme a la práctica de los analistas, por la sucesión cronológica, y el autor procuraría únicamente que ciertos períodos históricos encajasen en grupos de diez o de cinco libros. Por lo tanto, no fue menester que esperara a que estuviese demasiado avanzado su trabajo para dar a conocer al público parte de sus desvelos. Al igual que otros analistas e historiadores adoptó la costumbre de ir publicando a medida que iba escribiendo, por lo común, repetimos, en grupos de cinco o de diez libros —péntadas o décadas— con títulos y subtítulos distintos.

Nada podemos dictaminar con certeza en este punto, puesto que para poder hacerlo tendríamos que disponer de la obra entera. Mas lo cierto es que la división tradicional en décadas se remonta al siglo cuarto por lo menos. La primera indicación figura en la *Epístola a Andrómaco* del papa Gelasio, que recuerda el origen de las Lupercales, expuesto por Livio "en la segunda década". A fines del siglo quinto, cuando Gelasio escribía, la división en décadas debía ser ya para los copistas la forma acostumbrada y tradicional de dividir obra tan extensa.

De sus 142 libros quedan tan sólo 35: la década primera, la tercera, la cuarta y la primera mitad, plagada de lagunas, de la quinta. Para el resto disponemos de fragmentos y de extractos, y de la obra entera poseemos, con excepción de los libros 136 y 137, algunos sucintos índices o sumarios, que se designan con el nombre de *Periochae* y que, al igual que otros epítomes, fueron compilados en los primeros siglos de nuestra Era.

La pérdida de una parte tan considerable de la obra del paduano es una de las más lamentables de la literatura latina. La causa hay que buscarla en su misma amplitud: sólo los libros que restan —menos de la cuarta parte— constituyen el monumento más extenso de las letras latinas. Una obra de tan vastas proporciones por fuerza había de circular desarticulada en pequeños grupos de libros que, según el interés de los lectores, conocieron fortuna diferente, no siempre imputable a los accidentes de la tradición manuscrita: no puede, por ejemplo, atribuirse al puro azar la salvación de la tercera década, que tan armoniosa unidad y tan dramática belleza encierra.

Hay quienes enumeran, entre las causas de la pérdida de Livio, la hostilidad del emperador Calígula contra este autor y contra Virgilio, cuyas obras se proponía retirar de las bibliotecas públicas. Tan necia aversión no podría más que acrecentar, por el contrario, el interés del público ilustrado por la obra de los dos grandes. La causa fundamental radica en su propia vastedad. Ya en el siglo I comenzó a ser extractada y vióse sustituida a poco por epítomes de diverso tipo.

Iníciase la obra con el arribo de Eneas a Italia y se detiene en el año 9 de nuestra Era con la narración de los funerales de Druso. Las diversas partes le granjearon, conforme se iban publicando, una fama que él no dudaba en reconocer. En el prefacio a una de las décadas perdidas afirmaba que "ya hubiera podido terminar de no haber buscado más que la gloria, pero que su espíritu se alimentaba del trabajo". Es conocido el episodio, que refiere en una de sus cartas Plinio el Joven, de aquel gaditano que acudió a Roma desde su lejana ciudad con el único objeto de conocer a Livio y, después de haberlo visto, volvió contento a su patria sin que le interesara otra cosa en la Roma de Augusto.

Como si el destino tutelase algunas obras maestras, la del paduano parece haber salvado sus partes capitales en el naufragio de la cultura antigua. El mutilado panorama de la *Historia de Roma* alcanza a mostrarnos las épocas decisivas de la secular evolución: la fundación de la Ciudad, el paso de la Monarquía a la República, la conquista de Italia, la segunda guerra púnica, las luchas contra los monarcas orientales, Filipo, Antíoco, Perseo, la reducción de Macedonia a provincia romana. El período, en suma, en que los republicanos sentaron las bases de la dominación mundial en que se sustentaría el Imperio durante largos siglos.

Obedeciendo a las leyes de la perspectiva, el narrador ha distribuido desigualmente su espacio entre las diferentes épocas, concediendo menos amplitud a las lejanas y más a las próximas. Ha comprimido el relato de los primeros cuatro siglos y medio en diez libros iniciales. Y ha dedicado, en cambio, los otros veinticinco restantes al medio siglo que va desde la invasión de Italia por Aníbal, durante la segunda guerra púnica, a la derrota de Perseo, que provocó el derrumbe de Macedonia y, con él, la desaparición del último obstáculo que se oponía a la expansión mundial de los romanos. La misma desproporción rige en la economía interna de la narración correspondiente a cada una de las secciones de la obra de Tito Livio.

Livius historiographus Patavi moritur: con tan escuetas palabras da cuenta San Jerónimo del fallecimiento de Tito Livio el año 17, cuando contaba 76 de edad. Había regresado de Roma a su ciudad natal, la republicana Padua, que en los días de la contienda civil expulsara a los legados de Marco Antonio y proveyera de dinero, de hombres y de armas a las milicias de los asesinos de César. Ignoramos la fecha de su regreso. Tal vez volviera antes de morir en Nola el primer emperador de Roma.

Fue, con toda probabilidad, el deceso del autor lo que interrumpió la obra a la altura del libro 142. Es de creer que hubiera llegado hasta los 150 de prolongarse el relato hasta la muerte de Augusto, el 14 de nuestra Era.

Aunque la hayamos perdido en tan grande proporción, las *Periochae* nos ofrecen un sucinto contenido de la obra entera. En los libros 119 y 120 adentrábase Livio en la última guerra civil: batalla de Módena, paz de Octaviano con Antonio, subsiguiente triunvirato con las consabidas proscripciones y venganzas... Y comenzaba a narrar la empresa de Bruto en Asia..

Al libro siguiente, cuyo protagonista es Casio, anteponen los sumarios una indicación insólita: "Libro publicado, por lo que se dice, después de la muerte de Augusto". Historiadores y filólogos coinciden en que este libro, el 121, fue compuesto tras la desaparición del príncipe. Livio fallece tres años más tarde, con lo que, ya septuagenario habría escrito más de siete libros cada año, mientras que en su madurez se habría contentado con un promedio anual de cuatro. Para justificar semejante desproporción suele traerse a colación la acostumbrada rapidez de quien va llegando al fin y la familiaridad de la materia para quien narra sucesos contemporáneos.

La preciosa indicación de las *Periochae* toma en cuenta, por supuesto, toda la serie de los libros sucesivos y consigna la fecha en que fueron publicados, no la de composición. A qué sentimientos respondía la inspiración de estos libros restantes, que vieron la luz pública de la muerte de Augusto y que continuaban el relato del *Bellum civile,* nos lo descubre la opinión de un condenado a muerte. Cremucio Cordo, sentenciado a la pena capital en los días del omnipotente ministro Seyano por haber alabado en su historia a Marco Bruto y haber dado a Cayo Casio el título de "el último de los romanos", alegaba ante sus jueces el ejemplo de Tito Livio, que en ningún pasaje de su obra los había llamado parricidas y bandidos —eran los calificativos que entonces se les daba—, sino que los consideraba ciudadanos eminentes. Y todavía podemos sacar de Tácito otro testimonio. En el prólogo a los *Anales,* donde da principio a la historia de los Césares, escribe: "No faltaron ingenios brillantes para narrar los tiempos de Augusto hasta que, al extenderse la adulación, se retrajeron." Entre aquellos *decora ingenia* ninguno tan brillante como Livio. Augusto permitió que se alabase a Pompeyo y a Catón, caídos antes que César, pero no toleró que se alabase a sus propios enemigos, contra los que había combatido en los campos de Filipos.

La época de Augusto se prestaba a maravilla a la celebración poética e histórica. Abríase, alegre y promisorio, el nuevo destino de la Roma imperial. Después de la segunda guerra púnica, consumada la conquista de Grecia y del Occidente europeo, de España y de la Galia, Roma emergía victoriosa de las grandes contiendas bien que ostentando las cicatrices de la lucha: era una ciudad dominadora en medio de enemigos recién sojuzgados. Vienen más tarde las tormentas de la guerra civil. Tras el triunfo de Accio, aquel vencedor, que había restituido junto con la paz el espléndido trofeo de Egipto, aseguraba por fin el señorío de Roma sobre el mundo. Sólo en los días de Augusto podía ser concebido con el gozo sereno de un orgullo nacional el diseño civil y patriótico de la *Eneida* y de la *Historia*.

Livio se aparta de la práctica de los historiógrafos inmediatamente precedentes, como Salustio, que se habían limitado al tratamiento monográfico de determinados períodos históricos, y regresa a la manera de los analistas, de aquellos que habían tejido, con mayor o menor amplitud y vuelo, la historia romana desde el principio hasta sus días. Sigue el orden analítico, el viejo orden pontifical, año por año, relatando los sucesos de acuerdo a su sucesión, disponiendo junto lo que había acaecido al mismo tiempo.

Regresa, pues, a aquella antigua tradición indígena, pero con un espíritu nuevo y en un momento oportuno como nunca: había consumado su ciclo la República y había que volver a ella los ojos para estudiarla integralmente y para extraer de su pasado esperanzas y advertencias útiles al futuro del Imperio. Este sentimiento es el que norma su concepción historiográfica. Por eso brinda una exposición tan amplia, tan monumental, tan solemne, como animado del propósito de recoger y trasmitir a la posteridad, de una manera definitiva, las gloriosas memorias del Senado y del Pueblo romano. Por eso derrama sobre los hechos, sobre las cosas y sobre las personas del pasado republicano una intensa luz idealizadora, no exenta en ocasiones de nostalgia.

En torno a la prehistoria y a la fundación de Roma proliferaba un enjambre de piadosas leyendas, acogidas con desconfianza aun por los historiadores más crédulos y patriotas. El propio Virgilio mostró que podían ser tratados como materia novelesca los comienzos de la historia nacional, al manipular a su antojo leyendas y tradiciones. También Tito Livio considera fabulosos los relatos anteriores a la fundación de la ciudad, pero "se guarda de confirmarlos o de refutarlos". Hay que perdonar a los romanos, dice, el que se hayan dado a Marte por antepasado; su bravura en la guerra hace disculpable tal jactancia.

En cambio, desde que fue fundada Roma y existe una nación romana propiamente hablando, Livio lo admite todo: las leyendas concernientes a los primeros soberanos, las anécdotas edificantes en loor de los magistrados y de los caudillos; hasta los prodigios, increíbles y monótonos, que se reproducen de año en año: estatuas que sudan sangre, infantes que nacen con dentadura completa, bovinos que escalan el techo de las casas... Y asienta, de una vez por todas, que si cada romano en particular puede equivocarse algunas veces, Roma jamás pudo engañarse ni obrar mal.

La imaginación y el patriotismo del autor van moldeando su relato. Sus compatriotas habían acuñado en el pasado un retrato del romano típico, amañado con elementos reales e imaginarios: un magistrado campesino, rudo e incorruptible, soldado y orador a las veces, un si es no es civilizado, para que no les chocase demasiado. A la luz de este modelo, de mil maneras matizado, contempla Tito Livio a los hombres ilustres del pasado, sobre todo si pertenecieron a las grandes familias. Dirigida por hombres de ese temple ha conquistado Roma al mundo entero teniendo siempre el derecho de su lado; la mala fe y la crueldad son patrimonio de cartagineses y orientales y, a las veces también de los griegos.

Los defectos, siempre pasajeros, nunca empañaron el honor de Roma, porque son producto de unos pocos jefes que no practicaron las virtudes romanas: éste ha ofendido a los dioses o los ha menospreciado, aquél resultó demasiado independiente y falible, el de más allá confió en exceso en su capacidad y desdeñó la conducta de los antepasados y los avisos del Senado. No obstante, los recursos romanos son inagotables y siempre se encuentra a punto un hombre grande capaz de enderezar la situación, muchas veces gracias a los defectos juiciosamente utilizados: un torpe que sabe ganar tiempo, un arriesgado que toma la ofensiva cuando los otros juzgan que todo está perdido.

No ha faltado quien se mofe de este patriotismo un poco miope. Pero tampoco quien defienda a Tito Livio: es preferible la parcialidad nacionalista al espíritu de facción que animaba a sus predecesores. Los rasgos típicos del carácter romano, por más que no se encuentren tan desarrollados en cada uno de sus héroes, constituyen, sin embargo, el fondo de ese carácter y más de una circunstancia de la historia romana resultaría inexplicable si se hiciese abstracción de ellos. Y no perdamos de vista que el paduano escribía para oponer el pasado al presente, y que la porción de su historia que ha llegado a nuestras manos se remonta a la edad de oro de la moral de su pueblo. Lo que ha desaparecido mostraría, a buen seguro, personajes harto más discutibles y acaso deploraría que Roma hubiese emprendido en ciertos casos guerras injustas.

La inspiración y la emoción de esta obra fincan su fundamento esencial en sentimientos patrióticos, morales y religiosos, análogos a los que embargaban al de Mantua mientras vivió enfrascado en la concepción de la *Eneida.* Si Virgilio, tembloroso frente a los misterios del destino humano y de la historia, trataba de descubrir merced a qué virtudes, a qué fuerzas, a qué fatal designio llegó a ser Roma lo que fue, también Livio buscaba averiguar "con qué género de vida, con qué costumbres, con qué clase de hombres y de instituciones, así civiles como militares, se había llegado a formar un tal Imperio"; "en virtud de qué proceso el pueblo dominador de la tierra hubiese ido creciendo hasta el punto de sentirse ya casi abrumado bajo el peso de su propia grandeza".

Similar es en uno y en otro el planteamiento del problema. Y similar también la solución. Ambos tienden a remitir al pasado el presente de Roma, reorganizando las actuales condiciones del Estado, llamado a nueva grandeza tras larga y terrible crisis, en el culto de la antigua y venerada tradición. Buscan en el pasado las características de la Romanidad y las razones de su supremacía; en las *mores patrii,* en las virtudes estrictamente romanas, forjadas de sanos principios naturales, de rectitud, de dura y constante laboriosidad, descubren los principios constitutivos del *Imperium populi romani,* el motivo real y profundo de su perduración.

Sin excesivo énfasis, sin declamaciones, Livio está transido de veneración por Roma, "la república más grande, más santa, más abundante en buenos ejemplos" que haya jamás existido; "el Estado en el que por tanto tiempo gozaron de sumo honor la pobreza y parsimonia". Es romano para él cuanto hay de noble, de elevado y de justo en la vida de de los ciudadanos; es virtud romana el amor de la libertad y el sacrificio por la patria; es virtud romana no sólo saber triunfar, mas también saber sufrir. No acierta a ver en el mundo cosa superior a Roma; los hechos de los demás pueblos sólo tienen valor si están relacionados con los acontecimientos presentes o futuros del pueblo romano.

Llénale de asombro aquel Imperio, "sólo inferior al de los dioses", que cuenta ya siete siglos de historia. El pueblo romano, el que fundó la República, el que estableció "el imperio de las leyes, más poderoso aún que el de los hombres", el que, después de haberse impuesto a sus vecinos que querían sofocarlo, domeñó con las armas a gentes bárbaras y a gentes civilizadas, se le representa como "el pueblo soberano de la tierra" por designio de los dioses, sin cuyo querer no hay humana grandeza. El milagro del poderío romano es voluntad del cielo y mérito de un pueblo en extremo religioso, elegido por la divinidad para dominar el orbe.

Salustio se había planteado poco antes el problema del Imperio, prescindiendo de la intervención divina y resolviéndolo con una teoría heróica: las virtudes admirables de unos pocos ciudadanos habían operado ese milagro. Tito Livio hace suya esa teoría con una leve modificación: el héroe es el ciudadano que sabe aglutinar las fuerzas civiles y lanzarlas al mejoramiento del Estado, pero también lo es el pueblo romano mientras sepa ser virtuoso, amante de la austeridad y religioso. La República creció en poder mientras supo soportar la pobreza y la dura disciplina; comenzó a debilitarse y declinar cuando la sabiduría política patricia, la moderación del senado y del pueblo, la justicia y la templanza, de que tantas muestras dieran los romanos a otros pueblos, se fueron corrompiendo por la avidez de las riquezas.

Para Livio está en razón inversa el progreso del poder y el de la riqueza. No acierta a vislumbrar, como tampoco lo vislumbran los demás historiadores coetáneos, que es la necesidad de vivir mejor y enriquecerse la fuerza que arma a los ejércitos y los lanza a la conquista. No advierte que no hay necesidad de convertirse en más fuertes y poderosos sin el deseo de convertirse en más ricos, de apoderarse de las riquezas de los demás. Repetía lo que venían diciendo los escritores antiguos: que la ambición había destruido el Imperio, y a ninguno se le ocurría pensar que era exactamente lo contrario: lo había creado.

Antes de finalizar la primera década analiza Tito Livio la figura del conquistador macedonio, en quien se conjuntaron tan formidables vicios y virtudes. Reconoce que es un gran general, que no supo de reveses porque su prematura y repentina muerte impidió que la fortuna se los hiciera sufrir. A través de una serie de razonamientos, más propios de un ejercicio retórico que de un libro de historia, intenta demostrar que Alejandro es superior en el aspecto militar a algunos de los cónsules que le pudieron hacer frente y su conocimiento se puede contraponer al del Senado, pero personalmente Alejandro es un vicioso, víctima de la adulación. Roma era invencible por el número y la bravura de sus soldados, por el talento de sus generales y por la fortuna, tan decisiva en todos los negocios. Había conocido combates desastrosos que no guerras perdidas. Vencido en una sola batalla, Alejandro habría perdido la guerra; el soldado romano, que supo resurgir de las horcas caudinas y del desastre de Canas, no puede sucumbir ante ningún ejército. "Nadie es capaz de vencer a los romanos mientras dure el amor a la paz y haya concordia civil."

Amplio espacio consagra a la historia interna de Roma, a las luchas, sordas o estrepitosas, de las clases sociales. Y no acierta a permanecer imparcial. Propende a la causa de los *optimates*, sin mala fe ni meditada aversión por los *populares*. Se queja de sus agitaciones, descubre en las leyes agrarias el veneno de la sedición civil, deplora la turbulencia y las ambiciones personales de los tribunos, por más que a algunos de ellos les conceda nobleza de palabra y de conducta. De la multitud opina que "o sirve con humildad o manda con soberbia".

En la obra del paduano se dan cita las diversas corrientes de la historiografía romana, de suerte que, aunque este autor pertenezca a la época de Augusto, bien puede considerársele un producto típico de las varias escuelas republicanas. No es posible el examen de sus fuentes por haberse perdido íntegra la producción de los analistas latinos. Y Livio los consultó todos o casi todos, si hemos de atenernos a su palabra. Cita mucho a Fabio Píctor, el más antiguo de los analistas, y también a Cincio Alimento, a Acilio Glabrión, cuyos anales debió leer en una traducción latina que existía, a Calpurnio Pisón, a Celio Antípater, a Claudio Cuadrigario, a Valerio Anciato, a Licinio Macro, a Elio Tuberón; conoce los *Orígenes* de Catón.

No hay por qué suponer que efectuara un examen escrupuloso de las fuentes, comparándolas entre sí a la luz de los documentos originales. Es éste un procedimiento inusitado para Livio y para cualquier escritor de la Antigüedad, aunque llevase entre manos un trabajo menos voluminoso que el de nuestro autor. Las fuentes de los antiguos historiadores latinos eran, en máxima parte, literarias. Su examen crítico consistía en la distinción y selección de los testimonios divergentes, mas no en su discusión, que habría alterado el carácter literario y la unidad artística del relato.

Livio disponía de un enorme material analítico sobre el que tenía que pasar sin demasiadas reflexiones, si no quería quedarse a mitad de camino de la gran obra emprendida. Utilizará el criterio común a otros historiadores: cuando el testimonio es concorde, lo acepta sin más; cuando no, expresa sus dudas o sigue el más verosímil o prefiere, como suele ser en él costumbre, el más antiguo y cercano a los acontecimientos.

No existe fórmula única que permita al historiador servirse de Tito Livio sin constantes precauciones. Partes de su obra contienen pura leyenda; otras que parecen a primera vista hechos correctamente registrados, se basan en fuentes engañosas; algunas son historia de primera clase. Lo difícil es separar el grano de la paja. No hay en la historia romana problema que se plantee con mayor insistencia que el del uso correcto de este autor, pues constituye, para extensísimas áreas, nuestra única fuente de información, y en períodos en que marcha paralelamente con Apiano y Dión Casio es, por lo general, hasta tal grado más seguro que ellos, que él viene a ser el trigo limpio del que hay que separar la paja.

Para el prolongado período de la historia de Roma anterior al año 200 a. C. no existía, desde luego, escrito alguno. Para el que va del 500 al 280 se contaba con exiguos registros, de los que se valió Fabio, pero que no constituían datos con los que se pudiera urdir una historia conexa. De ahí que se soldaran con ayuda de la leyenda durante el siglo II a. C. De la historia de las guerras samnitas lo único que podemos aceptar como seguro es el esquema. Y esto era así tanto después de Tito Livio como antes de que él escribiera. Ni él ni nadie podía remediarlo. En cuanto a la guerra con Pirro y a la primera guerra púnica las fuentes no eran malas, pero se ha extraviado la parte correspondiente de nuestro autor.

Más completas eran las fuentes para los libros 21-30. Aquí dos participantes responsables, Fabio y Cincio, contaron la historia desde el punto de vista romano, en tanto que tres compañeros de Aníbal: Sileno, Sósilo y Quereas, narraron los mismos sucesos tal como ellos los contemplaban desde el campamento púnico. Cualquier tendencia a exagerar desde uno u otro lado podía rectificarse con los datos procedentes de la parte adversa. El excelente historiador griego Polibio, que llegó poco después de la contienda con Cartago, realizó una meritoria labor de verificación y cotejo. En este caso no tenía Tito Livio más que ser diligente y honesto para escribir con veracidad. Su tercera década es, en consecuencia, tan digna de crédito como cualquier historia fidedigna de una guerra antigua.

No son tan firmes los libros 31-45. No hubo en Roma historiador contemporáneo de aquel período, si exceptuamos a Catón, autor de un breve informe de una parte del mismo. Polibio fue el primero en disponer la totalidad del relato, sólo que, por excelente historiador que fuera, llegó varios años después de los acontecimientos. Los había seguido desde su patria griega; dependía en buena parte de autores rodios parciales y conocía tan poco de las actividades de Roma fuera de Grecia que omitió extensos sectores: en realidad, toda la historia interna y occidental de Roma. Las campañas de España y de la Galia, por ejemplo, no se registraron hasta después de que se apoderó de ellas la leyenda; además no se pudo disponer de relación alguna de la parte adversaria. De ahí que en este terreno se manifieste Tito Livio en extremo desigual, pisando suelo seguro en lo tocante a los acontecimientos de Grecia y rozando con la semileyenda cuando trata las campañas de Occidente. Por fortuna, los relativamente escasos documentos de los archivos del Estado habían sido compilados antes de la generación de Tito Livio por hombres dignos de toda confianza, como Pisón, que mantuvieron las leyendas alejadas de extremos peligrosos.

Creemos que se ha ido demasiado lejos al considerar inmerecedora de crédito a la obra de Livio en todas y cada una de sus partes. De Sanctis demostró que la muy criticada relación de nuestro autor sobre la marcha de Aníbal contra Roma es más razonable que la de Celio. La descripción de la batalla de Trebia, antes considerada inadmisible, se torna lúcida si corregimos nuestras concepciones sobre la geografía antigua de la región de Plasencia. En 1926, mientras Beloch declaraba inaceptable la tradición recogida por Livio acerca de los *Fastos* del siglo III, un estudioso italiano publicaba un fragmento recién descubierto, gracias al cual se comprobaba que esa tradición era correcta, y Beloch hubo de retractarse en un apéndice de su libro. Ahora aceptamos la versión del paduano sobre el paso de Aníbal a través de los Alpes como preferible a la de Polibio, así como que su topografía de Cartago Nova es superior, aunque Polibio visitara aquel lugar. Damos por buenos su itinerario de Aníbal por Etruria, así como su topografía de las batallas de Canas y Metauro. Y prosigue la obra de recuperación. Pronto podremos rendir justicia a Tito Livio por la corrección de su método histórico, por su honestidad, por su equidad, del mismo modo que se ha reconocido siempre su brillante estilo.

Todo el mundo admite hoy, como lo admitía Tácito, que el de Padua fue escrupulosamente honesto, que no se permitió inventar, como resulta indudable que lo hicieron otros, y que eligió buenas fuentes cuando le eran accesibles. Pero un historiador necesita algo más que estas virtudes. Lo que más echamos de menos en él es que no acuda a las fuentes primarias. Le era, sin duda, imposible a un hombre que se había propuesto escribir una vasta historia investigar en los archivos. No estaban catalogados y clasificados los archivos como lo están ahora. Cuando Catón el Joven, por ejemplo, necesitó un resumen de las actividades de la tesorería correspondientes a un período relativamente breve, hubo de pagar a sus ayudantes cerca de treinta mil denarios para que lo elaboraran. Una suma diez veces mayor no habría sido suficiente para satisfacer las necesidades del paduano.

En consecuencia, hizo uso de lo que se había publicado, como los *Annales Maximi*, coleccionados hasta la época de los Gracos, las listas de magistrados, revisadas por diferentes manos, y colecciones de leyes y decretos senatoriales para uso de juristas y de legisladores. Para otros elementos que constituyen el armazón de la historia, recurrió a analistas concienzudos, como Fabio y Pisón, especializados en cuestiones que no estaban destinadas al gran público, sino a los miembros del Senado y de la nobleza gobernante.

Parece que entraba en los cálculos de Livio escribir una historia completa de Roma que pudiera desplazar a la historia, llena de ficciones, de Valerio Ancias, al estar igualmente bien escrita y ser más digna de crédito. Pero si hubiera insistido en acudir exclusivamente a fuentes originales, no habría podido completar una mínima parte de su extensísima tarea. Dada su finalidad, era deber de Tito Livio encontrar y explotar las mejores historias y documentos públicos referentes a cada período. Y, salvo contadas excepciones, eso fue precisamente lo que hizo.

Sobre nuestro autor se ha volcado durante mucho tiempo las críticas de los doctos, que le han echado en cara su deficiente método de investigación, su falta de preparación erudita, de discernimiento crítico, de precisión y de objetividad expositiva. Y no han parado mientes esos doctos en que, si Livio hubiese poseído juntas todas esas cualidades, hubiera resultado el más extraordinario historiador, no sólo de la Antigüedad sino de todos los tiempos. De las censuras que le han hecho especialmente los modernos, una parte se elimina por carecer de fundamento y otra vale para toda la historiografía antigua, que no concedía la importancia debida a la exactitud de las informaciones geográficas, militares, jurídicas y económicas.

Por supuesto que no da pruebas de un método crítico tan riguroso y avanzado como hoy desearíamos. No tuvo acceso, como acabamos de decir, a las fuentes documentales en una época en la que tan cumplidamente las manejaban eruditos del tipo de Varrón, de Pomponio Atico o de Verrio Flaco. Mas lo que era incumbencia de los eruditos no solía serlo de los historiadores propiamente dichos, cuya obra, de acuerdo con la concepción helenística, heredada y difundida por Cicerón, debía de ser de naturaleza esencialmente oratoria, ética y artística. Además le faltaba a Tito Livio la práctica directa de la administración, del derecho, de la milicia; esa práctica que había permitido a Polibio y a otros romanos un entendimiento técnico, real, pragmático, de la historia.

Pese a su religioso respeto por la Roma arcaica, Livio sabe distinguir lo que es histórico de lo que es fábula, por más que se le acuse de una credulidad excesiva ante los hechos milagrosos y extraordinarios a los que da cabida en su obra. Acerca de las primitivas leyendas de su pueblo no había ninguna fuente histórica en que fundarse. Tres posibilidades se le ofrecían al toparse con ellas en su historia: o bien las omitía, como hizo Mommsen, porque no se las podía considerar dignas de crédito; o intentaba extraer de ellas un núcleo de verdad histórica, como hizo entonces Pisón y en nuestro siglo Pais y Beloch; o las narraba tales como existían en la tradición, con la advertencia de que se trataba de leyendas.

Hoy no podemos menos de alegrarnos de que no pusiera en práctica el expedito método de Mommsen. Las leyendas son buena literatura. Poseen, además, un gran valor por cuanto revelan las disposiciones de aquéllos que las aceptaron y las transmitieron a las generaciones posteriores al considerarlas dignas de ser transmitidas. Por último, a la luz de los descubrimientos arqueológicos, demuestran tener una base más sólida de lo que Mommsen creía. Por más que sus detalles fueran fabulosos, evocan una Roma que no pudo haber estado muy lejos de la realidad. Desde luego, está más cerca de ella que la extraña e inanimada civilización del período primitivo, reconstruida por algunos partiendo de etimologías poco científicas y de concepciones estereotipadas de instituciones legales posteriores.

También nos alegramos de que no haya tratado de utilizarlas "críticamente". De lo contrario nos las habría legado parcializadas, deterioradas, y nada habríamos salido ganando con ello. Por intentos recientes hemos aprendido que este método desemboca en el fracaso. Hace medio siglo lo emplearon historiadores hipercríticos y rebajaron en uno o dos siglos las fechas tempranas de la historia de Roma. La arqueología ha demostrado que ese desplazamiento fue un error.

Resulta que el método de Tito Livio era más sano y su procedimiento se aproxima a lo científico más que otros. Da muestras de singular buen sentido cuando asienta en el prefacio: "No es mi intención apoyar o refutar las primitivas narraciones referentes a la fundación de Roma, que nos han sido transmitidas en relatos poéticos antes que en registros históricos." Y también en el prólogo al sexto libro nos advierte que casi todo lo que escribió en los cinco libros anteriores se fundaba no en registros aceptables, sino en la leyenda. Y luego, a lo largo de la obra, cuando trata algún episodio para el que se ve obligado a apoyarse en autores proclives a la leyenda, pone sobre aviso al lector acerca de la naturaleza de la fuente. Quienes censuran a Livio porque conservó lo legandario, no sólo desconocen el valor que en sí contiene, sino que interpretan erróneamente los designios de aquél.

Quizá nos asistan mayores motivos para censurarle por haber seguido la costumbre griega de insertar discursos ficticios en el cuerpo de la obra. Muchos de esos discursos son tediosos para el lector actual y crean la sospecha de que no se les puede prestar crédito. Los más de ellos, sin embargo, contienen la sustancia de un discurso real, pronunciado en la ocasión de que se trata. Y podemos estar seguros de que todos traslucen la concepción de Tito Livio acerca de lo que era probable que hubiera pronunciado el orador en la situación en que se encontraba.

Y vale la pena que los poseamos porque generalmente Livio sabía más que nosotros de las condiciones pertinentes y gozaba de una facultad de penetración simpática en el espíritu de los personajes y en los sucesos pretéritos, lo cual le permitía efectuar valiosas reconstrucciones. Basta leer los varios discursos que pone en boca de Escipión el Africano para comprobar que configuran un retrato vivo y coherente. No hay que perder de vista, desde luego, que se trata de un convencionalismo. Pero no más equívoco ni artificial que otros de los historiadores modernos, cuando apelan al recurso de fingir una especie de "lectura de pensamiento" en los personajes antiguos.

"Las arengas de Tito Livio son la parte más útil de su historia. Es en ellas donde razona y reflexiona. Los juicios de sus capitanes son teorías y sucede que al observar las almas explica los acontecimientos." Esto lo escribe Hipólito Taine. Después de tanto insistir en su fórmula de que Livio no fue más que un historiador-retórico, acaba por reconocer que por la oratoria llegó a la filosofía.

Los modelos de oratoria ofrecidos por el autor de las *Décadas* alcanzan, por el estilo y las ideas, un nivel pocas veces superado. En esas piezas condensa casi todos los elementos necesarios para interpretar la historia de Roma. En el discurso del tribuno Canuleyo, la teoría de la nobleza abierta al mérito. En el del dictador Camilo, para evitar la emigración a Veyes después de las victorias sobre los veyanos y los galos, la descripción de las ventajas geográficas y topográficas de Roma. En el de Fabio Máximo, al despedir a Paulo Emilio en su partida hacia el campo de batalla de Canas, la explicación de la estrategia de desgaste con la que había de derrotar a Aníbal. En el del cónsul Levino, para levantar la moral del pueblo cansado de la interminable lucha con el cartaginés, una exhortación acerca de los sacrificios exigidos por la grandeza nacional, sobre todo de parte de los encumbrados. En el de Quinto a los griegos, sobre la emancipación que Roma les otorgaba, el prudente empleo que debe hacerse de la libertad. En la defensa de Escipión Africano, durante el proceso a que fuera sometido, la magnífica síntesis de sus hazañas.

No menos admirables que las arengas individuales son los debates en que Tito Livio ha acertado a contraponer las ideas con que los diversos estamentos de la sociedad romana, o Roma y sus adversarios sucesivos, defendían sus intereses en conflicto. Las discusiones que precedieron al establecimiento de la soldada en el ejército. Las arengas de los tribunos en demanda de un consulado para los plebeyos y las del noble Apio Claudio rebatiendo esa pretensión. Los discursos de Aníbal y del primero de los Escipiones que lo enfrentara al estallar la segunda guerra púnica, acerca de los orígenes del conflicto. La crítica de Fabio el Contemporizador al proyecto de Escipión, para llevar la guerra a territorio africano antes de que se pudiera expulsar al cartaginés de Italia, y la defensa de su plan estratégico hecha por el autor del mismo. Los discursos de los dos caudillos previos a la batalla de Zama. La discusión entre Catón el Censor y los tribunos de la plebe sobre la necesidad de mantener o derogar la ley Oppia contra el lujo, una vez superada la grave crisis en que se la había votado.

La riqueza de pensamiento y la fuerza de argumentación que Tito Livio acumula sobre cada uno de sus personajes parecen insuperables mientras no se conoce la tesis del que le rebate. Al situar al lector en un punto de vista exclusivo y parcial, para cambiar enseguida violentamente la perspectiva con otro discurso de apariencia no menos irrefutable, contrasta nuestro historiador las grandes pugnas con suprema imparcialidad de artista. Y esa cualidad literaria contribuye en no escasa medida a dar plenitud de contenido a su exposición.

Todo lo objetables que se quiera desde el punto de vista histórico, en el aspecto literario esas piezas oratorias sirven para variar y animar el relato así como para dibujar mejor el perfil de los personajes y revelar las razones de los hechos. Por la habilidad de su estructura y desarrollo, por el acertado y continuo uso de los elementos éticos y patéticos, por la variedad de los motivos, por la constante dignidad y belleza de la composición y de la expresión y por la sincera vitalidad que las anima constituyen un complejo monumento de la elocuencia romana.

No disimula Livio que la de sus personajes es la elocuencia adecuada. Sabe que la oratoria de los primitivos tiempos era aquel *priscus dicendi et horridus modus* en el que, desde el monte sagrado, se diriga a la plebe romana Menenio Agripa, mas no puede, como es obvio, arriesgarse a reproducir un lenguaje de tan insólita rudeza en una obra tan admirablemente una y armoniosa.

Inventar o rehacer discursos ajenos era, repetimos, procedimiento común a la historiografía antigua, que lo prefería, con mucho, a la inserción de documentos originales que habrían alterado la unidad estilística y artística de la obra. Lo que hay que admirar en Tito Livio es que, dejando hablar a cónsules y a tribunos, a senadores y embajadas, a generales romanos y a generales extranjeros, a patricios y a plebeyos, les haya prestado a todos la palabra siempre digna, la idea siempre clara y adecuada y la manera más en consonancia con las condiciones de cada uno.

Sin ser precisamente históricos, los discursos de Tito Livio encierran incalculable valor para la historia. A través de ellos expone el escritor multitud de hechos que, de otro modo, hubiera tenido que narrar, sentimientos que habría debido analizar sin la dramática espontaneidad del discurso directo, causas que se habría visto obligado a exponer como reflexiones propias y que, en cambio, en labios de aquellos hombres se convierten en estímulos para la acción.

En la parte propiamente oratoria culmina de ordinario y se universaliza el episodio político. En ella los hechos se traducen en las palabras y en la conducta de un hombre, a quien el historiador reconoce ser el actor y el intérprete justo de aquellos acontecimientos. Así desembocan, de vez en cuando, los elementos del relato en un discurso que eleva la hipótesis a tesis, la cuestión particular a cuestión general, el suceso de un momento en un lugar determinado a sucedido de la vida humana, que no se agota en el espacio ni en el tiempo.

Mientras que la mayor parte de los analistas o historiadores de Roma que le precedieron habían sido hombres públicos, jurisconsultos, militares, Livio no era más que un literato, con ribetes de filósofo si se quiere, imbuido de ideales políticos pero sin experiencia personal en la vida del Estado.

De ahí que los *Ab urbe condita libri* deban ser considerados y juzgados desde el punto de vista de la obra de arte que incubaba el autor, no desde el punto de vista de la ciencia histórica. Obra de arte son, entre los más cimeros de la literatura latina. Plenos de luz y de calor, en un lenguaje colorido, terso, de una fluidez que recuerda a Cicerón. Si por un lado parecen adolecer de los efectos de la educación retórica del autor, por otro no se advierte sombra de énfasis ni de declamación, ni siquiera en los frecuentísimos discursos —más de 400 en la parte conservada— que constelan el relato.

Su lenguaje es fiel reflejo de la personalidad de Livio. Los antiguos ponderaron no sólo la clásica "abundancia", *ubertas,* del estilo, sino también el "candor" del ánimo. Propendía, más que a reflejar los aspectos oscuros y truculentos de la historia, a representar la majestad, la nobleza de las acciones y de los sentimientos. Narrador siempre vivaz, que sabe zambullirse en el interior de los sucesos y de los personajes, provocando situaciones entre épicas y dramáticas; narrador que, de tanto conversar con el mundo de la antigua Roma, por él tan hermosamente idealizada, había llegado a forjarse, la expresión es también suya, un "alma antigua"

La prosa de Livio discurre con la majestuosa belleza y serenidad de un estilo que rezuma, a la par, elocuencia y poesía; de un estilo al que la vivacidad de la evocación histórica consiente todos los recursos de la expresión poética. No cuadraría a tan amplia concepción ni la simplicidad de César, ni la concisión de Salustio, ni mucho menos un estilo broncamente personal. El adecuado es ese estilo oratorio sin énfasis declamatoria, poético sin vacua sonoridad, armonioso sin simetría ni regularidad buscadas.

Abundan en la primera década términos arcaicos, comunes a todos los historiadores latinos, y términos poéticos, entre ellos no pocos neologismos de Virgilio, el poeta de la predilección de nuestro autor. Asinio Polión, crítico un tanto malévolo y acerbo, censuraba la "patavinidad" de Livio, sus regionalismos del lenguaje que, por cierto, no sabemos a ciencia cierta cuáles fueran. Precioso documento de evolución lingüística hubiera sido para nosotros la obra entera del paduano, ya que, escrita a lo largo de más de cuarenta años, abarca toda la vida estilística de un escritor.

Livio es un clásico por su estilo. Comienza en los primeros libros con los rasgos de la latinidad imperial y prosigue afirmando las características de la armonía clásica en la lograda plenitud de un período que sabe de esplendor y de medida. El artista vigila infatigable su estilo, anhela conseguir un tenor estilístico que lo ponga a salvo de superficiales apariencias, pero vuelve a sus viejos modos y se deja encauzar por los moldes que le impone la necesidad expresiva. A tramos, se retuerce y adensa la corriente de su prosa, el período se acorta y torna breve, y se multiplican en la escena las palabras rápidas y las pausas que aturden. Podría ser una prosa del tiempo de los Gracos o del de Cicerón, lo mismo que de los días de Séneca o de Apuleyo.

Algunos filólogos han creído haber desentrañado los principios de la oratoria de Livio y demostrado que nuestro autor "ha seguido las reglas establecidas de la prosa oratoria". Craso error suponer que se deban aplicar siempre las reglas sólo por que se conocen. El escritor de raza toma de lo que ha aprendido aquello que se puede convertir de inmediato en su propia forma.

Livio es un escritor poderosísimo. Los principales pasajes de su historia ostentan la plenitud, el vigor, la sobriedad de los modelos que no cabe superar. Cuantos han pretendido dar un nuevo tratamiento al material del paduano, y lo mismo podríamos afirmar del de cualquiera de los grandes clásicos, no han hecho más que acumular hojas muertas sobre un tronco vivo.

Este autor ha resucitado el espíritu de los tiempos heroicos en una obra en la que refulge la florescencia literaria de la época de Augusto. Es el último de los analistas republicanos que escribe con el orgullo y la satisfacción de ser romano. Su obra es el más excelso monumento de arte literario levantado por entero a la gloria de Roma. Casi un siglo más tarde, otro eminente historiador escribía muy diferentes anales *ab excessu divi Augusti,* con un muy distinto espíritu. El alma insatisfecha de Tácito se verá conturbada por el dolor y la cólera, y sus propias páginas serán el amargo alimento de su espíritu.

El éxito y la influencia del paduano han sido inmensos. Y se debieron, por igual, a la importancia de la obra, al talento del autor y a la halagadora imagen que de la Roma antigua brindaba a los romanos. Al no poder ser cómodamente utilizada una obra de tamañas dimensiones, empezaron a circular muy pronto resúmenes de cada uno de los libros. Pero el texto en sí mismo tuvo una resonancia perdurable. Fuese desdibujando poco a poco la figura del autor, cuya personalidad era menos descollante que la de César o Salustio, para no dejarse ver más que la obra, convertida en la historia romana por excelencia, base de todas las historias romanas ulteriores.

El "romano" de Tito Livio, que se amalgamó sin problemas con los "romanos" de Plutarco, plasmó por muchos siglos un tipo étnico. Y la impertérrita seguridad con que narrara el de Padua la primitiva historia de su pueblo adormeció de tal modo el espíritu crítico de sus sucesores, que fue menester esperar hasta el siglo XVIII para que alguien se atreviera a sospechar de su carácter fabuloso.

Una obra tan colosal como la de nuestro autor con dificultad encajaba íntegra en las bibliotecas privadas y estaba muy lejos de poder ser manejada en las escuelas. Ésta es la razón de que proliferaran bien pronto los compendios. Al más antiguo de ellos se refiere Marcial en un conocido epigrama:

Pellibus exiguis artatur Livius ingens,
Quem mea non totum bibliotheca capit.

El poeta asegura, sin dejar lugar a dudas ni a otras interpretaciones, que se había restringido, compendiado en pequeños pergaminos el voluminoso Livio, que no cabía entero en su biblioteca. Este resumen a que alude el epigramático, elaborado acaso para uso escolar en tiempo de Tiberio, serviría de fuente y de modelo a sucesivos y más pequeños compendios; de él recabaron información probablemente cultivadores de temas históricos como Veleyo Patérculo, Valerio Máximo y hasta el mismo Lucano.

Compendiador de Livio viene siendo considerado el africano Floro, quien redactó una breve historia, en dos libros, con el propósito inequívoco de exaltar la grandeza del Imperio romano. Ésta fulge sin eclipses a lo largo de una secuencia de guerras y de conquistas. El proceso es comparado al de la existencia humana, que discurre de la infancia a la vejez, atravesando la adolescencia, la juventud y la edad madura.

La senectud de Roma se inició en los días que siguieron al principado de Augusto y corresponde a aquella *desidia principum,* a aquella abulia por el engrandecimiento imperial que Tácito reprochaba a Tiberio sobre todo. Pero esta vejez fatal del poderío romano, semejante a la necesidad biológica que regula inexorable el proceso de la vida humana, rejuvenecía en una renovación de fuerzas bajo Trajano, el emperador consciente que reanudaba la marcha de las armas conquistadoras.

En la época de Trajano hay que situar la composición de esta obra, y no en la de Adriano. Floro no respeta el orden analítico de Livio, ni la sucesión cronológica ni, por tanto, las conexiones causales y temporales de los acontecimientos, y menos todavía el espíritu que coordina y explica los hechos a la luz de un pensamiento que localiza en la *virtus* del pueblo romano la perenne fuente de su fortuna; mas podríamos, pues, servirnos de él para reconstruir al Livio perdido.

Del resumen de Floro y de la historia de Livio derivó Lucio Ampelio, autor del siglo III, una parte de su *Liber memorialis,* breve noticiario astronómico, geográfico e histórico. Y en Livio se inspiró principalmente aquel Granio Liciniano, compendiador de época incierta, descubierto a mediados del pasado siglo en un palimpsesto del Museo Británico.

Una valiosa ayuda para conocer el contenido de la obra de nuestro autor constituyen las *Periochae,* sumarios y, en algunas partes, índices de cada uno de los libros. Los debió sacar de algún epítome de Livio un compilador desconocido, quizás del siglo cuarto. Sólo faltan las *periochae* de los libros 136 y 137.

La ingente obra del paduano prestábase también, naturalmente, a la actividad de los coleccionistas, de los compiladores de *excerpta.* Plinio el Joven declaraba en carta a Tácito que estaba extractando al historiador por mero pasatiempo. Y de Livio se extranjeron asimismo numerosos noticiarios: tal es la lista de los cónsules del *Chronicon* de Casiodoro, sacados de Livio y de Aufidio Baso; tal el *Liber prodigiorum,* libro de los milagros, que coleccionó Julio Obsecuente allá por el siglo cuarto.

CRONOLOGIA DE LA REPUBLICA ROMANA

CRONOLOGÍA DE LA REPÚBLICA ROMANA

	HECHOS POLÍTICOS Y MILITARES		HECHOS CULTURALES
800.	Aparición de los etruscos en la Italia central (s. VIII).		
753.	Fecha tradicional de la fundación de Roma. Primeros establecimientos en el lugar que hoy ocupa la ciudad, según las excavaciones arqueológicas.		
750.	Los griegos colonizan Sicilia e Italia del sur.		
700.	Tumbas etruscas de Vetulonia.		
680.	Florece Numa Pompilio.		
650.	Los etruscos dueños del Lacio.	660.	Fíbula de Preneste.
616.	Se establecen en Roma los Tarquinos.		
578.	Servio Tulio.		
540.	Batalla de Alalia en Córcega entre etruscos y cartagineses. Apogeo etrusco.		
534.	Tarquino el Soberbio.		
		520.	Construcción del primer templo Capitolino. Época de las grandes esculturas de Veyes.
509.	Roma expulsa a los reyes etruscos. Primer año de la República.	509.	Dedicación del templo de Júpiter Capitolino.
508.	Guerra con Porsenna, lucumón de Clusium. Actos de heroísmo de los romanos (Horacio Cocles, Mucio Escévola, Clelia).		
497.	Victoria de Roma sobre los latinos en el lago Regilo.	497.	Construcción del primer templo de Saturno al pie del Capitolio.
		496.	Templo de Cástor y Pólux.
494.	Primera secesión de la plebe. Creación del tribunal de la plebe.		
493.	Tratado de alianza entre romanos y latinos.		
491.	Los volscos asedian Roma. Victoria de Coriolano.		
486.	Ley agraria de Espurio Casio.		
		480.	Comienzan a construirse los grandes templos de Sicilia e

HECHOS POLÍTICOS Y MILITARES

474. Victoria de los griegos de Siracusa sobre etruscos y cartagineses en Cumas. Se inicia el ocaso de Etruria.
471. La Asamblea de la plebe elige a los tribunos.
440. *Lex Canuleia:* igualdad de patricios y plebeyos. Establecimiento de la censura.
424. Toma de Capua por los samnitas.
421. Son admitidos los plebeyos a la cuestura.
406. Comienza la guerra con Veyes que durará diez años y terminará con la destrucción de esa ciudad y la anexión de su territorio a Roma.
400. El territorio romano —el Lacio y el sur de Etruria—, cuenta ya con unos 2,000 km.^{2} Los celtas invaden el norte de Italia.
390. Saqueo de Roma por los galos, que son expulsados por Camilo. Guerras regionales con los etruscos, los latinos, los volscos, los ecuos, etc.
380. Roma se anexa Túsculum.
367. Los plebeyos obtienen el acceso al consulado. En 356 accederán a la dictadura, y en 351 a la censura.
358. Incorporación del *ager Pontinus* a la República romana. Los latinos renuevan su alianza con Roma.
354. Alianza entre romanos y samnitas.
343. Primera guerra samnita.
340. Disolución de la Liga latina. Los romanos consolidan su autoridad sobre el Lacio y la Campania.

HECHOS CULTURALES

Italia meridional: Paestum, Selinunte, Agrigento, etc., contemporáneos del Partenón de Atenas.

450. Ley de las Doce Tablas.
367. Camilo hace erigir un templo a la Concordia al pie del Capitolio.
362. Introducción de los primeros juegos escénicos.
348. Primeros juegos seculares.
335. Introducción de la moneda en Roma.

HECHOS POLÍTICOS Y MILITARES	HECHOS CULTURALES
326. Segunda guerra samnita, que durará más de veinte años.	
312. Censura de Apio Claudio. Constrúyese la *Via Apia,* de Roma a Capua.	
306. Tatado entre Cartago y Roma, por el que se reparten las zonas de influencia. Roma: Italia; Cartago: Sicilia.	
	300. Redacción de la *Tabula Pontificum,* a consecuencia de la *Lex Olgunia,* que abre el pontificado a los plebeyos.
298. Tercera guerra samnita hasta el 291. Etruscos, umbrios y galos aliados contra Roma.	
290. Sumisión de los sabinos.	
282. M. Curio Dentato vence a los galos en el lago Vadimón. Roma ocupa toda Italia menos Bruttium y la Magna Grecia.	
280. Guerra contra Tarento y Pirro. Éste derrota a los romanos en Heraclea y Ausculo.	
275. Los romanos vencen a Pirro en Benevento.	
272. Toma de Tarento por los romanos.	272. Roma estrecha sus contactos con la civilización griega. Livio Andrónico en Roma.
268. Sumisión del Piceno.	
265. Alianza de Roma con los mamertinos en guerra con Siracusa y con Cartago.	
264. Primera guerra púnica. Intervención de Roma en Mesina. Hierón de Siracusa se pasa al bando romano.	264. Primeros combates de gladiadores.
260. Primera victoria naval romana lograda por C. Duilio.	260. Columna rostral de Duilio.
255. Fracasa la expedición de Régulo al África.	
	254. Nacimiento de Plauto.
241. Cartago acepta la paz y renuncia a Sicilia. *Via Aurelia,* de Roma a Pisa.	
	240. Representación de la primera tragedia, escrita en latín por Livio Andrónico.
239. Revuelta de los mercenarios contra Cartago, que ceden a Roma Córcega y Cerdeña.	239. Nacimiento del poeta Ennio en Rudi.
	235. Representación de la primera pieza de Nevio.
232. Leyes de C. Flaminio, tribuno de la plebe, para la colonización del *ager gallicus* y del *ager picentinus.*	

HECHOS POLÍTICOS Y MILITARES	HECHOS CULTURALES
229. Primera guerra ilírica contra estos piratas en el Adriático.	
227. Sicilia primera provincia romana.	
226. Tratado del Ebro entre Roma y Asdrúbal; los cartagineses se comprometen a no cruzar ese río.	
225. Ofensiva de los galos en Italia del Norte; son derrotados en la batalla de Telamón.	
222. Ocupación de la Galia Cisalpina y toma de Milán.	
221. Aníbal en España.	
220. Censura de Flaminio. *Via Flaminia.*	
219. Segunda guerra ilírica contra los piratas del Adriático.	219. Primer cirujano griego en Roma.
218. Estalla la segunda guerra púnica, después de que Aníbal ocupa Sagunto. Los cartagineses atraviesan los Alpes y derrotan en Trebia a los romanos.	
217. Victoria cartaginesa en el lago Trasimeno. Fabio Máximo dictador.	
216. Derrota romana en Cannas. Aníbal ocupa la Campania y se alía con Filipo V de Macedonia; primera guerra entre Roma y Macedonia.	
214. Los romanos pierden Sicilia.	
213. Aníbal toma Tarento.	
212. Roma busca aliados en los etolios. El cónsul Marcelo reconquista Siracusa..	212. Primera comedia de Plauto.
210. Escipión en España; se apodera de Cartagena.	
207. Victoria de Metauro.	
205. Paz con Filipo V de Macedonia.	
	204. El *Miles gloriosus* de Plauto.
203. Aníbal deja Italia para ir a defender Cartago.	
202. Victoria de Escipión en Zama. Fin de la segunda guerra púnica.	
200. Segunda guerra de Macedonia.	
197. Triunfo romano en Cinoscéfalos. España provincia romana.	
195. Faminio proclama la libertad de Grecia en los juegos ístmicos. Consulado de Catón.	

HECHOS POLÍTICOS Y MILITARES	HECHOS CULTURALES
	193. Construcción del pórtico *Aemilia* y del pórtico *Ad aram Martis*.
191. Guerra contra Antíoco III, rey de Siria.	
	190. Nace Terencio en África.
189. Batalla de Magnesia. Los romanos, vencedores de Antíoco, en Asia Menor.	
188. Tratado de Apamea. Los romanos desocupan Siria.	
187. Proceso de Escipión el Africano. La *Via Aemilia.*	
186. Escándalo de las Bacanales.	186. Últimas comedias de Plauto.
185. Censura de Catón.	185. Construcción de la basílica Porcia. Gran actividad urbanística.
183. Muerte de Escipión el Africano. Muerte de Aníbal, refugiado en Bitinia.	
181. Primera guerra contra los celtíberos.	181. Templo de Venus Ericina en el Capitolio. Nacimiento del filósofo Panecio.
	180. Nace Lucilio en Suesa Arunca.
179. Perseo sucede a Filipo en Macedonia.	179. Construcción de la basílica Emilia.
	173. Son expulsados de Roma dos filósofos epicúreos.
171. Tercera guerra de Macedonia.	
	170. Basílica Sempronia.
168. Los romanos derrotan a Perseo en Pidna. Macedonia dividida en cuatro repúblicas.	168. Compone Catón su *De agricultura.*
167. Discurso de Catón sobre la libertad de Macedonia y en favor de los rodios.	167. Es conducido a Roma Polibio con otros mil rehenes.
	163. *Heautontimoroumenos* de Terencio.
	161. Son expulsados de Roma los filósofos y los retóricos.
160. Muerte de Paulo Emilio el Macedonio.	
	155. Embajada de los filósofos Carnéades, Diógenes y Critolao.
154. Revuelta en Lusitania y segunda guerra contra los celtíberos: Viriato.	154. Prohíbe el Senado la construcción de un teatro permanente.
150. Guerra entre Cartago y Masinisa. Tercera guerra púnica.	
149. Muerte de Catón.	149. Publicación de los *Orígenes* de Catón.

HECHOS POLÍTICOS Y MILITARES

148. Macedonia provincia romana.

147. Viriato desencadena nuevas revueltas en Celtiberia.
146. Escipión Emiliano destruye Cartago. Liga aquea contra Roma. Mummio arrasa Corinto.

137. Campaña contra Numancia, que es arrasada en 133 por Escipión Emiliano.
134. Primera revuelta de esclavos en Sicilia.
133. Reformas agrarias de Tiberio Graco. Atalo III, rey de Pérgamo, lega su reino a los romanos.

129. Muerte de Escipión Emiliano.
125. Las legiones romanas penetran en la Galia transalpina.
121. Muerte de Cayo Graco.
119. Tribunado de Mario. Ley estableciendo el secreto del voto.

113. Invasión de cimbrios y teutones en la Nórica. Creación de la provincia de Asia.
112. Guerra contra Yugurta.

107. Reformas militares de Mario.
106. Campaña de Mario contra Yugurta.
104. Mario, cónsul, emprende la campaña contra cimbrios y teutones.
103. Segunda guerra servil.

100. Agitación de Apuleyo Saturnino en Roma. Expedición contra los piratas de Cilicia.

95. Mitrídates, rey de los partos, obligado a abandonar la Capadocia.

91. Se rehúsa el derecho de ciudadanía a los italianos. Comienza la guerra social.
90. *Lex Julia* concediendo el derecho de ciudadanía a los italianos.

HECHOS CULTURALES

148. Redacción de los *Annales Maximi.*

145. Llega Panecio a Roma.

131. Aparecen los primeros libros de *Sátiras* de Lucilio.

116. Nacimiento de Varrón.

109. Construcción del puente Milvio.

106. Nace Cicerón en Arpino.

102. Muerte de Lucilio.
100. Nacimiento de César.

98. Nacimiento de Lucrecio.

94. Se abre en Roma la primera escuela de retórica.

HECHOS POLÍTICOS Y MILITARES	HECHOS CULTURALES
88. La rivalidad entre Mario y Sila por dirigir la guerra contra Mitrídates origina la primera guerra civil.	
87. Mario y el partido popular triunfan en Roma.	87. Nacimiento de Salustio y de Catulo.
86. Sila reconquista Atenas, derrota a Mitrídates y pone fin a la primera guerra contra este rey.	
82. Sila ocupa Roma, desbarata al partido popular y establece la dictadura. Reformas políticas y judiciales.	
80. Sertorio subleva a España contra Sila en una guerra que durará nueve años.	
78. Revuelta de M. Emilio Lépido.	78. Templo de la Fortuna en Preneste.
74. Segunda guerra contra Mitrídates. Provincias de Creta y de Cirenaica.	
73. Guerra de Espartaco.	
70. Proceso de Verres.	70. Nacimiento de Virgilio. Las *Verrinas* de Cicerón.
67. Pompeyo limpia de piratas el Mediterráneo.	
	65. Nacimiento de Horacio.
63. Consulado de Cicerón. Conjuración de Catilina. Pompeyo termina la guerra contra Mitrídates. Nacimiento de Octavio.	
62. Creación de la provincia de Siria.	
61. Invaden la Galia los germanos.	
60. Primer triunvirato: Pompeyo, Craso, César.	60. Redacción de las *Catilinarias* de Cicerón.
59. Consulado de César. Medidas agrarias y sociales.	59. Nacimiento de Tito Livio.
58. Inicia César la conquista de la Galia. Destierro de Cicerón.	
55. Campañas de César en Germania y en Bretaña. Pompeyo en España, Craso en Siria.	55. Teatro de Pompeyo en Roma, primero construido en piedra.
	54. *De rerum natura* de Lucrecio. Se inicia la construcción de la basílica Julia, que terminará Augusto. Muerte de Catulo.
53. Desastre y muerte de Craso en Carras. Rebelión de Vercingetorix en la Galia.	
52. Desórdenes en Roma provocados por Clodio, que es asesinado por gentes de Milón. Pompeyo único cónsul.	52. *Pro Milone* de Cicerón. Muerte de Hortensio.

HECHOS POLÍTICOS Y MILITARES	HECHOS CULTURALES
	51. Cicerón: *De re publica.* Comentarios sobre la guerra de las Galias de César.
50. Fin de la guerra de las Galias. La Galia provincia romana hasta el Rin.	50. Muerte de Posidonio de Apamea. Nacimiento de Tibulo.
49. César cruza el Rubicón. Bate a los pompeyanos en Lérida y en Marsella.	
48. Pompeyo es derrotado en Farsalia y asesinado en Egipto.	48. Incendio de la biblioteca de Alejandría.
	47. Nacimiento de Propercio.
46. Victoria de César sobre los pompeyanos en África.	
45. César derrota a los últimos pompeyanos en Munda, España.	
44. Asesinato de César en los idus de marzo.	44. Las *Filípicas* de Cicerón.
43. Segundo triunvirato: Octavio, Antonio y Lépido.	43. Asesinato de Cicerón. Nacimiento de Ovidio.
42. Bruto y Casio, asesinos de César, derrotados y muertos en Filipos.	42. Emprende Augusto la construcción del foro que lleva su nombre.
	40. La *Guerra de Yugurta* de Salustio.
	39. Primeras *Bucólicas* de Virgilio.
37. Guerra contra Sexto Pompeyo.	
36. Campaña de Antonio contra los partos.	36. Tratado de agricultura de Varrón.
	35. Muerte de Salustio.
31. Batalla de Accio. Muerte de Antonio y Cleopatra.	
30. Retorno de Octavio a Roma. Egipto, provincia imperial.	30. *Sátiras* de Horacio.
	29. Las *Geórgicas* de Virgilio.
27. Octavio toma el nombre de Augusto. Instauración del Principado y organización de las provincias en senatoriales e imperiales. Provincia de Acaya.	27. Panteón de Agripa. *Elegías* de Propercio.
25. La Galacia provincia imperial.	25. *Elegías* de Tibulo.
20. Devuelven los partos los trofeos conquistados en Carras.	20. Primeras *Odas* de Horacio.
	19. Muerte de Virgilio y de Tibulo. Publicación de la *Eneida.*
	17. *Canto secular* de Horacio.
16. Campaña de Tiberio y de Druso en los Alpes.	
15. La Nórica, provincia imperial.	
	13. Construcción del *Ara pacis.*

HECHOS POLÍTICOS Y MILITARES	HECHOS CULTURALES
12. Campaña de Tiberio y de Druso en Germania. Muerte de Agripa. Augusto gran Pontífice.	
	11. Teatro de Marcelo.
9. Druso llega hasta el Elba.	
	8. Muerte de Mecenas y de Horacio.
	4. Nacimiento de Séneca en Córdoba.

TITO LIVIO

HISTORIA ROMANA

LIBRO PRIMERO

Sumario: Llegada de Eneas a Italia y su casamiento con Livinia, hija del rey Latino.—Reinado de Ascanio en Alba y de los Silvios, sus sucesores.—Rhea, sorprendida por Marte, concibe dos hijos, que son Rómulo y Remo.—Muerte de Amulio.—Fundación de Roma.—Establecimiento del Senado.—Guerra con los sabinos.—Consagración de despojos opimos a Júpiter Feretriano.—División del pueblo en curias.—Derrota de los fidenatos y de los veyos.—Honores fúnebres a Rómulo.—Numa Pompilio establece las ceremonias religiosas; dedica un templo a Jano; ajusta la paz en todos los pueblos vecinos, y es el primero que cierra las puertas de aquel templo. Merced a los nocturnos coloquios que finge tener con la ninfa Egeria, inspira sentimientos religiosos a aquel pueblo rudo. Tulo Hostilio hace la guerra a los albanos.—Combate de los Horacios y Curiacios.—Perdón de Horacio.—Suplicio de Mecio, rey de Alba.—Destrucción de Alba e incorporación de sus habitantes a Roma.—Guerra con los sabinos.—Muerte de Tulo.—Anco Marcio restablece las ceremonias de Numa; derrota a los latinos, les otorga el derecho de ciudadanía y les da por morada el monte Aventino.—Segunda toma de Politorio, ciudad del Lacio, de la que se habían apoderado los antiguos latinos, y destrucción de esta ciudad.—Anco construye un puente de madera sobre el Tíber; une el monte Janículo a la ciudad y ensancha las fronteras de su imperio; edifica a Ostia y muere después de reinar veinticuatro años. Bajo su reinado viene a Roma desde Tarquinia, ciudad de Etruria, Lecumón, hijo del corintiano Demarato; admitido en la intimidad de Anco, toma el nombre de Tarquino, suceciéndole en el trono después de su muerte. Aumenta en ciento el número de senadores; somete a los latinos; traza el recinto del circo y establece juegos. Atacado por los sabinos, aumenta las centurias de los caballeros. Para probar la ciencia del augur Acio Navio, le pregunta si es posible lo que en aquel momento piensa, y antes contestación afirmativa le manda partir una piedra con un cuchillo, cosa que el augur realiza en el acto.—Derrota de los sabinos; álzanse las murallas de Roma; construcción de las cloacas.—Los hijos de Anco asesinan a Tarquino, que reinó treinta y ocho años.—Le sucede Servio Tulio, hijo de un noble cautivo de Cornículo; la tradición refería de éste que en su infancia se vieron fulgores en derredor de su cabeza; derrota de los veyos y de los etruscos.—Establecimiento del censo, que eleva, según se dice, a ochenta mil el número de ciudadanos.—Ceremonia del lustro.—División del pueblo en clases y centurias.—El rey traslada el Pomerium para reunir a la ciudad los montes Quirinal, Viminal y Esquilino.—De acuerdo con los latinos eleva un templo a Diana en el monte Aventino.—Le asesina L. Tarquino, hijo de Prisco, por instigación de su hija Tulia, después de un reinado de cuarenta años.—A su muerte, Tarquino el Soberbio se apodera del trono sin el consentimiento del Senado ni del pueblo: el día de la usurpación la infame Tulia hace pasar su carro sobre el cuerpo de su padre.—Tarquino se rodea de grandes ejércitos para la seguridad de su persona.—Turno Herdonio perece víctima de su perfidia. Tarquino hace la guerra a los volscos, y con sus despojos construye un templo a Júpiter en el Capitolio.—El dios Término y la diosa de la Juventud resisten a la destrucción, y sus altares quedan dentro del templo nuevo.—Sexto Tarquino, su hijo, se apodera por astucia de la ciudad de los gabienos.—Sus hijos marchan a Delfos y consultan el oráculo para saber cuál de ellos recibirá la corona: contesta el oráculo que reinará aquel que dé el primer beso a su madre.—Engáñanse acerca del sentido del oráculo; Junio Bruto, que les había acompañado, se deja caer como por torpeza y besa la tierra: el éxito no tardó en justificar su interpretación; en efecto, habiendo provocado general indignación la tiranía de Tarquino el Soberbio, su hijo Sexto la hace desbordar deshonrando a Lucrecia, a la que sorprendió de noche por violencia; manda ésta llamar a su padre Trisipitino y a Colatino, su esposo, y se mata a su vista, después de hacerlos jurar que vengarán su muerte. Gracias a los esfuerzos de Bruto, cúmplese este juramento.—Tarquino es depuesto después de reinar veinticinco años.—Creación de los primeros cónsules L. Junio Bruto y L. Tarquino Colatino.

1. En primer lugar, es cosa sabida que después de la toma de Troya los griegos mostraron suma crueldad con el pueblo troyano, exceptuando Eneas y Antenor, bien porque les protegiese el derecho de antigua hospitalidad, bien porque habiendo aconsejado constantemente entregar a Helena y ajustar la paz, inclinase al vencedor a no usar de los derechos de la guerra. Sabido es también generalmente que después de diferentes contrastes de fortuna, Antenor, al frente de buen golpe de henetos, que arrojados de Paflagonia por una sedición y privados de su rey Filemeno, muerto bajo las murallas de Troya, buscaban caudillo y terreno en que acomodarse, penetró hasta lo último del golfo Adriático, y arrojando a los eugeneos, establecidos entre el mar y los Alpes, los henetos, reunidos con los troyanos, se apoderaron de su territorio. El paraje en que primeramente se establecieron ha conservado el nombre de Troya, así como también la comarca que de aquél depende, pero todos los moradores se llaman venetos.

La misma catástrofe arrojó a Eneas de su patria; pero destinándole la fortuna a realizar empresas de mayor esfuerzo, llegó primeramente a Macedonia, pasó de allí a Sicilia, desde donde, buscando sin descanso una patria, arribó con su flota a los campos Laurentos, llamados así del nombre de Troya.

Una vez en estas playas, los troyanos, a quienes tan larga navegación por aquellos mares, por los que habían vagado durante años, solamente les había dejado armas y naves, se desparramaron por las campiñas en busca de botín, cuando el rey Latino y los aborígenes, que ocupaban entonces la comarca, acudieron en son de guerra desde la ciudad y parajes inmediatos, para rechazar la agresión de aquellos extranjeros. Dicen unos que después de ser derrotado ajustó Latino la paz y se alió con Eneas. Otros aseguran que estando frente a frente los ejércitos, antes de darse la señal, avanzó Latino con lo más escogido de los suyos e invitó al jefe de los extranjeros a una conferencia. Preguntóle de qué nación eran, de dónde venían, qué revés de fortuna les había desterrado de su país y qué propósito les traía a los campos laurentinos. Cuando se enteró de que eran troyanos, que su capitán era Eneas, hijo de Anquises y de Venus, y que huyendo de su patria y sus moradas incendiadas buscaban paraje para edificar una ciudad, pasmado de admiración ante aquel glorioso pueblo y su caudillo, viéndoles además tan dispuestos a la guerra como a la paz, tendió la mano a Eneas como prueba de su futura amistad. Ajustóse entonces el tratado entre los jefes y se reunieron los ejércitos. Eneas vino a ser huésped de Latino, y éste, en su palacio, ante el altar de sus dioses penates, le dio a su hija por esposa, para estrechar con lazos domésticos la unión de los dos pueblos. Esta unión robusteció la esperanza de los troyanos de tener al fin una patria duradera que pusiese término a su vagabundo destino. Constituyeron, pues, una ciudad, y Eneas, del nombre de su esposa, la llamó Lavinia. De este matrimonio nació muy pronto un hijo, a quien sus padres llamaron Ascanio.

2. Los aborígenes y los troyanos reunidos tuvieron que sostener una guerra. Turno, rey de los rútulos, a quien había sido prometida Lavinia antes de la llegada de Eneas, irritado al verse pospuesto a un extranjero, declaró la guerra a los latinos y a Eneas a la vez. Ninguno resultó ganancioso en aquel combate, porque si los rútulos quedaron vencidos, la victoria costó a los aborígenes y a los troyanos, su jefe Latino. Desconfiando del triunfo Turno y los rútulos, buscaron apoyo en la nación, floreciente entonces, de los etruscos y en su rey Mecencio; quien habiendo establecido desde el principio el trono de su imperio en la opulenta ciudad de Cerea, veía con inquietud que se construía una ciudad nueva; y creyendo en seguida muy amenazada la seguridad de los pueblos comarcanos por el rápido desarrollo de la colonia troyana, reunió gustoso sus armas con las de los rútulos. Teniendo Eneas que hacer frente a tan formidables adversarios, para asegurarse en contra de ellos de la fidelidad de los aborígenes, quiso reunir bajo el mismo nombre dos pueblos que estaban sometidos ya a las mismas leyes, denominándolos en común latinos. Desde aquel entonces rivalizaron los aborígenes con los troyanos en abnegación y fidelidad por Eneas. Fuerte Eneas con las buenas disposiciones de aquellos dos pueblos, cuya unión se estrechaba diariamente, se atrevió a arrostrar las fuerzas de los etruscos, cuya fama llenaba entonces la tierra y el mar en toda Italia, desde los Alpes hasta el estrecho de Sicilia; y aunque podía resistirles detrás de sus murallas, sacó sus huestes y les presentó batalla. Los latinos quedaron victoriosos, pero aquella fue la última hazaña mortal de Eneas, quien, sea quien quiera, quedó sepultado en las orillas del Numicio, donde se le llama Júpiter Tutelar.

3. A la muerte de Eneas, su hijo Ascanio no se encontraba aún en edad de reinar; sin embargo, conservósele el poder sin menoscabo. La tutela de una mujer (tan superior ánimo tenía Lavinia) bastó para conservar su importancia a los latinos, y a aquel niño el trono de su abuelo y de su padre. No aseguraré (¿quién puede asegurar nada en un hecho tan remoto?) si se trata ciertamente de Ascanio o de algún otro niño nacido de Creusa antes de la destrucción de Troya, y que acompañó a su padre en la huida; de aquel que llevaba el nombre de Julo y al que atribuye su origen la familia Julia. Este Ascanio, pues, cualquiera que sea su nombre y el lugar de su nacimiento (puesto que consta que es hijo de Eneas), viendo que crecía con exceso la población de Lavinia, dejó la ciudad, floreciente e importante ya para aquellos tiempos, a su madre o a su suegra y marchó a fundar otra al pie del monte Albano; la cual, por extenderse a lo largo de la falda del monte, llamóse Alba Longa. Habían transcurrido cerca de treinta años desde la fundación de Lavinia y la de esta colonia, a que dio origen. Tal desarrollo

había adquirido aquel pueblo, especialmente desde la derrota de los etruscos, que ni por la muerte de Eneas, ni por la tutela de una mujer, ni por la inexperiencia del joven en el arte de reinar, se atrevieron a moverse Mecencio y sus etruscos, así como tampoco ninguno de los pueblos comarcanos. El convenio de paz había establecido como límite entre los etruscos y los latinos el río Albula, llamado ahora Tíber. A Ascanio sucedió su hijo Silvio, nacido, ignoro por qué casualidad, en medio de los bosques. Éste es padre de Eneas Silvio, cuyo hijo fue Latino Silvio. Fundó éste algunas colonias, éstos fueron los antiguos latinos, y desde aquel tiempo quedó el nombre de Silvio como apelativo de todos los reyes que reinaron en Alba. Después se suceden de padre a hijo Alba, Atys, Capys, Capeto y Tiberino: ahogóse éste al atravesar el río Albula, al que dio su nombre, llegando a ser tan célebre en la posteridad. A Tiberino siguió su hijo Agripa, y a éste Rómulo Silvio. Muerto Rómulo por el rayo, dejó el cetro en manos de Aventino. Sepultado éste en la colina que hoy forma parte de Roma, le dio su nombre. Sucedióle Procas, padre de Numitor y de Amulio, y dejó a Numitor, el mayor de sus hijos, el reino de la raza de los Silvios; pero la violencia pudo más que la voluntad paterna y el respeto a la primogenitura. Amulio expulsó a su hermano y se apoderó del trono: añadiendo un crimen a otro crimen, mató a todos los hijos varones de su hermano, y so pretexto de honrar a Rhea Silvia, hija de Numitor, la hizo vestal, obligándola por tanto a guardar perpetua virginidad y privándola de la esperanza de tener sucesión.

4. Mas los hados debían al mundo, según creo, el nacimiento de ciudad tan grande y el establecimiento de este imperio, el más poderoso después del de los dioses. Resultando por violencia madre de dos hijos, bien por convencimiento, bien porque un dios era más honesto autor de culpa, atribuyó a Marte aquella incierta paternidad. Pero ni los dioses ni los hombres pudieron librar a la madre ni a los hijos de la crueldad del rey: la sacerdotisa fue encadenada y presa y mandóse que arrojaran los niños al río. Mas por maravilloso evento, el Tíber habíase desbordado, formando en las riberas charcas que impedían llegar hasta su cauce ordinario: sin embargo, los ejecutores de las órdenes del rey creyeron que en aquellas charcas, no obstante su poca profundidad, podían ahogarse los niños; arrojáronlos, pues, en la primera, en el sitio donde hoy se encuentra la Higuera Ruminal, que dicen se llamó Rumular en otro tiempo. Aquellos parajes eran entonces vastas soledades. Refiérese que siendo escasas las aguas en aquella laguna, dejaron en seco la cuna de los dos niños: una loba sedienta, atraída por el llanto de los niños, bajó de las montañas inmediatas, acercóse a ellos, y de tal manera se amansó, que empezó a lactarles, encontrándola el pastor mayor de los rebaños del rey acariciando a los niños con la lengua. Dase el nombre de Fáustulo a este pastor, y se refiere que se llevó a los niños, entregándolos a su mujer Laurencia. No faltan quienes crean que esta Laurencia era una prostituta a quienes los pastores llamaban Loba, arrancando de aquí esta tradición maravillosa. Tales fueron el nacimiento y educación de aquellos niños, que en cuanto fueron adolescentes despreciaron la ociosidad y vida reposada de pastores, atrayéndoles la caza a los bosques inmediatos; adquiriendo en la fatiga fuerza y valor, no se limitaron ya a perseguir fieras, sino que acometían a los ladrones y repartían el

botín entre los pastores; con estas cosas acudían diariamente muchos jóvenes, asociándose a sus peligros y a sus juegos.

5. Ya en aquel tiempo gozaban de celebridad las fiestas Lupercales en el monte Palatino, llamado Palancio, de Palantea, ciudad de la Arcadia. Allí fue donde Evandro, uno de los arcadianos establecidos desde mucho antes en aquellas comarcas, había creado, siguiendo la costumbre de su país, aquellas fiestas, en las que, jóvenes arrebatados por la embriaguez de licenciosa alegría, corrían desnudos en honor del dios Pan, que los romanos llamaron después con el nombre de Inuus. En medio de estas fiestas, cuya celebración habíase anunciado, enfurecidos los ladrones por la pérdida de sus presas, sorprendieron a Rómulo y Remo: el primero se defendió valerosamente, pero el segundo cayó en sus manos, y una vez prisionero, le entregaron al rey Amulio, abrumándole con acusaciones, especialmente de entrar con su hermano por tierras de Numitor y de saquearlas como país enemigo con una turba de jóvenes armados. Remo quedó, por tanto, a merced de la venganza de Numitor. Desde mucho antes sospechaba Fáustulo que los niños por él recogidos pertenecían a regia estirpe, porque conocía la orden del rey de arrojar a los recién nacidos, y la época en que los recogió coincidía con la de la orden; pero no había querido revelar aquel secreto antes de tiempo, esperando a que la ocasión o la necesidad le obligasen a hablar; la necesidad llegó primero, y desechando el miedo, reveló a Rómulo el secreto de su nacimiento. La casualidad había hecho que Numitor, dueño de Remo, oyese que los dos hermanos eran gemelos, y que por su edad, por su noble altivez, brotase en su corazón el recuerdo de sus nietos; a fuerza de investigaciones, andaba cerca de la verdad y no lejos de reconocer a Remo. Dio esto lugar a que por todas partes se urdiese una trama contra el rey. Demasiado débil Rómulo para obrar a cara descubierta, se abstuvo de ponerse a la cabeza de sus pastores, mandándoles que acudiesen al palacio a hora determinada y por diferentes caminos. Allí cayeron sobre el rey: Remo les ayudó al frente de las fuerzas de Numitor, y de esta manera mataron a Amulio.

6. En medio del primer tumulto, Numitor dio la voz de que el enemigo invadía la ciudad, que asediaba el palacio, y separó a la juventud Albana, mandándola a defender la fortaleza; mas cuando vio a los jóvenes vencedores venir triunfantes, consumada ya la muerte, reunió un consejo, recordó los atentados de su hermano contra su persona, el origen de sus nietos, su nacimiento, cómo habían sido criados, por qué señales les había reconocido, y reveló la muerte del tirano como realizada por su orden. Los jóvenes se presentaron a la asamblea al frente de los suyos, aclaman por rey a su abuelo, y la multitud, arrastrada por el ejemplo, confirma el título con unánime consentimiento. Restablecido Numitor en el trono albano, Rómulo y Remo concibieron el deseo de fundar una ciudad en el paraje mismo donde habían sido arrojados y criados. La muchedumbre de habitantes que llenaba Alba y el Lacio, aumentada más y más con el concurso de los pastores, hacía esperar que la nueva ciudad superase a Alba y Lavinia. Aguijoneaba este deseo la sed de mando, mal hereditario en ellos, y odiosa lucha terminó el debate tranquilo al principio. Como eran gemelos y no podían decidir la primogenitura, encomendaron a las divinidades tutelares de aquellos parajes el cuidado de designar por medio

de augurios cuál de los dos había de dar nombre y regir la nueva ciudad, retirándose Rómulo al Palatino y Remo al Aventino, para inaugurar allí los templos augurales.

7. Dícese que Remo recibió primero los augurios: constituíanlos seis buitres, y acababa de anunciarlo, cuando Rómulo vio doce; siendo aclamado rey cada hermano por los suyos, fundándose unos en la prioridad, los otros en el número de las aves. La ira convirtió en sangriento combate el altercado, y en la acometida cayó muerto Remo. Según la tradición más común, Remo saltó por juego las nuevas murallas que Rómulo había construido, y enfurecido éste, le mató, exclamando: "Así perezca todo el que se atreva a saltar mis murallas." Quedando solo Rómulo, la nueva ciudad tomó el nombre de su fundador, quien fortificó ante todo el monte Palatino, sobre el cual había sido aclamado. En todos los sacrificios dedicados a los dioses había observado el rito albano, siguiendo únicamente para Hércules el rito griego tal como lo estableció Evandro. Dícese que en aquellos parajes fue donde Hércules, vencedor de Gerión, llevó bueyes de singular hermosura; después de atravesar el Tíber a nado con su rebaño, detúvose en las riberas del río, en sitio de abundantes pastos, para dar alimento y descanso al ganado, y cansado él también, se acostó sobre la hierba; mientras dormía profundamente allí, repleto de comida y de vino, un pastor de la comarca llamado Caco, extraordinariamente robusto, seducido por la hermosura de los bueyes, decidió robarlos. Pero temeroso de que si los llevaba en línea recta, las huellas guiarían a su cueva al dueño cuando los buscase, eligió los más hermosos, y cogiéndolos por la cola, los llevó andando al revés hasta su morada. Despertó Hércules con los primeros albores del día; examinó el rebaño, y notando que le faltaba una parte de él, marchó directamente a la cueva inmediata, pensando que las huellas llevarían a ella; pero todas se dirigían en sentido contrario, sin que ninguna siguiese otra dirección. Incierto y confuso, apresuróse a alejar el rebaño de aquellos peligrosos prados; pero en el momento de la partida, algunas vacas demostraron con mugidos, a la manera que suelen hacerlo, su disgusto por separarse de sus compañeros: respondieron los escondidos, y su voz llevó hacia aquel lado a Hércules. Acudió a la cueva, Caco se esforzó en disputarle la entrada, implorando, aunque en vano, el auxilio de los pastores, pero cayó bajo la formidable maza. Evandro, que había venido del Peloponeso buscando asilo en aquellas comarcas, más las gobernaba con su influencia que con verdadera autoridad. Debía su ascendiente al conocimiento de la escritura, maravilla desconocida en aquellas naciones, ignorantes de las artes; pero mucho más aún por la creencia propagada acerca de su madre Carmeta, a la que se consideraba como divinidad, y cuyos vaticinios, anteriores a la llegada de las Sibilas a Italia, habían inspirado admiración a aquellos pueblos. Atraído por la muchedumbre de pastores, reunidos tumultuosamente en torno de aquel extranjero, al que denunciaban a gritos como asesino, enteróse a la vez del crimen y de su causa; mas admirado en seguida de la majestad del héroe y de su elevada estatura, tan superior a la de los hombres, preguntóle quién era, y apenas pronunció su nombre, el de su padre y el de su patria, dijo: "Hércules, hijo de Júpiter, yo te saludo. Mi madre, verdadera intérprete de los dioses, me predijo que habías de aumentar el número de las divinidades, y que en estos parajes se alzaría en honor tuyo un altar des-

tinado a recibir un día de la nación más poderosa del mundo el nombre de Máximo, y cuyo culto tú mismo ordenarías." Tendiéndole Hércules la mano, le contesta que acepta el presagio, y que para cumplir el destino, él mismo va a erigir el altar y a consagralo. Escogió entonces el buey más hermoso del rebaño y se ofreció el primer sacrificio a Hércules. Los Poticios y Pinarios, que eran las familias más esclarecidas de la comarca, elegidos por ministros del sacrificio, ocuparon asiento en el banquete sagrado. Hizo el acaso que llegasen los Poticios al principio del festín y que se les sirviese la carne de la víctima, que estaba consumida ya a la llegada de los Pinarios, que solamente participaron del resto del banquete. Éste es el origen del uso perpetuado hasta la extinción de la familia Pinaria, que les prohibía las primicias de las víctimas. Instruidos los Poticios por Evandro, quedaron por espacio de muchos siglos como ministros de este culto, hasta la época en que, habiendo abandonado a esclavos estas funciones hereditarias en sus familias, perecieron todos por castigo. De todos los cultos que estableció Rómulo, éste fue el único que tomó de los extranjeros; demostrando por este hecho la inmortalidad que había de merecer por su valor, y a la que sus hados le guiaban.

8. Convenientemente establecidos los ritos religiosos, reunió en asamblea aquella multitud, que solamente la fuerza de las leyes podía constituir en nación, y le dictó las suyas; y persuadido de que el medio más seguro de imprimirles carácter sagrado, a los ojos de aquellos hombres rudos, era enaltecerse él mismo por medio de las señales exteriores de la autoridad; entre otros signos distintivos que revelaban su poder, rodeóse de doce lictores. Créese que eligió este número por el de los doce buitres que le presagiaron el imperio; pero me inclino a creer, como aquellos que encontrando entre nuestros vecinos los etruscos la primera idea de los aparitores y de esta clase de empleados públicos, así como la de la silla curul y de la toga pretexta, opinan que debe buscarse en estas costumbres también el origen de este número. Adoptóle para que de los doce pueblos que habían concurrido a su elección le diese cada uno un lictor. Entre tanto se agrandaba la ciudad, ensanchándose su recinto día por día, atendiendo más a sus esperanzas de población futura que a las necesidades de su población actual. Para dar alguna realidad a aquella grandeza, siguiendo Rómulo la antigua costumbre de los fundadores de ciudades que aseguraban que la tierra había producido habitantes, abrió un asilo en el paraje cerrado hoy por una empalizada en la vertiente del Capitolio, entre los dos bosques. Esclavos y hombres libres, todos aquellos a quienes movía el deseo de novedades, acudían en multitud a refugiarse allí, y aquél fue el primer apoyo de nuestra naciente grandeza. Satisfecho de las fuerzas conquistadas, las sometió a ordenada dirección: estableció cien senadores, bien porque le pareciese suficiente el número, bien porque no encontrase más que mereciesen aquel honor. Lo cierto es que se les llamó Padres, y este nombre se convirtió en título y honor; sus descendientes se llamaron Patricios.

9. Era ya Roma bastante fuerte para no temer a ninguna ciudad inmediata, pero carecía de mujeres, y toda aquella grandeza había de desaparecer en una sola

generación; no teniendo esperanzas de sucesión dentro de la ciudad, tampoco tenían los romanos alianzas con sus vecinos. En situación tal, Rómulo, por consejo del Senado, les mandó legados con el encargo de pedirles amistad y mujeres para esposas del nuevo pueblo. "Las ciudades, decían, como todas las cosas del mundo, son pequeñas cuando nacen; mas después, si les ayudan su valor y sus dioses, adquieren renombre y poderío. No ignoráis que los dioses han patrocinado la fundación de Roma, y el valor romano no desmentirá este celestial origen: no debéis, por tanto, temer que vuestra sangre y vuestra raza se mezcle con ellos." En ninguna parte recibió buena acogida la embajada; tanto despreciaban y temían a la vez aquellos pueblos, para ellos y sus descendientes, el poderío que se alzaba amenazador en medio de ellos. La mayor parte preguntaron a los legados, al despedirles, por qué no habían abierto también un asilo para las mujeres, porque de esta manera habrían tenido casamientos iguales. Ofendióse por esta injuria la juventud romana, y desde entonces pudo comprenderse que se llegaría a la violencia; mas con el propósito de preparar circunstancias y paraje favorables, Rómulo ocultó su resentimiento y dispuso juegos solemnes, con el nombre de Consuales, en honor de Neptuno ecuestre. Mandó anunciar juegos en los puntos comarcanos, y se desplegó en los preparativos de la fiesta toda la pompa compatible con el estado de las artes y del esplendor romanos, para darles brillantez y despertar curiosidad. Multitud de espectadores acudieron, deseando también examinar la nueva ciudad, en particular de los pueblos más inmediatos, especialmente los cenenses, crustuminios y antemnatos. También acudió el pueblo entero de los sabinos con sus mujeres e hijos. Todos fueron alojados en la ciudad, y al contemplar su hermoso emplazamiento, sus murallas y el considerable número de casas que encerraba ya, quedaron maravillados de su rápido desarrollo. Cuando llegó el día de la fiesta, en el momento en que más absortos estaban los ojos y los ánimos, realizóse el plan concertado, lanzándose, a una señal, todos los jóvenes romanos para apoderarse de las doncellas. La mayor parte de éstas fueron presa del primero que las arrebató, y algunas, las más hermosas, reservadas a los senadores; los plebeyos, encargados de este trabajo, las llevaban a sus casas. Una entre ellas, muy superior a sus compañeras por su apostura y belleza, cuando la llevaba un grupo de las gentes de un senador llamado Talasio, como no cesaban de preguntarles para quién la llevaban, con objeto de preservarla de toda ofensa contestaban sin detenerse: "A Talasio"; siendo éste el origen de esta palabra, que se pronuncia en las ceremonias nupciales. El terror turbó las fiestas; los padres de las doncellas huyeron entristecidos, clamando contra aquella violación de los derechos de hospitalidad e invocando el dios cuyo nombre, atrayéndoles a la solemnidad de los juegos, había encubierto aquella perfidia y sacrílega asechanza. De la misma indignación y vergüenza participaban las víctimas del rapto; pero Rómulo, visitándolas una por una, les manifestó que aquella violencia solamente debían imputarla al orgullo de sus padres y a su negativa de enlazarse con un pueblo vecino; pero que iban a compartir como esposas con los romanos su fortuna y su patria, y que quedarían unidas con ellos por el vínculo más dulce que puede enlazar a los seres humanos, el de la maternidad. Debían por consiguiente moderar su rencor y dar sus corazones a aquellos a quienes la suerte había hecho dueños de sus personas. Suele la injuria ceder el puesto al cariño, y las prendas de su felicidad doméstica quedarían tanto más aseguradas, cuanto que sus esposos, no limitándose a llenar los deberes que este título les imponía, se esmerarían en reemplazar para ellas la familia y la patria que echaban de menos. A estas palabras se unían las caricias de los raptores, que atribuían a su amor la violencia de su acción, excusa que ablanda el ánimo de las mujeres.

10. Habían olvidado ya ellas la ofensa, cuando sus padres, más irritados que nunca, manchadas las vestiduras en señal de luto, sublevaban los pueblos con sus lloros y lamentos. No encerraban su desesperación en el recinto de sus ciudades, sino que por todas partes acudían a Tito Tacio, rey de los sabinos, a quien dirigían todos los emisarios y legados, por la elevada consideración que merecía su nombre en aquellas comarcas. Los cenenses, crustuminios y antemnatos pertenecían a los pueblos ultrajados, y encontraban a Tacio y a sus sabinos demasiado lentos en decidirse. Coligáronse estos tres pueblos para una guerra común; pero los crustuminios y antemnatos andaban todavía demasiado lentos para levantarse, según el deseo de venganza de los cenenses, que solos y con sus propias fuerzas invadieron el territorio romano. Pero mientras saqueaban en desorden, acudió Rómulo a su encuentro con su ejército, demostrándoles con la fácil victoria que consiguió que la cólera sin fuerzas es siempre impotente. Deshizo sus huestes, dispersóles, les persiguió en su derrota, mató por su propia mano a su rey y se apoderó de sus despojos. La muerte del jefe enemigo le entregó la ciudad; y al regreso de su ejército victorioso, Rómulo, que unía al genio de las grandes empresas la habilidad de realzarlas, suspendió a su trofeo, preparado al efecto, los despojos del rey muerto, y subió al Capitolio, depositándolos allí al pie de una encina consagrada por la veneración de los pastores; dedicólos a Júpiter y trazó el recinto de un templo que dedicó a este dios con nuevo nombre: "Júpiter Feretriano, exclamó, a ti te ofrece estas armas reales un rey vencedor y te consagra un templo cuyo recinto acaba de medir su pensamiento. Aquí quedarán depositados los despojos opimos que mis sucesores, que vencerán como yo, arrancarán con la vida a los reyes y jefes enemigos." Tal es el origen de aquel templo, el primero que se consagró en Roma. Los dioses se dignaron ratificar después la predicción de los fundadores del templo, haciendo que sus descendientes les imitasen, pero sin permitir que se multiplicaran tanto que desmereciesen en valor. En tan considerable número de años ocupados por tantas guerras, solamente se llevaron dos veces despojos opimos; tan avara fue la fortuna de este honor.

11. Mientras los romanos se dedican a estas fiestas religiosas, aprovechando la ocasión los antemnatos entraron por las abandonadas fronteras. Rápidamente acudió a su encuentro una legión romana, sorprendiéndoles dispersos por los campos. Al primer ataque, al primer grito de guerra huyeron los antemnatos y cayó su ciudad en poder de los romanos. Hersilia, esposa de Rómulo, cons-

treñida por los ruegos de las mujeres robadas con ella, aprovechó el regocijo de aquella doble victoria para suplicar a su esposo que perdonase a sus padres y los recibiese en la ciudad, siendo éste el medio mejor para establecer la concordia. Lo consiguió sin trabajo y marchó Rómulo contra los crustuminios, quienes, desalentados ya por la derrota de sus aliados, opusieron menos resistencia que aquéllos. A unos y a otros mandaron colonias, presentándose mayor número para Crustumino por razón de la feracidad de sus campos, al mismo tiempo que frecuentes emigraciones, principalmente de las familias de las mujeres robadas, acudían de aquellos parajes a aumentar la población romana. Fue la última guerra la de los sabinos, y también la más empeñada, porque este pueblo obró con calma y tranquilidad, no precediendo amenazas al ataque, ni rechazando en su prudencia los consejos de la astucia. Mandaba en la fortaleza romana Spurio Tarpeyo, y seducida su hija con las dádivas de Tacio, prometió entregar la fortaleza a los enemigos. Saliendo la joven, como por casualidad, fuera del recinto para tomar agua, penetraron los sabinos y mataron a la doncella, ora para demostrar que habían entrado por la fuerza, ora para dar a entender que nadie está obligado a guardar fe a los traidores. Añádese que los sabinos, que llevaban en el brazo izquierdo pesados brazaletes de oro y anillos guarnecidos de piedras preciosas, habíanse comprometido a pagar la traición con los objetos que tenían en la mano izquierda; por cuya razón arrojaron sobre la joven los escudos en vez de las joyas, ahogándola con su peso. Dicen otros que al pedir a los sabinos los adornos del brazo izquierdo, Tarpeya se refería verdaderamente a las armas; pero sospechando un lazo los sabinos, la aplastaron bajo el peso mismo del premio.

12. Apoderáronse, pues, los sabinos de la fortaleza; y a la mañana siguiente, formado en batalla el ejército romano, llenaba con sus huestes el terreno que media entre el monte Palatino y el Capitolino. No habían salido los sabinos a su encuentro, cuando impulsados por la ira y el deseo de recobrar la fortaleza, lanzáronse los romanos a las alturas. Por una y otra parte animaban los jefes a los combatientes; a los sabinos, Mecio Curcio y a los romanos Hostio Hostilio. Colocado éste en la primera fila, y a pesar de lo peligroso de su posición, sostenía a los suyos con su audacia y su valor; mas en cuanto cayó, el ejército romano cedió de pronto y fue rechazado hasta la antigua puerta Palatina. El mismo Rómulo, arrastrado por la muchedumbre de fugitivos, alzó sus armas al cielo exclamando: "¡Oh, Júpiter! Por obedecer tus mandatos y bajo tus sagrados auspicios, puese en el monte Palatino los cimientos de esta ciudad; la fortaleza, comprada por un crimen, está en poder de los enemigos, que han cruzado el centro del valle y avanzan hacia aquí. Pero tú, padre de los dioses y de los hombres, recházales al menos de estos parajes; devuelve el valor a los romanos y detén su vergonzosa fuga. Aquí mismo te ofrezco un templo bajo el nombre de Júpiter Stator, eterno monumento de la salvación de Roma, preservada por tu poderosa protección." Dicho esto, y como si estuviese cierto de que había sido escuchado su ruego, añadió: "Romanos, Júpiter Óptimo Máximo os manda detener y volver al combate." Detuviéronse en efecto cual si obedeciesen el mandato del cielo, y Rómulo corrió a las primeras filas. Mecio Curcio, al frente de los sabinos, había bajado de la fortaleza persiguiendo a los derrotados romanos en toda la ex-

tensión del Foro. Acercábase ya a la puerta Palatina gritando: "Vencidos están estos huéspedes pérfidos, estos cobardes enemigos, y al fin aprenden que es muy diferente robar doncellas a combatir con hombres." Al oír tan orgullosas palabras cayó Rómulo sobre Mecio con un grupo de los jóvenes más esforzados. Mecio combatía entonces a caballo y era más fácil rechazarlo; persiguiéronle, y el resto del ejército romano, enardecido por la audacia de su rey, derrota a su vez a los sabinos. Asustado el caballo de Mecio por el tumulto de la persecución, le arroja a una charca, acudiendo los sabinos al peligro que corría su capitán. Unos le animan, otros le llaman y Mecio consigue escapar. Comienza de nuevo el combate en el valle, pero los romanos quedan vencedores.

13. En este momento las sabinas, cuyo rapto había dado origen a la guerra, venciendo el natural temor de su sexo, con la cabellera tendida y en desorden los vestidos, lanzáronse entre los dos ejércitos en medio de una lluvia de flechas, deteniendo los brazos, calmando el furor, y dirigiéndose tanto a los padres como a los esposos, ruéganles que no se manchen con la sangre, sagrada para ellas, de un suegro o de un yerno, que no impriman la mancha del parricidio en la frente de los niños que ya han concebido, hijos de los unos, nietos de los otros: "Si este parentesco, cuyo lazo somos nosotras, si nuestro matrimonio os es odioso, volved vuestras armas contra nuestro pecho: somos la causa de esta guerra, de las heridas y muerte de nuestros esposos y nuestros padres, y preferimos la muerte a vivir viudas o huérfanas." Conmoviéronse jefes y soldados, calmáronse y guardaron silencio. Adelantáronse los jefes para tratar, y no solamente quedó ajustada la paz, sino también la reunión de los dos pueblos. Repártense los dos reyes el imperio, cuya capital queda en Roma, y queda duplicada de esta manera la fuerza de los romanos. Mas para otorgar algún favor a los sabinos, tomaron los romanos de la ciudad de Cures el nombre de Quirites; y el pantano en que estuvo a punto de perecer Curcio con su caballo, llamóse, en memoria de la batalla, Lago de Curcio. Aquella dichosa paz, sucediendo repentinamente a tan deplorable guerra, hizo a las sabinas más queridas a sus esposos y a sus padres, y especialmente a Rómulo. Así fue que al dividir al pueblo en tres curias les dio el nombre de aquellas mujeres. Muy superior era sin duda su número al de las curias, pero la tradición no nos dice si decidieron la aplicación de los nombres la edad, el rango o el de sus maridos. Creáronse en la misma época tres centurias de caballeros, llamados, los de la primera, ramnenses, de Rómulo; los de la segunda, ticienses, de Tito Tacio; la tercera centuria llamóse Lucera, ignorándose por qué razón. Desde aquel momento no solamente fue común a los dos reyes el mando, sino que lo ejercieron en la mejor armonía.

14. Algunos años después, habiendo maltratado a los legados de los laurentinos los parientes del rey Tacio, reclamó el pueblo romano en nombre del derecho de gentes. Pero el favor y ruegos de los agresores tuvieron más influencia cerca de Tacio, por lo cual cayó el castigo sobre él, recibiendo la muerte en medio de un tumulto en Lavinia, adonde había acudido con motivo de la celebración de un sacrificio solemne. Dícese que no mostró Rómulo en esta ocasión el dolor conveniente, bien porque compartiese el trono a disgusto, bien porque estimase justa la muerte de Tacio. No empuñó las armas, y como debía expiarse el ultraje a los legados,

Roma y Lavinia renovaron la amistad, amistad que producía paz inesperada. Pero otra guerra más peligrosa estalló casi en las mismas puertas de Roma. La proximidad de esta ciudad, cuyo poderío aumentaba diariamente, inquietaba a los fidenatos, y sin esperar a que realizase todo lo que parecía ofrecerle el porvenir, comenzaron a hacerle guerra. Arman la juventud, sácanla a la campaña y talan el territorio que media entre Roma y Fidenas. Desde allí vuelven a la izquierda, porque a la derecha les opone obstáculo el Tíber, y propagan delante de ellos el terror y la desolación. Los habitantes de los campos huyen en tropel, y en su precipitada fuga a Roma llevan la primera noticia de la invasión. Alármase Rómulo (porque la inminencia del peligro no admite vacilación), ordena su ejército y marcha a acampar a una milla de Fidenas. Deja allí corta guarnición y se pone de nuevo en marcha con todas sus fuerzas: embosca parte de ellas en paraje lleno de malezas, y continúa la marcha con los demás peones y todos los caballos. Estos movimientos, operados con aparente desorden, y las correrías de la caballería hasta las puertas de la ciudad atraen a los enemigos, conforme se proponía Rómulo. Las acometidas de la caballería hacían más verosímil la fuga que la infantería simulaba; y en efecto, mientras los jinetes ejecutaban sus movimientos y mostraban vacilación entre el deseo de huir y el honor del combate, retiróse la infantería. Los fidenatos abren entonces las puertas de la ciudad, corren a la llanura, se lanzan en masa sobre el ejército romano, le ponen en retirada, y en el ardimiento de tenaz persecución, caen en la emboscada; preséntanse de repente los soldados romanos escondidos, cógenles de través, espántanse los fidenatos, y poniéndose en movimiento entonces la guarnición, aumenta su terror, siendo tan grande, que apenas deja tiempo a Rómulo y a la caballería para volver sobre ellos; comienza la fuga, y como ésta es verdadera, penetran en la ciudad con más desorden y precipitación que mostraron en la persecución del ejército romano, que solamente huía por artificio. Los romanos les empujaban con las espadas, y antes de que pudiesen cerrar las puertas entraron revueltos vencedores y vencidos, como si todos formasen un solo ejército.

15. La guerra de los fidenatos contagió a los veyos (que también eran etruscos); habían causa común con ellos, tanto por la identidad de origen como por la irritación que les causaba su derrota, y pensaban además con temor en la proximidad de una ciudad cuyas armas debían amenazar a todos sus vecinos. Derramáronse, pues, por las fronteras, antes para robar que para hacer formal guerra, por cuya razón no fijaron campamento ni esperaron al ejército romano. Cargados de botín volvieron a Veya, y los romanos, encontrando libre el campo, preparáronse a provocar un combate decisivo, cruzando el Tíber y estableciendo campamento. Al saber sus preparativos y marcha sobre la ciudad, salen los veyos y avanzan al encuentro del enemigo, prefiriendo decidir la cuestión en una batalla, que guarecerse en las murallas y pelear en las casas. En esta ocasión no empleó Rómulo la astucia, sino que venció con el valor de sus soldados, avezados ya a la guerra. Persiguió a los veyos derrotados hasta el pie de sus murallas, no intentando poner cerco a la ciudad, doblemente fuerte por sus muros y su posición. Retrocedió, pues, y taló el territorio, pero más por represalia que por avidez de botín. Esta devastación, unida a las pérdidas de la batalla, consumó la ruina de los veyos, quienes enviaron legados a Roma ofre-

ciendo la paz; concediéronles cien años de tregua, pero a precio de parte de su territorio. Éstos fueron, sobre poco más o menos, los acontecimientos militares y políticos durante el reinado de Rómulo, que concuerdan bastante con la opinión del origen divino de este rey, y con lo que se ha escrito relativamente a las cosas maravillosas que siguieron a su muerte. Todo abona esta creencia, especialmente si se considera el valor que desplegó para restablecer a su abuelo en el trono, su colosal proyecto de construir una ciudad y su habilidad para fortificarla, y por el provecho que sabía obtener tanto de la paz como de la guerra. Tan bien aprovechó Roma la fuerza que recibía de su fundador, que desde sus primeros progresos no se turbó su tranquilidad durante cuarenta años. El pueblo quería más a Rómulo que el Senado, pero más que todos le adoraban los soldados. Había elegido trescientos, a los que llamaba céleres, para la guarda de su persona, y les conservó constantemente, tanto en la guerra como en la paz.

16. Realizadas todas estas obras inmortales, un día en que asistía a una asamblea, en un paraje cercano a la laguna de la Cabra, para proceder al censo del ejército, formóse repentinamente una tempestad con muchos relámpagos y truenos, y el rey, envuelto en densas nubes, fue arrebatado a todos los ojos. Desde entonces no se le volvió a ver sobre la tierra; y cuando pasó el espanto, cuando a la profunda, oscuridad siguió pura y tranquila luz, viendo el pueblo romano vacía la silla real, mostróse bastante dispuesto a creer el testimonio de los senadores, que habiendo permanecido cerca del rey aseguraban había sido arrebatado al cielo durante la tempestad. Sin embargo, produciendo profundo estupor la idea de verse privado para siempre de su rey, permaneció por algún tiempo en profundo silencio, hasta que al fin, arrastrado por el ejemplo de algunos, prorrumpió en unánimes aclamaciones, saludando a Rómulo como a dios, hijo de dios, rey y padre de la ciudad romana, pidiendo la paz y protección para su descendencia. Puede suponerse que no faltarían entonces algunos que acusarían por lo bajo a los senadores de haber despedazado con sus propias manos a Rómulo, y hasta se propagó este rumor, pero nunca alcanzó bastante consistencia. La admiración que inspiraba y el terror del momento han consagrado la parte maravillosa de la primera tradición, y se añade que la revelación de un ciudadano fortaleció más esta creencia. Cuando temerosa Roma, lloraba la muerte de su rey y dejaba trasparentar su odio contra los senadores, Prócul Junio, autoridad grave, según se dice, hasta en lo tocante a tan extraordinario evento, adelantóse en medio de la asamblea y dijo: "Romanos, Rómulo, el padre de esta ciudad, habiendo descendido del cielo, se me ha aparecido hoy al amanecer. Sobrecogido de temor y de respeto, quedé inmóvil, procurando conseguir por medio de ruegos que me permitiese contemplar su semblante. —Ve, me dijo, y anuncia a tus conciudadanos que esta ciudad que yo he fundado, esta Roma mía, será la cabeza del orbe, porque tal es la voluntad de los dioses. Que los romanos se dediquen completamente al arte de la guerra, y que sepan ellos y sus descendientes que ningún poder humano alcanzará a resistir las armas de Roma—. Dicho esto, elevóse en los aires." Extraño es que con tanta facilidad prestasen fe a tales palabras; pero la certeza de la inmortalidad de Rómulo dulcificó el pesar del pueblo y del ejército.

17. Entre tanto agitaban al Senado la ambición y las rivalidades

del trono. No teniendo ninguno todavía en aquel pueblo nuevo autoridad sólida, no se alzaban pretensiones entre los ciudadanos, debatiéndose la cuestión entre las dos razas del pueblo. Los de origen sabino, que desde la muerte de Tacio no habían tenido rey de su nación, y que, en aquella sociedad, fundada en la igualdad de derechos, temían perder los que tenían al mando, querían se eligiese el rey de entre ellos. Por su parte los romanos antiguos rechazaban rey extranjero; pero este disentimiento no impedía que los ciudadanos quisiesen unánimemente un rey, porque todavía ignoraban las dulzuras de la libertad. Pero aquella ciudad sin gobierno, aquel ejército sin general, rodeados de muchas ciudades inquietas, hacían temer a los senadores algún imprevisto ataque. Comprendíase la necesidad de un jefe, pero ninguno se decidía a ceder. Acordóse al fin que los cien senadores se dividirían en diez decurias y que cada una de éstas confiriese a uno de sus individuos el ejercicio de la autoridad. El poder era colectivo, pero uno solo ostentaba las insignias y marchaba precedido de lictores. El mando solamente duraba cinco días, y cada uno lo ejercía a su vez. De esta manera quedó suspendida la realeza durante un año, llamando a esta suspensión interregno, palabra que todavía se usa hoy. Mucho se quejó entonces el pueblo de que se había agravado su servidumbre y de que en vez de un amo tenía ciento; mostrándose dispuesto a no soportar en adelante más que un rey y a elegirlo él mismo; comprendiendo los senadores, por esta actitud popular, que debían resignar voluntariamente los poderes de que iban a despojarlos. Mas al abandonar al pueblo el poder, retuvieron en realidad más de lo que concedían, porque sujetaron la elección del rey por el pueblo a la ratificación del Senado, prerrogativa usurpada que se ha conservado hasta hoy en el Senado para la sanción de las leyes y nombramientos para los cargos de la magistratura, aunque esto no es ya sino mero formalismo, puesto que antes de que el pueblo vote, el Senado ratifica la decisión de los comicios, sea la que quiera. Mas en aquella época el interés convocó la asamblea y dijo: "Quirites, para la gloria, bienestar y felicidad de Roma, nombrad vosotros mismos el rey; así lo ha decidido el Senado. Nosotros ratificaremos la elección si dais a Rómulo digno sucesor." Tanto agradó al pueblo esta concesión, que rivalizando en generosidad, decidió que la elección se encargase al Senado.

18. Vivía en aquel tiempo Numa Pompilio, varón célebre por su justicia y su piedad. Habitaba en Cerea, con los sabinos, y era, para su época, muy versado en el conocimiento de la moral divina y humana. Dícese, sin fundamento, que fue discípulo de Pitágoras de Samos; pero es cosa averiguada que éste floreció bajo el reinado de Servio Tulio, más de cien años después de Numa, y que habitó en los confines de Italia, en las inmediaciones de Metaponto, de Heraclea y de Crotona, donde estableció escuela para los jóvenes que seguían sus doctrinas. Pero aun admitiendo que fuese contemporáneo de Numa, ¿dónde había de haber encontrado hombres movidos por el deseo de instruirse? ¿Por qué conducto había de haber llegado hasta los sabinos la fama de su nombre? ¿En qué lengua habían de haber comunicado? ¿Y cómo, en fin, un hombre solo había de haber penetrado a través de tantas naciones tan diferentes en costumbres y lenguaje? Más creíble es que Numa encontraba en sí mismo los principios de virtud a que se ajustaba su espí-

ritu, y que más que en escuelas extranjeras se instruyó en la viril y rigurosa disciplina de los sabinos, que fueron el pueblo más austero de la antigüedad.

Aunque la elección de un rey de gente sabina debió parecer que acreditaba la preponderancia de este pueblo, ningún senador romano se atrevió a preferirle ningún otro, ni senador ni ciudadano, y todos le reconocieron el imperio. Llevado a Roma, quiso Numa Pompilio, imitando a Rómulo (que no echó los cimientos de la ciudad ni tomó posesión del mando hasta que consultó los oráculos), interrogar a los dioses acerca de su elección. Un augur, que debió a este honor conservar el sacerdocio público, llevó a Numa al monte Capitolino: hízole sentar allí sobre una piedra, vuelta la cara al mediodía, y el mismo augur, con la cabeza cubierta y teniendo en la mano un cayado sin nudos, llamado *lituus,* se volvió a su izquierda. Recorriendo en seguida con su vista la ciudad y los campos, trazó con el pensamiento líneas imaginarias en el espacio comprendido entre Oriente y Occidente, colocando la derecha al Mediodía y la izquierda al Norte; en seguida designó en frente de él y todo lo lejos que pudo un punto imaginario, y cogiendo al fin el cayado, con la mano izquierda y extendiendo la derecha sobre la cabeza de Numa, pronunció esta plegaria: "¡Oh, Júpiter, padre de la naturaleza, si tu voluntad es que Numa, cuya cabeza toco, sea rey de Roma, muéstralo en señales evidentes en el espacio que acabo de señalar." En seguida explicó la naturaleza de los auspicios que pedía, y habiéndose manifestado, quedó declarado rey Numa y bajó del templo.

19. Dueño ya del mando, quiso que aquella ciudad naciente, fundada por la violencia y las armas, lo fuese de nuevo por la justicia, las leyes y la pureza de costumbres. Y como veía imposible que en medio de continuas guerras aceptasen aquellas innovaciones hombres cuya rudeza había aumentado con el ejercicio de las armas, creyó que debía comenzar por quitarle gradualmente su habitual alimento. Con este objeto dedicó un templo a Jano, construyéndolo al pie del Argileto, y que fue símbolo de la paz y de la guerra: abierto, llamaba a los ciudadanos a las armas; cerrado, anunciaba que reinaba la paz con todos los pueblos vecinos. Dos veces se ha cerrado después del reinado de Numa; la primera bajo el consulado de T. Manlio, al terminar la primera guerra púnica; la segunda, bajo César Augusto, cuando, por la misericordia de los dioses, vimos, después de la batalla de Accio, restablecida la paz con el mundo por mar y tierra. Cuando lo cerró Numa, cuando por medio de tratados y alianzas realizó la unión entre Roma y los pueblos comarcanos, cuando hubo disipado las inquietudes acerca de la probable renovación de todo peligro exterior, temió la perniciosa influencia de la ociosidad en aquellos hombres a quienes habían contenido hasta entonces el temor del enemigo y los hábitos guerreros; y desde luego pensó que llegaría más fácilmente a dulcificar las groseras costumbres de aquella multitud y a disipar su ignorancia, infundiendo en las almas el sentimiento profundo del temor a los dioses. Pero no podía conseguir este objeto sin intervención milagrosa, y fingió tener nocturnas entrevistas con la diosa Egeria, diciendo que, obedeciendo sus órdenes, establecía las ceremonias religiosas más agradables a los dioses y un sacerdocio especial para cada uno de ellos. Ante todo, dividió el año, según el curso de la luna, en doce meses; pero como

cada revolución lunar no es regular de treinta días, y por lo tanto hubiese quedado incompleto el año solar, suplió la falta con la interposición de meses intercalares, ordenándolos de tal suerte, que cada veinticuatro años, encontrándose el sol en el mismo punto de que había partido, quedaban perfectamente concordes los días, según el curso solar. Estableció también los días fastos y nefastos, presintiendo ya la utilidad de aplazamientos con el pueblo.

20. Pensó en seguida en crear sacerdotes, aunque por sí mismo ejercía la mayor parte de las funciones que desempeña actualmente el flamín dial. Pero previendo que esta ciudad belicosa tendría más reyes semejantes a Rómulo que a Numa, reyes que hiciesen la guerra y marchasen personalmente a ella, temiendo que los oficios de rey perjudicasen a los de sacerdote, creó un flamín con la misión de no separarse jamás del altar de Júpiter, revistióle con augustas insignias, y le dio la silla curul, parecida a la de los reyes. Añadióle otros dos flamines, consagrados uno a Marte y otro a Quirino. En seguida fundó el colegio de las Vestales, sacerdocio tomado de los de Albano y que no era extraño a la familia del fundador de Roma. Asignóles en seguida rentas sobre el Estado para sujetarlas exclusivamente y para siempre a las necesidades de su ministerio, acabando de imprimirles carácter venerado y sagrado, el voto de virginidad, y otros privilegios. Creó otros doce sacerdotes, con el nombre de salios, en honor de Marte Grandivo, dándoles por insignias togas bordadas, cubiertas en el pecho por coraza de bronce; su misión era llevar los escudos sagrados, llamados *ancilia,* y discurrir por la ciudad cantando versos y ejecutando danzas y movimientos de cuerpo particulares dedicados a esta solemnidad. Nombró pontífice máximo a Numa Marcio, hijo del senador Marco, encargándole el cuidado de todo lo referente a la religión, y dándole por escrito la prerrogativa de dirigir las ceremonias religiosas, determinar la clase de víctimas, en qué días y en qué templos deberían sacrificarse, de qué fondos se sufragarían los gastos, y últimamente, jurisdicción sobre todos los sacrificios, tanto públicos como privados. De esta manera sabía el pueblo a quién consultar, y no corría riesgo la religión de recibir ofensa por olvido de los ritos nacionales y la introducción de otros extraños. No ordenaba solamente el pontífice máximo los sacrificios dedicados a los dioses celestiales, sino también los que se hacían a los manes y las ceremonias fúnebres, enseñando asimismo a distinguir, entre los prodigios anunciados por el rayo y otros fenómenos, aquellos que exigían expiación. Para conocer la voluntad de los dioses dedicó en la cumbre del monte Aventino un templo a Júpiter Elicio y consultó a los dioses por medio de los augures acerca de los prodigios dignos de cuidado.

21. Aquellas relaciones íntimas entre el pueblo y los ministros de la religión, aquella nueva tendencia de los espíritus hacia los ejercicios piadosos, hicieron perder a la multitud sus violentas y guerreras costumbres; y el cuidado constante de los dioses, que según parecía no dejaban de intervenir en la dirección de los negocios humanos, infundió tanta piedad en los corazones, que la fe y el respeto al juramento, a falta del temor a las leyes y a los castigos, hubiesen bastado para contener a los romanos. Todos arreglaban sus costumbres por las de Numa, que era el único ejemplo; así fue como los pueblos vecinos, que hasta entonces habían con-

siderado a Roma, no como una ciudad, sino como un campamento establecido entre ellos para perturbar la tranquilidad general, adquirieron poco a poco tal veneración hacia ella, que hubiesen tenido por sacrilegio cualquiera hostilidad contra una ciudad completamente dedicada al servicio de los dioses. Muchas veces sin testigos, y cual si fuese a conferenciar con la diosa, retirábase Numa a un bosque cruzado por un arroyo, cuyas inagotables aguas brotaban del fondo de oscura gruta. Él mismo dedicó este bosque a las musas, porque allí se reunían éstas con su esposa, Egeria. La Buena Fe tuvo un templo especial, disponiendo Numa que los sacerdotes de este templo fuesen a él montados en un carro cubierto, tirado por dos caballos, y que durante las ceremonias tuviesen las manos envueltas hasta los dedos, para dar a entender que debía protegerse la buena fe, y que la mano es el símbolo y su asiento. Otros muchos sacrificios estableció, y los sacerdotes llamaron Argios a los parajes destinados a su celebración. Pero la obra más hermosa y más grande de Numa fue el mantenimiento de la paz y la solidez de sus instituciones durante su reinado. De esta manera engrandecieron dos reyes la ciudad romana, uno por la guerra y el otro por la paz. Rómulo reinó treinta y siete años, Numa cuarenta y tres. Roma era poderosa entonces, y las artes que había adquirido por la guerra y por la paz habían perfeccionado sus adelantos.

22. Muerto Numa volvióse al interregno; mas el pueblo eligió rey a Tulo Hostilio, nieto de aquel Hostilio que se distinguió contra los sabinos en el combate al pie de la fortaleza. El Senado aprobó la elección; pero este príncipe, lejos de parecerse al anterior, tenía carácter más belicoso aún que Rómulo. Su juventud, su vigor y la gloria de su abuelo enardecieron su valor, y persuadido de que un Estado se enerva en la inacción, por todas partes buscaba pretextos para la guerra. Quiso la casualidad que los labradores romanos y albanos se entregasen a recíprocas depredaciones. Gobernaba entonces Albano C. Cluilio, y cada partido mandó casi al mismo tiempo legados pidiendo reparación. Había encargado Tulo a los suyos exponer ante todo su petición, esperando terminante negativa de parte de los albanos, lo que le proporcionaba legítimo caso de guerra. Los albanos llevaron con más lentitud las negociaciones, y recibiéndoles Tulo, invitándoles a su mesa, le colmaron de atenciones y cortesías. Entre tanto, los legados romanos presentaron sus reclamaciones, y ante la negativa de los albanos, les declararon la guerra para treinta días después. Enterado Tulo, llamó a los legados albanos y les pidió explicación del motivo de su viaje. Ignorando todavía éstos lo ocurrido, alegaron vanas excusas para ganar tiempo: "Muy a disgusto suyo se exponen a desagradar a Tulo, pero tienen que sujetarse a las órdenes recibidas. Vienen a reclamar la restitución de lo que les han arrebatado y si no lo consiguen, se les ha mandado declarar la guerra." Tulo contestó entonces: "Decid a vuestro rey que el de los romanos pone por testigos a los dioses que aquel de los dos pueblos que primero se negó a hacer justicia a la reclamación de los legados, debe ser responsable de las funestas consecuencias de esta guerra."

23. Los albanos llevaron a los suyos esta contestación, y por ambas partes se aprestaron ardorosamente para la contienda; contienda que tenía todo el carácter de guerra civil, porque puede decirse que ponía frente a frente padres e hijos.

Los dos pueblos tenían origen troyano; Lavinio descendía de Troya, Albano de Lavinio y los romanos descendían de los reyes de Albano. Pero el resultado de la guerra hizo menos deplorable el caso, porque no combatieron en batalla campal, sino que destruidas las casas de una de las ciudades, los habitantes pasaron a la otra. Los albanos fueron los primeros en invadir con formidable ejército el territorio romano: tenían el campamento a cinco millas; habiéndolo rodeado de un foso, que durante algunos siglos llevó el nombre del jefe, foso Cluilio, hasta que el tiempo borró el foso y su nombre. Habiendo muerto Cluilio en el campamento, los albanos eligieron dictador a Metto Suffecio; pero el valeroso Tulo, cuya audacia había aumentado con la muerte de Cluilio, propala por todas partes que la venganza de los dioses, después de haberse manifestado en la persona del jefe, amenaza castigar por el crimen de aquella guerra impía a todo el que lleve nombre de albano. En seguida, aprovechando la oscuridad de la noche, rodea el campamento, e invade a su vez el territorio de Albano. Enterado Metto, salió de sus empalizadas y se acercó cuanto pudo a los romanos; desde allí mandó un emisario a Tulo para manifestarle la conveniencia de una entrevista antes de empeñar el combate, y que en caso de que la aceptase, propondría cosas que interesaban por igual a Roma y a Albano. No se negó Tulo, aunque esperaba poco fruto de la conferencia, y ordenó en batalla su ejército. Lo mismo hicieron los albanos, y entonces dijo Metto: "Injustos ataques, presas arrebatadas en contra de la fe de los tratados, reclamadas y no devueltas, son las causas de esta guerra. Al menos, éstas son las que oí a nuestro rey Cluilio, y las que tú mismo darás, ¡oh, Tulo! Mas sin recurrir a sutiles razones y para declarar aquí la verdad, digo que solamente la ambición arma el uno contra el otro a estos dos pueblos vecinos, unidos por lazos de parentesco. No decidiré yo si obramos bien o mal, porque esto atañe a los autores de la guerra que yo debo sostener como jefe de los albanos. Pero solamente quiero hacerte una advertencia, ¡oh, Tulo!: tú y yo nos encontramos rodeados por la nación etrusca; el peligro es grande para todos, pero mucho más grande para los tuyos, y tanto mejor lo sabéis cuanto que os encontráis más cercanos. Los etruscos son poderosos en tierra y lo son aún más en el mar. Recuerda que en cuanto des la señal de combate, ese pueblo que tiene fija la vista en los dos ejércitos esperará a que nos hayamos debilitado para atacar a la vez al vencedor y al vencido. Así, pues, en vez de contentarnos con una libertad asegurada, corremos los peligros de la esclavitud ambicionando la conquista de un dominio dudoso; busquemos, en nombre de los dioses, un medio que, sin derramiento de sangre, decida al fin cuál de los dos pueblos ha de ser soberano." Aunque la esperanza de la victoria enardecía a Tulo, no desdeñó la proposición, y mientras los dos jefes buscaban aquel medio, la fortuna se encargó de suministrarlo.

24. Por acaso había en ambos ejércitos tres hermanos gemelos iguales por edad y fuerza. Eran éstos los Horacios y Curiacios. La exactitud de sus nombres está suficientemente comprobada, y los anales de la antigüedad presentan pocos hechos tan comprobados como el suyo. A pesar de esto, todavía subsiste hoy la duda acerca de la nación a que pertenecían los Horacios y cuál era la de los Curiacios, porque difieren acerca de esto los escritores; aunque el mayor número creen a los Horacios romanos, inclinándome yo a esta opi-

nión. Cada uno de los reyes encargó a los tres hermanos combatir por la patria, y donde quede la victoria quedará el mando. Aceptóse la condición y se convino acerca del tiempo y el lugar del combate. Previamente se ajustó un tratado entre romanos y albanos, cuya cláusula principal era que el pueblo vencedor ejercería sobre el vencido mando suave y moderado. En todos los tratados varían las condiciones, pero la fórmula es igual. Éste es el pacto de esta especie más antiguo que conocemos. El facial, dirigiéndose a Tulo, dijo: "¡Oh, rey! ¿me mandas concluir un tratado con el heraldo del pueblo albano?" Y recibiendo respuesta afirmativa, añadió: "Yo te pido la hierba sagrada." "Cógela", contestó Tulo. Entonces trajo el facial de la fortaleza la hierba, y dirigiéndose otra vez a Tulo: "Rey, dijo, ¿me nombras intérprete de tu voluntad y de la del pueblo romano, descendiente de Quirino? ¿Aceptas los vasos sagrados y mis compañeros?" "Sí, respondió el rey; poniendo a salvo mi derecho y el del pueblo romano." El facial era M. Valerio y creó heraldo *(pater patratus)* a Sp. Fusio tocándole la cabeza y el cabello con la verbena. El heraldo prestó juramento y sancionó el tratado, empleando para ello larga serie de fórmulas sagradas que es inútil repetir aquí. Leídas las condiciones, dijo el facial: "Oye, Júpiter; oye, heraldo del pueblo albano; oye, pueblo albano: El pueblo romano no será jamás el primero en violar las condiciones y las leyes. Las condiciones, escritas en estas tablillas o en esta cera, se os acaban de leer desde la primera a la última sin dolo ni astucia. Desde hoy todos las conocen bien, y no será el pueblo romano el primero que se aparte de ellas. Si ocurriese que por deliberación pública o por indignos subterfugios fuese el primero en infringirlas, entonces, oh, Júpiter Máximo, hiérele como voy yo a herir a este puerco, y hazlo con tanto más rigor cuanto más grande es tu poder." Dicho esto, hirió con una piedra al puerco. Los albanos por su parte repitieron las mismas fórmulas y pronunciaron el mismo juramento por boca de su dictador y de sus sacerdotes.

25. Hecho el pacto, los tres hermanos de cada bando empuñaron las armas, según lo convenido. Animábanles las voces de sus conciudadanos. Los dioses patrios, la patria misma, cuanto hay de ciudadanos en el ejército y en la ciudad, fijan sus ojos, ora en las armas, ora en sus brazos. Excitados por su propio valor y aturdidos por tantos gritos que les exhortan, avanzan entre los dos ejércitos formados delante del campo, exentos de peligro, pero no de temor, porque se trataba del imperio, pendiente del valor y de la fortuna de tan corto número de combatientes. Con ánimo suspenso y anhelante, esperan ansiosamente el comienzo de un espectáculo tan poco grato a la vista. Diose la señal, y los seis campeones se lanzan como un ejército en batalla, llevando en el corazón el valor de dos grandes naciones. Indiferentes al propio peligro, solamente contemplan el triunfo o la esclavitud, el porvenir de su patria cuya suerte será la que ellos le formen. Al primer choque de aquellos guerreros, al crujir primero de sus armas, en cuanto centellearon sus espadas, horror profundo se apoderó de los espectadores, helándoles a voz la incertidumbre, suspendiéndoles el aliento. Trábase el combate, y no ya los movimientos del cuerpo, no ya el brillar de las armas, ni los inciertos golpes, sino las heridas y la sangre es lo que espanta las miradas. Dos romanos caen muertos el uno sobre el otro, y heridos están los tres albanos. Al

caer los dos Horacios, el ejército de Albano lanza un grito de alegría, y los romanos, sin esperanza ya, pero no sin temor, fijan la vista en el tercer Horacio, rodeado por los tres Curiacios. Afortunadamente se encontraba ileso; y viéndose débil contra tres enemigos reunidos, pero muy fuerte contra cada uno de ellos en particular, para separarles emprende la fuga, persuadido de que le perseguirán con el brío que les permitan las heridas. Habíase alejado ya algo del paraje del combate, cuando volviendo la cabeza, ve que, en efecto, le persiguen sus adversarios a distancias muy desiguales, teniendo cerca uno solo. Con furioso ímpetu cayó sobre él: el ejército albano excitó con sus gritos a los Curiacios para que acudiesen en socorro de su hermano; pero vencedor ya, Horacio acude al segundo combate. El alarido que arranca inesperada alegría, brota entonces del ejército romano, y enardecido el guerrero con aquel grito, precipita el combate, y antes de que llegue el tercer Curiacio, que ya estaba cerca, mata al segundo. Solamente quedaban dos ya, iguales para las probabilidades del combate, pero desiguales por la confianza y las fuerzas. El uno, ileso y orgulloso por su doble victoria, acude con seguridad al tercer empeño: el otro, debilitado por la herida, extenuado por la carrera, pudiendo apenas arrastrase y vencido de antemano por la muerte de sus hermanos, presenta la garganta a la espada del vencedor. Ya no hubo combate; lleno de gozo, el romano exclamó: "He inmolado dos a los manes de mis hermanos; éste es causa de la guerra y lo sacrificaré para que Roma impere sobre Albano." El Curiacio apenas podía sostener las armas, y el Horacio, clavándole la espada en el cuello, le derribó y despojó. Los romanos acogieron en triunfo al vencedor, tanto más gozosos, cuanto más habían temido. Cada uno de los pueblos cuidó en seguida de enterrar a sus muertos, pero con sentimientos muy diferentes: el uno conquistaba el imperio, el otro, caía bajo dominio extraño. Todavía se ven las tumbas de aquellos guerreros en el paraje en que cayeron los dos romanos juntos y cerca de Albano; los tres albanos del lado de Roma, a cierta distancia entre sí, según el sitio en que habían combatido.

26. Antes de separarse, Metto, en observancia del tratado, preguntó a Tulo qué mandaba, contestando éste que mantuviese armada a la juventud para emplearla contra los veyos si les hacía la guerra. Retiráronse en seguida los dos ejércitos, marchando al frente de los romanos Horacio, llevando los despojos de sus tres victorias. Su hermana, prometida a uno de los tres Curiacios, le salió al encuentro cerca de la puerta Capena, y reconoció sobre el hombro de su hermano la clámide de su prometido, tejida por ella misma; arrancóse los cabellos y llamó a su esposo con voz ahogada por los sollozos. Indignado Horacio al ver que las lágrimas de su hermana amenguaban su triunfo, sacó la espada y se la clavó a la doncella, diciendo: "Ve con tu loco amor a reunirte con tu esposo, tú, que olvidas a tus hermanos muertos, al que te queda y a tu patria. ¡Así perezca toda romana que se atreva a llorar la muerte de un enemigo!" Aquella muerte indignó al pueblo y al Senado, pero el brillo de la victoria disminuía el horror. Sin embargo, lleváronle ante el rey y le acusaron. Temiendo el rey la responsabilidad de la sentencia, cuyo rigor sublevaría a la multitud, y temiendo más aún ordenar el suplicio que seguiría a la sentencia, convocó la asamblea del pueblo y dijo: "Nombro, según la ley, duunviros que juzguen a Horacio." La ley era ex-

traordinariamente rigurosa. "Que los duunviros juzguen el delito, decía; y si apelan de la sentencia, juzguen sobre la apelación. Si resulta confirmada la sentencia, cúbrase la cabeza del culpable, suspéndasele al árbol fatal y azótesele con varas en el recinto o fuera del recinto de la ciudad." Ateniéndose a esta disposición legal, los duunviros no se hubiesen atrevido a absolver ni siquiera a un inocente después de haberle condenado. "P. Horacio, dijo uno de ellos, declaro que has merecido la muerte. Ve, lictor, átale las manos." Acercóse el lictor, y ya preparaba la cuerda, cuando por consejo de Tulo, interpretando con clemencia la ley, exclamó Horacio: "Apelo." Llevóse la apelación al pueblo. Todos se encontraban conmovidos, oyendo gritar al viejo Horacio que la muerte de su hijo era justa; que en otras circunstancias, él mismo hubiese obrado contra él en virtud de la autoridad paternal, y suplicaba a los romanos, que le habían visto la víspera padre de tan numerosa familia, que no le privasen de todos sus hijos. Abrazándole después y mostrando al pueblo los despojos de los Curiacios colgados en el punto que todavía se llama hoy Pilar de Horacio, exclamó: "Romanos, el que hace un momento contemplabais con admiración marchando entre vosotros triunfante y ostentando gloriosos despojos, ¿podréis verle atado al poste infame, azotado y muerto? Los mismos albanos no podrían soportar tal espectáculo. Acércate, lictor; ata las manos que armadas poco ha acaban de darnos el imperio; acércate, cubre la cabeza del libertador de Roma; cuélgale del árbol fatal; azótale en la ciudad si quieres, con tal que sea delante de estos trofeos y despojos; llévale fuera de la ciudad, con tal que sea entre las tumbas de los Curiacios. ¿Dónde le llevaréis que no se alcen los monumentos de su gloria ante el horror de su suplicio?" Vencido el pueblo, tanto por las lágrimas del padre como por la intrepidez del hijo, igualmente sereno ante todos los peligros, absolvió al culpable; moviéndole a esta gracia antes la admiración que inspiraba su valor que la bondad de su causa. Sin embargo, para que tamaño crimen no quedase sin expiación, mandóse al padre que rescatase al hijo pagando una multa. Después de algunos sacrificios expiatorios, cuya tradición conservó la familia de los Horacios, el anciano colocó a través de la calle una vigueta, a manera de yugo, bajo el cual hizo pasar a su hijo con la cabeza cubierta. Aquella vigueta, conservada y cuidada a perpetuidad por orden de la república, existe todavía, llamándose el Poste de la Hermana, y en el paraje donde cayó muerta alzóse una tumba de piedra labrada.

27. No fue muy duradera la paz con los albanos, careciendo el dictador de la firmeza necesaria para resistir el odio popular, que le censuraba haber abandonado la suerte pública a tres guerreros; y porque el resultado defraudó sus buenos propósitos, recurrió a la perfidia para recobrar el favor del pueblo, y así como buscó la paz en la guerra, buscó la guerra en la paz. Pero viendo en los suyos más valor que fuerza, apeló a otros pueblos, excitándoles a declarar la guerra a Roma y a hacérsela abiertamente, reservando a los suyos el papel de traidores. Los fidenatos, colonia romana, trajeron a los veyos a la trama, y alentados por las seguridades que les daba Metto, que prometía unírseles, empuñaron las armas y se prepararon a la guerra. Cuando estalló ésta, Tulo llamó a Metto con su ejército, marchó contra los enemigos, cruzó el Anio y acampó en la confluencia de este río con el Tíber. Los veyos habían atravesado

el Tíber entre este punto y la ciudad de Fidenas, formando sus gentes el ala derecha, que se extendía por las orillas del río; a la izquierda estaban los fidenatos, más cerca de las montañas. No era Metto más valiente que fiel, por lo que no atreviéndose a guardar el punto que le habían confiado ni a pasarse abiertamente al enemigo, acercóse poco a poco a las montañas. Cuando se consideró bastante alejado de los romanos mandó detenerse a los suyos; y no sabiendo ya qué hacer, desplegó sus columnas, proponiéndose llevar su auxilio allí donde se mostrase la fortuna. Los romanos, que conservan su posición, extrañan aquel movimiento, que les dejaba descubierto un flanco, y muy pronto llega a la carrera un jinete a decir a Tulo que los albanos se retiran. Aterrado Tulo, hace votos de consagrar a Marte doce sacerdotes salios y de construir un templo a la Palidez y al Pavor. En seguida mandó al jinete con voz amenazadora y bastante fuerte para que le oyese el enemigo, que volviera al combate y no temiese, que los albanos ejecutaban aquel movimiento por orden suya para cortar a los fidenatos. En seguida le manda que los jinetes tengan levantadas las lanzas. Esta hábil evolución evitaba que la mayor parte de los peones romanos viesen la retirada de los albanos; y los que la habían observado, engañados por las palabras del rey, que creían verdaderas, combaten con mayor denuedo. Apodérase el terror de los fidenatos, habiendo oído y comprendido de la misma manera la respuesta del rey, porque muchos de ellos, habiendo partido de Roma para fundar la colonia, conocían la lengua latina. Temiendo que bajando bruscamente de la altura los albanos les cortasen el camino de su ciudad, volvieron la espalda, declarándose en fuga. Persígueles Tulo, derrota al cuerpo de los fidenatos y vuelve con mayor brío contra los veyos, aturdidos ya por la derrota de sus aliados. Los veyos, no pudiendo sostener el empuje, se desbandan y huyen, pero el río que corre a su espalda les detiene. Al llegar a la orilla unos arrojaban cobardemente las armas y se lanzaban ciegos al agua; otros, vacilando entre la fuga y el combate, son muertos en medio de sus vacilaciones. En ninguna batalla habían derramado los romanos tanta sangre enemiga.

28. El ejército albano, que hasta ahora se mantuvo espectador de la batalla, bajó al llano, y Metto felicitó a Tulo por su victoria, agradeciendo bondadosamente Tulo sus palabras. Para asegurar el éxito de la jornada, el rey de los romanos mandó a los albanos que reuniesen su campamento con el de los romanos, disponiendo para el día siguiente un sacrificio lustral. En cuanto amaneció y todo estuvo dispuesto, convocó, según costumbre, a los dos ejércitos en asamblea general. Los heraldos comenzaron a llamar por las últimas filas, haciendo que los albanos avanzasen los primeros. Curiosos éstos por contemplar lo que iba a suceder y escuchar la arenga del rey de los romanos, acercáronse mucho a él. La legión romana, completamente armada, les rodeó, teniendo orden los centuriones de ejecutar en el acto cuanto se les mandase. Entonces comenzó a hablar Tulo: "Romanos, si alguna vez, y en alguna guerra habéis debido dar gracias, primero a los dioses inmortales y después a vuestro valor, ha sido en la batalla de ayer. Porque habéis tenido que defenderos, no solamente contra las armas de vuestros enemigos, sino que, cosa mucho más peligrosa, contra la traición y perfidia de vuestros aliados; porque, para que no permanezcáis más tiempo en el engaño, sabed que yo no había mandado a los albanos

que ocupasen la montaña. Verdad es que fingí haberlo dispuesto, pero lo hice por prudencia y por no desalentaros, revelándoos la deserción de Metto; también obré así para asustar al enemigo y desordenarle haciéndole creer que iba a ser envuelto. No acuso a todos los albanos, que no han hecho más que obedecer a su jefe, como vosotros me hubieseis obedecido si hubiera cambiado mis órdenes. Metto solo ha dirigido el movimiento; Metto, el promovedor de esta guerra; Metto, el violador del pacto que habían jurado las dos naciones. Pero quiero que en adelante se imite su ejemplo, si no doy yo en su persona y en este día elocuente lección a los mortales." Dicho esto, los centuriones armados rodearon a Metto, y Tulo continuó: "Para bien, gloria y felicidad del pueblo romano, y para la suya también, pueblo albano, he decidido trasladar a Roma todos los habitantes de Albano, dar el derecho de ciudadanía al pueblo y hacer senadores a los magnates; en una palabra, hacer de las dos una sola ciudad y una sola república. En otro tiempo se dividió Albano en dos pueblos, y ahora se fundirá en uno solo." Al oír esto los albanos inermes, rodeados por el ejército armado, experimentaron diferentes sentimientos; pero contenidos por el terror, guardaron silencio. Tulo continuó diciendo: "Metto Suffecio; si pudieses aprender aún a guardar fe en los tratados, te dejaría vivir para que recibieses esta lección; pero como tu carácter es incurable, que tu suplicio enseñe a los hombres a creer en la santidad de las leyes que has violado. De la misma manera que has dividido tu corazón entre Roma y Fidenas, así será dividido tu cuerpo." Trajeron en seguida dos cuadrigas, y Tulo mandó atarle a ellas; lanzados en seguida en opuesta dirección los caballos, arrastraron los carros los desgarrados y sangrientos miembros de Metto. Todos apartaron los ojos de aquel espectáculo horrible, que fue el primero y el último entre los romanos, de un suplicio en que se despreciaron las leyes de la humanidad. Gloria es de los romanos haber preferido siempre castigos más suaves.

29. Entre tanto habían mandado ya a la caballería para traer a Roma todos los habitantes de Albano; llevando en seguida las legiones para destruir la ciudad. Éstas no vieron al entrar el tumulto y agitación que ordinariamente reinan en las ciudades conquistadas cuando rotas las puertas, derribadas las murallas con el ariete y tomada por asalto la fortaleza; cuando el enemigo lanza gritos de muerte, corre y se extiende por las calles, llevándolo todo a sangre y fuego; silencio triste y sombrío dominaba todos los ánimos, no habiendo qué tomar ni qué dejar, porque el temor les había quitado el discernimiento. Preguntábanse unos a otros: éstos quedaban inmóviles en sus umbrales; aquéllos vagaban a la ventura, hasta dentro de sus casas, para verlas por última vez. Mas cuando la amenazadora voz de los jinetes les mandaba salir; cuando por toda la ciudad resonó el fragor de los techos que caían; cuando el polvo que por todas partes se alzaba de las ruinas cubrió el espacio con densa nube, cada cual cogió apresuradamente lo que pudo y se alejó, abandonando sus lares, sus penates y el techo bajo el cual había nacido y vivido. Grupos de emigrantes llenaban las calles, provocando sus lágrimas el espectáculo de la común desgracia; oíanse también lamentos, especialmente de las mujeres, cuando al pasar, veían los templos invadidos por los soldados y como en cautividad los dioses. En cuanto salieron los albanos, los romanos destruyeron indistintamente

los edificios públicos y las casas particulares. Hacía cuatrocientos años que existía Albano, y una hora bastó para que quedase arruinada. Los templos de los dioses, conforme había mandado Tulo, quedaron en pie.

30. Roma aumentaba a expensas de Albano y duplicaba el número de sus habitantes. Añádese a la ciudad el monte Celio, y para atraer la población Tulo construyó allí su palacio, fijando en él su morada. Quiso también que el Senado participase del engrandecimiento de la república, y dio entrada en él a los Tulios, Servilios, Quincios, Geganios, Curiacios y Clelios. Como el Senado era ahora más numeroso, construyó Tulo un palacio para sus reuniones, al que todavía se le llama hoy Hostilio. En fin, para que la unión del nuevo pueblo aprovechase en cierto modo a todos los órdenes del Estado, creó diez turmas de caballería, formadas exclusivamente de albanos. También completó las legiones antiguas y formó otras nuevas, sacándolas de los mismos albanos. Confiando entonces en sus fuerzas, declaró la guerra a los sabinos, el pueblo más importante de aquella época y el más guerrero después de los etruscos. Quejábanse los dos pueblos de recíprocas ofensas, por las que inútilmente se había pedido reparación de una y otra parte. Decía Tulo que cerca del templo de Ferona habían sido detenidos algunos mercaderes romanos en pleno mercado; y los sabinos se quejaban de que algunos conciudadanos suyos habían sido presos en Roma a pesar de haberse refugiado en el bosque sagrado. Tales eran los pretextos de la guerra. No habiendo olvidado los sabinos que Tacio llevó a Roma una parte de sus fuerzas, y que el poder romano acababa de aumentarse con la reunión de los albanos, buscaron auxilios en derredor. Encontrándose vecinos de la Etruria, confinaban con el territorio de los veyos, quienes, irritados todavía con el recuerdo de antiguas derrotas, sentíanse muy propicios a una ruptura. Sin embargo, los sabinos no pudieron conseguir de ellos más que algunos voluntarios, y por dinero algunos aventureros de la hez del pueblo. La ciudad no les suministró ningún socorro, y (lo que hubiese sido menos de notar en otro pueblo) el respeto a la tregua ajustada con Rómulo detuvo a los veyos. Hacíanse grandes preparativos por ambas partes; pero como el éxito podía depender en gran manera de la rapidez con que se adelantasen al enemigo, Tulo invadió el territorio de los sabinos. Trabóse sangriento combate cerca de la selva Maliciosa, sirviendo poderosamente a los romanos la solidez de los infantes, y sobre todo el reciente aumento de su caballería, que cayendo repentinamente sobre los sabinos los desordenó, no pudiendo resistir el choque, rehacerse ni abrirse paso para huir, sin grandes pérdidas.

31. Saboreaba Roma los frutos de esta victoria, tan gloriosa para el reinado de Tulo y tan fecunda para ella, cuando anunciaron al rey y a los senadores que había caído sobre el monte Albano una lluvia de piedras. Como no se daba crédito a este prodigio, mandaron gentes que se cerciorasen sobre el terreno. Los encargados de esta misión vieron efectivamente caer del cielo considerable cantidad de piedras, tan espesas como el granizo cuando el viento lo arroja a la tierra. También les pareció escuchar que brotaba del monte sagrado, en la cumbre de la montaña, una voz vibrante que mandaba a los albanos hacer sacrificios según el rito de su patria; porque habían descuidado este deber, como si al salir de su ciudad hubiesen abandonado sus dioses, bien para adoptar los de los romanos, bien por desprecio de toda

religión, efecto ordinario del disgusto en la adversidad. Los romanos por su parte, en expiación de aquel prodigio, celebraron sacrificios públicos que duraron nueve días; y sea que la voz sagrada del monte Albano, según refiere la tradición, hubiese ordenado aquel uso, sea que los aconsejasen los arúspices, lo cierto es que se conservó y que se celebraban fiestas durante nueve días, siempre que se repetía igual prodigio. Poco tiempo después quedó desolada Roma por efecto de una enfermedad pestilente que inspiró a todos profundo disgusto por la guerra. Pero el belicoso Tulo no les daba punto de reposo, considerando más propicia para la robustez del cuerpo la permanencia en los campamentos que en la ciudad. Al fin experimentó él mismo los efectos de la enfermedad, y la debilitación de sus fuerzas calmó aquel ánimo turbulento; pasando de pronto aquel príncipe que consideraba indigno de él ocuparse de religión a supersticiones hasta las más frívolas, llenando la ciudad de ceremonias religiosas. A ejemplo suyo, volviendo los romanos a las costumbres que señalaron el reinado de Numa, creyeron que el único remedio para sus males era calmar y hacer benignos a los dioses. Hasta se llegó a decir que habiendo encontrado Tulo, registrando los libros de Numa, el relato de algunos sacrificios secretos, establecidos en honor de Júpiter Elicio, se ocultó para entregarse a aquellas ceremonias misteriosas; pero que habiendo olvidado en los preparativos o en la celebración algunos ritos esenciales, no evocó la sombra de ninguna divinidad, y que irritado Júpiter por aquellas profanaciones, hirió con un rayo al rey y a su palacio abrasándolos a los dos. Tulo reinó treinta y dos años con brillante gloria militar.

32. Después de la muerte de Tulo, pasó la autoridad, según costumbre, a manos de los senadores, y éstos nombraron un interrey. Reunidos los comicios, fue elegido rey por el pueblo, Anco Marcio, ratificando el senado la elección. Este rey era nieto de Numa, siendo hijo de una hija de éste. En cuanto comenzó a gobernar, recordando la gloria de su abuelo y considerando cuán desgraciado había sido el reinado anterior, no obstante su brillo, bien por la indiferencia que mostraba Tulo hacia las ceremonias religiosas, bien por las modificaciones que experimentaron éstas, consideró imperioso deber reintegrarlas en su primitiva pureza, y mandó al pontífice escribiese los preceptos en blancas tablillas, ateniéndose a los textos de Numa, y exponerlas al público. Este principio hizo esperar a los ciudadanos sedientos de reposo y a las repúblicas vecinas que el nuevo rey imitaría las costumbres y el gobierno de su abuelo. Por esta razón los latinos, que se habían ligado a Tulo por un tratado, abandonaron su inacción y recobraron valor, haciendo irrupciones en territorio romano, y contestando con arrogancia a los legados que les mandó pidiendo satisfacción; porque creyeron que el indolente Anco pasaría su vida en los templos y delante de los altares. Pero Anco unía el carácter de Numa al de Rómulo y comprendía perfectamente que si su abuelo necesitó la paz para civilizar una nación nueva que tenía costumbres tan rudas, difícilmente podría conseguir igual resultado sin soportar injurias. Comenzaban por tantear su paciencia, y concluirían por despreciarle: los tiempos exigían un Tulo y no un Numa. Pero éste había creado instituciones religiosas para la paz, y Anco las creó para la guerra: dispuso, pues, que se estableciese un rito especial que rigie-

se las formas y conducta que habían de seguirse en la declaración de hostilidades. Tomó de los equícolos, antiguo pueblo de la Italia, muchos usos suyos, que son los mismos que observan actualmente los faciales en sus reclamaciones. Llegado el facial al límite del territorio de los agresores, se cubre la cabeza con un manto de lana, y dice: "Oye, Júpiter; oíd, habitantes de esta frontera (y nombra el pueblo a que pertenece); oye tú también, justicia: yo soy el legado del pueblo romano, y vengo encargado por él de una misión justa y piadosa; que se dé fe a mis palabras." Expone en seguida las ofensas, y tomando a Júpiter por testigo, añade: "Si yo, el legado del pueblo romano, violo las leyes de la justicia y de la religión al pedir la restitución de esos hombres y de esas cosas, no permitáis que vuelva a ver mi patria." Esta fórmula la recita al atravesar la frontera, la dice al primero que encuentra, la repite al entrar en la ciudad enemiga y también a su llegada a la plaza pública, aunque cambiando algo la entonación o las palabras del juramento. Si pasados treinta días, plazo prescrito solemnemente, no obtiene satisfacción, declara la guerra con esta fórmula: "Escucha, Júpiter; y tú Juno, Quirino, y vosotros todos dioses del cielo, de la tierra y del infierno, escuchad: yo os tomo por testigos de la injusticia de este pueblo (y lo nombra) y de su negativa para restituir lo que no le pertenece. Pero los ancianos de mi patria deliberarán acerca de los medios de reconquistar nuestros derechos." El legado regresa en seguida a Roma para que se delibere y el rey comunica inmediatamente el asunto a los senadores en estos términos, sobre poco más o menos: "Los objetos, ofensas y causas que el heraldo del pueblo romano, hijo de Quirino, ha pedido, expuesto y debatido ante el heraldo y el pueblo de los antiguos latinos, y cuya restitución, reparación y solución esperaba, no han sido restituidos, reparados ni resueltos: dime, pues, preguntaba al primero a quien se dirigía, lo que piensas." Y éste respondía entonces: "Creo que la guerra es justa y legítima para hacer valer nuestros derechos, y doy pleno y completo consentimiento." De esta manera se interrogaba a cada uno, y si la mayoría la votaba, quedaba decidida la guerra. Entonces el facial marchaba a la frontera del pueblo enemigo, llevando un dardo de hierro o un asta endurecida al fuego y ensangrentada, y allí, delante de tres mancebos por lo menos, decía: "Puesto que los antiguos latinos, pueblos y ciudades, han obrado en contra del pueblo romano, hijo de Quirino, ofendiéndole; el pueblo romano, hijo de Quirino, ha ordenado la guerra contra los antiguos latinos; el senado del pueblo romano, hijo de Quirino, la ha consentido, dispuesto y decretado, y yo y el pueblo romano la declaramos a los antiguos latinos, pueblos y ciudades, y rompo las hostilidades." Y al decir esto, lanzaba el dardo al territorio enemigo. Estas formalidades se pusieron en juego en las reclamaciones dirigidas a los latinos y en la declaración de guerra, costumbre que se ha observado constantemente después.

33. Habiendo Anco dejado encargado a los flamines y demás sacerdotes el cuidado de los sacrificios, marchó a la cabeza de su ejército, recientemente formado, en contra de Politorio, ciudad de los latinos, tomándola por asalto. Siguiendo el ejemplo de sus antecesores, que engrandecieron la república otorgando el derecho de ciudadanía a los enemigos vencidos, mandó trasladar a Roma a todos los habitantes; y como los antiguos romanos habían construido sus moradas alrededor

del monte Palatino, los sabinos sobre el Capitolio y en la fortaleza y los albanos en el monte Celio, designó el monte Aventino a los nuevos habitantes. Allí colocó también a los ciudadanos de Telena y de Ficana, cuando los romanos se apoderaron de estas dos ciudades. Pero muy pronto tuvieron que atacar otra vez a Politorio, que habían recobrado los antiguos latinos, después que la abandonaron sus habitantes, arrasándola ahora por temor de que sirviese otra vez de refugio a los enemigos de Roma. Reconcentrada al fin la guerra delante de Medulia, por algún tiempo estuvieron equilibradas las probabilidades de triunfo, permaneciendo indecisa la victoria porque la ciudad era fuerte, estaba bien abastecida y tenía numerosos defensores; además, el ejército latino, acampado en la llanura, trabó repetidos combates con los romanos. Pero Anco, reuniendo todas sus tropas, hizo el último esfuerzo; quedando vencidos los latinos en batalla campal. Apoderándose de considerable botín, regresó a Roma, donde concedió los derechos de ciudadanos a muchos millares de latinos, a los que estableció cerca del templo de Venus Murcia, como para reunir los montes Palatino y Aventino. También se reunió a la ciudad el Janículo, no por falta de terreno, sino para poner a cubierto de toda sorpresa aquella posición. Consiguióse esto, no solamente por medio de una larga muralla que se unía a las casas, sino también por un puente de madera construido sobre el Tíber y que facilitaba el paso entre las orillas. El foso de los *Quirites,* tan a propósito para evitar el acceso por el lado de la llanura, es también obra de Anco. Cuando tan prodigiosamente hubo aumentado Roma, era muy difícil distinguir entre los ciudadanos buenos y malos, en medio de aquella inmensa multitud, multiplicándose los crímenes más desconocidos. Con objeto de infundir terror y contener los progresos de la perversidad, mandó construir Anco, en el centro de la ciudad, una prisión que dominaba el Foro. Bajo este reinado se ensancharon las fronteras de Roma tanto como la ciudad misma: tomóse a los veyos la selva Moesia, extendiéndose el imperio hasta el mar; construyóse Ostia en la desembocadura del Tíber, estableciéronse salinas en derredor de esta ciudad y se agrandó el templo de Júpiter Feretriano, en muestra de gratitud por los últimos triunfos.

34. Durante el reinado de Anco vino a Roma un extranjero activo y rico, llamado Lucumón, moviéndole la ambición y esperanza de obtener los honores que le negaban en Tarquinia, donde también era extranjera su familia. Su padre, Demarato, obligado a huir de Corinto por consecuencia de disturbios civiles, se refugió casualmente en Tarquinia, donde casó y tuvo dos hijos, Lucumón y Arous. Lucumón sobrevivió a su padre, cuya herencia recogió él solo, habiendo muerto antes Arous, dejando a su esposa encinta. Demarato, que le siguió a poco, ignorando la preñez de su nuera, no mencionó a su nieto en el testamento; de suerte que, habiendo nacido el niño después de la muerte de su abuelo, no recibió parte alguna de la herencia, quedando reducido a tal miseria, que le dieron el nombre de Egerio. Lucumón, heredero de las riquezas del padre, hinchóse de orgullo, que su esposa Tanaquil se esforzó en aumentar. Descendiendo de elevada alcurnia, Tanaquil no estaba dispuesta a aceptar un enlace que la rebajase; no pudiendo soportar el desprecio de los etruscos hacia Lucumón, hijo de un extranjero, de un proscrito, y más atenta al encumbramiento de su esposo que al amor a su patria, decidió abandonar a Tarquinia, pareciéndo-

le más ventajosa la residencia en Roma. Esperaba aquella mujer que, en un pueblo nuevo, donde la nobleza era reciente y fruto del mérito personal, un hombre valeroso y activo como Lucumón se distinguiría muy pronto. Tacio y Numa, siendo los dos extranjeros, habían reinado en Roma; hasta habían ido a Cures a ofrecer el imperio a Numa; Anco era hijo de una sabina y no tenía otra nobleza que la sola imagen de Numa. Poco trabajo le costó persuadir al ambicioso Lucumón, que por otra parte estaba muy poco adherido a su patria, a la que solamente pertenecía por su madre. Marcharon, pues, a Roma con sus riquezas, y cuando se acercaban al Janículo, Lucumón sentado en su carro y a su lado Tanaquil, un águila descendiendo lentamente le quitó el gorro; alzando el vuelo en seguida y cerniéndose a la vez que lanzaba estridentes gritos, como si los dioses se lo mandasen, descendió otra vez y colocó el gorro sobre la cabeza de Lucumón. Hecho esto, remontó y se perdió entre las nubes. Sabiendo Tanaquil, como todos los etruscos, explicar los prodigios celestiales, recibió, según dicen, aquel presagio con profunda alegría: abrazó a su esposo, quiso que alentase magníficas esperanzas; que considerase la clase del ave, la región del cielo de que había descendido y el dios a quien servía de mensajera: añade que el prodigio se ha realizado sobre la parte más elevada del cuerpo, y que el adorno con que los hombres se cubren la cabeza solamente ha sido arrebatado un momento para ser devuelto en seguida por voluntad de los dioses. Dominados por estas ideas entraron en Roma y compraron una casa. Lucumón tomó el nombre de Tarquino Prisco, haciendo sus riquezas y su calidad de extranjero que los romanos se fijasen muy pronto en él, esforzándose él mismo en ayudar a la fortuna, conciliándose la benevolencia con su afabilidad, generosa hospitalidad y los favores con que procuraba atraerse a todos. Al fin llegó su nombre hasta el rey, y una vez conocido por éste, no tardó en granjearse su amistad, por sus delicados modales y su habilidad en el desempeño de los cargos que le confiaron: pertenecía a todos los consejos públicos y privados y le consultaban acerca de la guerra y de la paz. Después de haberle experimentado en todos los sentidos, el rey le nombró en su testamento tutor de sus hijos.

35. Anco reinó veinticuatro años, siendo tan grande como sus predecesores, tanto en la paz como en la guerra. Sus hijos frisaban ya en la pubertad, y por lo mismo insistía vivamente en la necesidad de elegir nuevo rey. Cuando se convocaron los comicios tenía alejados a los príncipes so pretexto de una cacería; siendo el primero, según se dice que se atrevió a solicitar abiertamente el trono y a arengar al pueblo para obtener sus votos. "La petición no carecía de ejemplo, decía, y no era él el primero, lo que por otra parte podía sorprender e indignar a todos, sino el tercer extranjero, que pretendía el imperio. Tacio no solamente era extranjero sino enemigo, y sin embargo fue elegido rey. Numa ni siquiera conocía a Roma, y sin embargo se le llamó para que reinase en ella, sin que se le ocurriese pedirlo. En cuanto a él, vino a Roma cuando pudo obrar según su albedrío, trayendo a su esposa y toda su riqueza; cuando llegó a la edad en que el hombre puede prestar servicios útiles al Estado, había vivido más en Roma que en su antigua patria: que en las cosas de la paz como en las de la guerra había aprendido las lecciones de un gran maestro, el rey Anco, debiéndole el conocimiento de las leyes y de la religión de

Roma. Había rivalizado con todos los ciudadanos en su adhesión y respeto al rey, y con el mismo rey, en bondad con todos los ciudadanos." Como todo cuanto decía era cierto, el pueblo le otorgó unánimemente el imperio. Este hombre, tan notable por otra parte, ostentó en el trono la misma ambición que le había llevado a él. Tan solícito por asegurar su autoridad como para ensanchar los límites de su reino, nombró cien senadores nuevos, designados después con el nombre de patricios de segunda clase. De esta manera formaba ostensiblemente un partido, adhiriéndosele por medio de los honores. Tuvo su primera guerra con los latinos; tomó por asalto la ciudad de Apiola, trayendo de aquella expedición riquezas más considerables de las que podía esperar de una conquista tan poco importante; empleándolas en celebrar juegos más espléndidos que los organizados por sus antecesores. Entonces trazó el recinto que se llama hoy Circo Máximo, señalando en él puestos especiales para los senadores y caballeros, haciendo construir palcos sostenidos por andamiadas de doce pies de altura, a los que se dio el nombre de Foros. Consistían los juegos en carreras de caballos y combates de atletas, etruscos en su mayor parte unos y otros. Estos juegos pasaron a ser anuales, llamándolos Juegos Magnos o Juegos Romanos. Este mismo rey hizo repartir a particulares los terrenos que rodeaban el Foro, con objeto de que construyesen en ellos pórticos y tiendas.

36. Disponíase a rodear a Roma con una muralla de piedra, cuando aplazó su proyecto la guerra con los sabinos. Tan repentino fue el ataque, que ya habían cruzado el Anio antes de que el ejército romano pudiese salirles al encuentro y detenerles. Roma temblaba, y en la primera batalla hubo gran mortandad por una y otra parte, quedando indecisa la victoria. Pero el hecho de haberse retirado el enemigo a sus campamentos, dio tiempo a los romanos para levantar nuevas tropas. Comprendió Tarquino que la debilidad de su ejército procedía de la escasez de caballería, y decidió añadir nuevas centurias a las tres formadas por Rómulo, los ramneses, ticienses y luceres, y honrarlas con su nombre. Como Rómulo había consultado los augures antes de organizar aquellas huestes, Ato Navio, el más célebre de aquella época, pretendía que no podía cambiarse ni aumentarse nada sin consultar los auspicios. Disgustó al rey la libertad del pontífice, y refiérese que le dijo, burlándose de su ciencia: "Consulta, adivino, los oráculos y dime si es posible hacer lo que pienso." El adivino consultó el augurio y contestó afirmativamente. "Pues bien, dijo el rey, pensaba que tú cortases esta piedra con un cuchillo; tómala y haz lo que esas aves han declarado posible." Cuéntase que Navio cortó sin vacilar la piedra. La estatua de Ato, representándole con la cabeza velada, encontrábase en el Comicio, en el punto donde ocurrió este hecho, a la derecha, sobre las gradas de la Curia. Dícese que también se colocó allí la piedra para consagrar perpetuamente la memoria de aquel prodigio. Lo cierto es que desde entonces adquirieron los augures tanta fama y tanta consideración su sacerdocio que, en adelante, no se emprendió nada, ni en guerra ni en paz, sin consultarles previamente. Las asambleas populares, el levantamiento de tropas, las deliberaciones más graves, quedaban interrumpidas o se aplazaban si no las aprobaban las aves. Tarquino se limitó entonces a duplicar el número de la fuerza de las centurias, de manera que las tres formaban un total de mil ochocientos hombres; designándose a los in-

corporados últimamente con la palabra nuevos, añadida a la antigua denominación, pero actualmente, que están duplicadas, se les llama las seis centurias.

37. Aumentada así esta parte del ejército, batalló otra vez Tarquino con los sabinos, y empleando la astucia, a pesar del aumento de sus fuerzas, hizo prender fuego a considerable cantidad de leña, amontonada en las orillas del Anio, arrojándola en seguida al río; el viento favorecía el incendio, y aquellos maderos, formando montones la mayor parte, marcharon hasta los pilares del puente y los incendiaron. Este espectáculo asustó a los sabinos durante el combate y fue obstáculo para su retirada cuando quedaron derrotados. Muchos de ellos, que escaparon de la espada de los romanos, perecieron en el río, y sus armas que el Tíber arrastró hasta Roma, anunciaron la brillante victoria de Tarquino antes de la llegada del mensajero que llevaba la noticia. En aquella batalla casi toda la gloria fue para la caballería. Formada en dos alas, y viendo retroceder al centro de la infantería romana, cayó con tanto ímpetu sobre el flanco de las legiones sabinas, que no solamente las detuvo en el ardor de la persecución, sino que las obligó muy pronto a huir. Los fugitivos corrieron hacia las montañas, pero muy pocos pudieron guarecerse en ellas, siendo el resto, como ya hemos dicho, precipitado al río por la caballería. Persuadido Tarquino de que era necesario aprovechar el terror de los vencidos, envió a Roma el botín y los prisioneros; en seguida, para cumplir un voto hecho a Vulcano, prendió fuego a los despojos enemigos, reunidos en inmenso montón, y penetró en el territorio de los sabinos, quienes, a pesar de la derrota y de su poca esperanza de mejor fortuna, no teniendo por otra parte tiempo para deliberar, salieron al encuentro de los romanos con huestes levantadas sin orden y apresuradamente; pero otra derrota desbarató todos sus recursos, y les obligó a pedir la paz.

38. Los sabinos perdieron a Colacia y todos sus campos, dándose el gobierno de aquella ciudad y territorio a Egerio, sobrino de Tarquino. Los colatinos se entregaron con la siguiente fórmula. El rey preguntó a los legados de Colacia: "¿Sois vosotros los legados y oradores que envía el pueblo colatino para someteros vosotros y el pueblo de Colacia a mi poder? —Sí. —¿Es libre el pueblo colatino para disponer de sus destinos? —Sí. —¿Os sometéis a mí y al pueblo romano, vosotros, el pueblo de Colacia, la ciudad, los campos, las aguas, las fronteras, los templos, los bienes muebles, todas las cosas, en fin, divinas y humanas? —Nos sometemos.— Y yo os recibo." Terminada la guerra con los sabinos, Tarquino entró triunfante en Roma. En seguida dirigió sus armas contra los antiguos latinos, pero sin trabar con ellos batalla decisiva, sino atacando sucesivamente todos los pueblos de su territorio, se apoderó de cuantos llevaban el nombre latino. Tomó a Cornículo, la antigua Ficulea, Cameria, Crustamerio, Ameriola, Medulia y Numanto, ciudades que siempre habían pertenecido o que se habían entregado a los latinos. Ajustada la paz, emprendió trabajos importantes dentro de la ciudad, desplegando mayor actividad aún que en las guerras que acababa de sostener. Vuelto el pueblo a sus hogares, no encontró en ellos más descanso que en los campos, porque Tarquino hizo continuar la construcción de la muralla de piedra, interrumpida por la guerra con los sabinos, y fortificó la ciudad en toda la parte desguarnecida. Como era difícil la salida de las aguas de

los barrios bajos, alrededor del Foro y en los valles que existen entre las colinas, las recogió por medio de cloacas que las recibían de estos puntos, como también de las alturas de la ciudad, llevándolas al Tíber. En seguida trazó el recinto del templo que durante la guerra con los sabinos había ofrecido a Júpiter Capitolino, y cuyos cimientos presagiaron desde entonces su futuro esplendor.

39. Por aquel tiempo ocurrió en el palacio un prodigio tan extraordinario en sí mismo como por los acontecimientos que le siguieron. Dícese que a presencia de muchos vióse como arder la cabeza de un niño dormido, llamado Servio Tulio. Prodigio tan admirable arrancó gritos por todos los lados en el palacio, atrayendo al rey y a su familia. Como un criado corría a traer agua para apagar el fuego, la reina le detuvo, y, mandando callar, prohibió tocar al niño hasta que despertara por sí mismo. Pero la llama desapareció a poco con el sueño. Tanaquil entonces, retirando a su esposo a sitio apartado, le dijo: "¿Ves ese niño que educamos en tan humilde condición? Pues ése será algún día la luz que reanimará nuestras esperanzas prontas a extinguirse, y sostendrá nuestro quebrantado trono." Desde aquel momento trataron a Servio como a hijo y le hicieron aprender todo cuanto excita el ánimo y le hace ambicionar elevada fortuna. No podían dejar de cumplirse los designios de los dioses: en aquel niño se desarrollaron con la juventud las cualidades de los reyes, y cuando Tarquino buscó un yerno, ningún joven romano merecía compararse con Tulio, y le dio por lo tanto su hija. Cualquiera que fuese la causa de este honor tan insigne, no permite creer que Servio Tulio fuera hijo de una esclava y él mismo esclavo en su infancia. Mejor acepto la opinión de los que pretenden que en el asalto de Cornículo pereció Servio Tulio, jefe de aquel Estado, dejando encinta a su viuda: que reconocida entre las otras cautivas, por la consideración de su nacimiento, aquella mujer obtuvo de la reina la libertad, y fue alojada en Roma en el palacio de Tarquino el Viejo: que allí dio a luz a Servio, y que el agradecimiento por hospitalidad tan generosa estableció entre las dos mujeres estrecha amistad: que nacido y educado el niño en el palacio fue objeto del cariño y respeto de todos; y en fin, que la circunstancia de haber caído su madre en poder de los vencedores después de la conquista de su patria, había hecho creer que era hijo de una esclava.

40. Encontrábase Tarquino en el trigésimo octavo año de su reinado, y Servio Tulio merecía profunda consideración, no solamente del rey, sino también de los senadores y del pueblo. Los dos hijos de Anco, indignados todavía contra la perfidia de su tutor, que les había expulsado del trono de su padre, y por ver reinar a quien no solamente no era romano, pero ni siquiera de origen italiano, apreciaron con mayor dolor la extensión de la ofensa, cuando comprendieron que no solamente perderían el cetro otra vez después de la muerte de Tarquino, sino que vendría a pasar deshonrado a manos de un esclavo; que de esta manera aquella ciudad en que un siglo antes, Rómulo, hijo de un dios y dios él mismo, había reinado durante el tiempo de su permanencia en la tierra, iba a obedecer, después de él, al hijo de una esclava, que debía ser esclavo también. Consideraron, pues, que era vergonzoso para el nombre romano y para su propio nombre, que viviendo los hijos de Anco dejasen el trono en poder de extranjeros, de esclavos. Solamente el hierro podía impedir

aquella afrenta. Pero el odio les animaba más contra Tarquino que contra Servio. Si el rey sobrevivía a su yerno, se vengaría del asesinato por modo mucho más terrible que un particular; además de que muerto Servio, no dejaría de asegurar la posesión del trono al nuevo yerno que eligiese. Así, pues, contra el mismo rey meditaban dirigir sus golpes. Para la ejecución de la trama, eligieron dos atrevidos pastores, quienes, vestidos como de costumbre, penetraron en el vestíbulo del palacio, trabando allí fingida contienda con todo el ruido posible, para atraer la atención de los guardias. Como los dos imploraban la justicia del rey, y su voz, resonando en todo el palacio, llegó a los oídos de Tarquino, éste mandó que les llevasen a su presencia. Al principio hablaron los dos a la vez, sin que ninguno quisiera dejar al otro tiempo para explicarse. Mas imponiéndoles silencio el lictor, les mandó que hablasen por turno. Entonces dejaron de interrumpirse, y uno de ellos comenzó a exponer el hecho de la manera convenida, y mientras el rey, inclinado hacia el que hablaba, atendía cuidadosamente a su relato, el asesino levantó su hacha, le asestó un golpe en la cabeza, y dejando el hierro en la herida, escapó con su compañero.

41. Tarquino cayó moribundo en brazos de los que le rodeaban, y los lictores prendieron a los asesinos en su fuga. A los gritos acudió el pueblo preguntando con asombro qué sucedía. En medio del tumulto, Tanaquil mandó cerrar las puertas del palacio y alejar a los curiosos. Al mismo tiempo dispuso los remedios que exigía la herida de su esposo, como si esperase salvarle, preparando otros recursos por si se frustraba la esperanza. Haciendo llamar a Servio y mostrándole a Tarquino expirante, exhortóle, agarrándole la mano, a vengar la muerte de su suegro y a no consentir que su suegra viniese a ser juguete de sus enemigos. "Si eres hombre, añadió, el trono es tuyo, y no de aquellos que han recurrido a manos extrañas para realizar el crimen más espantoso. Levanta, obedece a los dioses que te han destinado al poder real, cuando anunciaron tu alta fortuna por medio de la llama celestial que en otro tiempo brilló en derredor de tu cabeza. Que aquella llama te caliente hoy; que hoy despiertes en realidad. ¿No hemos reinado nosotros también aunque extranjeros? Piensa en quién eres y no de dónde vienes. Si lo repentino del suceso te aturde, al menos déjame guiarte." Entre tanto, redoblaban los gritos de la multitud, haciéndose irresistible su empuje. Entonces, desde una ventana alta, que daba a la calle Nueva (porque el rey habitaba cerca del templo de Júpiter Stator), Tanaquil arengó al pueblo, exhortándole a la tranquilidad. "Lo repentino del golpe ha aturdido al rey, dijo; pero la herida no es profunda; ya ha recobrado los sentidos; se ha examinado la herida, restañado la sangre y el herido se encuentra fuera de peligro. Muestra esperanza de que muy pronto le verán, y entre tanto el mismo rey manda que se obedezca a Servio Tulio, que administrará justicia y desempeñará las demás funciones reales." Servio salió revestido con la trábea, y precedido por los lictores, sentóse en el trono, dictó sentencia en algunos negocios y acerca de otros fingió consultar al rey. De esta suerte, estando muerto ya algunos días Tarquino, ocultando Servio la muerte, aseguraba su poder, pretextando ejercer la autoridad de otro. Al fin se publicó la verdad, y en medio de los lamentos que resonaban en el palacio, rodeado Servio de segura guardia, se apoderó del reino. Éste fue el pri-

mer rey nombrado por el Senado solo y sin intervención del pueblo. Al saber los hijos de Anco que habían sido presos los asesinos, que el rey vivía y que la autoridad de Servio era más fuerte que antes, se desterraron voluntariamente a Suesa-Pomecia.

42. Habiendo puesto Servio su poder al abrigo de toda oposición por parte del pueblo, quiso hacer lo propio en lo relativo a las asechanzas domésticas; y para que los hijos de Tarquino no le tratasen como a éste los de Anco, casó sus dos hijas con Lucio y Armino, hijos de Tarquino. Pero la prudencia del hombre no pudo destruir los decretos del hado, y la ambición de reinar produjo por todas partes, en la familia real, enemigos y traidores. Afortunadamente para la tranquilidad de Servio, había expirado la tregua con los veyos y demás pueblos de la Etruria, y comenzó de nuevo la guerra; guerra en la que brilló tanto la fortuna de Servio como su valor. Deshizo el ejército enemigo, no obstante su fuerza, y regresó a Roma, rey reconocido en adelante, bien apelase a los senadores, bien al pueblo. Entonces fue cuando aprovechando la paz, emprendió una obra inmensa; y si Numa fue el fundador de las instituciones religiosas, la posteridad atribuye a Servio la gloria de haber introducido en el Estado el orden que distingue las categorías, las fortunas y las dignidades, estableciendo el censo, institución provechosísima para un pueblo destinado a tanta grandeza. Este reglamento imponía a cada cual la obligación de contribuir a las necesidades del Estado, así en paz como en guerra, no por tasas individuales y comunes como antes, sino en proporción de sus rentas. En seguida formó las diferentes clases de ciudadanos y las centurias, así como también aquel orden, fundado sobre el censo mismo y que tan admirable fue, tanto en la paz como en la guerra.

43. Formaban la primera clase aquellos que poseían un censo de cien mil ases o mayor: dividíase ésta en ochenta centurias, cuarenta de jóvenes y cuarenta de hombres maduros; éstos quedaban encargados de la custodia de la ciudad y aquéllos de hacer la guerra en el exterior. Dióseles por armas defensivas casco, escudo, botines y coraza, todo de cobre, y por armas ofensivas lanza y espada. A esta primera clase añadió dos centurias de obreros, que servían sin llevar armas y cuyo trabajo consistía en preparar las máquinas de guerra. A la segunda clase pertenecían aquellos cuyo censo era inferior a cien mil ases hasta setenta y cinco mil, componiéndose de veinte centurias de ciudadanos jóvenes y viejos. Las armas eran iguales a los de la primera clase, pero el escudo más largo y no llevaban coraza. Para la tercera clase se exigía un censo de cincuenta mil ases: el número de centurias, la división de edades, el equipo de guerra, exceptuando los botines, eran iguales que en la segunda. El censo de la cuarta clase era de veinticinco mil ases, y el número de centurias igual al de la anterior; pero las armas eran diferentes, consistiendo en lanza y dardo. La quinta clase era más numerosa, componiéndose de treinta centurias: estaba armada con hondas y piedras y comprendía los *accensi*, los que tocaban los cuernos y bocinas, divididos en tres centurias. El censo de esta clase era de once mil ases, y el resto de la gente pobre, cuyo censo no alcanzaba a tanto, quedó reunido en una sola centuria, exenta del servicio militar. Después de organizar y equipar así la infantería, formó doce centurias de caballería entre los principales de la ciudad: de las tres que organizó Rómulo formó seis, deján-

doles los nombres que habían recibido cuando fueron organizadas. El Tesoro público suministraba diez mil ases para la compra de caballos, cuya alimentación quedó asegurada por medio de una tasa anual de dos mil ases que pagaban las viudas. De esta manera todas las cargas gravitaban sobre los ricos, quedando aliviados los pobres; pero los ricos quedaban indemnizados por medio de los privilegios honoríficos que les concedió Tulio; porque si hasta entonces, siguiendo el ejemplo de Rómulo y la tradición de los reyes que le sucedieron, los votos se habían recogido por individuos sin distinción de valor ni autoridad, fuese quien fuese el ciudadano, distinto sistema de graduación para las votaciones, reconcentró todo el poder en manos de las primeras clases, sin que aparentemente se excluyese a nadie del derecho de sufragio. Primeramente se llamaba a los caballeros, después a las ochenta centurias de la primera clase. Si no se ponían de acuerdo, cosa que rara vez sucedía, se recogían los votos de la segunda clase, no habiendo casi nunca necesidad de descender hasta la última. No debe admirar que el número de centurias, que hoy se eleva a treinta y cinco, estando por consiguiente duplicado, y el de las centurias de los jóvenes y de los ancianos no corresponda con el que antiguamente fijó Tulio; porque había dividido la ciudad en cuatro barrios, formados por las cuatro colinas habitadas entonces, llamando a aquellos barrios tribus, creo que a causa de un tributo que les impuso, cuya cantidad proporcionó a los medios de cada uno. Estas tribus no tenían relación ninguna con la división y número de las centurias.

44. Terminado el censo, a lo que ayudó mucho el miedo a la ley, que amenazaba con prisión y muerte a los que descuidaran inscribirse, mandó por medio de un edicto a todos los ciudadanos, caballeros y peones que acudiesen al Campo de Marte, desde el amanecer, cada cual con su centuria. Allí les ordenó en batalla y les purificó ofreciendo a Marte un sacrificio, que se llamó *Condito Lustro,* porque se hizo al terminar el censo. Dícese que el número de ciudadanos inscritos entonces fue de ochenta mil. Fabio Píctor, el historiador romano más antiguo, dice que en este número solamente se incluían los hombres capaces de llevar las armas. Este aumento de población obligó a Tulio a ensanchar la ciudad, incluyendo en ella primeramente los montes Palatino y Viminal y después las Esquilias, fijando más adelante su morada en este barrio para darle importancia. Rodeó la ciudad de fosos y murallas, alejando más el *Pomœrium.* Esta palabra, atendiendo solamente a su significación, designa la parte situada al otro lado de las murallas, pero se aplica mejor al espacio libre que dejaban los etruscos en otro tiempo, del lado interior de las murallas, cuando construían una ciudad. Este espacio de terreno lo consagraban siempre con inauguración solemne y se construía la muralla en derredor del terreno señalado. De esta manera no podían estar las casas contiguas a la muralla por el interior, lo que hoy no se observa generalmente ya, y por la parte exterior quedaba un espacio de terreno exento del cultivo del hombre. En este terreno interior no se podía edificar ni labrar, y los romanos le llamaban *Pomœrium,* tanto porque estaba del lado de acá de la muralla, como porque la muralla estaba al otro lado. Este espacio consagrado se alejaba a medida que crecía la ciudad y se desarrollaban las murallas.

45. Aumentada la fuerza de la ciudad, después de adiestrar a los ciudadanos en los ejercicios de la

guerra y en los útiles trabajos de la paz, no queriendo Servio deber exclusivamente el aumento de su poder al éxito de las armas, decidió extenderlo por medio de la política, y al mismo tiempo continuar embelleciendo la ciudad. Por aquella época era ya muy célebre el templo de Diana en Éfeso, y decíase que su construcción se debía a la piedad de todas las ciudades del Asia. A fuerza de alabar Servio ante los principales jefes latinos, con los que de intento había contraído desde mucho antes relaciones de amistad y hospitalidad públicas y particulares, la perfecta armonía en el culto de los mismos dioses y de la misma religión, concluyó por invitarles a que se uniesen con los romanos para construir en Roma un templo a Diana, común a los dos pueblos. Esto era proclamar la supremacía de Roma, pretensión que había dado origen a muchas guerras. Después de tantos esfuerzos inútiles por conquistar esta superioridad, parecía que los latinos habían renunciado a ella, cuando un sabino creyó haber encontrado ocasión de reivindicarla y devolverla a su patria. Dícese que en casa de aquel hombre había nacido un becerro extraordinariamente hermoso: sus cuernos, suspendidos durante muchos siglos en el vestíbulo del templo de Diana, atestiguaban aquella maravilla. Con razón se la consideró como un prodigio, y los adivinos anunciaron que el que inmolase aquella víctima a Diana aseguraría el imperio a su nación; vaticinio que había llegado a conocimiento del sacerdote del templo de la diosa. Cuando creyó el sabino que había llegado el día conveniente para el sacrificio, vino a Roma a presentar en el templo el becerro. Impresionado el sacerdote romano por la extraordinaria magnitud de aquella víctima, célebre ya por la fama, y recordando el vaticinio, habló así al sabino: "Extranjero, ¿qué vas a hacer, sin haber cuidado antes de purificarte? ¿un sacrificio impío? ¿Por qué no vas antes a bañarte en las aguas del río? El Tíber corre en el fondo del valle." Estas palabras inquietaron la conciencia del extranjero, y deseando que se realizase todo según los ritos, para que el éxito correspondiese al prodigio, salió del templo y bajó hacia el río. Entre tanto el romano inmoló el becerro a Diana, y su acción fue extraordinariamente agradable al rey y a toda la ciudad.

46. Servio podía creer, en virtud del largo ejercicio del mando, que estaba asegurado su imperio; pero enterado de que el joven Tarquino le acusaba de reinar sin el consentimiento del pueblo, procuró primeramente captarse la benevolencia de la multitud, repartiendo las tierras ocupadas al enemigo, preguntando en seguida si era voluntad de los órdenes romanos que reinase sobre ellos, no faltándole en aquella ocasión ninguno de los votos que habían tenido sus antecesores. No perdió por esto Tarquino la esperanza de subir al trono; y como había comprendido las disposiciones del Senado, contrarias al repartimiento de tierras, creyó oportuno el momento para quejarse ante aquella Asamblea y restablecer en ella su influencia destruyendo la del rey. A este joven le dominaba la ambición, y su esposa Tulia procuraba aumentarla más y más. El palacio romano vino a ser entonces teatro de terribles horrores, cual si se propusiesen acelerar el advenimiento de la libertad por la repugnancia de la monarquía, y que aquel fuese el último reinado que comenzase por el crimen. Este L. Tarquino, hijo o nieto de Tarquino el Viejo (lo cual no está completamente averiguado, pero ateniéndome a la mayor parte de los escritores, le supongo hijo de este último), tenía un hermano llamado Arunto Tarquino, joven de

carácter apacible. Las dos Tulias, tan diferentes en costumbres como los mismos Tarquinos, como ya dijimos, se habían casado con los dos príncipes. Mas la casualidad, y también, según creo, la fortuna de Roma, no quiso que el matrimonio reuniese en el mismo destino los dos caracteres violentos; sucediendo esto quizá para prolongar el reinado de Servio y dar lugar a que se robusteciesen las costumbres romanas. La altiva Tulia se indignaba de no ver en su esposo ambición ni valor; volviendo toda su inclinación hacia el otro Tarquino, que excitaba su entusiasmo, considerándole como verdadero varón, nacido de regia estirpe, despreciaba a su hermana, que era esposa de aquel hombre cuyos generosos pensamientos entorpecía con sus torcidos consejos. La conformidad de gustos acercó muy pronto a los cuñados, porque el mal siempre llama al mal. Pero aquí fue la mujer la que provocó el desorden. En las secretas entrevistas que de antemano se había preparado con el hombre que no era su esposo, no perdonó injuria contra su marido ni contra su hermana; añadiendo que mejor le fuera ser viuda y a él continuar en el celibato, que encontrarse unidos el uno y la otra con personas tan diferentes de ellos, quedando sujetos a languidecer vergonzosamente bajo la influencia y cobardía de otro. "Si los dioses, decía, le hubiesen dado el esposo que merecía, empuñaría muy pronto el cetro que veía aún en manos de su padre." No tardó por estos medios en comunicar su audacia al joven, y al fin la muerte casi simultánea de Arunto y de su hermana Tulia le permitieron contraer matrimonio con su cómplice; matrimonio que Servio no aprobó, pero que no se atrevió a impedir.

47. Por esta época la ancianidad de Tulio hacía más odioso cada día su reinado y más pesado su mando. Impaciente por pasar de un crimen a otro, Tulia hostigaba día y noche a su marido, excitándole a recoger el fruto de sus anteriores parricidios. Lo que necesitaba, decía, no era esposo, ni esclavo que compartiese en silencio su esclavitud, sino un hombre que se creyese digno de reinar, que recordase que era hijo de Tarquino el Viejo, y que prefiriese apoderarse del mando a esperarlo. "Si tú eres verdaderamente el hombre que buscaba, añadía, que creía haber encontrado, te reconoceré por esposo y rey; si no, mi suerte es peor que antes, porque al crimen se añade la cobardía. ¿Qué te detiene? Tú no has necesitado como tu padre venir de Corinto y de Tarquinia para apoderarte por medio de intrigas de un trono extranjero. Tus dioses penates, los de tu patria, la imagen de tu padre, ese palacio que habita, ese solio que ocupa, el nombre de Tarquino, todo dice que tú eres rey, todo te invita a serlo. Si tu ánimo no se conmueve en presencia de tan elevados destinos, ¿a qué engañar por más tiempo a Roma? ¿A qué consentir que se te considere como hijo de rey? Marcha a Tarquinia o a Corinto; vuelve al oscuro estado de que saliste, porque eres más digno hermano de Arunto que hijo de tu padre." Estas y otras reconvenciones inflamaron al joven. Tulia no podía contenerse ante la idea de que Tanaquil, aquella extranjera, había conseguido dos veces, merced al ascendiente de su valor, hacer dos reyes, su esposo y su yerno; mientras ella, que procedía de real linaje, era tan impotente para dar la corona como para quitarla. Dominado muy pronto por la desenfrenada ambición de su esposa, comenzó Tarquino a indicarse a los senadores, especialmente a los modernos; adulóles, recordóles los favores de su padre y les pidió correspon-

dencia. Con sus liberalidades se atrajo la gente moza; sus magníficas promesas y sus acusaciones contra Servio aumentaron por todos lados sus partidarios; y al fin, cuando consideró propicio el momento para ejecutar su proyecto, hízose acompañar por un grupo armado y se lanzó repentinamente al Foro. En medio del terror de todos ocupó el asiento real, delante del Senado, mandando convocar por medio de heraldo a todos los senadores a la presencia del rey Tarquino. Todos acudieron en seguida, unos porque estaban preparados desde mucho antes a este golpe de audacia, y otros por temor de que se les imputase como crimen su ausencia y asombrados además por aquel extraño acontecimiento y persuadidos de que todo había concluido para Servio. Tarquino comenzó por atacar la baja estirpe de Servio: "Ese esclavo, hijo de una esclava, dijo, después del indigno asesinato del rey, sin interregno, como se acostumbraba, sin que para su elección se reuniesen los comicios y se pidiesen los votos del pueblo, recibió de manos de una mujer el reino como un regalo. Las consecuencias de su usurpación corresponden a la bajeza de su origen. Su predilección a la clase ínfima, de que ha salido, y su odio a todos los hombres importantes le han inspirado la idea de arrebatar a los grandes ese terreno que ha repartido a los más despreciables. Las cargas públicas, comunes a todos antes, las hace pesar solamente sobre las clases elevadas, y solamente ha establecido el censo para poner de manifiesto el caudal de los ricos ante la avidez de los pobres, y para saber de dónde tomar, cuando quiera, para sus generosidades con los desdichados."

48. Advertido Servio por un mensajero a quien la emoción hace jadear, llegó durante el discurso, gritando desde el vestíbulo del Senado: "¿Qué es esto, Tarquino? ¿Qué audacia es la tuya que te lleva a convocar el Senado viviendo yo y a ocupar mi trono?" Tarquino contestó con altivez que ocupaba el puesto de su padre; asiento más digno del hijo del rey, de un heredero del trono, que de un esclavo: que desde mucho tiempo Servio insulta a sus amos y prescinde de su intervención. Levantóse clamor entre los partidarios de uno y otro; acudió el pueblo en tropel al salón del Senado, y fácilmente se comprende que reinará el que triunfe. Arrastrado Tarquino por lo crítico de su posición atrévese a todo: más joven y más robusto que Servio, lo tomó al rey por la cintura, lo sacó del Senado y lo arrojó desde lo alto de la escalinata. En seguida entró para retener a los senadores. Los aparitores y acompañantes del rey huyeron, y el mismo Servio, medio muerto, con algunos secuaces aterrados, se retiraba hacia su palacio, cuando al llegar a lo alto de la calle Cypria, algunos asesinos, enviados en persecución suya por Tarquino, le alcanzaron y mataron. Créese que Tulia aconsejó este crimen, haciendo verosímil esta creencia los que anteriormente había cometido. Pero está fuera de duda que, montada en su carro, penetró hasta el centro del Foro, y allí sin perder la serenidad en medio de tanta gente reunida, llamó a su marido, siendo la primera que le saludó con el título de rey; pero mandándole Tarquino alejarse de aquellas tumultuosas escenas, dirigióse de nuevo a su casa. Cuando llegó a lo alto de la calle Cypria, en el sitio en que se alzaba en otro tiempo un templo pequeño a Diana, el auriga, volviendo por la calle Virbia para pasar al barrio de las Esquilias, detuvo los caballos, y pálido de horror, le mostró el cadáver de Servio tendido en el suelo. Dícese que ella cometió un acto infame y espantosamente cruel,

El nombre de la calle, que desde entonces se llamó Malvada, ha perpetuado hasta nosotros el horrible recuerdo. Aquella mujer, dominada por todas las furias de la venganza que la perseguían desde la muerte de su hermana y de su esposo, hizo pasar, según se dice, las ruedas de su carro sobre el cadáver de su padre. En seguida, horriblemente manchada con la sangre paterna, llevó aquellas repugnantes ruedas ensangrentadas hasta los pies de los dioses penates que le eran comunes con su marido. Mas la ira de aquellos dioses, preparaba a aquel reinado infame una catástrofe digna de sus comienzos. Servio Tulio reinó cuarenta y cuatro años, con tal sabiduría, que hubiera sido difícil, hasta para un sucesor bueno y moderado, competir con su gloria. De aumento sirve a esta gloria la circunstancia de que con él se extinguió la monarquía legítima. Dícese también que proyectaba abdicar aquella autoridad tan suave y prudente, porque estaba en manos de uno solo, y este generoso proyecto lo hubiese realizado de no impedirle crimen doméstico dar libertad a su patria.

49. Inmediatamente comenzó a reinar L. Tarquino, a quien dieron el sobrenombre de Soberbio, porque yerno del rey, negó la sepultura a su suegro, diciendo que Rómulo también quedó insepulto. A los primeros que hizo perecer fue a los senadores sospechosos de haber sido favorables a Servio; y comprendiendo muy bien que el ejemplo que daba, apoderándose violentamente del trono, podría volverse contra él, rodeóse de guardias, porque todo su derecho estribaba en la fuerza, no habiendo obtenido los votos del pueblo ni los del Senado. No pudiendo contar con el cariño de los ciudadanos, necesitaba reinar por el terror, y para extenderlo, prescindió de todo consejo, siendo juez único en todas las causas capitales; pudiendo, por tanto, condenar a muerte, desterrar, despojar de los bienes, no solamente a los que le eran sospechosos o desagradables, sino que también a aquellos de quienes no podía esperar otra cosa que sus despojos. Su objeto principal fue disminuir el número de senadores, resolviendo no nombrar otros, para que su debilidad les hiciese despreciables y sufriesen con mayor resignación la ignominia de no intervenir para nada en el gobierno. En efecto, éste fue el primer rey que derogó la costumbre seguida por sus antecesores de consultar al Senado en todos los negocios. Administró la república por la inspiración de consejos domésticos; hizo la paz o la guerra según su capricho, ajustó tratados, hizo y deshizo alianzas sin cuidarse para nada de la voluntad del pueblo; buscando especialmente la amistad de los latinos, para crearse en los extraños un apoyo contra sus súbditos. Atraíase a los principales ciudadanos, no solamente por los lazos de la hospitalidad, sino que también por uniones de familia. Dio su hija a Octavio Mamilio Tusculano, que ocupaba el primer puesto entre los latinos, y que de creer a la fama, descendía de Ulises y Circea. Esta unión le atrajo todos los parientes y amigos de Mamilio.

50. Tarquino ejercía ya mucha influencia en los jefes de los latinos, cuando les propuso unirse en un día fijado, en el bosque sagrado de la diosa Ferentina, diciéndoles que quería hablarles de sus comunes intereses. Al amanecer reuniéronse en considerable número, acudiendo también Tarquino, pero poco antes de ocultarse el sol. Durante el día y mientras esperaban, diferentes cuestiones habían perturbado la asamblea. Turno Herdonio, de Aricia, irritado por la ausencia de Tarquino, exclamó: "¡Cómo extrañar

que Roma le haya llamado soberbio! (porque así se le llamaba ya en las murmuraciones secretas). ¿Hay algo más insolente que burlarse así de toda la nación latina? ¡Hacer venir a sus jefes lejos de sus moradas y faltar a la reunión! ¿No es esto poner a prueba su paciencia, para sujetarles al yugo, si se muestran dispuestos a soportarle? ¿Quién no ve su tendencia a dominar todo el Lacio? ¡Y si sus súbditos pudieran felicitarse por su elección! ¡Si debiese al menos el trono a su voluntad y no a un parricidio! También podrían confiar en él los latinos, porque a pesar de todo, su cualidad de extranjeros no les obliga a la misma desconfianza. Pero si, por el contrario, los romanos deploran su tolerancia, si son sucesivamente asesinados, desterrados, aruinados, ¿por qué han de esperar los latinos que se les trate mejor? Si querían creerle, volvería cada cual a su casa y no cuidarían de ser más exactos a la reunión que el que la había convocado." El carácter de aquel hombre era turbulento y faccioso, y a esto precisamente debía su influencia. Cuando hablaba de esta manera, llegó Tarquino interrumpiéndole: volviéronse todos hacia el rey para saludarle y se restableció el silencio. Los que se encontraban cerca de Tarquino le advirtieron que se excusase con la asamblea por su retraso, y Tarquino dijo que había estado mediando entre un padre y un hijo, que le había retenido su deseo de reconciliarles, y que habiéndole hecho perder el día esta circunstancia, al siguiente les expondría el motivo de la convocación. Dícese que no agradó a Turno la excusa y que dijo: "No existen diferencias más fáciles de arreglar que las de un padre con su hijo, decidiéndose la cuestión con muy pocas palabras: que obedezca el hijo y se le castigue."

51. Después de refutar de esta manera las palabras del rey romano, se retiró de la asamblea el ciudadano de Aricia. Pero más ofendido Tarquino de lo que mostraba, juró interiormente sacrificar a Turno, y de esta manera infundir a los latinos el terror que dominaba todos los ánimos. Pero como no tenía derecho para inmolarle públicamente, imaginó levantarle una calumnia. Por medio de algunos vecinos de Aricia, sobornó a un esclavo de Turno, consiguiendo por dinero que dejase introducir secretamente en casa de su amo considerable número de espadas. Una noche bastó para ejecutar este proyecto. Poco antes de amanecer llamó Tarquino a los latinos principales, y fingiendo la emoción que produce un acontecimiento extraordinario, les dijo que "gracias a los dioses, cuya providencia retrasó su marcha el día anterior, él y ellos se habían salvado de grave peligro. Había sabido, en efecto, que Turno, a fin de reinar solo sobre los latinos, había imaginado asesinarle, y al mismo tiempo a los principales ciudadanos de su país; proyecto que debió ejecutar la víspera durante la reunión, pero que la ausencia del que la había convocado, al que más odiaba Turno, lo había hecho aplazar. De aquí aquella cólera por un retraso cuya prolongación frustraba las esperanzas del conspirador. No podía dudarse que si los informes eran exactos, se presentaría aquella mañana en la asamblea, con todos los conjurados armados. Dícese que han llevado a su casa considerable número de espadas, y para averiguar si el hecho es cierto, les rogaba que fuesen con él a casa de Turno." El carácter violento de este hombre, sus palabras de la víspera, el retraso de Tarquino, causa probable del aplazamiento del crimen, fueron circunstancias a propósito para infundir sospechas. Los jefes

latinos siguieron a Tarquino, impulsados por natural credulidad, pero decididos a declarar falsa la acusación si no encontraban aquellas espadas que les denunciaban. Cuando llegaron dormía Turno aún. Rodeáronle guardias, sujetaron a los esclavos que se aprestaban a defender a su señor, y al mismo tiempo trajeron espadas de todos los rincones de la casa. Créese cierta la conspiración, cargan de cadenas a Turno y se convoca apresuradamente la asamblea de los latinos. La vista de las armas expuestas a todas las miradas, excitó tal indignación, que sin dar tiempo a Turno para que se defendiese, le condenaron a morir en nuevo género de suplicio: arrojáronle de cabeza a las aguas Terentinas, echándole encima un zarzo cargado de piedras.

52. Convocados en seguida en asamblea los latinos, después de felicitarles Tarquino por el castigo que habían impuesto a Turno, cuya parricida trama era evidente, añadió: "Que los latinos eran originarios de Albano, y que habiendo estado sometida esta ciudad y todas sus colonias al imperio romano, por un tratado ajustado en tiempo de Tulo, podría sin duda hacer valer aquel derecho tan antiguo a la soberanía de todos los pueblos latinos. Pero creía mucho más ventajoso para todos renovar el tratado; que mejor era para los latinos asociarse a la fortuna del pueblo romano, que temer incesantemente, como ya les había sucedido, primero bajo el reinado de Anco, y después bajo el de su padre, la destrucción de sus ciudades y la devastación de sus campos." A pesar de que aquel tratado contenía el reconocimiento explícito de la soberanía romana, no fue difícil convencer a los latinos a suscribirlo, porque veían que los principales de ellos estaban de acuerdo con el rey, y la reciente muerte de Turno era un aviso para los que podían intentar la resistencia. Renovóse el tratado, y Tarquino mandó a la juventud latina que se presentase armada en el bosque de Terentina en un día determinado. Acudieron al llamamiento desde todas las comarcas del Lacio, y no queriendo Tarquino que tuviesen jefes propios, ni señales secretas para reunirse, ni enseñas especiales, les incorporó a las centurias romanas, que, constando ahora de tantos latinos como romanos, fueron duplicadas, recibiendo por jefes centuriones romanos.

53. Si Tarquino fue injusto en la paz, no fue mal capitán en la guerra, y hasta hubiese superado en esto a sus predecesores, si los vicios del rey no oscurecieran la gloria del general. Comenzó contra los volscos aquella guerra que duró más de doscientos años: tomó por asalto su ciudad de Suesa-Pomecia: vendió el botín y obtuvo de la venta cuarenta talentos de oro y plata, concibiendo entonces la idea de elevar a Júpiter vasto templo, digno del rey de los dioses y de los hombres, digno del imperio romano y digno de la majestad del lugar donde se abrieron sus cimientos. El dinero tomado al enemigo quedó reservado para la construcción de este edificio. En seguida emprendió una guerra contra los gabios, cuya ciudad estaba cerca de Roma, no siendo esta guerra tan afortunada ni tan rápida como había esperado. Rechazado después de un asalto inútil, obligado a renunciar, por consecuencia de este fracaso, a un asedio regular, decidió emplear la astucia y la perfidia, medios indignos de un capitán romano. Aparentando que no se ocupaba ya de la guerra y que solamente atendía a la construcción del templo de Júpiter y de otras obras comenzadas en la ciudad, Sexto, el más joven de sus tres hijos, de acuerdo con él.

se refugió entre los gabios, quejándose ante ellos de la intolerable crueldad de su padre, diciendo: "Que Tarquino, no contento con tiranizar a los demás, tiranizaba también a su propia familia. Teme al número de sus hijos, y así como ha despoblado el Senado, quiere despoblar también su casa y no dejar herederos de su nombre ni de su reino. En cuanto a él, habiendo escapado a la espada de su padre, no cree encontrar en niguna parte asilo más seguro que entre los enemigos de Tarquino; porque han de saber que la guerra que parece abandonada, amenaza siempre; comenzará en cuanto haya ocasión, estallando de improviso. Si rechazan sus ruegos, recorrerá todo el Lacio; irá a los volscos, a los equos, a los hérnicos, hasta que encuentre un pueblo bastante generoso para defender a los hijos de la persecución e impía crueldad de los padres. Tal vez encontrará alguno a quien justa indignación hará empuñar las armas contra el rey más orgulloso y el más ambicioso de los pueblos". Temiendo los gabios que si no procuran retenerlo abandone su ciudad irritado contra ellos, le acogieron con bondad diciéndole: "Que no debe extrañarle que Tarquino trate a sus hijos como a sus conciudadanos y aliados; que a falta de otras víctimas, su crueldad debía volverse contra él mismo. Que fuese bien venido entre ellos, y que esperaban poder muy pronto, ayudándoles su valor y su consejo, llevar la guerra desde las puertas de Gabinia a las murallas de Roma."

54. Desde aquel día intervino el joven en sus consejos, en los que adoptaba desde luego, acerca de los asuntos civiles, la opinión de los gabios antiguos que mejor los conocían. Pero no sucedía lo mismo en lo concerniente a la guerra, que de tiempo en tiempo pedía, diciendo que, acerca de este punto, sus opiniones eran más seguras, porque conocía mejor la fuerza de los dos pueblos, y cuán odiosa era para los romanos la tiranía de Tarquino, insoportable hasta para sus hijos. Mientras impulsaba insensiblemente a los principales de la ciudad a la sublevación, él mismo, con un grupo de jóvenes atrevidos, hacía incursiones y saqueaba en territorio romano; y concertando sus hechos y palabras, en conformidad con su plan de falsedad, su fatal influencia concluyó por obtener el mando del ejército de los gabinos. Para no dar lugar a sospechas, libraba frecuentemente ligeros combates en que resultaban siempre vencedores los gabinos, creciendo tanto el entusiasmo, que grandes y pequeños consideraban su llegada a la ciudad como un favor de los dioses. Espléndido además con el soldado, al que abandonaba el botín, y cuyas fatigas y peligros compartía, de tal manera conquistó su cariño, que no era su padre más poderoso en Roma que él en Gabinia. Cuando se creyó bastante fuerte para intentarlo todo, envió a su padre uno de los suyos, con encargo de preguntarle lo que debía hacer, ahora que los dioses le habían concedido autoridad absoluta en la ciudad de Gabinia. Creo que el mensajero no debió parecer bastante seguro, porque no recibió contestación alguna verbal, sino que Tarquino, muy pensativo, pasó a los jardines de palacio, seguido por el enviado de su hijo. Dícese que paseando en silencio, derribaba con una varilla las adormideras más altas. Cansado de preguntar y de esperar contestación, el mensajero regresó a Gabinia, creyendo haber fracasado en su misión. Refirió lo que había dicho, lo que había visto; añadiendo que el rey, bien por odio, bien por cólera, o por aquel orgullo que le era natural, no pronunció ni una palabra; pero comprendiendo Sexto en el enigma el sentido de

la contestación e intenciones de su padre, hizo perecer a los principales de la ciudad, acusando a unos delante del pueblo, y a los otros aprovechando la indignación que habían producido contra ellos. Muchos fueron condenados públicamente, y otros, a quienes no era tan fácil acusar, murieron en secreto. Algunos pudieron huir sin obstáculo, y fueron desterrados, otros, repartiéndose al pueblo los bienes de los muertos y desterrados. Estas generosidades, el producto de aquellos despojos, las satisfacciones del interés particular ahogaron el sentimiento de las desgracias públicas, hasta el día en que Gabinia, privada de consejo y de fuerza, cayó sin luchar en poder del rey romano.

55. Dueño de los gabinos, ajustó Tarquino la paz con los equos y renovó el tratado con los toscanos. En seguida dedicó toda su atención a las obras interiores de Roma, siendo la más importante el templo de Júpiter, que construía sobre el monte Tarpeyo, y que quería dejar como monumento de su reinado y de su nombre. Obra era, en efecto, de dos Tarquinos: el padre había hecho el voto y el hijo lo cumplía; y con objeto de que todo el emplazamiento del Capitolio quedase reservado a Júpiter, con exclusión de toda otra divinidad, decidió derribar los altares y templos pequeños que Tacio había construido, consagrado y dedicado, en conformidad con un voto que había hecho durante un combate contra Rómulo. Mientras se construían los primeros cimientos del edificio, revelóse la voluntad de los dioses, según se dice, por señales que anunciaban el futuro poder del imperio romano. Los augures permitieron que se derribasen todos los altares, exceptuando el del dios Término, y esta excepción se interpretó de la manera siguiente: Conservando su puesto el dios Término, siendo el único dios que no perdía su santuario sobre el monte Tarpeyo, presagiaba la firmeza y duración del imperio romano. Este primer prodigio, que anunciaba la perpetuidad del imperio, vino acompañado de otros que predecían su grandeza. Dícese que al abrir los cimientos del templo encontróse una cabeza humana perfectamente conservada. Este nuevo suceso indicaba claramente que allí estaría también la cabeza del imperio, y de esta manera lo interpretaron los adivinos de Roma y los que llamaron de la Etruria. Estos presagios movían más y más al rey a no omitir gastos. Las riquezas de Pomecia, que debían servir para terminar la empresa, apenas bastaron para los cimientos. En lo relativo a este punto me parece Fabio más digno de crédito que Pisón, siendo además aquel historiador más antiguo. Fabio hace subir estas riquezas a cuarenta talentos; Pisón pretende que Tarquino había reservado para la construcción del templo cuarenta mil libras de peso de plata, cantidad extraordinaria que no podía proceder del saqueo de ninguna ciudad de entonces, y que bastaría y sobraría hoy mismo para la construcción de los monumentos más espléndidos,

Dominado solamente Tarquino por el deseo de terminar el templo, trajo obreros de todas las comarcas de Etruria, y empleó no solamente las rentas del Estado, sino también los brazos del pueblo. Aquella carga, unida a la de la guerra, no parecía sin embargo muy pesada para el pueblo, sino que por el contrario, se alegraba de alzar con sus propias manos los templos de los dioses. Pero en seguida le emplearon en otros trabajos, que no por tener menos brillo eran menos penosos: tales eran la construcción de galerías alrededor del circo y la apertura de una cloaca destinada a recibir las inmundicias de la ciudad: dos obras que apenas ha conseguido igualar la magnificencia de nuestros días. Además de estos trabajos, que mantenían ocupada a la plebe, persuadido Tarquino de que una población numerosa grava al Estado cuando permanece ociosa, y queriendo además ensanchar por medio de colonias los límites del imperio, envió colonos a Signia y a Circeya, ciudades que algún día debían proteger a Roma por el lado de tierra y por la parte del mar.

56. En medio de estos trabajos, vióse con horror otro prodigio. Una serpiente, saliendo de una columna de madera, puso espanto en todos los habitantes de palacio haciéndoles huir. No muy asustado Tarquino al principio, concibió sin embargo graves temores para lo venidero. Consultábase ordinariamente a los adivinos etruscos acerca de los presagios que se manifestaban en público; pero como éste parecía amenazar a su familia, resolvió el rey consultar al oráculo de Delfos, que era el más célebre del mundo. No sabiendo cuál sería la respuesta del dios, no se atrevió a encargar a extraños el cuidado de ir a recibirla, y envió a Grecia a dos hijos suyos, atravesando comarcas desconocidas entonces y mares más desconocidos todavía. Tito y Aruncio partieron acompañados del hijo de Tarquinia, hermana del rey, Junio Bruto, cuyo carácter era muy diferente del que procuraba mostrar en público. Sabedor por los principales del Estado que su tío, entre otros, había sucumbido víctima de la crueldad de Tarquino, este joven decidió desde aquel momento no revelar nada en su carácter ni en su fortuna que pudiese disgustar al tirano y excitar su avidez; en una palabra, buscar en el desprecio la seguridad que no podía encontrar en la justicia. Fingióse loco, entregando su persona a la risa del rey, abandonándole todos sus bienes y hasta aceptando el injurioso sobrenombre de Bruto. A favor de este nombre esperaba el libertador de Roma la realización de sus destinos. Llevado a Delfos por los Tarquinos, antes como juguete que como compañero, llevó al dios, según se dice, un báculo de oro, encerrado en otro de cuerno hueco, emblema misterioso de su carácter. Cuando llegaron los jóvenes, después de ejecutar las órdenes de su padre, quisieron saber a cuál de ellos vendría a parar el reino romano; y se dice que desde el fondo del santuario contestó una voz: "Obtendrá el supremo mando de Roma aquel de vosotros, ¡oh, jóvenes!, que sea el primero en dar un beso a su madre." Los Tarquinos exigieron absoluto silencio en cuanto al oráculo, relativamente a su hermano Sexto que había quedado en Roma, con objeto de que su ignorancia le hiciese perder toda esperanza de reinar; y en cuanto a ellos, dejaron que la fortuna decidiese cuál de los dos besaría al regreso a su madre. Pero interpretando Bruto de otra manera la voz de la Pitonisa, fingió caer y besó la tierra, madre común de todos los hombres. Cuando regresaron a Roma hacíanse grandes aprestos de guerra contra los rútulos.

57. Habitaban éstos la ciudad de Ardea, constituyendo nación poderosa y rica para aquellos tiempos y aquel país. Declaróse la guerra a causa del agotamiento de las rentas, por efecto de los trabajos suntuosos emprendidos por el rey de los romanos, quien deseaba rehacer el tesoro y conquistar de nuevo con el cebo del botín el afecto de sus súbditos, que, irritados por su soberbia y despotismo, se indignaban de que el príncipe les tuviese sujetos desde tanto tiempo a trabajos de operario y de esclavo. Tratóse primeramente de apoderarse de Ardea por asalto; pero la tentativa

no produjo buen resultado, por lo que se convirtió el asedio en bloqueo, quedando encerrado el enemigo dentro de sus murallas. Durante el bloqueo, y como de ordinario acontece en guerras menos activas que largas, concedíanse con bastante facilidad licencias, pero principalmente a los jefes y no a los soldados. Los jóvenes príncipes solían de tiempo en tiempo distraer los tedios de la ociosidad por medio de festines y orgías. Un día que estaban cenando en casa de Sexto Tarquino con Colatino, hijo de Egerio, recayó la conversación en las esposas, elogiando cada cual extraordinariamente la suya. Acaloróse la discusión; Colatino dijo que no eran necesarias tantas palabras y que en pocas horas podrían convencerse de cuán superior era a todas su esposa Lucrecia. "Si somos jóvenes y vigorosos, añadió, montemos a caballo y marchemos a asegurarnos por nosotros mismos del mérito de nuestras esposas. Como no nos esperan, las juzgaremos por las ocupaciones en que las sorprendamos." El vino excitaba los ánimos, y todos los jóvenes exclamaron: "Partamos", y salieron a la carrera hacia Roma, donde llegaron al oscurecer. De allí marcharon a Colacia, donde encontraron a las nueras del rey y a sus compañeras entregadas a las delicias de suntuosa cena; y por el contrario Lucrecia, en lo más retirado del palacio hilando lana y velando con sus criadas hasta muy entrada la noche. Lucrecia, que obtuvo todos los honores de la disputa, recibió bondadosamente a los dos Tarquinos y a su esposo, quien contento por la victoria, invitó a los príncipes a permanecer con él. Entonces concibió Sexto Tarquino el odioso deseo de poseer a Lucrecia, aunque fuese por infame violencia, porque excitaba su vanidad, no solamente la belleza de aquella mujer, sino también su acrisolada reputación de virtud. Terminada la noche en las diversiones propias de la juventud, regresaron al campamento.

58. Pocos días después volvió Sexto a Colacia, ocultándose de Colatino y acompañado por un hombre solo. Como nadie suponía sus designios, recibiéronle benévolamente, llevándole después de cenar a su habitación. Allí, ardiendo en deseos, y juzgando por el silencio que todos dormían en el palacio, empuñó la espada, marchó al lecho de Lucrecia, dormida ya, y apoyando una mano en el pecho de aquella mujer: "Silencio, Lucrecia, dijo; soy Sexto; tengo en la mano la espada: si gritas, mueres." Al despertar sobresaltada y muda de espanto, Lucrecia, sin defensa, ve la muerte que le amenaza; Tarquino le declara su amor; insta, amenaza y ruega a la vez, sin omitir nada de lo que puede quebrantar el corazón de la mujer. Pero viéndola firme en su resistencia y que no la doblega ni el temor de la muerte, intenta asustarla con la pérdida de su reputación, diciéndole que después de matarla colocará a su lado el cuerpo desnudo de un esclavo degollado, para hacer creer que había recibido la muerte cuando estaba consumando el más repugnante adulterio. Vencida por este temor la inflexible castidad de Lucrecia, cede a la lujuria del joven, alejándose en seguida éste, orgulloso con su triunfo sobre el honor de una mujer. Oprimida Lucrecia por el dolor, envió mensajeros a Roma y Ardea, diciendo a su padre y a su esposo que se apresuraran a venir acompañado cada uno por un amigo fiel; que un acontecimiento espantoso exige su presencia. Sp. Lucrecio llegó con P. Valerio, hijo de Voleso, y Colatino con Bruto. Estos dos regresaban juntos a Roma, cuando les encontró el mensajero de Lucrecia, a la que hallaron sentada

en su habitación, sumida en profundo dolor. Al ver a los suyos, rompió en llanto, y preguntándole su esposo si todo estaba salvo. "No, contestó; ¿qué bien puede quedar a la mujer que ha perdido la castidad? Colatino, huellas de varón extraño manchan todavía tu lecho. Pero solamente el cuerpo ha sido deshonrado; el alma permanece pura y mi muerte lo demostrará. Juradme que no quedará impune el adúltero: es Sexto Tarquino, que ocultando un enemigo bajo exterioridades de huésped, vino la última noche a arrebatar, con las armas en la mano, un placer que debe costarle tanto como a mí si sois hombres." Los dos le prometieron lo que deseaba, y procuraron endulzar su dolor, achacando toda la culpa al autor de la violencia; dijéronle que el cuerpo no es culpable cuando el alma es inocente, y que no hay falta donde no hay intención. "Vosotros decidiréis de la suerte de Tarquino: por mi parte, si me considero sin crimen, no me perdono la pena, para que en adelante ninguna mujer que sobreviva a su deshonra no pueda invocar el ejemplo de Lucrecia." Dicho esto, se clavó en el corazón un cuchillo que tenía oculto bajo la ropa, cayendo muerta en el acto. El padre y el esposo lanzaron gritos.

59. Mientras se entregaban al dolor, Bruto arrancó de la herida el cuchillo ensangrentado, y levantándolo dijo: "Por esta sangre tan pura antes de recibir el ultraje del odioso hijo de los reyes, juro y os tomo por testigos a vosotros ¡oh, dioses! que perseguiré a Lucio Tarquino el Soberbio, a su malvada esposa y a todos sus hijos, por el hierro, por el fuego y por cuantos medios estén a mi alcance, y que no he de consentir que ni ellos ni otros reinen jamás en Roma." En seguida entregó el cuchillo a Colatino, y después a Lucrecio y a Valerio, asombrados de aquel prodigioso cambio en un hombre que consideraban insensato. Repiten el juramento que les dicta, y pasando repentinamente del dolor al deseo de venganza, siguen a Bruto que les llamaba ya a la destrucción de la monarquía. Llevan al foro el cadáver de Lucrecia, y aquel extraordinario espectáculo excita, como esperaban, universal indignación. El pueblo maldice la execrable violencia de Sexto; conmuévese ante el dolor del padre, agítale Bruto, que condenando aquellas lágrimas inútiles, propone el único partido digno de ser escuchado por hombres, por romanos, el de empuñar las armas contra príncipes que les tratan como enemigos. Los más animosos se presentan espontáneamente armados, y muy pronto siguen el ejemplo los demás. Quedan la mitad de ellos con Colatino para la defensa de la ciudad y para impedir que la noticia de la sublevación llegue a oídos del rey, y la otra mitad marcha sobre Roma siguiendo a Bruto. A su llegada y por doquier avanza aquella multitud armada; todos se asustan y agitan; pero cuando se ve a la cabeza los primeros ciudadanos del Estado, tranquilízanse en cuanto a sus proyectos, sean los que quieran. Lo horrible del crimen no produce menos efecto en Roma que en Colacia: de todos los puntos de la ciudad acuden al Foro, y la voz del heraldo reúne al pueblo en derredor del tribuno de los célebres, dignidad que entonces tenía Bruto. Éste arenga al pueblo, y su palabra en nada revela aquella falta de talento que había fingido hasta entonces. Refiere la brutal pasión de Sexto Tarquino y la infame violencia que ha hecho a Lucrecia; la deplorable muerte de esta mujer y el dolor de Tricipitino, que perdiendo a su hija, menos le afligía la pérdida que la indigna causa que la había ocasionado. Describe el or-

gulloso despotismo de Tarquino, los trabajos y las miserias del pueblo, de aquel pueblo sepultado en fosos, en cloacas inmundas que tiene que limpiar; muestra a aquellos romanos vencedores de todas las naciones vecinas transformados en obreros y albañiles. Recuerda los horrores del asesinato de Servio y de aquella hija impía que hace pasar su carro sobre el cuerpo de su padre, y en seguida invoca a los dioses vengadores de los parricidas. Tamaños crímenes y otros más atroces, sin duda, que no puede referir el historiador con la misma energía que los que los presenciaron, enardecen a la multitud, que arrastrada por el orador, decreta la destitución del rey y condena al destierro a Sexto Tarquino, su esposa e hijos. El mismo Bruto, habiendo alistado y armado a todos los jóvenes que se apresuraban a dar su nombre, marcha al campamento delante de Ardea para sublevar al ejército contra Tarquino. Deja el gobierno de Roma a Lucrecio, a quien el mismo rey había nombrado prefecto de la ciudad poco tiempo antes. En medio del general tumulto, Tulia huye a su palacio, recibiendo por todas partes a su paso las execraciones de la multitud y oyendo invocar sobre su cabeza las furias vengadoras de los parricidas.

60. Cuando llegó la noticia al campamento del rey, sorprendido y asustado, acudió apresuradamente a Roma para ahogar la naciente sublevación. Entérase Bruto de su proximidad, y para no encontrarle se separa del camino. Casi al mismo tiempo y por vías diferentes llegan, Bruto al campamento y Tarquino a Roma, donde encuentra las puertas cerradas y le notifican su destierro. El ejército, por el contrario, recibe con entusiasmo al libertador de Roma y arroja de sus filas a los hijos del rey. Dos de ellos siguieron a su padre al destierro de Cerea en la Etruria: Sexto, que se había retirado a Gabinia como a sus propios Estados, pereció allí, muerto por aquellos cuyos odios excitó en otro tiempo con sus asesinatos y rapiñas.

Tarquino el Soberbio reinó veinticinco años; siendo el tiempo que reinaron todos los reyes desde la fundación de Roma hasta su libertad doscientos cuarenta años. Reunidos entonces los comicios por centurias y convocados por el prefecto de Roma, según el proyecto de Servio, nombraron dos cónsules, Junio Bruto y Tarquino Colatino.

LIBRO SEGUNDO

Sumario: Bruto hace jurar al pueblo que no consentirá más reyes en Roma; obliga a su colega Tarquino Colatino, sospechoso por ser pariente de los Tarquinos, a abdicar el consulado y a salir de la ciudad; entrega al pillaje los bienes de la familia real y consagra a Marte el terreno que después se llamó Campo de Marte; hace decapitar a los jóvenes patricios, a sus propios hijos y a los de su hermano, que conspiraron para restablecer a los Tarquinos; concede libertad a su denunciador, el esclavo Vindicius, y de aquí viene la palabra *vindicta.*—Guía al ejército contra los príncipes que venían en guerra contra Roma con las fuerzas reunidas de los veyos y tarquinios; perece en el combate con Aruncio, hijo de Tarquino el Soberbio. Las matronas romanas llevan luto durante un año.—El cónsul Valerio hace aprobar una ley que consagra el derecho de apelación al pueblo.—Dedicación del Capitolio.—Porsena, rey de Clunio, se arma en favor de los Tarquinos y avanza hasta el Janículo, pero el valor de Horacio Cocles le impide atravesar el Tíber.—Horacio, mientras a su espalda cortan el puente de madera, sostiene solo el choque de los etruscos, y cuando cae el puente se arroja armado al agua y se reúne a nado con los suyos.—Mucio da otro ejemplo de valor; penetra en el campamento enemigo para matar a Porsena; asesina a un secretario, a quien confunde con el rey; preso, coloca la mano sobre el altar donde acaban de celebrar un sacrificio, la deja abrasar y declara que trescientos romanos han jurado, como él, matar al rey.—Vencido por la admiración que le causan aquellas acciones heroicas, Porsena acepta las condiciones de paz, renuncia a la guerra, recibe rehenes, entre los que se encuentra una joven, Clelia, que burla la vigilancia de los centinelas y vuelve a los suyos, cruzando a nado el Tíber. Devuélvenla a Porsena, quien la restituye honrosamente. Ap. Claudio abandona el país de los sabinos para establecerse en Roma, lo cual da lugar a la formación de la tribu Claudia. Auméntase el número de las tribus, que llegan a veintiuna.—Tarquino el Soberbio vuelve a atacar a Roma a la cabeza de un ejército de latinos.—Victoria del dictador A. Postumio, cerca del lago Regilo. El pueblo, con motivo de la prisión de los deudores, se retira al monte Sacro. Menenio Agripa, con prudentes consejos corta la rebelión. Muere con tal pobreza, que se le entierra a expensas del Estado.—Creación de cinco tribus del pueblo.—Toma de Coriola, ciudad de los volscos; débese al valor y actividad de C. Marcio, a quien por este hecho se le da el nombre de Coriolano. T. Atinio, plebeyo, recibe en una visión orden de comunicar al Senado ciertos hechos que interesan a la religión; no lo hace, pierde a sus hijos, y él mismo queda paralítico. Llevado en litera al Senado, cumple el mandato, recobra el movimiento de las piernas y regresa andando a su casa.—C. Marcio Coriolano, condenado al destierro, llega a ser general de los volscos y lleva un ejército delante de Roma. Los legados, y después los sacerdotes que le envían, le ruegan en vano que no haga guerra a su patria; Veturia, su madre, y su esposa Volumnia consiguen de él que se retire.—Primera ley agraria.—Sp. Cassio, varón consular, acusado de aspirar al trono, es condenado a muerte y ejecutado.—La vestal Oppia, convicta de incesto, es enterrada viva.—Los veyos aprovechan su proximidad para atacar a Roma, siendo sus hostilidades más incómodas que peligrosas. La familia de los Fabios pide se le encargue de esta guerra y marcha contra el enemigo en número de trescientos seis combatientes, quedando deshechos cerca de Cremera; de esta familia solamente sobrevive un niño muy pequeño que dejaron en Roma.—El cónsul Appio Claudio, a consecuencia de un contratiempo que experimenta contra los volscos por la insubordinación del Ejército, diezma los soldados y hace morir a palos a los designados por la suerte. Expedición contra los volscos, los equos y los veyos.—Disensiones entre el Senado y el pueblo.

1. En adelante trataré de lo que el pueblo romano, libre ya, hizo en la paz y en la guerra, de sus magistrados anuales y del imperio de sus leyes, más poderosos que el de los hombres. La soberbia del último rey fue causa de la alegría con que fue recibida la libertad; porque los reyes anteriores habían gobernado de tal manera, que en lo sucesivo se les consideró con justicia como fundadores de aquellos barrios de la ciudad que destinaron por morada a la multitud, aumentada bajo su reinado, y no puede dudarse que aquel mismo Bruto, que tanta gloria alcanzó con la expulsión de Tarquino el Soberbio, habría causado grandísimo daño público, si por deseo de prematura libertad hubiese arrojado del trono a alguno de los reyes anteriores. ¿Qué habría sucedido si aquella aglomeración de pastores y de hombres de todas las comarcas que habían huido de su patria y obtenido, bajo la protección de un templo inviolable, si no la libertad, al menos la impunidad, una vez libre del temor del poder real, hubiese comenzado a verse agitada por las tempestades tribunicias; y si en una ciudad que todavía les era extraña, hubiese entablado lucha con los patricios, antes de que los lazos de matrimonio, de paternidad y el cariño al mismo suelo, al que solamente nos adhiere el tiempo, no hubiese reunido todos los ánimos en comunes intereses? La discordia habría destruido el Estado que aún carecía de vigor; mientras que la tranquila influencia de un poder moderado desarrolló de tal manera sus fuerzas, que llegado a la madurez, pudo soportar los dulces frutos de la libertad. Por lo demás, si en esta época se ha de fijar el origen de la libertad, antes es porque se fijó en un año la duración de la autoridad consular, que a causa de la disminución que pudo experimentar la autoridad real; porque los primeros cónsules conservaron todos sus derechos y todas sus insignias. Solamente que, para no aparentar que se redoblaba el terror que inspira la autoridad suprema, se cuidó de no conceder los haces a los dos cónsules a la vez. Bruto los obtuvo primero, debiéndolo a la consideración de su colega; Bruto no mostró más ardimiento por conseguir la libertad que por conservarla después. Primeramente, aprovechando el entusiasmo del pueblo por la libertad naciente, y temiendo que más adelante se dejase seducir por los ruegos o por los presentes del rey, le hizo jurar solemnemente que no consentiría que nadie reinara en Roma. En seguida, para que el Senado se robusteciese con el número de sus miembros, disminuidos considerablemente por la crueldad del último rey, los elevó a trescientos, completándolo por medio de elección entre los varones más insignes del orden ecuestre: dícese que de esto dependió que en el Senado se llamase a unos padres y a otros conscriptos, dándose este

nombre a los llamados para formar parte del nuevo Senado. Admirable es cuánto contribuyó esta medida a mantener la concordia en el Estado y a unir al pueblo con los senadores.

2. Ocupáronse en seguida de las cosas divinas; y como los reyes habían tenido el privilegio de ofrecer por sí mismos ciertos sacrificios públicos, para quitar todo deseo de reyes se creó uno de los sacrificios. Este sacerdocio quedó sujeto al pontífice máximo, por miedo de que si se añadía alguna prerrogativa a este nombre, sobreviniese peligro a la libertad, que era entonces el primer cuidado de todos; e ignoro si se traspasaron los límites tomando hasta las precauciones más minuciosas para fortalecerla; porque cuando nada quedaba ya que pudiese ofenderla, fue objeto de inquietud el nombre del segundo cónsul. Decíase que los Tarquinos estaban demasiado acostumbrados a reinar, habiendo comenzado Tarquino el Viejo; que Servio Tulio había reinado en seguida; pero que no obstante esta interrupción, Tarquino el Soberbio no había renunciado a la corona, y que lejos de considerarla como ajena se apoderó de ella por medio de la violencia y el crimen, estimándola como patrimonio de familia; que después de la expulsión de este último, el poder había pasado a manos de Colatino; que los Tarquinos no podían vivir en condición privada; que hasta su nombre desagradaba y era peligroso para la libertad. Estas consideraciones, destinadas a tantear los ánimos, se extienden poco a poco por toda la ciudad y despiertan la suspicacia del pueblo, cuya asamblea convoca Bruto. En ésta pronuncia la fórmula del juramento por el que se habían obligado todos los romanos a no consentir jamás en Roma ni rey ni a quien pusiese en peligro la libertad. Añade en seguida que éste es el fin a que deben encaminarse, y que no ha de omitirse nada de lo que pueda llevar a su consecución; que hacía esta proposición a disgusto, pensando en el varón que daba lugar a ella, pero en él dominaba el amor a la libertad; que el pueblo romano no cree haber conseguido la libertad completa; que todavía existe en Roma la raza y el nombre de los reyes, que ocupa la magistratura suprema; que esto oscurece y pone trabas a la libertad. "¡Oh, tú, Lucio Tarquino, exclama, líbranos voluntariamente de este temor: confesamos que arrojaste a los reyes: termina ese generoso trabajo: lleva lejos de aquí el nombre real. Yo aseguro que tus conciudadanos te entregarán todos tus bienes, y, en caso necesario, su generosidad los aumentará! ¡Marcha, pues, amigo, del pueblo romano! Liberta a la ciudad de un temor, quizás infundado; pero todos los ánimos están convencidos de que la autoridad real no desaparecerá si no es con la familia de los Tarquinos."

El asombro que produjo al cónsul aquella inesperada y repentina proposición le quitó al pronto el uso de la palabra, y cuando quiso contestar, los ciudadanos más notables le rodearon, repitiendo con instancias las mismas súplicas. Sin embargo, no podían decidirle; pero cuando Septimio Lucrecio, con la autoridad que le daban sus años, su dignidad personal y título de suegro, empleando todos los medios de persuasión, le rogó y aconsejó sucesivamente que accediese al unánime deseo de todos sus conciudadanos, el cónsul, temiendo que al descender a la condición particular se le exigiese el mismo sacrificio, añadiendo la confiscación de sus bienes y otras medidas ignominiosas, abdicó al fin el consulado, y, habiendo hecho trasladar en seguida sus riquezas a Lavinia, salió de Roma. Bruto, por medio de un senatus-consulto, hizo decretar al pueblo el destierro de todos los miembros de la familia de los Tarquinos, y reuniendo en seguida los comicios por centurias, creó cónsul a P. Valerio, que le había ayudado a expulsar a los reyes.

3. Aunque nadie dudaba que amenazaba una guerra con los Tarquinos, ocurrió ésta más tarde de lo que se esperaba. Pero lo que no se temía era que la libertad estuviese a punto de perderse por perfidia y tración. Existían en Roma algunos jóvenes de elevada alcurnia, que, bajo los reyes, se entregaban holgadamente a sus pasiones; siendo de la misma edad y compañeros de los hijos de Tarquino, y acostumbrados a la vida de las cortes, desde que todos los derechos habían venido a ser iguales lamentaban la pérdida de sus privilegios y se quejaban entre sí de que la libertad de los demás era esclavitud para ellos. "Un rey, decían, es un hombre de quien todo se puede conseguir, téngase derecho o no; un hombre con el que está abierto el campo al favor, abierto a los beneficios, que puede perdonar y castigar y que sabe distinguir entre el amigo y el enemigo. Las leyes, por el contrario, sordas, inexorables, son más favorables y más útiles al pobre que al poderoso. No tienen clemencia, no tienen piedad para el que se atrevió a infringirlas. Es peligroso, cuando a tantos errores lleva la debilidad humana, no tener otro apoyo que la propia inocencia." Así estaban agitados los ánimos cuando llegaron a Roma emisarios de la familia real, que venían a reclamar los bienes de los Tarquinos, sin hablar de su regreso. El Senado los oyó y deliberó durante muchos días acerca del objeto de su misión. Negar era dar pretexto para que declarasen la guerra; ceder era suministrar recursos para hacerla. Entre tanto los emisarios hacían cada cual por su lado diferentes tentativas; hablaban francamente de la restitución de los bienes, y en secreto preparaban los medios para recuperar el trono. Fingiendo que procuraban conseguir buen éxito en el asunto que aparentemente les había reunido, acercábanse a los jóvenes patricios y sondeaban sus ánimos, entregando cartas de los Tarquinos a aquellos que les escuchaban con agrado y entendiéndose con ellos para que les introdujesen secretamente y de noche en la ciudad.

4. Este proyecto se comunicó en primer lugar a los hermanos Vitelio y Aquilio. Una hermana de los Vitelios había casado con el cónsul Bruto, y de este matrimonio habían nacido dos hijos, Tito y Tiberio, que ya eran adolescentes, y sus tíos les reciben en la conspiración, admitiendo también a otros jóvenes nobles, cuyos nombres ha hecho olvidar el tiempo. Entre tanto había triunfado en el Senado la opinión de los que querían que se devolviesen los bienes, y entonces, tomando los emisarios por pretexto para prolongar su permanencia el plazo que les habían concedido los cónsules, con objeto de reunir los vehículos necesarios para transportar lo que pertenecía a la familia real, emplearon todo el tiempo en concertarse con los conjurados, consiguiendo de ellos, a fuerza de instancias, una carta para los Tarquinos; porque de otra manera, ¿cómo acreditar que no eran ilusorios los relatos de los legados en asuntos de tanta monta? Aquella carta que les entregaron los conjurados como prueba de seguridad, sirvió para demostrar el crimen; porque cenando los emisarios por casualidad la víspera de su marcha en casa de Vitelio, y habiendo los conjurados, después de alejar a todos los testigos, departido extensamente, como

suele acontecer, acerca de sus nuevos proyectos, un esclavo, que ya había notado lo que ocurría, escuchó sus palabras, pero esperó el momento en que entregasen la carta para que, apoderándose de ella, no quedase duda de la traición. En cuanto quedó convencido de que los emisarios la tenían en su poder, marchó a revelarlo todo a los cónsules, quienes acudieron en seguida a prender a los emisarios y a los conjurados y sofocaron la conspiración sin el menor ruido. Su primer cuidado fue asegurarse de la correspondencia; aherrojaron en el acto a los traidores, pero vacilaron por un momento en cuanto a los legados, y aunque parecía que se habían expuesto a que se les considerase como enemigos, prevaleció sin embargo el derecho de gentes.

5. La restitución de los bienes del rey, concedida ya, volvió a ser objeto de deliberación en el Senado, que, cediendo al enojo, se negó a realizarla y hasta rehusó declarar aquellos bienes del dominio público, sino que los abandonaron al pillaje del pueblo, con objeto de que habiendo puesto mano sobre los bienes de los reyes, perdiese para siempre la esperanza de hacer la paz con ellos. El campo de los Tarquinos, situado entre la ciudad y el Tíber, quedó consagrado al dios Marte, y después fue el Campo de Marte. Encontrábase entonces cubierto de trigo a punto de siega, y como obstaba un escrúpulo religioso para aprovechar la cosecha de aquel campo, enviaron considerable número de hombres, que cortaron la espiga con la paja, y colocándolo todo en cestas, lo arrojaron al Tíber, cuyas aguas estaban bajas, como suelen estarlo en los grandes calores. Dícese que aquel trigo se depositó por montones en el fondo, cubriéndolo el limo, y que poco a poco, acumulándose sobre él todo lo que arrastraba el río en su corriente, se formó una isla; por mi parte creo que, andando los tiempos, llevaron tierras a aquel punto, y que la mano del hombre contribuyó a dar bastante altura y solidez a aquel paraje para sostener templos y pórticos. Después del pillaje de los bienes de la familia real, condenóse a muerte a los traidores, y aquel suplicio fue tanto más notable, cuanto que el consulado impuso a un padre el deber de hacer dar muerte a sus propios hijos, y que la suerte eligió precisamente para presenciar la ejecución al que debió alejar de tan terrible espectáculo. Veíase atados a los postes jóvenes de la nobleza más elevada; pero las miradas se separaban de todos, como si fuesen desconocidos, para fijarse únicamente en los hijos del cónsul; y tal vez se deploraba menos el suplicio que el crimen que lo había merecido. En aquel mismo año habían formado el designio de hacer traición a su patria, apenas libertada; a su padre, el libertador; al consulado, que había nacido en su familia; al Senado, al pueblo, a todos los dioses y ciudadanos romanos, para entregarlos a un malvado, que habiendo sido antes soberbio tirano, ahora se atrevía a amenazarles desde su destierro. Llegan los cónsules a sentarse en sus sillas curules y mandan a los lictores que comiencen la ejecución. En el acto despojan éstos de sus vestiduras a los culpables, los azotan con las varas y les cortan la cabeza. Entre tanto, las miradas de los espectadores están fijas en el padre; obsérvanse los movimientos de sus facciones, la expresión de su rostro, y pudo verse cómo asomaban los sentimientos paternales en medio del cumplimiento de la justicia pública. Después del castigo de los culpables, queriendo los romanos alejar por medio de otro ejemplo igualmente notable crímenes parecidos, concedieron por re-

compensa al denunciador una cantidad de dinero que pagaría el Tesoro, y además la libertad y los derechos de ciudadanía. Dícese que aquel fue el primer esclavo puesto en libertad por la *vindicta;* otros creen que la palabra vindicta viene del mismo esclavo, que se llamaba Vindicio. Desde entonces fue regla constante considerar con los derechos de ciudadanía a todos los manumitidos de aquella manera.

6. Enterado Tarquino de estos acontecimientos, entregóse, no solamente al dolor al ver perdidas tan halagüeñas esperanzas, sino también a la ira y al furor. Convencido de que todos los caminos estaban cerrados a la astucia y que en adelante tendría que hacer abiertamente la guerra, recorrió suplicando todas las ciudades de la Etruria, y sobre todo imploró a los veyos y a los tarquinios "para que no consientan que un príncipe nacido de su sangre, desterrado, despojado de tan poderoso reino, perezca a su vista con sus hijos en la adolescencia aún; que otros reyes habían sido llamados de país extranjero para reinar en Roma, y que él, rey ya, cuando mandaba el imperio romano por la fuerza de las armas, había sido arrojado por la criminal conspiración de sus parientes; que no habiéndose encontrado entre ellos ninguno digno de reinar, habíanse repartido el reino y habían concedido al pueblo el pillaje de sus bienes, para que toda la nación tuviese parte en el crimen. Quiere reconquistar su patria, su reino y castigar súbditos ingratos. Que le ayuden; que le secunden; que venguen sus antiguas ofensas, sus legiones tantas veces derrotadas y la usurpación de su territorio". Estas palabras conmovieron a los veyos, y cada uno contesta estremeciéndose y con voz amenazadora, que ahora al menos, puesto que un romano se les ofrece por general, deben borrar todas las ignominias y recobrar cuanto habían perdido por la guerra. La comunidad de nombre y los lazos de parentesco decidieron a los tarquinios, que consideraban honroso para ellos reinasen en Roma príncipes de su sangre. Ejércitos enviados por estas dos ciudades siguen a Tarquino para devolverle su reino y hacer encarnizada guerra a los romanos. Valerio mandaba la infantería formada en cuadro y Bruto se adelantó con la caballería, para salir al encuentro del enemigo, que había adoptado el mismo orden: su caballería marchaba también delante, bajo las órdenes de Aruncio Tarquino, hijo del rey, y detrás venía el rey mismo al frente de las legiones. Aruncio reconoció desde lejos al cónsul por sus lictores: acércase y no puede dudar al ver el rostro de Bruto. Inflamado en cólera al verle, exclama: "Ése es el hombre que nos ha arrojado de nuestra patria; vedlo avanzar orgullosamente con los símbolos de nuestro poder. ¡Dioses vengadores de los reyes, sedme propicios!" Dicho esto aguijó al caballo y se precipitó sobre el cónsul empuñada la lanza. Vio Bruto que venía hacia él, y como en aquella época era honroso para los generales descargar los primeros golpes, salió al combate con ardor, cayendo tan ciegamente el uno sobre el otro, que atentos sólo a herir al adversario y no cuidando defender el propio cuerpo, se clavaron al mismo tiempo con golpe que atravesó los escudos, y cayendo de los caballos perecieron unidos el uno al otro por sus respectivas lanzas. En seguida trabó combate toda la caballería y a poco llegaron los peones. La victoria quedó indecisa y por ambas partes se combatió con igual valor. En los dos ejércitos el ala derecha fue vencedora y derrotada la izquierda. Acostumbrados los veyos a verse vencidos por los sol-

dados romanos, fueron deshechos y huyeron; los tarquinios, por el contrario, enemigos nuevos, resistieron con firmeza y hasta rechazaron a los romanos, que les hacían frente.

7. Por consecuencia de aquel combate, apoderóse tal miedo de Tarquino y los etruscos, que los dos ejércitos, el de los tarquinios y el de los veyos, abandonaron la empresa y regresaron de noche a sus hogares. Añádense algunos hechos prodigiosos: durante el silencio de la noche que siguió a la batalla, salió de la selva Arcia una voz formidable, creyéndose fuera la del dios Silvano. Aquella voz dijo estas palabras: "Los etruscos han perdido un hombre más, los romanos son vencedores." Pero sí es cierto que los romanos se retiraron como vencedores y los etruscos como vencidos. Cuando vino el día y no se vieron enemigos delante, el cónsul P. Valerio mandó recoger los despojos y regresó triunfante a Roma. Allí celebró los funerales de su colega con toda la pompa posible en aquel tiempo; pero la honra mayor del muerto fue la tristeza pública, cuyo rasgo más notable fue la resolución que tomaron las matronas romanas de llevar luto durante un año, lo mismo que por un padre, por aquel ardiente vengador de la honra ultrajada. En seguida ¡tan mudables son los efectos de la multitud! el cónsul que había sobrevivido, después de gozar del favor más grande, fue objeto de odio y hasta se vio víctima de sospechas y denigrantes acusaciones. Pretendióse que quería apoderarse del trono, porque no había tomado colega después de la muerte de Bruto, y hacía construir una casa en la cumbre de Velia, en paraje fortificado por su elevación y que llegaría a ser castillo inexpugnable. La indignidad de esta acusación extendida y creída por todas partes hirió vivamente al cónsul, que convocó la asamblea del pueblo, y habiendo hecho deponer los haces, subió a la tribuna. Espectáculo muy grato fue para la multitud ver las insignias del poder supremo abatidas a su presencia, puesto que aquello equivalía a confesar que la majestad y el poder del pueblo eran superiores a los del cónsul. Cuando Valerio hubo recomendado el silencio, comenzó por celebrar la buena fortuna de su colega, que después de haber libertado a su patria y revestido la magistratura suprema, había muerto combatiendo por la república, en todo el esplendor de su gloria, antes de que la manchase la envidia; en tanto que él, que sobrevivía a la suya, sólo había conservado la existencia para ser objeto de las acusaciones de la envidia; libertador de su patria, se le confundía con los Vitelios y Aquilios. "¡Cómo!, exclama, ¿no habrá jamás ante vuestros ojos virtud bastante probada para que no la manche la sospecha? Yo, el enemigo más implacable de los reyes, ¿debía verme acusado de aspirar al trono? Aunque habitase en el Capitolio, en la misma fortaleza, ¿debería pensar que fuese objeto de temor por mis conciudadanos? ¿Tan débiles cimientos tiene mi fama entre vosotros? ¿Vuestra confianza en mí descansa en bases tan deleznables que os importa más saber dónde estoy que quién soy? No; la casa de Publio Valerio no será obstáculo para vuestra libertad. Velia no os inspirará temor en adelante. Trasladaré mi morada al llano; la colocaré al pie mismo de la colina, para que vosotros habitéis por encima de este ciudadano que ha venido a ser sospechoso. ¡Edifiquen en lo alto de Velia aquellos a quienes pueda confiarse vuestra libertad con más seguridad que a P. Valerio!" En seguida mandó trasladar todos los materiales al pie de la colina,

e hizo edificar su casa en el punto más bajo, donde se encuentra actualmente el templo de la Victoria.

8. Luego propuso leyes que no solamente borraron las sospechas levantadas contra él, sino que incluso produjeron el efecto contrario, haciéndole popular y debiéndolas su nombre de Publícola. Aquellas especialmente que autorizaban a los ciudadanos a apelar al pueblo de la sentencia de cualquier magistrado, y las que entregaban a los dioses infernales la cabeza y los bienes de todo el que formase el proyecto de hacerse rey, fueron muy gratas a la multitud. Después de hacer aprobar él solo aquellas leyes, con objeto de recoger toda la gloria, reunió los comicios para el reemplazo de su colega. Nombróse cónsul a Sp. Lucrecio; pero su avanzada edad no le daba fuerzas bastantes para desempeñar las funciones consulares y murió pocos días después. Reemplazóle M. Horacio Pulvilo. En algunas historias antiguas que hacen suceder inmediatamente Horacio a Bruto, no encuentro mención alguna de Lucrecio; sin duda es porque Lucrecio no ilustró su consulado con ningún hecho notable, y por tal motivo se ha olvidado su nombre. No se había dedicado todavía el templo levantado a Júpiter en el Capitolio, y los cónsules Valerio y Horacio decidieron por sorteo a quién pertenecería este honor. Recayó en Horacio, y Publícola partió a hacer la guerra a los veyos. Los amigos de Valerio vieron con inconveniente desagrado se reservase a Horacio el honor de consagrar aquel templo tan famoso, e intentaron todos los medios posibles para impedir la ceremonia, hasta que viendo que todos sus esfuerzos eran inútiles, hicieron anunciar al cónsul, que se apoyaba ya en la jamba de la puerta y dirigía las plegarias a los dioses, una noticia siniestra, la muerte de su hijo; añadiendo que las desgracias que afligen a su familia no permitían que se consagre el templo. Si no creyó la noticia o tuvo bastante imperio sobre sí mismo para dominar el dolor, no está bastante averiguado ni fácilmente podrá decirse; pero sin interrumpir la dedicación, limitóse a mandar al emisario que hiciese enterrar a su hijo, y apoyado en la jamba terminó la ceremonia. Tales fueron los acontecimientos civiles y militares del primer año que siguió a la expulsión de los reyes. En el siguiente fueron nombrados cónsules P. Valerio por segunda vez, y T. Lucrecio.

9. Habíanse refugiado los Tarquinos con Larte Porsena, rey de Clusino. Allí, uniendo súplicas y consejos, le pedían no consintiese que príncipes oriundos de Etruria, que tenían su misma sangre y su mismo nombre, viviesen en el destierro y la miseria. Mostrábanle "que no convenía dejar impune la costumbre naciente de expulsar reyes; que la libertad tenía demasiados atractivos por sí misma; que si los reyes no defendían con tanto ardor sus tronos como empleaban los pueblos en conquistar la libertad, muy pronto quedarían confundidos todos los rangos, no habría en los Estados distinciones ni categorías y terminaría el poder real, admirable intermediario entre los hombres y los dioses". Persuadido Porsena de que sería ventajoso para los toscanos que hubiese en Roma un rey de raza etrusca, marchó contra la ciudad al frente de poderoso ejército. Hasta entonces, jamás se había apoderado del Senado terror tan profundo; tan temible era en aquélla época el poder de Clusino; tan grande era el nombre de Porsena. No se temía solamente a los enemigos, sino a los mismos ciudadanos de Roma; porque asustado el pueblo, podía recibir a los reyes en la ciudad, y comprar la paz al pre-

cio de la libertad. Así fue que, mientras duró el peligro, el Senado empleó con el pueblo todos los medios de seducción. Ocupáronse ante todo de procurarle víveres y enviaron gentes a los volscos y hasta a Cumas para comprar trigo. El monopolio de la sal, que se vendía a precio excesivo, se retiró a los particulares y se reservó al Estado. Libertóse al pueblo de los derechos de entrada y en general de todo impuesto. Dejóse a los ricos solamente la carga de contribuir a los gastos del Estado, puesto que podían soportarla, mientras que los pobres le pagaban un tributo demasiado elevado criando sus hijos. Esta condescendencia del Senado conservó tan bien la concordia entre los ciudadanos, hasta durante los horrores del sitio y del hambre, que los últimos como los primeros mostraron igual aversión por el nombre de rey, y en lo sucesivo nadie pudo jamás por medios ilícitos hacerse tan popular como lo fue el Senado gracias a su prudente gobierno.

10. Al acercarse el enemigo, los campesinos se refugiaron en la ciudad, que quedó rodeada de numerosas guardias. Parecía bien defendida de un lado por las murallas y del otro por el Tíber, que corría entre la ciudad y los contrarios; sin embargo, un puente de madera iba a dar paso al enemigo, a no ser por un solo hombre, Horacio Cocles, que aquel día fue el único baluarte de la fortuna de Roma. Encontrábase casualmente encargado de la guardia del puente, cuando observó que se habían apoderado por sorpresa del Janículo; que el enemigo acudía precipitadamente, y que sus compañeros asustados abandonaban las filas y las armas: detuvo a algunos, opúsose a la fuga, y jurando por los dioses y los hombres, les manifiesta que "en vano abandonan su puesto; que la fuga no puede salvarles; que si a la espalda dejan libre el paso del puente, muy pronto verán más enemigos sobre el Palatino y el Capitolio que hay sobre el Janículo". Les encomienda, pues, que usen el hierro, el fuego y todos los medios posibles para cortar el puente, y que él, en cuanto puede hacer un hombre solo, sostendrá el choque de los contrarios. Lánzase en seguida a la cabeza del puente, y siendo tanto más notable verle en medio de los suyos, que volvían la espalda y abandonaban el combate, presentarse empuñando las armas para resistir a los etruscos, asombró a los enemigos con aquel prodigio de audacia. El honor había retenido a su lado a Sp. Larcio y a T. Herminio, tan notables por su alcurnia como por su valor. Con éstos sostuvo el primer choque y el primer ímpetu de los que atacaban; pero llamándoles en seguida los que cortaban el puente, les obliga a que se retiren por un paso estrecho que de intento habían conservado. En seguida, dirigiendo amenazadoras y terribles miradas a los jefes de los etruscos, en tanto les provoca sucesivamente, en tanto les acusa a todos de cobardía, increpándoles por ser "esclavos de orgullosos tiranos y porque abandonaban la propia libertad para venir a atacar la libertad ajena". Vacilando por algunos momentos, míranse unos a otros, como para ver quién comenzará el combate; pero al fin sienten vergüenza todos los soldados, lanzan tremendo grito y hacen llover sobre un hombre solo una nube de dardos, que quedan clavados en el escudo con que se cubre. Cuando ven que inquebrantable en su decisión y firme en la resistencia, permanece dueño del puente que recorre con arrogante paso, procuran arrojarse sobre él y precipitarle al río; pero de pronto, el fragor del puente que se rompe y los gritos que lanzan los roma-

nos, satisfechos por el resultado de sus esfuerzos, les hielan de espanto y les detienen en su ímpetu. Entonces exclama Cocles: "Padre Tiberino, yo te ruego que recibas propicio en tus ondas estas armas y este soldado." Dicho esto, se precipitó armado en el río y cruzándolo a nado, en medio de nube de flechas que le lanzan desde la otra orilla sin conseguir alcanzarle, se reúne con sus conciudadanos, después de realizar una hazaña que encontrará en la posteridad más admiración que crédito. Roma se mostró agradecida a tan notable valor, le hizo erigir una estatua en el comicio y le dio tanto terreno como podía encerrar el círculo que trazase un arado trabajando un día. A este premio público, los particulares añadieron un testimonio de agradecimiento, y durante la escasez general cada cual separó un poco de su propio alimento para contribuir, en proporción de sus recursos, a la subsistencia de aquel héroe.

11. Rechazado Porsena en aquel primer ataque y renunciando a apoderarse de la ciudad por asalto, convirtió el sitio en bloqueo, dejando una guardia en el Janículo, y acampando en la llanura a orillas del Tíber. En seguida reunió barcas por todos lados para oponerse a que introdujeran trigo en la ciudad, y poder pasar tropas en diferentes puntos de una a otra orilla cuantas veces se ofreciese ocasión favorable al pillaje. Muy pronto fueron tan inseguros los alrededores de Roma, que los habitantes no se limitaron a trasladar a la ciudad todos sus efectos, sino que llevaron también todos los ganados, sin que nadie se atreviese en adelante a sacarles de las puertas. Sin embargo, aquella completa libertad que los romanos dejaban a los etruscos, no se debía tanto al temor como a la astucia: el cónsul Valerio, que acechaba el momento de atacarles de improviso cuando estuviesen dispersos en numerosos grupos, dejaba impunes los pillajes poco importantes, reservando todo el peso de su venganza para ocasiones más graves. Con el propósito de atraer merodeadores, mandó a los romanos que saliesen en considerable número al día siguiente, por la puerta Esquilina, la más distante de los enemigos, llevando los ganados, persuadido de que los etruscos se enterarían por medio de los esclavos infieles que el sitio y el hambre hacía desertar a su campo. Efectivamente un desertor informó a los etruscos, que atravesaron el río en mayor número que de costumbre, esperando apoderarse de todo aquel botín. P. Valerio envía a T. Herminio con algunas tropas a emboscarse a dos millas de Roma, en el camino de Gabias, y ordena a Sp. Larcio que se sitúe en la puerta Colina con la tropa más ágil que había en la juventud y permanezca hasta que el enemigo haya pasado, y que se interponga en seguida entre él y el río para cortarle la retirada. El otro cónsul, T. Lucrecio, sale por la puerta Nevia con algunos manípulos de legionarios, mientras que el mismo Valerio desciende del monte Celio con cohortes, escogidas. Éste fue el primer cuerpo que se presentó al enemigo. En cuanto oyó Herminio el ruido del combate, salió de su emboscada, cogió por retaguardia a los etruscos que resistían a Valerio e hizo gran matanza. Al mismo tiempo por la derecha y por la izquierda del lado de la puerta Colina y del de la puerta Nevia, contestan a sus gritos. Envueltos de esta manera los merodeadores, que no eran iguales en número, y a quienes se cierran todos los caminos de retirada, fueron destrozados por los romanos. Este combate puso fin a las excursiones de los etruscos.

12. Pero el bloqueo continuaba y la carestía del trigo aumentaba la escasez. Lisonjeábase Porsena de apoderarse de la ciudad sin abandonar sus posiciones, cuando C. Mucio, joven patricio, indignado al ver que el pueblo romano cuando era esclavo de sus reyes jamás había sido encerrado por el enemigo en ninguna guerra, y que ahora que era libre se encontraba bloqueado por aquellos mismos etruscos a quienes tantas veces había derrotado, trató de vengar, por medio de un hecho grande y audaz, la vergüenza de sus conciudadanos. Al principio quiso, de propio intento, penetrar en el campamento del enemigo; pero temiendo que si salía sin permiso de los cónsules y sin que nadie tuviese noticia, sería detenido por los centinelas romanos y llevado a la ciudad como desertor, acusación que haría verosímil la situación de Roma, presentóse al Senado y dijo: "Padres conscriptos, quiero atravesar el Tíber y entrar, si puedo, en el campamento enemigo, no para recoger botín y vengar sus rapiñas; tengo, si los dioses me ayudan, propósito más noble." Autorizado por el Senado, oculta un puñal bajo sus ropas y parte. En cuanto llegó, mezclóse con lo más apretado de la multitud que rodeaba el tribunal de Porsena. Encontrábanse distribuyendo el sueldo a las tropas; un secretario estaba sentado junto al rey, vestido casi de la misma manera, y como despachaba muchos asuntos, como a él se dirigían los soldados, temiendo Mucio que si preguntaba cuál de los dos era Porsena, le descubriese su ignorancia, abandonóse a la fortuna y mató al secretario en vez de matar al rey. Retirábase en medio de la espantada multitud, abriéndose paso con su ensangrentado puñal, cuando al grito que se alzó acudieron los guardias del rey, le cogieron y llevaron delante del tribunal. Allí sin defensa y en medio de las amenazas más terribles del destino, lejos de intimidarse, antes era objeto de terror: "Soy ciudadano romano, dijo: me llamo C. Mucio. Enemigo, he querido matar a un enemigo, y no estoy menos dispuesto a recibir la muerte que estaba dispuesto a darla. Propio del romano es obrar y sufrir con valor, y no soy el único a quien animan tales sentimientos: después de mí, otros muchos aspiran a este honor. Prepárate, pues, si crees que debes hacerlo, a combatir por tu vida en todas las horas del día, porque encontrarás un puñal y un enemigo hasta en el vestíbulo de tu palacio. Esta guerra te la declaramos nosotros, la juventud romana. No has de tener combate, ni batalla. Todo pasará entre tu persona y cada uno de nosotros." Inflamado entonces el rey por la cólera y el espanto en vista del peligro que corre, manda que rodeen de llamas a Mucio y le amenaza con hacerle perecer en ellas si no revela pronto la misteriosa trama con que procura amedrentarle: "Mira, le contesta Mucio, muy poca cosa es el cuerpo para los que solamente aspiran a la gloria." Y al mismo tiempo colocó la mano sobre un brasero encendido para los sacrificios y la dejó arder como si fuese insensible al dolor. Asombrado de aquel prodigio de energía, el rey levantóse del trono, y, mandando que separen a Mucio del altar: "Parte, le dice, tú que no temes mostrarte más enemigo tuyo que mío. Aplaudiría tu valor si estuviese destinado a servir a mi patria. Marcha; no usaré los derechos que me concede la guerra: te dejo libre; desde ahora eres inviolable." Entonces Mucio, como en agradecimiento de tanta generosidad, dice: "Puesto que sabes honrar el valor, conseguirás de mí por tus beneficios lo que no has podido obtener por amenazas. Trescientos entre la

juventud más escogida de Roma hemos jurado tu muerte. La suerte me ha designado el primero; los otros vendrán a su vez, y sucesivamente les verás a todos, hasta que uno de ellos encuentre ocasión favorable."

13. Despedido Mucio, a quien la pérdida de la mano derecha hizo dar en adelante el nombre de Scévola, Porsena mandó legados a Roma. El peligro que acababa de correr, y del que solamente le había librado la equivocación de su matador, y más aún, el combate que tendría que sostener mientras existiese uno solo de los juramentados, de tal manera le impresionaron, que hizo espontáneamente proposiciones de paz a los romanos. En vano procuró poner entre las condiciones el restablecimiento de la familia real, y si lo hizo, antes fue porque no podía negar este paso a los Tarquinos, que por convencimiento de que no se lo negarían. Accedióse a la restitución del territorio de Veyas, y los romanos se vieron obligados a entregar rehenes para conseguir la evacuación del Janículo. Ajustada la paz con estas condiciones, Porsena retiró sus tropas de aquel punto y salió del territorio romano. El Senado, para recompensar el heroísmo de C. Mucio le dio al otro lado del Tíber terrenos que después llevaron su nombre, Prados Mucienses. Esta honra concedida al valor, excitó a las mujeres a merecer también distinciones públicas. Como el campamento de los etruscos no estaba muy lejos de las orillas del Tíber, Clelia, una de las jóvenes romanas, entregadas en rehenes, burló la vigilancia, y poniéndose al frente de sus compañeras, atravesó el río en medio de los dardos enemigos y sin que ninguna fuese herida; llevólas a Roma y las entregó a sus familias. Indignado el rey a la noticia de aquella evasión, mandó emisarios a Roma para reclamar a Clelia, sin mostrar mucho interés por las demás; mas pasando muy pronto de la cólera a la admiración, y estimando aquel rasgo de audacia más aún que las hazañas de Cocles y de Mucio, declara que si no se la devuelven, considerará roto el tratado; pero que si le entregan la joven, la restituirá a sus conciudadanos sin sujetarla a ningún mal tratamiento. Por ambas partes se cumplió lo prometido; los romanos, en conformidad con el tratado, devolvieron a Porsena los rehenes de la paz, y por su parte el rey de los etruscos quiso que no solamente estuviese segura a su lado la virtud, sino que fuese honrada, y después de elogiar a Clelia, le regaló una parte de los rehenes, dejándole la elección. Cuando los llevaron todos a su presencia, dícese que eligió las más jóvenes, creyendo por respeto al pudor, y en cuanto a esto obtuvo pleno consentimiento de las mismas doncellas, deber sustraer ante todo al enemigo aquellas que, por su edad, estaban más expuestas a los ultrajes. Restablecida la paz, los romanos recompensaron con un premio excepcional aquel extraordinario valor en una mujer, dedicándole una estatua ecuestre y colocando en lo alto de la vía Sacra la imagen de la doncella a caballo.

14. No es fácil conciliar con la tranquila retirada del rey de los etruscos la antigua costumbre que se conserva en nuestros días y que consiste en proclamar la venta de los bienes del rey Porsena, siempre que se venden bienes en subasta. Necesario es que esta costumbre se estableciese en tiempo de la guerra y que se perpetuara durante la paz, o que tuviese origen más tranquilo del que parece indicar esta fórmula de venta tan hostil. La conjetura más verosímil que llega a nosotros es que Porsena, cuando abandonó el Janículo, tenía el campamento abundantemente abasteci-

do de víveres, traídos de las fértiles campiñas de la Etruria, poco distantes de Roma, y que donó aquellas provisiones a los romanos, a quienes la duración del bloqueo había reducido a la escasez; que a fin de que el pueblo no saquease aquellas provisiones si se le abandonaban, fueron vendidas y llamadas bienes del rey Porsena, y que esta fórmula antes significaba gratitud por un beneficio que acto de autoridad ejercida sobre propiedades reales que no estaban en poder del pueblo romano. Renunciando a la guerra con Roma, para no mostrar Porsena que había llevado inútilmente su ejército a aquellos parajes, envió a su hijo Aruncio con una parte de sus tropas a sitiar a Aricia. Consternados quedaron al pronto los habitantes de esta ciudad ante tan inesperado ataque; pero los socorros que obtuvieron de los pueblos latinos y de Cumas les infundieron tal confianza que se atrevieron a librar batalla. En cuanto comenzó el combate se precipitaron los etruscos con tal ímpetu que bastó el choque para dispersar a los aricinos. Las cohortes de Cumas, oponiendo la habilidad a la fuerza, hicieron un movimiento oblicuo, y en seguida, cambiando de frente con rapidez, cayeron sobre la retaguardia del enemigo, que arrastrado por el ardor de la persecución se encontraba en desorden. Gracias a esta maniobra, los etruscos, en el momento de la victoria, quedaron envueltos y deshechos. Los pocos que escaparon, habiendo perdido a su jefe y no viendo refugio más próximo, se retiraron sin armas a Roma, donde se presentaron como suplicantes. Recibiéronles con benevolencia y cada cual se apresuró a darles hospitalidad. Curadas sus heridas, unos regresaron a su patria, donde elogiaron la hospitalidad y beneficios que habían recibido, y otros, ligados por el agradecimiento que sentían por la ciudad y sus habitantes, quedaron en Roma, donde les designaron para morada el terreno que después se llamó barrio de los Etruscos.

15. Fueron nombrados cónsules después P. Lucrecio y P. Valerio Publícola, y durante este año vinieron por última vez a Roma embajadores de Porsena a pedir el restablecimiento de los Tarquinos. Contestáronles que el Senado enviaría legados al rey, y en el acto hicieron marchar a los senadores más distinguidos con orden de decirle: "Que podían haber declarado terminantemente que se negaban a la admisión de reyes; pero que si habían preferido enviarle a los más principales del Senado, más bien que dar en la misma Roma respuesta a los embajadores, era para que en adelante no se volviese a mencionar aquel asunto, que encontrándose en tan buenas relaciones, era motivo para excitar los ánimos por una y otra parte, que la petición del rey era contraria a la libertad del pueblo romano, y que los romanos, a menos de consentir ciegamente en su pérdida, tenían que contestar con una negativa a quien no quisieran negar nada; que el pueblo romano no era ya un reino, sino un Estado libre, y que estaba decidido a abrir sus puertas antes a sus enemigos que a sus reyes; que tal era la voluntad de todos, y que el último día de la libertad sería el de Roma. Así, pues, le regoban que si quería que existiese Roma, soportase que fuese libre." Avergonzado el rey de su petición, contestó: "Puesto que esa resolución es irrevocable, no os molestaré más, pero tampoco engañaré a los Tarquinos con la esperanza de socorro, que no pueden conseguir de mí. Si piensan en la guerra o en el reposo, habrán de buscar otro lugar de destierro, porque nada debe turbar la paz que he ajus-

tado con vosotros." Su conducta, más aún que sus palabras, probó sus amistosas intenciones; devolvió los rehenes que le quedaban y restituyó el territorio de los reyes, que el tratado del Janículo había arrebatado a los romanos. Viendo Tarquino perdida toda esperanza de regreso, se desterró a Túsculum, al lado de su yerno Mamilio Octavio. La paz de los romanos con Porsena fue duradera.

16. Los cónsules siguientes fueron M. Valerio y P. Postumio. Este año se combatió victoriosamente con los sabinos, y los cónsules obtuvieron los honores del triunfo. Prepáráronse con mucho ardor los sabinos para comenzar de nuevo la guerra; y para hacerles frente y prevenir cualquier ataque repentino del lado de Túsculum, que sin haber declarado la guerra era sospechoso de disposiciones hostiles, fueron nombrados cónsules P. Valerio por cuarta vez y T. Lucrecio por segunda. Disensiones que estallaron entre los sabinos, entre los partidarios de la guerra y de la paz, aumentaron la fuerza de los romanos. Atto Clauso, que después se llamó en Roma Appio Claudio, jefe del partido de la paz, viéndose estrechado por los que excitaban a la guerra, y no pudiendo resistirles, huyó a Regila, seguido por considerable número de clientes, y vino a refugiarse a Roma, donde le concedieron el derecho de ciudadanía y terrenos al otro lado del Anio. Allí formaron la tribu que se llamó la antigua Claudia, a la que incorporaron todos los nuevos ciudadanos venidos del mismo lugar. Appio fue admitido en el Senado y no tardó en hacerse notable. Los cónsules invadieron a la cabeza de los ejércitos el territorio sabino, que devastaron, y después de hacer experimentar al enemigo tan horrible derrota que en mucho tiempo no hubo que temer que aquel pueblo empuñase las armas, entraron triunfantes en Roma. P. Valerio, a quien todos reconocían como el primero en guerra y en paz, murió al año siguiente, bajo el consulado de Agripa Menenio y P. Portuncio, cubierto de gloria, pero dejando tan escaso caudal que no pudo cubrir los gastos de los funerales. Celebráronse éstos a expensas del erario, y las señoras romanas llevaron luto por él como por Bruto. Aquel mismo año se reunieron a los auruncos dos colonias latinas, Pomecia y Cora, y esto dio lugar a una guerra con el pueblo. Numeroso ejército que vino valientemente a la frontera a oponerse a los cónsules, fue derrotado, y lo recio de la guerra se reconcentró en Pomecia. No fue menor la matanza después del combate que en el combate mismo; el número de muertos superó al de prisioneros, y en diferentes puntos fueron inmolados los mismos prisioneros. El vencedor, en su cólera, no perdonó ni a los rehenes, que se elevaban a trescientos, y aquel año se celebró otro triunfo en Roma.

17. Al siguiente fueron nombrados cónsules Opiter Virginio y Sp. Cassio. Éstos intentaron tomar por asalto a Pomecia y después recurrieron a manteletes y otros trabajos. Impulsados los auruncos por odio implacable antes que por la esperanza o por la ocasión, se lanzaron sobre los trabajadores, armados con antorchas más bien que con espadas, y lo llevaron todo a sangre y fuego. Incendiaron los manteletes, hirieron y mataron considerable número de enemigos, y poco faltó para que muriese también uno de los cónsules (los historiadores no dicen cuál de ellos), que, gravemente herido, cayó del caballo. Después de aquel contratiempo el ejército volvió a Roma, dejando en el campo muchos heridos, entre ellos el cónsul, a quien no se confiaba salvar. Después de corto es-

pacio de tiempo, que bastó para curar los heridos y reclutar gente, volvióse con más ardor y más fuerzas a poner sitio a Pomecia. Preparados los manteletes y demás trabajos, iban ya a dar el asalto, cuando se rindió la ciudad. A pesar de la capitulación, no se le trató con menos rigor que si hubiese sido entrada por la fuerza; los auruncos principales fueron decapitados, y los demás habitantes vinieron coronados, y fueron vendidos en subasta, lo mismo que el territorio y la ciudad arrasada. Los cónsules debieron los honores del triunfo más al rigor de la venganza que acababan de realizar que a la importancia de la guerra que habían terminado.

18. Fueron cónsules en el siguiente año Postumio Cominio y T. Larcio. Aquel mismo año, durante la celebración de los juegos, algunos jóvenes sabinos, movidos por la lascivia, arrebataron algunas cortesanas, dando lugar a un tumulto, al que siguió una riña que estuvo a punto de provocar un combate. Temíase que aquel frívolo incidente produjese otra insurrección de los sabinos; y no sólo podía temerse una guerra con los latinos; treinta pueblos, excitados por Octavio Mamilio, se habían coligado contra Roma; de esto no podía dudarse. En la inquietud que causaba la expectación de tan graves acontecimientos, hablóse por primera vez de crear una dictadura: pero en qué año y a qué cónsules se dio esta prueba de desconfianza o temor, porque según la tradición pertenecían al partido de los Tarquinos, cuál fue el primer romano nombrado dictador, no está bien averiguado. Encuentro, sin embargo, en los historiadores más antiguos que T. Larcio fue el primero que ejerció la dictadura, y que Sp. Cassio fue nombrado jefe de los caballeros. Los consulares hicieron la elección, en conformidad con lo que disponía la ley relativa a la creación de dictador; esto me inclina a creer que el consular Larcio fue preferido a Manio Valerio, hijo de Marco y nieto de Voleso, que no había sido cónsul todavía, puesto que se trataba de dar a los cónsules un jefe que pudiese dirigirlos. Si se hubiesen propuesto elegir un dictador en la familia Valeria, habrían nombrado con preferencia a su hijo M. Valerio, varón consular y de reconocido mérito. Después de la elección del primer dictador, cuando vieron en Roma llevar las hachas delante de él, apoderóse del pueblo profundo terror y le dispuso más a la obediencia. No se podía ya con los cónsules, cuyo poder era igual, buscar recurso en el uno contra el otro o apelar al pueblo; ahora no quedaba otro medio que pronta obediencia. También temblaron los sabinos al enterarse de la creación de un dictador en Roma, tanto más, cuanto que creían dirigida contra ellos aquella medida; por lo cual mandaron legados para pedir la paz. Los legados rogaron al dictador y al Senado que perdonasen a jóvenes un instante de aturdimiento, y les contestaron que podía perdonarse a jóvenes, pero no a viejos que sin cesar hacían nacer la guerra de la guerra. Tratóse, sin embargo, de la paz, y los sabinos la hubiesen obtenido, a consentir, como les pedían, en pagar los gastos de los preparativos. Declararon, pues, la guerra; pero tácita tregua mantuvo la tranquilidad durante aquel año.

19. Los cónsules Servio Sulpicio y Manio Tulio no ofrecen nada digno de memoria. Los siguientes, T Ebucio y C. Vetusio, se distinguieron por el sitio de Fidenas, la toma de Crustumeria y la defección de Prenesto, que abandonó a los latinos por Roma. La guerra contra el Lacio, que estaba latente desde hacía algunos años, no se aplazó ya

por mucho tiempo. A. Postumio, dictador, y T. Ebucio, jefe de los caballeros, partieron al frente de numerosos peones y jinetes, encontrando al enemigo cerca del lago Regilo, en territorio tusculano. Cuando supieron los romanos que los Tarquinos se encontraban en el ejército latino, fue tan violenta su cólera, que trabaron el combate en el acto. Así, pues, aquella batalla fue la más importante y la más encarnizada que habían librado hasta entonces. Los generales mismos, no contentos con dirigir los movimientos, se atacaron y combatieron cuerpo a cuerpo, y, si se exceptúa al dictador romano, no quedó casi ningún jefe, en uno y otro ejército, que resultase ileso. Postumio estaba en el frente de la primera línea ocupado en ordenar sus tropas y arengarlas, cuando Tarquino el Soberbio, olvidando su edad y flaqueza, arrebatado por el odio, lanzó su caballo contra él; herido en un costado, el anciano rey quedó rodeado en seguida por los suyos, que le pusieron en seguridad. En la otra ala, Ebucio, jefe de la caballería, iba a precipitarse sobre Octavio Mamilio, cuando viéndole venir el jefe tusculano, lanzó su caballo contra él. Crúzanse sus lanzas, encuéntranse, y tan violento fue el choque, que Ebucio queda con un brazo atravesado y Mamilio herido en el pecho. Los latinos le llevan en seguida a su segunda línea, y Ebucio, que con el brazo herido no podía manejar las armas, se retira del campo de batalla. Sin atender a su herida, el general latino reanima el combate, y, viendo aterrados a sus soldados, hace avanzar la cohorte de los desterrados romanos, mandada por el hijo de L. Tarquino. Irritados éstos por la pérdida de sus bienes y de su patria, muestran más valor y restablecen algo el combate.

20. Comenzaban a retroceder los romanos en aquel punto, cuando M. Valerio, hermano de Publícola, ve al joven Tarquino ostentándose orgullosamente a la cabeza de los tránsfugas. Exaltado por la gloria de su casa, y queriendo que la misma familia que había tenido el honor de expulsar a los reyes tuviese también el de matarles, clava los acicates al caballo y cae, empuñada la lanza, sobre Tarquino. Para esquivarse éste del furor de su enemigo se refugia en las filas de los suyos; y arrastrado Valerio por su inmoderado furor, va a chocar con el frente de los desterrados y recibe en el costado un golpe que le atraviesa de parte a parte. No retiene la herida el ardor del caballo, pero el jinete expirando cae y sus armas sobre él. Viendo el dictador Postumio herido mortalmente a tan valeroso guerrero, avanzar a la carrera los desterrados mostrando arrogancia, y comenzar a ceder los suyos, dominados por el miedo, manda a su cohorte, gente escogida, que conservaba a su lado para su defensa, que traten como a enemigo a todo romano que vean huir. Colocados entre dos temores, los romanos no piensan ya en la huida y rehacen las filas. La cohorte del dictador entra entonces de refresco en el combate, y este cuerpo, cuyas fuerzas y valor están intactos, destroza a los desterrados rendidos de fatiga. Entonces se traba nuevo combate entre los jefes. Viendo el general latino casi envuelta la cohorte de los desterrados por el dictador, saca de la reserva algunos manípulos, que lleva rápidamente hacia la primera línea. El legado T. Herminio ve aquella tropa que avanza en buen orden, y reconociendo en medio de ella a Mamilio, por sus ropas y sus armas, le ataca con más furor que lo hizo antes el jefe de la caballería, y al primer golpe le atraviesa de parte a parte y le de-

rriba muerto. Pero él mismo, mientras despoja al cuerpo de su enemigo, es herido por una flecha y expira cuando empiezan a curarle. En seguida corre el dictador a su caballería, la exhorta ahora que la infantería está fatigada, para que desmonte y reanime el combate. Obedecen, apéanse y corren al frente del ejército, y formando la primera fila oponen al enemigo sus escudos. En el acto recobran valor los peones cuando ven a aquella juventud escogida ponerse a su nivel y tomar parte en el peligro. Entonces se consigue al fin quebrantar al ejército latino, que comienza a ceder. Traen a los jinetes sus caballos para poder perseguir al enemigo, y la infantería marcha detrás. No olvidando en aquellas circunstancias el dictador ningún recurso de los que podían ofrecerle los dioses y los hombres, ofrece, según se dice, un templo a Cástor y pregona premios para el primero y el segundo soldados que entrasen en el campamento de los latinos. Y el ardimiento fue tal, que con el mismo ímpetu que dispersaron al enemigo, los romanos entraron en el campamento. Tal fue la batalla del lago Regilo. El dictador y el jefe de la caballería entraron en triunfo en Roma.

21. En el trienio siguiente no hubo verdadera paz ni verdadera guerra. Fueron cónsules L. Clelio y T. Larcio; después A. Sempronio y M. Minucio, bajo los cuales tuvo lugar la dedicación del templo de Saturno y la institución de la fiesta de las Saturnales. Sucedieron a éstos A. Postumio y T. Virginio. En algunos historiadores encuentro que en este año tuvo lugar la batalla del lago Regilo; que A. Postumio, desconfiando de su colega, abdicó el consulado y fue nombrado dictador. La diversidad de tradiciones en cuanto a la sucesión de los magistrados expone a tantos errores cronológicos, que no es posible, tan distantes de los acontecimientos y de los escritores, determinar con exactitud los consulados y los sucesos de cada año. Siguieron a A. Postumio y a T. Virginio Ap. Claudio y P. Servilio. El acontecimiento más notable de este año fue la muerte de Tarquino, ocurrida en Cumas, donde después de la derrota de los latinos se había retirado junto al tirano Aristodemo. Esta noticia produjo inmensa alegría al Senado y al pueblo, pero entre los patricios no tuvo límites; y el pueblo, al que hasta entonces habían tratado con exquisitos miramientos, se vio desde entonces objeto de la opresión de los grandes. Aquel año mismo llevaron otra colonia a Signia, que completó la que estableció allí el rey Tarquino. Formáronse en Roma veintiuna tribus. En los idus de marzo se dedicó el templo de Mercurio.

22. Ni en paz ni en guerra se había estado con los volscos durante la guerra con los latinos; pero los volscos habían levantado tropas que iban a enviar a los latinos, si no se les hubiese adelantado el dictador romano para no tener que luchar a la vez con los latinos y con los volscos. Los cónsules, para castigarlos, llevaron las legiones a su territorio, y los volscos que no esperaban ser castigados por su proyecto, quedaron aterrados ante aquella repentina amenaza, y sin tomar las armas, entregaron como rehenes trescientos hijos de las familias más distinguidas de Cora y de Pomecia. Las legiones regresaron sin haber combatido. Poco tiempo después, libres los volscos de este temor, volvieron a su carácter; preparáronse secretamente a la guerra y asociaron los hérnicos a su proyecto. Por todas partes enviaron legados para sublevar el Lacio; pero la reciente derrota que habían experimentado los latinos cerca del

lago Regilo les inspiró tanta cólera y odio contra todos los que les solicitasen para la guerra, que ni siquiera respetaron el carácter de los legados. Prendiéronles y los llevaron a Roma, entregándolos a los cónsules y anunciando que los volscos y los hérnicos se preparaban a hacer la guerra a los romanos. Sometióse el asunto al Senado, que tan satisfecho quedó de esta conducta que devolvió a los latinos seis mil prisioneros, y volviendo al proyecto de alianza, que parecía abandonado para siempre, remitió la resolución a los próximos cónsules. Entonces pudieron regocijarse los latinos de su conducta, siendo muy honrados entre ellos los partidarios de la paz. Enviaron una corona de oro a Júpiter Capitolino, y los legados encargados de presentar aquella ofrenda fueron acompañados por la multitud de prisioneros devueltos a sus familias. A su llegada visitaron las casas donde habían sido esclavos, dando gracias a sus antiguos amos por los buenos tratamientos y cuidados de que fueron objeto durante su infortunio y uniéndose a ellos con los lazos de la hospitalidad. Hasta entonces nunca había existido unión más estrecha de particulares y de Estados entre el nombre latino y el imperio romano.

23. Pero era inminente la guerra con los volscos, y la república se encontraba presa de la discordia, por efecto de odios intestinos que se habían desarrollado entre los patricios y el pueblo, especialmente con ocasión de los presos por deudas. Indignados decían: "Combatimos en el exterior por la libertad y por el imperio, y aquí dentro solamente encontramos cautiverio y opresión; menos peligra la libertad del pueblo romano durante la guerra que durante la paz en medio de los conciudadanos." Aquel descontento que fermentaba por sí solo, estalló ante la vista de una de las víctimas. Un anciano se precipitó en el Foro, cubierto de señales de malos tratamientos; sus ropas sucias y haraposas eran menos repugnantes que su palidez y la extraordinaria extenuación de su cuerpo; larga barba y desordenados cabellos, daban hosco aspecto a su rostro. A pesar de lo desfigurado que estaba, reconociéronle; decíase que había sido centurión: todos deploraban su suerte, recordaban sus recompensas militares y él mismo mostraba su pecho lleno de nobles cicatrices que atestiguaban su valor en más de una batalla. Preguntábanle por qué se encontraba en aquel estado y por qué estaba tan desfigurado, y como la multitud que le rodeaba era tan numerosa como una asamblea del pueblo, levantó la voz y dijo que: "Mientras servía en la guerra contra los sabinos, el enemigo devastó sus campos, quemó su granja, saqueó sus bienes y robó sus ganados. Obligado a pagar el impuesto en tal miseria, vióse en la necesidad de tomar prestado; aumentadas sus deudas por la usura, le despojaron primeramente del campo que recibiera de su padre y de su abuelo y después de todo cuanto poseía, y extendiéndose muy pronto como mal que corroe, alcanzaron a su misma persona. Preso por su acreedor, más que amo, había encontrado en él carcelero y verdugo." Dicho esto, mostró la espalda cubierta de señales de los golpes que acababa de recibir. Al escucharle y al verle alzóse inmenso grito, y no limitándose el tumulto al Foro, se propagó por toda la ciudad. Los presos por deudas en aquel momento y los que ya estaban libres se lanzan por todas partes pidiendo el apoyo de sus conciudadanos. No hay paraje donde no encuentre auxiliares la sedición, y todas las calles se llenan de grupos que marchan gritando al Foro. Los senadores que se encontraron allí corrie-

ron inmenso peligro en medio de aquella multitud, y no les hubiesen perdonado a no intervenir los cónsules P. Servilio y Ap. Claudio para reprimir la sedición. La multitud se volvió en seguida hacia ellos, presentándoles sus cadenas y todo lo que demuestra sus sufrimientos: no es esto, decían, lo que habían merecido después de combatir tanto por la república. Con amenazas más bien que con súplicas, piden que los cónsules convoquen inmediatamente el Senado y en seguida rodean la curia para influir y dirigir las deliberaciones. Corto número de senadores, presentes por casualidad, se reúne alrededor de los cónsules, impidiendo el temor a los otros acudir a la curia y hasta al Foro. Nada puede hacerse, porque el Senado no cuenta con suficiente número. Cree entonces la multitud que se burlan de ella, que quieren aplazar el asunto; pretende que los senadores ausentes no están retenidos por acaso ni por miedo, sino por deseo de entorpecer toda medida, y acusa a los cónsules de tergiversar, de tomar claramente a juego su miseria. Impotente iba a ser ya la majestad del consulado para contener la cólera de aquellos desgraciados, cuando, ignorando los senadores si con su ausencia se expondrían a mayores peligros, acuden al fin al Senado. La concurrencia cra numcrosa; pcro ni los sena dores ni los cónsules estaban de acuerdo. Appio, hombre de carácter violento, quería hacer uso de la autoridad consular: que cojan uno o dos, decía, y los demás se tranquilizarán en seguida. Servilio, inclinado a emplear medios más suaves, opinaba que era más fácil dulcificar que calmar los irritados ánimos.

24. En medio de este debate sobrevino nuevo terror, pues llegaron jinetes latinos con noticias amenazadoras: formidable ejército de volscos viene a sitiar a Roma. Esta noticia (de tal manera había el odio dividido en dos a la ciudad) afecta de modo muy distinto a los patricios y al pueblo. Éste, en la exaltación de su alegría, exclama que los dioses iban a castigar la insolencia de los patricios. Los ciudadanos se exhortaban recíprocamente a no dejarse inscribir: "siendo preferible morir todos juntos que morir solos. Los patricios debían encargarse del servicio militar; ellos debían empuñar las armas; los peligros de la guerra serían entonces para aquellos que rocogían todos sus frutos". Pero el Senado triste y abatido por el doble temor que le inspiraban el pueblo y el enemigo, ruega al cónsul Servilio, cuyo carácter era más popular, que libre a la patria de los terrores que la rodean por todas partes. Entonces el cónsul levanta la sesión y marcha a la asamblea del pueblo: allí dice que el Senado se ocupa atentamente de los intereses del pueblo; pero que la deliberación relativa a aquella gran parte del Estado, que no es más que una parte, ha quedado interrumpida por el peligro que corre la república entera; que es imposible, cuando el enemigo se encuentra casi a las puertas de Roma, ocuparse de otra cosa que de la guerra. Aunque el peligro fuera menos urgente, no sería ni honroso para el pueblo no empuñar las armas para defender la patria, sin recibir antes la recompensa, ni digno para el Senado que pareciese haber aliviado el infortunio de sus conciudadanos, antes por temor que por buena voluntad, como podría hacerlo después. Y para que la asamblea diese fe a sus palabras, publicó un edicto que prohibía: "Mantener atado o encerrado a ningún ciudadano romano e impedirle por este medio hacerse inscribir delante de los cónsules; embargar o vender los bienes de ningún soldado mientras estuviese en campa-

ña, y en fin, aprisionar a sus hijos o a sus nietos." En cuanto publicó este edicto, se alistaron todos los detenidos que estaban presentes, y los demás, como sus acreedores no tienen ya derecho sobre ellos, se escapan de las casas donde les guardan y acuden en tropel de todos lados de la ciudad al Foro para prestar el juramento militar. Cuerpo considerable formaron, y éste fue el que en la guerra contra los volscos se distinguió más por su valor y actividad. El cónsul marchó en seguida contra el enemigo, estableciendo su campamento muy cerca de él.

25. Contando los volscos con las disensiones de los romanos, a la noche siguiente se acercaron a su campamento, esperando provocar de aquella manera alguna deserción nocturna o alguna traición. Observan el movimiento los centinelas y dan la voz de alarma, encontrándose en pie el ejército al instante y dispuesto a la pelea. La tentativa de los volscos fracasó, dedicando por ambas partes al descanso el resto de la noche. Al día siguiente, en cuanto amaneció, ciegan los fosos los volscos y atacan las empalizadas. Ya estaban arrancadas por todos lados, y en vano el ejército entero y especialmente los deudores pedían a gritos la señal del combate. El cónsul demoraba llegar a las manos para asegurarse bien de sus disposiciones. Cuando ya no le quedó duda de su ardor, dio la señal de ataque, y lanza contra el enemigo a sus soldados, ávidos de combatir. En el primer choque quedan rechazados los volscos, emprenden la huida, y la infantería les destroza tan lejos como puede alcanzarles. La caballería les persigue hasta su campamento, donde entran aterrados: las legiones rodean en seguida el campamento, y como el miedo había arrojado ya de allí a los volscos, se apoderaron de él y le saquearon. Al siguiente día llega el ejército delante de Suesa Pomecia, donde se había refugiado el enemigo. En pocos días se apoderan de la ciudad y la saquean, siendo esto un recurso para el soldado necesitado. Cubierto de gloria el cónsul, lleva su ejército a Roma. En el camino recibe legados de los volscos ecetranos, a quienes hacía temblar la toma de Pomecia. Un senatus-consulto les concede la paz, pero despojándoles de sus campos.

26. Poco después alarmaron los sabinos a Roma, siendo aquello antes tumulto que guerra. Anuncióse una noche en la ciudad que los ejércitos sabinos habían avanzado hasta las orillas del Anio, talándolo todo a su paso, y que allí saqueaban y quemaban las alquerías de las inmediaciones. En el acto se mandó contra ellos con toda la caballería a A. Postumio, que había sido dictador en la guerra con los latinos, siguiéndole en seguida el cónsul Servilio al frente de peones escogidos. Vagando sin orden los enemigos, quedaron rodeados por la caballería, y cuando llegó la infantería no pudo resistirla la legión sabina. Fatigados por la marcha, por las devastaciones de la noche, diseminados la mayor parte por las granjas, repletos de comida y bebida, apenas tuvieron fuerza para huir. En una sola noche se supo y terminó la guerra contra los sabinos. Al día siguiente todos se lisonjeaban ya de haber conseguido la paz, cuando se presentaron en el Senado legados de los auruncos diciendo: "Si los romanos no evacúan en el acto el territorio de los volscos, ellos les declaran la guerra." En el mismo momento en que partían los legados, el ejército de los auruncos se ponía en campaña. Cuando se supo que se había presentado cerca de Aricia, la noticia produjo tal excitación en los romanos, que el Senado no pudo delibe-

rar reposadamente, ni dar a los legados mesurada contestación, obligado como se encontraba a empuñar las armas. Dirigiéronse a marchas forzadas sobre Aricia, y cerca de ella trabaron combate con los auruncos, terminando la guerra en una batalla.

27. Derrotados los auruncos, los romanos, que habían sido tantas veces vencedores en tan pocos días, esperaban el resultado de las promesas de Servilio y de los compromisos que había tomado el Senado. Pero Appio, sin otro consejo que su dura índole y el deseo de menoscabar la popularidad de su colega, desplegó extraordinario rigor en el juicio de los deudores. Hacía entregar a los acreedores aquellos que habían sido detenidos anteriormente, y les abandonaba también los demás. Cuando el detenido era soldado apelaba a Servilio. Corrían en tropel a ver a éste, recordábanle sus promesas y todos exponían sus servicios y sus heridas. Pedían que sometiese el asunto al Senado o que protegiese a sus conciudadanos como cónsul y a sus soldados como general. Estas peticiones conmovían al cónsul, pero las circunstancias le obligaban a tergiversar; porque no solamente su colega sino todo el bando de los nobles defendían la opinión opuesta. Así fue que, permaneciendo neutral, no pudo evitar el odio del pueblo, ni granjearse el favor del Senado. Los patricios le consideraban como cónsul sin energía, como un ambicioso, y el pueblo como hombre falaz; y muy pronto pudo verse que era tan odioso como Appio. Los dos cónsules se disputaban el honor de dedicar el templo de Mercurio. El Senado remitió al pueblo la decisión del asunto, decretando que aquel a quien el pueblo encomendase la consagración quedaría encargado de la superintendencia de víveres, establecería el colegio de mercaderes y celebraría las solemnidades religiosas en puesto del pontífice. El pueblo encargó la dedicación del templo a M. Letorio, centurión del primer manípulo de los triarios. Fácil era comprender que había obrado de esta manera, antes que por honor a Letorio, encargándole de una misión superior a su categoría, por menospreciar a los cónsules. Desde aquel momento se entregaron a su furor Appio y los patricios; mas el pueblo, cuyo valor había aumentado, emprendía un camino muy diferente del seguido hasta entonces. Desesperando de obtener alivio alguno por el Senado o por los cónsules, en cuanto veía llevar a juicio a un deudor acudía por todas partes, los gritos y el ruido impedían oír la sentencia del cónsul, y cuando éste la pronunciaba no se obedecía y se acudía a la violencia. El terror y el peligro de perder la libertad pasó de los deudores a los acreedores cuando vieron éstos que delante del cónsul osaba maltratarles la multitud. El temor de una guerra con los sabinos agravó la situación. Mandóse reclutar soldados y nadie respondió al llamamiento. Furioso Appio, quejábase de la cobarde condescendencia de su colega, quien, con su popular silencio, hacía traición a la república, y que no contento con no juzgar a los deudores, no realizaba el reclutamiento dispuesto por el Senado. "Sin embargo, la república no está completamente abandonada, ni entregada al desprecio la autoridad consular. Aunque solo, sabré vengar la majestad del Senado y la mía." Y como alentada por la impunidad la multitud rodeaba diariamente su tribunal, mandó prender a uno de los instigadores de la sedición. Viéndose sujeto por los lictores apeló al pueblo de la sentencia del cónsul. Seguro Appio de antemano de la decisión del pueblo, no habría acudido

a la apelación si los consejos y autoridad de los senadores principales, más aún que los gritos de la multitud, no hubiesen vencido, y no con poco trabajo, su obstinada resistencia; tan decidido estaba a arrostrar el odio de sus enemigos. Sin embargo, el mal aumentaba de día en día; ya no eran solamente gritos, sino algo mucho más peligroso; reuníanse con cautela y tenían secretas conferencias. En fin, los dos cónsules odiosos al pueblo dejaron el cargo: Servilio detestado por los dos partidos, Appio querido de los patricios.

28. Sucediéronles en el consulado A. Virginio y T. Vetusio. Inseguro el pueblo en cuanto a las disposiciones que encontraría en los nuevos cónsules, celebraba asambleas nocturnas en las Esquilias y en el Aventino, para evitar en el Foro agitación y resoluciones repentinas y no obrar ciegamente y al acaso. Comprendieron muy bien los cónsules hasta qué punto era peligrosa esta conducta y dieron cuenta al Senado, pero les fue imposible conseguir ordenada deliberación. Con tumultuosos clamores y general indignación las recibieron los senadores, que no podían comprender que los cónsules, cuando debían obrar por autoridad propia, quisieran hacer recaer sobre el Senado lo odioso de sus disposiciones. "Seguramente no se celebrarían aquellas reuniones públicas si Roma tuviese magistrados. Pero hoy todas esas reuniones que se verifican en las Esquilias y en el Aventino dividen y desmenuzan la república. Un solo hombre, ¡por Hércules! (porque el hombre hace más que el cónsul), un solo hombre como Appio Claudio hubiese disipado en un momento todas aquellas reuniones." Ante estas reconvenciones preguntaron los cónsules qué querían que hiciesen, asegurando que desplegarían toda la actividad, toda la energía que exigiese el Senado. Excitáronles a que apresurasen con mucho rigor el alistamiento, porque la licencia del pueblo procedía de su ociosidad. Levantada la sesión, los cónsules ocupan su tribunal, llaman por sus nombres a todos los jóvenes, pero nadie responde, y la multitud que les rodea, tan numerosa como en una asamblea general, declara: "Que no es posible engañar ya al pueblo; que no se alistará ni un soldado hasta que se hayan cumplido los compromisos contraídos solemnemente; que era necesario devolver la libertad al pueblo antes de darle las armas; que querían combatir por patria y conciudadanos, pero no por señores." No olvidaban los cónsules lo que el Senado les había ordenado; pero de todos aquellos que habían hablado tan recio dentro de la curia, ninguno se presentaba para compartir con ellos la indignación del pueblo, y parecía que la lucha iba a ser obstinada. Así, pues, antes de llegar al último extremo, creyeron oportuno consultar otra vez al Senado, pero entonces todos los patricios jóvenes se lanzaron hacia las sillas consulares y les mandaron abdicar el consulado, deponer una autoridad que no tenían valor para defender.

29. Conocido claramente el estado de las cosas, dijeron al fin los cónsules: "No negaréis, padres conscriptos, que os lo hemos anunciado; nos amenaza terrible sedición. Pedimos que los que nos acusan de cobardía permanezcan a nuestro lado cuando procedamos al alistamiento. Puesto que así se quiere, llevaremos el asunto a gusto de los más fogosos." Marcharon al tribunal y, de intento, hacen citar preferentemente a un ciudadano que tenían a la vista. Como permanecía en su puesto sin contestar, y la multitud comenzaba a rodearle para impedir que se le hiciese violencia,

mandaron los cónsules para tomarle un lictor, al que rechazan. Entonces los senadores que estaban al lado de los cónsules gritan que aquello es un indigno atentado, y se lanzan del tribunal para ayudar al lictor. El pueblo abandona también al lictor, a quien solamente había impedido coger al ciudadano, y quiere lanzarse sobre los senadores: mas intervienen los cónsules y apaciguan la riña, en la que no se había llegado todavía a las piedras y a los dardos, y en la que más se habían empleado gritos y cólera que violencia. Reunido tumultuosamente el Senado, delibera con mayor tumulto aún. Los senadores que acaban de ser maltratados pedían una información, y los más vehementes les apoyaban menos con sus opiniones que con sus gritos y estrépito. Cuando al fin calmó aquel alboroto ante la voz de los cónsules, que se quejaban de no encontrar más prudencia en el Senado que en el Foro, la deliberación fue más tranquila. Tres opiniones se propusieron: P. Virginio pedía que la medida no fuese general, y que solamente se extendiese a los que, confiando en la promesa del cónsul P. Servilio, empuñaron las armas contra los volscos, los auruncos y los sabinos. T. Larcio decía que no era momento aquel para no pagar más que los servicios prestados; que todo el pueblo estaba agobiado de deudas; que no podía detenerse el mal sino por una decisión que se extendiese a todos; que establecer distinciones entre los deudores, antes era encender la discordia que extinguirla. Appio Claudio, cuya dureza natural estaba exasperada por el odio del pueblo y las alabanzas de los senadores, exclamó que no tanto la miseria como la licencia había dado lugar a todos aquellos desórdenes; que en el pueblo había más insolencia que desesperación, y que todos aquellos males procedían del derecho de apelación. Que a los cónsules solamente quedaban amenazas y no autoridad, desde que se permitía a los culpables apelar a sus cómplices. "Creemos un dictador, dijo, de cuyas sentencias no pueda apelarse, y ese furor que amenaza destruirlo todo, lo veréis extinguirse en el acto. No se atreverán a rechazar al lictor cuando sepan que el derecho de hacer azotar con las varas al culpable pertenece exclusivamente al magistrado cuya majestad habrán ultrajado."

30. La opinión de Appio parecía a muchos, como era en efecto, horriblemente rigurosa; por otra parte, las de Virginio y Larcio ofrecerían peligroso ejemplo, y sobre todo la de Larcio destruiría todo crédito. La opinión de Virginio parecía prudentemente moderada y alejada por igual de los dos extremos. Pero el espíritu de partido y los efectos personales, constantes enemigos del bien general, hicieron triunfar a Appio, y hasta faltó muy poco para que resultase nombrado dictador, lo que hubiese alejado por completo al pueblo en un momento tan crítico en que la casualidad hizo empuñaran a la vez las armas los volscos, los equos y los sabinos. Pero los cónsules y los senadores más ancianos cuidaron de conferir aquella magistratura, violenta por sí misma, a un hombre de carácter conciliador, nombrando dictador a Manio Valerio, hijo de Voleso. Aunque el pueblo veía claramente que se creaba dictador contra él, como el hermano de Valerio había propuesto la ley de apelación, no temía de aquella familia ningún acto de cólera o de orgullo. El edicto que en el acto publicó el dictador tranquilizó los ánimos; era casi igual al del cónsul Servilio; pero como se tenía más confianza en el hombre y en su autoridad, se inscribieron sin resistencia. Nunca había

sido tan numeroso el ejército, pudiendo formarse diez legiones. Diéronse tres a cada cónsul, reservándose el dictador las cuatro restantes. La guerra no podía aplazarse por más tiempo. Los equos habían invadido el Lacio; legados enviados por los latinos pedían al Senado que les mandasen socorros o que al menos les permitiesen tomar las armas para la defensa de sus fronteras: creyéndose más prudente defender a los latinos desarmados que ponerles las armas en la mano. La marcha del cónsul Vetusio puso fin a las depredaciones; los equos se retiraron de la llanura, y confiando mucho más en fuertes posiciones que en las armas, buscaron seguridad en la cumbre de las montañas. El otro cónsul, enviado contra los volscos, para no perder tiempo comenzó a talar el territorio enemigo, obligándoles en seguida a acercar su campamento al suyo y a venir a batalla campal. Una llanura mediaba entre los dos ejércitos, y éstos se desplegaron ante sus respectivas tiendas. Los volscos eran algo superiores en número, y orgullosos con esta ventaja marcharon los primeros al combate, desordenados y como con desprecio. El cónsul romano no avanzó su ejército; prohibió a sus soldados gritar y les mandó permanecer firmes, la lanza en el suelo y no arrancar hasta que estuviesen cerca; pero llegado el momento atacar con energía y terminar el combate con la espada. Fatigados los volscos de correr y de gritar llegaron delante de los romanos, cuya inmovilidad creyeron hija del asombro y el terror. Mas cuando les vieron ponerse en movimiento, cuando vieron brillar las espadas, turbáronse y huyeron cual si hubiesen caído en una emboscada, y como habían venido a la carrera, ni siquiera les quedaban bastantes fuerzas para huir. Por el contrario los romanos, habiendo permanecido tranquilos al principio del combate, descansadas sus fuerzas, fácilmente alcanzaron al fatigado enemigo, tomaron por asalto su campamento y le persiguieron hasta Velitras. Vencedores y vencidos entraron mezclados en la ciudad, y allí, en la matanza de todos los ciudadanos, se derramó más sangre que en el combate. Corto número de habitantes que se rindieron desarmados fueron los únicos que recibieron perdón.

31. Mientras esto ocurría con los volscos, el dictador combate a los sabinos, donde estaba lo más recio de la guerra; los derrota, los pone en fuga y se apodera de su campamento. Por medio de un ataque de caballería, introdujo el desorden en el centro de su ejército, cuya resistencia había disminuido torpemente para dar más desarrollo a las alas. La infantería se precipitó sobre el enemigo en desorden, y con un solo esfuerzo tomaron el campamento y terminaron la guerra. Después de la batalla del lago Regilo, no hubo en aquel período combate más memorable. El dictador entró en Roma en triunfo, y además de los honores acostumbrados, le concedieron para él y sus hijos un puesto especial en el circo para asistir a los espectáculos, colocando allí una silla curul. Vencidos los volscos, perdieron el territorio de Velitras, que repoblaron enviando una colonia romana. Poco tiempo después lucharon con los equos: cierto es que fue contra el consejo del cónsul, que veía desfavorable la posición para atacar al enemigo; pero acusado por sus soldados de llevar las cosas lentamente para que el dictador saliese del cargo antes de que regresaran a la ciudad, y por este medio hacer tan vanas sus promesas como lo habían sido las del cónsul, decidióse, tal vez con imprudencia, a subir la montaña que

tenía delante. Aquella temeraria empresa tuvo feliz resultado, gracias a la cobardía del enemigo, que, sin esperar que estuviesen al alcance de las flechas, asustado por la audacia de los romanos, abandonó su campamento, fuerte por su ventajosa posición, y se precipitó en el valle opuesto. El botín fue considerable y la victoria no costó sangre. A pesar del triple éxito conseguido en la guerra, los patricios y el pueblo no habían cesado de pensar en el resultado de los asuntos interiores. Los acreedores habían desplegado toda su influencia y todo su ingenio para engañar, no solamente al pueblo, sino al mismo dictador. Después del regreso del cónsul Vetusio, quiso Valerio que se ocupase con preferencia el Senado de la suerte de aquel pueblo victorioso, manifestando lo que podría hacerse relativamente a los deudores insolventes. Viendo rechazada su proposición. "Os desagrado, dijo, porque aconsejo la concordia; muy pronto desearéis, y lo aseguro por el dios de la buena fe, que se me parezcan los patronos del pueblo. Por mi parte, no quiero engañar por más tiempo a mis conciudadanos y conservar una magistratura inútil. Las discordias civiles y las guerras extranjeras han obligado a la república a recurrir a la dictadura. La paz está asegurada en el exterior y encuentra obstáculos en el interior. Prefiero presenciar la sedición como ciudadano que como dictador." Dicho esto, salió del Senado y abdicó la dictadura. La plebe vio en el disgusto que le inspiraba su suerte el motivo de la abdicación; así, pues, habiéndole en cierto modo desligado de su palabra, puesto que no había estado en su poder cumplirla, acompañóle a su casa entre alabanzas y felicitaciones.

32. Temieron entonces los patricios que si se licenciaba el ejército se formaran de nuevo reuniones y conspiraciones. Así fue que a pesar de haber sido el dictador quien levantó las tropas, como éstas habían prestado juramento en manos de los cónsules, el Senado, persuadido de que los soldados estaban ligados por el juramento, supuso que los equos habían comenzado de nuevo la guerra, y con este pretexto mandó salir a las legiones de la ciudad, medida que apresuró la sedición. Dícese que primeramente se trató de matar a los cónsules para libertarse del juramento; pero como les hicieron comprender que el crimen no podía destruir un compromiso sagrado, los soldados, por consejo de un tal Sicinio, y sin orden de los cónsules, se retiraron al monte Sacro, al otro lado del río Anio, a tres millas de Roma. Esta tradición tiene más partidarios que la de Pisón, que pretende que la retirada se verificó al Aventino. Allí, sin jefe alguno, permanecieron tranquilos durante algunos días en un campamento fortificado con un foso y una empalizada, no tomando más de lo necesario a la vida, no siendo atacados ni atacando. En la ciudad había llegado el terror al colmo, manteniéndolo todo en suspenso la mutua desconfianza. La parte del pueblo abandonada por la otra, temía la violencia de los patricios; los patricios temían al pueblo que quedaba en la ciudad y no sabían si desear su permanencia o su marcha. ¿Cuánto tiempo permanecería tranquila la multitud que se había retirado al monte Sacro? ¿Qué sucedería si estallaba entre tanto alguna guerra extranjera? Ya no había esperanza en la concordia de los ciudadanos, y era necesario conseguirla a cualquier precio. Decidiéronse, pues, a enviar al pueblo a Menenio Agripa, varón elocuente y querido de la multitud, como descendiente de familia plebeya. Introducido en el campamento, dí-

cese que Menenio no hizo otra cosa que narrar este apólogo, en el rudo lenguaje de la época: "En el tiempo en que la armonía no reinaba aún como hoy en el cuerpo humano, sino que cada miembro tenía su instinto y especial lenguaje, todas las partes del cuerpo se indignaron de que el estómago lo obtenía todo por sus cuidados, trabajos y ministerio, mientras que, tranquilo siempre, solamente cuidaba de gozar los placeres que le proporcionaban. Formaron entonces una conspiración: las manos se negaron a llevar los alimentos a la boca, la boca a recibirlos y las muelas a triturarlos. Mientras que en su resentimiento querían domar al cuerpo por el hambre, los miembros mismos y todo el cuerpo cayeron en extrema debilidad. Entonces vieron que el estómago no estaba ocioso, y que si le alimentan, él alimentaba a su vez, enviando a todas las partes del cuerpo esta sangre que forma nuestra vida y nuestra fuerza, y distribuyéndola por igual en todas las venas, después de elaborarla por la digestión de los alimentos." La comparación de aquella sublevación intestina del cuerpo con la cólera del pueblo contra el Senado, calmó, según dicen, los ánimos.

33. Tratóse en seguida de los medios de concordia, decidiéndose que el pueblo tuviese sus magistrados propios; que estos magistrados serían inviolables que la defenderían contra los cónsules y que ningún patricio podría obtener esta magistratura. Creáronse, pues, dos tribunos del pueblo, C. Licinio y L. Albino, nombrando éstos tres colegas, entre los que se encontraba Sicinio, el jefe de la sedición, no estando conformes los escritores en cuanto al nombre de los otros dos. Pretenden algunos que solamente se crearon dos tribunos en el monte Sacro y que allí también se dio la ley Sagrada. Durante la retirada del pueblo, los cónsules Sp. Cassio y Postumio Cominio, entraron en funciones. Bajo su consulado se ajustó un tratado con los pueblos latinos, y para concluirlo, uno de ellos permaneció en Roma; el otro, enviado contra los volscos, derrota y pone en fuga a los volscos anciatos; los estrecha, los persigue hasta en la ciudad de Longula y se apodera de sus murallas. Toma en seguida a Polusca, otra ciudad de los volscos, y en seguida ataca vigorosamente a los coriolos. Encontrábase entonces en el ejército un patricio joven, llamado C. Marcio, hombre de buen consejo y de acción, a quien después se dio el nombre de Coriolano. Mientras el ejército romano sitiaba a Coriola y desplegaba toda su energía contra los habitantes encerrados en la ciudad, sin temer ningún ataque exterior, las legiones volscas, partiendo de Anzio, cayeron de pronto sobre él y al mismo tiempo los sitiados hicieron una salida, encontrándose casualmente Marcio de guardia. Éste al frente de tropa escogida rechaza el ataque del enemigo que había salido de los muros, y por la puerta que había quedado abierta se lanza impetuosamente a la ciudad. Allí hizo espantosa matanza en el barrio inmediato a la puerta, y encontrando fuego a su alcance, incendia las casas que dominaban las murallas. Los gritos que el terror arranca en seguida a los sitiados, unidos a los lamentos de las mujeres y los niños, aumenta el atrevimiento de los romanos y perturban a los volscos, que ven en poder del enemigo la ciudad que venían a socorrer. De esta manera fueron derrotados los volscos anciatos y tomada la ciudad de Coriola. De tal manera eclipsó la gloria del cónsul la de Marcio, que si la columna de bronce en que está grabado el tratado concluido con los latinos no expresase que este tratado lo firmó

solamente un cónsul, Sp. Cassio, en ausencia de su colega, se hubiese olvidado que Postumio Cominio hizo la guerra a los volscos. Aquel mismo año murió Menenio Agripa, hombre igualmente querido durante toda su vida por los patricios y por el pueblo, y más caro aún a los plebeyos después de su retirada al monte Sacro. El árbitro y pacificador de los ciudadanos, el legado del Senado cerca del pueblo, aquel, en fin, que llevó el pueblo a Roma, no dejó con qué pagar sus funerales: los plebeyos hicieron los gastos contribuyendo con un sextante por cabeza.

34. Siguieron a éstos en el consulado T. Geganio y P. Minucio. Estando en este año completamente tranquilos en cuanto a la guerra exterior, y calmadas las discordias intestinas, cayó sobre Roma otra calamidad mucho más terrible: las tierras habían quedado incultas durante la retirada del pueblo al monte Sacro; encarecieron los granos y siguióse un hambre tan grande como la experimentan los sitiados. Los esclavos y el pueblo habrían perecido, si los cónsules, con prudente disposición, no hubiesen enviado a diferentes puntos a comprar trigos, por la derecha de Ostia, en las costas de la Etruria, y por la izquierda, a todo lo largo del mar, a través del territorio de los volscos, hasta Cumas, llegando hasta Sicilia, porque la animadversión de los pueblos cercanos obligaba a buscar recursos muy lejos. Ya estaba comprado el trigo en Cumas, cuando el tirano Aristodemo retuvo las naves, para indemnizarse de los bienes de los Tarquinos, cuyo heredero era. En el territorio de los volscos y en el Pontino ni siquiera pudieron comprar, y los comisarios estuvieron en peligro de muerte. El trigo de los toscanos llegó por el Tíber y sirvió para alimentar al pueblo. En esta terrible situación, la guerra estuvo a punto de poner colmo a los males; pero horrible peste atacó a los volscos cuando ya empuñaban las armas. Esta calamidad consternó los ánimos, y con objeto de poder contenerlos por otro medio cuando cesase la peste, los romanos reforzaron la colonia de Velitras, y establecieron otra nueva en las montañas de Norba, para dominar desde allí todo el Pontino. Al año siguiente, bajo el consulado de M. Minucio y A. Sempronio, llegó de Sicilia considerable cantidad de trigo y deliberó el Senado acerca del precio a que se entregaría al pueblo. Opinaban muchos senadores que había llegado la ocasión de deprimir al pueblo y recobrar los derechos que había arrancado a los patricios por medio de su retirada y por violencia. A su frente se encontraba M. Coriolano, enemigo declarado del poder tribunicio. "Si quieren los granos en la forma antigua, dijo, que devuelvan al Senado sus antiguos derechos. ¿Por qué veo aquí magistrados plebeyos, un Sicinio omnipotente? ¿Me he visto obligado yo a rescatar mi vida a bandidos? ¿Y he de sufrir estas indignidades más tiempo del que la necesidad exija? No habiendo querido soportar a Tarquino por rey, ¿soportaré a un Sicinio? Márchese; llévese a la plebe; abierto tiene el camino del monte Sacro y de las otras colinas; que vengan a arrebatar el trigo de nuestros campos como hicieron hace tres años; que gocen de los recursos que deben a sus furores. Yo me atrevo a asegurar que dominados por el exceso del mal, irán por sí mismos a labrar nuestras tierras, lejos de interrumpir el cultivo con sediciones armadas." No puedo decir qué hubiese convenido hacer, pero creo que no habría sido difícil a los patricios, rebajando el precio del trigo, libertarse del poder de los

tribunos, y de otras innovaciones que les habían impuesto.

35. Al Senado pareció demasiado violenta aquella opinión, y la ira estuvo a punto de hacer empuñar las armas a la plebe. Ahora se les atacaba por hambre, como a enemigos; les arrebataban la subsistencia, los alimentos. El trigo extraño, único recurso que debían a inesperado favor de la fortuna, se lo quitaban de la boca si no consentían entregar atados sus tribunos a C. Marcio, si el pueblo romano no presentaba por sí mismo la espalda a las varas del lictor. Marcio era para ellos un verdugo que no les dejaba otra elección que la muerte o la esclavitud. Sobre él habrían caído a su salida del Senado, si los tribunos, con suma oportunidad, no le hubiesen citado para comparecer ante el pueblo. Esta medida calmó la agitación, porque de esta manera el pueblo iba a ser árbitro de la vida o la muerte de su enemigo. Al principio escuchó Marcio con desprecio las amenazas de los tribunos: "Su autoridad, decía, se limitaba a proteger y no se extendía a castigar; eran tribunos del pueblo y no del Senado." Pero sublevado el pueblo, mostraba disposiciones tan hostiles, que los patricios no pudieron libertarse del peligro más que sacrificando a un individuo de su orden. Lucharon, sin embargo, contra aquel desbordamiento de odios, y emplearon, según las circunstancias, su influencia personal y la de toda la clase. En primer lugar trataron, diseminando en todos sentidos sus clientes, de impedir, cada uno en particular, conciliábulos y reuniones, disipando por este medio la tempestad; en seguida se presentaron en masa, como si hubiese tantos acusados como senadores, estrechando al pueblo con sus súplicas. "Solamente pedían la gracia de un solo ciudadano, de un senador: si no querían absolverle como inocente, que le perdonasen como culpable." No habiendo comparecido Coriolano el día señalado, el pueblo fue inflexible. Condenado, retiróse como desterrado entre los volscos, amenazando a su patria y formando desde entonces contra ella proyectos de venganza. Los volscos le recibieron con benevolencia, creciendo ésta de día en día, a medida que estallaba con mayor violencia su odio contra los romanos, manifestándose unas veces con quejas y otras con amenazas. Gozaba de la hospitalidad de Atcio Tulo, varón muy importante de la confederación volsca y en todo tiempo enemigo implacable de los romanos. Impulsados, el uno por su rencor antiguo y el otro por su reciente enojo, concertáronse acerca de los medios de promover una guerra con los romanos. No creían cosa fácil decidir a los volscos a empuñar de nuevo las armas, repetidas veces derrotadas: después de tantas pérdidas experimentadas en muchas guerras, y la reciente calamidad que había azotado a su juventud, su valor estaba muy decaído. Necesario era, pues, emplear la astucia y reanimar, por medio de cualquier nuevo motivo de resentimiento, un odio que el tiempo había extinguido.

36. Preparábase entonces en Roma nueva celebración de los grandes juegos, dando lugar a ellos el motivo siguiente: La mañana de los juegos un padre de familia, antes de comenzar el espectáculo, persiguió, azotando hasta en medio del circo, a un esclavo con la horqueta al cuello. Dióse en seguida principio a los juegos, como si esta circunstancia no debiese inspirar ningún escrúpulo religioso. Pocos días después Tito Atinio, hombre plebeyo, tuvo un sueño, en el que se le apareció Júpiter diciéndole: "Que la danza con que comenzaron los juegos le había desagradado; que

si no se celebraban otros con magnificencia la ciudad corría grandes peligros; que lo anunciase así a los senadores." Aunque aquel hombre no estaba exento de sentimientos religiosos, pudo más en él su respeto a la dignidad de los magistrados y temió ser objeto de la pública burla. La vacilación le costó cara; a los pocos días perdió a su hijo, y para que no le quedase duda acerca de la causa de aquella repentina desgracia, el infeliz, agobiado de dolor, vio en sueños la misma figura que ya se le había presentado otra vez, preguntándole ahora "si había pagado bastante caro su desprecio a los mandatos de los dioses. Castigo mayor le esperaba si no iba en seguida a anunciarlo todo a los cónsules." El peligro se hacía más apremiante, y como Atinio vacilaba aún y aplazaba de día en día el cumplimiento del mandato, vióse atacado de una enfermedad que paralizó todos sus miembros. Esta enfermedad fue para él advertencia de la cólera de los dioses. Agobiado por sus males pasados y por los que le amenazan, reunió a sus parientes, les refirió cuanto había visto y oído, las frecuentes apariciones de Júpiter durante su sueño, y las amenazas y cóleras celestiales demostradas por sus desgracias. El parecer de todos fue unánime; lleváronle en una litera al Foro, delante de los cónsules, y éstos mandaron trasladarle al Senado. A todos asombró el relato de sus visiones, pero se realizó otro prodigio, según la tradición: aquel hombre que llevaron al Senado baldado de todos sus miembros, en cuanto realizó su misión, pudo regresar por su pie a su casa.

37. El Senado decretó que se celebrasen juegos con esplendor nunca visto. Persuadidos por Atcio Tulo, acudió a Roma, con objeto de asistir a ellos, considerable número de volscos. Antes de dar comienzo al espectáculo, Tulo, siguiendo el plan concertado con Coriolano, acercóse a los cónsules y les dijo que quería darles parte de un secreto que interesaba a la república. "A pesar mío, vengo a hablar en contra de mis conciudadanos. No les acuso de ningún crimen, pero quiero impedir que lo cometan. El carácter de los míos es mucho más movible de lo que quisiera. Nuestras numerosas derrotas nos han convencido completamente de ello, y si vivimos aún, no lo debemos a nuestra conducta, sino a vuestra clemencia. En este momento encuéntranse en Roma muchos volscos, prepáranse juegos, y la ciudad entera no se ocupará más que del espectáculo. No olvido los excesos que aquí cometieron los jóvenes sabinos en circunstancias semejantes, y me estremezco al pensar que puede renovarse aquella imprudente y temeraria empresa. Por vuestro interés, ¡oh cónsules! y por el nuestro, me he decidido a comunicaros mis temores. Por mi parte, decidido estoy a regresar en el acto a mis hogares, porque no quiero que mi presencia me haga sospechoso de complicidad en actos o palabras criminales." Dicho esto, se retiró. Los cónsules dieron cuenta al Senado de aquel peligro, que no les pareció cierto, a pesar de que la denuncia era clara y terminante; y siguiendo la costumbre, la autoridad del denunciador, mucho más que la importancia del asunto, hizo a los senadores adoptar disposiciones hasta superfluas. Un senatus-consulto mandó salir de Roma a todos los volscos, mandándose pregoneros para que les publicasen la orden de marchar antes del oscurecer. Aterrados en el primer momento, corrieron de un lado a otro para recoger sus equipajes en casa de sus huéspedes; pero en cuanto se pusieron en camino, la indignación reemplazó al temor. "¡Verse, como

delincuentes manchados de crímenes, arrojados de los juegos en día de fiesta y rechazados de la sociedad de los hombres y de los dioses!"

38. Como en su marcha formaban una fila casi continua, Tulo, que les había precedido, cerca de la fuente Terentina, se dirige, a medida que iban llegando, a los más importantes de ellos, se asocia a sus quejas y a su indignación, y viendo que escuchan con gusto sus palabras, en consonancia con la cólera que les dominaba, les lleva y con ellos a toda la muchedumbre a un campo por debajo del camino, donde les habló como arengándoles: "Las antiguas injurias del pueblo romano, las derrotas de la nación de los volscos y tantas otras ofensas podréis olvidarlas; pero ¿habréis de olvidar la afrenta de hoy? Con nuestra deshonra han comenzado los juegos. ¿No habéis comprendido que este día han triunfado verdaderamente de vosotros; que al retiraros, habéis servido de espectáculo a todos, ciudadanos, extranjeros y tantos pueblos vecinos; que vuestras esposas y vuestros hijos han desfilado vergonzosamente ante sus ojos? ¿Y los que han oído la voz del pregonero? ¿Y los que os han visto marchar? ¿Y los que han encontrado vuestro ignominioso grupo? ¿Qué habrán supuesto sino que estamos manchados por algún crimen tan horrible, que vuestra presencia en los juegos hubiese sido un sacrilegio que los habría profanado exigiendo expiación; que por este motivo estamos excluídos de la morada de los hombres virtuosos, de su sociedad y de sus reuniones? Y además, ¿no veis que debemos la vida a la precipitación de nuestra partida, si esto es partida y no fuga? ¿No consideraréis como ciudad de enemigos ésa en que hubiésemos perecido de retrasarnos un solo día? Os han declarado la guerra. ¡Desgraciados de los que os la declaran si sois verdaderamente hombres!" Dominados ya por la propia cólera, les enardece más y más aquel discurso, retirándose en seguida a sus respectivas ciudades, donde cada cual excita a sus conciudadanos y todo el Volsco se subleva contra Roma.

39. Los generales encargados de la guerra, por consentimiento de todos los pueblos, fueron Atcio Tulo y C. Marcio, el desterrado romano, en el que tenían grandes esperanzas, que no defraudó, pudiendo convencerse fácilmente de que Roma debía sus fuerzas, más a sus generales que a sus soldados. Dirigióse primeramente a Circeya, arroja a los colonos romanos y entrega a los volscos la ciudad libertada. Por caminos de travesía gana en seguida la vía latina; apodérase de Satricum, Longula, Polusca y Coriolas, conquistas recientes de los romanos. Después recobra a Lanuvio, y se hace dueño de Corbión, Vitelia, Trebia, Lavicia y Pedum: desde este punto marcha sobre Roma y acampa en las fosas Cluilias, a cinco millas de la ciudad, cuyo territorio saquea. Entre los merodeadores manda guardias que preserven de todo daño las tierras de los patricios, bien porque estuviese especialmente irritado contra los plebeyos, bien que quisiese por este medio suscitar la discordia en el pueblo y el Senado; cosa que ciertamente habría conseguido, porque las acusaciones de los tribunos animaban contra los grandes a la multitud demasiado exaltada ya; pero el temor del extranjero, este lazo de concordia, el más poderoso de todos, reunía los ánimos, a pesar de la desconfianza y mutuos rencores. El único punto en que diferían era que el Senado y los cónsules no veían otra esperanza que las armas, y el pueblo lo prefería todo a la guerra. Eran cónsules entonces Sp. Naucio y Sp. Furio. Mientras pasaban revista a

las legiones y distribuían tropas a lo largo de las murallas y en otros puntos en que habían considerado conveniente colocar guardias y centinelas, multitud de gente que pedía la paz llegó aterrándoles con gritos sediciosos, obligándoles a que convocasen en seguida al Senado y se mandase una diputación a C. Marcio. Los senadores aceptaron la proposición cuando vieron vacilar el valor del pueblo. Los legados enviados a Marcio para tratar de la paz trajeron esta dura respuesta: "Si se devuelve su campo a los volscos, podrá tratarse de la paz; pero si quieren gozar en la tranquilidad los despojos de la guerra, él, que no ha olvidado ni la injusticia de sus conciudadanos ni los beneficios de sus huéspedes, se esforzará en demostrar que el destino ha irritado y no abatido su ánimo." Enviados por segunda vez los mismos legados, no fueron recibidos en el campamento; y según refiere la tradición, los sacerdotes, revestidos con ornamentos sagrados, se presentaron suplicantes en el campamento enemigo, sin conseguir, como no habían conseguido los legados, conmover aquel inflexible carácter.

40. Entonces las matronas romanas acudieron reunidas a Veturia, madre de Coriolano y a Volumnia, su esposa. Ignoro si este paso se dio a consecuencia de pública deliberación o si fue resultado del temor mujeril. Lo cierto es que consiguieron de Veturia, a pesar de su avanzada edad, y de Volumnia, llevando en los brazos dos hijos que había tenido con Marcio, que fueran con ellas al campamento enemigo, y que, obrando como mujeres, defendiesen con lágrimas y súplicas aquella ciudad que los hombres no podían defender con las armas. En cuanto llegaron delante del campamento y anunciaron a Coriolano que se presentaba numeroso grupo de mujeres, aquél a quien no había podido conmover la majestad de la república en la persona de sus embajadores, ni el sagrado aparato de la religión en la de los sacerdotes, se proponía ser más insensible aún a las lágrimas de las mujeres. Pero habiendo reconocido uno de su comitiva en medio de la muchedumbre a Veturia, que se distinguía por su dolor, de pie entre su nuera y sus nietos, le dijo: "Si no me engañan los ojos, tu madre, tu esposa y tus hijos están ahí." Consternado Coriolano, lanzóse como loco de su silla y corrió al encuentro de su madre para abrazarla; pero ésta, pasando repentinamente de las súplicas a la indignación: "Detente, le dijo, y antes de recibir tus abrazos, que sepa yo si me acerco a un enemigo o a un hijo y si en tu campamento soy tu prisionera o tu madre. ¿No habré vivido, no habré llegado a esta deplorable vejez sino para verte desterrado y después armado contra tu patria? ¿Has podido devastar estos campos en que viste la luz y que te han alimentado? ¿A pesar de tu enojo y tus amenazas, al atravesar nuestras fronteras, no te has calmado a la vista de Roma; no te has dicho: detrás de esas murallas están mi casa, mis parientes, mi madre, mi esposa y mis hijos? Luego si yo no hubiese sido madre, Roma no se encontraría sitiada; si yo no tuviese hijo, moriría libre en una patria libre. Por mi parte, nada puedo experimentar ya que no sea más vergonzoso para ti que triste para mí, y por desgraciada que sea, no lo seré por mucho tiempo. Pero tú piensa en estos niños, a los que espera, si persistes, prematura muerte o larga esclavitud." Oyendo esto, la esposa y los hijos de Coriolano le abrazaron; las lágrimas que derramaban aquellas mujeres, sus lamentos acerca de su suerte y la de la patria, conmovieron al fin aquel corazón inflexible; y después de estrechar a su familia en sus bra-

zos, las despidió y marchó acampar más lejos de Roma, haciendo salir en seguida las legiones del campo romano y pereciendo víctima del odio que promovió en contra suya. Otros refieren de distinta manera su muerte. Fabio, el historiador más antiguo de todos, dice que vivió hasta edad muy avanzada; al menos refiere que repetía con frecuencia al fin de su vida: "El destino es mucho más penoso para el anciano." No envidiaron los romanos a las mujeres la gloria que acababan de conseguir; tampoco se conocía entonces la envidia que rebaja el mérito ajeno. Para perpetuar la memoria de aquel acontecimiento, elevaron un templo que dedicaron a la fortuna de las mujeres. Los volscos, ayudados por los equos, volvieron al territorio romano; pero los equos no quisieron obedecer por más tiempo a Atcio Tulo, y los dos pueblos disputaron para saber cuál de ellos daría general al ejército confederado, promoviéndose una sedición que terminó en sangriento combate. En esta lucha tan desastrosa como obstinada, la fortuna del pueblo romano destruyó los dos ejércitos enemigos. Al año siguiente fueron nombrados cónsules T. Sicinio y C. Aquilio. Sicinio recibió el encargo de combatir a los volscos y Aquilio a los hérnicos, que también se habían levantado en armas. Aquel año fueron vencidos los hérnicos, y con los volscos quedó dudosa la victoria.

41. Después de éstos, fueron cónsules Sp. Cassio y Próculo Virginio. Ajustóse un tratado con los hérnicos, por el cual perdieron dos terceras partes de su territorio. Proponíase Cassio dar la mitad de estos terrenos a los latinos y la otra mitad al pueblo; queriendo aumentar el regalo con algunas porciones usurpadas al Estado por particulares. Muchos patricios poseedores de aquellos bienes estaban alarmados por el peligro que corrían sus intereses; y el Senado entero temía por la república, viendo que un cónsul conseguía con sus generosidades influencia peligrosa para la libertad. Entonces se promulgó por primera vez la ley agraria, que, desde aquella época hasta la nuestra, jamás se ha recordado sin dar lugar a grandes trastornos. El otro cónsul, sostenido por los senadores, se oponía al repartimiento, y no tenía siquiera que luchar contra todo el pueblo, del que una parte comenzaba a mirar mal un regalo que se arrebataba a ciudadanos para compartirlo con aliados: además, frecuentemente oía al cónsul Virginio repetir en las asambleas, como vaticinando: "Que los favores de su colega estaban envenenados; que aquellas tierras serían para sus nuevos poseedores instrumentos de servidumbre; que se abrían camino para el trono. ¿Por qué tratar así a los aliados y a los latinos? ¿Por qué devolver a los hérnicos, en otro tiempo enemigos de Roma, la tercera parte del territorio que se les había conquistado, si no era para que aquellos pueblos pusieran a su cabeza en vez de Coriolano a Cassio?" El adversario de la ley agraria comenzaba, a pesar de su oposición, a ganar popularidad, y muy pronto uno y otro cónsul adularon al pueblo a porfía. Virginio declaraba que consentiría el repartimiento de tierras, con tal de que se diesen todas a ciudadanos romanos. Cassio, a quien su desinteresada condescendencia con los aliados en la distribución de las tierras, había hecho despreciable a los ciudadanos, quería para conciliarse los ánimos mediante otra dádiva, que se entregase al pueblo el dinero recibido por el trigo de Sicilia. Mas el pueblo rechazó con desprecio aquel donativo, como si lo considerase precio de la corona. Cuando esta sospecha arraigó en los ánimos, ha-

cía despreciar, como en medio de la abundancia, las dádivas del cónsul, quien en cuanto salió del cargo, fue condenado a muerte y ejecutado, según consta como cierto. Pretenden algunos que su mismo padre ordenó el suplicio, que habiendo formado en su casa la causa, le hizo azotar y matar, consagrando su peculio a Ceres; por lo que se levantó una estatua con la siguiente inscripción: *Dado por la familia Cassia.* Encuentro en otros historiadores, y me parece más verosímil, que los cuestores Fabio y L. Valerio le acusaron de alta traición, condenándosele en juicio del pueblo, que mandó también arrasar su casa, quedando la actual plaza delante del templo de la Tierra. En último caso, que la sentencia la pronunciase su padre o el pueblo, fue condenado bajo el consulado de Sed. Cornelio y L. Fabio.

42. No duró mucho el enojo del pueblo contra Cassio, y la ley agraria, una vez desaparecido el autor, cautivaba los ánimos. Aumentóse la avidez del pueblo, por efecto de la avaricia de los patricios que, después de una victoria conseguida aquel año sobre los volscos y los equos, defraudaron del botín a los soldados. El cónsul Fabio vendió cuanto se tomó al enemigo, y el precio lo llevó al Tesoro. La conducta del último cónsul había hecho el nombre de Fabio odioso al pueblo; sin embargo, los patricios consiguieron hacer nombrar a K. Fabio cónsul con L. Emilio. Aumentando la indignación popular, las turbulencias civiles atrajeron una guerra extranjera, que a su vez suspendió las turbulencias civiles. Por unánime movimiento, los patricios y el pueblo marcharon contra los volscos y los equos, que habían empuñado las armas, y bajo las órdenes de Emilio alcanzaron brillante victoria; costando la derrota a los enemigos más vidas que el combate, tal fue el encarnizamiento de la caballería en la persecución de los fugitivos. Este mismo año, en los idus de Quintilis, tuvo lugar la dedicación del templo de Cástor; en cumplimiento del voto que hizo el dictador Postumio en la guerra con los latinos, la ceremonia la presidió su hijo, nombrado duunviro para este efecto. Este año se empleó también el cebo de la ley agraria para atraerse los ánimos del pueblo. Los tribunos aumentaban la importancia de su magistratura por medio de esta popular ley. Los patricios, juzgando que la multitud se encontraba demasiado inclinada a la violencia por sí misma, temían que aquellas generosidades aumentasen la audacia y en los dos cónsules encontraran jefes que dirigiesen enérgicamente la resistencia. Este orden triunfó aquel año y aseguró su victoria para el siguiente, dando el consulado a M. Fabio, hermano de Kæson, y a L. Valerio, más odioso aún a los plebeyos, por haber acusado a Cassio. En este año continuó la lucha contra los tribunos. La ley se presentó en vano, y en vano esgrimieron sus defensores aquel arma inútil. El nombre de Fabio se hizo respetable después de tres consulados consecutivos que fueron casi una guerra continua contra el tribunado; así fue que aquella dignidad permaneció por algún tiempo en su familia, como no pudiéndose colocar mejor. La guerra contra los veyos comenzó muy pronto y otra rebelión de los volscos. Pero Roma tenía fuerzas superabundantes para las guerras extranjeras, empleando el exceso en las luchas intestinas. A tan funesta disposición de ánimos, uniéronse prodigios celestiales que en la ciudad y en los campos anunciaban diariamente nuevas amenazas. Los adivinos a quienes consultan oficial y privadamente sobre las entrañas de las víctimas y el vuelo de las aves, declaran que la cólera

de los dioses no tiene otra causa que el descuido en los ritos sagrados. Estos terrores tuvieron por resultado la condenación de la vestal Oppia, sentenciada a muerte por violación de su voto.

43. Nombróse en seguida cónsules a Q. Fabio y a C. Julio. Este año no cesaron las discordias interiores, y la guerra exterior fue más terrible aún; los equos empuñaron las armas y los veyos devastaron el campo romano. Inspirando estas guerras creciente inquietud, nombraron cónsules a K. Fabio y a Sp. Furio. Sitiaban los equos a Ortona, ciudad de los latinos, y hartos de pillaje los veyos, amenazaban con sitiar a la misma Roma. Estos temores, que debían calmar el furor del pueblo, le irritaban más; volviendo a la costumbre de negarse al servicio militar. Impulsábale a esto el tribuno Sp. Licinio, que creyendo favorable el momento y asaz apremiante la extremidad en que se encontraban para imponer la ley agraria a los patricios, se propuso oponerse al alistamiento. Por esta razón todo el odio que inspiraba el tribunado se volvió contra él, y sus mismos colegas le fueron adversarios tan violentos como los cónsules, que con su auxilio consiguieron realizar la leva. Fórmanse dos ejércitos para las dos guerras: uno, a las órdenes de Fabio, marcha contra los equos; y el otro, mandado por Furio, marcha a combatir a los veyos. La guerra con éstos no ofreció nada notable, y en cuanto a Fabio, más tuvo que trabajar con sus soldados que con el enemigo. Aquel varón eminente, aquel cónsul, sostuvo solo la república, a la que su ejército, por odio al cónsul, hacía traición en cuanto podía. Además de otras pruebas que dio de sus talentos militares, ora en los preparativos, ora en las operaciones de la guerra, tan perfectamente había preparado sus tropas, que un ataque de la caballería bastó para desbaratar al enemigo; pero la infantería rehusó perseguir a los fugitivos, insensible no solamente a las exhortaciones de un jefe odioso, sino hasta a su propia deshonra, a la vergüenza que iba a recaer por el momento sobre la república y a los peligros que les amenazaban a ellos mismos en el porvenir, si el enemigo se rehacía; obstináronse en no avanzar ni un paso, y ni siquiera consintieron en continuar formados en batalla. Sin recibir órdenes abandonan las filas, y tristes (se les hubiera creído vencidos), maldiciendo en tanto al cónsul, en tanto el ímpetu de la caballería, volvieron al campamento. El general no encontró medio contra el contagio de aquel ejemplo: tan cierto es que los hombres más eminentes con más facilidad encuentran el modo de vencer al enemigo que el de regir a los ciudadanos. El cónsul regresó a Roma, habiendo aumentado menos su gloria que irritado y exasperado el odio de sus soldados contra él. Sin embargo, los patricios tuvieron bastante influencia para conservar el consulado en la casa de los Fabios, nombrando cónsul a M. Fabio, al que dieron por colega a Cn. Manlio.

44. Este mismo año se presentó otro tribuno para sostener la ley agraria, siendo éste Ti. Pontificio. Siguiendo el mismo camino que Sp. Licinio, como si hubiese triunfado, detuvo por algún tiempo los alistamientos. Los senadores se perturbaron de nuevo, pero Ap. Claudio les dijo: "Que el año anterior había sido vencido el poder tribunicio; que en el presente lo estaba por el hecho mismo y para el porvenir por el ejemplo, puesto que se había descubierto que podía disolverse por sus propias fuerzas; que siempre se encontraría algún tribuno dispuesto a triunfar de su colega, y por el bien público a granjearse el favor

del orden más eminente; que si eran necesarios muchos, muchos estarían dispuestos a sostener a los cónsules, pero que no necesitaban más que uno contra todos los demás; que trabajo de los cónsules era y de los patricios más influyentes ganar, si no todos los tribunos, al menos algunos, a la causa de la república y del Senado." Siguieron los padres el consejo de Appio; todos hablaban a los tribunos con dulzura y benevolencia; los consulares, según tenían más o menos derechos sobre cada uno en particular, consiguieron, unos por afecto y otros por autoridad, que no empleasen las fuerzas tribunicias sino en provecho de la república. Secundados por cuatro tribunos contra el único que estorbaba el servicio público, consiguieron los cónsules hacer el alistamiento. En seguida marcharon contra los veyos, que habían recibido socorros de de todos los puntos de la Etruria, menos quizá por el interés que inspiraban que con la esperanza de vez destruida Roma por sus discordias intestinas. Los jefes de la Etruria repetían en todas las asambleas de los pueblos: "Que el poder de Roma sería eterno sin las sediciones en que se desgarraban los romanos; que éste era el único veneno, el único principio mortal que puede destruir los Estados opulentos; que esta calamidad, largo tiempo comprimida por la sabiduría de los padres y por la paciencia del pueblo, había llegado a su último período. De una ciudad se habían hecho dos, teniendo cada una sus magistrados y sus leyes; que al principio se había desencadenado el furor con ocasión de los alistamientos, pero que una vez en campaña, todavía obedecían al general. Por esta razón, cualquiera que fuese el estado interior de la ciudad, había podido conservar su poder, porque se había conservado la disciplina militar; pero que ahora los soldados romanos desobedecían en el mismo campamento a sus magistrados. En la última guerra, en el campo de batalla, en el momento del combate, el ejército, por unánime consentimiento, había dado la victoria a los equos, vencidos ya; había abandonado las enseñas y a su general durante la batalla, regresando al campamento sin esperar orden ninguna. Así, pues, a pocos esfuerzos que se hiciesen, Roma quedaría vencida por sus propios soldados, bastando declararle, indicarle la guerra: los hados y los dioses harían espontáneamente lo demás." Esta esperanza había armado a los etruscos después de tantas alternativas de victorias y derrotas.

45. Los cónsules romanos nada temían tanto como sus fuerzas, su ejército. El recuerdo del pésimo ejemplo dado durante la última guerra les contenía para no aventurarse tanto, para tener que temer dos ejércitos a la vez. Por esta razón, encerrados en el campamento, evitaban el combate, temiendo doble peligro: tal vez el tiempo o alguna circunstancia fortuita calmaría los enojos y sanaría los ánimos enfermos. Pero esta conducta aumentó la presunción de los veyos y los etruscos, que desafiaban a los romanos al combate, y en primer lugar para provocarles paseaban a caballo alrededor del campamento; y después, viendo que no conseguían nada, increpaban al ejército y a los mismos cónsules, diciéndoles que para disimular su terror fingían estar dominados por discordias intestinas, desconfiando los cónsules mucho más del valor de sus tropas que de su obediencia. Nuevo género de sedición, el silencio y la quietud entre hombres armados. Después vinieron las chanzas, fundadas o no, acerca del origen reciente de los romanos y de la oscuridad de su raza. Estos insul-

tos, que resonaban al pie mismo de las empalizadas y hasta en las puertas del campamento, los soportaban los cónsules con secreta satisfacción. Pero la multitud, que no podía comprender la impasibilidad de los jefes, se sentía dominada por la indignación y la vergüenza, y poco a poco olvidó las discordias intestinas. No quieren dejar impune la insolencia de los etruscos; tampoco quieren asegurar el triunfo de los patricios y de los cónsules; en sus ánimos luchan el odio a los extranjeros y el odio a los enemigos domésticos; al fin triunfa el odio a los extranjeros: tanto orgullo e insolencia en sus sarcasmos mostraba el enemigo. En tropel rodean los romanos el pretorio; piden el combate y quieren que se dé la señal. Con el pretexto de deliberar, se retiran los cónsules y prolongan la conferencia. Deseaban combatir, pero les convenía reprimir y ocultar el deseo, para que su resistencia y dilaciones diese nuevo impulso al valor, tan excitado ya, de los soldados. Al fin contestaron que la petición era prematura; que aún no era tiempo de combatir; que era preciso permanecer encerrados en el campamento. En seguida se prohíbe el combate por medio de un edicto: "El que combata sin esperar la orden, será tratado como enemigo." Despedidos de esta manera, los soldados, que estaban convencidos de la repugnancia de los cónsules por el combate, sienten mayor entusiasmo guerrero. Por otra parte, los enemigos se acercan con mayor arrogancia en cuanto se enteran de la prohibición de los cónsules. En adelante quedarían impunes los insultos; ya no se atrevían a poner las armas en manos del soldado: muy pronto terminarían las sediciones con violenta explosión: el poderío romano tocaba a su término. Fortalecidos con esta esperanza, acuden a las puertas, abruman con injurias al ejército, y apenas pueden resistir el deseo de atacar el campamento. Los romanos no podían ya resistir aquellas injurias, y de todos los puntos del campamento acudieron ante los cónsules, No es ahora, como la primera vez, con respeto y por la mediación de los centuriones principales como presentan su petición, sino que todos piden a gritos. Había llegado el momento; sin embargo, los cónsules tergiversan aún. Viendo al fin Fabio que aumentaba el tumulto, y a su colega próximo a ceder, por temor de una sedición, manda a las trompetas tocar a silencio y dice a su colega: "Yo sé, Cn. Manlio, que estos soldados pueden vencer; pero ignoro si quieren, y ellos mismos han dado lugar a la duda. Por esta razón he resuelto firmemente no dar la señal del combate hasta que juren no volver sino vencedores. Los soldados han podido engañar una vez a su general en el campo de batalla, pero no engañarán a los dioses." Entonces un centurión, M. Flavoleyo, uno de los más ardientes en pedir el combate, exclamó: "M. Fabio, volveré vencedor de la batalla." Si falta a la palabra, invoca sobre su cabeza la cólera de Júpiter y de Marte, padre de los combates y de todos los otros dioses. Todo el ejército repitió después de él el juramento y las imprecaciones, y entonces se dio la señal: empuñan todos las armas y corren al combate henchidos de valor y de esperanza. Injúrienles ahora los etruscos, que aquel enemigo, tan atrevido de lengua, venga a afrontarlos ahora que se encuentran armados. Aquel día rivalizaron en valor patricios y plebeyos; pero los Fabios se distinguieron entre todos; las luchas intestinas les habían enajenado el afecto del pueblo y quisieron reconquistarlo en el combate. Formóse el ejército en batalla; los veyos y los etruscos no rehúsan el combate.

46. Esperaban casi con certeza que los romanos no combatirían con ellos más que con los equos, y hasta creían poder contar con alguna resolución más ruidosa todavía en el estado de exaltación en que se encontraban los ánimos en aquella ocasión mucho más ventajosa. El resultado fue muy distinto. En ninguna guerra empeñaron los romanos con más encarnizamiento la batalla; tan exasperados les tenían los insultos del enemigo y las dilaciones de los cónsules. Apenas tuvieron los etruscos tiempo para desplegarse; en cuanto en el primer choque lanzaron los dardos, más al azar que con acierto, vinieron a las manos, acometiendo con las espadas, género de combate en el que Marte es más terrible. En la primera fila daban los Fabios hermoso espectáculo, elocuente ejemplo a sus conciudadanos. Uno de ellos, Q. Fabio (cónsul tres años antes) avanzaba el primero contra las apretadas filas de los veyos, cuando un soldado etrusco, orgulloso con su fuerza y su destreza, le sorprende en medio de un grupo de enemigos y le atraviesa el pecho con su espada; Fabio se arranca el acero de la herida y cae. La caída de un solo hombre se hace sentir en los dos ejércitos; los romanos comenzaban ya a ceder, cuando el cónsul M. Fabio se lanza más adelante del caído, y presentando su escudo al enemigo exclama: "Soldados, ¿habéis jurado volver fugitivos al campamento? ¿Teméis más a cobardes enemigos que a Júpiter y Marte, por quienes habéis jurado? En cuanto a mí, que nada he jurado, volveré vencedor o caeré a tu lado, Q. Fabio." Entonces K. Fabio, cónsul el año anterior, dirigiéndose a Marco: "¿Crees, hermano mío, que conseguirás con palabras que combatan? Solamente lo conseguirán los dioses, testigos de su juramento. En cuanto a nosotros, como compete a los próceres, como es digno del nombre de los Fabios, procuremos con nuestro ejemplo, más bien que con exhortaciones, inflamar los ánimos de los soldados." En seguida corren a la primera fila los dos Fabios, empuñando las lanzas, arrastrando en pos a todo el ejército.

47. Restablecido por este lado el combate, en el otro extremo luchaba con igual vigor el cónsul Cn. Manlio, mostrándose la fortuna casi lo mismo. Mientras Manlio, lo mismo que Q. Fabio en la otra ala, estrechaba al enemigo, casi derrotado ya, los soldados le habían seguido con ardor; pero cuando una herida grave le obligó a retirarse del campo, persuadidos de que había muerto, comenzaron a ceder, y hasta habrían emprendido la fuga si el otro cónsul no hubiese acudido a toda brida con algunas turmas de caballería, y gritando en su presencia la derrota. Manlio se presentó también para restablecer el combate. La presencia de los dos cónsules, a quienes conocían bien, inflamó el valor de los soldados; por otra parte, la línea del enemigo había perdido ya parte de su fuerza; porque confiando en la superioridad del número, había separado su reserva, enviándola a sitiar el campamento. Ésta lo tomó al asalto sin mucha resistencia; pero mientras olvida el combate para no ocuparse más que del botín, los triarios romanos, que no habían podido resistir el primer choque, hacen avisar a los cónsules lo que ocurre; y en seguida, replegándose en derredor del Pretorio, vuelven ellos mismos al ataque. Entre tanto regresa al campamento el cónsul Manlio, coloca soldados en todas las puertas y cierra toda salida al enemigo. La desesperación inflama a los toscanos, inspirándoles más rabia que audacia; y después de in-

tentar inútilmente muchas veces escapar por los puntos por donde esperaban encontrar salida, un grupo de guerreros jóvenes se arroja sobre el mismo cónsul, a quien reconocen por la armadura. Los primeros dardos los pararon los que le rodeaban; pero muy pronto no pudieron resistir tan vigoroso empuje; el cónsul, herido mortalmente, cayó y todo se desvaneció. Entonces redobló la audacia de los toscanos; los romanos corren aterradosde un extremo a otro del campamento, y el mal iba a quedar sin remedio, si los legados, después de retirar el cadáver del cónsul, no hubiesen abierto una puerta para dar paso al enemigo, que se precipitó por aquella salida; pero esta gente en desorden encontró en su fuga al otro cónsul victorioso, que la destroza y pone en dispersión. Gloriosa era la victoria, pero entristecida por dos grandes pérdidas. Por esta razón contestó el cónsul, cuando el Senado le concedió el triunfo: "Que si el ejército podía triunfar sin el general, accedía de buen grado, en atención a su brillante comportamiento en aquella guerra; pero que en cuanto a él, cuando su familia estaba contristada por la muerte de Q. Fabio, cuando la república estaba huérfana de uno de sus cónsules, no aceptaría un laurel marchitado por el duelo público y por el de su famia." Este triunfo rehusado fue más glorioso para él que todo el aparato de la pompa triunfal; tan cierto es que la gloria oportunamente rehusada, viene a ser más brillante y más hermosa. Fabio celebró en seguida los funerales de su colega y de su hermano. Encargado de pronunciar el elogio fúnebre de uno y otro, les concedió las alabanzas que habían merecido, cuya mayor parte recaía sobre él. Prosiguiendo constantemente el proyecto que había formado a su entrada en el consulado de reconquistar el cariño del pueblo, repartió la asistencia de los soldados heridos entre las familias patricias, dando el mayor número a los Fabios, y en ninguna parte se les cuidó mejor. Desde entonces fueron populares los Fabios, debiendo la popularidad a medios saludables para la república.

48. Así, pues, K. Fabio, a quien los votos del pueblo y los senadores habían llevado al consulado con T. Virginio, resolvió no ocuparse de guerras ni de alistamientos ni de ningún otro cuidado hasta que hubiese restablecido la concordia ante todo, como podía esperarse, y reconciliado al pueblo con los patricios. Con esta intención, desde el principio del año propuso al Senado que no esperase a que un tribuno excibiese una ley agraria, sino que se adelantase y repartiese al pueblo, con la mayor igualdad posible, las tierras conquistadas al enemigo. "Justo es, decía, que las posean aquellos que las han adquirido con su sudor y su sangre." Los senadores rechazaron desdeñosamente la advertencia, llegando algunos a lamentar que el carácter tan enérgico antes de Kæson, se hubiese ablandado y rebajado bajo el peso de su gloria. Sin embargo, durante aquel año no hubo ninguna turbulencia civil. Los latinos estaban cansados de las incursiones de los equos; Kæson, a quien enviaron en su socorro con un ejército, penetró a su vez en el territorio de los equos y lo devastó. Entonces se encerraron en su ciudad y se mantuvieron ocultos detrás de sus murallas, de suerte que no hubo ningún combate notable. Mas por la parte de los veyos, experimentóse grave descalabro por la temeridad del otro cónsul, y hubiese quedado destruído el ejército de no acudir Kæson Fabio a socorrerlo. Desde aquel momento no estuvieron con los veyos ni en paz ni en guerra,

y las hostilidades se convirtieron en latrocinios. Si se enteraban de que las legiones romanas se habían puesto en campaña, se retiraban a sus ciudades; y en cuanto sabían que se habían alejado, volvían a sus saqueos, oponiendo alternativamente la inacción a la guerra y la guerra a la inacción, siendo por tanto igualmente imposible abandonar aquella lucha y ponerle fin. Tenían además que ocuparse de otras guerras, porque los equos y los volscos, que no descansaban más que el tiempo necesario para olvidar la última derrota, estaban de nuevo en armas; y por otra parte podía preverse que los sabinos, enemigos constantes, se moverían muy pronto lo mismo que toda la Etruria. Los veyos, enemigos más importunos que temibles, más insolentes que peligrosos, inquietaban sin embargo los ánimos, porque no podían olvidarles en ningún tiempo, y no dejaban que se fijase la atención en otra parte. En estas circunstancias se presentó en el Senado la familia de los Fabios; hablando el cónsul en nombre de ella: "Sabéis, padres conscriptos, que la guerra con los veyos exige fuerzas activas, más que fuerzas considerables. Ocupaos de otras guerras y oponed los Fabios a los veyos. Esperamos que no padecerá en nosotros la majestad del nombre romano. Esta guerra, que será para nosotros como un asunto de familia, la sostendremos a nuestra costa. Que la república lleve a otra parte sus soldados y su dinero." Diéronles gracias expresivas, y el cónsul, al salir del Senado, regresó a su casa, acompañado por el grupo de los Fabios que habían estacionado en el vestíbulo de la Curia, esperando el senatus-consulto. Habiendo recibido la orden de presentarse armados a la mañana siguiente en la puerta del cónsul, se retiraron a sus casas.

49. La noticia conmovió la ciudad, ensalzándose a las nubes a los Fabios. "Una familia tomaba sobre sí la carga que pesaba sobre toda la república. ¡Convertida la guerra con los veyos en asunto particular! Si en Roma existieran dos familias iguales, y una pidiese para sí los volscos y otra los equos, sin perder la república su tranquilidad, pronto vería sometidos a todos los pueblos vecinos." A la mañana siguiente empuñan las armas los Fabios y se reúnen en el punto designado. El cónsul, revestido con la clámide de general, sale y encuentra a toda su familia formada en batalla: colócase en el centro y manda alzar las enseñas. Jamás se había visto desfilar en Roma un ejército más pequeño ni más grande por su fama y por la admiración pública. Trescientos seis guerreros, todos patricios, todos de la misma familia, de los que ni uno solo se hubiese considerado indigno de presidir el Senado en sus mejores días, marchaban contra un pueblo entero, amenazando anonadarle con las fuerzas de una sola familia. Detrás de ellos marchaba el grupo de sus parientes y amigos, en cuyos ánimos no se agitaba nada mezquino, sino que sus esperanzas, lo mismo que sus temores, no tenían límites. Después seguía la multitud popular, que, en su profundo interés y admiración por ellos se encontraba como estupefacto: "Que marche valerosamente, que marchen bajo buenos auspicios y que el éxito corresponda a su propósito; que cuenten al regresar con los consulados, los triunfos, todas las recompensas y todos los honores." Al pasar delante del Capitolio, de la fortaleza y los demás templos, imploran a todas las divinidades que se ofrecen a su vista o a su memoria; pídenles que velen por aquella noble gente, y que pronto la devuelvan sana y salva a su patria y a su familia.

¡Inútiles plegarias! Partiendo por el Jano, a la derecha de la puerta Carmental, por la vía llamada después Desgraciada, llegaron a Cremera, posición que les pareció ventajosa y la fortificaron. Entre tanto fueron nombrados cónsules L. Emilio y C. Servilio. Mientras se limitó la guerra a la devastación de los campos, los Fabios bastaron para la defensa de su fortificación; pudiendo hasta traspasar la frontera que separa a los toscanos de los romanos, poner a cubierto el territorio de Roma y llevar el terror al campo enemigo. Quedaron, sin embargo, suspendidas por algún tiempo estas devastaciones, porque habiendo pedido los veyos tropas a la Etruria, vinieron a atacar la fortificación de Cremera. En seguida llevó el cónsul L. Emilio las legiones romanas y trabó combate con los etruscos, si puede darse nombre de combate a un choque en el que los veyos apenas pudieron formarse en batalla; porque en medio del desorden de los primeros movimientos, mientras se ordenan detrás de las enseñas y se colocan las reservas, ataca tan repentinamente su flanco la caballería romana, que no les da tiempo, no solamente para combatir, pero ni siquiera para odenarse. Perseguidos de esta manera hasta las Piedras Rojas, donde tenían el campamento, piden humildemente la paz; y apenas la habían obtenido, cuando, cediendo a su natural ligereza, se arrepintieron antes de que los romanos hubiesen abandonado la fortificación de Cremera.

50. Otra vez se encontraba entablada la lucha entre los Fabios y el pueblo veyo, sin que la república desplegase grandes fuerzas, ni se limitase la guerra a incursiones por los campos ni a choques entre los grupos que se encontraban, sino que a veces se trababan serios combates, y más de una vez una sola familia romana quedó victoriosa sobre una de las ciudades más poderosas entonces de la Etruria. Los veyos sentían la dureza y humillación de aquellas derrotas; e inspirándose en las circunstancias, formaron el designio de atraer a una emboscada a su fogoso enemigo. Regocijábanse al ver que con los triunfos había crecido la audacia de los Fabios; y por esta razón hallaban éstos en sus incursiones rebaños que parecían encontrarse allí por casualidad, pero que de intento les entregaban. Por otra parte, la fuga de los labradores dejaba desiertos los campos; y los cuerpos armados que enviaban para rechazar a los merodeadores, huían con un terror muchas veces más fingido que verdadero. Pronto llegaron los Fabios a despreciar de tal manera a sus enemigos, que se creyeron invencibles y se persuadieron de que nunca ni en ninguna parte se atreverían a resistirles. A tal punto llegó esta confianza, que viendo un día rebaños a larga distancia de Cremera, y sin cuidarse de algunos soldados enemigos que aparecían diseminados por la llanura, salieron y, en su imprevisión, se lanzaron en desorden más allá de la emboscada dispuesta en el camino. En seguida se dispersan por el campo para reunir los rebaños, que, como de costumbre, huyen a la desbandada, impulsados por el miedo. De pronto se lanzan las tropas emboscadas. Delante, detrás, por todos lados se presentan enemigos: los gritos son aterradores y llueven los dardos por todas partes. Los etruscos estrechan sus filas y los Fabios quedan rodeados por densa muralla de soldados: cuanto más se acerca el enemigo, más se aminora el espacio y más tienen ellos que agruparse. Esta maniobra pone más en relieve su corto número y la muchedumbre de los etruscos, cuyas filas aumentan en terreno demasiado estrecho. Renunciando entonces a hacer fren-

te por todos lados, como intentaron al principio, cargan todos a la vez sobre un punto sólo, y reconcentrando allí todo su esfuerzo, fórmanse en cuña y se abren paso. Así llegan a una colina de suave pendiente y se detienen en ella; y muy pronto, en cuanto la ventaja de la posición les permite respirar y reponerse del primer espanto, rechazan a los que atacan. Fuertes en aquella posición, iban a vencer, a pesar de su corto número, si un grupo de veyos, que consiguió rorearles, no se hubiese presentado en la cumbre de la colina, recobrando entonces el enemigo su superioridad. Allí cayeron todos los Fabios sin excepción, y los enemigos se apoderaron de su fortaleza. Es cosa averiguada que perecieron trescientos seis. Uno solo, próximo a entrar en la edad de la pubertad, y que por este motivo había quedado en Roma, vino a ser el tronco de los Fabios, y a él debió el pueblo romano en paz y en guerra, en épocas calamitosas, los auxilios más eficaces.

51. Cuando ocurrió este desastre eran ya cónsules C. Horacio y T. Menenio. En el acto se mandó a Menenio contra los etruscos, envanecidos con su victoria; pero también fue derrotado, y el enemigo ocupó el Janículo, teniendo Roma que soportar un sitio; y el hambre se hubiese unido a la guerra para abrumarla (porque los etruscos habían atravesado el Tíber), si no hubiesen llamado del país de los volscos al cónsul Horacio. Demuestra que esta guerra tuvo lugar bajo las murallas de Roma el hecho de que el primer combate, en que quedó indecisa la victoria, se trabó cerca del templo de la Esperanza, y el segundo en la puerta Colina. En este último, por pequeña fue la ventaja de los romanos, recobrando el valor el ejército, pudo esperar triunfos más brillantes en los combates sucesivos. Nombróse cónsules a A. Virginio y Sp. Servilio. Desde el descalabro que sufrieron en el último encuentro, los veyos rehusaban batallas campales: limitábanse a talar los campos, y desde lo alto del Janículo, como desde un castillo, se precipitaban por todos lados sobre el territorio de Roma, careciendo por completo de seguridad los ganados y los campesinos. Al fin quedaron cogidos en el mismo lazo en que hicieron caer a los Fabios. Persiguiendo rebaños que habían dejado diseminados aquí y allá para atraerles, cayeron ciegamente en una emboscada, y como eran más numerosos, la matanza fue más considerable. La ira que les produjo esta derrota fue para ellos causa y principio de otra derrota mayor. Una noche, habiendo atravesado el Tíber, intentaron forzar el campamento de Servilio, pero rechazados con grandes pérdidas, costóles mucho trabajo retirarse al Janículo. Enorgullecido por el éxito de la víspera, impulsado principalmente por la escasez a las resoluciones más decisivas, por peligrosas que fuesen, al amanecer el día siguiente, el cónsul trepó con temeridad al Janículo para apoderarse del campamento enemigo. Pero rechazado más vergonzosamente que rechazó él la víspera al enemigo, solamente debió su salvación y la de sus tropas a la llegada de su colega. Cogidos entre dos ejércitos y huyendo alternativamente del uno y del otro, los etruscos fueron deshechos. Una temeridad puso fin de esta manera a la guerra con los veyos.

52. Con la paz disminuyó en seguida el precio de los víveres, porque trajeron trigos de la Campania, y, cuando desapareció el temor del hambre, aparecieron los que habían tenido ocultos. Pero la abundancia y la ociosidad llevaron de nuevo los ánimos a la licencia, y,

faltando los males, que antes venían de fuera, los buscaron en el interior. Los tribunos agitaron al pueblo con su veneno habitual, la ley agraria: excítanle contra los patricios, que la resisten, y no solamente contra todos, sino contra cada uno en particular. Q. Considio y T. Genucio, que habían propuesto la ley agraria, demandan ante el pueblo a T. Menenio, acusándole de haber dejado arrebatar la fortificación de Cremera, de la que no estaba lejos su campamento. Éste sucumbió, pero los esfuerzos del Senado, que le defendió con tanto empeño como a Coriolano, y la popularidad de su padre Agripa, cuyo recuerdo no se había borrado aún, dulcificaron la sentencia de los tribunos, que después de pedir la pena capital, se limitaron a una multa de dos mil ases. Pena capital fue también, porque se dice que, no pudiendo soportar aquella vergüenza, sucumbió a una enfermedad. Bajo el consulado de C. Naucio y de P. Valerio fue acusado Sp. Servilio, a quien, en cuanto salió del cargo, demandaron a principios del año los tribunos L. Cedicio y T. Stacio. Pero éste no sostuvo los ataques de los tribunos como Menenio, con sus súplicas o las de los patricios, sino con la confianza que le inspiraban su inocencia y su crédito. Su crimen era el combate empeñado con los etruscos cerca del Janículo; pero tan valeroso en sus propios peligros como en los de la república, rechazó con enérgico discurso a los tribunos y al pueblo. Hizo más: censuró al pueblo la sentencia y la muerte de T. Menenio, cuyo padre le había devuelto sus derechos, dado sus magistraturas y sus leyes, que ahora convertía en instrumentos de sus odios. Tanta audacia evitó el peligro, ayudándole mucho su colega Virginio, quien, citado como testigo, le hizo partícipe de su gloria. Pero lo que más le sirvió (tan cambiados estaban los ánimos) fue la condenación de Menenio.

53. Habían terminado las luchas intestinas: pero comenzó de nuevo la guerra contra los veyos, con quienes habían unido sus armas los sabinos. Cuando se recibieron las fuerzas auxiliares de los latinos y de los hérnicos, mandaron al cónsul P. Valerio con su ejército contra los veyos, atacando en seguida el campamento de los sabinos, situado delante de las murallas de sus aliados. Extraordinaria fue la alarma que produjo, y mientras el enemigo en desorden se lanza en manípulos desparramados para rechazar el ataque, se apodera de la primera puerta, contra la que dirigió desde el principio el empuje. Una vez forzadas las empalizadas, no fue aquello ya combate, sino carnicería. El tumulto se comunica del campamento a la ciudad, y al ver a los habitantes correr apresuradamente a las armas, se hubiese creído que Veyas había sido tomada. Vuelan unos a socorrer a los sabinos; otros se arrojan sobre los romanos, ocupados completamente en el asalto del campamento. El ataque les detiene y turba un momento; pero en seguida hacen frente a unos y otros, y la caballería, lanzada por el cónsul, desordena y derrota a los toscanos. De este modo quedaron vencidos a la misma hora dos ejércitos y dos pueblos poderosos, los más grandes de los inmediatos a Roma. Mientras ocurren estos acontecimientos delante de Veyas, los volscos y los equos habían acampado en territorio latino y devastaban las fronteras. No habiendo recibido de los romanos los latinos ni general ni socorros, marcharon solos, sostenidos por los hérnicos, a tomar el campamento enemigo, encontrando en él cuanto les habían quitado, y consiguiendo además rico botín. De Roma mandaron contra los volscos al cónsul C. Naucio; según creo,

porque no agradaba que los aliados se acostumbraran a hacer la guerra por su propio impulso y con sus propias fuerzas sin recibir general y ejército romanos. No hubo hostilidad y ultraje que no se emplease contra los volscos, pero no consiguieron que librasen batalla.

54. Fueron en seguida cónsules L. Furio y C. Manlio, tocando a éste la guerra contra los veyos, pero no peleó. Los veyos pidieron una tregua de cuarenta años y se les concedió mediante una contribución en dinero y en trigo. A la paz exterior siguieron inmediatamente las discordias civiles, siendo ahora también la ley agraria el aguijón con que los tribunos estimulaban al pueblo. Los cónsules, a quienes no asustaban ni la condenación de Menenio ni el peligro de Servilio, oponen enérgica resistencia; pero al salir del cargo, les acusa el tribuno Gn. Genucio. Obtienen el consulado L. Emilio y Opiter Virginio: en algunos anales encuentro Vospicio Julio en vez de Virginio. Pero cualesquiera que fuesen los cónsules aquel año, acusados Furio y Manlio, visten traje de luto y se dirigen, no tanto al pueblo como a los patricios jóvenes, exhortándoles e invitándoles "a renunciar a los honores y al gobierno de la república; a no mirar los haces consulares, la pretexta y la silla curul sino como adornos de pompa fúnebre: todas estas brillantes insignias son como las cintas con que adornan a las víctimas para llevarlas a la muerte. Si el consulado tiene para ellos encanto, persuádanse de que esta magistratura se encuentra dominada y oprimida por el poder tribunicio. Que el cónsul, convertido en aparitor de los tribunos, debe esperar, para obrar, una señal, una orden de sus jefes. A poco que se mueva y dirija sus miradas al Senado, por poco que piense que en la república hay otra cosa que la plebe, deben ofrecerse en seguida a su vista el destierro de Coriolano y la condenación y muerte de Menenio". Alentados por este discurso, los patricios celebran, no ya en público, sino en secreto, reuniones a las que admiten corto número de amigos. No tratándose en ellas más que de salvar a los acusados por caminos justos o injustos, las opiniones más violentas eran las más agradables, y no faltaban brazos dispuestos a ejecutar los proyectos más atrevidos. Así, pues, cuando llegó el día del juicio, el pueblo que, dominado por la impaciencia, ocupaba el Foro, extrañó al pronto no ver presentarse al tribuno. En seguida comenzó a parecer sospechosa aquella prolongada tardanza: créese que, ganado por los grandes, ha desistido de la acusación, y se quejan de que haya abandonado y hecho traición a la causa pública. Al fin, los que se encontraban delante del vestíbulo del tribuno vienen a anunciar que se le ha encontrado muerto en su casa. En cuanto se difunde el rumor en la asamblea, cual ejército que ha perdido su general, todos se dispersan por diferentes lados. Los más aterrados son los tribunos, que comprenden, por la muerte de su colega, cuán débil socorro son para ellos las leyes sagradas. Los patricios por su parte no contienen su regocijo, y tan poco se arrepentían del crimen, que hasta los inocentes querían aparecer cómplices, y en alta voz se decía que solamente con la violencia podía domarse el poder tribunicio.

55. Inmediatamente después de esta victoria, cuyo ejemplo era tan pésimo, apareció el edicto mandando el alistamiento. Asustados los tribunos, no oponen resistencia, y los cónsules proceden libremente a la leva. Entonces el pueblo se irrita más por el silencio de los tribunos que por el rigor de los cónsules, diciendo: "que habían concluido

sus libertades; que se volvía al antiguo régimen; que con Genucio había muerto y estaba enterrado el poder tribunicio: que era necesario reunir, idear otros medios para resistir a los patricios; que el único recurso que quedaba al pueblo, puesto que carecía de todo apoyo, era el de defenderse por sí mismo. Los cónsules estaban rodeados por veinticuatro lictores; pero aquellos lictores eran hombres plebeyos: nada era más despreciable y más débil que aquella barrera, si se atrevían a arrollarla: aquello no era temible sino por la idea que se formaban". Mientras se excitaban así mutuamente, llegó un lictor, por orden de los cónsules, a prender a Publio Volerón, hombre del pueblo, que, habiendo sido centurión, se negaba a servir como soldado. Volerón apela a los tribunos, y no acudiendo ninguno a socorrerlo, mandan los cónsules que le desnuden y preparen las varas. "Apelo al pueblo —exclama Volerón—, puesto que los tribunos prefieren ver a un ciudadano romano azotado con las varas delante de ellos, a que vosotros les degolléis en su lecho." Cuanto más violentos eran sus gritos, mayor premura desplegaba el lictor en rasgar sus tropas y despojarle de ellas. Entonces Volerón, dotado de grandes fuerzas, y sostenido además por sus partidarios, rechaza al lictor, y, refugiándose en lo más espeso de la multitud, allí donde los ciudadanos indignados lanzaban los gritos más violentos en su favor: "Apelo al pueblo —exclama—, imploro su amparo. ¡Acudid ciudadanos! ¡Acudid compañeros! Nada podéis esperar de los tribunos, que también necesitan de vuestro socorro." Excitada de esta manera toda aquella multitud, se prepara para el combate; no podía dudarse, acercábase el momento y ninguna consideración, ni pública ni privada, podría contenerla. Los cónsules, que quisieron resistir aquella violenta tempestad, vieron muy pronto que la majestad del poder es apoyo poco seguro sin la fuerza. Los lictores son maltratados, rotos los haces y los cónsules se ven rechazados del Foro a la Curia, sin saber hasta dónde llevaría su victoria Volerón. En fin, cuando comienza a calmarse el tumulto, convocan el Senado y se quejan de las injurias, de la violencia del pueblo y de la audacia de Volerón. Después de muchas opiniones, dictadas por la violencia, domina la de los ancianos, decidiéndose que no luchase contra los arrebatos del pueblo el enojo de los patricios.

56. Volerón vino a ser objeto del favor popular, y, en los comicios siguientes, fue nombrado tribuno para el año en que entraron en funciones los cónsules L. Pinario y P. Furio. Contra la opinión general, que esperaba verle emplear el poder tribunicio para inquietar a los cónsules del año anterior, sacrificando al bien general sus resentimientos personales, y sin dirigirles siquiera una palabra vejatoria, propuso al pueblo un proyecto de ley *(rogationem tulit)* para que en lo sucesivo se eligiesen los magistrados plebeyos en los comicios por tribus. Esta ley, que a primera vista se presentaba con carácter poco alarmante, no carecía de importancia, en cuanto quitaba a los patricios la posibilidad de llevar al tribunado, por los votos de sus clientes, a aquellos a quienes hubiesen elegido. Los patricios combatieron con todas sus fuerzas este proyecto tan agradable al pueblo; y aunque les faltaba su único medio de resistencia, porque ni la influencia de los cónsules ni la de los senadores más importantes consiguió llevar a la oposición a ningún miembro del colegio de los tribunos, sin embargo, cuestión tan im-

portante por sí misma, dio lugar a debates que se prolongaron hasta el año siguiente. Volerón fue reelegido tribuno, y viendo el Senado que aquel asunto llevaría a un combate empeñado, creó cónsul a Ap. Claudio, hijo de Appio, quien, desde los altercados con el padre, era odioso y hostil a la plebe. Dióle por colega a T. Quincio, y desde principios de aquel año, únicamente se ocuparon de la ley, apoyada no solamente por Volerón, que era su autor, sino que Lœtorio, colega del tribuno, mostraba en su mantenimiento tanta decisión, que recientemente se había constituido su defensor; aumentando su audacia el brillo de su gloria militar, porque éste era el hombre más intrépido de su siglo. Viendo que Volerón se limitaba a la defensa de la ley y se abstenía de toda invectiva contra los cónsules, él comenzó por acusar a Appio y a toda aquella familia tan orgullosa y cruel con el pueblo, pretendiendo que los patricios han creado, no un cónsul, sino un verdugo para atormentar y torturar al pueblo. Pero la palabra de este soldado no secundaba a su libertad y valor, y llegando a faltarle la expresión: "Romanos —dijo—, puesto que hablo con más dificultad que obro, venid aquí mañana, y o moriré a vuestra vista o triunfará la ley." Al día siguiente se apoderaron los tribunos de la tribuna de las arengas; los cónsules y los nobles se reúnen en asamblea para oponerse a la ley. Lœtorio manda alejarse a todos aquellos que no tienen derecho a votar; el cónsul Appio se opone y pretende que el tribuno solamente tiene derecho sobre los plebeyos; que es magistrado, no del pueblo, sino de la plebe; que él mismo, siendo cónsul, no puede, en virtud de su autoridad, hacer retirar ni a un solo ciudadano; que esto era contrario a las costumbres antiguas, puesto que la fórmula dice: "Retiraos, ciudadanos, si os place." Fácil era perturbar a Lœtorio en achaques de derecho, aunque se tocasen ligeramente. Encendido en cólera, manda a su *viator* que se apodere del cónsul, y el cónsul a su lictor que se apodere del tribuno, exclamando que no es más que un particular, sin poder, sin magistratura. No hubiera sido respetada la persona del tribuno, si toda la asamblea no se hubiese levantado en contra del cónsul, en favor del tribuno, y si al mismo tiempo, multitud de ciudadanos, acudiendo de todos los barrios de la ciudad, no se hubiesen precipitado en el Foro. Appio, sin embargo, resistió aquella tempestad con el tesón de su carácter, y habría corrido sangre si su colega Quincio no hubiese excitado a los cónsules a emplear la fuerza, si era necesario, para retirar a Appio del Foro, mientras que él mismo, por medio de súplicas, se esforzaba en calmar el furor del pueblo y rogaba a los tribunos que disolviesen la asamblea. "Dad tiempo para que se calme el enojo. Un aplazamiento, lejos de quitar nada a su poder, añadiría la prudencia a la fuerza; el Senado podría mostrar deferencia al pueblo, y el cónsul al Senado."

57. Mucho trabajo costó a Quincio calmar al pueblo, y mucho costó también a los patricios calmar al otro cónsul. Al fin se disuelve la asamblea, y los cónsules convocan el Senado. El temor y la cólera hacen emitir al principio las opiniones más diferentes; pero a medida que pasa el tiempo y el arrebato deja lugar a la reflexión, todos los ánimos renuncian a la lucha violenta, y se llega a dar las gracias a Quincio por haber conseguido mitigar las discordias civiles. Exhortan a Appio para que la majestad consular no tenga más autoridad que la compatible con la concordia. Mientras los cónsules y los tribunos

se hacen oposición, nada fuerte queda en medio de ellos; arráncanse de las manos la república, desgárranla, y cada bando piensa menos en conservarla intacta que en decidir en qué manos quedará. Appio, por su parte, tomaba por testigos a los dioses y a los hombres, diciendo: "Que se hacía traición; que se abandonaba cobardamente la república; que no era el cónsul quien faltaba al Senado, sino el Senado al cónsul; que se soportaban leyes más duras que las del Monte Sacro." Vencido, sin embargo, por la oposición unánime de los senadores, se obstuvo, y la ley se aprobó sin oposición.

58. Entonces por primera vez nombraron los comicios por tribus a los tribunos. Si ha de creerse a Pisón, en aquellas circunstancias se aumentó en tres el número de los tribunos, dando sus nombres el mismo escritor: C. Licinio, L. Numitorio, M. Duilio, Sp. Icilio y L. Mœcilio. Durante las disensiones de Roma se había encendido de nuevo la guerra de los volscos y de los equos, quienes para dar asilo a la plebe, si volvía a abandonar la ciudad, habían devastado la campiña. Una vez calmadas estas turbulencias, se retiraron. Appio fue enviado contra los volscos, y la suerte designó los equos a Quincio. La dureza que Appio había mostrado en Roma la desplegó con más libertad en el ejército, no reteniéndole ya el freno de los tribunos. ¡Odiando al pueblo con más violencia todavía que su padre, verse vencido por el pueblo! Bajo el consulado del único hombre que podían oponer a la autoridad de los tribunos habían hecho aprobar la ley; mientras que, con menos esfuerzo y cuando los patricios tenían menos esperanzas, los cónsules anteriores la habían detenido. La cólera y el despecho inclinaban su violento carácter a atormentar a su ejército con todos los rigores del mando; pero el ejército era indomable; de tal manera había hecho progresos el espíritu de resistencia. Todo se hacía con lentitud, con pereza, con negligencia, con desdén, que tenía algo de sublevación. Ni el honor ni el temor tenían acción sobre los soldados. Si Appio quería acelerar la marcha, andaban más despacio; si acudía a animar los trabajos, todos interrumpían espontáneamente la obra. En presencia suya bajaban la cabeza, y a su paso murmuraban imprecaciones; de suerte que aquel ánimo endurecido en el odio del pueblo, se encontraba algunas veces conmovido. Cuando hubo agotado, sin éxito, todos los medios de rigor, concluyó por no tener relaciones con sus soldados; diciendo que los centuriones habían corrompido al ejército, por cuya razón les llamaba por burla algunas veces tribunos del pueblo, Volerones.

59. Nada de esto ignoraban los volscos, quienes por lo mismo estrechaban vivamente al ejército romano, esperando que opondría a Appio la resistencia que antes desplegó contra Fabio. Pero la sublevación contra Appio fue mucho más violenta. El ejército de Fabio se limitó a no querer triunfar; el de Appio quiso ser vencido. Apenas formado en batalla, emprende vergonzosamente la fuga y vuelve al campamento; solamente se detiene al ver a los volscos dirigirse a las trincheras, después de hacer espantosa matanza en la retaguardia. Entonces forman empeño en combatir para rechazar al enemigo fuera de las empalizadas; pero era evidente que no habían querido otra cosa sino impedirle que se apoderase del campamento. Por lo demás, se regocijan de su derrota y de su vergüenza. El ánimo altivo del cónsul no se quebrantó: quería desplegar mayor severidad aún, y reúne el ejército; pero los legados y los tribu-

nos acuden a él, y le aconsejan "que no ponga por más tiempo a prueba una autoridad que recibe toda su fuerza del consentimiento de los que obedecen; los soldados —decían— se niegan generalmente a acudir a la asamblea; óyense algunas voces pidiendo el levantamiento del campo y la salida del territorio de los volscos; acababa de verse al enemigo victorioso avanzar hasta las puertas y las empalizadas. No estaban limitados a sencillas sospechas del mal; se tenían pruebas evidentes." El cónsul cede al fin, puesto que de este modo los culpables no conseguirían otra cosa que un aplazamiento; revoca la orden de asamblea y manda anunciar la marcha para el día siguiente. Al romper el día dan las bocinas la señal, y en el momento en que el ejército se despliega fuera del campamento, los volscos, como llamados por las bocinas, caen sobre la retaguardia. El desorden gana la cabeza de las columnas; las filas y los cuerpos se confunden; no se oyen las voces de mando; no pueden formarse en batalla: ninguno piensa en otra cosa que en huir, y todo el ejército desbandado escapa entre montones de armas y de cadáveres, y tal es el terror, que el enemigo se cansa de perseguir, antes que los romanos de huir. Al fin consigue el cónsul reunir los desparramados restos de sus soldados, que en vano ha perseguido para detenerlos en su fuga, y va a acampar fuera del territorio enemigo. Allí forma el ejército; se encoleriza con razón contra unos soldados que han hecho traición cobardemente a la disciplina militar, abandonando las águilas, y pregunta a cada hombre desarmado qué ha hecho de sus armas, a cada signífero qué ha hecho de su insignia. Los centuriones y duplicarios que han abandonado las filas son azotados con las varas y decapitados; el resto del ejército es diezmado, designando la suerte las víctimas.

60. En el otro ejército, por el contrario, el cónsul y los soldados rivalizaban sus buenos procedimientos y compañerismo. Quincio era naturalmente más benigno que Appio, y el desgraciado efecto de las severidades de su colega le decidían más a seguir sus inclinaciones. Así fue que los equos, enterados de la buena armonía que reinaba entre el general y sus tropas, no se atrevieron a presentar batalla y dejaron al enemigo recorrer y devastar impunemente su territorio. Jamás se había extendido tan lejos el pillaje en ninguna guerra. Todo el botín quedó abandonado a las tropas, uniendo además el cónsul elogios tan gratos a los soldados como las recompensas. El ejército regresó a Roma mejor dispuesto para con su general, y por el general para con todo el patriciado; diciendo que el Senado le había dado un padre, mientras que el otro ejército había recibido un amo. Esta alternativa de triunfos y reveses; las terribles disensiones que estallaron, tanto en la ciudad como en los campos, y mucho más aún el establecimiento de los comicios por tribus, hacen este año muy notable. Por lo demás, la victoria del pueblo en la lucha en que se había comprometido, dan a esta innovación más importancia que las ventajas que obtuvo; porque, al separar a los patricios de aquellas asambleas, quitaron a los comicios una parte de su dignidad, sin robustecer mucho al partido popular ni debilitar al del Senado.

61. Por esta razón, el año siguiente, en el que fueron cónsules L. Valerio y Tib. Emilio, resultó mucho más borrascoso aún, tanto a causa de las discusiones de las dos órdenes sobre la ley agraria, como por el juicio de Appio Claudio. Como este peligroso adversa-

rio de la ley defendía con tanta arrogancia como si hubiese sido tercer cónsul a los poseedores de los terrenos conquistados, M. Duilio y C. Sicinio le demandaron. Jamás había comparecido ante el tribunal del pueblo acusado más aborrecido de los plebeyos: al odio que inspiraba añadíase el que había inspirado su padre. Tampoco hicieron por otro los patricios esfuerzos más empeñados. El defensor del Senado, el vengador de su majestad, dispuesto siempre a luchar contra las facciones tribunicias y populares, veíase, sin otro delito que el de haber traspasado la medida en la discusión, expuesto al enojo de los plebeyos. Appio Claudio era el único entre los patricios que no tenía en nada a los tribunos, al pueblo y a su juicio. Ni las amenazas de la multitud ni los ruegos del Senado pudieron decidirle a cambiar de traje, a recurrir a las súplicas, ni siquiera a templar, a dulcificar, cuando se defendiese ante el pueblo, la ordinaria aspereza de su lenguaje. Presentóse con la misma arrogancia, la misma altiva expresión en su semblante y la misma rudeza de palabra, hasta el punto que una parte considerable del pueblo, lo mismo temía al acusado que había temido al cónsul. Una sola vez tomó la palabra para defenderse, y con el tono acusador que empleaba siempre; su firmeza causó tal estupor a los tribunos y al pueblo, que espontáneamente le concedieron una moratoria, dejando en seguida languidecer el asunto. No fue por mucho tiempo sin embargo, porque antes del día señalado murió Appio de enfermedad. Esforzáronse los tribunos en impedir que se pronunciase su oración fúnebre, pero el pueblo no consintió que varón tan notable careciese de aquel honor supremo, y después de su muerte escuchó su elogio con tan favorable oído, como había escuchado su acusación en vida; mas aún, acudió en gran muchedumbre a sus funerales.

62. En el mismo año marchó el cónsul Valerio con un ejército contra los equos, y no pudiendo decidirles a una batalla, trató de forzar su campamento; mas le detuvo una tempestad terrible de granizo y rayos. Su asombro aumentó cuando inmediatamente después de la señal de retirada, vióse que el cielo recobraba la calma y serenidad. Desde entonces fue para él escrúpulo religioso atacar un campamento que parecía protegido por una divinidad. El furor de la guerra descargó sobre los campos que quedaron devastados. El otro cónsul, Emilio, había sido enviado contra los sabinos; pero como éstos se mantenían también encerrados detrás de sus murallas, taló su territorio. En fin, el incendio de las granjas y de los numerosos caseríos que frecuentemente habitaban, decidieron a los sabinos a salir para contener a los devastadores. El resultado del combate fue dudoso, pero a la mañana siguiente llevaron el campamento a posición más segura. Esto fue bastante para que el cónsul considerase vencido al enemigo y se retirase a su vez sin haber terminado la guerra.

63. En medio de estas guerras y de la permanente discordia, fueron nombrados cónsules T. Numicio Prisco y A. Virginio. Parecía que el pueblo no estaba dispuesto a soportar que se dilatase por más tiempo la ejecución de la ley agraria, y se iba a llegar a las mayores violencias, cuando el incendio de las granjas y la fuga de los campesinos anunciaron desde lejos la llegada de los volscos. Este acontecimiento contuvo la sedición madura ya y pronta a estallar. Obligando en seguida el Senado a los cónsules a rechazar el ataque, sacaron de Roma la juventud y dejaron más tran-

quilo el resto del pueblo. Satisfecho el enemigo con el vano terror que ha puesto en campaña a los romanos, se retira precipitadamente Numicio, marcha contra los volscos y se dirige a Anzio. Virginio marcha en contra de los equos. Este último cayó en grandes emboscadas, y hubiese experimentado grave derrota si los soldados no hubieran salido valerosamente del apuro en que les puso la negligencia del cónsul. Con más habilidad estuvo dirigido el ejército enviado contra los volscos. Disperso el enemigo en el primer encuentro, refúgiase en Anzio, ciudad muy importante en aquella época. No atreviéndose el cónsul a sitiarla, se contentó con arrebatar a los anziatos la ciudad de Cenón, que era mucho menos importante. Mientras los equos y los volscos distraían de esta manera los ejércitos romanos, los sabinos ejercieron sus devastaciones hasta en las puertas de Roma. Pero a los pocos días vieron llegar a su territorio los dos ejércitos romanos, que la indignación de los cónsules llevaba allí, y que les hicieron más daño que habían causado ellos.

64. A fines de este año se obtuvo un poco de paz, pero turbada, como de ordinario, por la lucha de los patricios y del pueblo. Irritado éste, no quiso tomar parte en los comicios consulares, nombrando cónsules los patricios y sus clientes a T. Quincio y Q. Servilio. El año de su magistratura se pareció al anterior, comenzando con sediciones que calmaron después ante la guerra extranjera. Los sabinos atravesaron precipitadamente el territorio de Crustumerio, llevando la matanza y los incendios a las orillas del Anio y casi habían llegado a la puerta Colina, bajo los muros de Roma, cuando les rechazaron. Retiráronse, sin embargo, con inmenso botín, tanto en hombres como en ganados. El cónsul Servilio les persiguió al frente de un ejército que no respiraba más que venganza, y, no pudiendo alcanzarles en campo raso, llevó tan lejos las devastaciones, que por todas partes no dejó más que ruinas, y regresó a Roma cargado de despojos de todo género. Brillantes triunfos se consiguieron contra los volscos, debidos tanto al general como a los soldados. Libróse primeramente un combate en campo raso, y por ambas partes resultaron muchos muertos y muchos más heridos: los romanos, cuyo reducido número hacía las pérdidas más sensibles, estaban a punto de retroceder, cuando el cónsul, con ingeniosa mentira, les reanimó gritando que los volscos huían en la otra ala. Precipítanse sobre el enemigo, y, creyéndose vencedores, llegan a serlo en efecto. Temiendo el cónsul que una tenaz persecución reprodujese el combate, hizo dar la señal de retirada. Muchos días pasaron durante los cuales los dos ejércitos descansaron, como en virtud de tregua tácita; entre tanto llegaron fuertes refuerzos al campamento enemigo de todos los pueblos de los equos y de los volscos. Teniendo por cierto que si los romanos llegaban a enterarse, se retirarían a favor de la oscuridad, el enemigo avanzó para atacar su campamento cerca de la tercera vigilia. Después de calmar Quincio el tumulto ocasionado por aquella repentina alarma, mandó a los soldados que permaneciesen tranquilos en las tiendas, y colocó en observación la cohorte de los hérnicos; al mismo tiempo hace cabalgar a los que tocaban los cuernos y las bocinas, con orden de tocar delante del campamento y mantener al enemigo en alarma hasta el amanecer. De tal manera tranquila fue el resto de la noche en el campamento, que los romanos hasta pudieron entregarse al sueño. Los

volscos por su parte, a la vista de aquellos peones que suponían más numerosos y que creyeron romanos, ante la inquietud y relinchos de aquellos caballos que extrañaban el peso de jinete desconocido y el ruido que resonaba en sus orejas, permanecieron alerta cual si esperasen un ataque.

65. Al amanecer, los romanos, descansados merced a largo sueño, avanzaron contra los volscos, cansados por haber permanecido de pie y sin dormir toda la noche; sin embargo, retirada fue la suya más bien que derrota, porque a su espalda se alzaban colinas, en las que encontraron seguro refugio sus líneas, que permanecían intactas, exceptuando la primera. Al llegar el cónsul ante aquella desventajosa posición, detuvo al ejército: el soldado se irrita al verse detenido, grita y pide completar su victoria. La caballería se muestra más impaciente aún, y rodea al general, vociferando que se adelantará a las enseñas. El cónsul vacilaba, y, aunque seguro del valor de los soldados, desconfiaba del terreno. Entonces exclaman que van a marchar, y así lo hacen, clavando las lanzas en el suelo para trepar con más ligereza, y suben a la carrera. Agotan los volscos sus armas arrojadizas para rechazar aquel ataque; y en seguida arrancan pedazos de roca y las hacen rodar sobre los que suben. Las filas se deshacen ante los redoblados golpes de un enemigo, que les agobia desde lo alto de su posición. El ala izquierda queda casi aplastada, y ya iban a huir, si increpándoles el cónsul por aquella conducta imprudente y cobarde a la vez, no hubiese sobrepuesto en ellos el honor al miedo. Detuviéronse al pronto, decididos a no ceder, y como conservan su posición y sienten renacer sus fuerzas, se atreven a seguir adelante. Lanzando entonces de nuevo el grito de guerra, pónese en movimiento todo el ejército; recobra el brío, redobla los esfuerzos y sube la pendiente más escarpada, llegando ya a la cumbre de la colina, cuando el enemigo emprendió la fuga. Confundidos en rápida carrera vencedores y vencidos, como formando un solo ejército, penetraron juntos en el campamento, del que se apoderaron los romanos a favor del desorden. Los volscos que pudieron escapar, se refugian en Anzio; pero allí llegó el ejército romano, y la ciudad se rindió después de algunos días de sitio, no porque los sitiadores hiciesen nuevos esfuerzos, sino porque había decaído el valor de los volscos a consecuencia de la derrota y de la pérdida del campamento.

LIBRO TERCERO

Sumario: Turbulencias causadas por las leyes agrarias.—Recupérase el Capitolio, que había caído en poder de los esclavos y de los desterrados, y muertos éstos.—Dos censos: el primero da por resultado ciento cuatro mil doscientos catorce ciudadanos, sin contar los célibes de ambos sexos; el segundo, ciento diecisiete mil doscientos diecinueve.—Descalabros experimentados por los equos.—nómbrase dictador a L. Quincio.—Cincinnato es arrancado del arado para dirigir aquella guerra. Derrota a los enemigos y les hace pasar bajo el yugo.—Aumentan el número de los tribunos del pueblo, elevándolos a diez, treinta y seis años después de la creación de esta magistratura.—Envíanse legados que recogen y traen a Roma las leyes de Atenas. Encargan de redactarlas y promulgarlas a decenviros que reemplazan a los cónsules y ocupan el puesto de todos los demás magistrados; así, pues, en el año 103 de la fundación de Roma el poder, que había pasado de los reyes a los cónsules, pasa de los cónsules a los decenviros.—Redactan diez tablas de ley, y la dulzura de su administración hace conservar para el año siguiente la forma de gobierno.—Añaden dos tablas a las primeras, abusan de su poder, rehúsan despojarse de él y le conservan otro año, hasta que la incontinencia de Appio Claudio pone término a su odiosa dominación.—Enamorado de una joven, hace que una hechura suya la reclame como esclava suya y pone a Virginio, padre de aquella desgraciada, en el caso de matarla con un cuchillo que coge de una tienda inmediata, único medio de salvarla de la deshonra.—Sublevado el pueblo por aquel inicuo abuso de autoridad, se retira al Aventino y obliga a abdicar a los decenviros.—Appio y el más culpable de sus colegas, después de él, son presos; los demás, desterrados.—Victorias sobre los sabinos, los equos y los volscos.—Decisión poco honrosa del pueblo romano elegido como árbitro entre Ardea y Aricia, adjudicándose el territorio que se disputaban estas dos ciudades.

1. Tomado Anzio, fueron nombrados cónsules Emilio y Q. Fabio. Éste era el mismo Fabio Quinto, único que sobrevivió a la destrucción de su familia en Cremera. En un consulado anterior había propuesto ya Emilio distribuir tierras al pueblo; así fue que en su segundo consulado renacieron las esperanzas de los partidarios de la ley agraria, y los tribunos, seguros de triunfar porque ahora tienen un cónsul de parte suya, reproducen las tentativas que tantas veces habían fracasado ante la oposición de los cónsules. Emilio conservaba su opinión. Los poseedores de terrenos y la mayoría de los patricios se quejaban de que un alto magistrado se asociase a las persecuciones tribunicias y buscase el aplauso popular con generosidades a costa ajena; haciendo recaer en el cónsul todo el odio que aquellos manejos habían excitado contra los tribunos. Terrible conflicto iba a estallar si Fabio, por medio de una combinación que no hería a ninguna de las dos partes, no hubiese puesto fin a la discordia. El año anterior,

bajo la dirección y auspicios de T. Quincio, habían arrebatado a los volscos una parte de su territorio; Anzio, ciudad inmediata y marítima, podía recibir una colonia; era por consiguiente fácil dar tierras al pueblo, sin excitar el disgusto de los propietarios ni turbar la paz de Roma. Adoptóse la opinión de Fabio, y éste creó triunviros a T. Quincio, A. Virginio y P. Furio, encargados de hacer la distribución, quienes invitaron a los que querían recibir terrenos a dar sus nombres. Pero entonces, como sucede siempre, la abundancia produjo descuido, y tan pocos se inscribieron, que fue necesario añadir volscos para completar la colonia. La mayor parte prefirieron solicitar terrenos en Roma a recibirlos en ninguna otra parte. Los equos pedían la paz a Fabio, que avanzaba en contra de ellos con un ejército, y ellos mismos se apresuraron a hacer ilusoria esta paz con una incursión en los campos latinos.

2. Al año siguiente Q. Servilio (que era cónsul con Sp. Postumio) fue enviado contra los equos y estableció en territorio latino un campamento fortificado, donde su ejército, víctima de enfermedades, tuvo que permanecer en forzosa inacción. Esta guerra duró tres años, hasta el consulado de Q. Fabio y T. Quincio. Sin que la suerte le designara, Fabio, que había dado la paz a los equos después de vencerlos, recibió ahora este mando. Partiendo convencido de que ante la fama de su nombre los equos depondrían las armas, mandó legados a la asamblea de su nación con orden de decirles: "El cónsul Fabio declara que si antes llevó del país de los equos la paz a Roma, viene ahora de Roma a traer la guerra a los equos con la misma mano que en otro tiempo les tendió en señal de paz y que ahora ha empuñado las armas. Los dioses saben de qué parte están los perjuros y traidores; ellos los ven y no se hará esperar su venganza. Sin embargo, todavía es tiempo: que los equos eviten con su arrepentimiento las calamidades de la guerra; esto es lo que desea. Si su arrepentimiento es sincero, encontrarán seguro amparo en esa clemencia que ya han conocido; pero si se obstinan en su perjurio, tendrán que combatir, no tanto contra sus enemigos como contra los dioses irritados." Lejos de conmoverse con estas palabras, los equos estuvieron a punto de maltratar a los legados del cónsul, y enviaron hacia el Álgido un ejército contra los romanos. En cuanto se conocieron en Roma estas cosas, la indignación, que no el miedo del peligro, hizo salir de la ciudad al otro cónsul, marchando los dos ejércitos consulares en orden de batalla contra el enemigo para combatirle en el acto. Pero el día declinaba ya, y una voz gritó desde las avanzadas enemigas: "Romanos, eso es ostentar vuestras fuerzas, no hacer la guerra: os formáis en batalla al oscurecer; necesitamos más tiempo para el combate que se prepara. Volved en batalla mañana al amanecer, y estad seguros de que encontraréis con quien combatir." El soldado, irritado por aquellas palabras, vuelve al campamento hasta el amanecer; larga le parecía la noche que aplazaba el combate; sin embargo, tomó alimento y descansó. En cuanto amaneció, el ejército romano se adelantó algo al enemigo en el campo de batalla. Los equos se presentaron al fin, y de una y otra parte se luchó con encarnizamiento. Animaban a los romanos la cólera y la indignación; el conocimiento de los peligros que, por su culpa, se habían atraído, y la desesperación de no inspirar en adelante ni la más pequeña confianza, impulsaban a los equos a osar y emprenderlo todo; pero no pudieron resistir el ímpetu de los romanos. Vencidos y obligados a

retirarse a su territorio, no por esto se inclinaron a la paz; sino que indomable multitud reconvenía a sus jefes por haber encomendado la fortuna de sus armas a una batalla campal en la que el arte de los romanos debía vencer. Los equos eran más a propósito para devastar, por medio de correrías, el país enemigo, y les eran mucho más convenientes grupos sueltos que la pesada masa de un ejército.

3. Dejando entonces el campamento con escasa guardia, lánzanse con tanta impetuosidad sobre el territorio romano, que hasta en la ciudad se propagó el terror. Causaba tanto espanto este ataque imprevisto, porque lo que menos podía temerse era que un enemigo vencido y casi sitiado en su campamento pudiese pensar en golpes de mano. Espantados, los campesinos se aglomeraban en las puertas y decían a gritos que no se trataba de una correría y de algunas bandas de merodeadores, sino que, como el miedo aumenta las cosas, todo el ejército, todas las legiones enemigas, preparadas para el combate, acudían sobre Roma. Estos confusos rumores, cuya misma vaguedad dejaba ancho campo a las suposiciones, corren de unos en otros. El movimiento, los gritos de los que llaman a las armas, recordaban el espanto de una ciudad tomada por asalto. Por fortuna encontrábase en Roma el cónsul Quincio, que había regresado del Álgido, y su presencia contuvo el terror. Increpando a los romanos porque temían a un enemigo vencido, disipó el tumulto. Coloca guardias en todas las puertas; convoca al Senado; decreta en su nombre la suspensión de todos los negocios, y deja a Q. Servilio, para acudir él a la defensa del territorio, como prefecto de la ciudad; pero ya no encuentra enemigos. El otro cónsul había arreglado perfectamente las cosas. Colocándose de manera que les cortase la retirada, habíase lanzado sobre aquellas tropas cuyas maniobras eran difíciles por el botín con que se habían cargado, haciéndoles pagar muy caras las devastaciones. Pocos escaparon a la sorpresa; recobróse el botín, y regresando a Roma el cónsul, Quincio devolvió a los negocios su marcha interrumpida durante cuatro días. Hízose en seguida el censo, y Quincio cerró el lustro. El censo dio por resultado ciento veinticuatro mil doscientos catorce ciudadanos, no comprendiendo los célibes de uno y otro sexo. En esta guerra no ocurrieron más hechos notables. Los equos se encerraron en sus ciudades fortificadas, sufriendo que los romanos saqueasen e incendiasen en derredor; y el cónsul, después de haber llevado diferentes veces los estragos de su ejército sobre el territorio enemigo, volvió a Roma cargado de gloria y de botín.

4. En el año siguiente fueron cónsules A. Postumio Albo y Sp. Furio o Fusio, según escriben algunos: y esto lo advierto para que el cambio de nombres no haga suponer cambio de personas. Estaba convenido que uno de los cónsules iría a hacer la guerra a los equos; en vista de lo cual pidieron éstos auxilios a los volscos ecetranos, quienes se apresuraron a concedérselos: tanta perseverancia desplegaban estos pueblos en perseguir con su odio a los romanos. Desde entonces se impulsaron con sumo vigor los aprestos de guerra. Los volscos enteran de antemano a los romanos de la defección de Ecetra y de su inteligencia con los equos. También inspiraba sospechas la colonia de Anzio. Cuando cayó esta ciudad en poder de los romanos, muchos de sus habitantes se refugiaron con los equos, siendo sus mejores soldados durante aquella guerra. Después de la retirada de los equos a sus ciudades fortificadas, dispersa aquella multitud, re-

gresó a Anzio, donde acabó de enajenar los ánimos, hostiles ya a los romanos. Madurando estaban sus proyectos, cuando el Senado, enterado de que se tramaba una traición, mandó a los cónsules que enviasen a Roma a los jefes de la colonia para enterarse por ellos de lo que ocurría. Obedecieron éstos de buen grado; presentándoles en el Senado los cónsules, contestaron a las preguntas que se les dirigieron, de tal manera que regresaron más sospechosos que habían venido. Desde entonces no fue ya dudosa la guerra. El cónsul Sp. Furio, a quien tocó este mando, marchó contra los equos y encontró al enemigo devastando el terreno de los hérnicos. Ignorando su número, porque hasta entonces no se les había visto reunidos en ninguna parte, trabó imprudentemente el combate con un ejército inferior en fuerzas. Rechazado en el primer choque, retiróse a su campamento; pero no habían terminado sus peligros. En la noche siguiente y al amanecer estuvo el campamento tan estrechado por el enemigo y oprimido con tanto vigor, que ni siquiera fue posible enviar un correo a Roma, donde se supo por los hérnicos la derrota del cónsul y el bloqueo del ejército consular. Tal fue el terror en el Senado, que por un decreto, señal ordinaria de extremo desastre, encargó al otro cónsul, Postumio, que vigilase para que la república no padeciera detrimento, creyéndose que lo más prudente era conservar en Roma al otro cónsul para que alistase a cuantos podían llevar las armas, y enviar a Q. Quincio para que socorriese el campamento con un ejército de aliados, y, para formarlos, exigir que los latinos, los hérnicos y la colonia de Anzio suministraran a Quincio soldados *subitarios* (así llamaban a los auxilios repentinos).

5. En aquellos días se verificaban numerosos movimientos, se dirigían multiplicados ataques por todos lados, y los enemigos, favorecidos por la superioridad numérica, procuraban atraer a diferentes puntos las fuerzas romanas, convencidos de que no podían atender a todo. Así, pues, mientras asaltaban el campamento, separábase parte del ejército para devastar el territorio romano, e intentar, si las circunstancias les favorecían, un ataque sobre la misma Roma. L. Valerio quedó guardando la ciudad y enviaron al cónsul Postumio para rechazar del territorio los estragos del enemigo. En ninguna parte se detuvieron un solo momento los trabajos. Colocáronse vigilantes en la ciudad, destacamentos delante de las puertas, guardias en las murallas; y, como era indispensable en tan gran peligro, decretóse la suspensión de los negocios por muchos días. Entre tanto, el cónsul Furio, que al principio soportó tranquilamente que le bloqueasen en su propio campamento, se precipita por la puerta Decumana sobre un enemigo que no estaba prevenido. Podía perseguirle, pero se detiene, temiendo asalten el campamento por otro punto. El legado Furio (hermano del cónsul) llega demasiado lejos, y, en el ardor de la persecución, no ve ni la retirada de los suyos, ni el movimiento del enemigo a su espalda. Cortado, hace muchos e inútiles esfuerzos para abrirse paso hacia el campamento, y cae en la pelea con las armas en la mano. A la noticia de que su hermano está rodeado, vuelve el cónsul al combate: precipítase con más ardor que prudencia en medio del peligro, recibe una herida, y con gran trabajo pueden retirarlo los que le rodean. Esta desgracia perturba a los soldados y redobla el ardor del enemigo. La muerte del legado y la herida del cónsul les

inflama hasta el punto de hacer toda resistencia imposible a los romanos, que, rechazados a los campamentos, vense bloqueados de nuevo, pero con menos esperanzas y menos fuerzas. Comprometida iba a verse la salvación general cuando llegó T. Quincio con el ejército extranjero de latinos y hérnicos. Atacó por retaguardia a los equos, que tenían fija la atención en el campamento romano, a quienes, en su feroz orgullo, enseñaban la cabeza del legado Furio. Al mismo tiempo, y en virtud de una señal dada desde lejos, verifican desde el campamento vigorosa salida, encontrándose envueltas las numerosas fuerzas del enemigo. No fue grande la matanza, pero sí completa la derrota de los equos sobre el territorio romano. Desparramados, llevábanse el botín, cuando Postumio cayó sobre ellos desde diferentes puntos ventajosos en los que había apostado soldados. Estos vagabundos, huyendo en desorden, encuentran el ejército victorioso de Quincio, que traía al cónsul herido. Entonces fue cuando el ejército consular, en un combate brillante, vengó la herida del cónsul, la muerte del legado y el destrozo de sus cohortes. Aquellos combates fueron desastrosos para los dos partidos. Difícil es, tratándose de acontecimientos tan remotos, precisar con exactitud el número de combatientes y el de muertos. Sin embargo, Valerio Aurias no vacila en sus cálculos. Según él, los romanos perdieron entre los hérnicos cinco mil trescientos hombres; los equos dos mil cuatrocientos de aquellos merodeadores que devastaban el territorio de Roma y que fueron destrozados por el cónsul A. Postumio; pero aquella multitud cargada de botín que encontró Quincio experimentó pérdida mucho mayor; perecieron, dice, llevando hasta lo más minucioso la exactitud del número, cuatro mil doscientos treinta. Cuando regresó a Roma el ejército y recobraron su curso los negocios, viéronse muchos fuegos brillar en el cielo; otros prodigios hirieron los ojos o se presentaron bajo diferentes formas a los ánimos aterrados. Para calmar los temores ordenáronse tres días de fiesta, durante los cuales multitud de hombres y mujeres llenaron sin cesar los templos, implorando la clemencia de los dioses. Después de esto, el Senado mandó a sus hogares las cohortes de los latinos y de los hérnicos, habiéndoles dado las gracias por su activa cooperación en la guerra. Los mil soldados de Anzio, cuyo tardío socorro llegó después del combate, fueron despedidos en cierta manera ignominiosamente.

6. Reuniéronse en seguida los comicios. Creados cónsules L. Ebucio y P. Servilio, entraron en el cargo en las calendas de agosto, época en que comenzaba entonces el año. El calor era sofocante y precisamente reinaba en la ciudad y en la campiña una enfermedad pestilente, tan mortífera para los hombres como para las bestias. La violencia de la enfermedad encontró pasto en aquellos rebaños y aquellos campesinos, que el temor del pillaje había hecho recibir en la ciudad. Aquella confusión, aquella mezcla de animales de toda especie, fatal a los vecinos de la ciudad por la infección extraordinaria que difundía, sofocaba a los campesinos amontonados, aglomerados en estrechas moradas y consumidos por el calor y el insomnio. Los mutuos cuidados, el simple contacto, propagaban la enfermedad. Apenas podían atender a esta abrumadora desgracia, cuando llegaron legados hérnicos diciendo que los equos y los volscos reunidos habían establecido en su territorio un campamento, desde el que devastaban su país con numeroso ejército. La ausencia

de los senadores les hizo comprender bien el azote que pesaba sobre la ciudad, y llevaron esta triste contestación: "Que los hérnicos, uniéndose a los latinos, se protejan por sí mismos. La cólera de los dioses ha herido a Roma con repentino azote que la despuebla. Si el mal mitiga, se llevarán socorros como el año anterior, como siempre, a los aliados." Los legados se retiraron a su país, con noticias mucho más tristes que triste había sido su misión, porque necesitaban sostener solos una guerra que apenas hubiesen podido sostener con el auxilio de los romanos. No permaneció mucho tiempo el enemigo en el territorio de los hérnicos, sino que vino desde allí al campo romano, devastado ya antes de que la guerra le infestara. Ni un solo hombre, ni siquiera desarmado, se le presentó, y por un territorio indefenso e inculto avanzó hasta la tercera piedra miliaria en la vía Gabina. Ebucio, uno de los cónsules, había muerto; el otro cónsul, Servilio, arrastraba lánguida existencia, con débil esperanza. La enfermedad había atacado a la mayor parte de los magistrados, a casi todo el Senado y a casi todos los hombres en estado de llevar las armas; y, lejos de poder hacer los preparativos que exigía un peligro tan apremiante, apenas si tenían fuerzas para permanecer quietos en un punto. Los senadores a quienes su edad y fuerzas se lo permitían, formaban la guardia personalmente. Las rondas y la vigilancia pertenecían a los ediles plebeyos, habiendo caído en sus manos el supremo poder y la majestad consular.

7. Abandonado todo, sin jefes, sin fuerzas, la salvación de Roma se debió a sus dioses protectores, que infundieron a los volscos más el deseo de rapiña que el de conquista. Tan ajena de ellos estaba la más pequeña esperanza, no diré de apoderarse de Roma, pero ni siquiera de acercarse a sus murallas, que viendo desde lejos sus edificios y las colinas que la rodean, variaron de intento; confuso murmullo se elevó de pronto en el campamento. "¿Por qué habían de perder el tiempo ociosos y sin botín en aquellos campos desiertos, en medio de aquella mortandad de hombres y de animales, cuando tenían a su alcance las fértiles campiñas de Túsculum?" En seguida arrancaron sus enseñas, y por caminos extraviados, cruzando los campos de Lavica, marchan sobre las alturas de Túsculum. Allí estalló el terror y la tempestad de la guerra. Entre tanto los hérnicos y los latinos, compadecidos y hasta avergonzados por no oponer obstáculo alguno a la marcha del enemigo común, cuyas fuerzas amenazaban la ciudad romana, y, por dejar sin socorrerles, sitiar a sus aliados, reúnen sus ejércitos y avanzan sobre Roma. Ya no encuentran allí al enemigo; enterados de su marcha, corren sobre sus huellas y se presentan en el momento en que bajaba de Túsculum sobre el valle Albano. Las ventajas del combate quedaron iguales, no siendo afortunada aquel día la abnegación de los aliados. No hacía menos estragos en Roma la enfermedad que el hierro en las filas de los aliados. El cónsul que había sobrevivido sucumbió, y mueren también otros varones ilustres: los augures M. Valerio y T. Virginio Rutilo, y Ser. Sulpicio, curión máximo. La ínfima plebe sufrió más los estragos de la enfermedad. Desprovisto el Senado de todo socorro humano, dirigió a los dioses sus votos y los del pueblo, invitando a los ciudadanos a que fuesen con sus esposas e hijos a suplicar a los dioses y a implorar su protección. Impulsados a hacerlo por sus propios sufrimientos, invitados a lo mismo por la

autoridad pública, llenaron todos los templos: arrodilladas las madres, barrían con sus cabellos el suelo de los recintos sagrados, pidiendo clemencia a los dioses y el término de la calamidad.

8. Sea que el enojo de las divinidades calmase, sea que hubiese terminado la estación más peligrosa, desde entonces comenzaron poco a poco a convalecer los que habían escapado al contagio. Los ánimos volvieron muy pronto a los asuntos públicos, y después de algunos interregnos, P. V. Publícola, en el tercer día del suyo, creó cónsules a L. Lucrecio Tricipitino y a T. Veturio Gemino, a quien llaman otros Vetusio. Éstos entraron en el cargo el tercer día antes de los idus de agosto, cuando ya habían recobrado bastantes fuerzas, no solamente para realizar la guerra, sino también para emprenderla. Así, pues, habiendo venido los hérnicos a decir que el enemigo había atravesado sus fronteras, prometieron atrevidamente socorros y levantaron dos ejércitos consulares. Veturio recibió orden de marchar contra los volscos y llevar la guerra a su país; Tricipitino, encargado de proteger el territorio de los aliados, no pasó del país de los hérnicos. En el primer encuentro, Veturio penetra en las filas del enemigo y le pone en derrota. Mientras que Lucrecio acampa entre los hérnicos, un ejército de merodeadores le oculta su marcha, se dirige sobre las alturas de Prenesto y se extiende por la llanura. Devasta el territorio de Prenesto y de Gabia, y desde allí, haciendo un rodeo, llega a las colinas de Túsculum. Esta marcha difunde profundo terror en Roma, más por efecto de la sorpresa que por impotencia para rechazar la fuerza. Q. Fabio mandaba en la ciudad; habiendo armado a la juventud y distribuido los puestos, restableció por todas partes la calma y seguridad. Limitando el enemigo sus rapiñas a los parajes más inmediatos, no se atrevió a acercarse a Roma. Retroceden sus bandas, y a medida que se alejan de la ciudad enemiga, marchan con más negligencia, encontrando al cónsul Lucrecio, enterado desde mucho antes sobre su marcha, formado en batalla y dispuesto al combate. Preparados de antemano los romanos, atacan al enemigo, que se encontraba bajo la impresión de repentino terror, y aunque inferiores en número, derriban y ponen en fuga aquella inmensa multitud, la arrojan sobre profundas gargantas de difícil salida y la rodean. Allí hasta casi borran el nombre de los volscos: trece mil cuatrocientos setenta hombres muertos en la batalla y en la derrota, mil doscientos cincuenta prisioneros, veintisiete enseñas militares arrebatadas: esto encuentro en algunos anales. Aunque tales cálculos sean exagerados, es cierto, sin embargo, que la pérdida fue enorme. Dueño el vencedor de inmenso botín, volvió a ocupar sus posiciones. Entonces reunieron los dos cónsules sus campamentos, y los equos y los volscos los restos de sus fuerzas. Por tercera vez en aquella campaña se libró batalla, y la misma fortuna otorgó la victoria; derrotaron al enemigo y se apoderaron de su campamento.

9. De esta manera la república había vuelto a su primitiva situación, y de esta manera también los triunfos militares volvieron a traer muy pronto los disturbios interiores. Era este año tribuno del pueblo C. Terentilo Arsa, y persuadido de que la ausencia de los cónsules dejaba libre el campo a las empresas del tribunado, declamó durante muchos días contra la soberbia de los patricios y atacó especialmente la autoridad consular como excesiva, como intolerable en una ciudad libre.

"El nombre era menos odioso,

pero la autoridad era tal vez más intolerable que la de los reyes. Con dos amos en vez de uno, con un poder sin freno y sin límites; independientes y desordenados ellos mismos, hacen pesar sobre el pueblo todo el temor y los suplicios de las leyes. Para poner término a esta licencia, va a proponer se nombren cinco ciudadanos encargados de determinar por medio de una ley la autoridad consular. Cuando el pueblo haya dado a los cónsules derechos sobre él, que usen de ellos; al menos no serán leyes sus pasiones y caprichos." Temen los patricios que la ausencia de los cónsules ayude a imponerles este yugo, y Fabio, prefecto de Roma, convoca el Senado, y con tal vehemencia habló contra el proyecto y su autor, que las amenazas de los dos cónsules cayendo sobre el tribuno no le hubiesen aterrado tanto. "En su insidiosa marcha había acechado aquel momento para atacar a la república. Si los dioses irritados hubiesen el año anterior, entre la peste y la guerra, suscitado aquel tribuno, nadie habría podido impedir la pérdida de Roma. A la muerte de los dos cónsules, cuando la ciudad languidecía en la confusión de todos sus organismos, hubiese presentado aquel proyecto que despojaba a los cónsules de su autoridad. A la cabeza de los volscos y de los equos hubiese dirigido el ataque contra la ciudad. ¡Pero qué más! Si algún ciudadano ha sufrido por la soberbia y tiranía de los cónsules, ¿no es libre para demandarles, para acusarles ante aquellos mismos jueces que en sus filas cuentan a la víctima? No es la autoridad de los cónsules, sino el poder tribunicio el que se hace odioso e insoportable; este poder calmado, reconciliado con el Senado, y al que quiere devolver sus antiguos furores; pero no va él a suplicarle que abandone su empresa. En cuanto a vosotros, exclama, a vosotros, tribunos, colegas suyos, os rogamos que recordéis ante todo que se os concedió vuestra autoridad para la protección del ciudadano, y no para la pérdida de la república; que se os creó tribunos del pueblo, y no enemigos del Senado. Para nosotros el dolor, para vosotros la odiosidad de un ataque contra la república indefensa; para vosotros, que podríais, sin perder nada de vuestros derechos, disminuir el odio que va unido a ellos. Haced que vuestro colega no dé comienzo a este asunto antes del regreso de los cónsules; los mismos equos y los volscos, el año anterior, cuando la muerte se llevó a nuestros dos primeros magistrados, calmaron los furores de una guerra encarnizada e implacable." Los tribunos decidieron a Terentilo a aplazar y después a retirar su proposición, e inmediatamente se apresuró el regreso de los cónsules.

10. Lucrecio regresó cargado de inmenso botín y con gloria mucho mayor; gloria cuyo brillo aumentó cuidando de exponer en el Campo de Marte todo el botín. Durante tres días cada cual pudo ir a reconocer y recobrar lo que le pertenecía, vendiéndose lo que quedó sin dueño. Por unanimidad se concedió el triunfo al cónsul, mas este honor quedó aplazado. El tribuno presentaba su ley, y ninguna otra cosa preocupaba más al cónsul. Durante muchos días agitóse el asunto en el Senado y delante del pueblo. Cediendo al fin Terentilo a la majestad consular, desiste, y se tributaron al vencedor y a su ejército los honores merecidos. Lucrecio triunfó de los volscos y de los equos, y el triunfador traía en pos sus legiones; concediéndose a este cónsul que entrase en ovación, pero sin los soldados. Al año siguiente, presentando todo el colegio de tribunos la ley Terentila,

atacaron de nuevo a los cónsules, que eran a la sazón P. Volumnio y Ser. Sulpicio. Este año también apareció inflamado el cielo; la tierra experimentó terribles sacudidas; una vaca habló, y esta maravilla, negada el año anterior, fue creída en éste. Entre otros prodigios, llovieron pedazos de carne; e inmensa cantidad de aves, revoloteando en medio de la lluvia, la devoraban, según dicen. La que cayó sobre la tierra permaneció muchos días sin corromperse. Los libros sibilinos, consultados por los duunviros sagrados contestaron que amenazaba una nube de extranjeros, que se apoderarían de las alturas de la ciudad para comenzar desde allí la matanza, y recomendaban sobre todo abstenerse de discusiones civiles. Los tribunos recriminaban diciendo que aquello se hacía de intento para estorbar la ley: de pronto (porque todos los años se reproducía el mismo círculo de acontecimientos), comunican los hérnicos que los volscos y los equos, a pesar del quebrantamiento de sus fuerzas, rehacen sus ejércitos: en Anzio está el núcleo de la maquinación, los colonos anziotas se reúnen públicamente en Ecetra; éste es el origen y éstos los medios de la guerra. Ante estas noticias, el Senado decreta una leva, y manda a los dos cónsules que se repartan los mandos militares; debiendo marchar uno contra los volscos y otro contra los equos. Los tribunos alborotan en el Foro: "Esta guerra de los volscos es una fábula preparada por los hérnicos. No se oprime ya solamente con la fuerza la libertad del pueblo romano, sino que se la elude con la astucia. Como la destrucción casi completa de los volscos y de los equos no permite prestar fe a un armamento casi espontáneo de su parte, se buscan nuevos enemigos; infámase a una colonia fiel y vecina; el Senado declara la guerra a los anziotas inocentes; la hace el pueblo romano; le carga con el peso de las armas; saca precipitadamente las huestes fuera de las murallas, castigando con el destierro y el alejamiento de los ciudadanos los ataques de los tribunos. De esta manera, y no teniendo otro objeto aquellas maniobras, triunfarán de la ley, a menos que no se aproveche el momento en que nada se ha hecho aún, en que se encuentran en Roma, revestidos de la toga, para conservarse una patria, para libertarse del yugo. No faltará apoyo al valor; todos los tribunos están de acuerdo; no hay enemigos que temer, ni peligros exteriores; los dioses atendieron el año anterior a la segura defensa de la libertad." Así decían los tribunos.

11. En la parte opuesta y delante de ellos, los cónsules habían colocado sus sillas y procedían al alistamiento. Acuden los tribunos y llevan en pos a los que les escuchan. Apenas habían citado algunos, como para tantear la situación, se traba la lucha. El lictor detiene a un ciudadano por orden del cónsul; el tribuno manda que le suelten; atropéllanse los derechos: la fuerza y los golpes son los únicos medios de conseguir lo que se pretende. Lo que habían hecho los tribunos para impedir el alistamiento, lo hicieron a su vez los patricios contra la ley presentada todos los días comiciales. La señal ordinaria del disturbio era la orden de votar que daban al pueblo los tribunos; los patricios se negaban entonces a abandonar sus puestos. No acudían los ancianos a estas reuniones, en las que se prescindía de la prudencia y todo se concedía a la fuerza y a la temeridad; frecuentemente hasta los mismos cónsules se retiraban, temiendo exponer su dignidad a algún atropello en medio del desorden. Allí estaba Kæson Quin-

cio, joven orgulloso de su linaje, de su fuerza y de su estatura. Estas cualidades que debía a los dioses, las había realzado él mismo con multitud de hazañas brillantes y con sus triunfos en la tribuna, no habiendo en Roma ninguno más elocuente ni más intrépido. En pie, en medio del grupo de los patricios, a los que dominaba con su estatura, y como si gozase de todas las dictaduras y todos los consulados con su voz y sus fuerzas corporales; bastando solo para los ataques tribunicios y las tempestades consulares. Frecuentemente a la cabeza de los suyos, arrojó del Foro a los tribunos, dispersando y poniendo en fuga a la plebe. El que caía bajo su mano se retiraba cubierto de contusiones, destrozada la ropa, y era fácil de ver que si se autorizaba aquella conducta, era asunto terminado el de la ley. Entonces fue cuando A. Virginio, encontrándose ya los tribunos, sus colegas, en cierta manera vencidos, presentó acusación capital contra Kæson. Pero aquel carácter indomable se irritó más que se abatió por la acusación, oponiéndose con mayor ardor a la ley, estrechando al pueblo y haciendo a los tribunos una guerra que parecía legitimada por ellos mismos. El acusador dejó que el acusado se precipitase por sí mismo con nuevos excesos, para excitar y alimentar el fuego del odio. Continuóse proponiendo la ley, no tanto con la esperanza de triunfar, como por provocar a Kæson. Todos los hechos y dichos a que se entregaba en aquellos debates la aturdida juventud recaían en él solo, objeto ya de las prevenciones; se resistía a la ley, y A. Virginio repetía al pueblo: "¡Cómo, romanos! ¿No comprendéis que es imposible tengáis a Kæson por conciudadano y la ley que deseáis? ¿Pero a qué hablo de ley? Coarta la libertad: con su soberbia supera a todos los Tarquinos. Esperad que sea cónsul o dictador ese simple ciudadano, que ya reina por su fuerza y su audacia." Multitud de gentes apoyaba estos discursos, se quejaban de malos tratamientos e impulsaban a porfía al tribuno a persistir en la acusación.

12. Acercábase ya el día en que debía ser juzgado, y era fácil de ver que los ánimos se inclinaban a unir a la condenación de Kæson la causa de la libertad. Obligado a ceder al fin, desciende hasta las súplicas más humildes. Acude acompañado de sus parientes, que son los personajes más notables de la ciudad. T. Q. Capitolino, cónsul tres veces, al exponer los gloriosos títulos de Kæson y de su familia, dice que "jamás en la familia de los Quincio, ni siquiera en la ciudad de Roma, se vio carácter tan grande, cualidades tan notables y tan sólidas; a sus órdenes militó por primera vez Kæson y frecuentemente le ha visto luchando con el enemigo". Sp. Furio confiesa que "habiéndole enviado Quincio Capitolino a Kæson cuando se encontraba tan estrechado, él solo fue un refuerzo, y ninguno como él cooperó personalmente a la salvación de la república". L. Lucrecio, cónsul el año anterior, brillando con reciente gloria, abandona una parte de ella a Kæson, cuyos combates recuerda, cuyas hazañas refiere en diferentes encuentros y en batalla campal. Invita a los romanos a que se persuadan de que "aquel extraordinario joven, dotado de todas las ventajas de la naturaleza y de la fortuna, ejercerá grande influencia en los asuntos de la ciudad, cualquiera que sea el punto adonde dirija sus pasos, y que Roma debe preferir ver en él un ciudadano suyo, a verle el ciudadano de país extranjero. Lo que en él ofende, el ardor, la audacia, el tiempo lo calma diariamente; lo que le falta, cada día lo aumenta

la prudencia. Si la edad, aminorando sus defectos, madura también sus virtudes, que se deje a tan grande hombre envejecer en la república". En medio de éstos, su padre L. Quincio, llamado Cincinnato, se abstiene de repetir estos elogios, por temor de aumentar el odio, limitándose a pedir perdón para los errores, para la juventud de Kæson; suplicando le dejasen su hijo, porque él jamás había ofendido a nadie de palabra ni de obra. Unos, por vergüenza o por temor, prescindían de estas súplicas; otros les oponían los malos tratamientos de que sus parientes o ellos mismos tenían que quejarse, y por sus duras respuestas revelaban cuál había de ser la sentencia.

13. Además de la animosidad general, pesaba sobre el joven una acusación muy grave. Marco Volscio Tictor, que había sido tribuno del pueblo algunos años antes, declaraba: "Que poco después de la terminación de la peste, había encontrado un grupo de jóvenes que escandalizaban en el barrio de la Subura; que se trabó una lucha, y que su hermano mayor, debilitado aún de resultas de la enfermedad, alcanzado por un puñetazo de Kæson, cayó sin conocimiento. Lo llevaron en brazos hasta su casa, creyéndolo muerto por consecuencia del golpe. Bajo los consulados de los años anteriores no se le había permitido denunciar aquel atroz asunto." Ante la declaración de Volscio, de tal manera se inflamaron los ánimos, que faltó muy poco para que Kæson fuese víctima de los furores populares. Manda Virginio que se apoderen de aquel hombre y le lleven a las prisiones. Los patricios rechazan la fuerza con la fuerza. T. Quincio no cesa de gritar: "Que cuando un ciudadano, bajo el peso de una acusación capital, está en vísperas de sentencia, no se le puede prender antes de su condenación, antes de su defensa." El tribuno protesta "que no quiere enviar el acusado al suplicio antes de la sentencia, sino retenerle en prisión hasta el día en que se le juzgue. Cuando un hombre ha dado muerte a otro, el pueblo romano debe tener la seguridad de que sufrirá el castigo de su crimen". Dirígense a los tribunos, cuya decisión, tomando un término medio, mantiene su intervención, se opone al encarcelamiento, ordena que se citará al culpable y que una caución pecuniaria responderá al pueblo de su comparecencia. Cuando se trata de fijar la cantidad que debía exigirse, no pueden ponerse de acuerdo, teniendo que decidir el Senado. El acusado, con centinelas de vista durante la deliberación, tuvo que presentar fiadores, y cada uno de éstos hubo de comprometerse por tres mil ases. Los tribunos tenían que decidir el número, elevándole a diez, a petición del acusador. Éste era el primer ejemplo de caución en asuntos públicos. Despedido del Foro, a la noche siguiente se desterró Kæson entre los toscanos. En el día del juicio alegóse que se había alejado para marchar al destierro. Virginio, sin embargo, se obstinaba en celebrar los comicios, y recurrieron a sus colegas, que disolvieron la asamblea. Con tanto rigor se exigió al padre el dinero ofrecido, que vendió todos sus bienes, se retiró como un desterrado al otro lado del Tíber y vivió allí algún tiempo en una choza solitaria.

14. Este juicio y el proyecto de ley mantuvieron excitada a Roma, mientras descansaba de la guerra exterior. Los tribunos, a consecuencia de esta especie de victoria y del abatimiento que había producido en el Senado el destierro de Kæson, consideraban como adoptada su ley; los patricios de más edad renunciaban por su parte a la dirección de

la república; pero los jóvenes, y especialmente los compañeros de Kæson, crecieron en furor contra el pueblo y no experimentaron flaqueza en su valor. Debieron, sin embargo, a su derrota la ventaja de atacar con mayor mesura. La primera vez que presentaron la ley, después del destierro de Kæson, convenidos de antemano y apoyados por numerosa falange de clientes, en cuanto los tribunos les ofrecieron ocasión, expulsándoles de sus puestos, cayeron sobre ellos tan de golpe, que el honor o la odiosidad no recayó sobre ninguno en particular; y el pueblo se quejaba de haber encontrado, en vez de un Kæson, mil. En los días en que los tribunos no se ocupaban de su ley, nada igualaba a la mansedumbre y tranquilidad de aquellos mismos jóvenes. Dirigíanse con benevolencia a los plebeyos, entablaban conversación con ellos, les invitaban a sus casas, les apoyaban en el Foro y dejaban a los tribunos que celebrasen, sin interrumpirles, sus demás asambleas. Ninguno de ellos, ni en público ni en particular, se mostraba jamás disgustado si no se trataba de la ley. La juventud era por todas partes popular. No solamente terminaron los tribunos con tranquilidad la magistratura, sino que al año siguiente se realizó su reelección, sin que ni una voz se opusiese: de tal manera se abstenían de toda violencia. Esta conducta, estas atenciones habían dulcificado al pueblo, y gracias a estos medios, se eludió durante aquel año la adopción de la ley.

15. Con más tranquilidad encontraron la ciudad los cónsules C. Claudio, hijo de Appio, y P. Valerio Publícola. Nada nuevo ocurrió en este año. Presentar la ley y rechazarla, era todo lo que ocupaba los ánimos. Cuanto más se acercaba al pueblo la juventud patricia, más se esforzaban los tribunos en hacerla sospechosa con sus acusaciones. "Tramábase una conspiración. Kæson estaba en Roma. Medítase la muerte de los tribunos, la matanza del pueblo. Los patricios viejos han encargado a los jóvenes que arranquen de la república el poder tribunicio y devuelvan al Estado la forma que tenía antes de la retirada al Monte Sacro." Temíase, entre tanto, que los volscos y los equos intentasen de nuevo aquella guerra, periódica, por decirlo así, y que todos los años se reproducía regularmente. Pero surgió de pronto otro peligro mucho más apremiante. Desterrados y esclavos en número de cuatro mil quinientos próximamente, con el sabino Appio Herdonio a su cabeza, se apoderaron, durante la noche, del Capitolio y la fortaleza, degollando en el acto a cuantos se niegan a unirse a ellos y a empuñar las armas. En medio de la conmoción acuden algunos al Foro dominados por el miedo. Oíanse gritos de "¡A las armas!" "¡El enemigo está dentro de la ciudad!" Temen los cónsules armar al pueblo, y dejarle desarmado. Ignorando en qué consiste aquella calamidad repentina, extraña o doméstica, nacida del resentimiento o de la perfidia de los esclavos, que ha caído sobre la ciudad, quieren calmar la agitación y frecuentemente sólo consiguen aumentarla. La autoridad no tenía imperio sobre aquella multitud temblorosa y consternada. Sin embargo, distribúyense armas, pero con precaución, las necesarias solamente, ya que se ignora quién es el enemigo, para formar una fuerza que baste a cualquier necesidad. En medio de aquella incertidumbre, ignorando con qué especie y con qué número de enemigos tenían que habérselas, pasaron el resto de la noche en distribuir guardias en todos los puntos favorables para la defensa de la ciudad. El día descubrió al fin qué guerra

era aquella y quién era su jefe. Hacíanla los esclavos, a quienes Appio Herdonio llamaba a la libertad desde lo alto del Capitolio. "Había tomado en sus manos la causa de la desgracia; quería devolver a su patria a aquellos a quienes había desterrado la injusticia, y destruir el pesado yugo de la esclavitud. Prefería que el mismo pueblo romano lo ordenase así. Si nada puede esperar por este lado, se dirigirá a los volscos y a los equos e intentará todos los esfuerzos."

16. El asunto quedó aclarado para los senadores y los cónsules; pero sospechaban que detrás de aquellas amenazas se ocultasen las tramas de los volscos y de los sabinos; temiendo que en el momento en que tantos enemigos se agitaban dentro de la ciudad llegaran, de concierto con Herdonio, legiones etruscas y sabinas, y en seguida los eternos enemigos, los volscos y los equos, dispuestos ahora, no a devastar el territorio, sino a marchar sobre Roma, que consideraban tomada en parte. Mil asuntos diferentes excitaban la alarma, los esclavos sobre todo, porque cada cual podía tener el enemigo dentro de su casa. Era igualmente peligroso fiarse de él o desconfiar, a riesgo de provocar su venganza; y aun con la concordia, apenas parecía posible salvar la república; pero en medio de tantos y tan multiplicados males, nadie pensaba en la animosidad de los tribunos y del pueblo: mal poco peligroso, que solamente lo era a falta de otro, y que, en aquel momento, debía hacerlo desaparecer el miedo del extranjero. Y sin embargo, éste fue casi el único peligro real en aquellas desgraciadas circunstancias. Tal era el delirio de los tribunos, que, a escucharles, aquello no era la guerra, sino un vano simulacro de guerra, y que se había imaginado aquella invasión del Capitolio para separar la atención de la ley. "Una vez adoptada la ley, decían, esos huéspedes, esos clientes de los patricios, no teniendo ya objeto su agitación, se retirarán con menos ruido que han venido." Hicieron, por consiguiente, quitar las armas al pueblo, y le convocan a comicios para votar la ley. Los cónsules, por su parte, convocan el Senado, más alarmados por los nuevos temores que inspiraban los tribunos, que lo estuvieron por la sorpresa nocturna.

17. En cuanto P. Valerio se entera de que han dejado las armas y abandonado los puestos, deja a su colega presidiendo el Senado, sale de la Curia y se dirige a los tribunos en su asamblea, exclamando: "¿Qué es esto, tribunos? ¿Queréis derribar la república bajo la dirección de Appio Herdonio y sus auspicios? ¿Tan bien ha conseguido corromperos quien no ha podido quebrantar a vuestros esclavos? ¿Es acaso cuando el enemigo se encuentra sobre nuestras cabezas ocasión de deponer las armas y presentar leyes?" Y dirigiendo en seguida la palabra a la multitud: "Si la salvación de la república, si vuestra salvación, romanos, os interesan algo, respetad un poco a vuestros dioses, que en este momento están en poder del enemigo: Júpiter Óptimo Máximo; Juno, reina de los dioses, Minerva, los demás dioses y diosas están sitiados; un campamento de esclavos ocupa los penates de la patria. ¿No se diría que estamos atacados de demencia? Millares de enemigos se encuentran dentro de nuestras murallas, ¿qué digo? están en la fortaleza, encima del Foro y del Senado: sin embargo, en el Foro se celebran comicios, en el Senado se delibera como en el seno de la paz: el senador emite su opinión, el pueblo su voto. ¿No sería mejor que todos, patricios y plebeyos, cónsules y tribunos, dioses y hombres, protegiesen a Roma con las

armas, correr al Capitolio, libertar y devolver la paz a esta morada augustísima de Júpiter Óptimo Máximo? ¡Oh, padre Rómulo, tú, que en otro tiempo recobraste el Capitolio de esos mismos sabinos a quienes lo había entregado el oro, infunde tu valor a tus hijos! Muéstranos el camino por donde, detrás de ti, se lanzó tu ejército. Heme aquí el primero, yo, cónsul, dispuesto a seguirte, en cuanto un mortal puede seguir a un dios y marchar sobre sus huellas." Y terminó diciendo que por su parte empuña las armas y a las armas llama a todos los romanos; si alguno se opone a ello, olvidará, para perseguirle, la autoridad consular, el poder tribunicio y hasta las leyes más sagradas: sea quien quiera el que se oponga, en todas partes, en el Capitolio y en el Foro, le tendrá por enemigo: que los tribunos que prohíben se tomen las armas contra Herdonio, las manden empuñar contra su cónsul P. Valerio, y él se atreverá, en contra de los tribunos, a lo que se atrevió el jefe de su familia contra los reyes. Inevitables parecían las mayores violencias, y se preparaba para los enemigos el espectáculo de una sublevación en Roma. Sin embargo, ni la ley pudo aprobarse, ni el cónsul marcha sobre el Capitolio: la noche calmó la lucha que se trababa, y los tribunos retrocedieron ante la oscuridad, por temor a las armas consulares. Libres de los autores de la sedición, los patricios se mezclan al pueblo, penetran en medio de los grupos y pronuncian palabras en armonía con las circunstancias. Invítanles a que consideren los peligros a que arrastran a la república. "No se trata ahora de una cuestión entre patricios y plebeyos, sino que a la vez entregan al enemigo el Senado y el pueblo, la fortaleza de Roma, los templos de sus dioses, los penates públicos y los de cada ciudadano." Mientras de esta manera se procuraba calmar las discordias en el Foro, los cónsules, temiendo un movimiento por parte de los sabinos o de los veyos, permanecían cerca de las puertas y de las murallas.

18. Aquella misma noche anunciaron en Túsculum la toma de la fortaleza, la ocupación del Capitolio y el estado de agitación que, por otras causas, reinaba en la ciudad. Era dictador en Túsculum L. Mamilio; y, sin perder momento, convoca el Senado; e introducidos los que habían llevado las noticias, aconseja enérgicamente "no esperar que llegasen legados de Roma en demanda de socorros. El mismo peligro de los romanos, su crítica posición, los dioses, la fe de los tratados, reclamaban el auxilio de los tusculanos. Merecer el agradecimiento, por un servicio extraordinario, de un pueblo tan poderoso y vecino, es un favor que no les ofrecerán dos veces los dioses ocasión de merecer". Deciden, pues, enviar socorros; alístanse los jóvenes y se les dan armas. Al verles desde lejos al amanecer los romanos, les creen enemigos, suponiéndolos volscos y equos; pero disipados muy pronto aquellos vanos terrores, ábrenles las puertas y bajan formados al Foro. Allí ordenaba ya P. Valerio sus fuerzas, por haber dejado a su colega el cuidado de guardar las puertas. Habiendo prevalecido su viril autoridad prometió que después de recobrar el Capitolio y devolver la paz a Roma, si el pueblo consentía en escucharle, revelaría la añagaza cuyo triunfo debía asegurar la ley de los tribunos; y que después, contando con el recuerdo de sus antepasados, digno del nombre que, desde aquéllos, le transmitía en cierto modo el deber hereditario de proteger los intereses populares, no presentaría ningún obstáculo a las asambleas del pueblo. Por orden

suya, y a pesar de las reclamaciones de los tribunos, las fuerzas comienzan a subir la pendiente del Capitolio, y con ellas la legión tusculana: aliados y ciudadanos se disputan el honor de recobrar la fortaleza. Cada jefe excita a sus soldados: el enemigo se amedrenta, no contando más que con la ventaja de su posición. Mientras le agita el temor, los romanos y los aliados dirigen contra él sus enseñas: ya se habían abierto camino hasta el vestíbulo del templo, cuando P. Valerio, animando a los suyos, ocupa la primera fila. El consular P. Volumnio le ve caer, y manda a los que le rodean que cubran su cuerpo, y toma el puesto y la autoridad del cónsul. El ardor, la impetuosidad del soldado le impiden se entere de pérdida tan grande, venciendo antes de enterarse de que combatía sin general. Multitud de desterrados mancharon el templo con su sangre; otros muchos son capturados vivos. Herdonio quedó muerto. Así se recobró el Capitolio. Los prisioneros, según eran libres o esclavos, sufrieron el suplicio propio de su condición. Los tusculanos recibieron las gracias; purificóse el Capitolio y se ofrecieron sacrificios. Dícese que cada plebeyo llevó a la casa del cónsul la cuarta parte de un as para aumentar la pompa de los funerales.

19. Restablecida la paz, los tribunos estrechan al Senado para que cumpla la promesa de P. Valerio, y, dirigiéndose a Claudio para que preserve del perjurio los manes de su colega, y deje presentar la ley. El cónsul sostiene que antes de reemplazar a su colega, no consentirá que se presente la ley. Estas discusiones se prolongan hasta los comicios encargados de elegir un cónsul subrogado. En el mes de diciembre, gracias a los esfuerzos de los patricios, nombran cónsul a L. Q. Cincinnato, padre de Kæson, que en seguida tuvo que entrar en funciones. El pueblo estaba consternado: veíase en manos de un cónsul irritado, omnipotente por el favor del Senado, por su mérito y por la influencia de sus tres hijos, de los que ninguno cedía a Kæson en grandeza de ánimo; pero que, por su prudencia y moderación, cuando lo exigían las circunstancias, le eran superiores. En cuanto quedó revestido de su magistratura, asiduo en su tribunal, desplegó igual energía para contener al pueblo como para amonestar a los patricios. "Por la debilidad de este orden, decía, se perpetúan en su cargo los tribunos, reinando, no sobre la república del pueblo romano, sino como sobre una familia desordenada, por la lengua y las invectivas. Con su hijo Kæson habían sido desterrados de Roma el valor, la fortaleza y todas las virtudes militares y civiles de la juventud. Habladores, sediciosos, fraguadores de discordias, dos veces, tres veces tribunos, gracias a malas artes, vivían con regia licencia. ¿Acaso A. Virginio, dice, por no haber estado en el Capitolio, merece menos la muerte que Ap. Herdonio? Sin duda mil veces más, si se quiere juzgar con equidad. Al menos Herdonio, al declararse enemigo vuestro, os advirtió en cierto modo para que empuñaseis las armas; ese otro, cuando negaba la guerra, os quitaba las armas de las manos, entregándoos desnudos a vuestros esclavos y a los desterrados. Y vosotros (lo diré sin ofensa para C. Claudio y el difunto P. Valerio), ¿habéis llevado vuestras enseñas al pie del Capitolio, no habiendo exterminado primero esos enemigos del Foro? ¡Me avergüenzo por los dioses y los hombres! Cuando el enemigo era dueño de la fortaleza y del Capitolio; cuando un jefe de desterrados y de esclavos, manchado con todas las profanaciones, se había establecido

en la morada de Júpiter Óptimo Máximo, Túsculum, antes que Roma, tomó las armas. Se ha podido dudar quién, si L. Mamilio, jefe de los tusculanos, P. Valerio o C. Claudio, cónsules romanos, habrán libertado la fortaleza de Roma. Y nosotros, que en otro tiempo no soportamos que los latinos, viendo al enemigo en su territorio, tomasen las armas para su propia defensa, hoy, si los latinos no hubiesen empuñado las armas por sí mismos, nos encontraríamos cautivos y anonadados. ¿Es así, tribunos, como se socorre al pueblo, entregándole sin defensa a la matanza? Como si algún hombre de vuestro pueblo, si el último de esa clase, que en cierta manera separáis del resto de la nación para formaros una patria especial, una república particular, si uno de ellos viniese a deciros que sus esclavos, con las armas en la mano, sitiaban su morada, ¿no pensaríais que era necesario socorrerle? Y a Júpiter Óptimo Máximo, a quien sitiaban desterrados y esclavos, ¡no se le debía ningún socorro humano! Y éstos piden que se les declare inviolables y sagrados, cuando para ellos no son sagrados ni inviolables los dioses! Por llenos que estéis de delitos contra los dioses y los hombres, no cesáis de decir que triunfará vuestra ley este año. En ese caso, si triunfáis, a fe mía el momento en que se me creó cónsul fue más fatal a la república, más fatal mil veces que aquél en que pereció nuestro cónsul Valerio. Pero ante todo, romanos, añadió, mi colega y yo hemos decidido llevar las legiones contra los volscos y los equos. No sé por qué fatalidad encontramos los dioses más favorables en los combates que en la paz. El peligro en que esos pueblos pudieron ponernos si hubiesen sabido que los desterrados ocupaban el Capitolio, mejor es apreciarlo por el pasado que experimentarlo algún día."

20. Las palabras del cónsul conmovieron al pueblo: reanimados los patricios, creyeron ver renacer la república. El otro cónsul, más atrevido para reanudar una empresa que para dirigirla, dejó sin dificultad que su colega se comprometiese en empeño tan arduo, pero reclamó en la ejecución su parte de funciones consulares. Los tribunos sin embargo, se burlaban de aquellas palabras que consideraban vanas, y preguntaban con insistencia: "¿Cómo llevarían los cónsules un ejército que nadie les dejaría levantar?" —"No tenemos que hacer alistamiento, respondió Quincio, cuando, para recobrar el Capitolio, dio P. Valerio las armas al pueblo, a petición suya juraron todos reunirse bajo sus órdenes y no separarse sin su mandato. Nosotros decretamos que todos vosotros que habéis prestado ese juramento, os presentéis mañana armados en el lago Regilo." Los tribunos procuraron por medio de sofismas destruir los escrúpulos del pueblo: "Quincio no era más que un sencillo ciudadano cuando se ligaron con aquel juramento." Pero entonces no reinaba, como en nuestro siglo, indiferencia para con los dioses; no se sabía interpretar los juramentos y las leyes para acomodarlas al propio gusto, prefiriéndose acomodar a ellos la conducta. Desesperando los tribunos de estorbar aquellos designios, trataron de detener la marcha del ejército; difundióse además el rumor de que los augures mismos habían recibido orden de presentarse en el lago Regilo y de inaugurar un emplazamiento en el que, después de los ritos sagrados, pudiesen tratarse los asuntos públicos. Allí, todo lo que la violencia tribunicia había podido conseguir en Roma, debía desaparecer en los comicios. Adoptaría-

se cuanto quisieran los cónsules, porque la apelación de los tribunos no tenía fuerza a más de una milla de la ciudad; y ellos mismos, si se presentaban confundidos con la muchedumbre de los patricios, quedarían sujetos a la autoridad consular." Asústanse de estos rumores, pero muy pronto llegó el terror al colmo, porque Quincio repetía públicamente que no convocaría los comicios para la elección de cónsules. Los males de la república no eran de aquellos que podían curarse con remedios ordinarios; necesitaba un dictador, y si alguno trata de comprometer la tranquilidad pública, sabrá que la dictadura no admite apelación.

21. El senado estaba en el Capitolio y los tribunos acuden a él con el pueblo consternado. La multitud implora a gritos compasión, ora de los cónsules, ora de los senadores; pero el cónsul permanece inflexible hasta que los tribunos hubieron prometido someterse a la autoridad del Senado. Dando cuenta entonces el cónsul de las peticiones de los tribunos y del pueblo, se decretó por senatus-consultos: "Que los tribunos no presentarían su ley aquel año, y que los cónsules no sacarían el ejército fuera de las murallas. En lo venidero, la continuación de los magistrados en sus cargos, la reelección de los mismos tribunos, serían, a juicio del Senado, ataques a la república." Los cónsules se conformaron con estos decretos; pero los tribunos, a pesar de las reclamaciones de los cónsules, fueron reelegidos. A su vez los patricios, por no ceder nada al pueblo, presentaban cónsul a L. Quincio. Jamás apostrofó el cónsul con tanta energía en todo el año. "¿Extrañará, padres conscriptos, el descrédito de vuestra autoridad ante el pueblo? Vosotros mismos la destruís. Así, pues, porque el pueblo viola vuestros decretos, continuando con sus magistrados, ¿vais a violarlos vosotros mismos, para igualar en el desorden a la multitud, como si en el Estado estuviese unida la preponderancia a la ligereza y a la licencia? Porque hay sin duda más ligereza en destruir las propias deliberaciones y los propios decretos que los ajenos. Imitad, padres conscriptos, a esa turba inconsiderada; destinados a servir de modelo a los demás, seguís vosotros mismos su funesto ejemplo, antes que atraerla a la justicia con el vuestro. En cuanto a mí, lejos de imitar a los tribunos, no consentiré, con desprecio de vuestro senatus-consulto, mi reelección al consulado. Y a ti, C. Claudio, te conjuro para que separes al pueblo romano de tales excesos; y júzgame bien para persuadirte de que, lejos de ver en tus maniobras un obstáculo a mi elevación, a mis ojos realzan la gloria de mi negativa y contribuirán a alejar de mí lo odioso que va unido a una reelección." Los dos cónsules decretan en común "que ningún ciudadano debe presentar a L. Quincio para el consulado, y si alguno lo hace, se anulará su voto".

22. Creáronse cónsules a L. Fabio Vibulano, por tercera vez, y a L. Cornelio Maluginense. Este año se hizo el censo de los ciudadanos; pero sin cerrar el lustro, porque la toma del Capitolio y la muerte del cónsul eran agüero siniestro. En cuanto entraron en funciones Fabio y Cornelio, comenzaron con el año las turbulencias. Los tribunos hostigaban a la plebe: los latinos y los hérnicos anunciaban una guerra terrible de parte de los volscos y los equos. Ya se encontraban en Anzio las legiones volscas y la misma colonia inspiraba graves temores de traición. Con sumo trabajo se consiguió de los tribunos que ante todo se pensaría en la guerra. Repártense los mandos los cónsules: Fabio debía llevar las legiones a Anzio;

Cornelio quedar guardando a Roma, para impedir que parte de los enemigos, como acostumbraban los equos, viniese a devastar el territorio. Los hérnicos y los latinos recibieron órdenes para suministrar soldados, según los convenios, y los aliados formaron las dos terceras partes del ejército; el resto era de ciudadanos. En cuanto los aliados llegaron, en el día fijado estableció el cónsul su campamento fuera de la puerta Capena; después, habiendo revistado sus tropas, marchó sobre Anzio, deteniéndose cerca de la ciudad y del campamento enemigo. Los volscos, que no se habían reunido todavía al ejército de los equos, rehúsan el combate y atienden a su reposo y seguridad detrás de las empalizadas. A la mañana siguiente, Fabio, que no quiere confundir y reunir a los aliados y a los ciudadanos, forma de los tres pueblos tres cuerpos separados, colocándolos en derredor de las empalizadas enemigas: el centro lo ocupa él con las legiones romanas. Todos tenían orden de prestar atención a las órdenes que diese, para que los aliados pudiesen atacar al mismo tiempo que él, o retirarse, si mandaba tocar retirada. Cada pueblo tenía su caballería dispuesta, según la táctica. Este triple ataque envuelve el campamento. Estrechados por todas partes, los volscos no pueden resistir el ímpetu y los arrojan de sus fortificaciones. Atraviesan los romanos las empalizadas, lanzan sobre un solo punto aquella gente aterrada y la expulsión del campamento . En el desorden de la fuga, la caballería, que por la dificultad de atravesar las empalizadas había permanecido hasta entonces espectadora del combate, toma parte en la victoria, destrozando a los fugitivos. Grande fue la matanza dentro y fuera del campamento; pero mayor fue el botín, porque el enemigo apenas pudo llevarse las armas: a no proteger los bosques la fuga de aquel ejército, hubiese quedado completamente destruido.

23. Mientras se realizaban estos movimientos delante de Anzio, destacan los equos un cuerpo de su juventud más escogida, que sorprendiendo de noche la fortaleza de Túsculum, se apodera de ella. El grueso del ejército se establece cerca de las murallas de la ciudad para llamar la atención. Llegan a Roma las noticias; de Roma vuelan al campamento de Anzio, y producen tanto efecto en los romanos, como si les anunciasen la toma del Capitolio. El servicio de los tusculanos estaba reciente aún: la igualdad del peligro que les amenaza con aquel de que libertaron a Roma, reclama iguales socorros que recibieron de ellos. Fabio lo abandona todo, traslada apresuradamente el botín desde el campamento a la ciudad de Anzio; deja allí corta guarnición, y corre a Túsculum a marchas forzadas. Los soldados no pudieron trasportar más que sus armas y los alimentos preparados que encontraron a mano. Las remesas que Cornelio enviaba de Roma cubrieron sus necesidades. Durante algunos meses se hizo la guerra en Túsculum. El cónsul, con parte del ejército, sitió el campamento de los equos, habiendo cedido el resto a los tusculanos para que recobrasen la fortaleza. No pudo triunfar la fuerza, pero les venció el hambre, y cuando estuvieron reducidos a la última extremidad, los tusculanos les hicieron pasar bajo el yugo, desnudos y sin armas. Cubiertos de ignominia huían hacia sus moradas, cuando el cónsul Fabio les alcanzó cerca del Álgido y les exterminó hasta el último, viniendo a acampar con su ejército victorioso en Columen (así se llama este punto). Considerando el otro cónsul que después de esta derrota del enemigo

no corren peligro alguno las murallas de Roma, se aleja de la ciudad. Entonces entran los dos cónsules por puntos diferentes en el territorio enemigo, y rivalizan en esfuerzos para extender las devastaciones, el uno en el país de los volscos, el otro en el de los equos. Encuentro en algunos autores que en este año tuvo lugar la defección de los anziatos, y que el cónsul L. Cornelio, encargado de esta guerra, se apoderó de su ciudad; sin embargo, no mencionando estos acontecimientos los escritores más antiguos, no me atrevo a asegurarlos.

24. Terminada esta guerra, agitó al Senado la intestina que hacían los tribunos. Éstos exclaman: "Que es una perfidia retener el ejército fuera, una traba puesta a la adopción de la ley; pero que no por ello dejaran de llevar a cabo su empresa." Obtiene, sin embargo, L. Lucrecio, prefecto de Roma, que para comenzar los trabajos esperaran los tribunos el regreso de los cónsules. Habíase promovido nueva causa de disturbios: los cuestores A. Cornelio y L. Servilio habían demandado a M. Volscio por haber dado contra Kæson una declaración cuya falsedad estaba fuera de duda. De multitud de pruebas resultaba que el hermano de Volscio, desde el momento en que cayó enfermo, no volvió a presentarse en público, no tuvo tampoco ninguna mejoría en su enfermedad, que duró tres meses y terminó con la muerte. Más aún: en la época a que el testigo se refería, Kæson no había regresado a Roma. Sus compañeros de armas aseguraban que había permanecido constantemente en el ejército sin disfrutar licencia. Para apoyar estos hechos, muchos ciudadanos pedían, a riesgo suyo, un juez para Volscio, que no se atrevió a sufrir la prueba, y esta reunión de circunstancias no dejaban ya duda acerca de la condenación de Volscio, como en otro tiempo no las dejó la declaración de Volscio acerca de la sentencia de Kæson. Los tribunos demoraban el asunto, diciendo que no permitirían a los cuestores celebrar comicios para el juicio, si antes no se celebraban para la ley, continuando así los dos asuntos hasta la llegada de los cónsules. Después de su entrada triunfal, al frente del ejército victorioso, ya no se habló de la ley, y la mayor parte creía en la derrota de los tribunos. Pero como el año tocaba a su fin, y aspiraban a la cuarta elección, habían reservado para el debate de los comicios la energía que desplegaron en luchar por la ley. Con tanto ahínco se opusieron los cónsules a la continuación del tribunado, como si se hubiese propuesto alguna ley atentatoria a la majestad consular; pero los tribunos consiguieron la victoria. En este mismo año, a petición de los equos, se les concedió la paz: terminóse el censo comenzado el año anterior y se cerró el lustro, el décimo desde la fundación de Roma. El censo dio ciento treinta y dos mil cuatrocientos nueve ciudadanos. Muy grande fue en este año la gloria militar y doméstica de los cónsules: en el exterior habían conquistado la paz; en el interior, si la armonía no fue perfecta, al menos no estuvo tan agitada la ciudad como en otras épocas.

25. Nombrados cónsules en seguida L. Minucio y C. Naucio, comienzan por los dos asuntos que les ligaban al año anterior. Los cónsules empleaban siempre los mismos medios para levantar obstáculos contra la ley, y los tribunos contra el juicio de Volscio. Pero los cuestores nuevos eran más enérgicos y gozaban de mayor consideración. Eran éstos M. Valerio, hijo de Valerio, nieto de Voleso, y T. Quincio Capitolino, cónsul tres ve-

ces. Este último, en la imposibilidad de devolver a Kæson a la familia de los Quincios, y a la república el más ilustre de sus ciudadanos jóvenes, perseguía con guerra tan justa como justos eran los motivos, al falso testigo que había privado de la defensa a un inocente. Los tribunos, y sobre todo Virginio, insistían sobre su ley. Concedióse a los cónsules dos meses para examinarla, y después de revelar al pueblo el lazo que encubría, al fin debían permitir que se pusiese a votación. Este intervalo produjo calma en la ciudad; pero los equos abreviaron el reposo, rompiendo el tratado concluído el año anterior con los romanos y dando el mando a Graco Clelio, que era, sin duda alguna, el primero de su nación. Bajo sus órdenes van al campo Lavicano, en seguida a los de Túsculum, llevando a ellos sus armas y estragos, y cargados de botín, establecen su campamento sobre el Álgido. Q. Fabio, P. Volumnio y A. Postumio, legados de Roma, fueron a este campamento a reclamar contra aquella infracción de la justicia y a pedir reparación según los tratados. "Si el Senado romano os ha encargado de una misión, responde el general de los equos, dirigíos a esa encina; tengo otra cosa que hacer que escucharos." En efecto, una robusta encina se alzaba en el pretorio dando sombra a la tienda del general. Uno de los legados exclamó entonces al retirarse: "Pues bien: que esa encina sagrada, que todos los dioses sepan que vosotros rompéis los tratados; que sean hoy favorables a nuestras quejas, y muy pronto a nuestras armas, cuando realicemos la venganza de los dioses y de los hombres, cuyos derechos se violan a la vez." En cuanto los legados regresaron a Roma, manda el Senado a uno de los cónsules que lleve un ejército contra Graco al monte Álgido, y encarga al otro que tale el territorio de los equos. Los tribunos se oponían, como siempre, al alistamiento, y tal vez lo hubiesen imposibilitado al fin, a no surgir de pronto nuevos terrores.

26. Una muchedumbre de sabinos llegó casi bajo los mismos muros de Roma a traer la devastación: el terror reinaba en los campos y en la ciudad. Más dócil ahora el pueblo, tomó las armas, a pesar de los gritos de los tribunos alistándose dos grandes ejércitos. Uno, bajo el mando de Naucio, marchó contra los sabinos. Acampado este general cerca de Ereto, con pequeños pelotones, y más frecuentemente en correrías nocturnas, tan perfectamente tomó la revancha talando el territorio de los sabinos, que en comparación suya, el de Roma parecía intacto. No tuvo Minucio igual fortuna ni tanta energía de carácter en el mando de su expedición; porque habiendo establecido su campamento cerca del enemigo, sin haber experimentado descalabro notable, permanecía encerrado en sus empalizadas. Observólo el enemigo; esta timidez, como de ordinario sucede, aumentó su audacia, y por la noche atacó al campamento; pero habiendo conseguido escaso éxito sus esfuerzos, por la mañana lo rodeó con una línea exterior. Antes de que las fortificaciones enemigas cerrasen toda salida, cinco jinetes se lanzan entre las avanzadas enemigas, y van a decir en Roma que el cónsul y el ejército se encuentran sitiados. No podía ocurrir nada más sorprendente, menos esperado; así fue que el terror llegó a tal punto, que parecía la ciudad, y no el ejército, la sitiada, Llámase al cónsul Naucio; mas pareciendo insuficiente este apoyo, pensóse en crear un dictador para sostener el Estado quebrantado. L. Quincio Cincinnato reunió todos los votos. Esta lección deben apreciarla aquellos para quienes, ante las riquezas, son des-

preciables todas las cosas de la tierra, y que imaginan que las altas dignidades y la virtud no pueden encontrar puesto más que en el seno de la opulencia. L. Quincio, la única esperanza del pueblo romano, cultivaba, al otro lado del Tíber, frente al punto en que ahora se encuentran los astilleros, un campo de cuatro yugadas, que todavía se llama en la actualidad *Prados de Quincio*. Allí le encontraron los legados, abriendo un hoyo, según unos; apoyado en un azadón o detrás de su arado, según otros; pero sí es cierto que ocupado en un trabajo agrícola. Después de recíprocos saludos, le rogaron, haciendo votos por su prosperidad y por la de la república, que revistiese la toga y escuchase las instrucciones del Senado. Sorprendido, pregunta repetidas veces si ha ocurrido alguna desgracia, y manda a su esposa Racilia que busque en seguida la toga en la choza. Habiéndose revestido con ella, acércase después de limpiarse el polvo y el sudor de la frente; los legados le saludan dictador; le felicitan, le instan para que marche a la ciudad y le enteran del terror que reina en el ejército. Por orden del Senado estaba preparada una nave para Quincio; y al desembarcar, recibiéronle sus tres hijos, que habían salido a su encuentro: después llegaron sus demás parientes y sus amigos, y al fin la mayor parte de los senadores. En medio de esta comitiva, y precedido por los lictores, marcha a su casa. Inmenso era el concurso del pueblo; pero estaba muy lejos de experimentar, al ver a Quincio, igual alegría que los patricios, porque consideraba que la autoridad era muy grande y se mostraba muy duro el hombre que iba a ejercerla. En aquella primera noche se atuvieron a la vigilancia de la ciudad.

27. Al día siguiente, antes de amanecer, el dictador marcha al Foro, y nombra jefe de los caballeros a L. Tarquicio, de familia patricia, y que, a pesar de haber hecho por pobreza campañas en infantería, estaba considerado en el ejército como muy superior a todo el resto de la juventud romana. En seguida marcha con su jefe de los caballeros a la asamblea del pueblo, proclama la suspensión de los negocios, manda que se cierren las tiendas de la ciudad, prohíbe que nadie se ocupe de asuntos particulares, ordena a cuantos pueden servir en el ejército que se presenten armados, con pan para cinco días y doce estacas en el Campo de Marte antes de oscurecer. Aquellos que por su edad eran incapaces del servicio militar, debían, mientras los otros preparaban las armas y buscaban las estacas, cocer el pan. Los jóvenes corren por todos lados buscando estacas; cada cual las coge donde más pronto las encuentra sin que nadie se oponga a ello, y todos acuden con exactitud a la cita del dictador. Allí se forman en orden tan adecuado a la marcha como al combate; preparándose así para cualquier acontecimiento. El dictador se pone al frente de las legiones; el jefe de los caballeros dirige a sus jinetes. En los dos cuerpos, conforme exigían las circunstancias, se hacían continuas exhortaciones para acelerar el paso, para apresurarse para alcanzar de noche al enemigo: sitiaban al cónsul y al ejército romano; tres días estaban encerrados ya; nadie sabía lo que podría acontecer en cada día o en cada noche; con frecuencia dependen de un instante los acontecimientos más importantes: "¡Acelera, signífero; avanzad, soldados!" exclamaban todos, secundando los deseos de sus jefes. A media noche llegan sobre el Álgido, y viendo que se encuentran cerca del enemigo, clavan sus enseñas.

28. Entonces el dictador, en cuanto lo permitía la oscuridad, da a caballo la vuelta al campamento enemigo, examinando su extensión y su forma; manda a los tribunos que hagan colocar todos los bagajes en el mismo punto, y que los soldados ocupen sus puestos en las filas con sus armas y estacas: estas órdenes se ejecutan al momento. Entonces, en el mismo orden que durante la marcha, despliega el ejército en extensa línea alrededor del campamento enemigo. A una señal dada, todos debían lanzar fuerte grito y cada cual debía abrir un hoyo delante de sí y clavar las estacas. Se da la orden y a poco la señal; los soldados ejecutan lo mandado; el ruido de aquellos gritos resuenan en derredor del enemigo, atraviesa su campamento y llega hasta el del cónsul, llevando a unos el terror, a otros el regocijo. Los romanos reconocen el grito de sus conciudadanos, se felicitan por la llegada de los socorros y desde sus puestos y avanzadas hostigan al enemigo. Exclama el cónsul que ya es tiempo de obrar: "Esos gritos anuncian no solamente la llegada, sino el principio del ataque; y muy grande sería su sorpresa, si el campamento enemigo no estuviese ya amenazado en su parte exterior." Manda, pues, a los suyos que tomen las armas y le sigan. Sus legiones comienzan el combate de noche. Sus gritos dicen al dictador que por aquella parte había comenzado también la lucha. Preparábanse ya los equos a rechazar el ataque a sus parapetos, cuando lo traba el enemigo que tenían sitiado; temiendo se abriese paso a través de su campamento, se separan de los trabajadores para hacer frente a la línea interior, y dejan la noche libre a las operaciones de Quincio, combatiendo hasta el amanecer con el cónsul. Cuando apareció la luz, estaban ya encerrados por la circunvalación del dictador y apenas sostenían el combate con un solo ejército, cuando el de Quincio, cogiendo las armas, en cuanto terminó los trabajos, atacó al campamento. Tenían que librar otra batalla, y la primera no había aflojado. Entonces, entre los dos peligros que les amenazaban, cesan de luchar los equos, recurren a los ruegos, suplican por un lado al dictador y por otro al cónsul que no hagan consistir, en su destrucción el honor de la victoria y que les permitan retirarse sin armas. El cónsul les manda al dictador, y éste añade la ignominia a su desgracia. Manda que les lleven encadenados a Graco Clelio y a los principales de ellos y que le entreguen la ciudad de Corbión. No necesita la sangre de los equos; permíteles retirarse; mas para arrancarles al fin la confesión de que ha vencido y sometido a su pueblo, pasarán bajo el yugo. El yugo lo forman tres lanzas; dos clavadas en el suelo y otra atada al través en la parte superior. Bajo este yugo permitió el dictador que marchasen los equos.

29. El campamento de los enemigos, de que quedó dueño, estaba lleno de botín de toda especie (porque los despidió desnudos), repartiéndolo entre sus soldados solamente. En cuanto a los del cónsul y al cónsul mismo: "Soldados, les dijo con acento severo, no recibiréis parte de los despojos de un enemigo del que habéis estado a punto de ser presa vosotros mismos; y tú, L. Minucio, hasta que demuestres el carácter de cónsul, mandarás como legado estas legiones." Minucio abdicó en seguida el consulado, y obediente a la orden del dictador, permaneció en el ejército. La superioridad en el mando imponía entonces tan fácilmente la obediencia, que, más sensible al beneficio que a la humillación, aquel mismo ejército votó al dictador una corona de oro del peso de una libra, y al partir, le saludó como patrono. En

Roma convocó al Senado el prefecto Q. Fabio y la asamblea ordenó que entrase en triunfo Quincio a la cabeza del ejército que traía. Delante de su carro marcharon los generales enemigos; llevan además las enseñas militares, y detrás avanzan los soldados cargados de botín. Dícese que se dispusieron festines delante de todas las puertas; y los convidados, entre los cánticos triunfales y el regocijo de tales fiestas, se pusieron en seguimiento del carro. Aquel mismo día se concedió por unanimidad al tusculano L. Mamilio el título de ciudadano romano. Sin más tardanza hubiese abdicado el cargo el dictador, a no ser por los comicios reunidos para el asunto del falso testimonio de Volscio, a los que no se atrevieron a poner impedimentos los tribunos, por el temor que inspiraba el dictador. Condenado Volscio, se retiró desterrado a Lanuvio. Al decimosexto día abdicó Quincio la dictadura que le habían conferido por seis meses. Por estos días, el cónsul Naucio consiguió cerca de Ereto señalada victoria sobre los sabinos, que, además de la devastación de sus campos, tuvieron que soportar esta derrota. Fabio Quincio marchó a reemplazar a Q. Minucio en el Álgido. A fines del año los tribunos se agitaron algo por su ley. Mas con pretexto de que estaban ausentes los dos ejércitos, consiguieron los patricios que no se llevase ninguna proposición ante el pueblo; el pueblo consiguió por quinta vez el nombramiento de los mismos tribunos. Dícese que se presentaron lobos en el Capitolio arrojándoles de allí los perros; por consecuencia de este prodigio, purificóse el templo. Éstos fueron los acontecimientos de este año.

30. Siguen los cónsules Q. Minucio y C. Pulvilo. Al comenzar el año, todo estaba tranquilo en el exterior; excitándose conmociones en el interior por los mismos tribunos y la misma ley. Tan acalorados estaban los ánimos, que se hubiese llegado a los extremos más violentos, de no haber llegado con grande oportunidad la noticia de un ataque nocturno de los equos sobre Corbión y de la pérdida de la guarnición. Los cónsules convocan el Senado que les manda levantar un ejército de *subitarios* y llevarle al monte Álgido. Cesan entonces los debates acerca de la ley, y se traba nueva lucha por el alistamiento. Iba a sucumbir la autoridad consular bajo el esfuerzo de los tribunos, cuando sobrevinieron nuevos terrores. Anuncióse que el ejército sabino había descendido a los campos de Roma para devastarlos y marchar en seguida contra la ciudad. El temor del peligro decidió a los tribunos a permitir el alistamiento, pero no sin condiciones. Como durante cinco años habían podido eludir sus esfuerzos, y éstos habían aprovechado poco a la causa popular, piden que para lo venidero se nombren diez tribunos del pueblo. La necesidad arranca a los patricios el consentimiento, pero especificando que no podrían reelegirse los mismos tribunos. Mas a fin de impedir que después de la guerra quedase sin efecto esta condición, como tantas otras, reuniéronse en seguida los comicios para la elección de tribunos. Treinta y seis años después de la creación de los primeros tribunos, elevóse el número a diez, dos de cada clase, y se tomaron disposiciones para que lo mismo se hiciese en lo venidero. En seguida se realizó el alistamiento. Minucio partió contra los sabinos y no encontró al enemigo. Horacio, cuando los equos, después de destruir la guarnición de Corbión, se habían apoderado de la ciudad de Ortona, les dio batalla en el Álgido, les mató mucha gente y les arrojó, no solamente del Álgido, sino también de Corbión y de Ortona. Corbión fue destruida por haber entregado su guarnición.

31. Fueron nombrados cónsules en seguida Cn. Valerio y Sp. Virginio. En la ciudad y en el exterior todo estaba tranquilo; pero la escasez de granos a consecuencia de excesivas lluvias pesó sobre el pueblo, y se dio una ley repartiéndole el monte Aventino. Los mismos tribunos del pueblo, reelegidos el año siguiente, bajo el consulado de T. Romilio y C. Veturio, no cesaban de ensalzar su ley en todas las asambleas. "Avergonzaríanse de haber aumentado en vano su número, si aquel asunto había de dormir durante los dos años de su cargo, como había dormido durante el lustro." En el momento en que reconcentraban toda su actividad en este asunto, llegaron correos temblando de Túsculum, y anuncian que los equos están en sus campos. Vergonzoso hubiese sido demorar el auxilio después del reciente favor recibido de aquel pueblo. Los dos cónsules enviados con un ejército encontraron al enemigo en su posición ordinaria, sobre el Álgido: allí se trabó el combate, en el que cayeron más de siete mil enemigos; los restantes huyeron. El botín fue inmenso, pero los cónsules hicieron que se vendiese todo para acudir a la penuria del tesoro. Esta disposición produjo disgusto en el ejército y proporcionó a los tribunos medios para perjudicar a los cónsules en el ánimo del pueblo. Así, pues, en cuanto salieron del cargo, y bajo el consulado de Sp. Tarpeyo y de A. Aterio, fueron demandados, Romilio por C. Claudio Cicerón, tribuno del pueblo; Veturio por L. Aliano, edil plebeyo. Uno y otro, con grande indignación de los patricios, fueron condenados, Romilio a pagar diez mil ases y Veturio, quince mil. El fracaso que experimentaron estos cónsules no hizo más suaves a sus sucesores. "Podían condenarles, decían; pero el pueblo y los tribunos no harían pasar su ley." Renunciando entonces a una ley que había envejecido desde que la presentaron, trataron los tribunos a los patricios con más dulzura. Suplicáronles que "pusiesen término a sus disensiones: si tanto les desagradaban las leyes plebeyas, que autorizasen la creación en común de comisarios elegidos entre el pueblo y los patricios, para redactar reglamentos en interés de las dos órdenes y asegurar a todos igual libertad". No desagradaba a los patricios este medio, pero decían que "nadie podía dar leyes si no pertenecía al orden de los patricios". Así es que, de acuerdo en cuanto a la necesidad de nuevas leyes, dividíanse en cuanto a la elección de legisladores. Enviaron, pues, a Atenas a Sp. Postumio Albo, A. Manlio y P. Sulpicio Camerino, con orden de copiar las célebres leyes de Solón y estudiar las instituciones de otras ciudades de Grecia, sus costumbres y derechos.

32. Este año fue tranquilo en cuanto a guerras extranjeras. El siguiente, bajo los consulados de P. Curiacio y Sex. Quintilio, fue más tranquilo aún, gracias al constante silencio que guardaron los tribunos. Debíase esto principalmente al envío de los legados a Atenas y a que esperaban las leyes que habían de traer; después, a dos calamidades terribles que estallaron a la vez, el hambre y la peste, tan funestas para las personas como para los animales. Los campos quedaron despoblados; la ciudad exhausta en funerales; multitud de familias ilustres vistieron luto. El sacerdote quirinal *(flamen quirinalis)* Serv. Cornelio, sucumbió, y también el augur C. Horacio Pulvilo. Los augures eligieron para reemplazarle a C. Veturio, con tanta mayor premura, cuanto que había sido condenado por el pueblo. Hirió la muerte al cónsul Quintilio y a cuatro tribunos del pueblo. Multitud de desastres señalaron este año, pero al menos no le agitó el enemigo. Fueron cónsules en seguida C. Menenio y P. Sextio Ca-

pitolino. También pasó este año sin guerras extranjeras; pero surgieron turbulencias en el interior. Ya habían regresado los legados con las instituciones de Atenas. Los tribunos instaban más que nunca para que se comenzase al fin a redactar les leyes. Convínose en crear decenviros con autoridad inapelable, y, por aquel año, no elegir ningún otro magistrado. Mucho tiempo se estuvo discutiendo si se elegiría alguno del orden de los plebeyos: cediéndose al fin a los patricios, a condición solamente de que la ley Icilia, relativamente al asunto del monte Aventino, y las demás leyes sagradas no serían abrogadas.

33. En el año trescientos uno de la fundación de Roma se cambió otra vez la constitución del Estado, y la autoridad pasó de los cónsules a los decenviros, como antes había pasado de los reyes a los cónsules. Este cambio tuvo menos resonancia, porque duró poco. A sus afortunados principios siguieron grandes abusos, que aceleraron la caída de esta institución, y se volvió a dos magistrados a quienes se restituyó el título y la autoridad de cónsules. Los decenviros fueron Ap. Claudio, T. Genucio, P. Sextio, L. Veturio, C. Julio, A. Manlio, Ser. Sulpicio, P. Curiacio, T. Romilio y Sp. Postumio. Claudio y Genucio, que habían sido designados cónsules para este año, obtuvieron, en cambio de esta dignidad, la del decenvirato, y este honor se concedió a Sextio, uno de los cónsules del año anterior, por haber sometido este asunto al Senado a pesar de la oposición de su colega. Inmediatamente después de ellos, se nombró a los tres legados que se habían enviado a Atenas, no queriendo que misión tan lejana quedase sin recompensa; creían además que el conocimiento que habían adquirido de las leyes extranjeras sería útil al establecimiento del nuevo derecho. Los demás sirvieron para completar el número. Dicen que los últimos votos recayeron en varones de avanzada edad, en la esperanza de que se opondrían con menos energía a las decisiones de sus colegas. El más influyente de todos era Appio, a quien sostenía el favor popular, porque había cambiado tanto su carácter que, de cruel e implacable perseguidor del pueblo, habíase convertido de pronto en adulador suyo. Cada diez días administraba justicia al pueblo uno de los nuevos magistrados, y durante esta presidencia tenía doce lictores, y un solo aparitor por escolta cada uno de sus compañeros. Por acuerdo perfecto entre ellos, acuerdo que no debía ser siempre útil a los particulares, observaban relativamente a los otros escrupulosa equidad. Un solo ejemplo bastará para demostrar hasta dónde llegaba su moderación. Sus decisiones eran inapelables; sin embargo, habiendo sido desenterrado un cadáver en casa de P. Sextio, varón de familia patricia, después de descubierto y llevado delante de la asamblea, el decenviro C. Julio, a pesar de la evidencia y magnitud del crimen, se contentó con demandar a Sextio y llevar ante el pueblo a aquél a quien la ley le hacía juez, desistiendo de su derecho, para que este sacrificio de la autoridad del magistrado aprovechase a la autoridad popular.

34. Mientras esta justicia, incorruptible como la de los oráculos, se administraba igualmente a grandes y pequeños, no descuidaban los decenviros la redacción de las leyes. Para satisfacer la expectación que mantenía a la república en suspenso, las presentaron al fin en diez tablas y convocaron la asamblea del pueblo. "Para el bienestar, la gloria, la prosperidad de la república, para la felicidad de los ciudadanos y la de sus hijos, los invitaban a asistir y a leer las leyes que les proponían. En cuanto a ellos, en tanto que el ingenio de diez hombres

lo había podido conseguir, habían establecido en el derecho de todos, grandes y pequeños, el equilibrio más perfecto; pero podía esperarse más del concurso de los conocimientos de todos y de sus observaciones reunidas. Cada uno debía pensar en particular, y, según su prudencia, discutir en seguida cada disposición y manifestar las adiciones o supresiones que debían hacerse. Así el pueblo romano tendría leyes, que no solamente habría aprobado, sino que podría decir había propuesto él mismo." Cuando a cada uno de los captíulos presentados se hicieron las correcciones que indicó la opinión general, consideradas necesarias, los comicios, por centurias, adoptaron las leyes de las diez tablas. En nuestros días, en el confuso montón de leyes aglomeradas unas sobre otras, constituyen todavía el principio del derecho público y privado. Propagóse en seguida el rumor de que existían dos tablas más, cuya reunión a las otras completaría en cierto modo el cuerpo del derecho romano. Esta expectación, en la época próxima a los comicios, hizo desear que se nombrasen de nuevo decenviros. El mismo pueblo, a pesar de que el nombre de cónsul no le era menos odioso que el de rey, no echaba de menos el apoyo tribunicio; porque los decenviros permitían que se apelase entre ellos de sus decisiones.

35. Mas cuando se hubo indicado el tercer día de mercado para la reunión de los comicios que debían elegir los decenviros, de tal manera se exaltó la ambición, que hasta los personajes principales (temiendo sin duda que la posesión de autoridad tan grande, si dejaban el campo libre, cayese en manos poco dignas de ella) acudieron a los comicios, y el cargo que habían rechazado con todas sus fuerzas lo solicitaban con súplicas de aquel mismo pueblo contra el cual se habían levantado. Al verles en aquella edad poner en riesgo su dignidad y los honores que les distinguían, sintióse estimulado Appio Claudio, siendo difícil decir si debía contársele en el número de decenviros o en el de los candidatos; mostrándose por momentos más dispuesto a solicitar que a ejercer su magistratura: desacreditaba a los varones más distinguidos y ensalzaba hasta las nubes a los más insignificantes y oscuros. Él mismo, rodeado de la facción tribunicia, de los Duilios, de los Icilios, recorría el Foro, y por medio de ellos se recomendaba al pueblo. A tal punto llegó, que sus mismos colegas, entregados a él hasta entonces, abrieron al fin los ojos y se preguntaron qué pretendía. No veían nada sincero de su conducta: "Aquella conducta en hombre tan soberbio no era desinteresada seguramente. Aquel afán por mezclarse con el populacho, y aquellas familiaridades con los hombres más humildes eran menos propias de quien se encontraba a punto de dejar su cargo que de un ambicioso que quería continuar en él." No atreviéndose todavía a oponerse abiertamente a su ambición, intentaron paralizar sus esfuerzos, fingiendo secundarlos; y de común acuerdo le encargan la presidencia de los comicios, so pretexto de que era el más joven. Esta maniobra tenía por objeto impedirle que se nombrase él mismo, de lo que nadie, exceptuando algunos tribunos del pueblo, había dado jamás el detestable ejemplo. Pero él, después de invocar el bien público, se encargó de celebrar los comicios, y supo sacar partido del obstáculo que le suscitaban. Por medio de sus intrigas separa a los dos Quincios, Capitolino y Cincinnato, a su tío C. Claudio, constante defensor de la causa de los patricios, y a otros ciudadanos de rango igualmente elevado, haciendo elegir para las magistraturas a hombres que estaban muy le-

jos de igualarles en ilustración. Él mismo se nombró el primero, incurriendo por este hecho en censuras tanto más duras, cuanto más imposible se creía aquella audacia. Con él nombraron a C. Cornelio Maluginense, M. Sergio, L. Minucio, Q. Fabio Vibulano, Q. Poetelio, T. Antonio Merenda, K. Duilio, S. Oppio Cornicen y M. Rabuleyo.

36. Desde aquel momento se mostró Appio tal cual era; abandonóse en seguida a su carácter y consiguió amoldar a sus nuevos colegas a su gusto hasta antes de que entrasen en los cargos. Diariamente se reunían sin testigos, y después de ponerse de acuerdo acerca de los planes ambiciosos que cada uno preparaba en secreto, cesaron de disimular su orgullo. De difícil acceso, contestando apenas, llegaron de esta manera a los idus de mayo, época en que los magistrados entraban entonces en funciones. Desde el principio se señaló el primer día de su autoridad con aparato de terror. Los primeros decenviros habían establecido que uno solo tendría los doce haces, y este emblema de soberanía regia pasaba sucesivamente a cada uno de ellos. Aquel día se presentaron todos juntos, precediendo a cada uno doce lictores. Ciento veinte de éstos llenaban el Foro, llevaban hachas atadas a los haces, y la razón en que se apoyaban los decenviros para no suprimir el hacha era que estaban revestidos de autoridad inapelabre. Eran diez reyes por el aparato, y el terror se propagaba a la vez entre los ciudadanos más humildes y los patricios más ilustres, ante la idea de que se quería por este medio provocar, comenzar el exterminio. Que una voz favorable a la libertad se levantase en el Senado o el pueblo, y en seguida las varas y las hachas la reducirían al silencio y harían que todos enmudeciesen de miedo; puesto que, además de no poder recurrir al pueblo, la autoridad de los decenviros era inapelable: con su concordia impedirían que se pudiese apelar de sus decisiones particulares a las de sus colegas, diferenciándose en esto de sus antecesores, que habían consentido se modificasen por este medio sus sentencias, y que hasta habían remitido al pueblo algunos asuntos que parecían ser de su competencia. Por algún tiempo reinó igual terror en todas las clases; pero poco a poco recayó por completo sobre los plebeyos. Respetándose a los patricios, el capricho y la crueldad pesaron sobre la plebe. En todas las causas que se llevaban a su tribunal, solamente atendían a la cualidad de las personas, y el favor se sobreponía a la equidad. De antemano convenían en su casa las sentencias y las pronunciaban en el Foro. Si se apelaba de un decenviro a su colega, tenían que arrepentirse de no haberse conformado con la decisión del primero. Ignorándose por quién, habíase propagado el rumor de que su conspiración no limitaba al tiempo actual el envilecimiento de la república, sino que, por acuerdo clandentino, se habían comprometido bajo juramento a no reunir los comicios y a perpetuar su decenvirato para conservar el poder de que gozaban.

37. Entonces comenzó el pueblo a mirar a los patricios, aguardando un soplo de libertad de aquel lado de donde sus suspicacias no esperaban antes más que esclavitud; suspicacias que habían llevado la república a aquel estado de abatimiento. Los senadores más influyentes detestaban a los decenviros y aborrecían al pueblo. Si desaprobaban lo que acontecía, era con el convencimiento de que aquellas violencias habían sido merecidas. Negaban su asistencia a hombres cuya avidez por la libertad había sumido en la esclavitud y querían dejar que se aglomerasen las quejas para que su disgusto de lo presente hiciese de-

sear el regreso de los cónsules y del antiguo estado de cosas. Ya había transcurrido la mayor parte del año y se habían añadido dos tablas de leyes a las diez del anterior; una vez adoptadas estas tablas por los comicios, no había ya razón para que la república necesitase todavía la nueva magistratura. Esperábase que serían convocados muy pronto los comicios para el nombramiento de cónsules, y lo único que inquietaba al pueblo era saber cómo podría restablecerse el poder tribunicio, garantía de la libertad y cuya existencia él mismo había interrumpido. Sin embargo, no se hacía mención de comicios, y los decenviros, que al principio, por captarse popularidad, procuraban presentarse con antiguos tribunos, se hacen acompañar ahora por un cortejo de patricios jóvenes, cuyos grupos rodean sus tribunales. Allí llevan, allí persiguien al pueblo y los bienes que posee; la fortuna era entonces del que la ambicionaba con bastante influencia para conseguirla. Muy pronto se dejó de respetar a las personas, siendo unos azotados, otros decapitados. Y para que la crueldad no fuese estéril, la confiscación de los bienes seguía al suplicio del poseedor. El cebo de estas recompensas corrompió a los jóvenes nobles, que lejos de oponerse a la usurpación, preferían abiertamente la licencia de que gozaban a la libertad general.

38. Llegaron los idus de mayo. No habían sustituído a los decenviros otros magistrados: aunque vueltos a la vida privada, mostráronse en público sin aminorar nada su soberbia en el ejercicio del poder, ni disminuir el aparato que rodeaba su dignidad. No era dudosa la tiranía. Lloróse la libertad perdida para siempre: no se presenta vengador ni aparece para lo porvenir. No eran los romanos solos los que dudaban de su valor; eran ya objeto de desprecio para los pueblos vecinos, avergonzados de reconocer imperio allí donde no había libertad. Los sabinos, reunidos en considerable número, hacen una incursión en territorio romano, extienden sus devastaciones, llévanse sin obstáculo como botín muchos hombres y animales, y reúnen en Ereto sus bandas diseminadas; establecen allí su campamento, esperándolo todo de la discordia de los romanos, creyéndola obstáculo para el alistamiento. Estas noticias, confirmadas por la fuga de los campesinos, difunden el terror en la ciudad. Celebran consejo los decenviros. Aislados entre el odio de los patricios y el del pueblo, reciben aun de la fortuna aumento de terror. Los equos en otra dirección han colocado su campamento sobre el Álgido, y desde allí extienden sus correrías y estragos por el territorio de Túsculum, viniendo a Roma legados de aquella ciudad trayendo la noticia e implorando socorro. Vencidos por el miedo, se deciden los decenviros a consultar al Senado acerca de estas dos guerras que se presentan a la vez. Sin desconocer la tempestad de odios que va a desencadenarse sobre ellos, mandan citar a los senadores para que concurran a la asamblea. Sin duda se les imputaría la desolación de los campos, se les consideraría causa de todos los peligros que amenazaban: procurarían ahogar con sus manos su magistratura, si no resistían unánimemente y si con golpes de autoridad contra los más audaces no reprimían las tentativas de otros. Cuando se oyó en el Foro la voz del pregonero que citaba a los senadores para que se reuniesen con los decenviros, experimentóse general conmoción, porque desde mucho tiempo se había prescindido de consultar la oposición del Senado: el pueblo quedó asombrado: algo había ocurrido para que después de tanto tiempo se volviese a las antiguas costumbres. Debían darse gra-

cias a los enemigos y a la guerra, si se observaba aún alguna apariencia de libertad. Recórrese con la vista todos los puntos del Foro buscando en ellos los senadores, pero apenas se ven algunos. Desde allí marchan a la Curia y se ve la soledad que reina alrededor de los decenviros. Entonces comprenden éstos cuán general es el odio que inspira su poder, y el pueblo vio claramente, en la ausencia de los senadores, su negativa a reconocer en particulares el derecho de convocar el Senado. Éste era el principio del regreso a la libertad; si el pueblo marchaba de acuerdo con el Senado, y si, a ejemplo de los senadores, que se negaban, a pesar de la convocatoria, a reunirse en asamblea, él se negaba al alistamiento. Esto cundía entre la multitud. Apenas se veía un senador en el Foro; muy pocos se encontraban en la ciudad. Disgustados por la marcha de los negocios, habíanse retirado a sus tierras, ocupándose de sus intereses particulares, a falta de los públicos, y persuadidos de que se encontrarían tanto más al abrigo de las vejaciones, cuanto más se alejasen de la sociedad y de la presencia de sus recelosos opresores. Como no acudieron a la primera citación, envióse a sus casas aparitores para recoger prendas de las multas e informarse de si era premeditada la negativa. Los aparitores volvieron diciendo que los senadores se encontraban en sus tierras. Los decenviros preferían esto a que los senadores estuviesen presentes y se mostrasen rebeldes a su autoridad. Mandaron que se llamara a todos, y señalaron la asamblea para el día siguiente. Más numerosa fue ésta de lo que esperaban: el pueblo dedujo que los patricios hacían traición a la causa de la libertad, puesto que el Senado reconocía el derecho de convocatoria en aquellos cuyos cargos habían terminado y a los que solamente la audacia elevaba sobre los ciudadanos particulares.

39. Pero los senadores mostraron más obediencia en acudir a la Curia que sumisión en sus opiniones. Refiérese que L. Valerio Potito, después de la proposición de Appio Claudio, y antes de que se recogiesen por orden los votos, pidió permiso para hablar de la república; ante las amenazas prohibitivas de los decenviros, declaró que llevaría la denuncia ante el pueblo y produjo viva agitación en la asamblea. Con igual energía se presentó en la lucha M. Horacio Barbato. "Llamábales los diez Tarquinos; les recordaba que los Valerios y los Horacios estaban al frente de los romanos cuando se expulsó a los reyes. Y no fue porque se odiase su nombre, que podía darse a Júpiter, que había llevado Rómulo, fundador de la ciudad, que habían llevado sus sucesores; nombre que la religión había conservado en la solemnidad de sus sacrificios. La soberbia y violencia de los reyes sublevó entonces el odio. Lo que nadie había soportado de un rey o hijo de rey, ¿quién había de soportarlo de aquellos simples ciudadanos? Que cuidasen al prohibir en el Senado la libertad de la palabra, de no impulsarla a que se hiciese oír fuera; porque no veía qué razón podría impedirle a él, ciudadano particular, convocar al pueblo, cuando ellos habían convocado al Senado. De ellos solos dependía experimentar cuánto más enérgico es el dolor combatiendo por la libertad, que la avidez luchando por injusta dominación. Proponían deliberar acerca de la guerra contra los sabinos, como si el pueblo romano tuviese enemigos más temibles que aquellos que, creados para hacer leyes, no habían dejado subsistir en la república ni sombra de legalidad; por quienes habían sido destruidos igualmente comicios, magistrados anuales, sucesión de autoridades,

única prenda de equitativa libertad; en fin, simples particulares conservaban lictores y autoridad real. Una vez expulsados los reyes, habían creado magistraturas patricias; después, a consecuencia de la retirada del pueblo, magistraturas plebeyas. Pero les preguntaba a qué orden pertenecían ellos. ¿Al del pueblo? ¿Qué habían hecho por el pueblo? ¿Al de los patricios? ¡Ellos que en cerca de un año no habían convocado al Senado y que le reunían ahora para prohibir que se hablase de la república! Esto era confiar demasiado en el terror que inspiraban: los males que se experimentaban eran más crueles que los que podían temerse."

40. Ante este violento apóstrofe de Horacio los decenviros no encontraron defensa ni en la cólera ni en la paciencia, ni supieron cómo soslayar el asunto. Entonces C. Claudio, tío de Appio el decenviro, en un discurso más de súplicas que de reconvenciones, rogóle por los manes de su hermano y por los de su padre que respetase los lazos de la sociedad en que había nacido, más que aquella infausta alianza que había contraído con sus colegas: esta súplica se la dirigía por él más que por la república, que, en último caso, si no podía obtener su consentimiento, recobraría, a pesar suyo, sus derechos. Pero las grandes discusiones producen grandes odios y temblaba por las consecuencias. Aunque los decenviros con sus prohibiciones hubiesen excluido de la discusión todo asunto extraño al que sujetaban a deliberación, mostraron bastante pudor para no interrumpir a Claudio, que explanó su opinión, invitando a que el Senado no descretase nada. Por este hecho comprendieron todos que Claudio consideraba a los decenviros como simples particulares, y muchos varones consulares aplaudieron sus palabras. Otra opinión, más amenazadora en apariencia, pero en realidad menos hostil, proponía que se concertasen los senadores para nombrar un interrey. Deliberar era reconocer como magistrados, cualesquiera que fuesen, los que habían convocado al Senado; mientras que se les reducía a la vida privada, si se seguía la opinión que negaba al Senado la facultad de tomar acuerdo. En el momento en que iba a fracasar la causa de los decenviros, L. Cornelio Maluginense, hermano de M. Cornelio, uno de ellos a quien de intento habían reservado para que hablase después de los demás consulares, fingió extraordinaria solicitud por la guerra y tomó en realidad la defensa de su hermano y de los otros decenviros. Admirábase, decía, de aquella fatalidad, por la cual encontraban los decenviros, entre aquellos que habían deseado el decenvirato, sus únicos o al menos sus adversarios más violentos; ni cómo, después de tantos meses pasados sin que la ciudad se viese amenazada en el exterior, cuando nádie durante todo este tiempo había mostrado dudas acerca de la validez de la autoridad de los magistrados, se aprovechaba el momento en que el enemigo estaba, por decirlo así, a las puertas, para suscitar discordias civiles; a no ser que se pensase en aprovechar el desorden para cohonestar de algún modo la ejecución de un plan determinado. Por lo demás, justo era, cuancuidados tan graves ocupaban los ánimos, que nadie prejuzgase asunto tan importante. Opinaba él, añadía, que cuando se hubiesen terminado aquellas guerras inminentes, cuando la república recobrase la tranquilidad, quedasen sometidas a la deliberación del Senado las afirmaciones de Valerio y de Horacio, que pretendían que los decenviros debían haber dejado sus magistraturas en los idus de mayo; y que desde aquel momento se previniese a Ap. Claudio que debía prepararse para dar cuenta de los comicios que celebró, siendo decenviro, para nom-

brar decenviros, y a responder si habían sido creados por un año solamente o hasta que se aceptasen las leyes que se esperaban. En cuanto al presente, debía omitirse todo lo que no se refiere a la guerra: si se suponía que los rumores fuesen infundados y que los legados de Túsculum hubiesen traído vanos temores, necesario era mandar comisarios encargados de tomar informes más exactos. Si, por el contrario, se prestaba fe a los relatos de los mensajeros y de los legados, debían inmediatamente ocuparse de levantar tropas; los decenviros debían llevar los ejércitos adonde lo creyesen conveniente, y nada debía anteponerse a este asunto.

41. Los senadores jóvenes insistían para que se adoptase esta opinión. Pero más enérgicos que nunca, se levantaban Valerio y Honorio exclamando: "Que tienen que hablar acerca de la república. Se dirigirán al pueblo si en este recinto les impide una facción hacerse oír. Niegan que hombres privados, en presencia de los senadores o del pueblo, puedan imponerles silencio; quiméricos haces no podrán hacerles retroceder." Viendo entonces Appio que si a aquella violencia no oponía igual audacia caía el decenvirato, exlama: "Desgraciado del que hable fuera de la cuestión." Y como Valerio declaraba que no callaría por orden de un simple ciudadano, manda avanzar a un lictor. Valerio pedía ya desde el umbral de la Curia el auxilio del pueblo. L. Cornelio retiene a Appio en sus brazos, disimulando de este modo el interés que le inspira, y dirime la cuestión consiguiendo para Valerio libertad de palabra. Esta libertad solamente produjo declamaciones, y los tribunos consiguieron lo que pedían. Los mismos consulares y los senadores más ancianos, por resto de odio al poder tribunicio, cuyo regreso deseaba el pueblo con más ardor que el de la autoridad consular, preferían en cierta manera esperar que los decenviros abandonasen voluntariamente el cargo, a ver al pueblo sublevarse de nuevo en odio a los decenviros: "Si por suaves caminos y sin la tumultuosa intervención de la multitud volvían a llevar el poder a manos de los cónsules, las guerras que suscitarían o la moderación de los cónsules en el ejercicio de su autoridad, podría llevar al pueblo al olvido de sus tribunos." El silencio del Senado fue el edicto de alistamiento. No atreviéndose los jóvenes a luchar contra la autoridad sin apelación, dieron sus nombres. Alistadas las legiones designan los decenviros entre ellos quiénes harán la guerra, quiénes mandarán los ejércitos. Los jefes del decenvirato eran Q. Fabio y Appio Claudio. La guerra se mostraba más terrible dentro que fuera. El carácter violento de Appio parecía más a propósito para dominar un movimiento popular. Fabio había demostrado menos perseverancia en el bien que obstinación en el mal. Este varón se había distinguido primeramente como ciudadano y como soldado; pero el decenvirato y sus colegas le cambiaron de tal manera, que prefería imitar a Appio que permanecer tal cual era. Encargáronle la guerra contra los sabinos, llevando por colegas a M. Rabuleyo y G. Potilio. M. Cornelio fue enviado contra el Álgido con L. Minucio, T. Antonio, K. Duilio y M. Sergio. Sp. Oppio quedó con Appio para ayudarle a defender la ciudad, y el poder de éstos fue igual al de todos los decenviros reunidos.

42. La república no fue afortunada en el exterior ni en el interior. Toda la falta de los jefes consistía en haberse atraído el odio de sus conciudadanos; pero la culpa principal fue de los soldados. Para impedir que se consiguiese ningún triunfo bajo el mando y los auspicios de los decenviros, dejábanse

vencer, para que su deshonra fuese la deshonra de los jefes. Los sabinos les derrotaron en Ereto y los equos en el Álgido. Los fugitivos de Ereto, aprovechando la tranquilidad de la noche, acercáronse a la ciudad y se atrincheraron en una altura, entre Fidenas y Crustumeria. Siguiéronles los enemigos; pero no se atrevieron a librar combate, buscando los romanos su seguridad en la fortaleza de su posición y de sus parapetos, más bien que en su valor y en sus armas. En el Álgido fue mayor la vergüenza y la pérdida: el enemigo se apoderó hasta del campamento. Despojado de todo su equipo, el soldado se refugió en Túsculum, esperando hospitalidad de la buena fe y de la compasión, que en realidad no le faltaron. Fue tan grande el terror en Roma, que los senadores, olvidando su odio al decenvirato, decretaron que se estableciesen guardias en la ciudad; aquellos a quienes la edad permitía llevar las armas debían custodiar las murallas y formar guardia delante de las puertas. Enviaron a Túsculum un socorro de armas, y a los decenviros orden para que salieran de la fortaleza, tuvieran los soldados en un campamento, trasladasen el de Fidenas al territorio de los sabinos, y, por medio de una guerra ofensiva, distrajesen al enemigo de la idea de sitiar la ciudad.

43. A los desastres causados por el enemigo añaden los tribunos dos crímenes atroces, uno en el campamento, otro en Roma. L. Siccio, que servía en el ejército dirigido contra los sabinos, aprovechando el odio que inspiraban los decenviros, impulsaba secretamente a los soldados para que restableciesen los tribunos y se sublevasen. Enviáronle a que reconociese una posición para establecer un campamento, escoltándole soldados que llevaban orden de matarle en paraje conveniente. Pero no sucumbió sin venganza. Al defenderse, hizo caer en derredor suyo a muchos asesinos, y rodeado por todas partes, combatió con valor igual a sus extraordinarias fuerzas. Los que quedaron, volvieron al campamento diciendo que Siccio, a pesar de los prodigios de su valor, ha perecido en una emboscada y algunos soldados con él. Al pronto se creyó a los que traían la noticia. Con permiso de los decenviros partió una cohorte para dar sepultura a los muertos; pero no viendo a ninguno despojado, y encontrando a Siccio revestido con su armadura, tendido en medio de los demás, teniendo todos el rostro vuelto hacia él; no viendo cuerpos de enemigos ni rastro alguno de su retirada, no dudaron que Siccio había perecido a manos de los suyos, y trajeron su cadáver. La irritación llegó al colmo en el campamento, y querían llevar en el acto a Roma a Siccio; pero los decenviros se apresuraron a decretarle funerales militares a costa del erario público, sepultándolo en medio del sentimiento de los soldados y de la execración que inspiraban.

44. La ciudad presenció un crimen ocasionado por la liviandad, y no menos terrible en sus consecuencias que la deshonra y muerte de Lucrecia, al que debieron los Tarquinos su expulsión de la ciudad y del trono; como si los decenviros estuviesen destinados a terminar lo mismo que los reyes y a perder su poder por las mismas causas. Appio Claudio experimentó lúbrico y ardiente deseo por una joven plebeya: el padre de la joven, L. Virginio, uno de los centuriones más distinguidos del Álgido, era modelo de ciudadanos y ejemplo de soldados. Su esposa había vivido como él, y sus hijos estaban educados en su enseñanza. Estaba prometida la joven a L. Icilio, antiguo tribuno, hombre enérgico, que más de una vez había dado pruebas de valor por la causa del pueblo. Enamorado de aquella joven, que se encontra-

ba en todo el esplendor de la belleza y de la juventud, intentó Appio seducirla por medio de regalos y promesas; pero viendo que el pudor le cerraba el camino, recurrió a los medios odiosos y crueles de la violencia. Su cliente, M. Claudio, recibió encargo de reclamar a la joven como esclava suya, sin atender a las peticiones de libertad provisional. La ausencia del padre parecía favorable a esta tentativa. Virginia iba al Foro, donde estaban las escuelas de letras. El favorecedor de la liviandad del decenviro pone mano en la joven, y exclama que, hija de esclava y esclava ella también, debe seguirle, y que si resiste la llevará por fuerza. La joven queda estupefacta, y a los gritos de su nodriza, que invoca el socorro de los romanos, acude la multitud. De todas las bocas brotan los nombres queridos de Virginio, su padre, y de Icilio, su prometido. Sus amigos por el cariño que le tienen y la multitud por el horror de tan cruel atentado, se unen a ella. Encuéntrase Virginia al abrigo de toda violencia. Claudio grita entonces que es inútil excitar la multitud; que va a recurrir a la justicia y no a la fuerza. Demanda ante el juez a la joven, a la que sus defensores invitan a seguirle. Llegan delante del tribunal de Appio, y el acusador recita una fábula muy conocida del juez, que la había compuesto: refiere que aquella joven, nacida en su casa, introducida después fraudulentamente en la de Virginio, fue presentada a éste como hija suya. En apoyo de su aserto aducirá pruebas, y las someterá al mismo Virginio, el más ofendido por la superchería. Los defensores de la joven observan que Virginio se encuentra ausente en servicio de la república; que llegará dentro de dos días si se le avisa, y que es injusto decidir en su ausencia de la suerte de sus hijos. Piden que se suspenda el juicio hasta la llegada del padre: que en nombre de la ley, que él mismo propuso, conceda la libertad provisional y no consienta que una joven quede expuesta a perder el honor con la libertad.

45. Antes de dictar sentencia, dice Appio: "Que su amor por la libertad está escrito en la misma ley que los amigos de Virginio invocan en su favor. Sin embargo, que no puede favorecer la libertad hasta el punto de admitir la suposición de los hechos y de las personas. Es indudable que, cuando se reclama la salida de esclavitud, como cada uno puede obrar según la ley, no puede negarse la libertad provisional: en cuanto a esta joven, sometida a la autoridad paterna, nadie hay, si se exceptúa el padre, a quien el amo deba ceder. Conveniente es que se llame al padre: sin embargo, el demandante no puede hacer el sacrificio de sus derechos; le es permitido llevarse a la joven: basta que prometa presentarla a la llegada del que dicen ser su padre." En el momento en que tan inicua sentencia excitaba mayores murmullos, que enardecían a la multitud para reclamar, preséntanse P. Numitorio, tío de la joven, e Icilio, su prometido. La muchedumbre les abre paso, comprendiendo que la intervención de Icilio es el medio más poderoso para resistir a Appio, cuando el lictor declara que se ha pronunciado la sentencia, y quiere separar a Icilio a pesar de sus gritos. El ánimo más tranquilo se habría inflamado ante tan escandalosa injusticia. "Tendrán que arrancarme de aquí con las armas, Appio, si quieres encubrir con el silencio el misterio de tus designios. Esta virgen será mi esposa: yo la quiero casta y pura. Reúne, pues, los lictores de todos tus colegas; manda preparar las varas y las hachas; nadie retendrá fuera del techo paterno a la desposada de Icilio. No; a pesar de la pérdida del tribunado y de la apelación al pueblo, las dos fortalezas

de la libertad romana, nuestras esposas y nuestras hijas no están entregadas aún al despotismo de vuestras pasiones. Ejerced vuestro furor sobre nuestros cuerpos y nuestras cabezas, pero respetad al menos el pudor. Si se recurre a la violencia contra esa joven, reclamaremos, yo principalmente por mi esposa, el socorro de los ciudadanos romanos que me escuchan; Virginio por su hija única, el de los soldados, y todos el auxilio de los dioses y de los hombres, y sólo degollándonos conseguirás la ejecución de tu sentencia. Yo te conjuro, Appio, para que consideres despacio el asunto en que te comprometes. Virginio verá a su llegada lo que debe hacer por su hija; pero que sepa también que si cede por un momento a Claudio, tendrá que buscar para ella otro esposo. Por mi parte, no cesaré de reclamar la libertad de mi desposada, y antes me faltará la vida que la energía."

46. La multitud estaba conmovida y la lucha parecía inminente. Los lictores rodean a Icilio; sin embargo, todo se limita a amenazas. Appio pretende que "Icilio no defiende a Virginia, sino que aquel hombre turbulento, y que aún piensa en el tribunado, intenta suscitar una sublevación. No le ofrecerá ocasión ahora; pero que sepa que no por sus arrebatos, sino por la ausencia de Virginio, a título de padre, y por respeto a la libertad, consiente en suspender sus funciones de juez y la ejecución de la sentencia. Pedirá a Claudio que ceda algo de sus derechos y que permita que la joven quede en libertad hasta el día siguiente. Si el padre no comparece al otro día, anuncia a Icilio y a sus secuaces que el legislador no faltará a su ley, como la energía no faltará al decenviro. No necesitará reunir a los lictores de sus colegas para reprimir a los autores de la sedición, porque le bastarán los suyos." Aplazada la injusticia, retíranse los defensores de Virginia, y deciden que, ante todo, el hermano de Icilio y el hijo de Numitorio, jóvenes muy valerosos, marchen en seguida a la puerta y corran a buscar a Virginio en el campamento. De este paso depende la salvación de la joven, si llega a tiempo al siguiente día para preservarla de la injusticia. Obedecen; pónense en marcha, y corren a brida suelta a llevar el mensaje al padre. Como el demandante insistía en que le asegurasen con caución la comparecencia de la joven, e Icilio decía que se ocupaba de ello, para ganar tiempo y darlo a sus mensajeros, la multitud levantó por todas partes la mano, mostrándose cada cual dispuesto a responder por él. Conmovido hasta llorar. "Gracias, exclamó, mañana pediré vuestro socorro; por hoy tengo bastantes fiadores." Virginia quedó provisionalmente en libertad bajo caución de sus fiadores. Appio permaneció algunos momentos todavía en el tribunal, para no mostrar que se ocupaba de un asunto, solamente; pero como el interés de éste absorbía el de todos los demás, no presentándose nadie, retiróse a su casa para escribir al campamento a sus colegas "que no concediesen licencia a Virginio y se asegurasen de su persona". El pérfido aviso llegó demasiado tarde, porque Virginio, provisto de la licencia, había partido en la primera vigilia. A la mañana siguiente partieron las cartas que habían de retenerle, y quedaron sin efecto.

47. Desde el amanecer estaba en el Foro romano toda la población en expectativa, cuando Virginio con traje de duelo y su hija con las ropas en jirones y acompañada de algunas ancianas y de multitud de defensores se presentan en la plaza pública, dando vuelta en derredor y solicitando el apoyo de sus conciudadanos. Y no se limita a pedirlo: lo reclama como premio a sus servicios. "Por sus hijos, por

sus esposas, se presenta diariamente en el campo de batalla; y no hay soldado de quien se citen más rasgos de valor y de audacia. Pero ¿qué ventaja resulta, si, mientras la ciudad goza de completa tranquilidad, sus hijos están expuestos a sufrir los horrores de una toma por asalto?" De esta manera arengaba a los ciudadanos al pasar entre ellos. Iguales quejas brotan de los labios de Icilio; pero aquella comitiva de mujeres en silencio y llorando conmueven más aún que las palabras. El carácter obstinado de Appio se endurece ante aquellos preparativos: hasta tal punto le extraviaba el delirio, más bien que el amor. Sube a su tribunal, y después de algunas quejas que formula el demandante acerca de que para captarse el favor popular se le había negado justicia la víspera, sin dejarle terminar la demanda y sin dar a Virginio tiempo para responder, toma Appio la palabra. Algunos autores antiguos copian con fidelidad el discurso con que apoyó su sentencia, pero ninguno parece verosímil al lado de juicio tan inicuo. Voy a limitarme a consignar sencillamente el hecho, y a decir que Appio adjudicó la joven en calidad de esclava. El primer efecto de aquella decisión tan sorprendente y atroz, fue el estupor, siguiendo algunos momentos de silencio. Pero cuando se adelantó Claudio en medio de las mujeres para apoderarse de Virginia, fue recibido con llantos y lamentos. Virginio levantó contra Appio su brazo amenazador: "He prometido mi hija a Icilio y no a Appio, dijo. La he criado para el matrimonio y no para la vergüenza. ¿Te agrada arrojarte como los brutos y las fieras sobre el primer objeto de tu pasión? ¿Lo consentirán estos ciudadanos? No lo sé; espero, sin embargo, que los que tienen armas no lo consentirán." El grupo de las mujeres y el de los defensores rechazaban a Claudio lejos de la joven; pero el silencio se restableció a la voz del pregonero.

48. El decenviro, enloquecido por la lascivia, exclama que no por las injurias que había pronunciado la víspera Icilio, ni por la violencia de Virginio, de que el pueblo romano había sido testigo, sino por avisos seguros, está convencido de la existencia de conciliábulos secretos celebrados durante la noche en la ciudad para suscitar una sublevación. Preparado para una lucha que esperaba, ha venido al Foro con hombres armados, no para atormentar a los ciudadanos pacíficos, sino para reprimir de una manera digna de la majestad de su poder a los que turbaban la tranquilidad de Roma. Permanecer quietos es el partido más prudente: "Marcha, dice al lictor; separa esa multitud; abre camino al señor para que se apodere de su esclava." Ante el acento enojado con que pronuncia estas palabras, la multitud se separa por sí misma, y abandonada la joven, queda en poder de sus raptores. Entonces Virginio, no esperando ya socorro, "Appio, exclama, yo te imploro; perdona, ante todo, al dolor de un padre la dureza de sus reconvenciones; permite además que aquí, delante de la joven, pregunte a su nodriza toda la verdad". Conseguido este favor, lleva aparte a su hija y a la nodriza, cerca del templo de Cloacina, hacia el sitio llamado hoy las Tiendas Nuevas; y allí, cogiendo el cuchillo de un carnicero. "¡Hija mía! exclama, te conservo libre de la única manera que puedo"; y le atraviesa el pecho, volviendo en seguida hacia el tribunal: "Appio, dice, por esta sangre voto tu cabeza a los dioses infernales." Al grito que se alza y a la vista de aquel hecho horrible, manda el decenviro que se apoderen de Virginio, pero éste se abre paso con el cuchillo, y protegido por la multitud que le sigue, llega al fin a la puerta de la ciudad. Icilio y Numitorio levantan

el cuerpo ensangrantado, y mostrándolo al pueblo, deploran el crimen de Appio, aquella funesta belleza y la cruel necesidad a que se ha visto reducido el padre. Las mujeres, siguiéndoles, repiten a gritos: "¿Para tal destino se dan a luz los hijos? ¿Es ése el precio de la castidad?" Y en seguida se entregan a cuanto el dolor, tanto más sensible en ellas cuanto más delicado es su espíritu, les insipra en aquel lamentable y conmovedor momento. Pero los hombres, y sobre todo Icilio, no tenían voz más que para reclamar el poder tribunicio y la apelación al pueblo, y toda su indignación era por la república.

49. La multitud se excita, tanto por la enormidad del crimen como por la esperanza de que se presentaba ocasión favorable para recobrar su libertad. Appio demanda a Icilio, y ante su negativa a comparecer, ordena que le prendan. Como no dejaban acercarse a sus aparitores, él mismo, seguido de un grupo de patricios jóvenes, atraviesa la multitud y manda que le lleven a las prisiones. Veíanse ya alrededor de Icilio a la multitud y a sus jefes L. Valerio y M. Horacio. Éstos rechazan al lictor, y ofrecen, si se proponen obrar legalmente, prestar caución por Icilio contra un hombre particular; pero que si se emplea la fuerza, responderán de la misma manera. Trábase furiosa contienda: el lictor decenviral quiere echar mano a Valerio y Horacio, y el pueblo rompe los haces. Appio sube a la tribuna; Valerio y Horacio le siguen a ella; el pueblo los escucha, y apaga con rumores la voz del decenviro. En nombre de la autoridad, manda Valerio a los lictores que se alejen de un simple ciudadano. Appio, cuya energía ha decaído y temiendo por su vida, se refugia en su casa, cercana al Foro, sin que lo observen sus adversarios, y con la cabeza cubierta. Queriendo socorrer a su colega, Sp. Oppio, se precipita por otro lado en el Foro y ve la autoridad arrollada por la fuerza. Queda indeciso entre opuestos caminos, entre diferentes opiniones que apresuradamente escucha, y decide al fin convocar el Senado. Viendo el pueblo que la mayor parte de los patricios desaprobaba la conducta de los decenviros, y en la esperanza de que el Senado pondría término a su poder, se calma. El Senado opina que no debía irritarse al pueblo, y que ante todo debía pensarse en evitar que la llegada de Virginio al campamento produjese alguna sublevación.

50. Mandan, pues, al campamento, que se encontraba entonces sobre el monte Vecilio, a los senadores más jóvenes para recomendar a los decenviros que contuviesen a toda costa la sublevación entre los soldados. Pero Virginio había excitado en el campamento una efervescencia mayor todavía que la que había dejado en Roma. Además de haberse presentado con una comitiva de cuatrocientos ciudadanos, a quienes el horror de aquellas indignidades había sacado de la ciudad con él, el cuchillo que conservaba en la mano y la sangre de que estaba cubierto atrajeron sobre él las miradas. Además, aquellas togas desparramadas por el campamento se multiplicaban, ofreciendo el aspecto de una multitud de ciudadanos. Pregúntanle qué ocurre, y solamente contesta con lágrimas. Pero en cuanto la solicitud de los que le preguntaban hubo reunido numeroso grupo, reclama silencio, refiere los hechos como habían ocurrido; y levantando en seguida sus manos suplicantes hacia sus compañeros de armas, les conjura a no imputarle un crimen que es de Appio Claudio; a que no se separen de él como del verdugo de su hija. "La vida de su hija le hubiese sido más querida que la suya propia, de haber podido conservarla libre y pura; pero verla esclava y arrastrada a

la deshonra, no; porque prefería la muerte de sus hijos a su ignominia, y su cariño paternal había tomado la forma de la crueldad. No hubiese sobrevivido a su hija sin la esperanza de vengar su muerte con el auxilio de sus compañeros de armas. Ellos también tienen hijas, hermanas, esposas: la muerte de su hija no ha extinguido la pasión de Appio; la impunidad aumentará su audacia. Por la desgracia ajena, que aprendan a prevenirse de tan terribles ultrajes. En cuanto a él, el destino le ha arrebatado su esposa y su hija, a la que no se dejaba vivir casta: ha muerto tristemente, pero con su virtud. Appio no puede ya satisfacer sus infames pasiones en su familia; la violencia que pudiera intentar sobre su persona, será rechazada con igual valor que defendio a su hija. A los demás toca velar por ellos y por sus hijos." A las lamentaciones de Virginio contestó la multitud "que no faltaría a su dolor ni a su libertad". Los ciudadanos con toga, mezclados a los soldados, exhalan iguales quejas, y hacen observar cuánto más espantoso había sido el espectáculo que la simple narración, y al mismo tiempo anuncian que en Roma se ha dado cuenta ya de los decenviros. Otros que llegan después, dicen que Appio, medio muerto, ha huido al destierro; y todos, en fin, impulsan a los soldados a gritar a las armas, a levantar las enseñas y a marchar hacia la ciudad. Turbados los decenviros por lo que ven y oyen de Roma, corren a diferentes puntos del campamento para calmar la agitación. Si emplean la dulzura, no les contestan; si invocan su autoridad, tienen que habérselas con hombres, y hombres armados. Los soldados marchan ordenadamente hacia la ciudad y ocupan el Aventino. A medida que llegan, exhortan al pueblo para que recobre su libertad y cree los tribunos; pero no pronuncian amenazas. Sp. Oppio convoca al Senado; éste se niega a toda medida violenta, porque los mismos decenviros han provocado aquella sedición. Envían tres legados consulares; Sp. Tarpeyo, C. Julio y P. Sulpicio, para que pregunten en nombre del Senado "en virtud de qué órdenes han abandonado los soldados el campamento; qué pretendían hacer ocupando armados el Aventino, y si han abandonado la guerra contra los enemigos para apoderarse de su patria". No faltaban contestaciones, pero faltaba quien las diese. Carecían todavía de jefe reconocido, no queriendo ninguno exponerse solo a tantas iras. Un grito unánime brotó de la multitud, pidiendo le envíen a L. Valerio y a M. Horacio: a éstos darán la contestación.

51. Cuando se marcharon los legados, dijo Virginio a los soldados que "en asunto de tan poca monta, acababan de verse apurados por falta de jefe. Su respuesta, prudente sin duda, antes era resultado fortuito que medida concertada en común. Invítales a que nombren diez de entre ellos encargados de la dirección suprema, y que les den título militar, llamándoles tribunos de los soldados". Y como desde luego querían otorgarle este honor, les dijo: "Dejad la elección con que me honráis para mejores tiempos para vosotros y para mí. Mi hija, que permanece sin venganza, me impide gozar de ninguna satisfacción. Además, en medio de las turbulencias de la república, no os conviene tener a vuestra cabeza hombres sobre quienes recaen todos los odios. Si puedo seros útil, lo seré también como simple particular." Crearon, pues, diez tribunos de los soldados. No estaba más tranquilo el ejército mandado contra los sabinos; y excitados por Icilio y Numitorio, los soldados se separaron de los decenviros. La muerte de Siccio,

cuyo recuerdo guardaban, no conmovía menos los ánimos que la historia de Virginia, víctima de vergonzoso libertinaje. En cuanto supo Icilio la creación de los tribunos de los soldados en el Aventino, temió que el impulso dado por comicios militares tuviese influencia en los de la ciudad y nombrasen los mismos hombres; y perito en asambleas populares, y aspirando él mismo a aquellos honores, hizo que los suyos, antes de marchar sobre Roma, nombrasen igual número de magistrados y con igual autoridad. Con las enseñas levantadas entraron por la puerta Colina, cruzaron formados la ciudad y marcharon al Aventino. Reunidos allí con los otros, encargan a los veinte tribunos que nombren dos de ellos para la dirección suprema de los negocios. La votación recayó sobre M. Oppio y Sex. Manilio. Temiendo el Senado por el porvenir de la república, reuníase diariamente, y empleaba el tiempo más en disputas que en deliberaciones. Censurábase a los decenviros la muerte de Siccio, la indigna pasión de Appio y los desastres de los ejércitos. Opinábase que Valerio y Horacio fuesen al Aventino, pero éstos se negaban a ello, a menos que los Decenviros se despojasen de las insignias de su magistratura, terminada en el año anterior. Quéjanse los decenviros de que se les degrada, y protestan que hasta que se hayan adoptado las leyes para cuya formación se los nombró no depondrán su autoridad.

52. Persuadidos por los consejos de M. Duilio, antiguo pretor, de que no conseguirían nada prolongando las negociaciones, el pueblo pasó del Aventino al monte Sacro. Duilio les decía que mientras no abandonasen la ciudad, no inspirarían inquietud alguna al Senado; el monte Sacro debía recordarle la constancia del pueblo y comprendería que solamente el restablecimiento del poder tribunicio podría traer la concordia. Partiendo por la vía Nomentana, llamada entonces vía Ficulense, establecieron el campamento sobre el monte Sacro, imitando la moderación de sus padres y sin entregarse a ninguna violencia. El pueblo siguió al ejército y ni uno solo de aquellos a quienes la edad lo permitía se quedó atrás. Detrás de ellos marchaban las mujeres y los niños preguntando con dolor por qué les dejaban en una ciudad donde ni el pudor ni la libertad eran cosa sagrada. Roma se había convertido en vasta y extraña soledad; solamente se veían algunos ancianos en el Foro, y parecía un desierto cuando se convocó al Senado. Muchos exclamaban ya, uniéndose a Valerio y Horacio: "¿Qué esperáis aún, padres conscriptos? Si los decenviros no ceden en su obstinación, ¿consentiréis que perezca todo en conflagración general? ¿Qué autoridad es ésa que tenéis cómo abrazada, decenviros? ¿Vais a hacer leyes para los techos y las paredes? ¿No os avergüenza ver en el Foro más lictores vuestros que ciudadanos con toga? ¿Qué haréis si el enemigo se dirige contra nosotros? ¿Qué haréis si el pueblo, viendo infructuosa su retirada, acude a las armas? ¿Será necesaria la caída de Roma para arrastrar la de vuestra autoridad? Tenéis que prescindir del pueblo o devolverle sus tribunos. Antes prescindiremos nosotros de nuestros magistrados patricios, que los plebeyos de los suyos. Antes de conocer, antes de haber experimentado esta autoridad, arrancaron su establecimiento a nuestros abuelos: ahora que han apreciado sus ventajas, ¿creéis que renunciarán a ellas, especialmente en un momento en que la autoridad no emplea bastantes consideraciones, para que no adviertan la necesidad de un apoyo?" Por todas partes resonaban estas reconvenciones: los decenviros, vencidos por aquella unanimidad, se entregan a la autoridad del Senado,

rogando solamente y exhortando a los senadores para que les protejan del odio público, para que su suplicio no acostumbre al pueblo a ver derramar la sangre de los patricios.

53. Entonces reciben misión, Valerio y Horacio para dirigirse a la plebe, y concederle para su regreso las condiciones que creyese convenientes, y preservar a los decenviros del odio y execración de la multitud. Parten, y el pueblo los recibe con regocijo en el campamento. Aquéllos eran sin duda alguna sus libertadores; sus esfuerzos habían comenzado el movimiento e iban a terminarlo. Al llegar les mostraron gratitud. Icilio habló en nombre del pueblo, y él también trató las condiciones. Preguntaron los legados qué pedía el pueblo; e Icilio, intérprete de las resoluciones tomadas antes de su llegada, hizo proposiciones que demostraban que el pueblo confiaba más en la justicia de sus peticiones que en sus armas. Exigía, en efecto, el restablecimiento del poder tribunicio y la apelación al pueblo, que antes de la creación de los decenviros era la salvaguardia del ciudadano, y perdón general para cuantos habían excitado a los soldados y al pueblo a retirarse para recobrar la libertad. Solamente los decenviros fueron objeto de cruel petición, creyendo justo que se les entregasen y amenazando con quemarles vivos. Los legados contestaron: "Tan justas son las peticiones que habéis acordado en común, que de buen grado se os hubiesen propuesto; pedís garantías para vuestra libertad y no la facultad de perjudicar la de los demás. Vuestro enojo se perdona, pero no se puede autorizar: en odio a la crueldad, os hacéis crueles, y casi antes de ser libres queréis tiranizar a vuestros adversarios. ¿Acaso no cesarán jamás en nuestra ciudad las venganzas de los patricios contra el pueblo o del pueblo contra los patricios? Os conviene más el escudo que la espada. Es bastante rebajar a vuestros adversarios reduciéndoles a completa igualdad de derechos, dejándoles sin medios de perjudicar a los demás e impidiendo que se les perjudique. No queráis que se os tema: recobrad vuestros magistrados y vuestros derechos; árbitros de nuestras personas y de nuestros bienes, decidiréis según las causas: hoy os basta reivindicar vuestra libertad."

54. Por acuerdo unánime se entregan a la decisión de los legados, que ofrecen volver cuando lo hayan terminado todo, y marchan a exponer al Senado las condiciones de que el pueblo les ha encargado; y viendo los decenviros, en contra de lo que esperaban, que no se trata de ninguna pena para ellos, no se niegan a nada. Appio, que por su hosco carácter se había atraído principalmente la aversión pública, midiendo por su odio el que le tenían, "no ignoro, dijo, la suerte que me aguarda. Ya lo veo; se va a dar armas a nuestros adversarios, y hasta entonces no se nos atacará. El odio necesita sangre. Pero no seré yo quien oponga retrasos a la entrega del decenvirato". Dióse un senatus-consulto disponiendo que los decenviros resignasen el poder cuanto antes; que Q. Furio, pontífice máximo, nombrase tribunos del pueblo, y que a nadie se persiguiese por la sublevación del pueblo y del ejército. Dispuestas estas cosas, los decenviros levantan la sesión y marchan al Foro, declarando su abdicación en medio de inmenso regocijo. Córrese a dar al pueblo la noticia, llevando en pos los legados cuantos ciudadanos quedaban en la ciudad. Aquella multitud encuentra otra a la que su alegría sacaba del campamento y se felicitan por la libertad y por la concordia restablecida. Dirigiéndose los legados a la asamblea, dicen "que vuestro regreso a la patria, a vuestros penates y al lado

de vuestras esposas e hijas sea para vuestra dicha, vuestra prosperidad y la felicidad vuestra y de la patria. Pero que esa moderación que, a pesar de tanta necesidad y de multitud tan grande, ha respetado los campos ajenos, os acompañe a la ciudad. Marchad al Aventino, de donde partiteis: en aquel paraje, de tan favorable augurio, donde echasteis los primeros cimientos de vuestra libertad, elegiréis vuestros tribunos. Allí irá el pontífice máximo para celebrar los comicios". Consentimiento unánime y universal regocijo demuestran la aprobación de todos. Levantan las enseñas para dirigirse a Roma y rivalizan en alegría con los que salen a su encuentro. Cruzan armados la ciudad y marchan silenciosos al Aventino, donde, celebrándose en seguida los comicios, presididos por el pontífice máximo, nombran los tribunos, y el primero de ellos L. Virginio; después vienen L. Icilio y P. Numitorio, tío de Virginio, autores de la insurrección; en seguida C. Sicinio, descendiente del que considera la tradición como el primer tribuno del pueblo, elegido en el monte Sacro, y M. Duilio, que se había hecho notable en el mismo cargo antes de la creación de los decenviros, y cuyo apoyo no había faltado al pueblo en su lucha contra ellos. En fin, más que sus servicios, las esperanzas a que daban ocasión N. Tetinio, M. Pompinio C. Apronio, P. Vilio y C. Oppio hicieron que se les eligiese. En cuanto entraron en el cargo, Icilio pidió al pueblo, y el pueblo otorgó, que no se procesase a nadie por la sublevación contra los decenviros. A propuesta de M. Duilio se decretó la creación de dos cónsules con apelación al pueblo. Estas decisiones se tomaron en los Prados Flaminios, llamados hoy circo Flaminio.

55. Un interrey nombró en seguida cónsules a L. Valerio y M. Horacio, quienes en seguida entraron en funciones. Este consulado popular en nada hería los derechos de los patricios, y sin embargo fue objeto de sus odios; porque todo lo que se hacía por la libertad del pueblo les parecía usurpación de su poder. En primer lugar, existía un punto de derecho como en permanente discusión; tratábase de decidir si los patricios estaban sujetos a los plebiscitos. Los cónsules presentaron en los comicios por centurias una ley declarando que las decisiones del pueblo, reunido por tribus, obligarían a todos los ciudadanos. De esta manera se daba a los tribunos el arma más terrible. Otra ley consular restableció la apelación al pueblo, único apoyo de la libertad. Pero no era bastante esto; pusieron este derecho fuera de ataque para lo porvenir, y por otra nueva disposición se prohibió crear ninguna magistratura sin apelación, declarando justa y legítima delante de los dioses y de los hombres la muerte del infractor, y al abrigo de todo proceso el que se la diese. De esta manera estaba suficientemente asegurada la suerte de los plebeyos por la apelación al pueblo y el apoyo de los tribunos; pero los cónsules, en favor de los mismos tribunos, y para darles una inviolabilidad cuyo recuerdo casi se había borrado ya, pusieron en práctica antiguas ceremonias; y haciéndoles ya sagrados la religión, dieron una ley disponiendo que el agresor de los tribunos del pueblo, de los ediles, de los jueces o de los decenviros, sufriese la pena capital, y se confiscasen sus bienes en provecho del templo de Ceres, de Líber y de Líbera. Según los jurisconsultos, esta ley no establecía la inviolabilidad de nadie, sino que castigaba solamente al autor de todo ataque contra estos magistrados. Así, pues, el edil podía ser encarcelado por orden de un magistrado superior; y aunque esta medida fuese ilegal, puesto que hiere a un hombre protegido por

esta ley, prueba, sin embargo, que el edil no es inviolable; los tribunos, por el contrario, lo eran en virtud del antiguo juramento del pueblo cuando se creó este poder. Algunas veces se ha pretendido que esta misma ley Horacia colocaba igualmente bajo su salvaguardia a los cónsules, así como a los pretores creados bajo los mismos auspicios que ellos; que el juez es el cónsul. Fácil es refutar esta interpretación, puesto que en esta época se acostumbraba llamar juez al pretor y no al cónsul. Éstas fueron las leyes que dieron los cónsules. Mandaron además que se remitieran al templo de Ceres, bajo la custodia de los ediles plebeyos, los senatus-consultos, que antes suprimían o alteraban los cónsules a su gusto. Después, a propuesta de M. Duilio, tribuno del pueblo, declaró éste: "Que dejar al pueblo sin tribunos y crear magistrados sin apelación, sería crimen castigado con las varas y el hacha." Los patricios veían todas estas medidas con pena, pero sin oponer grandes obstáculos, porque no se había procedido aún contra nadie.

56. Aseguradas de esta manera la potestad tribunicia y la libertad del pueblo, creen los tribunos llegado el momento de atacar impunemente a cada uno de sus adversarios, y designan a Virginio como primer acusador y a Appio como primer acusado. Virginio había demandado a Appio; éste se presentó en el Foro rodeado de jóvenes patricios, haciendo revivir de pronto el recuerdo de su infame poder con su presencia y la de sus satélites. Virginio dijo entonces: "El discurso se inventó para las causas dudosas. No perderé, por consiguiente, el tiempo en presentar una acusación en forma contra un hombre de cuya crueldad solamente nuestras armas nos han librado; y no quiero que añada a sus otros crímenes la impudencia de defenderse. Así, pues, Appio Claudio, yo prescindo de todas las maldades que, con desprecio de los dioses y de las leyes, has acumulado durante dos años. Por un solo crimen, por haber negado la libertad provisional a una persona libre, haré, si no eliges juez, que te lleven a las prisiones." No confiaba Appio ni en el apoyo de los tribunos ni en el juicio del pueblo; sin embargo, se dirigió a los tribunos: ninguno se presentó; tenía ya el viator la mano sobre él, cuando exlamó: "Apelo." Esta palabra, garantía suficiente de la libertad provisional, brotando de una boca que provisionalmente había decretado la esclavitud, resonó en el silencio. Cada cual dijo para sí: "Hay dioses que vigilan por las acciones humanas; los castigos de la crueldad y de la soberbia, por ser tardíos no son menos terribles; que el destructor de la apelación recurra a ella, e implore la asistencia del pueblo el que holló todos sus derechos; que se vea llevado a las prisiones y reducido a invocar la libertad provisional el que condenó a la esclavitud a una persona libre." En medio de estos murmullos de la asamblea oíase la voz de aquel mismo Appio implorando la protección del pueblo romano. "Recordaba a sus antepasados; los servicios que prestaron a la república en la paz y en la guerra; su fatal adhesión al pueblo romano cuando, para darle la igualdad en las leyes, abdicó el consulado a despecho de los patricios; sus leyes, en fin, vigentes aún, mientras se encarcelaba a su autor. Por lo demás, cuando tenga la facultad de defenderse, verá lo que puede esperar de bien o de mal. Hoy, ciudadano romano, reclama el derecho común a todo ciudadano acusado: el de defenderse, el de someterse al juicio del pueblo romano. No teme de tal manera el odio, que no le inspiren confianza alguna la compasión y equidad de sus conciudadanos. Si se quiere llevarle a las prisiones sin oírle, de nuevo se dirige a los tri-

bunos del pueblo; que se guarden de imitar a los que perseguían con su odio. Si con su silencio demuestran los tribunos que para suprimir la apelación al pueblo se han ligado con juramento parecido a aquel de que acriminan a los decenviros, de nuevo apela al pueblo, invoca las leyes relativas a esta apelación, las de los cónsules, las de los tribunos, dadas aquel mismo año. ¿Quién usará de la apelación si se niega a un hombre que todavía no ha sido condenado, que todavía no se le ha oído? ¿Qué plebeyo, qué ciudadano oscuro encontrará en las leyes un apoyo que habrá faltado a Appio Claudio? Su ejemplo enseñará si las nuevas leyes han afirmado la tiranía o la libertad, si el recurso y la apelación al pueblo, estos dos baluartes levantados contra la injusticia de los magistrados, son una realidad o solamente existen en vanas letras."

57. En contra de esto dijo Virginio: "Solamente Appio Claudio está fuera de toda ley, de toda sociedad civil y humana. Basta contemplar ese tribunal, albergue de todos los crímenes. Allí, ese decenviro perpetuo se mofaba de los bienes, de las personas, y de la sangre de los ciudadanos; tenía incesantemente levantadas sobre ellos las varas y las hachas, y desafiando a los dioses y a los hombres, rodeado de verdugos y no de lictores, pasando de la rapiña y del asesinato a la liviandad, habíase atrevido, ante los ojos del pueblo romano, a tratar a una joven libre como a una prisionera de guerra, arrancarla de los brazos de su padre y entregarla a su cliente, ministro de sus torpezas. Allí, por bárbara, por horrible sentencia, había armado la mano de un padre contra su hija. Allí, por recoger el cuerpo palpitante de la joven, había condenado a prisión a su desposado y a su tío, más sensible a los obstáculos opuestos a sus infames deseos que a la muerte de su víctima. También se ha construído para él aquella prisión que se complacía en llamar el domicilio del pueblo romano. Que renueve su apelación; que la reitere muchas veces, otras tantas le demandará él para que elija un juez que decida si no ha decretado provisionalmente la esclavitud; si se niega, lo considera como condenado y le manda a la prisión." Nadie manifestaba desaprobar aquellas medidas; pero los ánimos estaban profundamente conmovidos, y esta conducta con varón tan elevado hacía temer al pueblo el abuso de su propia libertad. Appio fue conducido a la prisión, y el tribuno aplazó la demanda para otro día. Entre tanto llegaron a Roma legados de los latinos y de los hérnicos para solicitar al Senado y al pueblo por el restablecimiento de la concordia; y con este motivo llevan al Capitolio y ofrecen a Júpiter Óptimo Máximo una corona de oro de poco peso, como las fortunas de aquel tiempo, en que la religión se revestía más de piedad que de magnificencia. Por aquellos legados se supo que los equos y los volscos intentaban todos los esfuerzos para prepararse a la guerra. En consecuencia de esto, recibieron orden los cónsules para repartirse los mandos. Tocó a Horacio la guerra contra los sabinos, a Valerio la de los equos y de los volscos. En seguida decretaron el alistamiento para el ejército, y tal cariño les tenía el pueblo que, no solamente los jóvenes, sino también multitud de voluntarios, cuya mayor parte habían terminado el tiempo de servicios, se apresuraron a hacerse inscribir. Esta incorporación de los veteranos hizo formidable el ejército, tanto por lo escogido como por lo numeroso. Antes de salir de Roma, los cónsules hicieron exponer en público, grabadas en bronce, las leyes decenvirales, conocidas con el nombre de leyes de las doce tablas. Dicen algunos que por orden de los

tribunos se encargaron los ediles de este cuidado.

58. Detestando C. Claudio los crímenes de los decenviros, y sobre todo la tiranía de su sobrino, se había retirado a Regilo, antigua patria de su familia; y a pesar de su avanzada edad, regresó para conjurar el peligro que amenazaba al hombre cuyos vicios le habían ahuyentado. Vestido como suplicante, acompañado por su familia y sus clientes, dirigíase a cada uno en el Foro, rogando perdonarse a la familia Claudia aquel baldón que la colocaría entre las gentes dignas de hierros y prisiones. "Ese hombre, cuya imagen honraría la posteridad, el legislador de Roma, el fundador del derecho romano, estaba en prisión, entre ladrones nocturnos y bandidos. Si prescindían del resentimiento por un instante para dejar espacio a la reflexión, preferirían conceder a tantos Claudios lo que reclaman sus ruegos, que rechazar por odio a uno solo. Él mismo solamente atiende a su familia y su nombre, y no está reconciliado en manera alguna con aquel a quien viene a socorrer en su desgracia. El valor ha reconquistado la libertad; la clemencia establecerá sobre bases sólidas la unión entre los dos órdenes." Sentíanse conmovidos algunos por la abnegación de aquel anciano mucho más que por la suerte del que la provocaba. Pero Virginio reclamaba la compasión para él y su familia: "No es a la familia Claudia, cuyo carácter es tiranizar al pueblo, a la que debe escucharse; sino a los amigos de Virginio y a los ruegos de tres tribunos que, nombrados para prestar apoyo al pueblo, piden a ese mismo pueblo su apoyo." Más justas parecían sus lágrimas; así fue que, perdiendo toda esperanza Appio, no aguardó el día de la citación y se dio la muerte. En seguida comenzó Numitorio a perseguir a Sp. Oppio, el más odioso de los otros decenviros: éste se encontraba en Roma cuando la inicua sentencia de su colega; pero los crímenes personales de Oppio labraron su desgracia mucho más que los que no había impedido. Presentóse un testigo que contaba veintisiete campañas y ocho recompensas extraordinarias: éste mostró al pueblo los dones que le habían otorgado, y, rasgando sus ropas, enseñó su costado lacerado por las varas; diciendo, por toda queja, que si el acusado puede imputarle el delito más leve, aun penetrando en su vida privada, tendrá derecho a ejercer de nuevo su crueldad contra él. Oppio a su vez va a las prisiones, y antes del día en que habían de juzgarle, pone también término a su vida. Los tribunos acordaron la confiscación de los bienes de Claudio y Oppio. Los otros decenviros se desterraron y sus bienes fueron confiscados también. El pretendido dueño de Virginia, M. Claudio, fue citado y condenado. Gracias a Virginio escapó de la pena capital, y después del juicio se desterró a Tíbur. Los manes de Virginia, más dichosa muerta que viva, después de vagar para satisfacer su venganza en derredor de tantas casas, encontraron reposo cuando desaparecieron todos los culpables.

59. Profundo terror dominaba a los patricios, y ya la presencia de los tribunos producía igual efecto que la de los decenviros; pero M. Duilio, tribuno del pueblo, poniendo saludable freno a aquel poder excesivo. "Basta ya de licencia, exclamó; basta ya de represalias; no consentiré que este año se demande a nadie, se lleve a nadie a las prisiones. No apruebo que se rebusquen antiguos delitos ya olvidados, cuando el castigo de los decenviros ha expiado los nuevos. Nada ocurrirá que exija la intervención de los tribunos; encuentro garantía de ello en la constante atención de los cónsules por vuestra libertad." Doble efecto obtuvo esta moderación

del tribuno; desvaneció el temor de los patricios y aumentó su odio contra los cónsules, a quienes censuraban ser tan favorables al pueblo, que los patricios debían su salvación y su libertad a un magistrado plebeyo, más bien que a uno de su orden. Los enemigos se habían saciado en sus suplicios antes de que los cónsules pensasen en evitar aquellos excesos. Muchos de ellos tachaban de cobardía la aprobación que los senadores habían otorgado a sus leyes, y no podía dudarse que en todas aquellas revoluciones habían sucumbido al imperio de las circunstancias.

60. Arregladas las cosas de la ciudad y asegurada la suerte del pueblo, los cónsules marcharon a sus respectivas provincias. Valerio tenía al frente los ejércitos reunidos de los volscos y de los equos sobre el Álgido y sostuvo la guerra con su prudencia. Si hubiese probado fortuna en el campo, no sé si en la disposición de ánimo en que los reveses de los decenviros habían dejado a los romanos y a los enemigos, la lucha hubiese sido de las más desgraciadas. Su campamento distaba una milla del contrario, y allí retenía su ejército. Los otros, formados en batalla, ocupaban con sus líneas todo el espacio que mediaba entre los dos campamentos. Provocaban al combate a los romanos y ninguno de éstos respondía. Cansados al fin de su inmovilidad y de esperar inútilmente el combate, los equos y los volscos, tomando en cierta manera aquel silencio por confesión de su victoria, marchan a saquear, unos al territorio de los hérnicos, otros al de los latinos, dejando en el campamento bastante fuerza para custodiarle, pero no la suficiente para combatir. Informado de estas operaciones el cónsul les devuelve el terror que ellos habían infundido antes; forma su ejército en batalla y provoca a su vez al enemigo. Comprendiendo éste que no cuenta con bastantes fuerzas, rehúsa el combate. El valor de los romanos se inflama en seguida, y consideran vencidos a hombres que tiemblan detrás de sus parapetos. Pasan todo el día preparados a la lucha, y se retiran a la noche, comiendo y durmiendo rebosando esperanzas. Dominados por ideas muy distintas, los enemigos expiden mensajeros por todos lados para llamar a los merodeadores; llegaron los más cercanos, pero les fue imposible alcanzar a los otros. Al amanecer salen los romanos de su campamento, dispuestos a atacar las empalizadas si rehúsan combatir. Ya estaba avanzado el día, y como el enemigo no se presentaba, el cónsul manda atacar. Pónese en movimiento el ejército; pero los volscos y los equos se indignan de que tropas victoriosas busquen su salvación detrás de los parapetos antes que en su valor y en sus armas. Piden, pues, a sus jefes y obtienen la señal de combate. Parte de ellos habían salido ya de las puertas; los demás les seguían bajando para ocupar sus puestos; pero el cónsul romano no aguarda a que la línea reciba refuerzos, y comienza el ataque, eligiendo el momento en que no habían salido todos y los que se encontraban fuera no habían formado aún las líneas, pareciendo multitud que camina al azar sin tener punto fijo. La confusión aumenta con los gritos y el ímpetu de los romanos, que caen sobre ellos. El enemigo retrocede al primer choque; pero recobrando valor y animado por las exhortaciones de los jefes, que por todas partes les preguntan si van a huir delante de vencidos, restablecen el combate.

61. Por su parte el cónsul dice a los romanos "que recuerden que es la primera vez que, desde la nueva libertad, combaten por la libertad de Roma; que la victoria será para ellos mismos, y no para que los vencedores sean presa de los decen-

viros; que no marchan a las órdenes de Appio, sino a las del cónsul Valerio, elegido entre los libertadores, y él mismo libertador del pueblo romano; que deberán demostrar que en las batallas anteriores la derrota se debió a los jefes y no a los soldados; que sería vergonzoso haber demostrado más valor contra sus conciudadanos que contra sus enemigos, y haber rechazado con más energía el despotismo de los propios que el yugo extranjero. Virginia había sido la única joven cuyo pudor había estado en peligro durante la paz; Appio el único hombre cuya pasión era temible; pero si la suerte de la guerra les es contraria, todos sus hijos se verán expuestos a las violencias de aquellos millares de enemigos; que no quiere vaticinar peligros que Júpiter, que Marte, padre de Roma, no dejarán descargar sobre una ciudad fundada bajo sus auspicios (recordándoles el Aventino y el monte Sacro); que lleven entero el poder romano a aquellos parajes, testigos pocos meses antes de la conquista de la libertad; es necesario demostrar que el ánimo de los soldados romanos, después de la extinción de los decenviros, es el mismo que era antes de la creación de aquellos magistrados". En cuanto dijo esto en las filas de la infantería, corrió a los jinetes. "¡Alerta, jóvenes! dice; por vuestro valor y vuestra nobleza sois superiores a los peones. En el primer choque, el enemigo ha retrocedido delante de vosotros; corred a él con toda la rapidez de vuestros caballos y arrojadle del campo de batalla. No resistirá a vuestro brío, y ahora mismo antes vacila que resiste." En el acto estimulan los caballos y los lanzan sobre el enemigo, quebrantado ya por los peones. Rompen sus líneas y penetran hasta las últimas filas; allí una parte encuentra campo libre y da media vuelta, cortando a casi todos los fugitivos la retirada al campamento, alejándoles corriendo en derredor de la empalizada. La infantería y el cónsul mismo en lo más recio del combate se dirigen al campamento, del que se apoderan muy pronto, haciendo considerable matanza y apoderándose de rico botín. La noticia de la victoria se mandó a la ciudad y al otro ejército, que se encontraba en el territorio de los sabinos. En Roma la recibieron con regocijo; en el campamento excitó noble emulación en el pecho de los soldados. Horacio, por medio de incursiones en territorio enemigo y ligeros combates, les había acostumbrado a confiar en sus fuerzas, a olvidar sus derrotas bajo los decenviros, y aquellos ligeros combates daban lugar a grandes esperanzas. Por su parte los sabinos, exaltados con sus victorias del año anterior, no cesaban de provocarles y les preguntaban qué resultado podían pretender aquellas partidas que, como las de bandoleros, se presentaban y desaparecían rápidamente. Aquello era perder el tiempo y dividir en multitud de combates lo que debía ser objeto de uno solo. ¿Por qué no trabar batalla y entregarse una vez más a la decisión de la fortuna?

62. El valor que los romanos habían adquirido aumentaba con la indignación que les causaban aquellas injurias. "El otro ejército, decían, iba a entrar ya triunfante en la ciudad, y ellos se encontraban todavía objeto de insultos y ultrajes del enemigo. ¿Cuándo, si no era entonces, se les iba a considerar dignos de medirse con ellos?" En cuanto observa el cónsul que se murmura en el campamento, reúne las tropas. "Soldados, les dice, creo que sabéis lo ocurrido en el Álgido. El ejército se ha mostrado allí digno de un pueblo libre. Las sabias disposiciones de mi colega y el valor de los soldados han conseguido la victoria. Por mi parte no tomaré otros consejos ni otras disposiciones

que las que vosotros mismos me inspiréis. Podemos prolongar la guerra con ventaja y podemos terminarla rápidamente. Si me decido por lo primero, aumentaré diariamente por los mismos medios que los han preparado vuestras esperanzas y vuestro valor. Si os encontráis dispuestos a combatir, que un grito igual al que lanzáis en el campo de batalla me asegure de vuestra decisión y valor." Con profundo entusiasmo lanzaron aquel grito. El cónsul hace votos para que el éxito corone sus esfuerzos; promete satisfacerlos y llevarles a la mañana siguiente al combate. El resto del día lo emplearon en preparar las armas. Al siguiente, en cuanto vieron a los sabinos, ordenaron el ejército romano, avanzaron a su vez, ardiendo en deseos de combatir. La lucha fue como había de ser entre dos ejércitos confiados en las propias fuerzas y estimulados además, el uno por sus antiguas, por sus perpetuas victorias; el otro por un triunfo reciente. La prudencia ayudó a las fuerzas de los sabinos. Además de presentar a sus contrarios un frente de batalla parecido al suyo, conservan en reserva dos mil hombres destinados a caer sobre el ala izquierda de los romanos en lo más recio del combate. Esta ala, cogida por el lado y envuelta, iba a quedar destrozada, cuando los jinetes de dos legiones, en número de seiscientos aproximadamente, dejan los caballos y se colocan en primera fila, en medio de sus compañeros, que flaqueaban ya, y además de que ofrecen al enemigo nuevos adversarios, la parte que toman en el peligro, la vergüenza, en fin, despierta el valor de los peones, que se ruborizan de ver a la caballería luchar como jinetes y como infantes y de no valer tanto como un jinete desmontado.

63. Vuelven, pues, al combate que habían abandonado y recobran el puesto perdido. Un momento bastó no solamente para restablecer el equilibrio, sino para hacer que el ala de los sabinos cediese a su vez. Protegidos los jinetes por aquellas filas de los peones, cabalgan de nuevo, corren al otro extremo, para anunciar la victoria, y caen sobre el enemigo, quebrantado ya por la derrota de su ala principal. Ningún cuerpo mostró más valor en aquella ocasión. El cónsul, atento a todo, alaba a los valientes e increpa a los que ve ceder. Las censuras elevan su valor a la altura del de los más intrépidos, y la vergüenza produce en ellos igual efecto que la alabanza en los otros. Lanzan nuevo grito, unen por todas partes sus esfuerzos y derrotan un ejército que ya no resiste al valor romano. Los sabinos se dispersan por los campos y abandonan su campamento al enemigo. En esta ocasión, como en el Álgido, no recobran los romanos los despojos de los aliados, sino que más bien recogen los que habían perdido en los saqueos de su territorio. Por estas dos victorias, conseguidas en distintos puntos, la mala voluntad del Senado solamente decretó un día de acción de gracias en honor de los cónsules. El pueblo, sin embargo, sin ser llamado acudió unánimemente a las fiestas al siguiente día, y esta demostración libre y popular tuvo en cierta manera más esplendor por el entusiasmo desplegado. Conforme con lo convenido, entraron los cónsules en Roma en el mismo día y convocaron al Senado en el Campo de Marte. Allí daban cuenta de lo ocurrido, cuando los más notables del Senado se quejaron de que los hayan reunido de intento en medio de los soldados con objeto de influir en ellos por el terror. Para quitar todo pretexto a estas quejas trasladan los cónsules la asamblea a los Prados Flaminios, donde se encuentra hoy el templo y donde entonces existía ya el circo de Apolo. La mayoría de los senadores negó el triunfo. y L. Icilio llevó este asunto ante

el pueblo. En medio de la multitud de los que se oponían, veíase a C. Claudio que a gritos censuraba a los cónsules querer triunfar del Senado y no del enemigo; que pedían este favor como precio de los servicios particulares hechos a los tribunos, antes que como recompensa de su valor. Hasta entonces, jamás se había consultado al pueblo para el truinfo. La apreciación de los derechos a este honor, la decisión que lo concede, fueron siempre privilegios del Senado. Ni los mismos reyes habían atentado a la majestad de este orden supremo. Los tribunos debían guardarse de ampliar su poder hasta el punto de que no hubiese en Roma consejo público. La libertad reinaría al fin en la ciudad y justo equilibrio en las leyes, cuando cada orden se atuviese a sus derechos e hiciese respetar su dignidad. El resto de los senadores ancianos aceptaron y extendieron esta opinión; sin embargo, todas las tribus aceptaron la proposición, y por primera vez se concedió el triunfo por orden del pueblo, sin el acuerdo del Senado.

64. Esta victoria de los tribunos del pueblo les inspiró peligrosa confianza, llevándoles a ponerse de acuerdo para su reelección, y con objeto de ocultar sus ambiciosos proyectos, para la de los cónsules. Alegaban que los senadores habían resuelto, ultrajando a los cónsules, minar los derechos del pueblo. "¿Qué sucedería si cuando las leyes no estaban afirmadas aún, cónsules sostenidos por sus partidarios atacaban a los tribunos nuevos todavía en su cargo? No se verían siempre cónsules como Valerio y Horacio, prefiriendo la libertad del pueblo a sus propios intereses." Casualidad dichosa en aquellas circunstancias, dio la presidencia de los comicios a Duilio, varón prudente que veía los inminentes peligros de la reelección. Éste declaró que no tendría por válidos los votos favorables a los tribunos salientes; y sus colegas insisten para que se deje completa libertad a los votos de las tribus, o para que se ceda la presidencia a tribunos que dependerán de la ley y no de la voluntad del Senado. Al comenzar esta discusión, ruega Duilio a los cónsules que se acerquen a su asiento, y les pregunta su intención respecto a los comicios consulares. Contestan que nombrarán cónsules nuevos, y sostenido por este apoyo popular en causa que no lo era, el presidente se presenta con ellos en la asamblea. Interrogados allí nuevamente en presencia del pueblo para saber lo que harían si los romanos, en memoria de su libertad civil restablecida con su apoyo y en memoria de las últimas guerras y de sus triunfos les nombraban cónsules por segunda vez, dieron la misma respuesta. Duilio, después de elogiar su perseverancia en mostrarse hasta lo último diferente de los decenviros, presidió los comicios. Eligiéronse cinco tribunos, pero los manejos de los nueve anteriores que apetecían abiertamente este honor, impidieron a las tribus completar el número, por lo que Duilio disolvió la asamblea y no reunió más los comicios, diciendo que se había cumplido con la ley, que sin determinar en ninguna parte el número de tribunos, expresaba que podrían dejarse de elegir, y encargaba a los elegidos completar el número de sus colegas. En apoyo citaba la letra de su ley: "Si propongo el nombramiento de diez tribunos del pueblo, y si el mismo día no completáis el número de diez, los que los tribunos nombrados elijan por colegas estarán tan legítimamente elegidos como los otros elegidos el primer día." Duilio perseveró hasta el fin, y negó que la república pudiese tener quince tribunos, haciendo ceder a la ambición de sus

compañeros y saliendo del cargo con el aprecio del Senado y del pueblo.

65. Los nuevos tribunos del pueblo siguieron en la elección de sus colegas la voluntad del Senado, llegando hasta elegir dos patricios consulares, Sp. Tarpeyo y A. Aterio. Nombróse cónsules a Laercio Herminio y a T. Virgilio Celemontano, quienes tan poco inclinados a favorecer al Senado como al pueblo, gozaron de paz en el interior y en el exterior. El tribuno del pueblo L. Trebonio, en odio a los patricios, a quienes acusaba de haberle engañado, como a sus colegas de haberle hecho traición, propuso "que el que presentase al pueblo el nombramiento de sus tribunos no podía cesar de recoger los votos hasta que estuviesen elegidos estos diez magistrados". Todo su tribunado pasó en persecuciones contra los patricios, lo que le valió el nombre de Áspero, M. Geganio Macerino y C. Julio fueron nombrados cónsules en seguida. Habiéndose suscitado discusiones entre los tribunos y los jóvenes nobles, las disiparon sin ofender al tribunado y sin menoscabar la dignidad del Senado. Un decreto de alistamiento para la guerra contra los volscos y los equos, mantenido como en suspenso, impidió toda sedición popular. Los cónsules aseguraban además que la tranquilidad interior era la prenda de la paz exterior, mientras que las discordias civiles excitaban el valor del extranjero. Su cuidado por la paz trajo también la tranquilidad doméstica; pero uno de los dos órdenes se prevalía siempre de la moderación del otro. El pueblo estaba tranquilo; la juventud patricia comenzó los insultos contra él; los tribunos intervinieron en favor de los más débiles, al principio con poco éxito, y muy pronto se cesó hasta de respetar sus personas, sobre todo durante los últimos meses, cuando los grandes se pusieron de acuerdo en sus insultos, y cuando toda autoridad, como sucede siempre, perdía su vigor al acercarse el término del año. Ya comenzaba el pueblo a desmayar del tribunado, a menos que no se hiciese entrar en él hombres parecidos a Icilio. Hacía dos años que los tribunos no tenían más que el nombre. Los senadores más ancianos, a quienes parecía demasiado ardiente la juventud, preferían sin embargo, si había que sufrir algún exceso, que procediese de ellos a que viniese de sus adversarios; tan difícil es poner medida en la defensa de la libertad; se finge apelar a la igualdad y cada cual quiere elevarse con detrimento ajeno; y por precaverse de los otros, cada uno se hace temible, se experimenta una injusticia, y como si fuese indispensable ser agresor o víctima, nos hacemos injustos.

66. T. Quincio Capitolino, por cuarta vez, y Agripa Furio fueron creados cónsules. Éstos no encontraron ni sedición en el interior ni guerra extranjera, pero una y otra amenazaban de cerca. No era ya posible contener la animosidad de los ciudadanos; los tribunos y el pueblo estaban amotinados contra los patricios, y las demandas contra algunos individuos de la nobleza llevaban diariamente a las asambleas nuevos debates. Al primer rumor de estos desórdenes, y como si les sirviesen de señal, los equos y los volscos tomaron las armas. Sus jefes, ávidos de botín, les habían persuadido de que las levas, ordenadas dos años antes, no habían podido realizarse por la negativa del pueblo a reconocer ninguna autoridad. "Por esta razón no habían enviado ningún ejército contra ellos. La licencia había hecho perder la costumbre de los combates. Roma no es ya para los romanos patria común; el odio y resentimiento que habían mostrado hasta entonces contra los extranjeros lo vuelven contra ellos mismos. Nunca habría ocasión más favorable para acabar con aquellos lobos ce-

gados por rabia intestina." Reúnen sus ejércitos y devastan primeramente el campo latino. No encuentran resistencia; los autores de la guerra triunfan; el enemigo extiende sus estragos hasta bajo las murallas de Roma, por el lado de la puerta Esquilina, y muestra a los habitantes de la ciudad como un insulto la devastación de sus campos. En cuanto se retiraron a Corbión, después de llevarse delante impunemente su presa, el cónsul Quincio convoca la asamblea del pueblo.

67. Allí fue donde pronunció el siguiente discurso: "Aunque no encuentro mancha alguna en mí, ¡oh romanos!, con profundo rubor me presento en vuestra asamblea. Ya lo sabéis: la tradición conservará para nuestros descendientes el recuerdo de que los equos y los volscos, apenas iguales a los hérnicos, bajo el cuarto consulado de Quincio impunemente se han presentado armados bajo las murallas de Roma. Si hubiese sabido que estaba reservada tal ignominia a este año (aunque hace mucho tiempo que el estado de los negocios no permite prever nada bueno), el destierro o la muerte, a falta de otro medio, me hubiesen preservado de la deshonra. Si hubiesen sido varones esforzados los que empuñaban esas armas que hemos visto ante las puertas, Roma habría sido tomada bajo mi consulado. ¿A quién se dirige el desprecio de esos cobardes enemigos? ¿A nosotros los cónsules, o más bien a vosotros, romanos? Si en nosotros consiste la falta, arrancad esta autoridad de manos indignas, y si no basta, imponednos un castigo. Pero si la culpa es vuestra, que no os castiguen ni los dioses ni los hombres; basta que os arrepintáis. No; el enemigo no ha despreciado cobardes, no ha confiado en su valor. Tantas veces derrotado y puesto en fuga, despojado de sus campamentos y de sus tierras, despedido bajo el yugo, sabe conocerse y conocernos. La discordia que reina entre los diferentes órdenes, el encarnizamiento de los patricios y de los plebeyos, éste es el veneno que nos mata. El deseo inmoderado de poder entre nosotros; entre vosotros el de libertad. Vuestra repugnancia por los magistrados patricios, la nuestra por los plebeyos, han inflamado su valor.

"En nombre de los dioses, ¿qué queréis? ¿Habéis deseado tribunos del pueblo? Hemos consentido en dároslos por amor a la concordia. ¿Habéis querido decenviros? Hemos soportado su creación. ¿Os cansasteis de los decenviros? Les obligamos a que se despojasen del cargo. ¿Vuestro odio les persiguió en la vida privada? Hemos soportado la muerte o el destierro de los varones más ilustres y distinguidos. ¿Quisisteis crear de nuevo tribunos del pueblo? Los habéis creado. ¿Cónsules de vuestro orden? Aunque esto nos pareció una injuria para los patricios, hemos visto dar al pueblo una magistratura patricia. Tenéis el apoyo del tribunado, la apelación al pueblo, plebiscitos obligatorios para los patricios; so pretexto de igualdad de las leyes, oprimís nuestros derechos; lo hemos soportado, lo soportamos. ¿Cuál será el término de nuestras disensiones? ¿Cuándo no tendremos más que una ciudad? ¿Cuándo será nuestra patria común? Nosotros, vencidos, sostenemos mejor la tranquilidad que vosotros, nuestros vencedores. ¿Os basta haberos hecho temibles para nosotros? Por odio a nosotros se ocupa el Aventino; por odio a nosotros se ocupa el monte Sacro. Las Esquilias casi han caído en poder del enemigo; los volscos han cruzado la calzada y nadie les ha rechazado; contra nosotros sois hombres, contra nosotros estáis armados.

68. "Tened valor, y cuando hayáis sitiado aquí al Senado, cuando hayáis sembrado el odio en el Foro, cuando hayáis llenado las prisiones

con los ciudadanos más eminentes, aprovechad ese ardor extraordinario y salid por la puerta Esquilina. Si todavía no os atrevéis a hacerlo, contemplad al menos desde lo alto de vuestras murallas vuestros campos devastados por el hierro y el fuego, contemplad cómo se llevan la presa y cómo humean las mansiones incendiadas. Pero solamente padece el Estado: incendian nuestras campiñas, asedian nuestra ciudad, el honor de la guerra queda a nuestros enemigos. ¿Qué más? ¿En qué estado se encuentran vuestros intereses particulares? Pronto sabrá cada cual las pérdidas que ha experimentado en la campaña. ¿Qué podréis obtener en cambio aquí? ¿Os traerán los tribunos lo que habéis perdido? Gritos y palabras cuantos queráis oir; acusaciones contra los más notables de la ciudad, leyes unas sobre otras y asambleas. Pero jamás ha conseguido ninguno de vosotros de esas asambleas ni la ventaja más pequeña para sus negocios, para su fortuna. ¿Cuál de vosotros ha llevado a su esposa y a sus hijos otra cosa que odios, rencores, enemistades públicas o privadas, de las cuales no puede preservaros vuestro valor o vuestra inocencia, y que necesitan socorros extraños? ¡En verdad, cuando hacíais la guerra bajo nuestra dirección y no bajo la de los tribunos, en el campo y no en el Foro; cuando vuestros gritos eran el terror del enemigo en las batallas y no el de los senadores de Roma en asamblea; cargados de botín, dueños del campamento enemigo, repletos de riquezas y de gloria, de la del Estado y de la vuestra, regresabais triunfantes a vuestras casas, a vuestras penates; ahora dejáis marchar al enemigo cargado con vuestros despojos! ¡Continuad adheridos a esta tribuna; pasad vuestra vida en el Foro! La necesidad de combatir os persigue a medida que huís de ella. ¿Era duro marchar contra los equos y los volscos? La guerra está a vuestras puertas. Si no la arrojáis, muy pronto la tendréis en vuestras murallas, subirá a la fortaleza, al Capitolio; os perseguirá en vuestras casas. Dos años hace que el Senado dispuso el alistamiento y decidió que el ejército marchase hacia el Álgido; pero hemos permanecido tranquilamente aquí, disputando como mujeres, gozando de la tranquilidad presente, sin prever que de este reposo nacerían muchas guerras. Bien sé que se os podrían decir cosas más agradables, pero es necesario sacrificar lo grato a lo verdadero, y si mi carácter no lo exigiese así, la necesidad me lo impondría. Querría en verdad complaceros, ¡oh, romanos!; pero mejor es salvaros, cualesquiera que sean vuestros sentimientos respecto a mí. La naturaleza exige que quien habla a la multitud por su propio interés sea más agradable que aquel que sólo atiende al interés general, a menos que crea que esos aduladores públicos, esos cortesanos del pueblo que no quieren veros ni con armas ni tranquilos, os excitan, os impulsan hacia vuestros propios intereses. Ellos recogen el honor y el provecho de vuestras agitaciones. Como la buena armonía de los dos órdenes reduciría a la nada a esos hombres, prefieren un mal papel a la nulidad, y para ser algo se hacen jefes de tumultos y sediciones. Si al fin podéis disgustaros de tales abusos y recobrar las costumbres de vuestros padres, vuestros antiguos hábitos, despojándoos de los nuevos, me entregaré a todos los suplicios si en pocos días no he derrotado y puesto en fuga a esos devastadores de nuestros campos y trasladar de nuestras puertas y de nuestros muros a sus ciudades el terror que ahora os domina."

69. Pocas veces había recibido el pueblo la arenga de un tribuno con tanto favor como aquel discur-

so de un cónsul severísimo. La misma juventud, que en medio de aquellas alarmas se había acostumbrado a emplear la negativa de servir como el arma más temible a los patricios, solamente respiraba guerra y combates. La retirada de los campesinos, despojados y heridos y cuyos relatos eran más lastimosos aun que su aspecto, excitó indignación en la ciudad. Reunido el Senado, todas las miradas se dirigieron a Quincio, como único vengador de la dignidad romana. Los senadores más distinguidos aseguraban "que su arenga correspondía a la majestad consular, era digna de todos sus consulados anteriores, conforme con una vida llena de los honores que frecuentemente había conseguido y que con más frecuencia aun había merecido. Los otros cónsules hacían traición a la dignidad del Senado para adular al pueblo, o con su rigidez para sostener los derechos de los patricios, agriaban la multitud para domarla". El discurso de Quincio, conservador de la majestad del Senado, de la buena armonía entre los dos órdenes, era sobre todo adecuado a las circunstancias. Rogáronle, lo mismo que a su colega, que velase por la república: rogaron también a los tribunos que uniesen sus esfuerzos a los de los cónsules, para rechazar la guerra lejos de la ciudad y de sus murallas y para mantener en circunstancias tan críticas la obediencia del pueblo a las órdenes del Senado. Éste era el llamamiento de la patria común implorando socorro para sus campos devastados, para Roma casi sitiada. Por unánime acuerdo se ordena y realiza el alistamiento. Los cónsules habían declarado en la asamblea del pueblo "que no habiendo tiempo para examinar las causas de excepción, todos los jóvenes debían presentarse a la mañana siguiente en el Campo de Marte. Terminada la guerra se examinarían las razones de aquellos que no hubiesen dado sus nombres y se consideraría como desertor a aquél cuyos motivos no se reconocieran justos". Al siguiente día se presentó toda la juventud. Cada cohorte eligió sus centuriones y tuvo dos senadores a su frente. Dícese que todas las operaciones se realizaron con tanta rapidez, que las enseñas que los cuestores sacaron aquel mismo día del tesoro y llevaron al Campo de Marte, se alzaron en la hora cuarta. Aquel ejército nuevo, acompañado por algunas cohortes de veteranos voluntarios, no se detuvo hasta la décima piedra militar. Al día siguiente se encontraron al frente del enemigo y establecieron un campamento cerca del suyo, en los alrededores de Corbión. Al tercer día, el enojo en los romanos,y en el enemigo el recuerdo de sus numerosas revueltas, los remordimientos y la desesperación no permitieron demorar el combate.

70. En el ejército romano los dos cónsules gozaban de igual autoridad; pero adoptando el partido más prudente para el éxito de empresa tan importante, Agripa había entregado el mando supremo a su colega, quien mostraba su agradecimiento por aquella abnegación con la deferencia con que trataba a Agripa: tomaba su parecer, le hacía partícipe de su gloria y procuraba elevar hasta él un hombre que no le era igual. En la batalla mandaba Quincio el ala derecha, Agripa la izquierda. Sp. Postumio Albo recibió, en calidad de legado, el mando del centro; y Ser. Sulpicio, con el mismo título, el de la caballería. La infantería del ala derecha luchó con ardor, resistiendo bien los volscos. Ser. Sulpicio penetró con la caballería por el centro enemigo, y aunque hubiese podido reunirse con los suyos por el mismo camino antes de que se rehiciesen las desordenadas filas, prefirió atacarles por la espalda. Un momento le bastó, por medio de un ataque a la retaguar-

dia, para disipar a un enemigo alarmado por aquel doble ataque; pero la caballería de los volscos y de los equos le detuvo algún tiempo, oponiéndole la misma maniobra. Entonces gritó Ser. Sulpicio: "No puede vacilarse. Los romanos serán cortados y envueltos si no se esfuerzan en vencer en aquel combate de caballería. No basta ahuyentar los jinetes, si conservan sus medios de ataque; es necesario exterminar al caballo y al caballero para que ninguno vueva a la carga y pueda empezar de nuevo el combate. No se resistirá a hombres ante quienes han cedido las apretadas filas de la infantería." No fueron sordos los soldados a estas palabras. En un solo ataque ponen en derrota a toda la caballería, desmontan a la mayor parte y clavan con sus lanzas hombres y caballos. Desde aquel momento no tuvieron ya que sostener combate de caballería y atacan en seguida las filas de la infantería, enterando de su triunfo a los cónsules, cuando las líneas enemigas comienzan a ceder. Esta noticia redobla el ardor de los romanos victoriosos y abate el de los equos, que retroceden. La victoria comienza por el centro, cuyas filas había roto el paso de la caballería. Quincio derrotó en seguida el ala izquierda, costando más trabajo la de la derecha. Allí Agripa, animado por la juventud y la fuerza, viendo que en los otros puntos la victoria era más rápida que en el suyo, arranca las enseñas de manos de los signíferos, se adelanta y hasta arroja algunas entre las filas más apretadas del enemigo. Temen los soldados la vergüenza de perderlas y se precipitan para reconquistarlas. La victoria es al fin igual en todas partes. Un mensajero llega entonces a anunciarle de parte de Quincio que es vencedor y amenaza al campamento enemigo, pero que no quiere atacar hasta saber si ha terminado el combate en el ala izquierda. Si el enemigo está derrotado, que su colega acuda a reunirse con él para que todo el ejército tenga parte igual en el botín. Los dos cónsules victoriosos se saludan con recíprocas felicitaciones delante del campamento enemigo.

El corto número de sus defensores fue ahuyentado en un instante y asaltadas las empalizadas sin resistencia. Los cónsules llevaron a Roma el ejército cargado de inmenso botín y trayendo además los objetos perdidos en el pillaje de la campiña. En ninguna parte encuentro que los cónsules pidiesen el triunfo ni que el Senado lo decretase: tampoco se dice la causa que les hiciese despreciar este honor o desesperar de conseguirlo. Por mi parte, si puede conjeturarse en hechos tan lejanos de nosotros, diré que los cónsules Valerio y Horacio habían conseguido la gloria de vencer a los volscos y los equos, y de terminar la guerra de los sabinos, y sin embargo, el Senado les negó el triunfo y éstos se avergonzarían de pedirlo por triunfos mucho menos importantes; temiendo, si se los otorgaban, que se considerase este honor más bien como favor personal que como recompensa de sus servicios.

71. Un juicio del pueblo romano acerca de los límites de sus aliados oscureció esta gloriosa victoria conseguida sobre el enemigo. Los habitantes de Aricia y Ardea discutían acerca de algunos terrenos, origen para ellos de numerosas guerras. Cansados por las frecuentes y mutuas pérdidas, eligieron por árbitros a los romanos, viniendo a defender su causa delante del pueblo reunido por los magistrados y sosteniendo con ardor los debates. Habíase escuchado a los testigos, iba a llamarse a los tribunos para que recogiesen los votos cuando se levantó P. Scapcio, plebeyo muy anciano, y dijo: "Cónsules, si puedo hablar en interés de la república, hay en este asunto un

error que no dejaré cometer al pueblo." Habiéndose negado los cónsules a oírlo, a causa de su poca importancia, exclama que se hace traición a los intereses públicos; y como se pretendía alejarle, se dirige a los tribunos. Instrumentos de la multitud, como siempre, en vez de ser sus dueños, ceden al deseo popular, que quiere oír a Scapcio, y conceden a éste la facultad de decir lo que quisiese. Entonces declara "que tiene ochenta y tres años de edad y que ha hecho la guerra sobre el terreno en litigio; no ocurrió esto en su juventud, sino cuando hacía su vigésima campaña; en la guerra de Coriolis. Que había conservado el recuerdo de un acontecimiento borrado por el tiempo, pero grabado en su memoria. Ahora bien: el territorio en cuestión formaba parte del de Coriolis. Al tomar la ciudad, cayó en poder del pueblo romano; y le sorprendía que los ardeatos y aricianos, que jamás mostraron pretensiones acerca de aquel territorio mientras vivió Coriolano, esperasen arrebatarlo al pueblo romano, su legítimo propietario, eligiéndole por árbitro. Que le queda muy poco tiempo de vida; pero no puede prescindir, a pesar de su edad, de alzar la voz, único medio que le queda para reclamar en favor de la república un territorio que él ha contribuido con sus brazos a conquistar. Y exhorta encarecidamente al pueblo para que por mal entendido pudor, no perjudique su propia causa".

72. Viendo los cónsules que escuchaban a Scapcio no solamente en silencio sino con agrado toman por testigos a los dioses y a los hombres de que es acción indigna aquella, reuniéndoseles los patricios principales, con los que se presentan a cada tribu, rogando que no diesen detestable ejemplo del crimen más odioso, el de jueces que se apoderan del objeto en litigio, especialmente en aquella ocasión en que, si alguna vez se permitía al juez cobrar por sí mismo su trabajo, las ventajas que recibirían por aquella adquisición no recompensarían el perjuicio que les causaría la injusticia, enajenándoles el afecto de sus aliados. La pérdida de la estimación y de la confianza es más grande de lo que puede apreciarse. Éste será el juicio que los legados llevarán a su país; esto será lo que publicarán, lo que dirán los aliados, lo que aprenderán los enemigos: ¡con cuánto dolor unos, con cuánta alegría otros! ¿Creen, acaso, que atribuirán sus vecinos el juicio a Scapcio, el anciano de la arenga? Scapcio obtendrá sin duda alguna celebridad; pero el pueblo romano recibirá el nombre de *quadruplator* y estafador judicial. ¿Qué juez, en asunto privado, se había adjudicado jamás el objeto del litigio? El mismo Scapcio, insensible ya a todo pudor, no lo haría. Los cónsules y los patricios no cesaban de repetir esto; pero la codicia y Scapcio, que la había despertado, pesaron más que sus palabras. Llamadas a votar las tribus, adjudicaron aquellas tierras al dominio público romano. Sin duda hubiese sido igual el resultado a presentarse delante de otros jueces, pero la bondad de la causa no puede cubrir la iniquidad de aquella sentencia, que los aricianos y ardeatos no vieron con más indignación y amargura que los patricios de Roma. El resto del año pasó tranquilamente sin turbulencias interiores ni guerras en el exterior.

LIBRO CUARTO

Sumario: Ley acerca de matrimonios.—Tribunos militares.—Encárganse de la administración interior y exterior.—Creación de los censores.—Colonia en el territorio de los ardeatos y devolución del mismo a sus primitivos dueños.—Generosidad de Sp. Melio durante una epidemia.—Su aspiración al trono; su muerte.—Recompensa al denunciador L. Minucio.—Estatuas en el Foro a los legados romanos asesinados por los fidenatos.—Cosso Cornelio, tribuno militar, mata al rey Tolumnio y recoge los segundos despojos opimos.—Mam. Emilio, dictador, es censurado.—Conquista de Fidenas: destrucción de la colonia enviada.—El dictador Mam. Emilio se apodera de la ciudad de los fidenatos.—Conjuración de los esclavos.—Asesinato del tribuno militar Postumio.—Primera paga al ejército.—Guerra contra los volscos, fidenatos y faliscos.

1. Siguieron a éstos, los cónsules M. Genucio y C. Curcio. Este año fue agitado en el interior y el exterior. Desde los primeros días, C. Canuleyo, tribuno del pueblo, propuso una ley relativa a los matrimonios entre patricios y plebeyos; ley que, según los patricios, manchaba la pureza de su sangre y confundía los derechos de todas las razas. Después de la pretensión insensiblemente manifestada por los tribunos para obtener que se eligiese del pueblo uno de los cónsules, se llegó a que nueve tribunos presentaran un proyecto de ley para que el pueblo romano eligiese los cónsules según su beneplácito, entre los plebeyos o los patricios, creyendo que las consecuencias de esta medida serían no solamente llamar a la partición del poder supremo hasta a los hombres más oscuros, sino trasladarlo por completo de los grandes al pueblo. Por esta razón se enteraron con regocijo los patricios que los ardeatos, disgustados por la injusticia con que se les había despojado de su territorio, se habían sublevado; que los veyos habían devastado las fronteras de la república, y que los volscos y los equos se irritaban por las fortificaciones de Verrugina: de tal manera preferían la guerra, aunque fuese desastrosa, a una paz humillante. Ante estas noticias, que procuraban exagerar para ahogar entre tantos rumores de guerra las proposiciones de los tribunos, se manda hacer alistamientos e impulsar los preparativos con extraordinaria energía; hasta se quiso, si esto era posible, impulsarlos con más vigor que bajo el consulado de T. Quincio. En esta época exclamó Canuleyo en el Senado: "Que en vano querían los cónsules, asustando al pueblo, distraerle de las nuevas leyes; que mientras él viviese no se harían alistamientos, hasta que el pueblo hubiera aceptado los proyectos presentados por sus colegas y por él", e inmediatamente convocó una asamblea.

2. Al mismo tiempo los cónsules y el tribuno excitaban, los primeros al Senado contra el tribuno, y éste al pueblo contra los cónsules. Los cónsules decían que era imposible tolerar más tiempo los exce-

sos del tribunado: se había llegado al desenlace; los enemigos más temibles estaban en Roma, y no en el exterior. En último caso, no se debía acusar más al pueblo que a los patricios, a los tribunos que a los cónsules. Las cosas que más se recompensan en el Estado son las que más se desarrollan siempre, y de esta manera se forman los hombres notables en la paz y en la guerra. En Roma se concedían a las sediciones las recompensas mayores, siendo para los particulares como para la multitud fuente de honores. "Recordad en qué estado recibisteis de vuestros padres esta majestad del Senado que debéis transmitir a vuestros hijos; no podréis, como el pueblo, alabaros de haber engrandecido, aumentado vuestra herencia. No es posible esperar término a estos desórdenes, mientras los autores de sediciones reciban más honores cuanto más afortunadas sean sus empresas. ¿Hubo jamás proyecto alguno tan atrevido como el de Canuleyo? Quiere confundir los rangos, introducir la confusión en los auspicios públicos y particulares, no dejar nada puro, nada intacto; y cuando haya hecho desaparecer toda distinción, nadie podrá reconocerse ni reconocer a los suyos. ¿Cuál será el resultado de esos matrimonios mixtos, en los que patricios y plebeyos se unirán al azar como los brutos? Los que nazcan no sabrán a qué sangre, a qué sacrificios pertenecen; divididos entre las dos razas, ni en ellos mismos encontrarán la unidad. Además, como si fuese poco este trastorno de las cosas divinas y humanas, estos perturbadores del pueblo se disponen también a invadir el consulado. Primeramente sólo hablaban de elegir entre el pueblo uno de los dos cónsules; hoy piden que el pueblo sea libre para elegir los dos cónsules entre los patricios o entre los plebeyos, y podéis estar seguros de que elegirá los más sediciosos. De esta manera serán cónsules los Canuleyos y los Icilios. ¡Plazca a Júpiter Óptimo Máximo no dejar caer tan bajo el poder de la majestad real! ¡Y muramos nosotros mil veces antes que consentir tal profanación! No podemos dudarlo: si nuestros antepasados hubiesen podido prever que otorgando al pueblo todo lo que quería no conseguirían otra cosa que endurecerle en vez de dulcificarle, hacerle más exigente y más injusto en sus pretensions, habrían preferido correr los riesgos de una lucha a soportar el yugo de tales leyes. Porque se cedió para el tribunado, ha sido necesario ceder más. No hay término posible: en la misma ciudad no caben tribunos del pueblo y patricios; es necesario abolir o este orden o esta magistratura; más vale tarde que nunca, para prevenir la audacia y la temeridad. Estos fautores de desórdenes ¿tendrán derecho para excitar a la guerra a las naciones vecinas, y nos impedirán en seguida armarnos para rechazar las guerras que ellos han excitado? ¿Habrán casi llamado ellos mismos a los enemigos, y no nos permitirán levantar tropas contra ellos? Ahí tenéis a Canuleyo que se atreve a declarar en el Senado, que si los patricios no aceptan sus leyes como las de un vencedor, prohibirá todo alistamiento. ¿Qué otra cosa es ésta que amenazar con entregar a la patria? ¿dejarla sitiar y tomar? ¿Cuánto no enardecerá ese lenguaje, no sólo a la plebe romana, sino que también a los volscos, a los equos y a los veyos? ¿No podrán esperar que bajo la dirección de Canuleyo escalarán la fortaleza y el Capitolio, y que los tribunos hayan arrebatado a los patricios, con sus derechos y majestad, todo su valor? Pero los cónsules están prontos a llevarles contra ciudadanos culpables antes de marchar contra el enemigo."

3. Mientras estas cosas pasaban en el Senado, Canuleyo hablaba así por sus leyes y en contra de los cónsules: "Frecuentemente he tenido ocasión de observar, ¡oh romanos!, hasta qué punto os despreciaban los patricios y cuán indignos os consideraban de vivir con ellos en la misma ciudad, entre las mismas murallas. Pero jamás lo he visto tan claro como hoy, al contemplar con cuánto furor se alzan contra nuestras proposiciones. Y sin embargo, ¿a qué otra cosa tienden sino a recordarles que somos sus conciudadanos, y que si no tenemos iguales riquezas, al menos habitamos la misma patria? Por la primera pedimos la libertad del matrimonio, que se concede a los pueblos vecinos y a los extranjeros: nosotros mismos hemos concedido el derecho de ciudadanía, mucho más importante que el de matrimonio, a los enemigos vencidos. La otra proposición no es nueva: no hacemos otra cosa que pedir y reclamar un derecho que pertenece al pueblo, el de confiar los honores a quien le plazca. ¿Hay en esto algo para remover el cielo y la tierra? ¿para arrojarse sobre mí como casi lo han hecho hace un momento en el Senado? ¿para anunciar que emplearán la fuerza, que violarán una magistratura santa y sagrada? ¡Cómo! si se concede al pueblo romano la libertad de sufragio, para que pueda confiar a quien quiera la dignidad consular, y si no se quita la esperanza de llegar a este honor supremo al plebeyo que sea digno de él, ¿esta ciudad no podrá subsistir? ¿se destruirá el imperio? ¡Y hablar de un cónsul plebeyo, es casi decir que un esclavo, que un liberto podrá llegar a serlo! ¿No comprendéis en qué humillación vivís? Si pudieran, os prohibirían compartir con ellos la luz. Se indignan de que respiréis, de que habléis, de que tengáis figura humana. Llegan a decir (¡los dioses me perdonen!) que es sacrilegio nombrar un cónsul plebeyo. ¡Yo os lo digo! Si los fastos de la república, si los registros de los pontífices no están abiertos para nosotros, ¿ignoramos acaso por esto lo que ni siquiera ignora un extranjero? ¿No han reemplazado los cónsules a los reyes? ¿no han obtenido los mismos derechos, la misma majestad? ¿Creéis que no hemos oído jamás decir que Numa Pompilio, que no era patricio, ni siquiera ciudadano romano, fue llamado del campo sabino por orden del pueblo, a propuesta del Senado, para que reinase en Roma? ¿Que más adelante, L. Tarquino, que no pertenecía a esa ciudad, ni siquiera a Italia, y que era hijo de Demarato de Corinto, *incola* de Tarquinia, fue hecho rey viviendo dos hijos de Anco? ¿Que después de él, Servio Tulio, hijo de una cautiva de Cornículum; Servio Tulio, hijo de padre desconocido y de madre esclava, llegó al trono sin más títulos que su saber y sus virtudes? ¿Hablaré de T. Tacio el sabino, que el mismo Rómulo, fundador de nuestra ciudad, admitió a compartir su trono? De esta manera, no excluyendo a ninguna clase en que brillase el mérito, se agrandó el imperio romano. Avergonzaos, pues, de tener un cónsul plebeyo, cuando vuestros antepasados no desdeñaron tener extranjeros por reyes; cuando nuestra ciudad, aun después de la expulsión de los reyes, no ha estado cerrada al mérito extranjero. En efecto ¿no fue después de la expulsión de los reyes cuando se recibió a la familia Claudia, no solamente entre los ciudadanos, sino que también en el rango de los patricios? Conque de un extranjero podrá hacerse un patricio, después un cónsul, ¿y un ciudadano romano, si ha nacido en el pueblo, deberá renunciar a la esperanza de llegar al consulado? ¿Creeremos que no es posible

salga de nuestras filas populares un varón animoso e inteligente, hábil en la paz y en la guerra, que se parezca a Numa, a L. Tarquino o a Servio Tulio? Y si este hombre existe, ¿por qué no permitirle que empuñe el timón de la república? ¿Querremos que nuestros cónsules se parezcan a los decenviros, los más odiosos de los mortales, que todos eran patricios, más bien que a los mejores reyes, que fueron hombres nuevos?

4. "Pero dirán: después de la expulsión de los reyes ningún plebeyo obtuvo jamás el consulado. ¿Y qué se deduce de esto? ¿Nada nuevo debe establecerse? Lo que nunca se ha hecho (y en un pueblo nuevo hay muchas cosas por hacer) a pesar de su utilidad, ¿no debe hacerse jamás? Bajo el reinado de Rómulo no existían pontífices ni augures. Numa Pompilio los estableció. No había en Roma censo, ni división por centurias y por clases; Servio Tulio los estableció. Jamás hubo cónsules, y una vez expulsados los reyes, se crearon. No se conocía el nombre ni la autoridad de dictador; nuestros padres atendieron a ello. No había tribunos del pueblo, ni ediles, ni cuestores, y se establecieron todas estas funciones. En el espacio de diez años hemos creado los decenviros para redactar nuestras leyes; y después los hemos abolido. ¿Quién duda que en la Ciudad Eterna, que está destinada a crecer inmensamente, no deben establecerse nuevos poderes, nuevos sacerdocios, nuevos derechos de las naciones y de los hombres? Esa prohibición de matrimonios entre patricios y plebeyos, ¿no la imaginaron los decenviros en los últimos tiempos para injuriar al pueblo? ¿Hay injuria más grave, más cruel que la de juzgar indigna del matrimonio una parte de los ciudadanos, como si estuviesen manchados con alguna deshonra? ¿No es esto soportar dentro de la misma ciudad una manera de destierro o de relegación? Se niegan a uniones con nosotros; temen que su sangre se mezcle con la nuestra. Pues bien: si esta mezcla mancha vuestra nobleza, que la mayor parte, originarios de Alba o de Sabina, no debéis ni a la sangre, ni al nacimiento, ni a la elección de los reyes primeros, ni a la del pueblo después, que os ha elevado al rango de patricios, debíais haber conservado su pureza por medio de medidas privadas; no debíais haber elegido esposas en la clase del pueblo, y no consentir que vuestras hijas, que vuestras hermanas tomasen esposo que no fuera patricio. Jamás ningún plebeyo ha violentado a una joven patricia; tales desmanes solamente los cometen los patricios; y nadie os hubiera obligado jamás a uniones en las que no hubieseis consentido. Pero prohibirlas por una ley, prohibir los matrimonios entre patricios y plebeyos es ultrajar al pueblo: lo mismo valdría prohibir los matrimonios entre los ricos y los pobres. Hasta ahora se ha dejado al libre albedrío de los particulares la elección de la casa en que una mujer debía entrar por matrimonio, de la que el hombre había de tomar esposa; y vosotros le encadenáis con los lazos de una ley orgullosa, para dividir los ciudadanos y hacer dos estados de uno solo. ¿Por qué no decretáis también que el plebeyo no pueda habitar en la vecindad del patricio, ni marchar por el mismo camino, ni sentarse a la misma mesa, ni presentarse en el mismo Foro? ¿No es esto lo mismo que prohibir el matrimonio de un plebeyo con una patricia? ¿Qué cambio habría en el derecho, puesto que los hijos siguen la condición del padre? Todo lo que pedimos por esto, es que nos admitáis en el número de los hombres y de los ciudadanos; y a menos que nuestro rebajamiento y

nuestra ignominia sean un juego para vosotros, no tenéis razón para oponeros.

5. "En fin, ¿la autoridad suprema os pertenece a vosotros o al pueblo romano? ¿Se expulsó a los reyes para fundar vuestra dominación o para establecer la igualdad de todos? Debe permitirse al pueblo romano dar una ley cuando le plazca. En cuanto nosotros le presentemos un proyecto, ¿vendréis siempre a castigarle ordenando alistamientos? O en cuanto yo, tribuno, llame las tribus a votar, tú, cónsul, ¿obligarás a la juventud a jurar, la llevarás a los campamentos, amenazarás al pueblo o al tribuno? ¿No hemos visto ya dos veces lo que pueden esas amenazas contra la unión del pueblo? ¿Pero sin duda por indulgencia os habéis abstenido de venir a las manos? No; si no se ha combatido es porque el partido más fuerte ha sido también el más moderado. Y ahora tampoco habrá lucha, romanos; siempre tantearán vuestro valor, y jamás pondrán vuestras fuerzas a prueba. Así, pues, cónsules, sea fingida o verdadera esa guerra, el pueblo está dispuesto a seguiros a ella, si permitiendo los matrimonios restablecéis en Roma la unidad; si se le permite unirse, mezclarse, amalgamarse con vosotros por lazos de familia; si la esperanza, si el acceso a los honores cesan de estar prohibidos al mérito y al valor; si se nos admite a ocupar rango en la república; si como exige la igual libertad, se nos concede obedecer y mandar sucesivamente por medio de las magistraturas anuales. Si os repugnan estas condiciones, hablad, hablad de guerra cuanto os plazca; ninguno dará su nombre, nadie tomará las armas, nadie querrá combatir por amos soberbios que no quieren admitirnos ni a compartir con ellos los honores ni a entrar en sus familias."

6. También arengaron los cónsules a la asamblea, y a los discursos sucedió un altercado; y habiendo preguntado un tribuno, en lo más fuerte de la disputa, por qué motivo no podía ser cónsul un plebeyo, se le contestó con más franqueza que oportunidad: "Porque ningún plebeyo puede tomar los auspicios, y que los decenviros no habían prohibido el matrimonio entre los dos órdenes, sino para impedir fuesen turbados los auspicios por hombres de incierto origen." Estas palabras excitaron extraordinariamente la indignación del pueblo, al que se negaba tomar los auspicios, como si fuese objeto de la reprobación de los dioses inmortales. Y como tenía un tribuno decidido, al que no cedía en obstinación, la porfía terminó con la derrota de los patricios, que consintieron en la presentación de la ley del matrimonio, persuadidos de que, por su parte, los tribunos desistirían de su petición de cónsules plebeyos, o al menos que esperarían la terminación de la guerra, y que el pueblo, satisfecho con obtener la del matrimonio, se prestaría al alistamiento. Pero la importancia que consiguió Canuleyo por esta victoria sobre los patricios y por el favor del pueblo, excitó la emulación de los otros tribunos, que combaten vigorosamente por el éxito de sus pretensiones; y aunque los rumores de guerra diariamente se acentúan más, impiden los alistamientos. Deteniendo de esta manera en el Senado la oposición de los tribunos a los cónsules, éstos reúnen en su casa a los principales senadores: según ellos, era indispenble ceder la victoria a los enemigos o a los ciudadanos. De los consulares, solamente Horacio y Valerio no asistían a estas reuniones. La opinión de C. Claudio armaba a los cónsules contra los tribunos; pero Cincinnato y Capitolino, de la familia de los Quincios, se oponían con todas sus fuerzas a que se derra-

mase sangre, a que se atacase a magistrados que, por su tratado con el pueblo, habían sido declarados inviolables. El resultado de estas deliberaciones fue que los patricios acordasen la creación de tribunos militares, revestidos con todos los poderes del consulado y elegidos indistintamente entre plebeyos y patricios. Nada se cambió a la elección de los cónsules, y este arreglo satisfizo igualmente a los tribunos y al pueblo. Indícanse los comicios en que deben elegirse tres de estos tribunos revestidos con autoridad consular. A esta noticia, cuantos se habían distinguido por su lenguaje o actos sediciosos, y principalmente los antiguos tribunos del pueblo, comienzan a solicitar votos, a recorrer el Foro, vestidos con la toga blanca de los candidatos. Así, pues, desesperando desde luego los patricios de obtener aquel honor de una multitud irritada, e indignados de compartirlo con tales hombres, mantuviéronse separados; pero cediendo en seguida a las observaciones de los más influyentes de ellos, se presentaron también para que no pareciese que renunciaban voluntariamente a la administración de la república. El resultado de estos comicios demostró que no se encuentran lo mismo los ánimos en el calor de los debates cuando luchan por su libertad y dignidad, que cuando terminada la lucha juzgan con serenidad; porque el pueblo, satisfecho con que se le atendiese, eligió todos los tribunos del orden de los patricios. ¿Encontraríanse hoy en alguno esta moderación, esta equidad, esta grandeza de ánimo que mostró entonces un pueblo entero?

7. En el año 310 de la fundación de Roma, los tribunos militares reemplazaron por primera vez a los cónsules; y lo fueron A. Sempronio Atratino, L. Atilio y T. Clelio, resultando durante la magistratura de éstos de la unión interior la paz exterior. Algunos historiadores, que, por otra parte, no hablan de la ley relativa al nombramiento de los cónsules plebeyos, han pretendido que habiéndose unido la guerra de los veyos con la de los equos y de los volscos, y la defección de Ardea, no pudiendo los cónsules dirigir tantas guerras a la vez, se crearon los tribunos militares. Pero la autoridad de estos magistrados no se afirmó al principio, porque tres meses después de su entrada en funciones, un decreto de los augures les obligó a abdicar, a causa de un vicio en la elección. C. Curcio, que presidía los comicios, no había observado los ritos exigidos al levantar la tienda augural. Ardea mandó legados a Roma, quejándose de la injusticia con que se le había tratado, y dejando ver al Senado que la restitución de su territorio arrebatado la mantendría en su alianza y amistad. El Senado contestó: "Que no podía rescindir una sentencia dada por el pueblo; que para esto no había precedente ni derecho, y además se oponía a ello la unión de los dos órdenes. Si los ardeatos querían esperar el momento favorable de dejar al Senado el cuidado de reparar el daño que habían experimentado, más adelante se felicitarían de su moderación; que por lo demás, debían estar convencidos de que el Senado había desplegado tanto celo en prevenir aquella injusticia como desplegaría en repararla." Los legados contestaron que se retirarían sin decidir nada, y los despidieron con benevolencia. Como la república no tenía en aquel momento magistratura curul, se reunieron los patricios y crearon un interrey. Durante muchos días se debatió la cuestión de saber si se nombrarían cónsules o tribunos militares. El interrey y el Senado pedían comicios consulares; los tribunos y el pueblo los querían para el nombramiento de tribunos militares. Triunfaron los patricios, porque decidido el pue-

blo a conferir una u otra dignidad a patricios, comprendió que su oposición era inútil, y porque los jefes del pueblo, por otra parte, preferían los comicios en que no había de tratarse de ellos a aquellos de que se les separaba como indignos. Los mismos tribunos del pueblo alegaron como mérito ante los senadores más importantes la renuncia a una pretensión que no había de tener éxito. T. Quincio Barbato, interrey creó cónsules a L. Papirio Mugilano y a L. Sempronio Atratino. Bajo estos cónsules se renovó el tratado con los ardeatos; y éste es el único monumento que nos queda de su consulado, porque ni se encuentran sus nombres en los anales antiguos ni en los libros de los magistrados. El año había comenzado bajo tribunos militares; reemplazóseles con cónsules; y entonces, como si la autoridad hubiese permanecido todo el año en manos de los primeros, se omitieron los nombres de los cónsules. Sin embargo, Licinio Macer pretende que se les encuentra en el tratado con los ardeatos y en los libros línteos depositados en el templo de Moneta. A pesar de las amenazas con que todos los pueblos vecinos querían aterrar a Roma, la paz reinó en el interior y en el exterior.

8. Sea que en este año no hubiese tribunos, sea que los sustituyeran los cónsules, conócense con seguridad los cónsules del año siguiente, que fueron M. Geganio Macerino, elegido por segunda vez, y T. Quincio Capitolino, que lo fue por la quinta. En este mismo año se estableció la censura, que al principio no tuvo grande importancia, pero que tomó más adelante tal desarrollo, que tuvo a su cargo la dirección de las costumbres y de la disciplina romana, decidiendo severamente acerca del honor de los senadores y caballeros, y contando entre sus atribuciones la inspección de los lugares públicos y particulares, así como también la administración de las rentas del pueblo romano. Establecióse esta magistratura, porque no habiéndose hecho el censo en muchos años y siendo ya imposible diferirlo más, no teniendo los cónsules, en medio de tantas guerras como amenazaban, tiempo para ocuparse de estas operaciones manifestaron al Senado que siendo penosas y en manera alguna consulares, exigían un magistrado especial, del que dependerían los escribas; que tendría la custodia y cuidado de los registros, y arreglaría a su gusto la manera de hacer el censo. A pesar de la poca importancia de estas funciones, los patricios vieron con gusto el aumento de las magistraturas de su orden, persuadidos, según creo, de que, conforme demostraron los acontecimientos, la importancia personal de los que desempeñasen este cargo aumentaría su esplendor y autoridad. Los tribunos, por su parte, no viendo más que lo que ofrecía entonces, es decir, atribuciones más útiles que brillantes, no quisieron obstinarse con mal consejo en cosas pequeñas, y se abstuvieron de toda oposición. Habiendo desdeñado este honor los personajes más importantes de la ciudad, Papirio y Sempronio, acerca de cuyo consulado se duda, y que no habían completado el año a su cargo, fueron indemnizados por el voto popular, que les encargó hacer el censo, recibiendo por la índole de sus funciones el nombre de censores.

9. Mientras ocurrían estas cosas en Roma, manda legados Ardea para reclamar, a nombre de su antigua alianza, renovada por reciente tratado, socorro que la salve de ruina casi segura, porque una guerra civil le impedía gozar de la paz que había tenido el buen acuerdo de conservar con Roma. Dícese que la causa de esta guerra era el choque de los bandos, calamidad más funesta siempre a los Estados que las gue-

rras extranjeras, el hambre, la peste y todos los azotes que ordinariamente se atribuyen al enojo de los dioses. Dos jóvenes pretendían a una doncella de raza plebeya y célebre por su belleza. Uno de éstos, plebeyo también, se encontraba apoyado por los tutores, que pertenecían a la misma clase; el otro, de familia noble, y que solamente se había enamorado de la joven por su hermosura, tenía de su parte la activa protección de su orden. La lucha de los dos partidos penetró hasta en la casa de la joven: la madre, queriendo para su hija la colocación más brillante, se decidió en favor del noble; los tutores, animados por el espíritu de partido, sostenían a su protegido. No pudiendo decidirse en familia el asunto, lo llevaron ante los magistrados, quienes, después de oír a la madre y a los tutores, concedieron a la primera el derecho de realizar el matrimonio que deseaba; pero la fuerza venció. Los tutores se quejaron en el Foro a los de su partido de la injusticia de aquella decisión, reunieron un grupo de los suyos y arrancaron a la joven de la casa materna. Más enfurecidos aún los nobles, marchan contra ellos bajo la dirección del joven enamorado, y se traba terrible combate. El pueblo, que en nada se parecía al romano, queda rechazado; sale armado de la ciudad y se sitúa sobre una colina desde donde devasta a hierro y fuego las propiedades de los nobles, y reforzado con multitud de trabajadores, atraídos por la esperanza del pillaje, se dispone a sitiar una ciudad hasta entonces pacífica. Todas las calamidades de la guerra se presentan a la vez: parece que la ciudad entera se encuentra animada por el odio de los dos rivales que desean funesto matrimonio a costa de la ruina de su patria. Los dos partidos vieron que aquella guerra no tenía grande importancia si se limitaba a Ardea, y los nobles llamaron a los romanos en socorro de la ciudad sitiada, mientras que el pueblo sublevó a los volscos para que le ayudaran a triunfar. Llegando primero los volscos, bajo el mando de Equo Delio, pusieron sitio a la ciudad. En cuanto llegó la noticia a Roma, el cónsul M. Geganio partió con su ejército y fue a acampar a tres millas del enemigo. El día declinaba ya, por lo que mandó a sus soldados que comiesen y descansasen; pero a la cuarta vigilia acercó sus enseñas al enemigo, comienza los trabajos y los impulsa con tanta celeridad, que al salir el sol se encuentran los volscos encerrados por los romanos en una empalizada más fuerte que aquella con que ellos habían cercado la ciudad. Por el otro lado, el cónsul había avanzado sus líneas hasta las murallas de Ardea para comunicar con la población.

10. El jefe de los volscos, que hasta entonces había alimentado a sus tropas, no con provisiones de reserva, sino con trigo que diariamente arrebataba en el campo, viéndose de repente encerrado y sin recursos, pide una tregua al cónsul, y le declara que "si los romanos han ido a hacer levantar el sitio, está dispuesto a llevarse a los volscos." A esto contestó el cónsul: "Que los vencidos debían recibir y no dictar condiciones; y que si los volscos habían venido cuando habían encontrado el momento favorable para atacar a los aliados del pueblo romano, no se marcharían de la misma manera: que era necesario que entregasen a su general, que rindiesen las armas, confesándose vencidos y prometiendo obedecer: que no siendo así, ya quisieran alejarse o permanecer, encontrarían en él implacable enemigo, decidido a regresar a Roma con una victoria, más bien que con una paz dudosa." No teniendo otro recurso los volscos, pusieron en las armas la poca

esperanza que les quedaba, y tuvieron hasta la desventaja de llegar a las manos en paraje poco favorable para el combate y más desfavorable aun para la fuga. Rechazados y destrozados por todas partes, y pasando de la resistencia a las súplicas, entregan a su general, deponen las armas, pasan bajo el yugo vestidos con sencilla túnica, y se retiran cubiertos de ignominia y después de considerables pérdidas. Habiéndose detenido después cerca de la ciudad de Túsculum, sus habitantes, animados de antiguos odios contra ellos, cayeron sobre aquella gente desarmada, y apenas escaparon algunos para llevar la noticia del desastre. Restableció el romano la paz en Ardea, decapitando a los principales autores de aquellas turbulencias y uniendo sus bienes a los del dominio público en su patria. A los ardeatos parecieron estos importantes servicios reparación suficiente de la injusticia de Roma; pero el Senado creía que le quedaba algo por hacer para borrar las huellas de la codicia del pueblo. El cónsul entró en Roma en triunfo, llevando delante de su carro a Clelio, general de los volscos, y los despojos arrebatados al enemigo antes de hacerle pasar bajo el yugo. El cónsul Quincio, sin abandonar la toga, adquirió, cosa difícil, tanta gloria como su colega había conquistado por las armas; porque supo mantener tan bien la paz y la concordia en la ciudad con su escrupulosa equidad entre grandes y pequeños, que los patricios le consideraban severo y los plebeyos suave. En cuanto a los tribunos, consiguió más de estos magistrados por su influencia que por su autoridad. Cinco consulados sostenidos con igual esplendor y su vida entera, verdaderamente digna de un cónsul, le atrajeron tanto respeto como la autoridad suprema. Así fue que bajo este consulado no se habló de tribunos militares.

11. Creáronse cónsules a M. Fabio Vibulano y a Postumio Ebucio Cornicino. Los cónsules Fabio y Ebucio, viendo la gloria que sus antecesores habían adquirido en la paz y en la guerra (porque la celeridad con que socorrieron a Ardea en el camino de su ruina impresionó vivamente a los pueblos vecinos, aliados o enemigos), se apresuraron con mayor ahínco a borrar todo recuerdo de una sentencia vergonzosa, y dieron un senatus-consulto disponiendo que por haber aminorado mucho la población de Ardea las disensiones civiles, se enviaría una colonia para que la ayudase a defenderse de los volscos. Éste era el motivo que se exponía en el senatus-consulto para ocultar a los tribunos y al pueblo el proyecto de anular la sentencia. Habíase convenido que la mayor parte de los colonos serían rútulos; que solamente se les repartirían aquellos terrenos de los que les había despojado una sentencia inicua, y que no se daría parte alguna a los romanos hasta que la rubiesen recibido todos los rútulos. De esta manera recobraron su territorio los ardeatos. Nombraron triunviros para llevar la colonia a Agripa Menenio, T. Clelio Sículo y M. Ebucio Elva, los cuales, encargados, contra el beneplácito del pueblo, de repartir entre los aliados un territorio que Roma había declarado pertenecerle, se atrajeron el desagrado de la multitud, sin conquistar el favor de los patricios principales, porque nada les concedieron. Los tribunos les habían denunciado ya ante el pueblo, pero se sustrajeron a la persecución estableciéndose en la colonia, testigo de su desinterés y de su equidad.

12. En el interior y en el exterior reinó la paz en este año y en el siguiente en que fueron cónsules

C. Furio Pacilo y M. Papirio Crasso. En este año se celebraron los juegos que, por decreto del Senado, votaron los decenviros en la época de la retirada del pueblo. En vano buscó ocasión Petelio para suscitar disturbios: habíase hecho nombrar por segunda vez tribuno del pueblo, anunciando públicamente sus proyectos, pero no pudo conseguir que los cónsules propusieran al Senado el repartimiento de tierras; y cuando, después de largos debates, logró hacer someter a los senadores la cuestión de si se celebrarían comicios para la elección de cónsules o de tribunos militares, decidióse que se nombrarían cónsules. La amenaza de un tribuno que aunciaba su propósito de oponerse a los alistamientos, era objeto de burla; porque permaneciendo en reposo los pueblos vecinos, nada obligaba a pensar en la guerra y menos aún a prepararse para ella. A esta tranquilidad de la república sucedió, bajo el consulado de Próculo Geganio Macerino y de L. Menenio Lanato, un año que se distinguió por múltiples calamidades y peligros; las sediciones, el hambre y casi la esclavitud de Roma, seducida poco a poco por las generosidades de los ambiciosos. Solamente faltó la guerra extranjera; si hubiese sobrevenido, para aumentar el apuro de la situación, apenas habrían bastado para salvar a Roma los auxilios de los dioses. Las desgracias comenzaron por el hambre; bien porque el año fuese adverso para los frutos de la tierra, bien que el atractivo de las asambleas y de la ciudad hubiesen hecho descuidar el cultivo; pero se atribuye a las dos causas. Los patricios acusaban al pueblo de holgazanería, y los tribunos reconvenían a lós cónsules por su mala fe y negligencia. Al fin propusieron los plebeyos, sin que el Senado se opusiese a ello, que se nombrase a L. Minucio prefecto de los víveres; magistratura en que debía acertar mejor a defender la libertad que a llenar sus funciones; sin embargo, concluyó por conseguir justamente, con la gratitud pública, la gloria de haber aminorado la escasez. Habiendo enviado numerosos comisarios por mar y tierra a las naciones vecinas, éstos le trajeron solamente de la Etruria corta cantidad de trigo que no alcanzó a restablecer la abundancia.

Necesario fue contentarse con regularizar en lo posible la escasez, obligando a los ciudadanos a declarar el trigo que tenían y a vender el exceso del que necesitaban para un mes; disminuyóse la ración de los esclavos; se acusó y entregó al furor popular a los acaparadores de granos, sin obtener de estas rigurosas medidas otro resultado que el de evidenciar el mal sin remediarlo. Considerable número de plebeyos que habían perdido toda esperanza, antes que arrastrarse entre tales tormentos, se cubrieron la cabeza y se arrojaron al Tíber.

13. En esta época, Sp. Melio, del orden de los caballeros, y que era extraordinariamente rico, para aquellos tiempos, dio el peligroso ejemplo de una cosa útil en sí misma, pero perniciosa por sus detestables intenciones. Por mediación de sus huéspedes y clientes había hecho a su costa compras de trigo en Etruria (lo que creo hizo inútiles las medidas de la república para remediar la escasez) y se dedicó a distribuir aquellos granos al pueblo. Así fue como en todas partes donde se presentaba, la multitud, ganada por aquellas generosidades, le formaba cortejo, como jamás lo había tenido ningún particular, inspirando la esperanza de que, por su favor, llegaría seguramente al consulado. Pero como el ánimo del hombre no se sacia con lo que le ofrece la fortuna, Melio elevó más sus ambiciosos deseos; viendo que

era necesario arrancar el consulado a los patricios, aspiró al trono, único premio digno de tantas combinaciones y de la terrible lucha que iba a sostener. Acercábanse los comicios consulares, sorprendiéndole esta operación antes de tener meditado el plan y maduros sus proyectos. T. Quincio Capitolino, nombrado cónsul por sexta vez, no era elección favorable para un innovador. Diéronle por compañero a Agripa Menenio, llamado Lanato, y L. Minucio continuó siendo prefecto de las subsistencias, bien porque fuese reelegido, bien porque sus poderes hubiesen de prolongarse mientras continuaran las circunstancias por las cuales se le habían conferido; porque en esto no hay seguro más que el nombre del prefecto escrito en los libros línteos entre los de los magistrados de los dos años. Ahora bien: encargado Minucio por la república de los mismos cuidados que espontáneamente tomaba sobre sí Melio, encontrábase en relaciones con los mismos hombres, y habiendo descubierto lo que se tramaba, dio cuenta al Senado. "Llevaba armas a casa de Melio y éste celebraba asambleas en ella. Evidentemente tenía el proyecto de hacerse rey. No se había fijado todavía el momento; pero estaba convenido todo lo demás. Tribunos, ganados con dinero, habían vendido la libertad; los jefes de la multitud se habían repartido ya los empleos. En cuanto a él, advertía al Senado, porque más tarde tal vez no lo hubiese permitido la seguridad pública, pero no había querido dejar nada a la vaguedad e incertidumbre." Al saber estas cosas, los senadores principales prorrumpen en reconvenciones contra los cónsules del año anterior, que habían consentido aquellas distribuciones de granos, aquellas reuniones del pueblo en una casa particular, y contra los cónsules actuales que habían podido esperar a que el pretexto de subsistencias revelase al Senado asunto tan importante, cuyo descubrimiento y hasta cuya represión pertenecía a la atuoridad consular. Entonces respondió T. Quincio: "Que se acusaba injustamente a los cónsules, que ligados por la ley de apelación, establecida para minar su autoridad, habían carecido de facultades para reprimir un atentado tan enorme, pero no de valor: que las circunstancias exigían no solamente un hombre enérgico, sino de todo punto independiente y que no estuviese encadenado por las leyes: que por lo tanto se proponía nombrar dictador a L. Quincio, cuyo valor igualaría a la autoridad." Todos aprobaron; pero Quincio rehusó al pronto, preguntándoles qué querían de él exponiéndole en su ancianidad a lucha tan terrible. En fin, como le decían que a pesar de su avanzada edad tenía más prudencia y hasta más vigor que todos los demás; como le colmaban de elogios, en realidad muy merecidos, y el cónsul no quería variar de opinión, Cincinnato, rogando a los dioses inmortales que no permitiesen que su ancianidad atrajese en aquellas circunstancias ultraje ni peligro a la república, consintió que el cónsul le nombrase dictador, y en seguida eligió a C. Servilio Ahala para jefe de los caballeros.

14. A la mañana siguiente, después de establecer guardias, bajó al Foro, dejando asombrado al pueblo con aquel inesperado aparato. Melio y sus partidarios comprendieron desde luego que contra ellos se dirigía la autoridad de aquella temible magistratura; pero los ciudadanos, que ignoraban sus tramas, se preguntaban qué sedición, qué guerra repentina había hecho necesaria la autoridad dictatorial, o había impulsado a confiar la dirección de la república a Quincio,

que era más que octogenario. Entre tanto, Servilio, jefe de los caballeros, enviado por el dictador a Melio, le dice: "El dictador te llama." Y cuando Melio pregunta temblando qué le quiere: "Oír tu defensa, contesta Servilio, y ver cómo te justificas del crimen que Minucio ha revelado al Senado." En seguida se refugia Melio entre un grupo de sus cómplices, mira en derredor y procura ganar tiempo. Al fin, por mandato del jefe de los caballeros, le prende un aparitor. Libertado por los que le rodean, huye pidiendo socorro a la multitud; dice que los patricios le oprimen con una conspiración porque ha hecho bien al pueblo; le exhorta para que le ayude en aquel inminente peligro y que al menos no consienta que le degüellen a su vista. En medio de estas exclamaciones, Ahala Servilio le alcanza y le corta la cabeza; en seguida, lleno de sangre, rodeado de patricios jóvenes, marcha a decir al dictador que Melio, citado a su presencia, ha rechazado al aparitor, sublevado a la multitud y sufrido el castigo de su delito. Entonces dijo el dictador: "Yo te felicito por tu esfuerzo, C. Servilio: has salvado a la república."

15. Como la multitud, ignorando la razón de aquel acontecimiento, comenzaba a conmoverse, el dictador mandó convocar una asamblea y en ella dijo: "Que Melio había sido muerto justamente, aunque no hubiese sido culpable de aspirar al trono; porque citado por el jefe de los caballeros para comparecer ante el dictador, se había negado. Que no había subido a su tribunal más que para juzgar aquella causa, y que el juicio hubiese producido igual resultado para Melio. Preparábase a sustraerse por la fuerza al juicio, y se le había reprimido por la fuerza. No podía tratarse como a ciudadano a un hombre que, nacido en un pueblo libre, en el seno de la justicia y de las leyes, había concebido la esperanza de elevarse al trono en una ciudad de donde sabía que se había expulsado a los reyes; donde el mismo año, los sobrinos de un rey, hijos del cónsul que había salvado a la patria por la denuncia de una conspiración para restablecer la monarquía, habían por orden de su padre perecido bajo el hacha; de la que el cónsul Tarquino Colatino se había visto, por odio a su nombre, obligado a abdicar su magistratura y condenarse al destierro; donde, algunos años después, Sp. Cassio, sospechoso de aspirar al trono, había pagado aquella ambición con la vida; donde, recientemente, los decenviros habían expiado su tiránica altivez con la pérdida de sus bienes, el destierro y la muerte. ¿Y quién era aquel hombre? Indudablemente no hay talentos, honores ni servicios que puedan abrir a nadie el camino de la tiranía; pero al menos en sus consulados, en sus decenviratos, en sus honores y en los de sus antepasados, en la gloria de sus familias se apoyaban los Claudios y los Cassios para aspirar a un fin culpable. Pero Sp. Melio no podía desear, más bien que esperar, ser tribuno; un rico mercader de granos no podía lisonjearse de comprar por dos libras de harina la libertad de sus conciudadanos, seducir con el cebo de un pedazo de pan a un pueblo que había vencido a todos sus vecinos, y que Roma no podía soportar por rey a un hombre que apenas hubiese tolerado como senador; y creer que dejara entre sus manos las insignias y el poder de su fundador Rómulo, hijo de los dioses y recibido entre ellos, era una cosa monstruosa, era más que un crimen. La sangre del culpable no era bastante para expiar aquel delito; era necesario destruir hasta los cimientos la casa en que se habían fraguado tan insensatos proyectos, y confiscar en provecho del Estado

aquellos bienes por los cuales un malvado había querido comprar el trono. En consecuencia de esto, mandaba a los cuestores que vendiesen los bienes y entregasen el precio al Tesoro."

16. Después de esto mandó que en seguida se demoliera la casa del culpable, cuyo solar debía poner de manifiesto la destrucción de una esperanza criminal: aquel paraje recibió el nombre de *aequimelium.* L. Minucio recibió fuera de la puerta Trigemina el homenaje de un buey dorado, sin oposición del pueblo, al que distribuyó el trigo de Melio a un as el modio. Según algunos autores, este Minucio pasó del orden de los patricios al de los plebeyos, y los diez tribunos le eligieron por undécimo, apaciguando como tal una sedición suscitada por la muerte de Melio. Pero es poco creíble que el Senado consintiese el aumento del número de los tribunos, sobre todo que un patricio diese ejemplo de esta innovación, y que el pueblo no hubiese conservado o tratado de conservar esta ventaja una vez adquirida. Pero lo que prueba mejor que todo la falsedad del título puesto a su imagen, es que pocos años antes una ley había quitado a los tribunos la facultad de elegir un colega. Q. Cecilio, Q. Junio y Sex. Titinio, único del colegio de los tribunos, no tuvieron participación en la ley que concedía honores a Minucio, y no cesaron de acusar delante del pueblo, en tanto a Minucio, en tanto a Servilio, y de deplorar la indigna muerte de Melio. Por este medio consiguieron que se reuniesen comicios para nombrar tribunos militares y no cónsules, no dudando que, declarándose vengadores de Melio, obtendrían de los plebeyos algunos de los seis puestos que habían de darse (porque éste era el número que podía elegirse). Sin embargo, el pueblo, a pesar de que en este año se había visto agitado en diferentes sentidos, no nombró más que tres tribunos con el poder consular, y en este número se encontró L. Quincio, hijo de Cincinato, cuya dictadura se procuraba hacer odiosa para excitar turbulencias. Antes que Quincio, Mam. Emilio, varón muy considerado, había obtenido los votos. El tercero fue L. Julio.

17. Bajo su magistratura, Fidenas, colonia romana, se separó para unirse a Larte Tolumnio, rey de los veyos. A la defección añadieron otro crimen, matando por orden de Tolumnio a C. Fulcinio, Delio Tulo, Sp. Ancio y L. Roscio, enviados por Roma para que se enterasen de los motivos de aquel cambio. Queriendo excusar al rey, pretenden algunos que dio lugar a la muerte de los legados el haber tomado los fidenatos por orden de muerte una palabra equívoca que pronunció el rey en una afortunada jugada de dados. Esta explicación es increíble, porque la llegada de sus nuevos aliados los fidenatos para consultarle sobre un asesinato reprobado por el derecho de gentes, le hubiese distraído del juego, inspirándole horror aquel atentado. Más verosímil es que, por la complicidad de tan horrible delito, quisiera encadenar a los fidenatos, quitándoles toda esperanza de reconciliación con los romanos. A expensas de la república se elevaron estatuas en los Rostros a los legados muertos en Fidenas. Como a consecuencia de este atentado se preparaba terrible lucha contra Veyas, Fidenas y los otros pueblos vecinos, el pueblo y sus tribunos permanecieron tranquilos, confiándose a los cónsules el poder supremo. Fueron éstos M. Geganio Mamercino por tercera vez y L. Sergio Fidenas, nombre que creo le mereció la guerra que hizo en seguida. En efecto, éste consiguió del rey de los veyos, al lado de acá del Anio, una victoria que costó mucha sangre; por cuya razón, el

dolor experimentado por la pérdida de tantos ciudadanos fue mayor que la alegría por la derrota del enemigo, y el Senado, como en todas las circunstancias críticas, decretó que se nombrase un dictador, siéndolo Mam. Emilio, que eligió por jefe de los caballeros a uno de sus colegas en el tribunado militar del año anterior, L. Quincio Cincinnato, hijo, joven digno de su padre. A los alistamientos hechos por el cónsul, se añadieron centuriones envejecidos en los combates y se reemplazó a los soldados muertos en la última batalla. Quiso el dictador que Quincio Capitolino y M. Fabio Vibulano le acompañasen como legados. La autoridad de una magistratura superior, confiada a un hombre que estaba a la altura de aquella autoridad, arrojó a los enemigos del territorio de Roma y les hizo repasar el Anio, estableciendo su campamento en las colinas situadas entre el río y Fidenas, no atreviéndose a presentarse en la llanura hasta que se les unieron las legiones de los faliscos. Al fin establecieron los etruscos su campamento bajo las murallas de Fidenas, situando el suyo el dictador bastante cerca, en la confluencia de los dos ríos, en cuanto permitió el terreno la fortificación, y a la mañana siguiente presentó la batalla.

18. Las opiniones estaban divididas entre los enemigos: el falisco, que soportaba a disgusto los trabajos de una guerra lejana y que confiaba en su valor, pedía el combate. El veyo y el fidenato creían que la prolongación de la campaña les sería favorable. Tolumnio participaba de esta opinión; sin embargo, por no disgustar a los faliscos teniéndoles mucho tiempo alejados de su ciudad, anunció la batalla para el día siguiente. Viendo el dictador y los romanos que el enemigo rehusaba el combate, crecían en valor; y al día siguiente hablaban ya los soldados de atacar el campamento y la ciudad, si no combatían, cuando los dos ejércitos avanzaron en la llanura entre los dos campamentos. Los veyos, muy superiores en número, enviaron tropas a rodear las montañas para atacar el campamento romano en medio de la batalla. El ejército de los tres pueblos estaba ordenado de manera que los veyos formaban el ala derecha, los faliscos la izquierda y los fidenatos el centro. El dictador mandaba el ala opuesta a los faliscos; Capitolino Quincio, a la izquierda, marchó contra los veyos, y Cincinnato, al frente de la caballería, cubrió el centro. Por un momento permanecieron silenciosos y en descanso. Los etruscos no querían combatir hasta verse obligados a ello, y el dictador, mirando al ejército romano, esperaba que los augures le indicasen el momento favorable, dando la señal convenida. En cuanto la vio, comenzó por lanzar sus jinetes contra el enemigo, siguiendo con viveza el ataque la infantería. Por ningún lado pudieron resistir las legiones etruscas el choque de los romanos; pero la caballería resistía enérgicamente, siendo el más valiente de todos el rey, que, lanzando su caballo sobre aquellos puntos donde el ardor de la persecución había dispersado a los romanos, prolongaba el combate.

19. En la caballería se encontraba un tribuno militar, A. Cornelio Cosso, hombre singularmente hermoso, igualmente notable por su valor y su fuerza, y animado por el recuerdo de sus antepasados, cuyo nombre transmitió más glorioso aún a la posteridad. Cuando vio que la caballería romana cedía por todas partes delante de Tolumnio, y reconoció por su regio ropaje al príncipe, que recorría en todos sentidos el campo de batalla: "Ése es dijo, el violador del derecho de gentes. Si los dioses quieren que exista todavía algo sagrado sobre la

tierra, voy a inmolar esa víctima a los manes de los legados de Roma." Dicho esto, clava los acicates y parte empuñando la lanza contra aquel único adversario, y habiéndole arrojado del caballo al primer encuentro, salta del suyo, apoyándose en la lanza. Cuando el rey procuraba levantarse, Cosso, con un golpe en el centro del escudo, le derriba de nuevo y le hiere repetidas veces con un dardo clavándole en el suelo; en seguida, despojándole de sus armas, le corta la cabeza, y clavándola en la lanza, dispersa a los enemigos con el terror que les infunde la vista de la cabeza de su rey. Así fue derrotada la caballería, que era la única que hacía dudosa la victoria. El dictador persiguió a los fugitivos, los arroja sobre su campamento y los destroza. La mayor parte de los fidenatos, que conocían los parajes, huyeron a las montañas. Cosso, habiendo cruzado el Tíber con la caballería, recogió inmenso botín en el territorio de los veyos y lo llevó a Roma. Durante la batalla, el campamento romano tuvo que defenderse también contra las fuerzas que, como ya hemos dicho, mandó Tolumnio para atacarle. Fabio Vibulano comenzó por coronar con sus tropas los parapetos; y viendo que el enemigo se dedicaba a sitiarle salió de pronto con los triarios por la puerta principal de la derecha. El terror se apoderó de los sitiadores, y si la matanza fue menor que en el campo de batalla, porque no eran tan numerosos, la fuga no fue menos desordenada.

20. Después de una victoria tan completa, el dictador, en virtud de un senatus-consulto, sancionado por el pueblo, entró en triunfo en la ciudad, siendo el ornamento más bello de la ceremonia Cosso, que llevaba los despojos opimos del rey a quien había dado muerte. Los soldados, en las incorrectas canciones que habían compuesto en su honor, le comparaban a Rómulo. Con solemne dedicación consagró aquellos despojos a Júpiter Feretriano, al lado de los que depositó Rómulo, y que eran los primeros y los únicos hasta entonces que habían merecido el título de opimos. Cosso atraía las miradas más que el carro del dictador y recogió casi todo el honor de aquella famosa jornada. El dictador, por orden del pueblo, mandó construir, a expensas del Tesoro público, una corona de oro, de una libra de peso, que ofreció en el Capitolio a Júpiter. Al decir que A. Cornelio Cosso era tribuno de los soldados cuando consagró en el templo de Júpiter Feretriano los segundos despojos opimos, he seguido a todos los escritores que me han precedido; pero además de que, en propiedad, solamente se llama despojos opimos a los que un general arrebate a otro general enemigo, y que no se reconoce por general más que a aquel bajo cuyos auspicios se hace la guerra, la inscripción misma grabada debajo de los despojos demuestra, contra su aserto y el mío, que Cosso era cónsul cuando se apoderó de ellos. Por mi parte he oído de los mismos labios de Augusto César, fundador o restaurador de todos nuestros templos, que cuando entró en el de Júpiter Feretriano, que redificó porque se derrumbaba de vejez, leyó él mismo esta inscripición en la coraza líntea; yo hubiese creído cometer casi sacrilegio, quitando a Cosso el testimonio de César que reedificó el templo. El error procede de que nuestros antiguos anales, lo mismo que los libros de los magistrados, escritos en lienzo y depositados en el templo de Moneta, frecuentemente citados por Macer Licinio, dice que diez años después. A. Cornelio Cosso fue cónsul con T. Quincio Penno; cada cual decidirá sobre esto. Solamente diré que este glorioso combate no puede trasladarse a

este año, porque en el consulado de A. Cornelio el hambre y la peste impidieron durante tres años hacer la guerra, hasta el punto que muchos analistas se limitan, durante esta época funesta, a citar los nombres de los cónsules. Tres años después de su consulado fue elegido Cosso tribuno militar con autoridad igual a la del cónsul, y aquel mismo año dio, como jefe de la caballería, una batalla memorable. Las conjeturas son libres; pero en mi opinión, estas diversas suposiciones no tienen ningún fundamento, puesto que el vencedor, al depositar en el templo los ensangrentados despojos, casi a la vista misma de Júpiter, a quien dedicaba la ofrenda, y de Rómulo, testigos temibles para quien se revistiese con título falso, no temió hacer escribir: "A Cornelio Cosso, cónsul."

21. Siendo cónsules M. Cornelio Maluginense y L. Papirio Crasso, marcharon los ejércitos al territorio de los veyos y faliscos. Los romanos arrebataron hombres y ganados, sin encontrar por ninguna parte al enemigo en la llanura, ni ocasión de librar batalla; sin embargo, no pudieron sitiar las ciudades porque se declaró la peste en sus filas. Sp. Melio, tribuno del pueblo, procuró en vano suscitar disturbios en Roma. Contando para el éxito con la simpatía que despertaba su nombre, había demandado a Minucio y propuesto la confiscación de los bienes de Servilio Ahala. El crimen que imputaba a Minucio era el de haber hecho objeto a Melio de falsa acusación; el de Servilio haber dado muerte a un ciudadano sin forma de proceso; pero el nombre solo del autor de estas acusaciones les quitó todo valor entre el pueblo. Además preocupaba mucho la peste, cuyos progresos inquietaban cada día más, como también el terror que inspiraban los prodigios; siendo el más espantoso, en los campos, el derrumbamiento de las casas, a consecuencia de terremotos. Por esta razón, el pueblo, bajo la dirección de los duunviros, hizo rogativas públicas. Al año siguiente, bajo el consulado de C. Julio, elevado por segunda vez a esta dignidad, y de L.Virginio, redobló sus estragos la peste, despoblando de tal manera la ciudad y los campos, que nadie salió del territorio romano para merodear, y ni el pueblo ni el Senado pensaron en la guerra. Más aún: los fidenatos, que hasta entonces habían permanecido encerrados en su ciudad, detrás de sus montañas y de sus muros, bajaron a saquear el territorio de Roma; después llamaron el ejército de los veyos (porque a los faliscos, ni los desastres de Roma ni las súplicas de sus aliados pudieron hacerles tomar las armas), y los dos pueblos pasaron el Anio, clavando sus enseñas a corta distancia de la puerta Colina. No fue menor el miedo en la ciudad que en los campos. El cónsul Julio desplegó sus tropas sobre los parapetos y en las murallas; Virginio convocó el Senado en el templo de Quirino, y decidióse que se nombrase dictador a A. Servilio, denominado Prisco según unos, Structo según otros. Virginio, después de algunos retrasos para consultar a su colega, habiendo obtenido su consentimiento, nombró durante la noche al dictador. Este magistrado eligió jefe de los caballeros a Postumio Ebucio Elva.

22. El dictador mandó que al amanecer se reuniesen todos los ciudadanos fuera de la puerta Colina, y que no faltase ninguno a quien permitiesen sus fuerzas manejar las armas: sacáronse del Tesoro público las enseñas y las llevaron al dictador. Durante estos preparativos, el enemigo se había retirado a las alturas. El dictador le siguió resueltamente, y habiendo trabado la batalla cerca de Nomento, derrotó a los etruscos, los arrojó a

Fidenas y los rodeó con una empalizada. Pero no era posible tomar por asalto una ciudad fortificada, construida sobre una montaña; y nada podía esperarse del bloqueo, porque los inmensos depósitos que tenían los sitiados bastaban para todas sus necesidades. Así fue que desesperando de tomar la ciudad por la fuerza u obligarla a capitular, el dictador, que conocía el terreno, por razón de la proximidad, resolvió abrir por el lado opuesto a su campamento, que estaba menos custodiado porque era el más fuerte, una mina que llegase a la fortaleza; él mismo se acercó a los parapetos, muy lejanos en diferentes puntos, al frente de su ejército dividido en cuatro cuerpos, que, relevándose sucesivamente durante el día y la noche siguiente, distrajeron de los trabajos la atención del enemigo. Al fin, habiendo sido horadada la montaña, abrióse paso desde el campamento a la fortaleza; y mientras con simulados ataques ocupaba a los etruscos, impidiéndoles ver un peligro más grave, el grito de guerra lanzado sobre sus cabezas les anunció la toma de la ciudad. Aquel mismo año, los censores C. Furio Pacilo y M. Geganio Macerino dieron su aprobación a la casa pública construida en el Campo de Marte y por primera vez se hizo en ella el censo.

23. Según encuentro en Macer Licinio, en el año siguiente fueron reelegidos los mismos cónsules; Julio por tercera vez y Virginio por la segunda. Valerio Ancias y Q. Tuberón pretenden que los cónsules de este año fueron M. Manlio y L. Sulpicio. A pesar de esta contradicción, el uno y el otro se apoyan en el testimonio de los libros linteos, y los dos convienen que, siguiendo a los autores antiguos, en este año hubo tribunos militares. Licinio cree que es necesario atenerse a los libros linteos; Tuberón no se atreve a decidirse. Ésta es otra de las cuestiones que el alejamiento impide esclarecer. La toma de Fidenas asustó a la Etruria, y no solamente Veyas temió suerte parecida, sino que los mismos faliscos, aunque no habían tomado parte en la nueva guerra, temieron que no se hubiese olvidado su primera agresión. En consecuencia de esto, estas dos ciudades enviaron legados a los doce pueblos, y consiguieron que se convocase cerca del templo de Voltumna una asamblea general de la Etruria. Creyéndose amenazado de un levantamiento general, el Senado hizo nombrar por segunda vez dictador a Mam. Emilio, quien eligió por jefe de los caballeros a A. Postumio Tuberto, y tanto como toda la Etruria era más temible que dos pueblos aislados, así los preparativos fueron más considerables y rápidos que para la guerra anterior.

24. La terminación de este asunto fue mucho más tranquila de lo que se esperaba. Unos mercaderes anunciaron que los etruscos se habían negado a socorrer a los veyos, exhortándolos a terminar con sus propios recursos una guerra que habían emprendido por su libre determinación y a no arrastrar en su desgracia a pueblos a quienes no habían querido llamar a la participación de sus esperanzas. Viendo entonces el dictador perdida la ocasión de conquistar gloria por las armas, y queriendo que su elección fuese útil para algo, resolvió, para dejar un monumento de su dictadura, rebajar la autoridad de los censores, bien porque le pareciese excesiva, bien porque le extrañase más su duración que su extensión. Convocó, pues, una asamblea del pueblo, y en ella dijo: "Que los dioses inmortales habían cuidado de los asuntos exteriores y de la seguridad de la república; que solamente le quedaba a él velar en el interior por la libertad de Roma; que la mejor garantía de esta libertad era la corta duración de las principales

magistraturas, y que era necesario abreviar aquellas cuyas facultades no podían restringirse. Mientras los demás magistrados eran anuales, los censores eran quinquenales, y era grave vivir tantos años, una parte importante de la existencia, bajo la autoridad de los mismos magistrados. Que él propondría una ley para reducir a un año y un semestre la duración de la censura." Esta ley se aprobó a la mañana siguiente por unánime asentimiento del pueblo. "Para convenceros con mi propia conducta, ¡oh, romanos!, de que no gusto de que la autoridad sea larga, abdico la dictadura." Después de la abdicación de una magistratura, que dejaba habiendo puesto término a otra, fue acompañado a su casa entre las aclamaciones y alabanzas del pueblo. En cuanto a los censores, disgustados con Mamerco, porque había rebajado una magistratura del pueblo romano, le cambiaron de tribu y le cargaron con un impuesto ocho veces más considerable del que le correspondía. Dícese que soportó aquella venganza con mucha magnanimidad, pensando menos en la humillación que en el motivo que se la había atraído. Los senadores principales, que no aprobaban este rebajamiento de la censura, se irritaron, sin embargo, por el resentimiento que manifestaban los censores; porque no se les ocultaba que cada uno de ellos estaría más tiempo y más frecuentemente sometido a esta autoridad que la ejercería. Dícese que la cólera del pueblo fue tan grande, que solamente la autoridad de Mamerco pudo librar de violencias a los censores.

25. Los tribunos del pueblo, que con sus continuos discursos se oponían a la celebración de comicios consulares y que casi habían ocasionado la necesidad de un interrey, consiguieron al fin que se nombrasen tribunos militares con autoridad consular; pero no alcanzaron el fruto que esperaban de esta victoria, el nombramiento de un plebeyo: todos los tribunos militares eran patricios, M. Fabio Vibulano, M. Foslio y L. Sergio Fidenas. La peste hizo callar también este año las disensiones públicas, y se votó por la salud pública un templo a Apolo. Para aplacar la ira de los dioses y alejar el mal, los decenviros recurrieron a todas las ceremonias indicadas en los libros, y sin embargo, la ciudad y la campiña experimentaron inmensa pérdida de hombres y rebaños. La falta de cultivo hacía temer el hambre, por lo que se mandó otra vez a la Etruria, al Pontino, a Cumas y hasta a la Sicilia, para adquirir trigo. No se habló de nombrar cónsules, sino que se nombraron tribunos militares con autoridad consular, siéndolo L. Pinario Mamercino, L. Furio Medulino y Sp. Postumio Albo, todos patricios. Este año fue menos intensa la peste, y gracias a prudente previsión no hubo que temer la carestía. Deliberóse acerca de la guerra en las asambleas de los equos y de los volscos, y en la Etruria en el templo de Voltumna. Pero la decisión quedó aplazada por un año, prohibiéndose por un decreto toda reunión antes de esta época, no obstante la oposición de los veyos, que se quejaban de que su ciudad se encontraba amenazada de la misma suerte que Fidenas. Entre tanto, en Roma, los más influyentes del pueblo, cansados de perseguir inútilmente durante tanto tiempo los honores más eminentes, aprovechando la tranquilidad exterior, celebraron reuniones en las casas de los tribunos del pueblo y en ellas revelaron sus pensamientos secretos. "Quejáronse de la indiferencia del pueblo, que llega al punto de que, después de tantos años que se nombran tribunos militares con autoridad consular, toda vía no había sido elevado ningún plebeyo a aquel honor. Sus antepa-

sados, con sabia precaución, prohibieron a los patricios las magistraturas plebeyas; a no ser por esto, los tribunos del pueblo habrían sido patricios: de tan poca estimación gozaban aun entre los suyos; el pueblo les despreciaba tanto como el Senado." Otros disculpaban al pueblo y lo atribuían todo a los patricios. "Por sus cábalas y artificios estaba cerrado para los plebeyos el camino de los honores. Si dejasen respirar al pueblo, si no le persiguiesen con sus ruegos y amenazas, recordaría a sus defensores al acudir a las votaciones, y después de darse auxilio, se apoderaría del poder." Decidióse que para cortar las intrigas presentarían los tribunos una ley por la cual se prohibiría a todos los candidatos añadir nada a su toga blanca. Esta pequeña determinación, que hoy no merece serio examen, produjo entonces violentos debates entre el Senado y el pueblo. Los tribunos triunfaron al fin, y se aprobó la ley. Por la exaltación de los ánimos podía preverse que el favor del pueblo se inclinaba a los suyos; pero temiendo que usase de aquella libertad, un senatus-consulto dispuso la celebración de comicios consulares.

26. Fue causa de esta determinación la noticia traída por los latinos y los hérnicos de una invasión de los equos y de los volscos. Nombráronse cónsules a T. Quincio Cincinnato, hijo de Lucio (a quien se da también el nombre de Penno) y a C. Julio Mento. No tardaron en realizarse las amenazas de guerra. Habiéndose hecho las levas a nombre de la ley Sacra, que entre ellos era el medio más poderoso para reunir soldados, habíanse reunido sobre el Álgido dos ejércitos formidables, acampando allí separadamente los equos y los volscos. Jamás habían mostrado sus generales mayor cuidado en fortificarse y en ejercitar sus soldados, aumentando estas noticias el terror que reinaba en Roma. Opinó el Senado que se nombrase dictador; porque aquellos pueblos, tantas veces vencidos, desplegaban aparato más formidable que nunca, y la peste había arrebatado una parte de la juventud romana. Pero lo más alarmante de todo era la acritud y desavenencia de los cónsules, que aparecía por su desacuerdo en todos los consejos. Creen algunos escritores que una derrota que sufrieron los cónsules en el Álgido, dio ocasión al nombramiento de dictador. Pero lo cierto es que, divididos en todo, estuvieron de acuerdo para resistir la voluntad del Senado y no nombrar dictador. Al fin, como a cada momento llegaban noticias más alarmantes, y los cónsules continuaban rehusando obedecer al Senado, G. Servilio Prisco, que había desempeñado honrosamente las dignidades más elevadas, se dirigió a los tribunos del pueblo diciéndoles: "Puesto que nos encontramos reducidos al último extremo, a vosotros os llama el Senado para que, en virtud de vuestra autoridad, obliguéis a los cónsules a nombrar dictador." Al escuchar esto los tribunos, que vieron una ocasión de aumentar su poder, se separaron y declararon a nombre de su colegio: "Que opinaban que los cónsules obedeciesen al Senado, y que si resistían por más tiempo los acuerdos de aquella augusta asamblea fuesen reducidos a prisión." Los cónsules prefirieron ceder a los tribunos que al Senado, pero quejándose de que los patricios atentasen a los derechos de la autoridad suprema al reconocer en un simple tribuno el poder de obligar a los cónsules y hasta de reducirles a prisión. ¿Qué más podía hacerse contra el último de los particulares? Como los dos colegas no pudieron ponerse de acuerdo acerca del nombramiento de dictador, la suerte designó a T. Quincio, que nombró a su suegro A. Pos-

tumio Tuberto, varón de severo mando, quien a su vez eligió a L. Julio para jefe de los caballeros. Proclamóse al mismo tiempo la vacación de los negocios *(justitium)*, y la ciudad solamente se ocupó de la guerra. Dejóse para el regreso de la campaña el examen de las causas de exención, y los que no estaban seguros de su derecho se decidieron a dar sus nombres. Pidiéronse soldados a los hérnicos y a los latinos, y los dos pueblos se apresuraron a obedecer al dictador.

27. Realizado todo esto con la mayor premura, quedaron el cónsul C. Julio para guardar la ciudad, y L. Julio, a quien encargó el dictador atendiese sin demora a cuantas necesidades hiciese nacer la guerra en el campamento; y por un voto, cuya fórmula le dictó C. Cornelio, pontífice máximo, se comprometió, a propósito de esta expedición, a celebrar grandes juegos. Después de encargar la mitad del ejército al cónsul Quincio, salió de la ciudad y se acercó al enemigo. Al ver que tenía dos campamentos separados por estrecho intervalo, vinieron a establecerse a casi una milla de distancia, el dictador en Túsculum y el cónsul en Lanuvio. De esta manera los cuatro ejércitos y los cuatro campamentos fortificados tenían en medio de ellos una llanura cuya extensión les ofrecía no solamente espacio bastante para ligeros combates, sino que les permitía alinear a unos y a otros todas sus fuerzas en batalla. En cuanto estuvieron tan próximos los campamentos, no cesaron de trabar ligeros combates, y el dictador consentía gustoso que sus tropas ensayasen sus fuerzas, para acostumbrarles poco a poco, por los triunfos obtenidos en aquellas escaramuzas, a la esperanza de una victoria completa. Así, pues, no contando el enemigo con triunfar en una batalla campal, se entregó a las vicisitudes de la fortuna, y atacó de noche el campamento del cónsul. Los gritos dieron primeramente la alarma a los centinelas, después a todo el ejército y al fin al mismo dictador. En aquel inminente peligro, el cónsul no careció de valor ni de prudencia; con una parte de los soldados reforzó las guardias de las puertas y con el resto coronó los parapetos. En el campamento del dictador, donde la alarma fue menos intensa, pudo verse mejor lo que debía hacerse. Un refuerzo, al mando del legado Sp. Postumio Albo, salió en seguida en socorro del campamento atacado, y el mismo dictador, al frente de parte de sus tropas, llega por ligero rodeo a un punto alejado del combate y desde donde podía caer de improviso sobre la espalda del enemigo. Encargó al legado Q. Sulpicio la custodia del campamento, y dio a otro, M. Fabio, el mando de la caballería, con orden de no poner en movimiento antes de amanecer un cuerpo tan difícil de dirigir en el desorden de un combate nocturno. En fin, todas las medidas que la prudencia y el valor aconsejan en tales circunstancias a un general, las hizo adoptar y las adoptó él mismo; pero la prueba más grande de tranquilidad de ánimo y habilidad y que revela mérito poco común, es que encargó a M. Geganio atacar con cohortes escogidas el campamento enemigo, del que, según los exploradores, había salido el mayor número de tropas. Como los soldados que quedaban, atentos al peligro de sus compañeros, pero sin temor por ellos mismos, no habían establecido guardias ni centinelas, el campamento fue tomado casi sin que sospechasen el ataque. En cuanto el dictador vio la humareda, señal convenida en caso de triunfo, gritó que el campamento enemigo había sido tomado, y hace que se anuncie por todas partes la noticia.

28. Ya despuntaba el día, y la vista podía hacerse cargo de los

movimientos. Fabio había lanzado la caballería, y el cónsul acababa de hacer una salida sobre los enemigos desconcertados. Por el otro lado atacaba el dictador su reserva y su segunda línea, y si el enemigo se volvía ante aquellos confusos gritos y repentino ataque, le oponía por todas partes su infantería y su caballería victoriosa. Rodeados por todos lados, aquellos rebeldes hubiesen perecido hasta el último, si un volsco, Veccio Mesio, más célebre por sus hazañas que por su estirpe, viendo retroceder a los suyos, no les hubiese increpado gritando: "¿Por qué os ofrecéis a las saetas del enemigo sin defenderos ni vengaros? ¿Para qué tenéis armas? ¿Por qué habéis traído aquí la guerra, siendo tan turbulentos en la paz como cobardes en el combate? ¿Qué esperanza tenéis ahí? ¿Que venga a defenderos y salvaros un dios protector? Con el hierro habéis de abriros camino. Todos los que queráis volver a ver vuestras casas, vuestros padres, vuestras esposas, vuestros hijos, podéis conseguirlo; venid, seguidme. No nos detienen murallas ni parapetos; solamente tenemos soldados como nosotros con quienes combatir. Iguales en valor, la necesidad, que es la última y más poderosa de las armas, os dará la victoria." Al terminar estas palabras, y cuando observaba su efecto, sus compañeros lanzan de nuevo el grito de guerra y atacan a las cohortes que les había opuesto Postumio Albo. Ya habían quebrantado a los vencedores, que comenzaban a retroceder, cuando llega el dictador, y hacia él carga todo el peso del combate. Un solo hombre, Mesio, sostiene la fortuna del enemigo. Por todas partes heridas, por todas partes la muerte. Ya empieza a correr la sangre de los jefes romanos; pero solamente Postumio, alcanzado por una piedra, que le rompe la cabeza, se retira del campo de batalla; pero ni el dictador, herido en un hombro, ni Fabio, que tenía un muslo casi clavado en el caballo, ni el cónsul, que había perdido un brazo, se alejaron de aquella terrible batalla.

29. El impetuoso ataque de Mesio le llevó con sus valerosas tropas por entre montones de cadáveres hasta el campamento de los volscos, que aún no había sido tomado. Todo el ejército le siguió. El cónsul, que había perseguido a los fugitivos hasta el pie de los parapetos, comenzó en seguida el ataque; el dictador hace avanzar sus tropas sobre otro punto, y el asalto no es menos enérgico que la batalla. Dícese que el cónsul, para excitar a los soldados, arrojó una enseña entre los parapetos, y que sus esfuerzos por recuperarla comenzaron la derrota. El dictador, por su parte, después de derribar las empalizadas, había trabado el combate dentro del mismo campamento. Entonces arrojan los enemigos las armas y se entregan, siendo todos cogidos con el campamento y vendidos, exceptuando los senadores. Una parte del botín, que los latinos y los hérnicos reconocieron como suya, se les entregó; el dictador vendió el resto en subasta, y después de dejar el mando al cónsul entró en triunfo en Roma, donde abdicó. Algunos escritores oscurecen el brillo de aquella gloriosa dictadura, refiriendo que A. Postumio hizo decapitar a su propio hijo, que, arrastrado por la ocasión, abandonó su puesto y libró un combate, del que salió victorioso. Difícil me es creerlo, y además la diversidad de opiniones permite en este punto la duda. Mi razón es que se dice "orden Manliana, y no Postumiana", y el primer autor de una severidad tan cruel debió señalar con su nombre el rasgo que le caracteriza. Además, Manlio recibió el nombre de Imperioso, y Postumio no fue designado jamás con ningún epíteto inju-

rioso. En la ausencia de su colega, el cónsul C. Julio, sin esperar la decisión de la suerte, dedicó el templo de Apolo. Quincio quedó muy ofendido, y cuando después de haber licenciado su ejército regresó a Roma, se quejó al Senado, pero en vano. A los grandes acontecimientos que ocurrieron en este año debe añadirse una circunstancia que pareció entonces no interesar a la república, y fue que los cartagineses, que habían de ser enemigos tan temibles, llamados a Sicilia por uno de los bandos que perturbaban aquel país llevaron allí un ejército.

30. Agitábanse los tribunos en Roma para que se nombrasen tribunos militares con autoridad consular, pero no pudieron conseguirlo. Los cónsules nombrados fueron L. Papirio Crasso y L. Julio. Habiendo pedido alianza al Senado los legados de los equos, a cambio de la cual ofrecían su obediencia, obtuvieron una tregua de ocho años. Los volscos, después de su derrota en el Álgido, se encontraban divididos por cuestiones y discordias que produjeron encarnizada lucha entre los partidarios de la guerra y de la paz. Roma permaneció tranquila por todas partes. Los tribunos se preparaban a presentar, para el arreglo de la cuantidad de las multas, una ley que no podía menos de agradar al pueblo, cuando los cónsules, instruidos del proyecto, por la traición de un individuo del colegio, se apresuararon a prevenirlo. Los cónsules siguientes fueron L. Sergio Fidenas, que lo era por segunda vez, y Lucrecio Tricipitino. Nada notable ocurrió bajo su consulado. Sucediéronles A. Cornelio Cosso y T. Quincio Penno, elegido por segunda vez. Los veyos hicieron incursiones en el territorio romano y corrió el rumor de que algunos jóvenes de Fidenas habían tomado parte en aquellas devastaciones encargándose el examen de este asunto a L. Sergio, Q. Servilio y Mam. Emilio. Muchos de aquéllos fueron relegados a Ostia por no haber podido justificar su ausencia de Fidenas en la época de que se trataba, reemplazándoles con colonos, a quienes dieron las tierras de los que habían perecido en la guerra. En este año se sufrió mucho por la sequía, no faltando solamente las aguas del cielo; la tierra misma, privada de su natural humedad, apenas alimentaba el caudal de los ríos. Por todas partes la escasez de agua amontonaba alrededor de las fuentes y arroyos rebaños muertos de sed: otros perecieron por la sarna; esta enfermedad atacó en seguida por contagio a los hombres, comenzando por los campesinos y esclavos, encontrándose muy pronto infestada la ciudad. Mientras los cuerpos eran presa de esta epidemia, dominaron los ánimos ideas supersticiosas, oriundas en su mayor parte de los pueblos extranjeros: los que aprovechan la credulidad introdujeron en las casas, vaticinando, nuevas formas de sacrificios, hasta que los ciudadanos más importantes se avergonzaron, por la república, al ver en todas las calles y en todos los santuarios prácticas extrañas y desconocidas, empleadas para calmar la ira de los dioses. Encargóse a los ediles que vigilaran para que solamente se adorase a los dioses de Roma y según los ritos patrios. El resentimiento con los veyos se aplazó para el año siguiente, en el que fueron cónsules C. Servilio Ahala y L. Papirio Mugilano. Pero entonces también impidieron los escrúpulos religiosos que se declarase inmediatamente la guerra y que se marchase el ejército; decidiéndose enviar antes a los feciales para pedir reparación. Recientemente se había librado a los veyos cerca de Nomento y Fidenas una batalla, a consecuencia de la cual se había ajustado, no la paz, sino un armis-

ticio; había expirado, y los veyos no habían esperado el término para empuñar las armas. Enviáronles, sin embargo, los feciales; pero sus reclamaciones, hechas en la forma acostumbrada por los antepasados, no fueron escuchadas. Después de esto, hubo que decidir si era necesaria la orden del pueblo para declarar la guerra, o si bastaba un senatusconsulto. Los tribunos consiguieron, amenazando con oponerse a los alistamientos, que los cónsules defiriesen al pueblo. Todas las centurias quisieron la guerra. El pueblo triunfó también, consiguiendo que no se nombrarían cónsules para el año siguiente.

31. Creáronse cuatro tribunos militares con autoridad consular, y fueron T. Quincio Penno, que acababa de salir del consulado, C. Furio, M. Postumio y A. Cornelio Cosso, quien quedó encargado de la prefectura de Roma; los otros tres, después de terminar los alistamientos, partieron para Veyas, y vióse, por su ejemplo, cuán peligrosa es para la guerra la división del mando. Estos jefes, siguiendo cada uno sus proyectos propios, sin cuidarse de los de los otros, ofrecieron al enemigo favorables probabilidades. Mientras unos mandaban atacar, otros ordenaban la retirada, aprovechando los veyos el momento para caer sobre las vacilantes legiones, que se refugiaron desordenadas en el cercano campamento, y resultando para los romanos mayor la ignominia que la derrota. Este descalabro entristeció a la ciudad, poco acostumbraba a verse vencida; cobróse aversión a los tribunos; pidióse un dictador, y todas las esperanzas se fundaron en esto, y como la religión oponía obstáculo, porque el dictador debía ser nombrado por un cónsul, consultados los augures, desvanecieron el escrúpulo. A. Cornelio nombró dictador a Mam. Emilio, que a su vez le eligió jefe de los caballeros. Así, pues, en cuanto se sintió la necesidad de un hombre de verdadero mérito, la animadversión de los censores no pudo impedir que se buscase el jefe del Estado en una casa injustamente degradada. Enorgullecidos los veyos con su victoria, enviaron legados a todas las ciudades de la Etruria, abultando la derrota de tres generales romanos en una sola batalla. Ninguna ciudad se atrevió a entrar en la alianza, pero el cebo del botín les llevó multitud de voluntarios. Solamente Fidenas se decidió a empuñar las armas; y como si no pudiese empezar la guerra más que por un crimen, antes de incorporarse a los veyos tiñó con la sangre de los nuevos colonos las armas con que degolló antes a los legados romanos. Los jefes de los dos pueblos deliberaron en seguida acerca de la ciudad en que establecerían la base de la guerra; y habiéndoles parecido más conveniente Fidenas, los veyos atravesaron el Tíber y llevaron allí el teatro de la guerra. Grande era el terror en Roma. Después de llamar de Veyas al ejército, impresionado aún por su derrota, establecieron su campamento cerca de la puerta Colina; colocáronse tropas en los parapetos; se suspendieron los negocios en el Foro, cerráronse las tiendas, y todo representó más bien un campamento que una ciudad.

32. Entonces el dictador mandó a los pregoneros por las calles citando a los asustados ciudadanos para que se reuniesen en asamblea, en la cual dijo: "que de tal manera están pendientes del menor capricho de la fortuna, que ligero descalabro, más digno de atribuirse a la falta de acuerdo de los generales que al valor de los enemigos o a la cobardía del Senado, les hace temible Veyas, seis veces vencido, y Fidenas, que casi han tomado más veces que sitiado. Los romanos y sus

enemigos son los mismos que han sido durante tantos siglos; su valor, su fuerza, sus armas continúan siendo iguales; él es el mismo dictador Mam. Emilio, que derrotó cerca de Nomento los ejércitos de los veyos y de Fidenas reunidos con el de los faliscos; y en cuanto al jefe de los caballeros, A. Cornelio, será en el campo de batalla el mismo que, tribuno de los soldados en la guerra anterior, en presencia de los dos ejércitos, inmoló a Larto Tolumnio, rey de los veyos, y trajo los despojos opimos al templo de Júpiter Feretriano. Que empuñen, pues, las armas, convencidos que de su parte están los triunfos, los despojos y la victoria; por parte de los enemigos, el asesinato de los legados con desprecio del derecho de gentes, la matanza en plena paz de los colonos de Fidenas, la violación de los tratados y por séptima vez funesta defección. En cuanto los campamentos estén próximos, pueden contar con que enemigos tan pérfidos no gozarán por mucho tiempo de la deshonra de las armas romanas, y que el pueblo comprenderá que los que, por tercera vez, le han nombrado dictador, han servido mejor a la patria que aquellos que, por haberse visto desposeídos del reinado de la censura, mancharon su segunda dictadura". Después de dirigir votos solemnes al cielo, marchó a establecer su campamento a quinientos pasos de Fidenas, cubriendo su derecha las montañas y su izquierda la corriente del Tíber, y mandó al legado T. Quincio Penno que ocupase las alturas y se estableciese en la eminencia menos visible a la espalda del enemigo. Animados los etruscos con el recuerdo de la jornada, en que más habían sabido aprovechar la ocasión que vencer, a la mañana siguiente avanzan en batalla. Después de esperar un momento para que sus exploradores llegasen a anunciarle la llegada de Quincio a la altura inmediata a la fortaleza de Fidenas, el dictador hace avanzar sus enseñas, llevando a paso ligero la infantería contra el enemigo, y mandando al jefe de la caballería que no ataque sin orden suya; resérvase dar la señal, y entonces demostrará sin duda Cornelio que recuerdan su combate contra un rey los despojos opimos, Rómulo y Júpiter Feretriano. Las legiones chocan con furor; los romanos arden de ira, llaman a los fidenatos impíos, a los veyos bandidos, infractores de tratados, manchados con el sacrílego asesinato de los legados, salpicados con la sangre de los colonos, aliados pérfidos, enemigos cobardes; en fin, exhalan su rabia tanto en las palabras como en los hechos.

33. El primer choque había quebrantado a los enemigos, cuando abriéndose de pronto las puertas de Fidenas, se lanza un ejército, tal como no se había visto ni oído semejante hasta entonces: innumerable multitud armada con fuego, brillando con antorchas encendidas, y como arrebatada por furor divino, se precipita sobre los romanos, a quienes lo extraño del combate inspira cierto terror. Entonces el dictador da la señal a Cornelio y a su caballería, llama a Quincio de la altura, restablece el combate, y corre él mismo al ala izquierda, que presentaba el aspecto de incendio más bien que de batalla, y que, aterrada, retrocedía delante de las llamas. "¿Qué es esto?, grita con voz vibrante. ¡Arrojados por el humo como enjambre de abejas, huís delante de un enemigo sin armas! ¡No apagáis esas llamas con el hierro, o si es necesario combatir con fuego y no con las armas, no arrancáis esas antorchas al enemigo para anonadarle! ¡Sus! ¡Recordad el nombre romano, pensad en el valor de vuestros mayores y en el vuestro, volved el incendio contra Fidenas

y destruid con el fuego esa ciudad que no habéis podido desarmar con vuestros beneficios. La sangre de vuestros legados y de vuestros colonos, la devastación de vuestro territorio os lo mandan." A estas palabras del dictador, toda la línea se pone en movimiento; recogen las antorchas lanzadas, arrancan las otras, y las dos falanges se arman con fuego. El jefe de la caballería imagina por su parte una maniobra nueva; manda quitar el freno a los caballos y clavando los acicates al suyo, al que no detiene la brida, se lanza el primero entre las llamas; los demás caballos llevan en impetuosa carrera a sus jinetes en medio del enemigo. Levántase densa polvareda, y mezclándose al humo, roba la luz a hombres y caballos. No se espantan éstos del espectáculo que asustaba a los soldados, y por donde penetra la caballería todo lo derriba a su paso, causando inmensa ruina. Pronto resuenan nuevos gritos que impresionan a los dos ejércitos sorprendidos, y el dictador grita: "El legado Quincio con los suyos ataca al enemigo por la espalda." Y lanzando él mismo un grito más terrible, comienza de nuevo el ataque con más vigor. Estrechados entre dos ejércitos, entre dos batallas, los etruscos, rodeados, atacados por delante y por detrás, no podían ni volver a su campamento, ni huir a las montañas, donde se presentaba nuevo enemigo, y donde los jinetes, arrebatados por caballos sin freno, estaban desparramados por todas partes. La mayor parte de los veyos gana desordenadamente las orillas del Tíber; los fidenatos, que han escapado, corren hacia su ciudad. Pero al huir espantados, por todas partes encuentran la muerte: unos son destrozados en las orillas del río, otros son precipitados a sus profundidades; hasta los que saben nadar se ahogan, por consecuencia de la fatiga, de las heridas o del miedo; de aquella multitud muy pocos consiguen llegar a la opuesta orilla. El otro ejército huye a través de los campos hacia Fidenas, persiguiéndole los romanos con ardor, sobre todo Quincio, seguido de sus tropas, que acababan de bajar de la montaña por sus órdenes y que se encontraban descansadas porque habían llegado al final de la batalla.

34. Mezcladas con los enemigos entraron en la ciudad, suben a las murallas y anuncian a sus compañeros que la plaza está en su poder. Habiéndoles visto el dictador desde el campamento, en el que acababa de penetrar, y que estaba abandonado, ofrece al soldado, ávido de pillaje, la esperanza de botín más considerable, y le lleva a las puertas de la ciudad. Una vez dentro, corre a la fortaleza, hacia donde ve acudir la mayor parte de los fugitivos. No fue menor allí la matanza que en el campo de batalla; al fin arrojan las armas y se rinden al dictador sin pedir más que la vida. La ciudad y el campamento quedan entregados al saqueo. A la mañana siguiente cada uno, desde el jinete al centurión, recibió un prisionero designado por la suerte; los que se habían distinguido más por su valor recibieron dos, y los demás fueron vendidos en subasta. El dictador entró en triunfo en Roma al frente de su ejército victorioso y cargado de botín. Mandó al jefe de los caballeros que abdicase, y él mismo, después de dieciséis días, abdicó en plena paz aquella dignidad que había recibido durante la guerra y en los momentos más difíciles. Algunos analistas hablan también de un combate naval librado a los veyos cerca de Fidenas; pero este hecho no es más posible que creíble; porque el río, demasiado estrecho hoy mismo para un combate, era entonces más estrecho aún; solamente pudo acontecer que por

impedir el paso hubiese combate entre algunas barcas, combate cuya importancia se exageraría, según costumbre, para tener el vano honor de una victoria naval.

35. En el año siguiente fueron tribunos militares con autoridad consular. A. Sempronio Tratino, L. Quincio Cincinnato, L. Furio Medulino y L. Horacio Barbato. Concedióse a los veyos una tregua de veinte años y a los equos otra de tres solamente, aunque la habían pedido más larga. Por lo demás, ninguna guerra intestina turbó la tranquilidad de Roma. El año siguiente, que tampoco fue perturbado por guerras exteriores ni interiores, fue notable por los juegos ofrecidos durante la guerra, por la magnificencia que desplegaron en ellos los tribunos militares, y por la multitud de extranjeros que acudieron de los países vecinos. Estos tribunos que tenían autoridad consular eran Ap. Claudio Crasso, Sp. Naucio Rutilo, L. Sergio Fidenas y Sex. Julio Yulo. La benévola acogida que obtuvieron los extranjeros dio para ellos mayor atractivo al espectáculo, al que habían acudido con autorización de sus gobiernos. Después de los juegos hubo quejas sediciosas de los tribunos del pueblo, que reconvenían a la multitud porque "con su estúpida admiración a aquellos a quienes odiaba, por sí misma permanecía en eterna esclavitud. No solamente no se atrevía a aspirar a obtener el consulado, sino que hasta en la elección de tribunos militares, siendo los comicios comunes al Senado y al pueblo, se olvidaba de los suyos. No podía, por consiguiente, extrañar que nadie cuidase de los intereses del pueblo; para no deplorar el trabajo, para arrostrar peligros, es necesario esperar utilidad y honor. Nada hay que el hombre no se atreva a emprender, si cree que a grandes esfuerzos corresponderán grandes recompensas. Pero no debe pretenderse ni esperarse que un tribuno del pueblo se precipite ciegamente en aquellos combates que solamente le ofrecen peligros sin ventaja alguna, y de los que no puede esperar otra cosa que el odio implacable de los patricios, contra los cuales lucha sin que el pueblo a quien defiende le aprecie más por esto. Los grandes honores dan ocasión a grandes empresas y los plebeyos no se avergonzarían de serlo si no se vieran ya despreciados. Era conveniente experimentar en uno o dos ciudadanos, para ver si se encontraba un plebeyo capaz de soportar el peso de elevada dignidad, o si debía considerarse como un prodigio que pudiese salir de las filas del pueblo un hombre de talento y valor. Habíase conseguido, después de obstinada lucha, poder nombrar tribunos militares revestidos con autoridad consular y tomados del pueblo. Varones experimentados en la administración y en las armas habían apetecido este honor; desde los primeros años, objetos de irrisión, rechazados, habían servido de juguete a los patricios, y al fin se habían cansado de soportar aquellos desprecios públicos. Ni siquiera comprendían por qué no se abrogaba una ley de la que ningún uso se hacía: desigual participación de derechos, era menos deshonrosa que pretericiones por causa de indignidad".

36. El agrado con que se escuchaban estos discursos llevó a algunos plebeyos a solicitar el tribunado militar, y cada uno de éstos anunciaba las leyes que propondría durante su magistratura en favor del pueblo. Hacíasele entrever la esperanza de un repartimiento de tierras, una fundación de colonias, un impuesto levantado sobre los propietarios rústicos y cuyo producto se aplicaría al sueldo de las tropas. Más adelante los tribunos militares aprovecharon una ocasión en

que habían salido muchos habitantes de la ciudad, para reunir, por medio de convocatoria clandestina, a los senadores en un día determinado, y en ausencia de los tribunos del pueblo hicieron dar un senatusconsulto, diciendo que en atención al rumor que corría acerca de que los volscos devastaban el territorio de los hérnicos, los tribunos militares partirían para investigar la verdad y que se celebrarían comicios consulares. Al partir dejaron como prefecto de la ciudad a Ap. Claudio, hijo del decenviro, joven enérgico y que desde la infancia estaba imbuido en el odio a los tribunos y a la plebe. Los tribunos del pueblo no pudieron trabar contienda ni con los autores del senatus-consulto, porque estaban ausentes, ni con Appio, porque el hecho estaba ya consumado.

37. Creóse cónsules a C. Sempronio Atratino y a Q. Fabio Vibulano. Acontecimiento extraño, pero digno de memoria, que se refiere a este año, fue la toma de Vulturno por los samnitas, ciudad de los etruscos, llamada hoy Capua, y lo mismo desde entonces, de Capye, jefe de los samnitas, o (lo que parece más verosímil) de la campiña que la rodea. No se apoderaron de ella hasta que los etruscos, cansados de la guerra, les admitieron a compatir con ellos su ciudad y sus tierras: después, en un día de fiesta, cuando los antiguos habitantes estaban dominados por el sueño y los festines, les asaltaron y degollaron durante la noche los nuevos colonos. Habíanse realizado estos hechos cuando los cónsules que hemos citado entraron en funciones en los idus de diciembre. No solamente habían regresado ya los que habían mandado al terreno, trayendo la noticia de que los volscos amenazaban con la guerra, sino que además los legados de los latinos y de los hérnicos anunciaban "que nunca habían prestado más atención los volscos a la elección de jefes y alistamiento de soldados: por todas partes se dice que es necesario abandonar para siempre las armas y la guerra y aceptar el yugo, o rivalizar en valor, perseverancia y disciplina con aquellos con quienes se disputaba el imperio". Estas noticias eran exactas: sin embargo, los senadores no se conmovieron, y C. Sempronio, a quien la suerte designó aquel mando, confiando en la fortuna como en el apoyo más firme, porque llevaba un pueblo vencedor a combatir a vencidos, lo hizo todo con aturdimiento y negligencia, de tal manera que más reinaba la disciplina romana en el ejército de los volscos que entre los romanos. La fortuna, como muchas veces sucede, favoreció al más diestro. En el primer combate que trabó Sempronio sin precaución alguna, no tenía reserva para apoyar la línea de batalla y la caballería estaba colocada en terreno desventajoso. El primer grito de ataque indicó cómo terminaría el empeño: por parte del enemigo, clamor animado y compacto; por la de los romanos, gritos discordantes, desiguales, repetidos muchas veces y sin fuerza, revelando el esfuerzo de los ánimos. Esto hizo que el enemigo se lanzase adelante con más ardor, el escudo tendido y brillante la espada: por el lado opuesto veíanse agitarse los yelmos en las cabezas de hombres inseguros, que miraban en derredor, que se volvían turbados y se apretaban con la multitud. En un punto las enseñas que resisten son abandonadas por sus defensores; en otro se refugiaban entre sus manípulos. Aquélla no era derrota ni victoria; parecía que el romano quería guarecerse más que pelear: el volsco avanza sus enseñas, rechaza las líneas de los romanos y prefiere matar enemigos a verles huir.

38. Ya ceden por todas partes, y en vano amenaza y exhorta el cónsul Sempronio: la majestad, la autoridad nada eran, y los soldados iban a volver la espalda al enemigo, si Sex. Tempanio, decurión de caballería, no hubiese restablecido el combate con extraordinaria serenidad, gritando con fuerte voz: "Que los jinetes que quieran la salvación de la república, salten del caballo: por enseña, seguid mi lanza; mostrad a los romanos y a los volscos que a caballo no hay jinetes y a pie no hay peones que se os comparen." Recibida esta exhortación con aclamación unánime, marcha delante llevando levantada la lanza; por todas partes se abren paso con la fuerza; lánzanse cubiertos con los escudos allí donde ven más apurados a sus compañeros; el combate se restablece en todos los puntos adonde les lleva su brío, y no puede dudarse que si un grupo tan poco numeroso hubiese podido combatir en todas partes a la vez, el enemigo se habría visto obligado a huir.

39. Y como ya no encontraban resistencia por ninguna parte, el general volsco manda a los suyos dejen penetrar entre ellos a aquella nueva cohorte, con escudos pequeños, hasta que, arrastrada por su brío, quedase completamente separada del resto del ejército. Hecho esto, los jinetes desmontados encontráronse envueltos, sin poder romper las líneas a través de las cuales se habían abierto paso, cargando en masa el enemigo sobre el punto en que habían penetrado. El cónsul y las legiones romanas, no viendo ya a aquella falange, que acababa de servir de muralla al ejército entero, y temiendo que tantos hombres y tan valientes, envueltos de aquella manera, pereciesen aplastados por el enemigo, acometieron a la aventura. Por este ataque los volscos tuvieron que hacer frente, por un lado al cónsul y a sus legiones, y por otro que rechazar a Tempanio y sus jinetes, que después de numerosos e inútiles esfuerzos para penetrar hasta los romanos, se habían apoderado de una altura, donde, formados en círculo, se defendían y al mismo tiempo se vengaban. Hasta la noche no cesaron de combatir, y de la misma manera el cónsul, sin aflojar ni un momento, resistió al enemigo mientras duró la luz. La noche separó a los dos ejércitos, sin que ninguno de ellos pudiese atribuirse la victoria, y esta ignorancia del resultado infundió tal temor en ambos campamentos, que suponiéndose vencidos los dos ejércitos, abandonaron los heridos y gran parte del bagaje y se retiraron a las montañas inmediatas. Sin embargo, la altura permaneció rodeada durante más de la mitad de la noche, y al fin, habiendo sabido los soldados que la guardaban que el campamento estaba abandonado, creyeron que los suyos habían sido vencidos, y guiados por el temor, en medio de la oscuridad, huyeron. Tempanio, temiendo las emboscadas, permaneció allí con sus soldados hasta el día; después, habiendo bajado con algunos para hacer un reconocimiento, y habiendo sabido por los enemigos heridos que estaba desierto el campamento de los volscos, regocijado, llama a los suyos y pasa al campamento romano; pero encontrando allí la misma soledad, el mismo abandono y el mismo desorden que en el enemigo, antes de que los volscos, conocido el error, pudiesen volver, se llevó a los heridos que pudieron seguirle, y como ignoraba la dirección que había tomado el cónsul, marchó a la ciudad por el camino más corto.

40. Había corrido ya la noticia de un combate desastroso y del abandono del campamento, y sobre todo se había mostrado sentimiento por los caballeros, no menos llo-

rados por la patria que por sus familiares. El cónsul Fabio, participando del temor que se experimentaba por la ciudad misma, habíase colocado delante de las puertas, cuando se vieron a lo lejos los jinetes. La inseguridad hizo que en el primer momento causase su presencia algún temor; pero reconocidos en seguida, en tanto regocijo se trocó el terror, que se recorrió toda la ciudad gritando: "¡Los caballeros han vuelto vivos y vencedores!" De las casas desoladas donde llamaban a los suyos, precipitábanse a la calle, y las madres y las esposas temblando, prescindiendo, por alegría, de las conveniencias, lanzábanse al encuentro de la cohorte, estrechando cada cual a los suyos en sus brazos, pudiendo apenas contener en su regocijo los sentidos y el corazón. Los tribunos del pueblo, que habían demandado a M. Postumio y T. Quincio por su conducta en el combate de Veyas, vieron en la odiosidad que acababa de levantar el cónsul Sempronio ocasión de avivar contra ellos antiguos resentimientos. En consecuencia de esto, habiendo convocado una asamblea, presentaron a los generales como traidores a la república en Veyas; y en seguida, a causa de la impunidad, el ejército vendido por un cónsul delante de los volscos, los jinetes más valerosos entregados a la muerte, y el campamento vergonzosamente abandonado. Después de largas y vanas declamaciones, el tribuno C. Julio mandó llamar al caballero Tempanio, y delante de sus colegas le dijo: "Sexto Tempanio, quiero que me digas si, en tu opinión, el cónsul C. Sempronio ha dado oportunamente la batalla, si ha sostenido al ejército con reservas, si ha cumplido con todos los deberes de buen cónsul; si por ti mismo, por tu propia iniciativa, cuando las legiones romanas estaban vencidas, hiciste desmontar a la caballería y restableciste el combate; si después, cuando quedasteis separados del ejército, el cónsul acudió en persona o al menos os mandó socorros; si al día siguiente recibisteis algún refuerzo; si por tu propio valor, tú y tu cohorte os abristeis paso hasta el campamento; y si cuando llegasteis, encontrasteis un cónsul y un ejército, o si le visteis desierto, ocupado solamente por soldados heridos y abandonados. Esto es lo que con tu leal firmeza, que es la única que ha mantenido a la república en esta guerra, debes decirnos hoy. En fin, ¿dónde están C. Sempronio y nuestras legiones? ¿Eres tú el abandonado, o quien ha abandonado al cónsul y al ejército? Últimamente, ¿somos vencidos o vencedores?"

41. Dícese que Tempanio contestó sencillamente, con la franqueza del soldado que ni se envanece con su gloria ni se regocija con la falta de otro: "Por lo que atañe a la prudencia militar de C. Sempronio, no corresponde al soldado juzgar al general, sino al pueblo romano, que le había elegido cónsul en los comicios. No debían, por consiguiente, consultarle a él ni acerca de la ciencia del mando ni acerca de los deberes del consulado, cuestiones difíciles hasta para las inteligencias o ingenios superiores, pero que podía decir lo que había visto. Antes de quedar separado del ejército vio al cónsul pelear en las primeras filas, exhortar a las tropas, colocarse entre las enseñas romanas y los dardos del enemigo; separado después de la vista de sus compañeros, pudo juzgar, sin embargo, por el tumulto y los gritos, que el combate debió prolongarse hasta la noche, y para llegar hasta la altura donde se guareció no creía posible que hubiese podido romper la masa enemiga. ignoraba dónde estuviese el ejército: creía que, así como él había escapado de inminente peligro refugiándose en una altu-

ra, el cónsul, para salvar al ejército, se había apoderado de algún punto más fuerte que el campamento. No creía la situación de los volscos mejor que la del pueblo romano: la fortuna y la noche habían introducido el desorden en los dos ejércitos." Dicho esto, y habiendo rogado que no le detuviesen más tiempo, porque se encontraba extenuado por el cansancio y las heridas, dejáronle marchar, colmándole de elogios por su modestia y su valor. Entre tanto había llegado el cónsul por la vía lavicana al templo del Descanso, y allá enviaron desde la ciudad carros y caballos para recoger el ejército extenuado por el combate y una marcha nocturna. Poco después entró el cónsul en la ciudad, y menos trató de disculparse que de hacer resaltar la gloria que merecía Tempanio. Los ciudadanos estaban desolados por aquel descalabro e irritados contra los generales: demandado delante de ellos M. Postumio, que había sido en Veyas tribuno consular, fue condenado a una multa de diez mil libras de peso de cobre. Su colega T. Quincio, que venció como cónsul contra los volscos, bajo el mando del dictador Postumio Tuberto, y en Fidenas como legado del otro dictador Mam. Emilio, atribuyó toda la falta del combate de Veyas a su colega, sentenciado ya, y fue absuelto por todas las tribus. Dícese que le favoreció la memoria de su padre Cincinnato, el varón más venerable, y el respeto que se tenía a Capitolino Quincio, que avanzado ya en edad, suplicaba encarecidamente que quedándole tan pocos días de vida no le hiciesen llevar tan triste noticia a Cincinnato.

42. El pueblo eligió tribunos populares en ausencia a Sex. Tempanio, A. Selio, Sex. Antiscio y Sp. Icilio; estos últimos, a propuesta de Tempanio, habían sido nombrados centuriones por la caballería. Viendo el Senado que el odio que inspiraba Sempronio reflejaba sobre el nombre consular, hizo nombrar tribunos militares con autoridad de cónsules, y fueron nombrados L. Manlio Capitolino, Q. Antonio Merenda y L. Papirio Mugilano. Desde el principio del año el tribuno del pueblo, L. Hortensio, se apresuró a demandar a C. Sempronio, cónsul del año anterior; y como sus cuatro colegas le rogaban en presencia del pueblo romano que no persiguiera a un general inocente, al que solamente podía achacársele mala fortuna, Hortensio no pudo soportarlo sin despecho, creyendo que se pretendía por aquel medio poner a prueba su perseverancia, y que el acusado no confiaba tanto en los ruegos de los tribunos, hechos para extraviar, como en el apoyo real que le prestarían. Por esta razón, dirigiéndose a Sempronio, le preguntaba: "¿Dónde está la altivez patricia, dónde ese ánimo tan firme y confiado en la inocencia? ¿Era propio de un varón consular ampararse de aquella manera a la sombra de los tribunos?" Y dirigiéndose a sus colegas: "¿Qué haréis vosotros si persisto contra el acusado? ¿Arrancaréis al pueblo sus derechos y derribaréis el poder tribunicio?" Y como éstos replicaban "que el pueblo romano tenía sobre Sempronio y todos los particulares autoridad absoluta, y que no intentaban ni podían destruir la autoridad del pueblo; pero que si sus súplicas por un general que consideraban como su padre no eran atendidas, cambiarían de traje con él". Entonces dijo Hortensio: "No, el pueblo romano no verá a sus tribunos con traje ignominioso. Renuncio a perseguir a C. Sempronio, puesto que ha sabido conquistar en su mando el cariño de los soldados." La generosidad de los cuatro tribunos no fue menos agradable al pueblo y a los senadores que la no-

ble acogida de Hortensio a justos ruegos. Desde aquel momento dejó de favorecer la fortuna a los equos, que se habían apropiado la dudosa victoria de los volscos.

43. Al año siguiente, siendo cónsules M. Fabio Vibulano, T. Quincio Capitolino, hijo de Capitolino, Fabio, a quien había tocado por suerte esta guerra, no hizo nada memorable. En cuanto los equos, temblorosos, se presentaron en batalla, fueron vergonzosamente derrotados y puestos en fuga, sin mucha gloria para el cónsul; así fue que le negaron el triunfo. Sin embargo, como atenuó con esto la ignominia de la derrota de Sempronio, cuando hubo de entrar en la ciudad le concedieron la ovación. Pero si la lucha había sido menos encarnizada en la guerra de lo que se creyó al principio, por el contrario, en la ciudad, del seno de profunda paz brotó de pronto un conjunto de discordias entre el pueblo y el Senado, a propósito de los cuestores, cuyo número quería duplicarse: además de los cuestores de la ciudad, otros dos debían asistir a los cónsules en los asuntos de la guerra. Los cónsules habían hecho la proposición y los senadores la apoyaban con todas sus fuerzas, cuando los tribunos del pueblo se colocaron en lucha abierta con los cónsules, para que una parte de los cuestores elegidos hasta entonces entre los patricios se eligiese del pueblo. Los cónsules y los senadores comenzaron por rechazar enérgicamente la pretensión; en seguida acordaron que se observaría la misma forma que para la elección de los tribunos consulares, y que el pueblo sería libre para elegir los cuestores en cualquiera de las dos clases; pero habiendo tenido poco éxito esta concesión, abandonaron por completo el proyecto de aumentar el número de los cuestores. Recogiéronlo los tribunos, y con este motivo presentaron muchas proposiciones sediciosas, entre ellas una de ley agraria. El Senado habría preferido, en medio de estas agitaciones, nombrar cónsules y no tribunos; pero haciendo imposible todo senatus-consulto las oposiciones tribunicias, al terminar este consulado la república volvió al interregno; hasta esto costó trabajo conseguirlo, porque los tribunos impedían a los patricios reunirse. La mayor parte del año siguiente pasó en discusiones entre los tribunos del pueblo y los primeros interreyes; en tanto se oponían los tribunos a que se reuniesen los patricios para la elección de interrey, en tanto prohibían al mismo interrey la publicación del senatus-consulto para los comicios consulares. Al fin L. Papirio Mugilano, elegido interrey, atacando enérgicamente a los senadores y tribunos, manifestó que: "descuidada y abandonada la república por los hombres, la había recogido la providencia de los dioses, y que si aún permanecía en pie se debía a la tregua de los veyos y a la indecisión de los equos. ¿Preferían ver anonadada la república a la primera alarma, a nombrar un magistrado patricio? ¿Por qué no tenían ejército, por qué no tenían magistrado patricio para levantar uno? ¿Acaso con la guerra intestina rechazarían la extranjera? Si estas dos desgracias ocurriesen a la vez, apenas podría impedir la asistencia de los dioses el desmembramiento del poder romano. Era necesario en ambas partes el abandono en algo de sus derechos, trabajar para el restablecimiento de la concordia: los patricios, permitiendo que se creasen tribunos militares en vez de cónsules; los tribunos del pueblo, no oponiéndose a que los cuatro cuestores fuesen elegidos indiferentemente entre los plebeyos y los patricios por el libre sufragio del pueblo".

44. Los primeros comicios que se celebraron fueron tribunicios, eligiéndose tribunos con autoridad

consular a los patricios L. Quincio Cincinnato por tercera vez, L. Furio Medulino por la segunda, M. Manlio y A. Sempronio Atratino. Este tribuno celebró los comicios para la elección de cuestores, y con éstos se presentaron, entre otros pretendientes plebeyos, el hijo de Antiscio, tribuno del pueblo, y el hermano de otro tribuno del pueblo, Sex. Pompilio. Pero ni su influencia ni sus maniobras evitaron se prefiriese por su nobleza a aquellos cuyos padres y abuelos habían sido cónsules. Enfureciéronse todos los tribunos del pueblo y especialmente Pompilio y Antiscio, a quienes enardecía la derrota de los veyos. "¿Qué significaba aquello? Ni sus beneficios, ni las ofensas de los patricios, ni el deseo tan natural de tomar al fin posesión de un derecho por mucho tiempo disputado, nada había bastado para hacer conseguir que un tribuno militar, ni siquiera un cuestor, saliese de las filas del pueblo. En vano habían escuchado las súplicas de un padre por su hijo, de un hermano por su hermano y las de los tribunos del pueblo, sacrosanta magistratura, establecida para la defensa de la libertad. Indudablemente se había empleado el fraude, y A. Sempronio había desplegado en los comicios más intrigas que buena fe. Por esta razón se quejaban de que por su injusticia hubiesen sido rechazados sus amigos de la cuestura." En consecuencia de esto, como se encontraba protegido contra sus ataques por su inocencia y por la magistratura que ejercía, volvieron su furor contra C. Sempronio, primo de Atratino, y apoyándose en los desastres que el pueblo romano había experimentado en la guerra de los volscos, sosteniéndoles su colega M. Canuleyo, le demandaron en juicio. Hecho esto, los mismos tribunos presentaron al Senado una moción acerca del reparto de tierras (determinación que C. Sempronio había combatido siempre con energía), persuadidos y con razón de que si el acusado desistía de su oposición, decaería en el ánimo de los patricios, y que si insistía en la víspera del juicio, irrritaría en contra suya al pueblo. Sempronio prefirió exponerse al odio y perjudicar su causa, a faltar a la república, y permaneció firme en su convencimiento. "Debía negarse toda generosidad que redundase en beneficio de los tres tribunos; no se pedían tierras para el pueblo, sino que se quería despertar su odio; por lo demás, tenía bastante entereza de ánimo para soportar aquella tempestad, y el Senado no debía interesarse de tal manera por él o por cualquier otro ciudadano, que se hiciese del favor de uno solo una calamidad pública." No le abandonó su firmeza cuando llegó el día de ser juzgado: él mismo defendió su causa; pero a pesar de que los patricios no omitieron medio para dulcificar al pueblo, fue condenado a una multa de quince mil ases de cobre. Aquel mismo año, la virgen vestal Postumia, acusada de haber violado su voto, tuvo que justificarse de este crimen, siendo inocente. Había inducido a sospechar de ella su esmero en el traje, cierta libertad poco a propósito en una virgen y su afición excesiva al brillo. Después de ampliada la causa, se concluyó por absolverla; y por disposición del colegio, el pontífice máximo le mandó abstenerse en adelante de todo juego de ingenio y vestir con más modestia que esmero. Aquel mismo año los campanianos se apoderaron de Cumas, ciudad que estaba entonces en poder de los griegos.

45. En el siguiente fueron tribunos militares, con autoridad consular, Agripa Menenio Lanato, P. Lucrecio Tricipitino y Sp. Naucio Rutilo. Distinguióse este año por grave peligro, que sin la fortuna del

pueblo romano hubiese sido inmenso desastre. Los esclavos conjurados proponíanse incendiar la ciudad por varios puntos y mientras se ocupase el pueblo en socorrer los edificios, invadir armados la fortaleza y el Capitolio. Júpiter impidió la ejecución de este crimen; por denuncia de dos esclavos fueron presos y castigados los culpables. A los delatores se les dio por recompensa diez mil libras de peso de cobre, que les entregó el Tesoro, cantidad considerable en aquella época, y además la libertad. Poco después comenzaron los equos preparativos de guerra y se llevaron pruebas ciertas a Roma de que habían decidido unirse a aquellos antiguos enemigos los lavicanos, enemigos nuevos de los romanos. Los equos habían acostumbrado a la ciudad a aquel regreso casi anual de la guerra. Mandaron a los lavicanos legados que trajeron respuestas dudosas, de las que resultaba claramente que si no se hacían preparativos de guerra, al menos la paz no duraría mucho. En vista de esto, encargóse a los tusculanos "que observasen los ánimos, por temor a que estallase un nuevo movimiento en Lavica". Al año siguiente, apenas habían entrado en funciones los tribunos militares con autoridad consular, L. Sergio Fidenas, M. Papirio Mugilano y C. Servilio, hijo de Prisco, dictador en la época de la toma de Fidenas, cuando recibieron legados de Túsculum anunciando que los lavicanos habían tomado las armas, y después de incorporarse al ejército de los equos habían talado la campiña de Túsculum y establecido su campamento sobre el Álgido. En seguida se declaró la guerra a los lavicanos; pero a la publicación del senatus-consulto, mandando que dos tribunos partiesen para el ejército y que quedase uno solo para velar por la tranquilidad de Roma, surgió repentinamente una desavenencia entre los tribunos, creyéndose cada cual mejor jefe militar y desdeñando el gobierno de la ciudad como trabajo molesto y sin gloria. Mientras los senadores contemplaban con asombro aquella lucha tan poco decorosa entre colegas, intervino Q. Servilio diciendo: "Puesto que no se respeta ni a este orden ni a la república, la autoridad paterna pondrá fin a este debate: mi hijo, sin esperar la decisión de la suerte, mandará en la ciudad. ¡Ojalá que los que se disputan el mando de las tropas dirijan la guerra con más prudencia y unión que demuestran en sus pretensiones!"

46. Creyóse conveniente no hacer una leva sobre todo el pueblo, y se sortearon diez tribus, de las que se alistó la juventud, llevándola a la guerra los dos tribunos. Pero la desavenencia que empezó entre ellos en la ciudad creció más aún en el ejército, impulsada por la sed de mando. Siempre opinaban al contrario, y siempre estaban en lucha por sus opiniones; cada uno quería imponer la ejecución de sus planes y de sus órdenes, cada uno desdeñaba al otro y era desdeñado; al fin, por las observaciones de los legados, convinieron mandar alternativamente cada cual un día. Cuando llegó a Roma esta noticia, dícese que Q. Servilio, prudente por la edad y la experiencia, rogó a los dioses inmortales que la desavenencia de los tribunos no fuese más funesta a la república que lo fue en Veyas; y como si no hubiese dudado de próxima derrota, exhortó a su hijo para que alistase soldados y preparase armas. Y no se engañó en sus previsiones; en efecto, L. Sergio, que mandaba aquel día, habiéndose comprometido en una posición peligrosa, bajo el mismo campamento del enemigo, que fingiendo tener miedo se había refugiado en sus parapetos, y habiéndose precipitado los roma-

nos por aquel lado, con la loca esperanza de tomar el campamento por asalto, el enemigo, con repentina irrupción por las escarpadas laderas del valle, les disparó, les derribó, más bien que les puso en fuga, destrozando y matando considerable número. No sin gran trabajo se consiguió aquel día conservar el campamento, y al siguiente, como el enemigo lo había envuelto ya en gran parte, huyeron vergonzosamente los romanos por una puerta opuesta y lo abandonaron. Los jefes, los legados y lo que quedaba de soldados útiles al lado de las enseñas se refugiaron en Túsculum; los otros, dispersos aquí y allá en los campos, llegaron por todos los caminos a Roma, donde anunciaron la derrota, mayor aún de como era. Disminuía el terror público el haber previsto desde mucho antes este triste acontecimiento, y que los refuerzos que cada cual buscaba en aquel apremiante peligro los había preparado el tribuno de los soldados. Además, mensajeros que éste había mandado apresuradamente en cuanto los magistrados inferiores hubieron calmado la agitación de la ciudad, trajeron la noticia de que los generales y el ejército estaban en Túsculum, y que el enemigo no había levantado su campamento. Pero lo que sobre todo enardeció los ánimos fue un senatus-consulto que nombraba dictador a Q. Servilio Prisco, aquel varón cuya previsora solicitud por la república había experimentado la ciudad en mil circunstancias y por el resultado mismo de esta guerra; porque aquél fue el único que, viendo la rivalidad de los tribunos, adivinó el mal resultado de la campaña. Creó jefe de los caballeros al tribuno militar que le había nombrado dictador; y según algunos historiadores, este tribuno era su propio hijo; según otros, Ahala Servilio fue aquel año jefe de los caballeros. Partiendo para la guerra con el nuevo ejército, recogió los que se hallaban en Túsculum y acampó a dos mil pasos del enemigo.

47. La presunción y negligencia de los generales romanos habían pasado a los equos después de su triunfo. Asé fue que en el primer combate, cuando el dictador, lanzando su caballería contra las primeras filas enemigas introdujo en ellas el desorden, mandó avanzar en seguida las enseñas de las legiones, y vacilando uno de los signíferos, le mató. Este ataque se realizó con tanto brío, que los equos no pudieron resistir el choque; y cuando, vencidos en batalla, huyeron y se refugiaron en su campamento, les atacaron, empleando en el asalto menos tiempo y menos esfuerzos que en el mismo combate. Una vez tomado y saqueado el campamento, porque el dictador había permitido el saqueo a los soldados, los jinetes enviados en persecución del enemigo fugitivo volvieron diciendo que los lavicanos vencidos y gran parte de los equos se habían refugiado en Lavica: al día siguiente marchó el ejército contra aquella ciudad; la cerca, la escala, la toma y la saquea. El dictador llevó a Roma el ejército victorioso, y al octavo día de su nombramiento abdicó su magistratura. En seguida el Senado, para que los tribunos del pueblo no tuvieran tiempo para presentar alguna proposición sediciosa, relativa al repartimiento de tierras, con ocasión del campo lavicano, decretó en numerosa asamblea que se enviaría una colonia a Lavica: mil quinientos colonos mandados de la ciudad recibieron cada uno dos yugadas. Después de la toma de Lavica, creáronse tribunos militares, con autoridad consular, siéndolo Agripa Menenio Lanato, L. Servilio Structo y P. Lucrecio Tricipitino, los tres por segunda vez, y Sp. Rutilio Crasso; al año siguien-

te A. Sempronio Alvatino por tercera vez, M. Papirio Mugilano y Sp. Naucio Rutilo, los dos por segunda. Durante estos dos años reinó tranquilidad en el exterior, pero en el interior hubo disturbios con ocasión de las leyes agrarias.

48. Eran los agitadores del pueblo Spurio Mecilio y Metilio, tribunos del pueblo, el primero por cuarta vez y el segundo por tercera, nombrados los dos en ausencia. Éstos habían presentado una proposición para el repartimiento igual y por cabeza de las tierras tomadas al enemigo; y como por consecuencia de este plebiscito los bienes de los nobles se declaraban del Estado (porque la ciudad, fundada en suelo extranjero, no poseía rincón de terreno que no hubiese sido conquistado por las armas, y el pueblo no tenía más que lo que le había vendido o asignado la república), era inminente empeñada guerra entre la plebe y los patricios. Los tribunos militares, convocando en tanto al Senado, en tanto reuniones particulares de los senadores más importantes, nada adelantaban, cuando Ap. Claudio, bisnieto del que fue duunviro para la redacción de las leyes, y el más joven en la asamblea de los senadores, les dijo, según se pretende: "Que traía de su familia un antiguo procedimiento, porque su bisabuelo, Ap. Claudio, había enseñado a los senadores el único medio de confundir el poder de los tribunos, que era ponerles en contradicción unos con otros. Los hombres nuevos sacrifican fácilmente su opinión a la autoridad de los grandes, sobre todo cuando éstos, olvidando su superioridad, se contentan con exponer las circunstancias. Únicamente les anima el interés: en cuanto vean que sus colegas, autores de la proposición, han usurpado todo el favor en el ánimo del pueblo, sin dejarles puesto, se inclinarán decididamente hacia el partido del Senado para atraerse el orden entero por medio de sus miembros principales." Habiendo aprobado todos y especialmente Q. Servilio Prisco, que alabó al joven por no haber degenerado la raza de los Claudios, decidióse que cada cual trabajaría según sus medios, para separar de los tribunos algunos colegas suyos y oponérselos. Levantada la sesión, los senadores principales empezaron a estrechar a los tribunos, y después de persuadirles, demostrarles y convencerles de que serían gratos a cada uno de ellos y gratos también al Senado, consiguieron sus votos para la oposición. Al día siguiente, en conformidad con el plan convenido, habiéndose denunciado al Senado la sedición que Mecilio y Metilio excitaban con aquella dádiva de pernicioso ejemplo, los principales senadores, empleando todos igual lenguaje, repiten a porfía que no se les ocurre medida eficaz y que no ven salvación si no es recurriendo al auxilio de los tribunos. Oprimida la república, tiene fe en su autoridad, y como ciudadano a quien se despoja, busca amparo entre ellos. Glorioso es para ellos y para el poder tribunicio demostrar que si el tribunado es bastante fuerte para inquietar al Senado y para levantar discordias entre los diferentes órdenes, no tiene menos fuerza para resistir a los malos colegas. Murmullo de unánime aprobación brota en el Senado, mientras que por todos los lados de la asamblea se invoca a los tribunos. Restablécese entonces el silencio, y aquellos a quienes habían ganado las seducciones de los grandes declaran que teniendo, en opinión del Senado, la petición de sus compañeros a la disolución de la república, se oponen a ella. El Senado les da las gracias, y los autores del proyecto, habiendo convocado una asamblea, declaran a sus compañeros traido-

res a los intereses del pueblo, esclavos de los consulares, y después de agobiarles con otras injurias, retiran la proposición.

49. Al año siguiente hubiese habido dos guerras a la vez bajo P. Cornelio Cosso, C. Valerio Potito, Q. Quincio Cincinnato y M. Fabio Vibulano, tribunos militares con autoridad consular; pero la de los veyos quedó diferida por los escrúpulos religiosos de sus magnates, porque desbordado el Tíber había arrastrado sus moradas y cubierto de ruinas sus devastadas llanuras. Al mismo tiempo los equos, derrotados tres años antes, negaron sus socorros a los bolanos, pueblo de su raza, que habían hecho incursiones en el territorio de los lavicanos, sus vecinos, y llevado la guerra a la nueva colonia. Para sostener esta agresión habían contado con el socorro de todos los equos; pero abandonados por sus aliados a las consecuencias de una guerra que nada hubiese tenido de notable, después de un sitio y de breve combate, perdieron su ciudad y su territorio. Una tentativa de L. Sextio, tribuno del pueblo, pidiendo para Bolis lo que se había concedido a Lavica, el envío de una colonia, fracasó por la oposición de sus colegas, quienes declararon que no consentirían la proposición de un plebiscito que no estuviese autorizado por el Senado. Al año siguiente, después de recuperado Bolis, los equos llevaron allí una colonia y reforzaron la plaza con nuevas tropas. Tenía entonces Roma por tribunos militares con autoridad de cónsules a C. Cornelio Cosso, L. Valerio Potito, L. Fabio Vibulano, por segunda vez, y M. Postumio Regilense, quien quedó encargado de la guerra contra los equos; hombre era éste de espíritu depravado, como la victoria demostró mejor aún que la guerra. En efecto, levantó prontamente un ejército, le llevó a Bolis, y después de haber abatido con escaramuzas el ardor de los equos, atacó y tomó su ciudad; en seguida, no teniendo ya enemigos, se puso en guerra con sus conciudadanos. Durante el asalto había prometido el botín a sus soldados, y una vez tomada la ciudad, violó su promesa. En mi opinión, a este motivo debe atribuirse el descontento del ejército, más bien que al despecho de no encontrar en una ciudad recientemente entregada al saqueo, en una colonia nueva, todo el botín que el tribuno había anunciado de antemano. Este descontento aumentó cuando, llamado por sus colegas y regresado a la ciudad por las turbulencias del tribunado, pronunció en la asamblea del pueblo palabras brutales y casi insensatas. Sextio, tribuno del pueblo, presentaba una ley agraria y anunciaba que propondría al mismo tiempo el envío de una colonia a Bolis; porque era justo que aquella ciudad y su territorio perteneciesen a los que los habían conquistado con las armas: "¡Desgraciados de mis soldados, dijo Postumio, si no permanecen en reposo!" Estas palabras ofendieron a la asamblea y más aún a los patricios cuando las conocieron. En cuanto al tribuno del pueblo, que tenía viveza y alguna elocuencia, viendo que encontraba entre sus adversarios un carácter soberbio, incapaz de medir su lenguaje, le irritaba, le provocaba para impulsarle a violentos discursos y atraer por este medio la indignación pública sobre él, sobre su causa y sobre el orden entero; así era que, del colegio de los tribunos, al que buscaba preferentemente para arrastrale a la discusión era a Postumio. Aprovechando entonces aquellas palabras tan duras e inhumanas, dijo: "Ya lo oís, romanos; amenaza con la desgracia a sus soldados como a esclavos; y sin embargo, esta fiera os parece

más digna de los honores que los que os dan ciudades, tierras, que os envían a las colonias, que os prepara un retiro para vuestra ancianidad, que luchan incesantemente por vuestros intereses contra adversarios tan crueles y arrogantes. Después de esto, no podéis extrañar que tan pocos defiendan vuestra causa. ¿Qué pueden esperar de vosotros? ¿Acaso los honores? ¿No los concedéis a vuestros enemigos antes que a los defensores del pueblo romano? Hace un momento habéis gemido al escuchar ese lenguaje. ¿Qué prueba eso? Mañana, cuando se emitan los votos, a los que quieren aseguraros tierras, casas y bienes, preferiréis los que os amenazan con la desgracia."

50. Cuando se enteraron los soldados de las palabras de Postumio, se indignaron en el campamento: "¿Amenazar con la desgracia a los soldados ese acaparador, ese defraudador del botín?" Como se murmuraba públicamente así, el cuestor P. Sextio, creyendo que la violencia podría reprimir una sedición que la violencia había provocado, mandó al lictor contra un soldado que vocifiraba; eleváronse gritos y vociferaciones, y una piedra alcanzó al cuestor, que se retiró del tumulto, mientras que el que le había herido añadía con insolencia: "Que el cuestor había recibido lo que el general ofrecía a sus soldados." Acudiendo Postumio para aplacar la sedición, acabó de exasperar los ánimos con el rigor de las persecuciones y la crueldad de los castigos. Al fin, como no ponía límites a su furor, a los gritos de los que había mandado matar bajo el zarzo, acuden los soldados y se amotinan protestando contra el castigo: furioso Postumio se lanza sobre ellos desde su tribunal; y entonces los lictores y los centuriones, que querían disolver el motín, habiéndole rechazado con dureza, estalló la indignación, y el tribuno militar fue apedreado por su ejército. Cuando llegó a Roma la noticia de este gravísimo delito, los tribunos militares pidieron al Senado una información acerca de la muerte de su colega y los tribunos del pueblo se opusieron a ella; pero el resultado de estas discordias dependía del que tuviese otra lucha. Inquietos los patricios, temiendo que el pueblo, bien por efecto de las persecuciones, bien por resentimiento, eligiese los tribunos militares entre los plebeyos, trababajan con todas sus fuerzas para que se creasen cónsules; pero como los tribunos del pueblo, que no habían permitido el senatus-consulto, seguían oponiéndose a los comicios consulares, se recurrió al interregno, quedando al fin la victoria por los patricios.

51. Celebrando comicios el interrey Q. Fabio Vibulano, creó cónsules a A. Cornelio Cosso y L. Furio Medulino. Bajo su consulado, al principio del año, dióse un senatus-consulto ordenando a los tribunos que sin dilación se sometiese al pueblo la persecución del asesinato de Postumio, para que el pueblo encargase a quien quisiese la dirección de la causa. El pueblo encargó por unanimidad a los cónsules este cuidado, y éstos, empleando suavidad y moderación extraordinarias, terminaron el asunto con el suplicio de algunos soldados, quienes, según opinión bastante común, se dieron la muerte; sin embargo, los cónsules no pudieron impedir que el pueblo soportase aquello con disgusto. "Dejábanse abandonadas, como poco importantes, todas las decisiones que se tomaban en interés suyo; pero si una ley pedía su sangre y su suplicio, recibe la sanción y se ejecuta en seguida." Bien elegido hubiese estado el momento, después de haber castigado la sedición, para propo-

ner, calmando así los ánimos, el repartimiento del territorio de Bolis: con esto se habría disipado el deseo de una ley agraria que debía arrojar a los patricios de las herencias públicas, injustamente usurpadas. El pueblo se encontraba entonces vivamente preocupado por la indignidad con que la nobleza se obstinaba en retener los terrenos públicos que ocupaba por la fuerza, y sobre todo por su negativa a compartir con él hasta los terrenos sin dueño tomados en otro tiempo al enemigo, y que muy pronto vendrían a ser, como los demás, presa de los patricios. Habiendo los volscos aquel mismo año talado las fronteras de los hérnicos, llevó allá sus legiones el cónsul Furio, y no encontrando ya al enemigo, se apoderó de Terentino, donde se había establecido considerable número de volscos. El botín fue menor de lo que se esperaba, porque los volscos, confiando poco en defenderse, se lo habían llevado todo, abandonando la ciudad durante la noche. A la mañana siguiente, cuando la tomaron, encontrábase casi desierta. El campo se lo regalaron a los hérnicos.

52. El año, gracias a la moderación de los tribunos, fue entregado tranquilo al tribuno del pueblo L. Icilio, bajo el consulado de Q. Fabio Ambusto y de C. Furio Pacilo. Desde el principio de este año, este tribuno, como si considerarse la sedición como un deber de su nombre y su familia, agitaba la ciudad con peticiones de leyes agrarias, cuando una peste, más amenazadora que mortífera, separó del Foro y de los debates públicos la atención de los hombres, para fijarla en la salvación de las familias y el cuidado de su salud. Créese generalmente que aquella peste causó menos estragos que hubiese causado la sedición, y al fin abandonó la ciudad después de haber invadido muchos, pero haciendo pocas víctimas. A este año de peste, durante la cual se había abandonado el cultivo de los campos, como ordinariamente ocurre, siguió la escasez, bajo el consulado de M. Papirio Atratino y C. Naucio Rutilo. El hambre habría hecho más estragos que la peste, si legados enviados a todos los pueblos que habitan las orillas del mar de Etruria y del Tíber no hubiesen atentido a las necesidades populares con la compra de trigos. Estos legados recibieron de los samnitas, dueños de Capua y de Cumas, altivas negativas a toda relación; pero fueron recibidos y secundados por los tiranos de Sicilia, y gracias al activo concurso de la Etruria bajaron el Tíber inmensos convoyes. Los cónsules pudieron conocer entonces cuánta soledad reinaba en la ciudad enferma, porque no encontraron más que un senador para cada legación, viéndose obligados a añadirles dos caballeros. Exceptuando la enfermedad y la escasez, nada inquietó a Roma en el interior ni en el exterior durante aquellos dos años; pero una vez alejados estos dos motivos de alarma, reaparecieron los males que ordinariamente inquietaban a la ciudad: la discordia interior y la guerra extranjera.

53. Siendo cónsules M. Emilio y C. Valerio Potito, comenzaron la guerra los equos; algunos volscos, sin el consentimiento de su nación, habían tomado las armas, acompañando a los equos como voluntarios a sueldo suyo. Al rumor de sus hostilidades (porque acababan de invadir el territorio de los latinos y de los hérnicos), el cónsul Valerio quiso hacer un alistamiento; pero como M. Menio, tribuno del pueblo, autor de una ley agraria, se oponía a ello, y bajo la protección de este tribuno todos se negaban a prestar juramento, se anunció de pronto que estaba en poder del enemigo

la fortaleza de Carvento. Este fracaso atrajo sobre Menio el odio de los patricios, y dio a los otros tribunos, que anteriormente habían decidido a que se opusiesen a la ley agraria, motivo más justo para resistir a su colega. Como la discordia se prolongaba mucho, y los cónsules tomaban por testigos a los dioses y los hombres, de que "todo lo que el enemigo había ocasionado y podía ocasionar de desastres y de oprobio caería sobre la cabeza de Menio, que impedía las levas", y como por su parte replicaba Menio enérgicamente, "que si los injustos detentores de los terrenos públicos consentían en ceder, no impediría los alistamientos", se dio un decreto: los tribunos, para poner fin a aquel debate, declararon, por acuerdo del colegio, que auxiliarían al cónsul Valerio en todas las medidas del fuerza y rigor que adoptase para combatir la oposición de su colega, contra todos aquellos que con ocasión de las levas, quisieran sustraerse al alistamiento. Cuando el cónsul, armado con este decreto, cogió por el cuello a algunos amotinados que apelaban al tribuno, asustados los demás, prestaron juramento. Llevado delante de Carvento el ejército, aunque disgustado con el cónsul y odiándole, combatió vigorosamente desde su llegada, arrojó a la guarnición desde lo alto de las murallas y recuperó la fortaleza: en este ataque repentino les favoreció la negligencia de los merodeadores, que habían abandonado la guarnición. Gracias a los continuos saqueos, cuyos productos habían depositado en lugar seguro, encontraron algún botín. El cónsul lo hizo vender en subasta y mandó a los cuestores ingresaran el producto en el Tesoro, diciendo públicamente que el ejército participaría del botín cuando no se negase al servicio. El odio que el pueblo y el ejército tenían al cónsul aumentó; así fue que, cuando en virtud de un senatus-consulto entró el cónsul en la ciudad con los honores de la ovación, fue recibido con cantos de versos alternados, grosera inspiración de la licencia militar. En aquellos mismos cantos en que se atacaba al cónsul, se celebraban las alabanzas del tribuno Menio: cada vez que se pronunciaba su nombre, la multitud que le rodeaba contestaba con aplausos y aclamaciones a los gritos de los soldados. Y el Senado quedó más inquieto por aquellas demostraciones que por los sarcasmos de los soldados contra el cónsul, que nada tenían de nuevos: ya no se dudó que fuese nombrado Menio tribuno militar, si aspiraba a este honor, pero se le excluyó por medio de comicios consulares.

54. Creáronse cónsules a Cn. Cornelio Cosso y a L. Furio Medulino, éste por segunda vez. Jamás vio el pueblo con mayor disgusto que se le privase de comicios tribunicios. Su cólera la manifestó vengándose en los comicios para la elección de cuestores, en los que por primera vez eligió cuestores entre los plebeyos; de manera que de cuatro nombramientos, un solo patricio, Q. Fabio Ambusto, fue elegido, siendo preferido tres plebeyos, Q. Silio, P. Elio y P. Pupio, a jóvenes de las familias más distinguidas. Dícese que esta atrevida elección la impusieron al pueblo los Icilios, de familia declarada enemiga de los patricios, de la que aquel año habían salido tres tribunos del pueblo, que ofrecían a la ávida ambición de la plebe multitud de grandes cosas. Pero habían jurado no hacer nada si en la elección de los cuestores, única en que el Senado había permitido la concurrencia de patricios y plebeyos, el pueblo no tenía bastante energía para hacer al fin lo que le pedían desde tanto tiempo y lo que las leyes no le

prohibían. Fue, por consiguiente, esta victoria muy importante para los plebeyos, no porque apreciasen mucho la cuestura, sino porque era para los hombres nuevos camino abierto para el consulado y los triunfos. Los patricios murmuraban por su parte, no por la participación, sino por la pérdida de sus honores: "Si esto sucede, decían, ¿a qué educar hijos que, rechazades del rango de sus mayores, verán a los extraños dueños de su dignidad, y que no teniendo otro recurso que hacerse salienos o flamines, para sacrificar a nombre del pueblo, permanecerán despojados de los mandos y magistraturas?" Por ambas partes se habían irritado los ánimos. Como el pueblo había adquirido audacia, y la causa popular estaba en manos de tres jefes celebérrimos, previendo los patricios que todas las elecciones en que el pueblo tenía libre sufragio tendrían igual resultado que la de los cuestores, pedían comicios consulares, que estaban cerrados al pueblo. Por el contrario, los Icilios querían nombramiento de tribunos militares, diciendo que el pueblo debía participar al fin de los honores.

55. Como no había ninguna acción consular, no podían conseguir los tribunos, contrariándoles, lo que pedían; pero les sirvieron maravillosamente los volscos y los equos, atravesando las fronteras y saqueando el territorio de los latinos y de los hérnicos. Un senatusconsulto autorizó a los cónsules para hacer una leva y marchar a combatirles; opusiéronse enérgicamente en seguida los tribunos, regocijándose por ellos y por el pueblo ante la fortuna que se les presentaba. Tres eran, y los tres enérgicos y muy considerados del pueblo. Dos se encargan de los cónsules y los vigilan sin descanso: el otro se encarga de contener o de excitar al pueblo por medio de arengas. De esta manera ni los cónsules podían conseguir el alistamiento que deseaban, ni los tribunos los comicios. Al fin, habiéndose inclinado la fortuna del lado lel pueblo, algunos mensajeros traen la noticia de que en el momento en que los soldados de la guarnición habían salido a merodear, los equos habían sorprendido la fortaleza de Carvento, pasado a cuchillo los pocos que habían quedado custodiándola y destruidos los demás, bien al regresar para defenderla, bien en los campos por donde vagaban dispersos. Este desastre, funesto para la ciudad, dio nuevas fuerzas a la oposición de los tribunos. En vano les ruegan que renuncien a poner obstáculos a la guerra; obstinadamente arrostran las tempestades que amenazan a la patria y el odio que a ellos mismos amenaza, y consiguen arrancar un senatus-consulto para una elección de tribunos militares, con la cláusula, sin embargo, de que no se admitiría ningún tribuno del pueblo de aquel año ni que podría reelegirse ningún tribuno del pueblo para el año siguiente. El Senado se dirigía, sin duda, a los Icilios, de quienes se sospechaba querían llegar al consulado por las maquinaciones de un tribunado sedicioso. Entonces se procedió a los alistamientos y se hicieron los preparativos de guerra con el concurso de todos los órdenes. Si los dos cónsules partieron para la fortaleza de Carvento, o si quedó uno para celebrar los comicios, punto es éste sobre el que no están de acuerdo todos los escritores; pero es hecho cierto, y acerca del cual no hay más que una sola versión, que después de muchos asaltos contra la fortaleza de Carvento, que no tuvieron éxito, se retiró el ejército, recobró Verrugina de los volscos y realizó pillajes y devastaciones innu-

merables, tanto en el territorio de los equos como en el de los volscos.

56. En Roma consiguió el pueblo la victoria en cuanto a la clase de los comicios, pero el resultado de los mismos quedó a favor de los patricios. En efecto, en contra de lo que generalmente se esperaba, resultaron elegidos tribunos militares, con autoridad consular, tres patricios, C. Julio Yulo, P. Cornelio Cosso y C. Servilio Ahala. Dícese que los patricios emplearon una astucia que los mismos Icilios les censuraron en esta época, y fue la de confundir los ciudadanos más ilustres con una multitud de candidatos indignos, cuya mayor parte tales manchas tenían, que el pueblo se alejó con repugnancia de los plebeyos. Poco tiempo después corrió el rumor de que los volscos y los equos, alentados con la toma de la fortaleza de Carvento, o irritados con la pérdida de la guarnición de Verrugina, se habían levantado para la guerra con todas sus fuerzas: los anciatos habíanse puesto a la cabeza del movimiento; sus legados se habían repartido entre los dos pueblos, reconviniéndoles por la cobardía con que el año anterior, escondidos detrás de sus murallas, habían dejado a los romanos pasear la devastación por sus llanuras y destruir la guarnición de Verrugina. "Ahora, decían, no son ya solamente ejércitos, envían colonias a vuestras fronteras; no buscan los romanos vuestros despojos solamente para ellos, han tomado a Terentino para regalarlo a los hérnicos." Estas palabras inflamaban los ánimos, y por donde pasaban los legados se alistaban multitud de jóvenes. Muy pronto se reunió en Anzio la juventud de todos aquellos pueblos, y estableció allí su campamento, esperando al enemigo. En cuanto se supo en Roma esta noticia, más alarmante que el peligro mismo, el Senado se apresuró a recurrir a una medida, que era su último recurso en las situaciones críticas; dispuso que se nombrase un dictador. Esta decisión afligió hondamente a Julio y Cornelio, siendo motivo de violentos debates. Después de quejarse amargamente, pero sin resultado, los principales patricios, de la resistencia de los tribunos militares a la autoridad del Senado, concluyeron por deferir a los tribunos del pueblo, recordándoles que, en ocasión semejante, habían sabido con sus esfuerzos hacer ceder hasta a los cónsules. Regocijados los tribunos del pueblo por la desavenencia de los patricios, contestaban: "Que no podían esperar socorro alguno de seres a quienes no consideraban como ciudadanos ni siquiera como hombres: que si querían admitirles a la participación de los honores y darles puesto en la república, buscarían los medios de mantener los senatus-consultos contra los magistrados soberbios; entre tanto los patricios, a quienes jamás había contenido el respeto a las leyes y a los magistrados, que hiciesen lo mismo con el poder tribunicio."

57. Este debate, tan inoportuno en momento en que tan pesada guerra tenían entre manos, ocupaba todos los ánimos; hasta que al fin Julio y Cornelio se esforzaron por mucho tiempo y sucesivamente en demostrar "que tenían capacidad bastante para dirigir aquella guerra, y que no era justo despojarles de un honor que habían recibido del pueblo". Ahala Servilio, tribuno militar, dijo: "Que si por tanto tiempo había guardado silencio, no era porque careciese de opinión decidida (ningún buen ciudadano podía separar su interés del de la república); pero había esperado que sus colegas cederían de buen grado a la autoridad del Senado, antes que dejar invocar contra ellos al poder tribunicio. Ahora también, si el

asunto no apremiase, les dejaría tiempo para retroceder de tan obstinada determinación; pero como las exigencias de la guerra no esperan las resoluciones de los hombres, prefería servir a la república a doblegarse a sus colegas; si el Senado continúa pensando lo mismo, nombraría dictador en la noche próxima; y si alguno se oponía al senatus-consulto, él se sometería a la decisión del Senado." Después de obtener por su firmeza elogios muy merecidos y el agradecimiento de todos, habiendo nombrado dictador a P. Cornelio, éste le eligió jefe de los caballeros, y su ejemplo, unido al de sus colegas, demostró claramente que los votos y los honores los consigue frecuentemente el que no los busca. Nada notable tuvo la guerra; en un solo combate y sin ningún trabajo fue exterminado el enemigo en Anzio. El ejército victorioso devastó el territorio volsco. Fue tomado por la fuerza un fuerte cerca del lago Fusino, y en él hicieron tres mil prisioneros; el resto de los volscos se refugió en sus murallas sin defender los campos. El dictador, después de terminada la guerra, en la que no había tenido otra cosa que hacer que dejarse llevar por la fortuna, volvió a la ciudad, más afortunado que glorioso, y abdicó su magistratura. Los tribunos de los soldados, sin hablar de abrir comicios consulares (creo que por el disgusto del nombramiento de dictador), anunciaron comicios para la elección de tribunos militares. Viendo los patricios que les hacían traición los suyos, quedaron muy alarmados. En consecuencia, después de disgustar al pueblo de todos los plebeyos, hasta de los más dignos, presentando los candidatos más repugnantes con los patricios principales, los más ilustrados e influyentes consiguieron los votos y ocuparon todos los puestos; ni un solo plebeyo consiguió abrirse paso. Nombraron cuatro patricios, que ya habían desempeñado estas funciones: L. Furio Medulino, C. Valerio Potito, M. Fabio Vibulano y C. Servilio Ahala. Éste fue relegido y continuó en aquella dignidad, tanto por sus anteriores méritos, como por el favor que recientemente le había merecido su moderación.

58. Habiendo expirado este año la tregua con los veyos, enviaron legados y feciales para comenzar las reclamaciones. En el momento en que llegaron a la frontera, encontraron una legación de los veyos, que les pidió no fuesen a Veyas hasta que se presentasen al Senado romano. Estos legados consiguieron del Senado, en atención a las disensiones intestinas que dividían a los veyos, que se suspendiese toda reclamación contra ellos: tan lejos estuvieron de querer obtener provecho del daño ajeno. De los volscos se recibió otro descalabro, puesto que destruyeron la guarnición de Verrugina. Entonces pudo verse cuánta importancia tiene un solo momento. Habiendo pedido socorro los soldados sitiados, hubiesen podido salvarles mediante una marcha rápida; pero el ejército enviado a socorrerles llegó después de su exterminio, no pudiendo hacer otra cosa que exterminar a su vez al enemigo, que se había dispersado para saquear. El Senado más bien que los tribunos había ocasionado el retraso: habíase dicho que la guarnición se defendía con extraordinaria energía, y el Senado no pensó que no hay valor que exceda a las fuerzas humanas. Sin embargo, aquellos valerosos soldados ni vivos ni muertos quedaron sin venganza. Al año siguiente, siendo tribunos militares con autoridad consular P. y Cn. Cornelio Cosso, Q. Fabio Ambusto y L. Valerio Potito, una contestación soberbia del Senado de

Veyas estuvo a punto de ocasionar una guerra con los veyos. Habiendo ido los legados romanos a reclamar, hízoles contestar que si no se alejaban pronto de la ciudad y de sus fronteras les darían lo que Lartes Tolumnio había dado ya. Indignados los senadores decretaron que los tribunos propusieran sin demora al pueblo una declaración de guerra contra los veyos. A esta proposición murmuró la juventud: "Que no se había puesto aún fuera de combate a los volscos; recientemente habían sido degolladas dos guarniciones y no sin peligro se conservaban aquellos puntos. Que no había año en que no fuese necesario salir a campaña, y como si éstos fuesen pocos trabajos, se preparaba otra guerra con una nación vecina, la más fuerte de todas y que seguramente levantaría a toda la Etruria." El pueblo exclamaba así y los tribunos le excitaban más, diciendo públicamente: "La guerra más dura es la de los patricios contra el pueblo; le agobian a su placer, le extenúan en el servicio y lo entregan a la muerte en manos del enemigo; le separan, le relegan lejos de la ciudad, por temor de que el descanso en Roma le recuerde las palabras libertad y colonias y se le ocurra pedir otra vez los bienes usurpados y el libre sufragio en las elecciones." Estrechando después la mano a los veteranos, contaban sus campañas y sus heridas y cicatrices. "¿Queda en este cuerpo sitio intacto para nuevas heridas? ¿Queda alguna sangre que pueda darse por la república?" Cuando a fuerza de repetir tales discursos en las conversaciones y en las asambleas, disiparon del pueblo toda idea de guerra, dejóse para otra época la proposición de ley que, con tales prevenciones, habría sido rechazada.

59. Entre tanto, consideróse oportuno enviar tribunos militares con un ejército al territorio volsco. Cn. Cornelio quedó solo en Roma. Los tres tribunos, después de reconocer que los volscos no habían establecido campamento en ninguna parte y que no librarían batalla, dividieron el ejército en tres cuerpos para devastar mejor el territorio. Valerio se dirigió a Anzio, Cornelio a Ecetra, y por todas partes a su paso devastaron hasta muy lejos las casas y los campos para distraer a los volscos; entre tanto Fabio, sin ocuparse en saquear, marchó sobre Anxur, objeto principal de aquella expedición. Era entonces Anxur lo que hoy Terracina, una ciudad que desciende en cuesta hasta los pantanos, y por este lado presentó Fabio el ataque. Cuatro cohortes, guiadas por C. Servilio Ahala, rodearon la plaza, se apoderaron de una colina que la dominaba, y desde aquel punto elevado, que no estaba guarnecido, se precipitaron sobre la ciudad en tumulto y gritando cuanto podían. A estos gritos, los que defendían contra Fabio la parte baja de la ciudad quedaron sobrecogidos de miedo; pudieron acercar las escalas, la plaza se llenó de enemigos, y por largo espacio hubo espantosa matanza de fugitivos y combatientes, de hombres armados y sin armas. Los vencidos se veían obligados a combatir, puesto que nada podían esperar de su rendición; pero de pronto se mandó perdonar a los que renunciasen a defenderse, y depuso en el acto las armas aquella multitud de voluntarios. Cogiéronse dos mil quinientos prisioneros. Fabio no quiso conceder a sus soldados el saqueo de la ciudad hasta la llegada de sus compañeros, diciendo que los otros dos ejércitos habían ayudado también a la toma de Anxur, puesto que habían impedido al resto de los volscos auxiliar la plaza. Pronto llegaron, y aquella ciudad, que por su antigua fortuna

había llegado a ser tan opulenta, fue saqueada por los tres ejércitos reunidos. Esta liberalidad de los generales comenzó a reconciliar al pueblo con los patricios. A este primer beneficio los jefes del Estado añadieron otro que fue muy oportuno. Adelantándose a toda petición del pueblo o de los tribunos, el Senado decretó que los soldados recibirían sueldo del Tesoro público; hasta entonces cada cual había hecho la guerra a su costa.

60. Dícese que jamás recibió el pueblo un favor con tanto regocijo: en tropel corrió al Senado, estrechó las manos de los senadores, al salir: con razón se les había llamado padres, asegurando que después de tal beneficio, ninguno habrá que economice por una patria tan generosa ni su cuerpo ni su sangre. Alegrábanse al pensar que el patrimonio al menos quedaría seguro mientras el cuerpo trabajaba en favor de la república; y lo que aumentaba el entusiasmo y daba realce al favor, era que había sido voluntario, espontáneo; que no lo habían provocado ni las quejas de los tribunos ni reclamaciones del pueblo. Pero los tribunos del pueblo permanecían apartados de aquel regocijo que establecía la concordia entre los órdenes. El porvenir demostrará cuánto se engañan los senadores y la multitud, que ven en esto honor y prosperidad; esa medida, que parece tan admirable, no resistirá a la experiencia. ¿De dónde obtendrán ese dinero si no es del pueblo y por medio de un tributo? Con los bienes de unos serán generosos con los otros. Por lo demás, a pesar de la aprobación general los que han terminado su servicio no consentirán que otros hagan la guerra con más ventaja que la han hecho ellos, y los que han pagado sus gastos con sus propios recursos, no pagarán además los de los otros. Estas palabras arrastraron a una parte del pueblo. Una vez impuesta la tasa al fin, los tribunos ofrecieron públicamente su apoyo a todo el que se negase a pagar el impuesto para el sueldo de las tropas. Los patricios defendieron con perseverancia la obra que tan felizmente habían comenzado, siendo los primeros en contribuir, y como no había aún plata acuñada, muchos llevaron en carros al tesoro pesadas cargas de cobre, lo cual daba ostentación a su conducta. Cuando el Senado hubo contribuido así con buena fe, según sus rentas, los plebeyos principales, amigos de los nobles se pusieron de acuerdo para imitarles; y cuando la multitud vio que les aplaudían los patricios y que la juventud militar les aprobaba como buenos ciudadanos, de pronto, sin cuidarse del apoyo de los tribunos, se ofreció a porfía a pagar su parte de la deuda pública. Habiendo sido aprobada la ley que declaraba la guerra a los veyos, un ejército, casi todo de voluntarios marchó sobre Veyas al mando de los nuevos tribunos militares con autoridad consular.

61. Fueron estos tribunos T. Quincio Capitolino, Q. Quincio Cincinnato, C. Julio Yulo, por segunda vez, A. Manlio, L. Furio Medulino, por tercera vez, y M. Emlilio Mamercino. Éstos comenzaron a sitiar a Veyas. Desde los primeros tiempos del sitio, los pueblos de la Etruria celebraron muchas veces consejo en el templo de Voltumna, sin lograr decidir si la confederación formaría causa común con los veyos y mandaría en socorro suyo todas sus fuerzas. El asedio continuó, pero con menos vigor, el año siguiente, en ausencia de parte de los tribunos y del ejército, llamados a otra parte contra los volscos. Fueron este año tribunos militares con autoridad consular C. Valerio Potito por tercera vez, M. Sergio Fidenas, P.

Cornelio Maluginense, Cn. Cornelio Cosso, Q. Fabio Ambusto y Sp. Naucio Rutilo, por segunda vez. Encontróse a los volscos entre Terentino y Ecetra; se trabó batalla, y la fortuna fue favorable a los romanos. En seguida marcharon los tribunos a sitiar a Artena, ciudad de los volscos. Habiendo intentado el enemigo una salida, fue rechazado a la ciudad, facilitando de esta manera la entrada a los romanos, que se precipitaron detrás; apoderáronse de todo, exceptuando la fortaleza, fortificada naturalmente y en la que se habían encerrado algunos soldados. Fuera de la fortaleza muchos desgraciados fueron muertos o hechos prisioneros. Pronto pusieron sitio a la misma fortaleza; pero era imposible tomarla por fuerza, bastando la guarnición para las dimensiones del paraje, y tampoco podía esperarse que se rindiera, porque antes de la toma de la ciudad habían trasladado allí todo el trigo de los graneros públicos. Así es que desalentados los romanos habrían terminado por retirarse, si la traición de un esclavo no les hubiese entregado el fuerte. Por un paso escarpado introdujo soldados que degollaron a los centinelas, y aterrado el resto de la guarnición se rindió en seguida. Después de arrasar la ciudad y la fortaleza de Artena, salieron las legiones del país volsco, y todas las fuerzas de la república se dirigieron sobre Veyas. Al traidor se le recompensó dándole además de la libertad los bienes de dos familias: llamósele Servio Romano. Opinan algunos autores que Artena pertenecía a los veyos y no a los volscos, error que depende de que existió una ciudad con el mismo nombre entre Cerea y Veyas; pero fue destruida por los reyes romanos y dependía además de los ceretos y no de los veyos. Otra ciudad con este nombre había en el país de los volscos, y es ésta cuya destrucción queda referida.

LIBRO QUINTO

Sumario: Sitio de Veyas. Equípanse los caballeros a su costa.—Furio Camilo, dictador, se apodera de Veyas después de diez años de sitio. Él mismo, como tribuno militar, pone sitio a Falerias. Consigue la victoria por su equidad.—Muerte de C. Julio, censor.—Destiérrase Furio Camilo.—Los legados romanos, enviados para restablecer la paz entre los galos cenones y los clusinos combaten en favor de éstos contra los galos. Los galos derrotan a los romanos cerca del Alia y se apoderan de Roma, exceptuando el Capitolio.—Asesinato de los senadores ancianos. Los gansos dan la alarma con sus gritos en el Capitolio, y la juventud romana, con M. Manlio, rechaza el ataque de los galos. El hambre obliga a los romanos a comprar por oro el levantamiento del sitio. Furio Camilo arroja a los galos de la ciudad.—Elévase un templo a Aio Locuente.—Incendio y destrucción de Roma.—Proyecto de emigración a Veyas. Camilo consigue que se desista de él.

1. Establecida la paz por todas partes, solamente quedaban con las armas en la mano los romanos y los veyos, pero con tanto encarnizamiento y odio tanto, que se comprendía no había de terminar la guerra sino con la ruina de los vencidos. En los dos pueblos tuvieron los comicios resultados muy diferentes: los romanos aumentaron el número de sus tribunos militares con autoridad consular, creándose ocho, caso no visto hasta entonces; fueron éstos M. Emilio Mamercino por segunda vez, L. Valerio Potito, por tercera, Ap. Claudio Crasso, M. Quinctilio Varo, L. Julio Yulo, M. Postumio, M. Furio Camilo y M. Postumio Albino. Los veyos, por el contrario, cansados de aquellas agitaciones anuales, que daban lugar a frecuentes discordias, eligieron un rey; cambio que desagradó mucho a los pueblos de la Etruria, menos por odio a la realeza que al mismo rey; porque el elegido se había hecho ya insoportable a la nación por su soberbia, que le llevó, contra todas las leyes, a interrumpir violentamente la solemnidad de los juegos. Irritado porque le rechazaron del sacerdocio, prefiriéndole otro por el voto de doce pueblos, llamó bruscamente en medio del espectáculo a los actores, que casi todos eran esclavos suyos. Como consecuencia de esto, los etruscos, que atendían más que ninguna otra nación a la observancia de los ritos religiosos, porque se distinguía en la ciencia del culto, decidieron que se negara todo subsidio a los veyos mientras obedeciesen a un rey. La noticia de esta decisión quedó ahogada en Veyas por el terror que inspiraba el rey, quien al descubrir al autor de ella, le hubiese tratado como a cabeza de sedición. Seguros los romanos de la tranquilidad de la Etruria, pero sabiendo además que en todos los consejos se ocupaban de los intereses de los veyos, se fortificaron de modo que tuviesen doble defensa: una estaba dirigida contra la ciudad y las salidas de los

sitiados; otra daba frente a la Etruria y debía detener los socorros que pudiesen venir de aquella parte.

2. Como los generales romanos eseperaban menos del asalto que del bloqueo, hicieron construir alojamientos de invierno, cosa desconocida hasta entonces al soldado romano: estaba decidido continuar la guerra en invierno. Cuando llegó a Roma la noticia, los tribunos, que desde mucho tiempo no habían tenido ocasión de agitarse, reúnen en seguida al pueblo y se esfuerzan en irritar los ánimos. "Ved, dicen, con qué objeto se ha establecido un sueldo militar. Ellos no se engañaban; bien veían que ocultaba veneno aquel regalo del enemigo. El pueblo ha vendido su libertad. Alejado para siempre, relegado lejos de la ciudad y de la república, la juventud no tiene ni siquiera el invierno para descansar; no tiene ninguna estación del año para volver a su familia, a sus asuntos. ¿Y a qué causa atribuir aquella permanencia en el servicio? Solamente se encontrará una: el temor que inspira aquella multitud de jóvenes, que son la verdadera fuerza del pueblo y que acudiría a apoyar sus intereses. Allá soportan mayores sufrimientos y privaciones que los veyos. Éstos pasan el invierno en sus hogares, protegidos por fuertes murallas y la posición natural de su ciudad; el soldado romano trabaja y se fatiga bajo la nieve y la escarcha, sin más abrigo que pieles, y en estos días de invierno en que cesa toda guerra por tierra y por mar, tiene que permanecer con las armas en la mano. Ni los reyes ni los cónsules, que tan orgullosos eran antes del establecimiento del tribunado, ni aquella fatal autoridad del dictador, ni los odiosos caprichos de los decenviros, hubiesen impuesto esclavitud parecida a aquella eternidad de servicio, ni hecho pesar sobre el pueblo romano la tiranía regia de los tribunos militares. ¿Qué harían si fuesen cónsules o dictadores los que con tanta crueldad y dureza obraban en su cargo de procónsules? Por lo demás, el pueblo tenía muy merecido que le tratasen así, puesto que de ocho tribunos militares no había sido elegido ni uno solo plebeyo. Antes apenas podían conseguir tres puestos los patricios, y éstos se les diputaban con ahínco; hoy marchan ocho de frente a la conquista del poder; y en esta multitud no hay un solo plebeyo que, si no pudiese más, recordase al menos a sus colegas que los plebeyos son hombres libres, conciudadanos; que sirven como soldados y no son esclavos; que en invierno les deben traer a sus casas, a sus hogares, y concederles algunos días en el año para ver a sus padres, a sus hijos, a sus esposas, obrar como dueños de su libertad y elegir sus magistrados." Cuando declamaban de esta suerte encontraron digno adversario en Ap. Claudio, a quien sus colegas habían dejado en Roma para reprimir las sediciones de los tribunos: varón era éste acostumbrado desde su juventud a luchar contra los plebeyos, y que pocos años antes, como ya se ha dicho, proyectó derribar el poder tribunicio por la mutua oposición de los mismos tribunos.

3. Ap. Claudio, que a natural ingenio unía facilidad de palabra, pronunció esta oración: "Si alguna vez se ha dudado, ¡oh, romanos!, que los tribunos del pueblo han obrado siempre por su propio interés y no por el vuestro, promoviendo discordias, convencido estoy de que este año queda disipada la duda. Regocíjome al ver que os despojáis al fin de tan larga ilusión y, sobre todo, de que vuestro error desaparezca en un momento en que vuestros asuntos se encuentran en próspero estado; yo os felicito por vosotros mismos y por la república.

En efecto, ¿hay alguno entre vosotros que no sepa que ninguna injusticia, si es que alguna pudo cometerse con vosotros, irritó jamás tanto a los tribunos del pueblo como el establecimiento de la paga a los soldados? ¿Y qué creéis que temiesen más entonces o que hoy deseen con más ahínco si no es turbar la unión entre los dos órdenes, cuya consecuencia debe ser, como no ignoran, la infalible ruina del poder tribunicio? Tomaríaseles, a fe mía, por malos obreros que buscan trabajo; no se cansan de desear alguna enfermedad a la república con tal de que les llaméis para curarla. En último caso, ¿sois defensores o enemigos del pueblo? ¿Atacáis al ejército o defendéis su causa? Paréceme que respondéis: "Todo lo que hacen los patricios nos desagrada, sea en favor o en contra del pueblo." Y a la manera de esos amos que prohíben a los esclavos toda relación con los extraños, creen que es justo prohibir a la vez con ellos el bien y el mal; de la misma manera queréis impedir toda relación del Senado con el pueblo, temiendo que reduzcamos al pueblo con nuestra benevolencia y liberalidad, y que el pueblo se complazca en escuchar nuestros consejos y seguirlos. ¡Cuánto mejor obraríais si tuvieseis, no digo espíritu de ciudadanos, sino algo humano, favoreciendo, alimentando con todas vuestras fuerzas la benevolencia del Senado y la deferencia del pueblo! Porque si su unión pudiese ser duradera, ¿quién dudaría en prometer a este imperio para cercano porvenir la preeminencia sobre todos los que le rodean?

4. "Yo he aprobado por completo la decisión de mis colegas, que no han querido retirar de Veyas nuestro ejército antes de la terminación del sitio; medida, no solamente útil, sino también necesaria. Pero es indispensable que hable de la condición de los soldados. Y mi lenguaje, que espero obtenga vuestra aprobación, no parecería menos equitativo al mismo ejército si hablase en el campamento, pudiendo oírme y juzgarme; si no se me ocurriese alguna razón valedera, las palabras de mis adversarios me bastarían. Poco ha no querían se diese sueldo a las tropas, so pretexto de que jamás se les había dado; ¿pero cómo se atreven hoy a quejarse de que a aquellos que han aceptado una ventaja nueva se imponga en proporción nuevo trabajo? No hay trabajo sin recompensa; pero ordinariamente también la recompensa debe merecerse por el trabajo; así la pena y el placer, de tan diversa naturaleza, se asocian y enlazan como por vínculo natural. Otras veces consideraban los soldados como carga servir a su costa a la república, y estimaban como felicidad cultivar su campo durante una parte del año, creando de esta manera recursos para la paz y para la guerra, para él mismo y para su familia. Ahora se alegra de ganar algo con la república y recibe con placer su sueldo. Que sea justo, pues; y puesto que su casa y sus bienes están libres de toda carga, que soporte pacientemente ausencia más larga. Si la república le invita a ajustar cuentas *(cálculos)*, ¿no tendrá derecho para decirle: "te pago por año, dame un año de trabajo? ¿Crees justo recibir sueldo entero por seis meses de servicio?" A pesar mío me detengo, ¡oh romanos! en estos detalles, porque en estos términos solamente puede tratarse a soldados mercenarios. Nosotros queremos obrar considerándoles como conciudadanos, y nos parece justo que se obre con ellos como con la patria. O no se debió emprender la guerra, o es necesario sostenerla con la dignidad que conviene al pueblo romano, y terminarla lo más pronto posible. Aho-

ra bien: el medio de terminarla es estrechar el sitio y no levantarlo hasta que la toma de Veyas haya coronado nuestras esperanzas. Y a fe mía, aunque no tuviésemos otros motivos, la sola vergüenza de retirarnos así nos mandaría perseverar. En otro tiempo, solamente por una mujer la Grecia entera tuvo sitiada una ciudad durante diez años; ¡y a qué distancia de sus hogares! ¡Cuántas tierras y mares les separaban de ellos! Nosotros, a veinte millas de aquí, casi a la vista de nuestra ciudad, ¡no podremos sostener un sitio de un año! Pero tal vez sean demasiado frívolos los motivos que nos impulsan a esta guerra; ¡y como no tenemos justas razones para quejarnos, nada nos impulsa a continuar nuestra venganza! Siete veces han emprendido la guerra; jamás han observado paz sincera; mil veces han devastado nuestros campos; han obligado a Fidenas a separarse de nosotros; han exterminado nuestras colonias; han aconsejado contra el derecho de gentes el impío asesinato de nuestros legados; han querido sublevar contra nosotros la Etruria entera; todavía hoy trabajan ardorosamente para ello; y cuando nuestros legados les piden reparación, están a punto de ultrajarles. ¡Y con tal pueblo haremos una guerra blanda e interrumpida!

5. "Si tan legítimos motivos de odio no pudiesen decidirnos, ¿no hay, yo os pregunto, razones más poderosas todavía? La ciudad está rodeada de inmensas obras que encierran al enemigo en sus murallas, no han podido cultivar sus campos o la guerra ha destruido los cultivos. Si llamamos al ejército, ¿quién duda que no solamente el deseo de venganza, sino que también la necesidad de apoderarse de los bienes ajenos, después de haber perdido los propios, les haga invadir nuestros campos? Adoptar ese plan, no sería aplazar la guerra, sino atraerla entre nosotros. En realidad, ¿cuál es ahora el interés de nuestros soldados, para quienes esos generosos tribunos del pueblo desean de pronto tanto bien, después de haberles querido arrebatar el sueldo? En inmensa extensión han construido un parapeto y abierto fosos, dos trabajos rudos y difíciles; han construido castillos, pocos al principio, después en número considerable, a medida que ha aumentado el ejército; otras fortificaciones han levantado, no solamente del lado de la ciudad, sino que también enfrente de la Etruria para detener los socorros que podrían venir de allí; en fin, es inútil decirlo, han preparado torres, manteletes, tortugas y todo el tren necesario para el sitio de ciudades. Y cuando están terminados tan grandes trabajos, cuando tan larga labor queda concluida, ¿debería abandonarse todo para volver al próximo verano a comenzar de nuevo la misma obra y extenderse en nuevas fatigas? ¿No es mucho más sencillo conservar lo hecho, continuar, perseverar y poner término a esta guerra? Porque la carrera se abrevia mucho si la recorremos de una sola tirada, si no retardamos con interrupciones y demoras la realización de nuestras esperanzas. Hasta ahora solamente he hablado del trabajo y del tiempo perdidos; ¿pero qué diré del peligro en que estaríamos aplazando esta guerra, peligro acerca del cual no podemos engañarnos después de los consejos celebrados en la Etruria para marchar en socorro de los veyos? Despechada e irritada en las circunstancias presentes, niega socorros, y en cuanto depende de ella, os deja libres de apoderaros de Veyas; pero ¿quién puede responder de que más adelante, si se difiere la guerra, perseverará en los mismos propósitos? Si aflojáis el sitio, abrís paso a le-

gaciones más numerosas e importantes; y por otra parte, lo que hoy disgusta a los etruscos, ese rey creado en Veyas, puede desaparecer con el tiempo, o por el consentimiento de la ciudad, que procurará por este medio conciliarse el resto de la Etruria, o por la abdicación del rey, que no querrá que su reinado sea obstáculo para la salvación de sus conciudadanos. Contemplad cuántas dificultades y peligros hay en la marcha que se os aconseja. La pérdida de las obras construidas con tanto trabajo; la inevitable devastación de nuestros campos; y en vez de la guerra contra los veyos, la guerra con la Etruria. Tribunos, éstos son los frutos de vuestros consejos; paréseme, a fe mía, ver a un hombre que tratando a un enfermo, al que un remedio enérgico iba a curar muy pronto, le arroja en larga y quizá incurable enfermedad, por hacerle tomar un alimento o poción de sabor agradable.

6. "Hasta prescindiendo del interés de la guerra, importa mucho a la disciplina militar que se acostumbre a nuestros soldados a no contentarse con una victoria demasiado fácil, y si las hostilidades se prolongan, a que se resignen al retraso en la realización de sus esperanzas, y si no basta el verano para terminar la guerra, a continuarla en invierno, en vez de hacer como esas aves de estío, que en cuanto llega el otoño se apresuran a buscar aquí y allá un techo y un abrigo. El placer de la caza lleva a los hombres, a pesar de la nieve y la escarcha, a cruzar los bosques y montañas; y yo os pregunto: ¿las necesidades de la guerra no encontrarán en nosotros la paciencia que muestran los hombres en sus distracciones y placeres? ¿Suponemos acaso en nuestros soldados cuerpos tan afeminados, ánimos tan blandos, que no puedan soportar un invierno en el campamento fuera de sus hogares? ¿Tendrán, como en las guerras navales, que consultar los vientos y elegir las estaciones? ¿No podrán soportar el calor ni el frío? Avergonzaríanse por el contrario si se les opusieran tales obstáculos; altamente proclamarían que su naturaleza es viril y sufrida, tanto por el ánimo como por el cuerpo; que pueden soportar la guerra en invierno como en verano; que no han encargado a los tribunos que defiendan en su favor la causa de la molicie y la cobardía, y que recuerdan que no fue permaneciendo a la sombra de sus techos y de sus casas como establecieron sus antepasados ese poder de los tribunos. Digno es del valor de vuestros soldados, digno del nombre romano no considerar solamente Veyas y la guerra actual, sino buscar aumento de fama para otras guerras y para otros pueblos en lo porvenir. ¿Creéis indiferente para la opinión que se forme acerca de vuestra conducta, que crean vuestros vecinos que basta a una ciudad sostener por algunos días el primer choque del pueblo romano, para no tener ya nada que temer, o que experimenten tal terror ante nuestro nombre, que comprendan que un ejército romano, a pesar del trabajo de un sitio largo y del rigor del invierno, no puede separarse de una plaza una vez rodeada, no conoce otro término a la guerra que la victoria y no despliega en ella menos perseverancia que intrepidez? Si necesaria es en toda clase de guerra la perseverancia, lo es especialmente en los sitios; porque casi todas las ciudades son inexpugnables por sus fortificaciones y posición; únicamente el tiempo, y con él el hambre y la sed, pueden vencerlas y reducirlas. El tiempo es quien rendirá a Veyas, a menos que los tribunos del pueblo acudan en auxilio del enemigo y que los veyos en-

cuentren en Roma el apoyo que en vano buscan en la Etruria entera. En efecto, ¿qué otra cosa puede entrar más de lleno en los deseos de los veyos que ver la sedición, comenzando por la ciudad romana, propagarse en seguida por los campos como un contagio? Y ¡a fe mía! tal moderación muestran nuestros enemigos, que a pesar de la molestia del sitio y hasta de la rudeza, ninguna novedad ha ocurrido entre ellos; la negativa de socorro de los etruscos no ha irritado sus ánimos; porque el primer trabajador de la sedición sería en el acto castigado con la muerte, y allí jamás tendrá nadie derecho para decir impunemente lo que se dice entre vosotros. Sujetamos al suplicio del palo al que abandona sus enseñas o su puesto, y aquellos que aconsejan la deserción y abandono del campamento, no a uno o dos soldados, sino a ejércitos enteros, pueden alzar la voz públicamente y en plena asamblea; tan cierto es que los tribunos del pueblo, ora proclamen la traición, ora quieran derribar la república, os han acostumbrado a escucharles con agrado; y que seducidos, encantados con su poder, permitís que cubra y proteja todos los crímenes. Solamente les falta poder declamar en medio del campamento y del ejército como lo hacen aquí, corromper a los soldados y prohibirles la obediencia; puesto que en último caso, la libertad consiste en Roma en no respetar ni al Senado, ni a los magistrados, ni las leyes, ni las costumbres de nuestros padres, ni las insttiuciones de nuestros antepasados, ni la disciplina militar."

7. Appio luchaba ya sin desventaja con los tribunos del pueblo en las asambleas populares, cuando de pronto, lo que nadie creería, un fracaso experimentado en Veyas aseguró el triunfo de Appio, robusteció la unión entre los órdenes y renovó el ardor y obstinación de los sitiadores. Habíase prolongado la calzada hasta la ciudad y solamente faltaba aplicar los manteletes a las murallas, cuando de repente, como cuidaban más de apresurar los trabajos durante el día que de vigilarlos por la noche, ábrese una puerta de la plaza; inmensa multitud, casi toda ella armada con antorchas, se precipita lanzando fuego, y en una hora la calzada y los manteletes, que habían costado tan largo trabajo, quedan destruidos por el incendio; muchos que quisieron prestar socorro perecieron por el hierro o por el fuego. Cuando llegó a Roma la noticia, la llenó de consternación, infundiendo inquietud y terror al Senado, temiendo que no podría contener la sedición en la ciudad ni en los campos, y que los tribunos del pueblo triunfasen insolentemente como por victoria que hubiesen conseguido sobre la república; pero de pronto, los que pagaban el censo ecuestre, sin que el Estado les hubiese asignado aún los caballos, se ponen de acuerdo, se presentan al Senado, y habiendo obtenido audiencia, proponen equiparse y servir a su costa. El Senado les da las gracias en términos expresivos, y el rumor del ofrecimiento se propaga con rapidez por el Foro y toda la ciudad. Inmediatamente se reúne el pueblo y acude a la Curia: "Ahora, dicen, es el orden pedestre el que acude, sin esperar su turno, a ofrecerse para servir a la república, sea en Veyas o donde se le quiera llevar; si se le lleva a Veyas, promete no volver hasta la rendición de la ciudad enemiga." Trabajo cuesta entonces contener la alegría que desborda. En efecto, no se les envían, como a los caballeros, magistrados con el encargo de darles las gracias; no se les convoca a la Curia para contestarles; tampoco queda encerrado en su recinto el Senado; todos los

senadores salen, y desde un paraje que domina a la multitud reunida en el Comicio expresan con la voz y con las manos el público regocijo, proclamando que la ciudad de Roma es feliz, invencible y eterna, gracias a aquella concordia; alaban a los caballeros, alaban al pueblo y glorifican aquel venturoso día, confesando que el Senado queda vencido en clemencia y generosidad. Lágrimas de alegría derraman senadores y caballeros; y al fin, reunidos los senadores en la Curia, dan un senatus-consulto disponiendo: "Que los tribunos militares convocarán una asamblea, darán las gracias a los peones y a los caballeros, y dirán que el Senado promete no olvidar jamás su pliedad para con la patria: que sin embargo se complace en asignar sueldo a todos los que se han ofrecido fuera de turno para el servicio militar." Dióse paga fija a los jinetes, desde aquel día comenzaron a montar caballos propios. Llevado a Veyas este ejército voluntario, no contento con restablecer los trabajos destruidos, construyó otros nuevos; y la ciudad atendió a los abastecimientos con más cuidado que nunca, para que nada faltase a las necesidades de un ejército tan benemérito de la patria.

8. El año siguiente tuvo por tribunos militares, con autoridad consular, a C. Servilio Ahala por tercera vez, Quinto Servilio, L. Virginio, Q. Sulpicio, A. Manlio, por segunda vez, y de la misma manera M. Sergio. Bajo el tribunado de éstos, fija toda la atención en Veyas, quedó descuidada Anxur; concedíanse muchas licencias a la guarnición y se recibían demasiados comerciantes volscos en la plaza; de pronto se encuentran envueltos los centinelas de las puertas y cae en su poder la ciudad. La pérdida en hombres fue muy ligera, porque a excepción de los enfermos, todos los soldados negociaban por los pueblos vecinos. Tampoco fueron más afortunados por parte de Veyas, en la que estaba fija entonces la atención pública. Los generales romanos mostraban más animosidad unos contra otros que valor contra el enemigo, haciéndose más terrible la guerra por la imprevista unión de los capenatos y faliscos. Eran éstos dos pueblos de la Etruria que, encontrándose más próximos a Veyas, se veían, después de la destrucción de la ciudad, como blanco de las armas romanas. Tenían además los faliscos motivos de enemistad personal; habían intervenido en la guerra de los fidenatos, y los dos pueblos, después de haberse enviado recíprocamente muchas diputaciones y haberse comprometido por la santidad del juramento, llegaron bruscamente a Veyas con sus ejércitos y atacaron la parte del campamento en que mandaba Sergio, produciendo profundo espanto, porque creyeron los romanos que había acudido toda la confederación de los etruscos con la masa completa de sus fuerzas. Este mismo convencimiento produjo en Veyas movimiento general; así fue que el campamento romano tuvo que defenderse de doble ataque; los romanos acudían precipitadamente a un lado y a otro; pero les costaba demasiado trabajo contener a los sitiados, y no podían sostenerse al mismo tiempo contra el enemigo exterior, que entraba ya en sus parapetos. El único recurso habría sido que del campamento principal acudiesen a socorrerlos, y entonces, distribuyéndose en diferentes puntos la totalidad de las legiones, mientras unas hubiesen hecho frente a los capenatos y faliscos, las otras habrían rechazado victoriosamente la salida de los sitiados. Pero Virginio, que mandaba en este campamento, era enemigo personal de Sergio, quien por su parte no le odiaba menos. En vano le informaron de que atacaban a la

mayor parte de las fortificaciones, que el enemigo avanzaba por los dos lados; limitóse a tener sus tropas sobre las armas, diciendo que si su colega necesitaba socorros no dejaría de pedírselos. Pero no tenía éste menos arrogancia que el otro, y porque no pareciese que había invocado el socorro del hombre que detestaba, prefirió dejar la victoria al enemigo a deberla a un conciudadano. Durante el conflicto hubo tiempo para que los soldados romanos quedasen destrozados, y concluyeron por abandonar las empalizadas. Un número muy corto se refugió en el campamento de Virginio, y la mayor parte, con Sergio a la cabeza, no paró hasta Roma. Como éste achacaba el fracaso a culpas de su colega, creyóse conveniente llamar a Virginio, dándose entre tanto el mando a legados. Inmediatamente se trató el asunto en el Senado, y los dos rivales porfiaron en acriminarse. Pocos senadores atendieron al bien de la república, inclinándose la mayor parte al uno o al otro, movidos por sus afectos personales.

9. Los senadores más prudentes, sin querer decidir si en aquella ignominiosa derrota habían sido culpables los generales o solamente desgraciados, propusieron no esperar a la época ordinaria de las elecciones y nombrar en el acto los nuevos tribunos militares, para que entraran en ejercicio en las calendas de octubre. Adoptada generalmente esta proposición, no la impugnaron los demás tribunos militares, pero irritó a Sergio y a Virginio, a quienes debía imputarse el borrón que acababa de echarse sobre las elecciones de este año. Al principio se limitaron a reclamar contra la humillación de que iban a ser objeto; pero en seguida se opusieron resueltamente al senatusconsulto, y protestan que no harán el sacrificio de su dignidad antes de los idus de diciembre, día consagrado para la posesión de los magistrados nuevos. En medio de la concordia y de la prosperidad general, los tribunos del pueblo se habían visto obligados, a pesar suyo, a guardar silencio; pero ahora, recobrando toda su audacia, atrévense a amenazar con la prisión a los tribunos militares, si no se someten a la decisión del Senado. Toma entonces la palabra Servilio Ahala, y les dice: "Tribunos del pueblo, si solamente se tratase de vosotros y de vuestras amenazas, con placer pondría a prueba si tenéis bastante energía para sostenerlas como poco derecho para proferirlas. Pero sería crimen resistir a la autoridad del Senado. En cuanto a vosotros, no intentéis haceros poderosos a favor de nuestras disensiones: o mis colegas harán lo que el Senado pide, o si se obstinan en su negativa nombraré un dictador que les obligará a obedecer." Las palabras de Servilio obtuvieron general asentimiento, y el Senado se regocijó, porque sin recurrir al aparato del poder tribunicio, se encontró medio de reducir a la obediencia a los magistrados. No atreviéndose los dos tribunos a luchar contra el deseo general, procedieron a las elecciones de los tribunos militares que debían entrar en ejercicio en las calendas de octubre, y hasta abdicaron antes de llegar este día.

10. Fueron elegidos tribunos militares, con autoridad consular, L. Valerio Potito por cuarta vez, M. Furio Camilo por segunda, M. Emilio Mamercino por tercera, Cn. Cornelio Cosso por segunda, y por primera vez Q. Fabio Ambusto y L. Julio Yulo, distinguiéndose este tribunado por muchos acontecimientos exteriores e interiores. En el exterior se multiplicaron en las guerras; hubo que combatir a la vez a los veyos, capenatos y falerios, sin contar a los volscos, de

quienes se quería recobrar la plaza de Anxur. En Roma produjo disgusto la cobranza del impuesto y el alistamiento de soldados; hubo disidencias por el nombramiento irregular de los tribunos del pueblo, y también agitó bastante los ánimos el proceso de los dos tribunos militares del año anterior. El primer cuidado de los tribunos militares fue atender a nuevas levas, y no se limitaron a alistar a los jóvenes, sino que se obligó a inscribirse para la guardia de Roma a aquellos que habían pasado de la edad del servicio militar. Pero cuanto más se aumentaba el número de soldados, más dinero se necesitaba para pagarles el sueldo, y solamente podía adquirirse por medio de un impuesto, que los que quedaban en Roma pagaban con tanto más disgusto, cuanto que, encargados de la defensa de la ciudad, tenían que soportar un trabajo militar, contribuyendo así doblemente a la república. Estas cargas eran por sí mismas demasiado pesadas, y los sediciosos discursos de los tribunos del pueblo tendían a hacerlas aparecer más rudas todavía. Acusaban a los patricios "de no haber imaginado el sueldo sino para destruir una parte del pueblo en la guerra y la otra con el impuesto; más de tres años duraba ya una sola guerra, y de intento se cometían faltas para que durase más tiempo; en la actualidad se tenían cuatro a la vez, y era necesario encontrar en una sola leva cuatro ejércitos y alistar desde menores de diez y seis años hasta mayores de cincuenta. Ya no se distinguía entre el invierno y el verano, por temor de que el desgraciado pueblo tuviese un momento de descanso; y ahora se concluía por recargar los impuestos; de manera que cuando volviese a sus hogares, abrumado de fatigas, cubierto de heridas y cargado de años, encontrando en completa ruina su pobre hacienda, por tanto tiempo privada de la vista del amo, veríase obligado a buscar entre los restos de su fortuna con qué satisfacer los impuestos que le extenuaban; así, pues, aquel pretendido don de un sueldo no era en el fondo otra cosa que un préstamo usurario que tendría que devolver a la república con enormes intereses". En medio de aquellos graves asuntos del alistamiento, del impuesto, y estando además ocupados los ánimos en los cuidados más importantes, no se pudo completar el número de los tribunos del pueblo en las elecciones. Los patricios procuraron entonces hacer cubrir los puestos vacantes por los que habían sido nombrados, y trataron de que se les nombrase; y no pudiendo conseguir esto último, alcanzaron al menos, lo cual era verdadero atentado a la ley Trebonia, que se completase el número de los tribunos como habían propuesto, e hicieron recaer la elección en C. Lucrecio y M. Acucio, a quienes patrocinaban.

11. Quiso el hado que entre los tribunos de este año se encontrase Cn. Trebonio, quien creyó deber a su familia y a su nombre tomar la defensa de la ley Trebonia. Éste exclamó: "Que si se había rechazado el primer ataque de algunos patricios, no por esto habían dejado de consumar su invasión los tribunos militares; que la ley Trebonia había sido hollada, y que se había elegido a los tribunos del pueblo, no por los votos de sus conciudadanos, sino por los de sus colegas y por orden de los patricios: si se toleraba tamaño atentado, habría que resignarse a no ver en adelante más que patricios o satélites suyos como defensores de la libertad del pueblo; esto era arrebatarle todos los derechos que había conquistado sobre el monte Sacro; esto era destruir el tribunado." Al mismo tiempo que reprobaba las ma-

niobras de los patricios, no se quejaba menos Trebonio de la connivencia de sus colegas, llamándola traición infame. Como estas declamaciones excitaban el odio, no solamente contra los patricios sino contra todos los tribunos indistintamente, tanto los que habían ayudado a la votación de la ley como los que la habían aprovechado, tres de ellos, Publio Curiacio, Marcio Metilio y Marco Minucio, imaginaron, para salvarse, perder a Sergio y a Viriginio, tribunos militares del año anterior, y los llevan delante del pueblo. Dando otra dirección a su odio y sus venganzas, consiguen, con efecto, desviar la tempestad que zumbaba sobre sus cabezas. Adulando todas las preocupaciones populares contra el alistamiento y contra el impuesto, contra la continuidad del servicio y la prolongación de la guerra, agriando el disgusto de aquellos a quienes interesaba más especialmente el desastre de Veyas y que lloraban la muerte de un hijo, de un hermano, de un pariente, de un deudo; alábanse de ser los únicos que, entregando dos cabezas culpables al tribunal del pueblo, le dan los medios para ejercer justa venganza por tantas desgracias públicas y tantas calamidades personales. En efecto; ¿podían dejar de contar a Sergio y a Virginio como autores de todos los males, y los cargos de los acusadores eran más fuertes que la confesión de los acusados, que culpables los dos rechazaban la falta el uno sobre el otro, Virginio acusando a Sergio de cobardía, y éste acusando a Virginio de traición? Aparecía, en verdad, tal demencia en su conducta, que no se podía explicar vesosímilmente sino suponiendo un pacto secreto y una conspiración de todos los patricios. En efecto, ¿no era creíble que aquellos que anteriormente, con el propósito de prolongar la guerra, habían proporcionado a los veyos ocasión de incendiar todas las obras, fuesen los mismos que después habían sacrificado al ejército y entregado a los faliscos el campamento de los romanos? Y todo esto con el fin de que una valiente juventud se consumiese eternamente bajo las murallas de Veyas y de que los tribunos se encontrasen en la imposibilidad de procurar al pueblo terrenos y otros establecimientos ventajosos, no contando sus proyectos con el apoyo de numeroso concurso, único que podía contrabalancear la liga patricia. Los acusados habían sido juzgados de antemano por el Senado, por el pueblo romano y por sus mismos colegas. Un decreto del Senado les había separado de la administración de los negocios públicos; ante su negativa de abdicar, les amenazaron sus colegas con un dictador, y el pueblo romano había nombrado otros tribunos que, sin esperar el plazo ordinario de los idus de diciembre, habían entrado en ejercicio en las calendas de octubre, porque la república estaba en peligro mientras aquéllos ocupasen sus puestos. Aunque con reputación tan quebrantada, y condenados ya de antemano, se atrevían a presentarse al juicio del pueblo; creíanse exentos de peligro y suficientemente castigados con haber vuelto a la condición de simples ciudadanos dos meses antes; y no pensaban que menos habían pensado en imponerles una pena que en quitarles el poder de perjudicar más tiempo, puesto que también se había destituido a sus colegas, que no eran ciertamente culpables como ellos. ¿Pero habrían olvidado los romanos la impresión de horror que experimentaron en el momento de aquel espantoso desastre, cuando vieron caer a las puertas de Roma el ejército entero, jadeante por su precipitada fuga, temblando de miedo, manando sangre las heridas, no quejándose de la fortuna ni de los dioses, sino de aquellos indignos jefes que el pueblo tenía delante? Ellos por su parte creían que de todos los que formaban la asamblea, ni uno solo había que en aquel momento no lanzase todas las imprecaciones, todas las iras del cielo sobre Sergio y Virginio, sobre su familia y sus bienes. ¿Convendría, después de haber invocado contra aquellos culpables la cólera de los dioses no ejercer sobre ellos, hoy que el pueblo tenía derecho, una venganza que los mismos dioses tomaban por suya? Nunca se encargaba el cielo por sí mismo del castigo de los criminales, contentándose con preparar los medios de la venganza y armar el resentimiento de los vencidos."

12. Excitado por estos discursos, condenó el pueblo a diez mil libras de peso de cobre, aunque Sergio atribuyó a la fortuna el éxito de las batallas y Virginio suplicó a sus conciudadanos que no le fuesen más contrarios que el enemigo. Fija en ellos la cólera pública, olvidó lo que había ocurrido en la elección de los tribunos y el atentado a la ley Trebonia. Para compensar sin dilación al pueblo por su sentencia, los tribunos vencedores proponen una ley agraria e impiden la imposición del tributo; esto en el instante en que urgía tener dinero para el sueldo de muchos ejércitos, y cuando Roma, a pesar de los triunfos de sus armas, no veía aún en ninguna guerra la realización de sus esperanzas. El campamento perdido en Veyas fue recuperado, y para defenderle se construyeron fortificaciones y se establecieron guarniciones en ella. En este campamento mandaban los tribunos militares M. Emilio y Q. Fabio. M. Furio en el territorio de los faliscos y Cn. Cornelio en el de los capenatos no encontraron ni un solo enemigo fuera de las murallas; satisfechos con recoger botín y quemar las alquerías y las cosechas y devastar las campiñas, no atacaron ni sitiaron ninguna ciudad. En el territorio de los volscos, después de talarlo, atacaron a Anxur, sin éxito a causa de lo escarpado del terreno; y no pudiendo tomarla a viva fuerza, comenzaron a rodearla de parapetos y fosos. Esta campaña había tocado en suerte a Valerio Potito. Tal era el estado de los asuntos militares, cuando estalló una sedición interior, más amenazadora que la misma guerra; y como los tribunos se oponían a que se cobrase el tributo, los generales no recibían dinero y los soldados reclamaban a gritos su paga: poco faltó para que el contagio de las sediciones intestinas se propagase al campamento. En medio de este descontento de la plebe contra los patricios, los tribunos del pueblo no cesaban de decir: "Que ya era tiempo de afirmar la libertad y de transmitir a los plebeyos, hombres de ingenio y valor, los honores supremos que se habían arrebatado a los Sergios y Virginios." Pero a pesar de sus esfuerzos, el pueblo no pudo hacer más para establecer su derecho que nombrar al plebeyo P. Licinio Calvo tribuno militar con autoridad consular. Los otros, todos patricios, eran P. Menio, L. Titinio, P. Melio, L. Furio Medulino y L. Publilio Volsco. Asombrábase el pueblo de haber conseguido tanto; y el plebeyo nombrado, extraño hasta entonces a las funciones públicas, antiguo senador y viejo ya, no quedó menos sorprendido. Ignórase por qué motivo fue elegido con preferencia a otros para disfrutar el primero aquella dignidad nueva. Según unos, este honor se lo debió a la influencia de su hermano Cn. Cornelio, que siendo tribuno militar el año anterior, había dado triple sueldo a los caballeros; según otros, lo

debió a palabras de reconciliación entre los dos órdenes, que pronunció con oportunidad y que agradaron por igual a los patricios y al pueblo. Orgullosos los tribunos del pueblo con aquella victoria en los comicios, cesando de entorpecer la marcha de los negocios, consintieron en el tributo, cobrándose sin murmuraciones y enviándose al ejército.

13. Muy pronto se recobró Anxur de los volscos en un día festivo en que descuidaron la custodia de la ciudad. El invierno de este año fue extraordinariamente frío y nivoso, hasta el punto de quedar interrumpidas las comunicaciones por los caminos y la navegación por el Tíber; a pesar de esto, considerables aprovisionamientos, acopiados de antemano, permitieron conservar el precio ordinario de los víveres. Comenzada y terminada sin turbulencias la magistratura de P. Licinio, y habiendo regocijado por modo extraordinario a los plebeyos sin desagradar demasiado a los patricios, cada cual acarició la idea de nombrar plebeyos en las próximas elecciones de tribunos militares. Uno solo de los candidatos patricios, M. Veturio, no fue rechazado; los otros puestos los obtuvieron plebeyos; siendo elegidos por el voto casi unánime de las centurias tribunos militares con autoridad consular M. Pomponio, C. Duilio, Volerón Publilio, Cn. Genucio y L. Atilio. Después de riguroso invierno, la intemperie del cielo, las bruscas variaciones atmosféricas u otras causas produjeron un estado pestilencial y funesto para todos los seres vivientes. Como no se veía motivo ni término para aquella enfermedad incurable, a consecuencia de un senatus-consulto se recurrió a los libros sibilinos. Los duunviros, encargados de las ceremonias sagradas, hicieron por primera vez un lectisterno en la ciudad de Roma, y durante ocho días, para aplacar a Apolo, Latona y Diana, Hércules, Mercurio y Neptuno, permanecieron aderezados tres lechos con magnífico aparato. Los particulares celebraron también aquella solemne fiesta; en toda la ciudad dejaron abiertas las puertas y pusieron al alcance de todos el uso común de las cosas; todos los extranjeros, conocidos o no conocidos, estaban invitados a la hospitalidad; hasta para los enemigos se empleaban palabras suaves y clementes; renuncióse a las quejas y procesos; durante aquellos días se quitaron también las cadenas a los prisioneros, y después se mostró escrúpulo en volver a la prisión a aquellos a quienes los dioses habían libertado de tal manera. Entre tanto cundió la alarma en el campamento de Veyas por consecuencia de la reunión de tres guerras en una sola; porque los capenatos y faliscos acudiendo bruscamente en socorro de los veyos, atacaron las fortificaciones como la primera vez, reuniéndose tres ejércitos, contra los que se libró empeñada batalla. Aprovechóse ante todo el recuerdo del castigo de Sergio y Virginio; y del campamento principal, cuya antigua inacción fue tan funesta, salieron las tropas, que después de ligero rodeo, atacaron por la espalda a los capenatos, ocupados en hostilizar las fortificaciones romanas. De esta manera comenzó el combate; los faliscos se asustaron y quebrantaron, y una oportuna salida de los del campamento completó su derrota, persiguiéndoles los vencedores y haciendo tremenda matanza. Muy poco después, los merodeadores romanos, que devastaban el territorio de Capenas, habiendo encontrado por casualidad los dispersos restos de este ejército, les exterminaron. Muchos veyos, que se refugiaban desordenadamente en su ciudad, fueron muertos en las puertas, porque temiendo

los habitantes que los romanos entrasen con los fugitivos, cerraron las puertas sobre los soldados de la retaguardia. Éstos fueron los acontecimientos de este año.

14. Acercábanse ya las elecciones de tribunos militares, que tal vez inquietaban más a los patricios que la misma guerra; porque se veían en el aprieto, no ya de compartir con el pueblo, sino de perder la autoridad soberana. De intento presentaron como candidatos a los varones más importantes, convencidos de que no se atreverían a rechazarlos; y después, obrando cada uno de ellos como si fuese candidato, todo lo aprovecharon, hombres y dioses, invocando contra los comicios de los dos últimos años la autoridad de la religión. El primer año se presentó cruel invierno como presagio siniestro. Al siguiente, siguieron los efectos a las amenazas; los campos y ciudades se vieron invadidos de la peste, prueba palpable del enojo de los dioses; y para libertar a Roma hubo que aplacarles, siguiendo las revelaciones de los libros del destino. En estos comicios consagrados por los auspicios, los dioses vieron con cólera entregados los honores al pueblo y las diferencias de los órdenes confundidos. Gracias a la importancia de los candidatos y a los escrúpulos religiosos que habían sembrado en los ánimos, fueron nombrados tribunos militares con autoridad consular patricios solamente y casi todos acostumbrados a los honores. L. Valerio Potito por quinta vez, M. Valerio Máximo, M. Furio Camilo y L. Furio Medulino por la tercera, Q. Servilio Fidenas y Q. Sulpicio Camerino por la segunda. Bajo este tribunado no ocurrió nada notable en Veyas, empleándose toda la fuerza del ejército en la devastación. Dos generales hábiles, Potito y Camilo, recogieron, el uno de Faleria y el otro de Capenas, inmenso botín, no dejando en pie nada de lo que el hierro o el fuego podía destruir.

15. Entre tanto se anunciaban numerosos prodigios; pero la mayor parte fueron recibidos con marcada incredulidad e indiferencia, bien porque solamente les apoyaban un solo testimonio, bien porque la guerra con los etruscos alejaba a los arúspices capaces de dirigir la expiación. Uno solo atrajo la atención general: un lago en el bosque Albano elevó sus aguas por modo extraordinario, sin que pudiese explicarse este fenómeno, ni por lluvias ni por ninguna otra causa natural. Para saber lo que presagiaban los dioses por medio de este prodigio, enviáronse encargados que consultasen al oráculo de Delfos. Pero el destino había colocado más cerca del campamento otro intérprete: un anciano de Veyas, en medio de las burlas de los centinelas romanos y las guardias etruscas, cantó estas palabras en tono profético: "Mientras no desaparezcan las aguas del lago de Alba, el romano no será dueño de Veyas." Al principio se consideraron estas palabras como dichas a la casualidad, pero muy pronto las recogieron y comenzaron a propagarse. Como la duración de la guerra había establecido al fin cierta familiaridad entre los soldados de ambas partes, uno de los guardias romanos preguntó al centinela más próximo de la ciudad quién era aquel hombre que había pronunciado palabras tan oscuras acerca del lago Albano. Enterado de que era un arúspice, este soldado, que era religioso, so pretexto de que le interesaba personalmente el prodigio, dijo que quería, si era posible, consultar al adivino, y le atrajo a una entrevista. Cuando se reunieron los dos sin armas ni desconfianza, el joven romano, más vigoroso, se lanzó sobre el débil anciano, y arrebatándole a la vista

de todos a pesar de las amenazas de los etruscos, le llevó al campamento. Presentado al general, éste le mandó a Roma al Senado; e interrogado allí acerca del sentido de lo que había dicho relativamente al lago Albano, respondió: "Que sin duda estaban irritados los dioses contra el pueblo veyo el día en que le inspiraron la idea de revelar la ruina que el destino reservaba a su patria. No podía recoger ya las palabras que había pronunciado por inspiración del espíritu divino; y que tal vez no fuese menos criminal callar cosas que los dioses inmortales quieren hacer públicas, que divulgar las que deben permanecer secretas. Así, pues, los libros de los destinos y la ciencia etrusca enseñan que cuando los romanos hayan desecado el lago Albano, después de una crecida de sus aguas, conseguirán la victoria sobre los veyos. Antes de esto, no abandonarían los dioses a Veyas." También indicó las solemnidades que debían preceder a la derivación de las aguas.) Pero su autoridad no pareció bastante segura ni asaz grave en tamaño asunto, y el Senado decidió que se esperase a los comisionados y la respuesta del oráculo pitiano.

16. Antes de que los comisionados regresaran de Delfos, y de que se pudiese expiar el prodigio albano, entraron en funciones los nuevos tribunos militares con autoridad consular: eran éstos L. Julio Yulo, L. Furio Medulino por cuarta vez, L. Sergio Fidenas, A. Postumio Regilense, P. Cornelio Maluginense y A. Manlio. En este año se presentaron nuevos enemigos, los tarquinios. Viendo ocupados a los romanos en tantas guerras a la vez contra los volscos en Anxur, que todavía sitiaban; contra los equos en Lavica, cuya colonia romana estaba en peligro, y contra los veyos, los faliscos y capenatos, y sabiendo además que en la ciudad no reinaba la paz gracias a las disensiones de los patricios y del pueblo, parecióles propicia ocasión para injuriarles, y mandaron sus cohortes para talar los campos, pensando que los romanos dejarían impune la injuria por no cargarse con otra guerra, o que la emprenderían con un ejército débil y poco temible. Los romanos se indignaron más que se asustaron por las devastaciones que realizaron los tarquinos, y la venganza no les costó grandes esfuerzos ni mucho tiempo. Como los tribunos del pueblo se oponían a toda leva regular, A. Postumio y L. Julio reunieron a fuerza de exhortaciones o instancias un puñado de voluntarios, atravesaron por caminos extraviados el territorio de Cerea y cayeron sobre los tarquinios, que regresaban del pillaje cargados de botín. Matan considerable número, arrebatan a todos su carga, y después de recogerles el despojo de sus campos regresan a Roma. Concediéronse dos días a los dueños para que reconociesen lo que les pertenecía: al tercero, todos los objetos no reconocidos (y la mayor parte pertenecían al enemigo) fueron vendidos en subasta, distribuyéndose el precio a los soldados. Las otras guerras, principalmente la de Veyas, continuaban con éxito incierto; y los romanos, desconfiando ya del poder de los hombres, se encomendaban a los hados y a los dioses, cuando regresaron de Delfos los comisionados, trayendo la contestación del oráculo conforme con la del adivino prisionero. "Romano, guárdate de retener el agua albana en el lago; guárdate de dejarla continuar su curso y penetrar en el mar. Hazla correr por tus campos, que regará, y que se agote dividida en arroyos. Después de esto, ataca vigorosamente las fortificaciones enemigas; recordando que los destinos que se te revelan aquí, te prometen el fin de este

largo sitio y la ruina de la ciudad. Terminada la guerra, lleva como vencedor rico presente a mis templos, y que las ceremonias sagradas de tu país, demasiado descuidadas hoy, queden restablecidas en forma solemne."

17. El adivino prisionero mereció desde aquel momento grande consideración, y los tribunos militares Cornelio y Postumio le confiaron el encargo de expiar el prodigio albano y aplacar dignamente a los dioses. Descubrióse al fin que la negligencia en las ceremonias y la interrupción de las solemnidades de que se quejaban los dioses dependían sin duda de que los últimos magistrados, irregularmente elegidos, no habían observado las formas establecidas para la celebración de las fiestas latinas y de los ritos sagrados en el monte Albano. Una sola expiación había y era la abdicación de los tribunos militares, la consulta de nuevos auspicios y el establecimiento de un interregno. Todo esto se hizo por un senatusconsulto; sucediéndose en seguida tres interreyes, L. Valerio, Q. Servilio Fidenas y M. Furio Camilo. En medio de estos acontecimientos, ni un solo día dejó de estar agitada la ciudad por los tribunos del pueblo, que se obstinaban en oponerse a los comicios hasta que no quedase convenido se eligiese del pueblo la mayoría de los tribunos militares. Entre tanto celebraron los etruscos una asamblea en el templo de Voltumna; y como los capenatos y los faliscos querían que todos los pueblos de la Etruria reuniesen sus consejos y sus esfuerzos para libertar a Veyas del peligro, les contestaron: "Que ya se había negado esto a los veyos, porque habiendo obrado primeramente sin pedir consejo en asunto de tan grande importancia, no tenían derecho a pedir socorro; que hoy también el interés general exigía que se les negase, especialmente en aquella parte de la Etruria donde acababa de establecerse una población desconocida, los galos, nuevos vecinos con quienes se ignoraba si se viviría en paz o en guerra; que sin embargo, en razón de la igualdad de origen y de nombre y de los peligros que amenazaban a un pueblo oriundo de la misma sangre, consentían en no retener a los jóvenes que quisieran marchar voluntariamente a la guerra." A Roma llegó la noticia de que se habían puesto en marcha considerable número de aquellos voluntarios, y como de ordinario, el temor de peligro común calmó por algún tiempo las discordias civiles.

18. Sin disgusto vieron los patricios que la primera centuria nombró tribuno militar, sin que él ambicionase el cargo, a P. Licinio Calvo, que ya había dado pruebas de moderación en su primera magistratura y que además era muy anciano. Todo indicaba que serían reelegidos sus otros colegas del mismo modo. L. Titinio, P. Menio, P. Melio, Cn. Genucio y L. Atilio. Antes de las elecciones, antes del llamamiento de las tribus a sus filas, P. Licinio Calvo, con permiso del interrey, habló así: "Romanos, esta elocuente prueba de consideración a nuestra magistratura debe ser para el año que va a seguir presagio de la concordia tan apetecible en las circunstancias en que nos encontramos. Si reelegís a mis colegas, que tienen en su favor la experiencia, yo no me encuentro en el mismo caso; yo no soy ya, como veis, más que la sombra y el nombre de P. Licinio: las fuerzas de mi cuerpo están agotadas; he perdido los sentidos de la vista y del oído; mi memoria vacila y mi inteligencia languidece sin vigor. Yo os presento a este joven, añadió mostrando a su hijo, retrato, imagen del que obtuvo por primera vez entre los ple-

beyos el título de tribuno militar. Este hijo, que he educado en mis principios, lo doy y consagro como reemplazo mío a la república; os ruego, ¡oh, romanos!, que le otorguéis este honor que me habéis concedido sin petición de mi parte, y que no os neguéis a su solicitud apoyada por mis ruegos." Otorgóse al padre lo que pedía, y su hijo P. Licinio fue nombrado tribuno militar con autoridad consular, así como los que hemos mencionado más arriba. Los tribunos militares Titinio y Genucio, habiendo partido contra los capenatos y faliscos, avanzando con más ardor que prudencia, cayeron en una emboscada. Genucio pagó su temeridad con gloriosa muerte, cayendo en las primeras filas al frente de las enseñas. Titinio reunió en una altura a los soldados aterrados y los ordenó en batalla; sin embargo, no creyó deber medirse con el enemigo en la llanura. Este fracaso, más vergonzoso que perjudicial, estuvo a punto de ocasionar un gran desastre; tanto terror inspiró, no solamente a Roma, donde circularon mil rumores, sino en el campamento delante de Veyas. Mucho trabajo costaba impedir que huyese el soldado, cuando corrió por el campamento la noticia de que habían sido destrozados los generales y el ejército, y que los capenatos y faliscos vencedores se acercaban con toda la juventud de la Etruria. En Roma era mayor todavía la alarma, creyéndose que había sido tomado por asalto el campamento de Veyas y que el enemigo marchaba contra la ciudad. Acudióse a las murallas, y las matronas, arrancadas a sus hogares por el terror público, recitaron plegarias en los templos: rogóse a los dioses que librasen de la ruina las casas, los templos de la ciudad y las murallas de Roma, y que hiciesen caer aquel terror sobre los veyos, en recompensa de que se habían restablecido las ceremonias religiosas y expiado los prodigios.

19. Habíanse celebrado ya los juegos y las ferias latinas, había sido derramada en los campos el agua del lago Albano y los destinos de los veyos iban a realizarse. M. Furio Camilo, que era el jefe señalado por los hados para la destrucción de aquella ciudad y la salvación de la patria, queda elegido dictador, y nombró a P. Cornelio Escipión jefe de los caballeros. Cambiado el general, todas las cosas cambiaron: el soldado recobró ardor y esperanza, y la misma fortuna de la ciudad pareció diferente. Comenzó por castigar, según la costumbre militar, a aquellos que en el pánico habían desertado del campamento de Veyas, consiguiendo por este medio que dominase el soldado el temor al enemigo; en seguida, habiendo fijado día para la leva, acudió entre tanto a Veyas para fortalecer el valor de las tropas; desde allí regresó a Roma para levantar otro ejército, y nadie procuró eximirse del servicio. Hasta los jóvenes del exterior, latinos y hérnicos, acudieron a proponer su concurso para esta guerra: el dictador les dio gracia en el Senado, terminó sus preparativos, y autorizado por un senatus-consulto hizo voto de celebrar grandes juegos después de la toma de Veyas, dedicar el templo de Matuta Madre, que se había reedificado, y cuya primera dedicación hizo el rey Servio Tulio. Partiendo al fin con el ejército y dejando a Roma con más curiosidad que esperanza, comenzó por dar batalla a los faliscos y a los capenatos, a los que encontró en el territorio de Nipisia. La fortuna coronó como de ordinario prudentes y hábiles medidas: después de batir al enemigo, le tomó el campamento y se apoderó de inmenso botín, del que entregó la mayor parte al cuestor, dejando poco al sol-

dado. Hecho esto, llevó el ejército a Veyas, donde aumentó el número de fortificaciones, y como entre la ciudad y los parapetos ocurrían frecuentes e inútiles escaramuzas, prihibió combatir sin su orden, y por este medio volvió los soldados al trabajo. La obra más larga y penosa de todas era un subterráneo que hacía abrir bajo la fortaleza de los enemigos; no queriendo que se interrumpiese la obra y temiendo que continua labor bajo tierra extenuase a los soldados, dividió los trabajadores en seis grupos que se relevaban sucesivamente de seis en seis horas, y que no se detuvieron ni de día ni de noche, hasta que abrieron camino a la fortaleza.

20. Viendo el dictador que tenía en las manos la victoria, y que ya era dueño de aquella ciudad, en la que encontraría más botín del que se había recogido en todas las guerras juntas, temió provocar la ira de los soldados por reparto demasiado avaro de las riquezas, o el odio de los patricios por excesiva generosidad con aquéllos. En consecuencia de esto, escribió al Senado: "Que gracias a la benevolencia de los dioses inmortales, gracias a sus esfuerzos y a la constancia de los soldados, Veyas iba a caer muy pronto en poder del pueblo romano: ¿qué se debía hacer del botín?" El Senado se dividió en dos opiniones: una, que era la del viejo P. Licinio, interrogado el primero por su hijo, según se dice, proponía "publicar por un edicto que todo aquel que quisiera participar del botín acudiese al campamento de Veyas". La otra opinión era de Claudio, que combatió aquella generosidad como inusitada, pródiga, desigual e imprudente; y si se consideraba como un crimen llevar al Tesoro, agotado por tantas guerras, aquel dinero tomado al enemigo, pedía que se emplease en el sueldo de las tropas con objeto de disminuir en otro tanto los impuestos del pueblo. "Las ventajas de esta disposición las experimentarán igualmente todas las familias; las manos ávidas y rapaces de los ciudadanos ociosos no arrancarán a los valientes guerreros el precio de sus trabajos, puesto que de ordinario ocurre que aquellos que menos se apresuran para el pillaje, son los primeros en marchar cuando se trata de fatigas y peligros." Licinio replicaba: "Que aquella distribución de dinero sería siempre sospechosa y odiosa, y no cesaría de ser pretexto de acusaciones ante el pueblo, de turbulencias e innovaciones sediciosas. Lo mejor era atraerse al pueblo por medio de esta generosidad, ayudarle ahora que estaba empobrecido, extenuado por los impuestos de tantos años; de manera que los ciudadanos encontrarían en aquel botín la recompensa de una guerra en la que, por decirlo así, habían envejecido. Más regocijo y orgullo tendrían en llevar a sus casas lo poco que hubiesen cogido con sus propias manos al enemigo, que en recibir mucho más de la generosidad de otro. El dictador, por no exponerse a odios y reconvenciones, había acudido al Senado: el Senado a su vez debía trasladar el asunto al pueblo y dejar que cada cual cogiese lo que le deparasen los lances de la guerra." Esta opinión, que debía hacer popular al Senado, pareció la más segura, y en consecuencia se publicó un edicto por el cual se permitía a todos los que quisieran participar del saqueo de Veyas marchar al campamento al lado del dictador. Inmensa multitud marchó al campamento ocupándolo por completo.

21. Entonces el dictador, consultados los auspicios, y habiendo dado la orden de tomar las armas, dijo: "Bajo tu dirección, Apolo Pítico, y bajo la inspiración de tu

divinidad voy a destruir a Veyas; yo te ofrezco desde este momento la décima parte del botín. Y a ti, reina Juno, que todavía habitas en Veyas, te conjuro para que después de la victoria nos sigas a nuestra ciudad, que muy pronto será la tuya, y que te recibirá en un templo digno de tu majestad." Terminada esta plegaria, como tenía más tropas de las que necesitaba, atacó la ciudad por todas partes, con objeto de separar la atención del peligro con que amenazaba la mina. Los veyos ignoraban que sus adivinos y los oráculos extranjeros habían pronunciado su condenación; que los dioses estaban invitados a participar de sus despojos; que otros, evocados por votos de dentro de sus murallas, esperaban entre sus enemigos templos y nuevas moradas; que aquel día, en fin, era el último para ellos; no sospechando tampoco que un subterráneo abierto debajo de sus murallas había llenado la fortaleza de romanos, corren armados cada cual por su lado a colocarse en las murallas, extrañando que los sitiadores, que en tanto tiempo no se habían movido de sus puestos, se precipitasen sin precaución y como insensatos contra los muros. En este punto colocan un detalle fabuloso. Mientras que el rey de los veyos inmolaba una víctima, la voz del arúspice, anunciando la victoria a quien arrebatase las entrañas, fue oída en el subterráneo y decidió a los romanos a romper la mina, cogiendo las entrañas y llevándolas al dictador. Pero en acontecimientos de tan remota antigüedad, paréceme bastante tomar por verdadero lo verosímil, y en cuanto a ciertos detalles, más convenientes para el aparato del teatro, que se complace en lo maravilloso, que a la fidelidad de la historia, sería trabajo perdido afirmarlos o rechazarlos. Llena la mina de soldados escogidos, los arrojó de pronto completamente armados en el templo de Juno, que se encontraba en la fortaleza de Veyas: una parte atacó por la espalda al enemigo en las murallas; otros fuerzan las puertas; otros, en fin, prenden fuego a las casas, desde las que las mujeres y los esclavos lanzaban tejas y piedras. Inmenso clamor, formado de gritos de amenaza y de miedo, al que se mezclan las lamentaciones de las mujeres y de los niños, llena toda la ciudad. En un momento son precipitados los defensores desde lo alto de las murallas: unos romanos se lanzan por las puertas que habían abierto, otros escalan las murallas abandonadas, la ciudad se llena de enemigos y en todas partes se combate. En fin, después de extraordinaria carnicería, cede el furor; el dictador hace publicar por medio de pregones que se perdona a todos los que no lleven armas, y cesa de correr la sangre. Los habitantes desarmados comienzan a rendirse, y habiéndolo permitido el dictador, los soldados corren por todas partes al saqueo. Cuando llevaba delante de él aquel botín, cuya abundancia y riqueza excedía a sus esperanzas, dícese que exclamó Camilo, levantando las manos al cielo: "Que si alguno entre los dioses o los hombres encontraba excesiva su fortuna y la del pueblo romano, la falta quedase expiada con el menor daño suyo y de la patria." Añádese que dando una vuelta al pronunciar estas palabras, resbaló y cayó; siendo esta caída para los que establecieron las predicciones acerca del acontecimiento, presagio de la condenación de Camilo y de la toma de Roma, desgracia que ocurrió pocos años después. El día aquél se empleó por completo en la matanza de enemigos y el pillaje de aquella opulenta ciudad.

22. Al siguiente vendió en subasta el dictador los prisioneros, siendo éste el único dinero que entró en el Erario público. El pueblo se irritó sin agradecer el botín que había conseguido, ni al general, que para descargarse de la responsabilidad de un mal negocio dejó al Senado la decisión de un asunto de que era árbitro, ni al Senado, sino a los Licinios: al hijo por haber trabado la discusión en el Senado; al padre por haber propuesto una decisión tan popular. Cuando se arrebataron de Veyas todas las riquezas profanas, los romanos se apoderaron de las de los dioses y de los dioses mismos, pero más como religiosos que como ávidos despojadores: así, pues, jóvenes elegidos en el ejército entero, lavado y purificado el cuerpo, vestidos de blanco, habiendo sido designados para transportar a Roma a Juno Reina, entraron con sumo respeto en su templo y con profunda veneración pusieron la mano sobre ella; porque las costumbres de la Etruria no conceden este derecho más que a un sacerdote de determinada familia. Después de esto, habiendo dicho uno de ellos, bien por inspiración divina, bien por ocurrencia de joven, "¿Quieres ir a Roma, Juno?", los demás aseguraron que la diosa había expresado su aprobación con un movimiento de cabeza; y esto es lo que dio origen al fabuloso rumor de que se le había oído decir: "Sí, quiero." Pero lo cierto es que se le pudo mover de su puesto sin grandes esfuerzos; y que parecía seguir ligera y dócil a los jóvenes, más bien que ser transportada por ellos, encontrándose intacta cuando llegó al Aventino, su eterna morada, y donde más adelante le dedicó Camilo el templo que le había ofrecido. Así cayó Veyas, la ciudad más importante del nombre etrusco y cuya misma ruina reveló su grandeza: en efecto, después de diez estíos y diez inviernos de continuo asedio, después de haber hecho más daño del que recibió, oprimida al fin, por destino superior, cedió a las obras del arte sin que la fuerza pudiese hacerla sucumbir.

23. Cuando llegó a Roma la noticia de la caída de Veyas, a pesar de la expiación de los prodigios, a pesar de las respuestas de los adivinos y las decisiones conocidas del oráculo pitiano y a pesar de los poderosos socorros que habían encontrado en la humana prudencia, al confiar la dictadura a M. Furio, el más sabio de los generales romanos, aquella noticia, después de tantos años de guerras inciertas y de tan numerosos reveses, produjo, como inesperada, inmensa alegría, y antes de que diese su decreto el Senado, las matronas romanas llenaron los templos para elevar a los dioses sus acciones de gracias. El Senado decretó cuatro días de preces públicas: en las demás guerras no las decretó nunca de tanta duración. A la llegada del dictador todos los órdenes salieron a recibirle, siendo la concurrencia como jamás se había visto y el esplendor de su triunfo sobrepujó a la pompa ordinaria de estas gloriosas ceremonias. Todas las miradas se fijaron en él cuando recorrió la ciudad en su carro tirado por caballos blancos: no era un ciudadano, ni siquiera era un hombre. Como el dictador había usurpado los corceles de Júpiter y del Sol, consideróse esto como atentado a la religión, y por este motivo principalmente fue su triunfo más brillante que aplaudido. Entonces trazó sobre el Aventino el recinto del templo de Juno Reina, y dedicó el de Matuta Madre, y después de realizadas estas cosas divinas y humanas, abdicó la dictadura. Ocupáronse en seguida del regalo que debían a Apolo, y habiendo recordado Ca-

milo que había ofrecido a este dios la décima parte del botín, declararon los pontífices que el pueblo debía cumplir esta sagrada obligación. Pero era difícil encontrar medios para obligar al pueblo a presentar el botín para separar la parte que se debía al dios; se decidió al fin, y este partido pareció el menos severo, que el que quisiera pagar aquella deuda religiosa, apreciase él mismo el valor de su botín para llevar la décima parte al Tesoro: de esta manera se formaría una ofrenda de oro digna de la magnificencia del templo, de la majestad del dios y de la grandeza del pueblo romano. En aquellos momentos los volscos y los equos enviaron legados a pedir la paz, y la obtuvieron, no porque la merecieran, sino por razón del descanso que necesitaba la ciudad después de las fatigas de tan prolongada guerra.

24. En el año siguiente a la caída de Veyas hubo seis tribunos militares con autoridad consular: los dos P. Cornelios, Cosso y Escipión, M. Valerio Máximo por segunda vez, Q. Fabio Ambusto por tercera, L. Furio Medulino por la quinta y Q. Servilio por tercera. Tocó a los Cornelios la guerra de los faliscos; a Valerio y a Servilio la de los capenatos. No intentaron asaltos ni sitios contra las ciudades, limitándose a devastar los campos y arrebatar todas las riquezas, no dejando en pie un árbol frutal, ni una sementera en el suelo. Estos estragos domaron al pueblo de los capenatos, pidiendo la paz, que le fue otorgada. Quedaba la guerra contra los faliscos. Pero múltiples sediciones estallaban en Roma, y para combatirlas se acordó enviar al territorio de los volscos una colonia de tres mil ciudadanos romanos, y triunviros creados al afecto dieron a cada uno tres yugadas y siete duodécimas de terreno. Esta generosidad no tardó en quedar desacreditada, considerándola como un engaño para hacer desistir al pueblo de pretensiones más importantes. ¿Por qué, en efecto, relegar al pueblo al territorio de los volscos, cuando se tiene a la vista a Veyas, ciudad tan hermosa, y aquella campiña más fértil y más extensa que el territorio de Roma? Para muchos, hasta la ciudad era preferible a Roma por su posición, por la magnificencia de sus edificios públicos y privados y por sus plazas. Avanzóse más aún: suscitóse una cuestión que hubo de agitarse más enérgicamente todavía después de la toma de Roma por los galos: la emigración a Veyas. Hablábase de establecer en Veyas la mitad del pueblo y la mitad del Senado, de manera que las dos ciudades formasen la república del rueblo romano.

Los patricios combatieron este proyecto. "Preferían morir delante del pueblo romano a consentir nada semejante. Cuando en una sola ciudad había tantas turbulencias, ¿qué sería en dos? ¿Quién podría preferir la ciudad vencida a la patria victoriosa y permitir a Veyas conquistada mayor fortuna que a Veyas independiente? En último caso, sus ciudadanos son libres para dejarlos solos en la patria, pero ninguna fuerza podrá obligarles a ellos a abandonar a su patria y sus conciudadanos, y por seguir a T. Sicinio (éste era el tribuno del pueblo autor del proyecto de ley), restaurador de Veyas, no abandonarían al dios Rómulo, hijo de un dios, padre y fundador de Roma." Agitáronse estas cuestiones en medio de violentos debates, porque los patricios habían atraído a su causa a muchos tribunos del pueblo; una sola cosa impedía al pueblo ensangrentar la cuestión, y era que en cuanto se alzaba un grito precursor del combate, los principales senadores se arrojaban delante del pueblo, pidiendo para ellos

los golpes, las heridas y hasta la misma muerte: ahora bien; su edad, sus dignidades y honores hacían que no se atreviesen a alzar la mano sobre ellos, y en todas las tentativas de este género el respeto se sobreponía a la ira.

25. Camilo exclamaba en todas partes: "Que nadie debía extrañar el delirio de una ciudad que, a pesar de estar ligada por un juramento, prefería cualquier otro cuidado al pago de una deuda sagrada. No hablaba de la contribución, que antes merecía el nombre de limosna que el de diezmo; la obligación de los particulares había libertado de ella a la república. Pero su conciencia no podía callar que solamente se había levantado el diezmo sobre la parte mobiliaria del botín, y que nada se decía de la ciudad y de las tierras conquistadas, comprendidas igualmente en el voto." El Senado encontró enojosa esta nueva cuestión y encargó su resolución a los pontífices. Llamado y consultado Camilo, decidió el colegio que todo cuanto había en Veyas antes de formularse el voto, así como todo lo que después del voto había caído en poder del pueblo romano, debía formar parte del diezmo consagrado a Apolo. En consecuencia de esto, se hizo el aprecio de la ciudad y del territorio; sacóse del Tesoro el dinero necesario, y se encargó a los tribunos militares la compra de oro. Como no se encontraba bastante, reuniéndose y deliberando las matronas convinieron unánimemente en ofrecer a los tribunos su oro y todos sus adornos y los llevaron al Tesoro. Jamás hubo abnegación tan agradable al Senado; así fue que esta generosidad de las matronas les valió, según se dice, el honor del *pilentum* en los sacrificios y en los juegos, y para los días ordinarios el derecho al *carpentum*. Pesóse y contóse el oro que cada cual llevó para pagárselo en plata, y se mandó construir una copa para enviarla a Delfos al templo de Apolo. Cuando las conciencias estuvieron tranquilas relativamente a los dioses, comenzaron los tribunos del pueblo a promover nuevamente disturbios, excitando a la multitud contra los principales ciudadanos y en particular contra Camilo, que, habiendo vendido para el Tesoro y consagrado una parte del botín de Veyas, lo había reducido a nada. Ausentes, los increpan con furia; presentes y ofreciéndose ellos mismos a su enojo, les respetan. Viendo el pueblo que este asunto se prolongaría más del año, reeligió tribunos para el año siguiente a los autores de la ley: los patricios por su parte se esforzaron en mantener a los de oposición; de manera que casi todos los tribunos del pueblo fueron reelegidos.

26. En los comicios para tribunos militares, la alta influencia de los patricios consiguió la elección de M. Furio Camilo: su pretexto era la necesidad de un general para la guerra; pero en el fondo solamente querían un adversario a las generosidades tribunicias. Además de Camilo, se crearon tribunos militares con autoridad consular a L. Furio Medulino por sexta vez, C. Emilio, L. Valerio Publícola, Sp. Postumio y P. Cornelio por segunda vez. Al principiar el año permanecieron tranquilos los tribunos del pueblo, esperando la marcha de M. Furio Camilo, encargado de la guerra contra los faliscos; después el asunto fue languideciendo en aplazamientos, mientras que Camilo, su adversario más temible, aumentaba su gloria entre los faliscos. Como el enemigo comenzó por encerrarse en sus murallas, creyendo este partido el más seguro, devastando Camilo sus campos y quemando sus alquerías, le obligó muy pronto a salir de la plaza. Pero el

temor impidió a los faliscos avanzar mucho y acamparon a mil pasos de la ciudad, creyendo suficientemente defendido su campamento por su posición sobre un terreno erizado de rocas y de barrancos y de difícil acceso por ásperos y estrechos senderos. Camilo, por su parte, por consejo de un prisionero que toma por guía, levanta su campamento entrada ya la noche, y al amanecer aparece sobre las alturas que dominan el campamento enemigo. Mientras que tres divisiones del ejército romano levantan fortificaciones, el resto esperaba preparado al combate. Habiendo querido los faliscos impedir los trabajos, Camilo les deshace y pone en fuga; y tal espanto se apoderó de ellos, que impulsados por la derrota más allá de su campamento, que estaba más cerca, entraron en la ciudad. Muchos quedaron muertos o heridos, antes de caer temblando en las puertas de la ciudad; el campamento fue tomado y el botín se entregó a los cuestores, a pesar del profundo disgusto que experimentaron los soldados, quienes dominados por la imponente severidad del general, aborrecían y admiraban a la vez su virtud. En seguida pusieron sitio a la ciudad, fortificaron el campamento, y algunas veces las salidas de los habitantes contra las guardias romanas dieron lugar a ligeros combates; de esta manera pasaba el tiempo sin que hubiese más ventajas por una parte que por otra, y hasta los sitiados, gracias a sus depósitos, se encontraban más ampliamente provistos de trigo y víveres que los sitiadores. Todo hacía prever resistencia tan larga como la de Veyas, cuando la fortuna favorable al general romano añadió nuevo timbre a su virtud, experimentada ya en la guerra, apresurando para él la victoria.

27. Era costumbre de los faliscos encargar al mismo maestro la instrucción y custodia de sus hijos: muchos niños a la vez, costumbre que todavía hoy se sigue en Grecia, quedaban encargados a un hombre solo. Como en casi todas partes sucede, los hijos de los ciudadanos principales recibían las lecciones del más sabio y famoso. Acostumbraba este hombre, durante la paz, llevar los niños fuera de la ciudad para sus juegos y ejercicios. Como la guerra no le había hecho abandonar esta costumbre, sacábales a distancias más o menos cercanas de las puertas, variando sus juegos y entretenimientos; y un día que había avanzado más de lo ordinario, y encontrando propicia la ocasión, llegó hasta los puestos y el campamento romano, llevándoles hasta el pretorio delante de Camilo. Allí, añadiendo a su infamia lenguaje más infame aún, dijo: "Que ponía a Falerias en poder de los romanos, entregándoles los hijos de los principales personajes de la ciudad." En cuanto Camilo escuchó estas palabras, contestó: "Aquí no encontrarás un pueblo ni un general que se te parezcan, malvado, que vienes con infame presente. No tenemos con los faliscos ningún pacto de los que establecen los convenios de los hombres, pero los sentimientos de la naturaleza nos son comunes con ellos. La guerra como la paz tiene sus leyes, y nosotros hemos aprendido a observarlas, tanto por equidad como por valor. Armas tenemos, pero no contra esa edad que encuentra perdón hasta en las ciudades tomadas por asalto; las empuñamos contra los hombres armados como nosotros, y que, sin que nosotros les insultásemos ni provocásemos, atacaron en Veyas al campamento romano. A ésos, en cuanto ha estado en tu poder, les has vencido por medio de un crimen desconocido hasta hoy; yo los

venceré, como vencí a Veyas, con el valor, el trabajo y las armas de los romanos." Dicho esto, le desnuda, le ata las manos a la espalda y hace que sus discípulos le lleven a Falerias, habiéndoles dado varas para que azotasen al traidor al llevarle delante de ellos a la ciudad. Habiendo acudido el pueblo a presenciar aquel espectáculo, y habiendo invitado en seguida los magistrados al Senado para que deliberase sobre aquel extraño suceso, verificóse tal cambio en los ánimos, que aquella ciudad antes dominada por el odio y el furor, que casi hubiese preferido la ruina de los veyos a la paz de Capenas, pedía con voz unánime la paz. En el Foro y en el Senado solamente se hablaba de la fe romana, de la equidad del general, y de común acuerdo envían legados al campamento de Camilo, y de allí, con la autorización de Camilo, a Roma, para ofrecer al Senado la rendición de Falerias. Dícese que introducidos en el Senado, hablaron de esta manera: "Padres conscriptos, por una victoria que ni un dios ni un hombre podrían envidiar, nos habéis vencido vosotros y vuestro general; nos rendimos, con la seguridad (y éste es el mejor elogio para el vencedor) de vivir más dichosos bajo vuestro mando que bajo nuestras leyes. Por esta guerra se ofrecen dos ejemplos saludables al género humano. Vosotros habéis preferido la lealtad a una victoria segura; nosotros, movidos por vuestra lealtad, os entregamos voluntariamente la victoria. Quedamos en vuestro poder. Enviad a que se entreguen de las armas, de los rehenes, de la ciudad misma, cuyas puertas os están abiertas. No tendréis que quejaros de nuestra fidelidad, como nosotros no tendremos que quejarnos de vuestro imperio." Tanto por el enemigo como por sus conciudadanos se dirigieron acciones de gracias a Camilo; y con objeto de descargar del tributo al pueblo romano, se impuso a los faliscos el pago del sueldo militar de este año. Ajustada la paz, regresó el ejército a Roma.

28. Camilo se presentó en Roma con una gloria mucho más hermosa que la del día en que le llevaron en triunfo caballos blancos; ahora sus únicos honores eran la justicia, la buena fe, con las cuales había vencido al enemigo. Viendo tanta modestia, el Senado tuvo secretos remordimientos y quiso cumplir su voto sin dilación. La copa de oro destinada a Apolo fue entregada a comisionados que debían llevarla a Delfos; eran éstos L. Valerio, L. Sergio y A. Manlio. Partieron en una nave, pero cerca del estrecho de Sicilia les cogieron piratas liparotas que les llevaron a Lípari. Costumbre de la ciudad era repartir entre todos las presas, como si el bandolerismo constituyese renta pública. Por casualidad este año era primer magistrado del país un tal Timasitheo, que más se parecía a los romanos que a los suyos; el nombre de los comisionados, la ofrenda, el dios a que estaba destinada, todo le infundió respeto, consiguiendo inspirar a la multitud, que casi siempre se amolda a los que la gobiernan, justos y religiosos temores, y después de recibir a los comisionados como huéspedes de su nación, les hizo escoltar con sus naves hasta Delfos y restituirlos después fielmente a Roma. Por un senatus-consulto fue admitido al derecho de hospitalidad y la república le dedicó regalos. En este mismo año se hizo guerra a los equos con éxitos diferentes, hasta el punto de que ni en Roma ni en el mismo ejército se habría podido decir si eran vencedores o vencidos. Los generales romanos C. Emilio y Sp. Postumio, los dos tribunos militares comenzaron por dirigir la campaña

juntos; pero después de deshacer al enemigo en batalla, creyeron conveniente separarse, ocupando Emilio a Verrugina con parte de las tropas, mientras que con las otras talaba los campos Postumio. Como, seguros por la victoria, caminaban sin orden, sorprendiéronles los equos, los derrotaron y rechazaron a las alturas inmediatas, cundiendo la alarma hasta Verrugina en los otros cuerpos del ejército. Después de poner Postumio en seguridad sus tropas, les reconvino en una asamblea, por su terror y su fuga; habían sido derrotadas por el enemigo más cobarde, por el que más pronto huía. El ejército entero exclama que ha merecido la reconvención, que confiesa su falta y su vergüenza; pero quiere reparar la falta, y la alegría del enemigo no durará mucho. Pide que inmediatamente le lleven contra el campamento enemigo, establecido a su vista en la llanura, y si no lo toma antes de la noche, se somete de antemano a todos los suplicios. Después de felicitar a sus soldados, el general les manda descansar, recobrar las fuerzas y estar dispuestos para la cuarta vigilia. Temiendo el enemigo que los romanos aprovechasen la noche para abandonar su posición y escapar por el camino de Verrugina, quiso cerrárselo y acudió al encuentro. Trabóse el combate de noche, pero como la luna estaba en lleno, no se veía menos claro que en un combate de día. Los gritos que llegaban a Verrugina, donde se creía sitiado el campamento romano, produjeron tal espanto, que a pesar de los esfuerzos y súplicas de Emilio, la guarnición se dispersó y huyó a Túsculum, dando esto lugar a que se dijese en Roma que Postumio y su ejército habían sido destrozados. Este general, en cuanto permitió el día que el soldado pudiese marchar libremente sin temor a emboscadas, corrió a caballo en medio de las tropas, les recordó sus promesas y les inspiró tal ardor que los equos no pudieron sostener el choque. Huyeron, y entonces, como siempre que hiere el enojo y no el valor, hízose terrible matanza en el enemigo. La alarmante noticia de Túsculum, que tan vanos terrores había propagado en Roma, vino seguida de cartas laureadas de Postumio: "El pueblo romano es vencedor: el ejército de los equos está completamente destruido."

29. Como los tribunos del pueblo no habían triunfado todavía en sus pretensiones, el pueblo quiso que continuaran en el tribunado los autores del proyecto de ley, y los patricios trabajaron con empeño en la elección de los adversarios; pero el pueblo triunfó en los comicios. Disgustados por el éxito los patricios, para vengarse decretaron por un senatus-consulto el nombramiento de cónsules, magistratura odiosa al pueblo; y después de un intervalo de quince años, fueron nombrados cónsules L. Lucrecio Flavo y Ser. Sulpicio Camerino. Al principio de este año, mientras que los tribunos, libres de toda oposición en su colegio, reclaman abiertamente la adopción de su ley, que los cónsules resisten con más obstinación que nunca, y que la atención de la ciudad está fija en estos debates, los equos atacan a Vitelia, colonia romana establecida en su territorio. Casi todos los colonos huyeron: la oscuridad de la noche, que había favorecido la traición que les entregaba la plaza, protegió la evasión de éstos, pudiendo escapar por detrás de la ciudad y refugiarse en Roma. Encargóse esta campaña al cónsul L. Lucrecio, quien, partiendo con un ejército, derrotó al enemigo en la llanura, y vencedor regresó a Roma para combates más rudos. Dos tribunos del bienio anterior, A.

Virginio y Q. Pomponio, habían sido citados en juicio; cumplía a la lealtad de los patricios poner a los acusados bajo el patronato del Senado, porque el único delito de su vida y de toda su magistratura había sido su sumisión a los patricios y su oposición a los manejos de los otros tribunos. El enojo del pueblo pudo más que el favor del Senado, y los acusados, a pesar de su inocencia, por un juicio de pernicioso ejemplo, fueron condenados a diez mil libras de peso de cobre. Los patricios experimentaron profundo pesar. Camilo increpaba abiertamente aquella iniquidad del pueblo, que ahora atacaba a los suyos y no comprendía que por aquella inicua sentencia habían quitado a los tribunos su derecho a la oposición, y por la supresión de este derecho destruía el poder tribunicio. Equivocábanse al esperar que los patricios soportasen la desenfrenada licencia de los magistrados populares. Si en lo sucesivo no se contaba con el auxilio de los tribunos para reprimir las violencias tribunicias, los patricios encontrarían otras armas; y al mismo tiempo acusaba a los cónsules por haber sufrido en silencio que la fe pública faltase a dos tribunos que habían obrado siempre bajo la dirección del Senado. Con estas reconvenciones a que se entregaba públicamente, aumentaba de día en día el enojo de los ciudadanos.

30. Por otra parte no cesaba de irritar al Senado contra la ley. "Al bajar al Foro el día en que se vote la ley, recordarán sin duda que van a combatir por sus altares y casas, por los templos de sus dioses y por el suelo en que nacieron. En cuanto a él particularmente, si le es permitido recordar su gloria en estas grandes pruebas de la patria, halagaría a su orgullo ver florecer una ciudad que él había conquistado, admirar todos los días aquel monumento de su victoria, tener a la vista una ciudad que fue el ornamento de su triunfo y en la que a cada paso encontrarían vestigios de su gloria; pero consideraba como un crimen habitar una ciudad abandonada por los dioses inmortales, trasladar al pueblo romano a un suelo conquistado y cambiar una patria victoriosa por una patria vencida." Excitados por las exhortaciones de este gran ciudadano, los patricios, jóvenes y ancianos, bajaron en apretados grupos al Foro el día de la votación de la ley; diseminároNse por las tribus, acércanse a sus tribularios, les estrechan las manos y les suplican llorosos: "Que no abandonen aquella patria, por la que ellos y sus padres habían combatido con tanto valor y tanta fortuna." Muéstranles el Capitolio, el templo de Vesta y los de los otros dioses que los rodean: "Que el pueblo romano no quede desterrado para ellos, alejado del suelo paterno y de los dioses penates, en una ciudad enemiga; que no hagan lamentar la conquista de Veyas por los que vean el abandono de Roma." Como no empleaban la violencia, sino la súplica, y en ésta hablaban mucho de los dioses, excitaron los sentimientos religiosos del mayor número y se declararon más tribus en contra de la adopción de la ley que por su aprobación. Esta victoria fue tan grata a los patricios, que al día siguiente, a propuesta de los cónsules, se dio un senatus-consulto por el que se concedía al pueblo siete yugadas de tierra en territorio veyano. En esta distribución no se tenía en cuenta solamente a los padres de familia, sino que también a todas las cabezas libres de cada casa; la esperanza de herencia alentaba así el aumento de la familia.

31. Dulcificado el pueblo por estas generosidades, no se opuso a las elecciones consulares; siendo nombrados L. Valerio Potito y M. Manlio, llamado después Capitolino. Estos cónsules celebraron después los grandes juegos que ofreció solamente el dictador M. Furio durante la guerra de Veyas. Aquel mismo año dedicaron el templo de Juno, que ofreció durante la misma guerra el dictador, y dícese que la abnegación de las matronas contribuyó ahora también a aumentar el esplendor de esta dedicación. La guerra que se hizo a los equos en Álgida no ofreció nada notable, quedando derrotado el enemigo, por decirlo así, antes de pelear. A Valerio se le concedió el triunfo por el ardor que desplegó en la matanza de los fugitivos; a Manlio se le otorgó la ovación. En este mismo año aparecieron nuevos enemigos, los volsimienses: el hambre y la peste que se habían propagado por el territorio romano, por consecuencia de sequías y de extraordinarios calores, impidieron que se dirigiese un ejército contra ellos. Alentados y enorgullecidos con la impunidad, los volsimienses, a quienes se habían unido los salpinatos, saquearon cruelmente el campo romano, por lo que se declaró la guerra a los dos pueblos. Habiendo muerto el censor C. Julio, nombróse en su puesto a M. Cornelio; pero después, la caída de Roma durante este lustro, unió una idea funesta a estas sustituciones, y en adelante no se sustituyó con nadie al censor muerto en el cargo. Habiendo atacado el contagio a los dos cónsules a la vez, decidióse que se renovarían los auspicios por un interrey.

32. Y como por un senatus-consulto habían abdicado los cónsules, se nombró interrey a M. Furio Camilo; éste tuvo por sucesor a P. Cornelio Escipión, reemplazado a su vez por L. Valerio Potito, quien creó seis tribunos militares, con autoridad de cónsules, a fin de que si alguno de ellos caía enfermo, quedasen bastantes magistrados en la república. En las calendas de julio entraron en las magistraturas L. Lucrecio, Ser. Sulpicio, M. Emilio, L. Furio Medulino por séptima vez, Agripa Furio y C. Emilio por la segunda. Tocó en suerte la campaña contra los volsimienses a L. Lucrecio y a C. Emilio; Agripa Furio y Ser. Sulpicio marcharon contra los salpinatos. Primeramente se combatió a los volsimienses, pero si la muchedumbre de enemigos daba importancia a esta guerra, su valor no la hacía temible. Al primer encuentro fueron derrotados y puestos en fuga; ocho mil soldados, atacados por la caballería romana, arrojaron las armas y se entregaron. Al tener noticia de esta victoria, temiendo los salpinatos combatir con los romanos, se encerraron armados en sus murallas. Entonces pudieron los romanos devastar libremente sin encontrar obstáculos las tierras de los salpinatos y de los volsimienses; pero al fin, estos últimos, cansados de la guerra, habiéndose sometido a restituir lo que habían arrebatado al pueblo romano y a pagar a las tropas el sueldo del año, obtuvieron una tregua de veinte años. En este mismo año, el plebeyo M. Cedicio declaró a los tribunos que en la Vía Nueva, en el terreno donde hoy se eleva un santuario, más arriba del templo de Vesta, en el silencio de la noche había oído una voz más poderosa que la humana que le mandaba anunciar a los magistrados la aproximación de los galos. Como de costumbre, la humilde posición del que dio el aviso fue causa de que se le despreciase, y además aquel pueblo estaba tan lejos que apenas se le conocía. No era bastante que Roma despreciase los avisos de los dioses: impulsada por el destino,

rechazó de sus murallas al único hombre que podía haberla socorrido verdaderamente, a M. Furio. Citado ante el pueblo por el tribuno L. Apuleyo para que diese cuenta del botín de Veyas en los mismos días en que acababa de perder a su hijo adolescente, citó a su casa a sus tribularios y clientes, plebeyos casi todos y les preguntó su intención, y habiéndole contestado éstos "que pagarían la multa que le impusieran, cualquiera que fuese, pero que no podían absolverle", marchó al destierro, rogando a los dioses inmortales "que si era inocente, si no merecía aquel ultraje, obligasen pronto a su ingrata patria a echarle de menos". Ausente, fue condenado a quince mil libras de peso de cobre.

33. Expulsado este ciudadano, que a lo que puede juzgarse de las cosas humanas, presente hubiese impedido la toma de Roma, los destinos precipitaron la ruina de la ciudad. Legados de Clusio llegaron a pedir socorro contra los galos. A lo que refiere la tradición, aquel pueblo, seducido por el dulce sabor de las frutas de Italia y especialmente por su vino, voluptuosidad que le era desconocida aún, había atravesado los Alpes y se había apoderado de terrenos que antes cultivaban los etruscos. Dícese que Aruncio de Clusio había llevado vinos a la Galia para atraerse a aquel pueblo e interesarle en su venganza contra el raptor de su esposa, Lucumón, cuyo tutor había sido, rico y poderoso joven, a quien no podía castigar sin el auxilio del extranjero. Púsose a su frente, les hizo cruzar los Alpes, y les llevó a poner sitio a Clusio. Sin dificultad admitiría que Aruncio o cualquier otro clusino llevó a los galos delante de Clusio; pero es cosa averiguada que los que sitiaron aquella ciudad no fueron los primeros que cruzaron los Alpes: porque doscientos años antes del sitio de Clusio y de la toma de Roma habían bajado los galos a Italia; y mucho tiempo antes de los clusinos, otros etruscos, que habitaban entre los Apeninos y los Alpes, tuvieron frecuentemente que combatir ejércitos galos. Antes de la existencia del imperio romano, los toscanos habían extendido mucho su dominación por mar y tierra; los mismos nombres del mar superior y del mar inferior, que ciñen a Italia como una isla, atestiguan el poderío de este pueblo: las poblaciones italianas habían llamado al uno mar de Toscana, del nombre de la misma nación; al otro mar Adriático, del nombre de Adria, colonia de los toscanos. Los griegos les llaman mar Tirreno y mar Adriático. Dueños del territorio que se extiende entre los dos mares, los toscanos construyeron en él doce ciudades, estableciéndose primeramente del lado de acá de los Apeninos, hacia el mar inferior; en seguida, de estas capitales se enviaron otras tantas colonias, que, excepción del ángulo de los vénetos, ocuparon todo el país, desde el lado allá del Po hasta los Alpes. Sin duda alguna, todas las naciones alpinas han tenido el mismo origen, principalmente los retes: la aspereza de aquellos parajes ha hecho rudos a los habitantes, hasta el punto de que no han conservado de su antigua patria más que el acento, y éste muy corrompido.

34. Del paso de los galos a Italia sabemos lo siguiente: Reinando en Roma Tarquino el Viejo, la Céltica, una de las tres partes de la Galia, obedecía a los bituriges, que le daban reyes. Bajo el gobierno de Ambigato, a quien su virtud, sus riquezas y la prosperidad de su pueblo habían hecho omnipotente, la Galia adquirió tal desarrollo por la fertilidad de su suelo y el número de sus habitantes, que pareció

imposible contener el desbordamiento de su población. Anciano ya el rey, queriendo desembarazar su reino de aquella multitud que le abrumaba, invitó a Beloveso y Sigoveso, hijos de su hermana, jóvenes emprendedores, a buscar estancia en los parajes que les señalasen los dioses por medio de lo augures, teniendo libertad para llevar con ellos cuantos hombres quisieran para que ninguna nación pudiese rechazar a los invasores. La suerte asignó a Sigoveso las selvas Hercinianas y a Beloveso las de Italia. Llamó a sí de las exuberantes poblaciones, bituriges, arvernos, senones, eduos, ambarros, carnutos y aulercos, y partiendo con numerosas tropas de infantería y caballería, llegó a territorio Tricastino. Allí se encontraba delante de los Alpes, y no me admira que los considerase como infranqueable barrera, porque jamás, a menos que se dé fe a los fabulosos trabajos de Hércules, ninguna planta humana los había atravesado. Detenidos, y por decirlo así, encerrados en medio de aquellas altas montañas, los galos buscaban en derredor entre aquellos peñascos que se perdían en los cielos un paso por donde lanzarse a otro universo, cuando les detuvo una idea religiosa; porque supieron que unos extranjeros que, como ellos, buscaban patria, habían sido atacados por los salyos. Eran éstos los masilienses que habían venido por el mar Foceo. Los galos vieron en esto presagio de su destino y ayudaron a aquellos extranjeros a establecerse en las playas a que habían llegado y que estaban cubiertas de inmensas selvas. En cuanto a ellos, atravesaron los Alpes por gargantas inaccesibles, cruzaron el país de los taurinos, y después de vencer a los toscanos, cerca del Tesino, se establecieron en un terreno llamado campo Insubrio. Este nombre, que recordaba a los eduos los insubrios de su país, les pareció de feliz presagio y allí fundaron una ciudad que llamaron Mediolanum.

35. Siguiendo las huellas de éstos, un ejército de cenomanos, a las órdenes de Elitovio, pasó los Alpes por el mismo desfiladero, con el auxilio de Beloveso, y fue a establecerse en los parajes ocupados entonces por los libuanos, en el terreno en que ahora se encuentran Brixia y Verona. Después de éstos se extendieron los saluvios a lo largo del Tesino, cerca del antiguo pueblo de los ligurios levos. En seguida llegan por el Pennino los boios y los lingones, quienes, encontrando todo el territorio ocupado entre el Po y los Alpes, atraviesan en balsas el Po, y arrojan de su territorio a los etruscos y a los ombrios; pero se contuvieron ante el Apenino. Al fin los senones, que llegaron los últimos, tomaron posesión de la comarca situada entre el río Utense y el Esis. Veo que esta gente fue la que llegó a Clusio y después a Roma; pero se ignora si llegó sola o ayudada por todos los pueblos de la Galia Cisalpina. Esta nueva guerra espantó a los clusinos por la multitud de aquellos hombres, su gigantesca estatura, la forma de sus armas y lo que habían oído decir de sus numerosas victorias en las dos orillas del Po sobre las legiones etruscas: así fue que sin tener otro título de alianza o de amistad con la república que su negativa a defender contra el pueblo romano a los veyos, sus consanguíneos, enviaron legados a Roma a pedir socorro al Senado. Negóseles el socorro, pero tres legados, hijos de M. Fabio Ambusto, recibieron el encargo a nombre del Senado y pueblo romanos de invitar a los galos a no atacar a una nación que no les había ofendido y que además era aliada y amiga del pueblo romano. En caso ne-

cesario, los romanos le ayudarían en la guerra, pero creían prudente no recurrir a este medio sino lo más tarde posible, y a este pueblo nuevo, los galos, mejor podían conocerle en paz que en guerra.

36. Esta misión era completamente pacífica; pero fue confiada a legados de carácter rudo y que se parecían más a los galos que a los romanos. Cuando expusieron su misión al consejo de los galos, les contestaron: "Aunque por primera vez oyen el nombre de romanos, se les cree valerosos, puesto que los clusinos, en circunstancias críticas han implorado su auxilio; y puesto que teniendo que defender contra ellos a sus aliados, han preferido recurrir a legados que a las armas, no rehusarán la paz que proponen, si los clusinos, que poseen más tierras de las que pueden cultivar, les ceden a ellos, que no tienen ninguna, una parte de su territorio: no siendo así, no otorgarán la paz. Quieren que les contesten delante de los romanos; y si se niegan, en presencia de los mismos romanos les combatirán, para que éstos puedan decir a los suyos cuánto sobrepujan en valor los galos a los demás hombres." Habiendo preguntado los romanos: "¿Con qué derecho venían a exigir terrenos a otro pueblo y a amenazar con la guerra, y qué tenían que hacer ellos, siendo galos, en Etruria?", les contestaron con altivez: "Que llevaban el derecho en las armas, y que todo pertenecía a los varones esforzados." Subleváronse los ánimos, corrieron a las armas y se trabó el combate. Entonces los hados adversos triunfan sobre Roma; despreciando el derecho de gentes, los legados empuñan las armas, y aquel combate de tres de los hijos más valientes y más nobles de Roma, al frente de las enseñas etruscas, no pudo permanecer secreto: ¡tanto brillaba su valor! Más aún: Q. Fabio, que corría a caballo delante del ejército, atacó a un jefe de los galos que se arrojaba con furor sobre las enseñas etruscas, le atravesó un costado con la lanza y le mató: mientras le despojaba, le reconocieron los galos y le señalaron en toda la línea como legado romano. Depuesto entonces el enojo contra los clusinos, se retiraron amenazando a los romanos. Muchos opinaron marchar directamente sobre Roma; pero los ancianos consiguieron que ante todo se enviasen legados para que se quejaran del ultraje y para pedir que en expiación de aquel atentado al derecho de gentes, se les entregasen los Fabios. Habiendo llegado los diputados galos, expusieron su mensaje; pero aunque el Senado desaprobaba la conducta de los Fabios y creía justa la petición de los bárbaros, no se atrevía a dictar contra los culpables una sentencia merecida, porque se lo impedía la influencia que tenían aquellos importantes varones. Así, pues, para no tener que responder de las desgracias que podría arrastrar una guerra con los galos, trasladó al pueblo el conocimiento de la reclamación. La influencia y la generosidad fueron ahora tan eficaces, que aquellos cuyo castigo se pedía fueron nombrados tribunos militares con autoridad consular para el año siguiente. Hecho esto, justamente indignados los galos ante tamaño insulto, volvieron al campamento, amenazando altamente con la guerra. Con los tres Fabios crearon tribunos militares a Q. Sulpicio Longo, Q. Servilio por cuarta vez, y a Ser. Cornelio Maluginense.

37. Amenazando tan grandes peligros (¡tanto ciega la fortuna los ánimos, cuando quiere hacer eficaces sus golpes!) la ciudad, que en sus guerras con los fidenatos, los veyos y demás pueblos vecinos había acudido a recursos extremos y nombrado tantas veces dictador, ata-

cada ahora por un enemigo extranjero y desconocido, que le traía la guerra desde las orillas del Océano y de los últimos límites del mundo, no recurrió a mando ni a medios de defensa extraordinarios. Los tribunos, cuya temeridad había ocasionado esta guerra, dirigían los preparativos; y mostrando desprecio al enemigo, no dedicaron al levantamiento de tropas más atención que si se tratase de una guerra ordinaria. Entre tanto los galos se habían enterado de que habían concedido honores a los violadores del derecho humano y que se habían burlado de sus legados: ardiendo en ira, y de carácter impotente para contenerla, arrancan sus enseñas y avanzan rápidamente por el camino de Roma. Como al ruido de su paso corrían a las armas las ciudades asustadas y huían los habitantes de los campos, los galos decían a gritos por todas partes que marchaban sobre Roma; y por doquier que pasaba aquella confusa multitud de hombres y de caballos ocupaba inmenso espacio. La fama que les precedía, los mensajeros de Clusio y de otras muchas ciudades, habían llevado el espanto a Roma; su impetuosa llegada aumentó más el terror; el ejército salió a su encuentro apresuradamente y en desorden; y a unas once millas de la ciudad les encontró en el punto en que el río Alia, rodando desde lo alto de los montes Crustuminos, abre su lecho y va un poco más abajo del camino a arrojarse en el Tíber. Delante y en derredor de los romanos, todo el terreno estaba cubierto de enemigos; y aquella nación, que goza en el tumulto, hacía resonar a lo lejos el ruido horrendo de sus cantos salvajes y extraños gritos.

38. Allí, los tribunos militares, sin haber elegido de antemano el paraje para su campamento, sin haber levantado una empalizada que les permitiese retirarse, y no acordándose más de los dioses que de los hombres, ordenaron el ejército en batalla, sin consultar los auspicios ni inmolar víctimas. Con objeto de que no les envolviese el enemigo, extienden las alas, pero no pudieron igualar el fuerte de los galos, y debilitado su centro solamente lo forma una fila sin consistencia. A la derecha tenían una altura, donde creyeron conveniente colocar los subsidiarios, y si por aquel punto comenzó el terror y la derrota, allí encontraron también su salvación los fugitivos. En efecto, Breno, que mandaba los galos, temiendo una celada por parte de un enemigo tan inferior en número, y persuadido de que su situación, al ocupar aquella altura, era esperar a que los galos empezasen el combate con el frente de las legiones, para lanzar la reserva sobre su flanco y retaguardia, marchó derecho a aquel punto: comprendía que si llegaba a tomarlo, la inmensa superioridad del número le daría fácil victoria; y de esta manera, la habilidad y la fortuna estaban de parte de los bárbaros. En el ejército contrario nada había romano, ni generales ni soldados; los ánimos solamente se preocupaban del temor y la fuga; y en su extravío, la mayor parte huyeron a Veyas, ciudad enemiga de la que les separaba el Tíber, en vez de seguir el camino que les habría llevado directamente a Roma con sus mujeres e hijos. La ventaja de la posición defendió por un momento a la reserva; pero en el resto del ejército, apenas oyeron los más próximos por el llano y los más retirados por la espalda el grito de los galos, cuando casi antes de ver a aquel enemigo que no conocían aún, antes de intentar la menor resistencia, hasta antes de contestar a su grito de guerra, completos, intactos, emprendieron la fuga. Nadie pereció comba-

tiendo; la retaguardia tuvo algunas pérdidas, porque le estorbaban la huida otros cuerpos que corrían en desorden. Cerca de la ribera del Tíber, donde había huido toda el ala izquierda después de arrojar las armas, hicieron los galos mucha matanza; y multitud de soldados que no sabían nadar, a quienes impedía los movimientos el peso de la coraza y de las ropas, perecieron en el río. Sin embargo, el mayor número pudo llegar sano y salvo a Veyas, desde donde no enviaron a Roma ni refuerzos para defenderla ni mensajero para anunciar la derrota. El ala derecha, colocada lejos del río y casi al pie de la montaña, se retiró hacia Roma, y sin perder tiempo en cerrar las puertas se refugió en la fortaleza.

39. Los galos por su parte estaban como espantados por aquella victoria tan prodigiosa y repentina. Al pronto, dominados por el miedo, quedaron inmóviles, casi sin saber lo que acababa de ocurrir y temiendo que ocultase una emboscada; al fin comenzaron a despojar a los muertos, y siguiendo su costumbre reunieron sus armas en montones. Hecho esto, no viendo por ninguna parte señales hostiles, se ponen en marcha y llegan a Roma poco antes de ocultarse el sol. La caballería, que marchaba delante, les dijo que las puertas estaban abiertas; que no había guardias para defenderlas ni soldados en las murallas: este prodigio, tan semejante al anterior, les detuvo de nuevo; el temor de la noche y la ignorancia de los lugares les decidió a acampar entre la ciudad y el Anio, después de enviar en derredor de las murallas y hacia las otras puertas exploradores que debían procurar descubrir la intención del enemigo en aquella situación desesperada. La mayor parte del ejército romano se había refugiado en Veyas, pero en Roma no se creía escapados de la batalla más que a los que se habían refugiado en la ciudad, y los ciudadanos desolados, llorando igualmente a los vivos y a los muertos llenaron casi toda la ciudad con sus lamentos. Las aflicciones particulares callaron ante el terror general cuando anunciaron la llegada del enemigo; y muy pronto oyeron los clamores, los discordantes cantos de los bárbaros, que vagaban en grupos en derredor de las murallas. Todo el tiempo que transcurrió desde entonces, quedaron en suspenso los ánimos; al pronto, a su llegada, se temió verles de un momento a otro precipitarse sobre la ciudad, porque si no hubiese sido éste su designio, se habrían detenido en las orillas del Alia; después, al ocultarse el sol, como quedaba poca luz, creyóse que el ataque tendría lugar antes de la noche, y por último, que lo aplazaban para la noche misma para aumentar el terror. En fin, al acercarse el día todos estaban dominados por el miedo, y a este temor constante siguió la espantosa realidad, cuando las amenazadoras enseñas de los bárbaros se presentaron en las puertas. Poco faltó para que aquella noche y al siguiente día se mostrase Roma lo mismo que sobre el Alia, donde sus tropas tan cobardemente habían huido; en efecto, como no podían esperar con tan corto número de soldados defender la ciudad, decidióse hacer subir a la fortaleza y al Capitolio, además de las mujeres y los niños, la juventud en estado de empuñar las armas y la parte escogida del Senado; y después de llevar allí cuanto pudiesen reunir de armas y víveres, defender desde aquel punto fortificado los dioses, los hombres y el nombre romano. El flamín y las sacerdotisas de Vesta llevaron lejos del combate y del incendio los objetos del culto público, que no debían abandonar mientras quedase

un romano para practicar los ritos. Si la fortaleza y el Capitolio, morada de los dioses; si el Senado, cabeza de los consejos de la república; si la juventud en estado de empuñar las armas escapaban de aquella inminente catástrofe, podrían consolarse de la pérdida de los ancianos que dejarían en la ciudad abandonados a la muerte. Y para que la multitud se sometiese con menos pesar, los antiguos triunfadores, los viejos consulares declararon su intención de morir con los otros, no queriendo que sus cuerpos, incapaces de manejar las armas y de servir a la patria, estorbasen a sus defensores.

40. De esta manera se consolaban entre sí los ancianos destinados a la muerte. En seguida exhortan a la juventud acompañándola al Capitolio y a la fortaleza, y recomiendan a su valor y constancia la fortuna, sea la que quiera, de una ciudad victoriosa durante trescientos sesenta años en todas sus guerras. Pero en el momento en que aquellos jóvenes, que llevaban consigo toda la esperanza y recursos de Roma, se separan de los que habían decidido nó sobrevivir a su ruina, el dolor de esta separación, demasiado triste ya por sí misma, aumentó con el llanto y ansiedad de las mujeres, que corrían inciertas de unos a otros, preguntando a sus esposos e hijos a qué destino las abandonaban; ya no faltaba nada de los humanos males. Sin embargo, mucha parte de ellas siguieron a la fortaleza a los suyos sin que nadie se lo impidiese o las llamase; porque esta precaución, que hubiese tenido para los sitiados la ventaja de disminuir el número de los inútiles, parecía demasiado cruel. El resto de la multitud, formada especialmente de plebeyos que una colina tan estrecha no podía contener y a quienes era imposible alimentar con tan escasas provisiones, saliendo en masa de la ciudad ganó el Janículo; desde allí, unos se desparramaron por los campos, otros huyeron a las ciudades inmediatas, sin jefes, sin designio, siguiendo cada cual su esperanza y su pensamiento personal, porque no había pensamiento ni esperanza común. Entre tanto, el sacerdote de Quirino y las vírgenes vestales, olvidando todo interés privado, no pudiendo llevarse todos los objetos del culto público, examinaban los que podían llevar, los que dejarían y en qué lugar los depositarían; pareciéndoles lo mejor encerrarlos en tonelitos que ocultan en un santuario inmediato a la morada del flamín de Quirino, paraje en el que hoy mismo no puede escupirse sin profanación: repártense lo demás, y toman el camino que conduce por el puente de madera al Janículo. Cuando subían la pendiente, viólas el plebeyo L. Albinio, que salía de Roma con los inútiles, llevando en un carro a su esposa e hijos. Distinguiendo este hombre hasta en aquel momento las cosas divinas y humanas, parecióle irreverente que los sacerdotes llevaran a pie los objetos del culto público cuando se les veía a él y a los suyos en un carro. Mandó bajar a su esposa e hijos, hizo subir a las vírgenes con las cosas santas, y las llevó hasta Cerea, donde querían ir.

41. Entre tanto, habiéndose tomado en Roma todas las precauciones que eran posibles para la defensa de la fortaleza, entrando en sus casas los ancianos, esperaban resignados la muerte a la llegada de los enemigos; y los que habían desempeñado magistraturas curules, queriendo morir con las insignias de su pasada grandeza, de sus honores y de su valor, revistieron las ropas solemnes que llevaban los que dirigían las ceremonias religiosas y los triunfadores y se colocaron en medio de sus casas sobre las sillas de marfil. Algunos llegan a decir que

por medio de una fórmula que les dictó el pontífice máximo M. Fabio, se dedicaron por la patria y por los romanos, hijos de Quirino. En cuanto a los galos, como el intervalo de una noche había calmado la irritación del combate; como en ninguna parte les habían disputado la victoria, y como no tomaban a Roma por asalto o por fuerza, entraron a la mañana siguiente sin cólera, sin arrebato, por la puerta Colina, dejada abierta, y llegaron al Foro, paseando sus miradas por los templos de los dioses y la fortaleza, que era donde únicamente se observaba aparato de guerra. En seguida, habiendo dejado cerca de la fortaleza un destacamento poco numeroso para vigilar no hiciesen alguna salida durante su dispersión, se desparraman para saquear por las calles, en las que no encuentran a nadie; unos se precipitan en grupos en las primeras casas y otros corren hacia las más lejanas creyéndolas todavía intactas y repletas de botín. Pero asustados muy pronto por aquella soledad, temiendo que el enemigo les tendiese algún lazo mientras vagaban diseminados, regresaban en grupos al Foro y parajes inmediatos. Encontrando allí cuidadosamente cerradas las casas de los plebeyos, y abiertos los atrios de los patricios, vacilaban más en entrar en éstos que en penetrar por fuerza en las otras. Experimentaban como religioso respeto a la vista de aquellos nobles ancianos que sentados en el vestíbulo de sus casas, por su traje y actitud, en los que había algo augusto que no es propio de los hombres así como por la gravedad impresa en su frente y en todas sus facciones, parecían representar la majestad de los dioses. Los galos permanecían en pie contemplándolos como estatuas; pero dícese que habiendo uno de ellos pasado suavemente la mano por la barba de M. Papirio, que según el uso de la época la llevaba muy larga, éste hirió con su bastón de marfil la cabeza del bárbaro, cuya ira excitó; la matanza comenzó por él, y casi al mismo tiempo todos los demás fueron degollados sobre sus sillas curules. Muertos los senadores, nada perdonaron de cuanto vivía; saquearon las casas y después de devastarlas les prendieron fuego.

42. Por lo demás, fuese porque no todos desearan destruir la ciudad, fuese porque los jefes galos solamente se propusieran incendiar algunas casas para espantar los ánimos, esperando que el cariño de los sitiados a sus moradas les llevaría a rendirse, o bien, en fin, porque no quemando la ciudad entera quisieran hacerse de lo que quedase en pie un medio para blandear al enemigo, el primer día no se propagó el incendio con la rapidez y en la extensión que se acostumbra en una ciudad conquistada. En cuanto a los romanos, viendo desde la fortaleza al enemigo llenar la ciudad, correr de un lado para otro por todas las calles; testigos a cada momento, por una u otra parte, de un nuevo desastre, no podían ni contener sus ánimos, ni soportar las diferentes impresiones que la vista o el oído les llevaban. Por todas partes, donde los gritos de los enemigos, los lamentos de las mujeres y niños, el ruido de las llamas, el fragor de los techos que se derrumbaban, llamaban su atención, aterrados por aquellas horribles escenas, movían hacia aquel lado sus ánimos, su rostro y su vista, como si la fortuna les hubiese colocado allí para presenciar el espectáculo de la caída de su patria, no dejándoles nada de defender más que su cuerpo. Mucho más dignos de compasión eran que lo fueron jamás otros sitiados, porque rodeados fuera de su ciudad, veían cuanto poseían en poder del enemigo. No fue más tranquila

la noche que el día espantoso a que siguió: el día sucedió a aquella agitada noche, y no pasó un momento sin que tuviesen que contemplar algún nuevo desastre. Sin embargo, a pesar de las desgracias que les abrumaban, sus ánimos no flaquearon, y cuando las llamas lo hubieron destruido y nivelado todo, se propusieron defender valientemente aquella débil colina que ocupaban, última trinchera de su libertad. Acostumbrándose después a males que se renovaban diariamente, acabaron por perder el sentimiento y no fijar la vista más que en aquellas armas, en aquel hierro que empuñaban y que constituía su última esperanza.

43. Los galos, que durante algunos días habían hecho guerra cruel a las casas de la ciudad, viendo de pie aún, en medio del incendio y las ruinas, enemigos armados, a quienes tantos desastres no habían espantado, y a los que solamente por la fuerza podría reducirse, decidieron intentar la última prueba y atacar la fortaleza. A una señal dada al amanecer, toda aquella multitud se reunió en el Foro, donde se formó en batalla; en seguida, lanzando un grito y formando la tortuga suben hacia la fortaleza. Los romanos se preparan con orden y prudencia a recibirlos; refuerzan todos los puntos accesibles, oponen su juventud más valiente por todos los lados por donde avanzan las enseñas, y dejan subir al enemigo, persuadidos de que, cuanto más suba por aquellas ásperas rocas, más fácil será hacerle bajar. A mitad de la colina se detienen, y desde aquella altura, cuya pendiente les lleva por sí misma al enemigo, se lanzan con impetuosidad, matan y derriban a los galos de tal manera, que en adelante jamás intentaron ni juntos ni separados igual ataque. Renunciando, pues, a tomar la plaza por la fuerza de las armas, dispónense a sitiarla; pero en su imprevisión, acababan de quemar con la ciudad todo el trigo que se encontraba en ella, y entre tanto, todo el grano de la campiña había sido recogido y trasportado a Veyas. En vista de esto, se divide el ejército: una parte marcha a saquear por los pueblos limítrofes; la otra queda allí para sitiar la fortaleza, teniendo que atender a su manutención los merodeadores de los campos.

44. La fortuna misma llevó a Ardea, donde estaba desterrado Camilo, para hacerles experimentar el valor romano, a los galos que habían marchado de Roma. Cuando, más afligido por los males de su patria que por su propia suerte, empleaba los días en acusar a los dioses y a los hombres, indignándose y asombrándose de no encontrar aquellos soldados intrépidos que con él se apoderaron de Veyas y Faleria, y que siempre en todas las guerras se habían distinguido más aún por su valor que por su fortuna, sabe de pronto que se acerca un ejército galo y que asustados los ardeatos celebran consejo. Como si le impulsase inspiración divina, él, que hasta entonces se había abstenido de presentarse en reuniones de esta clase, acudió a la asamblea. "Ardeatos, dijo, antiguos amigos míos y mis nuevos conciudadanos: puesto que así lo han querido vuestros beneficios y mi suerte, no creáis que olvido mi situación al venir aquí; pero el interés y el común peligro hacen en estas críticas circunstancias que cada uno deba contribuir en cuanto pueda a la salvación general. ¿Y cuándo podría yo mostrar mi agradecimiento a los inmensos servicios que he recibido de vosotros si vacilase hoy? ¿En qué podría yo serviros si no es en la guerra? Por este arte me he sostenido yo en mi patria; y no habiendo sido vencido en la guerra,

durante la paz me expulsaron mis ingratos ciudadanos. En cuanto a vosotros, ardeatos, se presenta ocasión para que mostréis vuestra gratitud a los antiguos e importantes beneficios del pueblo romano, que no habéis olvidado y que no es necesario recordaros, y para conquistar al mismo tiempo para vuestra ciudad aliados que os recuerden e inmensa gloria militar a expensas del enemigo común. Esas gentes, cuyas confusas masas vienen hacia nosotros, han recibido de la naturaleza estatura y valor extraordinarios, pero carecen de constancia, y en el combate son más espantosos que temibles. El desastre mismo de Roma lo demuestra: estaba abierta cuando la tomaron; desde la fortaleza y el Capitolio, exiguo número de hombres les detiene; y vencidos ya por el tedio del sitio, se alejan y vagan errantes por los campos. Hartos de carne y de vino, de que se llenan con avidez, duermen de noche en las orillas de los arroyos, sin parapetos, guardias ni centinelas, como bestias salvajes, y ahora el triunfo aumenta su habitual imprevisión. Si tenéis empeño en defender vuestras murallas, si no queréis consentir que todo este territorio sea galo, empuñad las armas a la primera vigilia y seguidme, no diré al combate, sino a la matanza. Si no os los entrego encadenados por el sueño y para que los degolléis como carneros, consiento en recibir de Ardea la misma recompensa que he recibido de Roma."

45. Persuadidos estaban amigos y enemigos de que Camilo era el primer guerrero de su época. Disuelta la asamblea, reparan las fuerzas, se aprestan y a una señal dada, en el silencio de las primeras horas de la noche, acuden todos a las puertas a formar bajo las órdenes de Camilo. Salen, y cerca de la ciudad, según les había predicho éste, encuentran el campamento de los galos sin defensa, sin guardias, y se lanzan gritando. En ninguna parte hay combate, sino carnicería por todos lados; degüellan hombres desnudos y dominados por el sueño; y si los más lejanos despiertan y se levantan, ignorando por qué parte los atacan, huyen espantados y muchos corren ciegamente a arrojarse en medio de los enemigos; habiendo huido considerable número al territorio de Anzio, se dispersan; los habitantes hacen una salida y les rodean. En el territorio de Veyas hubo igual matanza de toscanos, quienes, sin compasión por una ciudad vecina de ellos cuatrocientos años ya, abrumada por un enemigo hasta entonces desconocido, habían elegido aquel momento para hacer incursiones en territorio romano, y que, cargados de botín, se proponían atacar a Veyas, donde se encontraba la guarnición, última esperanza del nombre romano. Los soldados romanos les habían visto vagar por los campos, volver reunidos llevando delante el botín, y veían también su campamento cercano de Veyas. Primeramente sintieron humillación; después se indignaron por el ultraje y les dominó la ira. Los etruscos, de quienes habían separado la guerra gala para atraérsela ellos, se atrevían a burlarse de su desgracia. No pudiendo dominarse ya querían realizar en el acto una salida; pero conteniéndoles el centurión Cedicio, a quien habían elegido para mandarles, aplazaron la venganza para la noche. Solamente faltó un capitán como Camilo; pero en último caso, la marcha y el éxito fueron iguales. Tomando en seguida por guías prisioneros escapados de la matanza de la noche, se dirigen contra otro cuerpo de toscanos hacia Salinas, le sorprenden en la noche siguiente y hacen mayor carnicería aún, y honrados con esta doble victoria regresan a Veyas.

46. Entre tanto continuaba blandamente el sitio en Roma, y por ambas partes se observaban en silencio; los galos se limitaban a vigilar el espacio que quedaba entre los puestos y a impedir por este medio que pudiese escapar ningún enemigo, cuando de pronto un joven romano se atrajo la admiración de sus conciudadanos y del enemigo. La familia Fabia había establecido un sacrifico anual sobre el Quirinal. Queriendo celebrar este sacrificio, C. Fabio Dorso, ceñida la toga a la manera de los gabios y llevando sus dioses en la mano, desciende del Capitolio, atraviesa los puestos enemigos, y sin cuidarse de su gritos y amenazas, llega a la colina Quirinal; realizado el acto solemne vuelve por el mismo camino, con la mirada y el paso igualmente tranquilos, entregándose a la protección de los dioses, cuyo culto había observado con desprecio de la muerte; entra en el Capitolio con los suyos, a la vista de los galos, asombrados de tan increíble audacia, o tal vez dominados por sentimiento religioso a que aquel pueblo no era indiferente. Entre tanto aumentaban de día a día en Veyas el valor y hasta las fuerzas; a cada momento llegaban no solamente romanos que acudían de los campos, por los que vagaban dispersos desde la derrota de Alia y la toma de Roma, sino también multitud de voluntarios que venían del Lacio con objeto de tener parte en el botín. Parecía que había llegado al fin la hora de reconquistar la patria, arrancándola de las manos del enemigo; pero faltaba una cabeza a aquel vigoroso cuerpo. El paraje mismo les recordaba a Camilo; allí se encontraban la mayor parte de los soldados que bajo sus órdenes y sus auspicios habían conseguido tantas victorias, y Cedicio declaraba que no era necesario que algún dios u hombre le quitase el mando; que no había olvidado lo que era, y que pedía un jefe. Por común acuerdo se decidió llamar a Camilo de Ardea, después de consultar previamente al Senado que estaba en Roma; tanto prevalecía, hasta en aquella desesperada situación, el respeto por la distinción de los poderes. Pero no podía pasarse sin grandes peligros a través de los puestos enemigos; se encargó de la comisión un atrevido joven, Poncio Cominio; se colocó sobre cortezas que la corriente del Tíber llevó hasta la ciudad; trepando allí por la roca más próxima a la ribera, y que por esta misma razón el enemigo había descuidado guardar, penetra en el Capitolio, y llevado ante los magistrados, les expone el mensaje del ejército. Encargado en seguida de un decreto del Senado, por el que se mandaba a los comicios, reunidos por curias, llamar del destierro y elegir en el acto dictador a Camilo, a fin de que los soldados tuviesen general de su elección. Poncio volvió por el mismo camino a Veyas. Los legados que habían enviado a Camilo le trajeron de Ardea a Veyas, o más bien (porque es probable que no saliese de Ardea antes de cerciorarse de que se había dado la ley, puesto que no podía entrar en territorio romano sin orden del pueblo, ni tomar los auspicios en el ejército sin ser dictador) la ley se dio por las curias y Camilo fue elegido dictador en su ausencia.

47. Mientras ocurrían en Veyas estas cosas, la fortaleza y el Capitolio de Roma corrieron mucho peligro. Los galos, sea que observasen huellas humanas en el sitio por donde pasó el mensajero de Veyas, sea que descubriesen por sí mismos en la roca de Carmenta fácil acceso, aprovechando una noche muy clara y precediéndoles un hombre desarmado para reconocer el camino,

avanzaron tendiéndole las armas en los pasos difíciles; apoyándose, ayudándose y tirando unos de otros, según lo exigían los parajes, llegaron hasta la cumbre. Tan profundo silencio guardaban, que engañaron no sólo a los centinelas, sino que también a los perros, animales que despiertan al menor ruido nocturno. Pero no consiguieron pasar desapercibidos a los gansos sagrados de Juno, respetados a pesar de al suma escasez de víveres. Esto fue lo que salvó a Roma; porque despertando a sus gritos y aleteos M. Manlio, que había sido cónsul tres años antes, y que se había distinguido mucho en la guerra, se arma en seguida y se lanza dando la alarma a sus compañeros; y mientras los demás corren al azar, con un golpe de su escudo derriba a un galo que ya había llegado a lo alto. En su caída arrastró éste a los que le seguían de cerca; y mientras los demás, arrojando las armas, se agarran con las manos a los peñascos en que se apoyan, Manlio los degüella. Reunidos en seguida los romanos, abaten al enemigo con dardos y piedras que aplastan y precipitan hasta abajo a todos los asaltantes. Calmado el tumulto, dedicaron al descanso el resto de la noche; al menos en cuanto lo permitía la agitación de los ánimos conmovidos por el peligro, si bien pasado ya. Al amanecer reunió la trompeta a los soldados en derredor de los tribunos militares; y como a cada uno se debía el premio de su conducta buena o mala, Manlio recibió desde luego los elogios y recompensas que merecía su valor; y esto no solamente de los tribunos, sino de los soldados, que le dieron media libra de harina cada uno y una medida pequeña de vino que llevaron a su casa situada cerca del Capitolio. Pequeño parecerá el regalo, pero en la escasez en que se encontraban era gran prueba de agradecimiento que cada cual cercenase su alimentación y negase a su cuerpo lo necesario para honrar a un hombre. En seguida llamaron a los centinelas descuidados que habían dejado subir al enemigo. Q. Sulpicio, tribuno militar, había dicho que les castigaría según la costumbre del ejército; pero ante las reclamaciones unánimes de los soldados, que convenían en achacar la falta a uno solo, perdonó a los demás; siendo precipitado el culpable, con aprobación de todos, por la roca Tarpeya. Desde aquel momento redoblaron la vigilancia las dos partes; los galos porque ahora conocían el secreto de la comunicación entre Veyas y Roma; los romanos por el recuerdo de aquel peligro nocturno.

48. Pero entre todos los males de la guerra y del largo asedio, el hambre era el que más hacía padecer a los dos ejércitos: los galos sufrían además enfermedades pestilenciales. Acampados en una hondonada rodeada de alturas, en un terreno abrasador, lleno por tantos incendios de vapores inflamados, y en el que ligero soplo de viento no levantaba polvo, sino ceniza; el exceso de aquel sofocante calor, insoportable para gentes acostumbradas a un clima húmedo y frío, les diezmaba como las epidemias que destruyen los rebaños. A tal punto llegaron, que cansados de enterrar uno por uno los muertos, decidieron quemarlos en montón; por esta causa se llamó en adelante aquel barrio el Quemadero de los galos. Entonces ajustaron con los romanos una tregua, durante la cual permitieron los generales inteligencias entre los dos partidos; y como los galos hablaban frecuentemente de la escasez que, según decían, obligaría a los romanos a rendirse, preténdese que, para destruir esta esperanza, arrojaron pan desde muchos puntos del Capitolio a sus guar-

dias. Pero muy pronto fue imposible disimular y soportar más tiempo el hambre. Así, pues, mientras el dictador realiza personalmente levas en Ardea, manda a L. Valerio, jefe de los caballeros, partir de Veyas con el ejército, y toma las medidas y hace los preparativos necesarios para atacar al enemigo sin desventaja; el ejército capitolino, que, extenuado por el servicio y las vigilias, había triunfado de todos los males humanos, pero al que la naturaleza no le permitía vencer el hambre, miraba diariamente a lo lejos para ver si llegaba algún socorro que trajese el dictador. Al fin, careciendo de esperanza como de víveres, los romanos, cuyos extenuados cuerpos vacilaban al marchar a las guardias bajo el peso de las armas, decidieron que era indispensable, a cualquier precio, rendirse o libertarse; los galos, por otra parte, dejaban entender claramente que no se necesitaría una cantidad muy grande para decidirles a levantar el sitio. Entonces se reunió el Senado y encargó parlamentar a los tribunos militares. El tribuno Q. Sulpicio y Breno, jefe de los galos, celebraron una conferencia y convinieron las condiciones, y el rescate de aquel pueblo, que muy pronto había de dominar el mundo, fueron mil libras de oro. A este convenio, tan vergonzoso ya, se añadió otra humillación: habiendo llevado los galos pesos falsos que el tribuno rechazaba, el insolente Breno echó su espada en la balanza, y pronunció aquellas palabras tan insoportables para los romanos: "¡Ay de los vencidos!"

49. Pero ni los dioses ni los hombres permitieron que los romanos viviesen rescatados: por casualidad afortunada, cuando no estaba terminado aún aquel infame tratado, y a causa de discusiones sobrevenidas no se había pesado todo el oro, llegó el dictador, mandando a los romanos llevarse el oro y a los galos retirarse. Como éstos se resistían alegando el tratado, Camilo contestó que un tratado convenido por un magistrado inferior sin su autorización, después de haber sido nombrado dictador, era nulo, y anunció a los galos que se preparasen para el combate, mandando a los suyos que amontonen los bagajes y apresten las armas, porque la patria deben reconquistarla con hierro y no con oro. Ante la vista tienen los templos, sus esposas, sus hijos, el suelo patrio devastado por la guerra; en una palabra, todo lo que deben defender, reconquistar y vengar. Dispone en seguida el ejército según las condiciones del terreno, sobre el desigual emplazamiento de la ciudad casi destruida, y no olvida para sus tropas ninguna ventaja de las que podía buscar y preparar el arte de la guerra. En el desorden de la sorpresa, cogen sus armas los galos y corren sobre los romanos con más furor que prudencia. Pero la fortuna había cambiado y ahora el favor de los dioses y la prudencia humana estaban por los romanos; así pues, desde el primer encuentro quedan tan rápidamente deshechos los galos, como ellos vencieron en las orillas del Alia. En seguida se traba combate más regular cerca de la octava piedra miliaria del camino de Gabina, donde se reunieron en su derrota, y bajo la dirección y auspicios de Camilo son vencidos otra vez. Allí no perdonó nada la matanza; tomaron el campamento, y ni uno solo escapó para llevar la noticia del desastre. El dictador, recuperada la patria del poder del enemigo, volvió en triunfo a la ciudad; y entre las ingenuas ocurrencias de los soldados, le llaman Rómulo, padre de la patria y segundo fundador de Roma, títulos tan gloriosos como merecidos. Después de salvar a Roma en la guerra, la salvó también en la paz,

impidiendo la emigración a Veyas, proyecto que los tribunos apoyaban con más energía que nunca después del incendio de la ciudad y al que se encontraba muy inclinado el pueblo. Éste fue el motivo que le llevó a no abdicar la dictadura después de su triunfo, habiéndole pedido el Senado que no dejase la república en aquella crítica situación.

50. Como era celoso observador de las prácticas religiosas, ante todo ocupó al Senado de los deberes que tenía que cumplir con los dioses inmortales, e hizo dar este senatus-consulto: "Todos los templos, por haberlos poseído el enemigo, serán trazados de nuevo, reconstruidos y purificados por la expiación. Los decenviros buscarán en los libros sagrados las fórmulas de estas ceremonias expiatorias. Admitiráse a los ceretos al derecho de hospitalidad, en agradecimiento a haber recogido los objetos del culto y a los sacerdotes del pueblo romano, y porque gracias al beneficio de este pueblo ha continuado sin interrupción el culto de los dioses inmortales. Celebraránse los juegos capitolinos en agradecimiento a Júpiter Óptimo Máximo, que en aquel extremo peligro ha protegido su morada y la fortaleza del pueblo romano. Para esto, el dictador M. Furio establecerá un colegio de sacerdotes elegidos entre los que habitan el Capitolio y la fortaleza." Dispúsose además una expiación en memoria de aquella voz que se oyó antes de la guerra gala anunciar durante la noche los desastres de Roma, y que no fue atentida, decretándose la construcción de un templo en la Vía Nueva en honor de Aio Locuente. Como el oro reconquistado a los galos y el de los templos llevado apresuradamente a un santuario de Júpiter, a causa de la confusión de recuerdos no podía ser devuelto a su primitivo sitio, se declaró sagrado todo él y se decidió que quedaría depositado bajo el trono de Júpiter. El espíritu religioso de la ciudad se mostró de la misma manera, cuando faltando oro al erario para pagar el rescate a los galos, las matronas recogieron y ofrecieron el suyo para que no se tocase el de los dioses. Diéronse las gracias a las matronas, a las que se concedió además un honor reservado hasta entonces a los hombres: el derecho a solemne elogio después de su muerte. Cumplidos estos religiosos deberes, y terminadas todas las cosas para las que necesitaba el concurso del Senado, queriendo concluir con los tribunos, que continuaban agitando al pueblo para que abandonase las ruinas y emigrase a Veyas, dispuesta a recibirlo, presentóse en la asamblea acompañado por todo el Senado, subió a la tribuna y habló de esta manera:

51. "Tan penoso me es ¡oh, romanos! discutir con los tribunos del pueblo que mientras he vivido en el triste destierro de Ardea, no he tenido más consuelo que el de encontrarme lejos de estos debates; y por este mismo motivo, jamás habría regresado a Roma, aunque me hubiesen llamado por decisión del Senado y orden del pueblo. Si hoy he vuelto entre vosotros, no es porque haya cambiado mi voluntad, sino porque me ha traído vuestra adversa fortuna, tratándose de mantener la patria en su antiguo estado y no de recobrar mi puesto. Si no tuviese que luchar todavía por la patria, agradaríame el descanso y el silencio; pero faltarle cuando se tiene vida que ofrecerle, para cualquiera sería vergüenza, para Camilo sería crimen. ¿Para qué la hemos reconquistado? ¿Para qué la hemos arrancado de manos del enemigo que la sitiaba, si después de recobrarla la abandonamos? Cuando los galos eran vencedores, cuando tenían en su poder

toda la ciudad, el Capitolio y la fortaleza, han tenido por huéspedes y defensores a los dioses y a los hijos de Roma. ¡Y ahora que los romanos son vencedores, que la ciudad está libertada, quedarán abandonados la fortaleza y el Capitolio, y nuestro triunfo produciría más desolación en la ciudad que sus reveses! Aunque no tuviésemos costumbres religiosas establecidas al mismo tiempo que la ciudad, y transmitidas de unos a otros hasta nosotros, la intervención de la divinidad ha sido tan patente en este aprieto de Roma, que, en mi sentir, ha debido curarnos de toda indiferencia para con los dioses y su culto. Contemplad los acontecimientos felices o desgraciados de estos últimos años, y veréis siempre que a los prósperos acompaña el respeto de los dioses y la irreligiosidad a los adversos. Primeramente aquella guerra de Veyas, que nos ha costado tantos años de trabajos, no concluyó hasta que por aviso de los dioses se desecó el lago Albano. Y considerando las últimas desgracias de la ciudad, ¿acaso ocurrieron hasta que se despreció aquella voz enviada del cielo para predecir la llegada de los galos, antes de que nuestros legados violasen el derecho de gentes, antes de que enfrente de un atentado que debíamos castigar mostrásemos tan vituperable olvido de los dioses? Por estas causas, vencidos, esclavizados, rescatados, tan duramente nos han castigado los dioses y los hombres, que nuestras desgracias han sido enseñanza para el mundo. La adversidad nos ha hecho pensar al fin en la religión. Nos hemos refugiado en el Capitolio, al lado de los dioses, en la mansión de Júpiter Óptimo Máximo; y en la ruina de nuestros bienes, cuidando solamente de nuestros tesoros sagrados, los hemos escondido bajo tierra o trasladado a las ciudades inmediatas, ocultándolos a la vista del enemigo. A pesar del abandono de los dioses y de los hombres, no hemos interrumpido el culto sagrado. En recompensa se nos ha devuelto la patria, se nos ha concedido el triunfo y la antigua gloria de nuestras armas, que habíamos perdido; y al enemigo, que cegado por la avaricia hacía traición por un puñado de oro a sus tratados y a su fe, los dioses han enviado el terror, la fuga y la matanza.

52. "¡Cómo, oh romanos! ¿Veis los extraordinarios efectos del culto o del desprecio a los dioses en las cosas humanas, y cuando apenas hemos escapado a este primer naufragio de nuestras faltas y desgracias, no veis el precipicio a que corremos de nuevo? Tenemos una ciudad fundada sobre la fe de los auspicios y de los augurios: ni un solo punto hay en ella que no esté lleno de los dioses y de su culto; nuestros sacrificios solemnes tienen días tan fijos como los parajes donde han de celebrarse. ¿Podréis vosotros, ¡oh, romanos!, abandonar los dioses de la patria y de las familias? ¡Qué mal imitáis a C. Fabio, ese noble joven que durante el sitio tanto excitó la admiración del enemigo y la vuestra, cuando saliendo de la fortaleza marchó entre las flechas de los galos a realizar el sacrificio solemne de la familia Fabia sobre el Quirinal! ¡Cómo!, cuando la religión de una familia ha triunfado de los peligros de la guerra, ¿vosotros consentiréis en medio de la paz el abandono de la religión, de la patria y de los dioses de Roma? ¿Y los pontífices y los flamines cuidarán menos de las santas solemnidades de la república, que un simple ciudadano de las piadosas costumbres de su familia? Pero tal vez se dirá: en Veyas cumpliremos con todos esos deberes, o enviaremos aquí a nuestros sacerdotes para que los cumplan.

Cualquiera de estos dos medios violaría igualmente las sagradas costumbres. Y por no enumerar todas nuestra fiestas y todos nuestros dioses, ¿acaso en el banquete de Júpiter puede colocarse el cojín en otro punto que el Capitolio? ¿Y qué diré del fuego eterno de Vesta y de la estatua guardada en su templo como prenda de la duración del imperio? ¿Recordaré tus escudos, ¡oh, Marte Gradivo!, y a ti ¡oh, Quirino!, padre de los romanos? ¿Abandonaremos a las profanaciones todos esos objetos consagrados, tan antiguos como nuestra ciudad, y de los que algunos lo son más que la ciudad misma? Considerad qué diferencia entre nosotros y nuestros antepasados. Nos transmitieron la obligación de celebrar determinadas ceremonias que encontraron establecidas sobre el monte Albano y en Lanuvio. Acaso estas instituciones religiosas que su piedad temía trasladar de las ciudades enemigas a Roma y entre nosotros, ¿podríamos nosotros, sin profanación, trasladarlas a Veyas, a una ciudad enemiga? Recordad cuántos sacrificios hemos comezado de nuevo porque había ocurrido alguna omisión fortuita o por negligencia en los ritos de nuestros mayores. Recientemente, con ocasión del prodigio del lago Albano, el restablecimiento de las ceremonias y la consulta de los auspicios, ¿no salvaron a la república, extenuada por la guerra de Veyas? ¿No ha sido por recuerdo de nuestras antiguas tradiciones religiosas por lo que hemos trasladado a Roma los dioses extranjeros y hemos establecido nuevos? ¡Con cuánta pompa y cuánto esplendor en medio de aquel admirable concurso de matronas, colocamos poco ha sobre el Aventino a Juno Reina, traída de Veyas! También hemos decretado un templo a Aio Locuente, en memoria de aquella voz del cielo que se oyó en la Vía Nueva. A las demás solemnidades hemos añadido los juegos capitolinos, para los que hemos establecido, con autorización del Senado, un colegio nuevo. ¿Qué necesidad había de nada de esto si habíamos de seguir a los galos y abandonar las murallas de Roma, si no hemos permanecido de buen grado en el Capitolio, si solamente nos ha retenido allí el temor del enemigo? Os hablo del culto y de los templos: ¿qué diré de los sacerdotes? ¿No comprendéis cuán impía sería su traslación? Las vestales no tienen otra morada que su templo, y solamente la toma de la ciudad pudo hacerlas salir de él. El flamín de Júpiter no puede estar ni una sola noche fuera de la ciudad sin cometer crimen. ¡Y a esos sacerdotes, siendo romanos, los convertiréis en veyos! ¡Y las vestales te abandonarán, oh, Vesta! ¡Y el flamín, al habitar la tierra extranjera, se hará cada noche capaz de un crimen, cuya expiación recaerá sobre él y la república! ¿Qué diré de las diferentes prácticas consagradas por los auspicios, celebradas casi todas en el recinto de nuestras murallas, que entregamos al olvido o al desprecio? Los comicios por curias para la administración de la guerra, los comicios por centurias para la elección de los cónsules y de tribunos militares, ¿dónde celebrarlos con los auspicios, si no es en el paraje acostumbrado? ¿Los trasladaremos a Veyas, o será necesario para asistir a los comicios que el pueblo vuelva con sumo trabajo a esta ciudad abandonada de los dioses y de los hombres?

53. "Pero las circunstancias mismas nos obligan a abandonar esta ciudad devastada por el incendio y las ruinas y a emigrar a Veyas, que está en pie, no debiendo ser objeto de vejaciones para el pueblo la reedificación aquí. Esta objeción tiene más fuerza aparente que real; y

no necesito demostrarlo, ¡oh, romanos!, porque vosotros lo comprendéis así; porque no habéis olvidado que antes de la venida de los galos, cuando nuestros edificios públicos y particulares no habían recibido ningún daño, cuando Roma se encontraba todavía de pie y viva, se había propuesto ya la emigración a Veyas. ¡Y ved cuánto dista mi opinión de a vuestra, oh, tribunos! Vosotros, lo que ni entonces debió hacerse, creéis que a toda costa debe hacerse hoy; yo, por el contrario (y no os admiréis antes de oír lo que voy a deciros), aun cuando hubiese sido conveniente emigrar cuando Roma se encontraba todavía intacta, sostendría que no debíamos hoy abandonar sus ruinas. Porque entonces la victoria nos autorizaba a emigrar a una ciudad que habíamos conquistado: este pretexto era glorioso para nosotros y para nuestros descendientes; hoy sería esta emigración mancha y vergüenza para nosotros y gloria para los galos. No se dirá que hemos abandonado nuestra patria vencedores, sino que la hemos perdido vencidos; que la derrota en el Alia, que la toma de la ciudad, que el sitio del Capitolio nos han puesto en la necesidad de abandonar nuestros penates, de huir y desterrarnos de un paraje que ya no podemos defender; diráse que esta Roma que pudieron destruir los galos no han podido reconstruirla los romanos. Nada falta ya, si no es que vuelvan con nuevas fuerzas (porque dicen que su multitud es increíble); que tengan el capricho de habitar esta ciudad que ellos tomaron y que vosotros abandonáis, y que lo consintáis. Mas, sin hablar de los galos, si pluguiese a vuestros antiguos enemigos los equos y los volscos venir a establecerse en Roma, ¿consentiríais que se hiciesen romanos, mientras que vosotros seríais veyos? ¿Preferís conservar para vosotros este desierto de ruinas, a ver al enemigo reedificar aquí una ciudad? No sé, en verdad, cuál de estos dos extremos sea más nefando. Dispuestos estáis a aceptar estos crímenes y oprobios por evitaros el trabajo de la reconstrucción. Aunque en toda la ciudad no pudiese encontrarse morada más cómoda y espaciosa que la choza de nuestro fundador, ¿no sería preferible habitar como pastores y campesinos en cabañas donde os rodearían vuestros dioses y vuestros penates, a condenaros, como nación, al destierro? Nuestros antepasados, que solamente eran una turba de extranjeros y pastores, en tiempos en que en estos parajes solamente se veían bosques y pantanos, construyeron en pocos días una ciudad nueva; y nosotros, cuando el Capitolio y la fortaleza se encuentran todavía intactos, cuando aún están en pie los templos de los dioses, ¿repugnamos reconstruir algunas casas incendiadas? Y lo que cada particular haríamos si el fuego devorase nuestra morada, ¿lo rehusamos en común después del incendio de la ciudad?

54. "¿Qué más? Si la malicia, si la casualidad produce un incendio en Veyas, y, como es posible, impulsada la llama por el viento consume considerable parte de la ciudad, ¿buscaremos otra morada, emigraremos a Fidenas, a Gabias o a otra población? Luego no nos adherimos al suelo de la patria, a esta tierra que llamamos nuestra madre; lo que amamos como patria es el terreno en que se alzan casas. Confieso por mi parte que si he olvidado vuestra injusticia, recuerdo mi desgracia; en mi destierro, cuantas veces recordaba la patria, era con la amargura de no encontrar ante mi vista estas colinas, este Tíber, estos campos a que tan acostumbrados estaban mis ojos, y este cielo bajo el que nací y me eduqué: creedme, ¡oh, romanos! ¡Ojalá os retenga

hoy el cariño que inspiran objetos tan dulces y no os aflija mañana el pesar de haberlos abandonado! No sin razón eligieron los dioses y los hombres este paraje para la edificación de Roma: su extraordinaria salubridad, las grandes ventajas de un río por el que bajan las cosechas del continente y por el que llegan los abastecimientos del mar; ese mar, bastante cercano para las necesidades del comercio y bastante lejano para no exponernos a los insultos de las flotas extranjeras; una posición en el centro de Italia y que parece prestarse por sí misma al aumento de nuestro poder; esto explica el rápido desarrollo de una ciudad tan nueva. Trescientos sesenta y cinco años, ¡oh, romanos!, existe esta ciudad; durante este tiempo no habéis cesado de guerrear con todas las antiguas naciones que os rodean, y sin embargo, sin hablar de las ciudades aisladas, ni de los equos unidos a los volscos, ni sus poderosas ciudades, ni la Etruria entera, tan temible por tierra y por mar, y que abraza entre los dos mares toda la anchura de Italia, no han podido luchar con vosotros. Después de tantas pruebas afortunadas, ¿qué funestas razones podrían impulsarnos a comenzar otras? Podréis llevar a lo lejos con vosotros vuestro valor; pero no podréis llevar la fortuna de estos parajes. Aquí está el Capitolio donde en otro tiempo se encontró la cabeza humana que, al decir de los adivinos, anunciaba que este punto sería la cabeza del mundo, el soberano de los imperios: aquí la Juventud y el dios Término, cuando los augures trasladaron a otros paraje los dioses del Capitolio, se negaron a abandonar su puesto, con gran satisfacción de nuestros padres: aquí está el fuego de Vesta, los escudos sagrados caídos del cielo y todos esos dioses cuya protección os abandonará en el momento en que les abandonéis."

55. Otras oraciones de Camilo conmovieron a la multitud, pero principalmente ésta por las consideraciones que se referían a la religión. Unas palabras que parecían descender del cielo, acabaron de destruir todas las vacilaciones. Casi al retirarse de la Asamblea, el Senado se había dirigido a la Curia Hostilia. Durante la deliberación, algunas cohortes que volvían de su guarnición, al pasar por el foro en orden de marcha, exclamó un centurión en la plaza de los Comicios: "Signífero, clava la enseña; en ninguna parte estaremos mejor que aquí." Al oír esto, el Senado, saliendo de la Curia, exclamó que aceptaba el augurio, y toda la multitud agrupada en derredor de la Curia prorrumpió en gritos de aprobación. Rechazóse, pues, la ley, y por todas partes se comenzó a trabajar. El Estado suministró la teja y se autorizó para tomar piedra y madera de donde se quisiese, con tal de que se comprometiesen a terminar el trabajo en el año. Sin cuidarse ninguno de si edificaba sobre su terreno o sobre el ajeno, se apoderó del primer solar vacante, y la preciptación hizo que no se cuidasen de alinear las calles. Por esta razón las antiguas cloacas que se quería hacer pasar por debajo de las calles y de las plazas, se encuentran hoy debajo de las casas particulares, y en general la ciudad está más aglomerada que bien repartida.

LIBRO SEXTO

Sumario: Guerra contra los volscos, los equos y prenestinos. — Establécense cuatro tribus nuevas. — Castigo de M. Manlio. — Prohíbese el nombre de Marco a la familia Manlia.—Proposición de ley para la admisión de los plebeyos al consulado. Adopción de la ley. — L. Sextio primer cónsul plebeyo. — Publicación de otra ley prohibiendo poseer a los particulares más de quinientas yugadas de tierra por cabeza.

1. En cinco libros dejo consignada la historia de Roma desde su fundación hasta su toma por los galos: historia que abarca la época de los reyes, la de los cónsules y dictadores, los decenviros y los tribunos consulares; las guerras extranjeras, las disensiones intestinas; historia oscura, y que por su extraordinaria antigüedad aparece como los objetos que apenas se ven por su mucho alejamiento, y por la insuficiencia y escasez en aquellas mismas épocas de documentos escritos, únicos guardianes fieles de los hechos pasados; y en fin, por la destrucción casi completa, en el incendio de la ciudad, de los registros de los pontífices y de otros monumentos públicos y particulares. Con más claridad y certeza expondré en adelante los acontecimientos, tanto interiores como exteriores; este renacimiento de la ciudad, que brota, por decirlo así, de su asiento con más savia y lozanía. Levantada primeramente por M. Furio, en aquel gran ciudadano se apoya para mantenerse, no consintiendo que abdicase la dictadura antes de terminar el año. Como no se consideró conveniente encargar la celebración de los comicios para el año siguiente a los tribunos en ejercicio en el momento de la caída de la ciudad, y se recurrió a interreyes. Mientras los ciudadanos trabajaban con ardor y celo infatigables en la reconstrucción, Q. Fabio, que acababa de salir de la magistratura, fue demandado por C. Marcio, tribuno del pueblo; porque enviado a los galos con misión pacífica, peleó contra el derecho de gentes; pero le sustrajo al juicio una muerte tan oportuna, que muchos la creyeron voluntaria. El interregno empezó por P. Cornelio Escipión, siguiéndole M. Furio Camilo; éste, que lo era por segunda vez, creó tribunos militares con autoridad consular a L. Valerio Publícola por segunda vez, L. Virginio, P. Cornelio, A. Manlio, L. Emilio y L. Postumio; quienes habiendo entrado en funciones inmediatamente después del interregno, empezaron consultando al Senado acerca de los asuntos religiosos. Hicieron ante todo que se buscasen los tratados y las leyes que subsistían aún (éstas eran las Doce Tablas y algunas leyes reales); divulgáronse algunas hasta entre el pueblo; pero las que se referían a cosas santas quedaron suprimidas, y esto principalmente por los pontífices, que querían reservarse el freno de la religión como medio para sujetar la multitud. En esta época se comenzó a designar también los días religiosos; el día de-

cimocuarto antes de las calendas sextiles, señalado por doble desastre la matanza de los Fabios en Cremera y la vergonzosa derrota del ejército romano sobre el Alia, seguida de la ruina de Roma, llamóse por este último revés día del Alia, y se decretó que ni el Estado ni los particulares emprenderían nada en este día. Como al día siguiente de los idus de julio el tribuno militar Sulpicio sacrificó sin resultado y sin cuidar de aplacar a los dioses, tres días después entregó el ejército romano a los golpes del enemigo, dícese que por esta razón se dispuso la abstención de todo acto sagrado en el día siguiente de los idus; y en lo sucesivo, según algunas tradiciones, esta piadosa prohibición se extendió al día siguiente de las calendas y de las nonas.

2. No pudieron por mucho tiempo ocuparse holgadamente de levantar la república de tan grave caída. Por una parte los volscos, antiguos enemigos, habían tomado las armas para destruir el nombre romano, y por otra todos los jefes de la Etruria, reunidos en el templo de Voltumna, se habían puesto de acuerdo para la guerra; en fin, para aumento de alarmas, anunciábase la defección de los latinos y de los hérnicos, que desde el combate del lago Regilo, en el espacio de cien años, jamás habían hecho traición a la fe que les unía con el pueblo romano. Como ante tan numerosos y apremiantes peligros todos comprendían que el nombre romano no solamente estaba amenazado por el odio del enemigo, sino también por el desprecio de los aliados, decidióse confiar la defensa de la república a los auspicios que la habían reconquistado, y nombraron dictador a M. Furio Camilo. Nombró éste jefe de los caballeros a C. Servilio Ahala, y después de proclamar la vacación de los tribunales, hizo una leva de soldados jóvenes: hasta los ancianos a quienes quedaban fuerzas prestaron juramento y fueron alistados por centurias. Inscritas y armadas estas tropas, las dividió en tres cuerpos: el primero debía marchar al territorio de Veyas, para hacer frente a la Etruria; otro recibió orden de acampar a las puertas de la ciudad; estas últimas tropas las mandaba el tribuno militar A. Manlio; las que enviaba contra los etruscos estaban bajo el mando de L. Emilio. Él mismo llevó el tercer cuerpo contra los volscos, les encontró acampados cerca de Lavinia, en el punto llamado *Moecium,* y los atacó. Los volscos, que hacían guerra a Roma por desprecio de su debilidad y porque creían que los galos habían destruido casi toda la juventud romana, experimentaron tal espanto al solo nombre de Camilo, que se cubrieron con un parapeto fortificado con un montón de árboles derribados para cerrar al enemigo el acceso a las empalizadas. Viendo esto Camilo, mandó incendiar aquel parapeto de ramaje; secundado por el viento, que por casualidad soplaba violentamente hacia el enemigo, la llama le abrió pronto el camino; el incendio llegó al campamento, y el vapor, el humo, la misma crepitación de aquella leña verde asustó tanto al enemigo, que costó menos trabajo a los romanos forzar la defensa para penetrar en el campamento de los volscos, que a éstos atravesar el ramaje presa del incendio. Después de derrotar y deshacer al enemigo y de apoderarse del campamento, el dictador entregó el botín a los soldados, cosa que les agradó tanto más cuanto menos lo esperaban de un general poco propicio a estas generosidades. En seguida persiguió Camilo a los fugitivos, y cuando hubo devastado completamente el territorio de los volscos, se rindieron éstos, subyugados al fin después de siete años de guerras. Vencedor de los vols-

cos, marchó contra los equos, que también se aprestaban para la guerra, aplastó su ejército cerca de Bolas, y habiendo atacado no solamente su campamento, sino su ciudad, se apoderó de ella al primer esfuerzo.

3. Mientras en el punto donde mandaba Camilo las fuerzas romanas era favorable la fortuna, por la otra parte se experimentaba profundo terror. Casi toda la Etruria armada sitiaba a Sutrium, aliada del pueblo romano; habiéndose dirigido al Senado sus legados, pidiéndole auxilio en su desgracia, obtuvieron un decreto mandando al dictador acudiese sin demora en auxilio de los sutrienses. Pero la desgracia de los sitiados no les permitió esperar la realización de esta promesa: poco numerosos, extenuados por las fatigas, las vigilias y las heridas que recibían siempre los mismos, los habitantes, por medio de una capitulación, habían entregado su ciudad al enemigo, y abandonando sus penates, los desgraciados se retiraban sin armas y sin más ropas que las puestas. Casualmente llegó en aquel momento Camilo con el ejército romano; aquella multitud desolada se arrojó a sus pies, escuchó un discurso de los principales ciudadanos, en el que manifestaban su espantosa situación, y los gemidos de las mujeres y niños que se arrastraban para seguirles al destierro. Acogióles con afecto, exhortóles a no llorar, y les dijo que iba a llevar a los etruscos el duelo y el llanto. Mandó dejar los bagajes, dejó a los sutrienses al amparo de un destacamento poco numeroso, y da orden a los soldados de no llevar más que las armas. Hecho esto, marcha a Sutrium con las tropas más ligeras; allí encuentra, conforme había previsto y sucede después de un triunfo, completo desorden: ni una guardia delante de los parapetos, las puertas abiertas y el vencedor disperso en las casas enemigas para arrebatar el botín. Así, pues, por segunda vez en el mismo día tómase Sutrium; los etruscos vencedores caen a su vez bajo los golpes de un enemigo que no esperaban y que no les da tiempo para reunirse y tomar las armas. Habiendo corrido muchos a las puertas con el propósito de salir al campo, las encuentran cerradas, porque ésta era la primera orden que había dado el dictador. Entonces, unos empuñan las armas; otros, que por casualidad estaban armados en el momento del ataque, llaman a sus compañeros excitándoles a la defensa, y su desesperación hubiese dado bríos al combate si los pregoneros repartidos por la ciudad no hubiesen gritado que depusiesen las armas; que los desarmados serían perdonados, pero que se mataría a cuantos se encontrasen con armas. Entonces, aquellos mismos que solamente se habían decidido al combate porque en él encontraban la última probabilidad de salvación, arrojan sus armas por todos lados, y desarmados, adoptando el único partido seguro que les ofrecía la fortuna, se entregan a discreción al vencedor. Dividieron aquella multitud para custodiarla, y antes de la noche se devolvió la ciudad a los sutrienses, íntegra e incólume de toda calamidad de guerra, porque no había sido tomada por asalto, sino entregada por capitulación.

4. Camilo entró en triunfo en Roma habiendo vencido en tres guerras, llevando delante de su carro larga fila de prisioneros, la mayor parte etruscos. Vendióseles en subasta, y tan buen precio se obtuvo, que después de devolver a las matronas el valor del oro que habían dado, el resto permitió hacer tres copas de oro, que fueron marcadas con el nombre de Camilo y depositadas a los pies de Juno, en el santuario de Júpiter, donde se encon-

traban todavía, según dicen, en el momento del incendio del Capitolio. En este año se admitió al derecho de ciudadanía a los tránsfugas veyos, capenatos y faliscos que durante estas guerras habían seguido al ejército romano, y se dieron tierras a estos nuevos ciudadanos. Por un senatus-consulto se llamó de Veyas a Roma a aquellos que por librarse del trabajo de reconstruir se habían trasladado, tomando allí posesión de las casas abandonadas; al principio intentaron murmurar y despreciar la orden del Senado; pero habiéndose fijado día, bajo pena capital, contra todo emigrado que no regresase a Roma, a aquellos mismos hombres que reunidos se encontraban tan enérgicos, aislados temió cada cual por sí, y se sometieron. Así aumentó la población de Roma, al mismo tiempo que se alzaban de nuevo en toda ella sus edificios. La república atendía a los gastos, los ediles vigilaban los trabajos como si fuesen públicos, y los mismos ciudadanos, impulsados por el deseo de utilizarlos, se apresuraban a terminarlos; en menos de un año estuvo en pie la nueva ciudad. Al terminar este año se procedió a la elección de tribunos con autoridad consular, creándose a T. Quincio Cincinnato, Q. Servilio Fidenas por quinta vez, L. Julio Yulo, L. Aquilio Corvo, L. Lucrecio Tricipitino y Ser. Sulpicio Rufo. Dirigióse contra los equos un ejército, no para combatirles, porque se confesaban vencidos, sino para satisfacer la indignación de los ciudadanos por la devastación de sus campos, e inutilizarles para hacer de nuevo la guerra. Envióse otro ejército al territorio de los tarquinios, donde fueron tomadas por fuerza y destruidas las ciudades de Cortuosa y Contenebra. En la primera no hubo resistencia; atacaron de improviso la plaza, y al primer grito, al primer asalto la tomaron, siendo saqueada y quemada. Contenebra sostuvo un sitio de pocos días, reduciéndola por medio de continuos trabajos que no interrumpían a ninguna hora. Dividióse en seis partes el ejército romano, combatiendo cada una de éstas durante seis horas, y los sitiados, poco numerosos, tenían que oponer siempre los mismos cuerpos fatigados a enemigos que se renovaban sin cesar, sucumbiendo al fin, y dejando a los romanos penetrar en su ciudad. Creían conveniente los tribunos reservar el botín para la república, pero tardaron más en dar las órdenes que en decidirse, y mientras vacilaban, los soldados se apoderaron de él, siendo imposible recogerlo ya, a menos de excitar su indignación. Aquel mismo año, además de los edificios particulares con que aumentaba la ciudad, reconstruyóse desde los cimientos el Capitolio sobre una masa de piedras cuadradas, obra que todavía excita admiración a pesar de la magnificencia de nuestra ciudad.

5. Cuando los ciudadanos se ocupaban de estos trabajos, los tribunos del pueblo se esforzaban ya en atraerlos a sus asambleas por medio de las leyes agrarias, mostrándoles en perspectiva las tierras del Pontino, cuya posesión les había asegurado Camilo para siempre por medio de la ruina de los volscos. Quejábanse de "que aquellos terrenos estaban más infestados por los nobles que jamás lo estuvieron por los volscos; porque éstos al menos no habían podido extender sus incursiones más de lo que permitían sus fuerzas y el poder de sus armas; pero los nobles caminaban a la posesión de los campos públicos, y si no los repartían antes de que lo invadiesen todo, nada quedaría para el pueblo". Poco conmovieron a la multitud, que por los trabajos de reconstrucción estaba algo alejada del Foro, y que, extenuada además por los gastos, no pensaba en aquellas tierras que no

podía cultivar. Como la ciudad era religiosa y la superstición había dominado hasta a los jefes, se quiso renovar los auspicios y se recurrió a un interregno; fueron interreyes sucesivamente M. Manlio Capitolino, Ser. Sulpicio Camerino y L. Valerio Potito. Este último celebró los comicios, en los que se eligieron tribunos militares con autoridad de cónsules a L. Papirio, C. Cornelio, C. Sergio, L. Emilio, por segunda vez, L. Menenio y L. Valerio Publícola, por tercera vez. Terminado el interregno entraron en funciones. T. Quincio, decenviro, encargado de las ceremonias sagradas, dedicó este año el templo votado a Marte durante la guerra de los galos. Estableciéronse además cuatro tribus formadas de ciudadanos nuevos, la Stelatina, la Tromentina, la Sabatina y la Arniana, completando con ellas el número de veinticinco.

6. El tribuno del pueblo L. Sicinio trató de los terrenos del Pontino ante más numerosa multitud, más agitada y más deseosa de terrenos que antes. También se habló en el Senado acerca de la guerra contra los latinos y los hérnicos; pero como la Etruria empuñaba las armas, la atención de esta guerra, más importante, hizo que se aplazara el proyecto. El poder volvió a Camilo, nombrado tribuno militar con autoridad de cónsul. Los cinco colegas que le dieron; fueron Ser. Cornelio Maluginense, Q. Servilio Fidenas, por sexta vez, L. Quincio Cincinnato, L. Horacio Pulvilo y P. Valerio. Al principio del año distrajeron la atención de la guerra de la Etruria fugitivos del Pontino, que repentinamente llegaron a Roma anunciando que los anziatos habían tomado las armas y que los pueblos latinos habían enviado en el acto su juventud a esta guerra. Estos pueblos aseguraban no tener ninguna participación pública, pero manifestaban que no podían impedir a sus voluntarios que fuesen a guerrear donde quisieran. Ahora ya habían aprendido los romanos a no despreciar a ningún enemigo, y por tanto, el Senado dio gracias a los dioses por ser Camilo magistrado, porque se hubiesen visto obligados a nombrarle dictador si no hubiese ejercido entonces alguna magistratura. Confesaban sus colegas "que la dirección de todos los asuntos en presencia de la guerra y de sus alarmas, debía descansar en un hombre solo; pensaban dejar el mando a Camilo, y no creían perder nada de su majestad haciendo esta concesión a la de un varón como aquél". El Senado colmó de alabanzas a los tribunos, y el mismo Camilo, con afectado ánimo, les dio las gracias. "El pueblo romano, dijo en seguida, que le había nombrado dictador cuatro veces ya, le imponía pesada carga; el Senado otra muy grande por la lisonjera opinión que este orden tenía de él, y sus colegas otra mayor todavía por aquella consideración tan honrosa. Que si podía aumentar sus trabajos y vigilias, se esforzaría en excederse a sí mismo para que aquella unánime estimación de sus conciudadanos, tan elevada ya, pudiese ser igualmente duradera. Que en cuanto a la guerra y los anziatos, había en esto más amenazas que peligro; pero que creía que si nada había que temer, tampoco se debía descuidar nada. Por todas partes rodeaban a la ciudad de Roma vecinos envidiosos e iracundos; era, por consiguiente, necesario repartir entre muchos ejércitos y muchos jefes el servicio de la república. A ti, P. Valerio, dijo, te asocio a mi mando y mi consejo; tú guiarás conmigo las legiones contra nuestros enemigos de Anzio. Tú, Q. Servilio, con otro ejército equipado y dispuesto, acamparás en Roma, y desde aquí observarás si los etruscos, como en otro tiempo, se

sublevan, o si los latinos y los hérnicos aprovechan nuestros cuidados para moverse. Tengo la seguridad de que te conducirás de una manera digna de tu padre, de tu abuelo, de ti mismo y de tus seis tribunados. Otro ejército a las órdenes de L. Quincio, formado de ciudadanos a quienes la edad u otras causas eximan del servicio, guardará la ciudad y sus murallas. L. Horacio se encargará de las provisiones de armas, flechas, trigo; en fin, de todo lo que pueda necesitarse en esta guerra. Tú, Ser. Cornelio, presidirás el Consejo público, tendrás la vigilancia de la religión, de los comicios, de las leyes y de todos los intereses de la ciudad: así lo desean tus colegas." Habiendo aceptado todos y prometido desempeñar con celo el cargo que se les asignaba, elegido Valerio para compartir el mando, añadió: "Que consideraba a M. Furio como su dictador; que solamente le serviría como jefe de los caballeros, y que de esta manera el éxito que se esperaba de la unidad del mando podría obtenerse para la guerra." Por otra parte, decían los senadores: "Que esperaban mucho de la guerra y de la paz, de la situación pública entera." Y arebatados por la alegría, exclamaron: "Que nunca experimentaría la república la necesidad de un dictador mientras desempeñasen tales hombres las magistraturas, entendiéndose tan bien, estando tan unidos y más dispuestos a confundir con los demás su gloria personal que a atraer sobre sí la de todos."

7. Proclamada la vacación de negocios *(justitium)* y terminada la leva, marchan hacia Sutrium Furio y Valerio. Además del ejército de los volscos, formado de juventud escogida, los anziatos habían llamado a considerable número de latinos y de hérnicos, pueblos que se habían conservado íntegros durante larga paz. Así, pues, la unión de estos nuevos enemigos a los antiguos, quebrantó el valor del soldado romano. Mientras se ocupaba Camilo en disponer su orden de batalla, los centuriones le anunciaron "que conturbados los soldados, tomaban a disgusto las armas; que vacilaban y rehusaban salir del campamento; que hasta se habían oído algunas voces diciendo que iban a combatir uno contra ciento. Si aquella multitud estuviese desarmada, apenas se podría hacerle frente; armada, ¿cómo resistirla?" Camilo montó a caballo, llegó delante de las enseñas al frente de las legiones, y comenzó a recorrer las filas: "¿Qué significa esa tristeza, soldados? ¿Por qué esa extraña vacilación? ¿No conocéis al enemigo, ni a mí, ni os conocéis vosotros mismos? ¿Qué otra cosa es el enemigo para vosotros que objeto perpetuo de valor y gloria? Vosotros, por el contrario, mandados por mí (sin mencionar la toma de Faleria y de Veyas, y en nuestra patria reconquistada, la matanza de las legiones de los galos), ¿no conseguisteis en otro tiempo por triple victoria tres veces el triunfo sobre esos mismos volscos, sobre esos equos, sobre toda la Etruria? ¿Acaso porque os he dado la señal, no como dictador, sino como tribuno, no me reconocéis ya como vuestro jefe? No deploro carecer de mayor autoridad sobre vosotros, y vosotros no debéis contemplar en mí más que a mí mismo, porque la dictadura nunca aumentó mi valor, como lo disminuyó el destierro. Somos lo que éramos, y puesto que traemos a esta guerra lo que hemos llevado a las otras, debemos esperar igual éxito. Una vez en el combate, cada cual hará lo que ha aprendido, lo que está acostumbrado a hacer. Vosotros venceréis y ellos huirán."

8. Dada en seguida la señal, baja del caballo, empuña la enseña más

inmediata y la lleva hacia el enemigo: "¡Soldado, grita, avanza con tu enseña!" Cuando vieron a Camilo, debilitado ya por la vejez, avanzar hacia el enemigo, todos se precipitan detrás, lanzando el grito de guerra y diciéndose unos a otros: "¡Sigamos al general!" Dícese que Camilo mandó arrojar la enseña en las filas enemigas, y que los soldados de la vanguardia se lanzaron para recobrarla. Los anziatos fueron desde luego rechazados, y el terror se extendió desde las primeras filas hasta el centro de la reserva. Aterraba a los volscos, no tanto la impetuosidad y el ardor del soldado, como la presencia y la vista de Camilo. Así era que por donde quiera que se presentaba, llevaba infaliblemente con él la victoria. Prueba brillante se vio de esto cuando en el momento en que iba a ceder el ala derecha, lanzándose sobre un caballo, sin dejar su escudo de peón, acudió y restableció el combate, mostrando por todas partes el ejército victorioso. Ya no era dudoso el éxito, pero su mismo número estorbaba al enemigo para huir, y se necesitaba mucha carnicería para exterminar aquella multitud; el soldado estaba extenuado de fatiga, y de pronto violenta tempestad y torrentes de lluvia vinieron a interrumpir la victoria más que el combate. Entonces se dio la señal de retirada, y la noche que sobrevino terminó la guerra sin trabajo para los romanos. En efecto, los latinos y los hérnicos, abandonando a los volscos, regresaron a su territorio con el resultado que merecía su perfidia. Viéndose abandonados los volscos por aquellos mismos sobre cuya fe se habían levantado, abandonaron el campamento y se encerraron en Sutrium. Camilo quiso al pronto rodearlos con una trinchera, elevar calzadas y sitiarlos en regla; pero viendo que ninguna salida de la plaza estorbaba los trabajos, y que los volscos tenían muy poco valor para que retrasasen la victoria que esperaba, arengó a las tropas, diciendo "que no se extenuasen como en el sitio de Veyas en trabajos sin término; que tenían la victoria en las manos". Y el soldado, lleno de ardor, atacó la ciudad, la escaló y la tomó. Los volscos arrojaron las armas y se rindieron.

9. Meditaba el general algo más importante, la conquista de Anzio, capital de los volscos, donde se había fraguado la última guerra. Pero como sin gran copia de fuerzas y máquinas no podía reducirse una plaza tan fuerte, dejó a su colega en el ejército y regresó a Roma con objeto de exhortar al Senado a la destrucción de Anzio. Cuando exponía sus proyectos (creo que los dioses querían la permanencia de Anzio) llegan legados de Nepetes y Sutrium pidiendo auxilio contra los etruscos, insistiendo en la urgencia de recibirlos en seguida. La fortuna dirigió allí, y no sobre Anzio, los golpes de Camilo. En efecto, aquellas dos plazas que hacían frente a la Etruria, eran por aquel lado como las murallas y las puertas de Roma, y como los etruscos no dejaban de tomarlas en cada guerra, interesaba mucho a los romanos recobrarlas y conservarlas. El Senado, pues, invita a Camilo a dejar a Anzio y llevar la guerra a Etruria. Por un decreto le dieron las legiones de la ciudad, que mandaba Quincio; y aunque hubiese preferido su ejército de los volscos, que ya conocía y que estaba acostumbrado a su mando, no se negó a nada, pidiendo solamente que se le asociase Valerio. Quincio y Horacio marcharon a reemplazar a Valerio en el territorio de los volscos. Cuando Furio y Valerio llegaron de Roma a Sutrium, encontraron a los etruscos dueños ya de una parte de la ciudad, y por la

otra los habitantes, ocupados en muchas atenciones, apenas podían rechazar los asaltos del enemigo. La llegada de auxiliares romanos y el nombre de Camilo, tan conocido de enemigos y aliados, mantuvieron por el momento los vacilantes asuntos de Sutrium, dando tiempo para poder socorrerla. Camilo divide su ejército; manda a su colega que rodee la parte de la ciudad ocupada por el enemigo y que ataque las murallas, no tanto con la esperanza de poder escalarlas y tomarlas, como para distraer al enemigo en una ocupación que dejaría descansar a los habitantes, fatigados de la resistencia, y que le permitiría a él mismo entrar sin oposición en la plaza. Ejecutadas a la vez estas dos maniobras, colocaron entre dos peligros a los etruscos, que se encontraban todos juntos, abrumados por enérgico ataque a las murallas y por la presencia del enemigo en la plaza; y como por casualidad se encontraba libre todavía una puerta, se precipitaron en tropel por aquella salida. Tanto en la ciudad como en el campo hubo considerable matanza de fugitivos, degollando muchos más los soldados de Furio dentro de las murallas. Más ágiles los de Valerio, los persiguieron más lejos, y solamente la noche, ocultando al enemigo, puso fin a la matanza. Reconquistado Sutrium y devuelto a los aliados, marchó el ejército hacia Nepetes, que se había rendido a los etruscos.

10. Parecía que la reconquista de esta plaza había de costar mucho trabajo; en primer lugar porque la ocupaba por completo el enemigo, y además porque había sido entregada por la traición de una parte de los nepesianos. Consideróse, sin embargo, oportuno mandar decir a sus jefes que se separasen de los etruscos y que a lo menos les guardasen aquella fe que habían reclamado de los romanos. Constestaron que no podían hacer nada; que los etruscos eran dueños de las murallas y tenían la guardia de las puertas. En vista de esto, comenzaron por devastar el territorio para aterrar a los habitantes; en seguida, como la fe de su rendición era más sagrada para ellos que la de su alianza, el ejército se acercó a las murallas, llevando sarmientos y haces de leña recogidos en el campo, llena los fosos, apoya las escalas a los muros, y al primer grito, al primer asalto, se apodera de la plaza. Un edicto manda a los nepesianos que depongan las armas, prometiendo perdonar a los desarmados. Los etruscos, armados o sin armas, fueron todos pasados a cuchillo, y los nepesianos traidores, decapitados. En cuanto a la multitud, que no era culpante, se le devolvieron sus bienes y su ciudad, en la que dejaron guarnición. Después de recuperar de esta manera del enemigo dos ciudades aliadas, los tribunos llevaron a Roma con sumo regocijo el ejército victorioso. Aquel mismo año se dirigieron reclamaciones a los latinos y a los hérnicos; preguntóseles por qué durante aquellas últimas guerras no habían suministrado el número de soldados convenido. Por uno y otro pueblo se les contestó en solemne asamblea: "Que no por culpa ni por la mala voluntad de la nación una parte de la juventud había servido con los volscos; que aquellos jóvenes habían recibido el castigo de su culpable conducta, puesto que ni uno solo había vuelto. Que no habían podido suministrar el número de soldados, porque les detenía el continuo temor que les inspiraban los volscos, aquella calamidad adherida a sus costados y que tantas guerras sucesivas no habían podido extirpar aún." Llevada esta contestación al Senado, opinó que había razón, pero que no era

oportuno en aquel momento hacer la guerra.

11. En el año siguiente, siendo tribunos con autoridad consular A. Manlio, P. Cornelio, T. y L. Quincio Capitolino, L. Papirio Cursor y C. Sergio, estos dos últimos por segunda vez, estallaron fuera una guerra grave y dentro una sedición más grave todavía. La guerra era con los volscos, apoyados con la defección de los latinos y los hérnicos: la sedición procedía de un hombre de quien no podía esperarse, de un hombre de familia patricia y que gozaba de gloriosa fama, M. Manlio Capitolino. Este varón altivo, que despreciaba a los principales ciudadanos, solamente envidiaba a uno, tan distinguido por sus dignidades como por sus virtudes, a M. Furio. Con despecho veía a Camilo siempre en las magistraturas, siempre al frente de los ejércitos. Tan elevado está ya sobre todos los demás, que los magistrados creados bajo los mismos auspicios no son ya colegas suyos, sino ministros. Y sin embargo, considerando bien las cosas, M. Furio no hubiese podido libertar a su patria sitiada, si él no hubiese salvado antes el Capitolio y la fortaleza. Camilo no atacó a los galos hasta que la vista del oro y la esperanza de la paz enervaron su valor; él les rechazó cuando estaban armados e iban a apoderarse de la fortaleza: Camilo debe parte de su gloria a cada uno de los numerosos soldados que vencieron con él; pero a su victoria ningún mortal puede asociarse. Henchido su ánimo con estas ideas, predispuesto además por funesta inclinación a la ira y la violencia, no encontrándose con los patricios tan influyente como creía tener derecho a ser, apareciendo como el primero de ellos, se entregó al pueblo y se puso en inteligencia con los magistrados plebeyos, desacreditando a los senadores, adulando a la multitud, siguiendo menos a la razón que a la opinión popular y buscando fama antes grande que buena. No contento con las leyes agrarias, perpetuo motivo de sediciones para los tribunos del pueblo, comenzó a minar la fe pública. "No hay peores torturas, decía, que las deudas; porque no amenazan solamente con la miseria y la vergüenza, sino que hacen pesar sobre los hombres libres el terror del látigo y las prisiones." Ahora bien: las deudas eran muchas después de tantas reconstrucciones, cosa ruinosa hasta para los ricos. Así fue que la guerra de los volscos, tan pesada ya por sí misma y que lo era mucho más por la defección de los latinos y los hérnicos, se tomó como pretexto para recurrir a autoridad más fuerte. Pero los proyectos de Manlio fueron los que impulsaron principalmente al Senado a crear un dictador, siéndolo A. Cornelio Cosso, quien nombró jefe de los caballeros a T. Quincio Capitolino.

12. Preveía el dictador que la lucha sería más empeñada en el interior que en el exterior; sin embargo, bien porque aquella guerra exigiese celeridad, bien porque esperase aumentar la fuerza de su dictadura con la victoria y el triunfo, realizó una leva y marchó al Pontino, donde sabía que debía reunirse el ejército volsco. Además del fastidio de leer, referidos en tantos libros, los detalles de estas guerras continuas con los volscos, no me asombraría se preguntase con sorpresa, como yo he quedado sorprendido al examinar los escritores más cercanos de aquellos tiempos, cómo podían los volscos y los equos, tantas veces vencidos, levantar nuevos ejércitos. Guardando silencio acerca de este punto los antiguos, ¿qué otra cosa podré yo exponer sino mi opinión particular, como cada cual puede formar la suya según sus pro-

pias conjeturas? Es verosímil, o que en el intervalo de una guerra a otra, como se hace hoy para los alistamientos romanos, se acudiese a nueva clase de jóvenes que bastaba para comenzar de nuevo la guerra; o que los ejércitos no se sacasen siempre del seno de los mismos pueblos, aunque fuese la misma nación la que hiciese la guerra; o, en fin, que existiese innumerable multitud de cabezas libres en aquellas comarcas, donde ahora se recogen con mucho trabajo algunos soldados, y que, sin nuestros esclavos, estarían desiertas. Por lo demás (y todos los autores están de acuerdo en este punto), a pesar de los últimos golpes descargados, bajo los auspicios y dirección de Camilo, al poder de los volscos, su ejército era inmenso; y a los volscos se habían unido los latinos, los hérnicos, circeyos y hasta romanos de la colonia de Velitres. El mismo día de su llegada formó su campamento el dictador, y al siguiente, después de consultar los auspicios, inmolado una víctima e implorado el favor de los dieses adelantóse alegremente hacia los soldados, que viendo la señal, tomaban las armas al amanecer, según la orden que habían recibido. "La victoria es nuestra, soldados, les dijo, si los dioses y adivinos conocen lo porvenir; así, pues, como hombres seguros del éxito y que van a pelear con enemigos indignos de ellos, dejemos al pie el dardo y empuñemos solamente las espadas. Tampoco quiero que avancéis; manteneos ahí apretados y recibid a pie firme el choque del enemigo. En cuanto hayan lanzado sus inútiles dardos y corran en desorden contra vuestra inmóvil masa, que brillen entonces vuestras espadas y que cada cual piense que hay dioses que protegen al soldado romano, dioses que nos han enviado al combate bajo felices augurios. Tú, T. Quincio, contén la caballería, observando atentamente el momento en que comience la lucha: cuando veas las filas empeñadas, pie contra pie, entonces acude con tu caballería a sembrar el terror en medio de enemigos dominados por otro miedo y dispersa con el ataque las filas de los combatientes." Jinetes y peones combaten según se les ordena, y ni faltó el general a las legiones ni la fortuna al general.

13. La multitud de enemigos, confiada en el número, después de medir con la vista uno y otro ejército, trabó imprudentemente el combate y lo abandonó lo mismo: después de lanzar su grito de guerra, arroja sus dardos y ataca al principio con alguna energía, pero no puede resistir las espadas, ni el combate cuerpo a cuerpo, ni el semblante del enemigo, en el que brillaba el ardor de su espíritu. Mientras su frente de batalla, rechazado, retrocedía sobre la retaguardia llevando el desorden, precipitándose sobre ellos la caballería, les aterró más; en varios puntos quedaron rotas las filas y todo el ejército se conmovió como agitado mar. Al fin, habiendo caído las primeras filas y viendo cada cual llegar hacia él la matanza, emprendieron la fuga. El romano les hostiga; mientras se retiraron armados y agrupados, solamente les persiguió la infantería; pero cuando se vio que el enemigo arrojaba las armas y que se dispersaba por la llanura, a una señal, lanzáronse las turmos de caballería, con orden de no detenerse para matar fugitivos aislados, dando tiempo a la masa para escapar, y sí solamente de hostigar a aquella multitud lanzándole dardos, persiguiéndola, picándole los flancos y manteniéndola reunida hasta que los peones pudiesen llegar y terminar la matanza. La noche solamente puso término a la derrota y a la persecución. Aquel mismo día fue tomado y saqueado el cam-

pamento de los volscos, abandonando a los soldados todo el botín menos los hombres libres. La mayor parte de los prisioneros eran latinos y hérnicos, y entre ellos se encontraban, no solamente hombres del pueblo, de quienes podía creerse que se habían alistado mediante paga, sino jóvenes pertenecientes a las primeras familias, prueba evidente de que la nación era quien ayudaba a los volscos. Reconociéronse también entre los prisioneros algunos circeyos y colonos de Velitres. Enviados todos a Roma e interrogados por los senadores principales, denunciaron claramente, como habían denunciado a Camilo, la defección de sus pueblos.

14. El dictador mantenía su ejército en las líneas, esperando que el Senado le ordenase hacer la guerra a estos pueblos; pero un peligro más grave obligó a llamarle a Roma, donde aumentaba diariamente una sedición más temible que ninguna en razón de su autor. Manlio no se contentaba ya con discurrir; obraba, y sus actos, que tenían por pretexto el bien del pueblo, no llevaban en su intención otro objeto que sublevarle. Un centurión que se había distinguido por hermosas hazañas, había sido condenado como insolvente y le llevaban a las prisiones: habiéndole visto Manlio, acudió al Foro con sus gentes y le libertó; en seguida, comenzando a declamar contra el orgullo de los patricios, la crueldad de los usureros, las miserias del pueblo, los méritos de aquel hombre y su infortunio, "inútil sería, dijo, que hubiese salvado con esta diestra el Capitolio y la fortaleza, si consintiese que un conciudadano mío, que un compañero de armas fuese ante mi vista, como un prisionero de los galos, llevado a la esclavitud o al encierro". Dicho esto, paga al acreedor delante del pueblo, y libre el deudor por la moneda y la balanza, se retira rogando a los dioses y a los hombres concedan a M. Manlio, su libertador y padre del pueblo romano, digna recompensa. Rodeado en seguida por agitada multitud, aumenta más y más el tumulto mostrando las heridas recibidas en Veyas contra los galos y en todas las otras guerras. "Mientras combatía, mientras levantaba sus penates derribados, el capital de su deuda, pagado ya muchas veces, había sido devorado por los intereses, y la usura había concluido por abrumarle: si ve el Foro, la luz, sus conciudadanos, a M. Manlio lo debe, de quien ha recibido todos los beneficios paternales; dedícale cuanto le queda de fuerzas, de vida y de sangre; cuantos lazos le han unido hasta entonces a la patria y a sus penates públicos y privados, le unirán en adelante únicamente a este hombre." Como el pueblo, arrastrado por estas palabras, pertenecía ya a aquel hombre solo, recurrió éste a otro medio para conmoverlo y llevar hasta el grado más alto la perturbación. En el territorio de los veyos tenía un campo que era el mejor de su patrimonio. "Sácole a subasta para que ninguno de vosotros, ¡oh, romanos!, dijo, en tanto me quede algo, no sea condenado ante mi vista y llevado a prisión." Tanto exaltó los ánimos por este medio, que les vio dispuestos a seguir por todos los caminos, buenos o malos, al defensor de su libertad. Además, cuando hablaba en su casa, sus discursos, como los de un tribuno que se dirigiese a la multitud, estaban llenos de acusaciones contra el Senado. Así, pues, sin pararse a ver si decía o no la verdad, pretendía: "Que los senadores habían ocultado el oro que se quitó a los galos; que no les bastaba poseer las tierras del Estado, que también distraían el dinero de la república; que si se encontraba aquel dinero, podrían pagarse las

deudas del pueblo." Esta esperanza sedujo a la multitud, indignada porque, después de haber dado todo su oro para rescatar la ciudad del poder de los galos, por una contribución que se impuso, el mismo oro, recobrado del enemigo, había venido a ser presa de algunos hombres. Estrechábanle para que dijese dónde estaba oculto aquel robo tan considerable; y como prometía revelar más adelante el secreto, en tiempo más favorable, en esto se fijó la atención, olvidando todo lo demás: era evidente que su influencia dependía de la verdad o falsedad de esta afirmación.

15. Mientras permanecían en suspenso las cosas, el dictador, llamado del ejército, llegó a Roma; y habiendo reunido el Senado al día siguiente, cuando quedó bastante enterado de las intenciones de los hombres, prohibió a los senadores alejarse de él, y escoltado por la multitud, marchó al comicio, donde tenía puesta su silla, y desde allí envió al viator a M. Manlio. Llamado por esta orden del dictador, después de advertir a los suyos que iba a entablarse la lucha, acudió con numeroso séquito a presentarse ante el tribunal. De una parte el Senado, de la otra el pueblo, fija la vista en los jefes, se mantenían como dos ejércitos enemigos. Entonces el dictador, habiendo impuesto silencio, dijo: "¡Ojalá que yo y los patricios romanos pudiésemos ponernos de acuerdo en todo con el pueblo, como nos pondremos, tengo casi seguridad de ello, sobre lo que te concierne y sobre lo que tengo que investigar de ti! Veo que has dado a la ciudad esperanza de que, sin daño del crédito, podrían pagarse las deudas con los tesoros galos escondidos por los patricios principales. Tan lejos estoy de oponerme a eso, M. Manlio, que por el contrario, te exhorto a que libres de la usura al pueblo romano y a que arranques de encima de su presa clandestina a esos malvados que, según dices, ocultan los tesoros públicos. Si no lo haces, sea porque tú mismo tengas parte en el botín, sea porque tu afirmación carezca de fundamento, mandaré que te lleven a la prisión y no consentiré por más tiempo que engañes a la multitud para sublevarla." Manlio contestó: "Que no se ha engañado; no se ha creado al dictador contra los volscos, tantas veces enemigos cuantas conviene al Senado; tampoco contra los latinos y hérnicos, a los que se impulsa a que tomen las armas acusándoles sin motivo, sino contra él y el pueblo romano. Prescindiendo ya de aquella guerra, que solamente es un pretexto, se arrojan sobre él; el dictador se presenta públicamente como el patrocinador de los usureros contra el pueblo; y para perderle, se le acusa como de un crimen por el favor que merece a la multitud. ¿Os ofende, a ti, A. Cornelio, y a vosotros, Padres conscriptos, ver esta multitud agrupada a mi lado? ¿Por qué no la separáis de mí cada cual con sus beneficios, intercediendo, arrancando al látigo a vuestros conciudadanos, impidiendo que por una condena sean adjudicados y esclavizados, empleando lo superfluo de vuestras riquezas en aliviar las necesidades de los demás? Mas ¿a qué he de exhortaros a que sacrifiquéis nada de lo vuestro? Contentaos con una cantidad fija, separad del capital los intereses amontonados por vuestra usura, y mi acompañamiento no tendrá más brillantez que el de cada uno de vosotros. Pero se me pregunta por qué yo solo me ocupo de esta manera de la suerte de los ciudadanos. Nada tengo que contestar, como si me preguntasen por qué, solo también, salvé la fortaleza y el Capitolio. Entonces, en cuanto pude, auxilié a los ciudadanos en

masa; ahora ayudo a cada uno en particular. En cuanto a lo de los tesoros galos, este asunto tan sencillo por su propia naturaleza, queda embrollado por la pregunta. ¿Por qué preguntáis lo que sabéis? ¿Por qué me mandáis sacar lo que ocultáis bajo un pliegue de vuestra toga, en vez de mostrar vosotros mismos si hay o no fraude en ello? Cuanto más me estrechéis para que descubra vuestra destreza de manos, más temo que hayáis cerrado los ojos hasta a los más perspicaces. Así, pues, no soy yo quien ha de revelar vuestros robos; a vosotros os deben obligar a ponerlos de manifiesto."

16. El dictador le manda prescindir de ambages: le estrecha para que pruebe la verdad de su afirmación o a confesar el crimen de que se había hecho culpable, acusando falsamente al Senado atribuyéndole imaginario latrocinio; y como Manlio declaraba que un capricho de sus enemigos no le haría hablar, el dictador manda que lo lleven a la prisión. Cogido por el viator, exclama: "¡Júpiter Óptimo Máximo, Juno Reina, Minerva y todos los dioses y diosas que habitáis el Capitolio y la fortaleza! ¿así abandonáis a vuestro soldado, a vuestro defensor, al odio de sus enemigos? Esta mano que arrojó a los galos de vuestro santuario, ¿será cargada de cadenas?" Ninguno de cuantos le veían u oían dejaba de conmoverse ante aquella indignidad; pero la ciudad tenía como deber supremo la obediencia a la autoridad, y lejos de oponerse a aquel acto del dictador, los tribunos del pueblo y el pueblo mismo no se atrevían a levantar los ojos ni a desplegar los labios. Encerrado Manlio en la prisión, dícese que mucha parte del pueblo cambió de traje; la mayor parte de los hombres se dejaron crecer el cabello y la barba, y por mucho tiempo pasó por delante de la prisión desolada muchedumbre. El dictador, triunfó de los volscos, y por su triunfo mereció más odio que gloria: "Porque, decía murmurando el pueblo, en la ciudad y no en el ejército había vencido contra un ciudadano y no contra el enemigo; una sola cosa había faltado a su orgullo: llevar a Manlio delante de su carro." Próxima a estallar estaba la sedición: para calmarla, el Senado, tornándose de pronto generoso, sin que nadie se lo pidiese y por impulso propio, mandó inscribir para Sutrium una colonia de dos mil ciudadanos romanos, asignado a cada uno dos yugadas y media de tierras. Al ver aquel donativo tan módico y que alcanzaba a algunos solamente, pretendió el pueblo que era el premio con que se quería comprar el abandono de Manlio; el mismo remedio irritó la sedición; los amigos de Manlio ostentaron cada día más su luto y dolor de acusados, y la abdicación del dictador, que siguió a su triunfo, librando del terror, dejó expeditos los ánimos y las lenguas de todos.

17. Oíanse entonces algunas voces censurando al pueblo "que su favor llevaba a sus defensores al borde del abismo y los abandonaba en cuanto aparecía el peligro. Así sucedió con Sp. Cassio, que llamaba al pueblo al repartimiento de tierras; así con Sp. Melio, que empleaba su caudal en salvar del hambre a los ciudadanos; así con M. Manlio, que sacaba a la luz y a la libertad una parte de la ciudad abrumada bajo la usura y le entregaban a sus enemigos. El pueblo engordaba a sus partidarios para que les degollasen. ¿Había merecido que se le tratase así por no haber contestado, siendo como era varón consular, a una indicación del dictador? Suponiendo que hubiese mentido antes y después no hubiese sabido qué contestar, ¿a qué esclavo se castigó jamás con la prisión por una mentira?

¡No se recordó aquella noche que casi fue para el nombre romano última y eterna noche, ni del espectáculo del ejército galo escalando la roca Tarpeya, ni de Manlio, en fin, tal como le vieron armado, cubierto de sudor y sangre, arrancando, por decirlo así, al mismo Júpiter de las manos del enemigo! ¿Creían acaso que algunos puñados de harina habían recompensado suficientemente al salvador de la patria? Y a aquel de quien han hecho casi un dios, y por el nombre al menos, igual a Júpiter Capitolino, ¿le dejarán encadenado en las tinieblas de un calabozo arrastrar una vida que dependerá del capricho de un verdugo? ¡Un solo hombre bastó para defenderles a todos, y todos juntos no servirán de nada a un solo hombre!" Y ya ni siquiera de noche abandonaba la multitud aquel paraje, amenazando con derribar las puertas de la prisión, cuando concediéndole lo que por fuerza hubiese tomado, otorgóse por un senatus-consulto libertad a Manlio; lo cual, lejos de poner fin a la sedición, le dio jefe. En este mismo tiempo, habiendo venido los latinos y los hérnicos, los colonos de Circeya y de Velitres a justificarse de toda participación en la guerra de los volscos y a pedir sus prisioneros para castigarlos según sus leyes, dirigiéronles severas contestaciones, más severas aún a los colonos, quienes, siendo ciudadanos romanos, habían formado el impío propósito de atacar a la patria. No se contentaron con negarles sus prisioneros, sino que les impusieron una humillación, de que habían dispensado a los aliados; mandóseles por disposición del Senado que saliesen cuanto antes de la ciudad y que se alejasen de la presencia y la vista del pueblo romano, por temor de que no les protegiese el derecho de gentes, establecido para los extranjeros y no para los ciudadanos.

18. Recrudeciendo la sedición de Manlio a fin de año, se celebraron comicios y se creó tribunos militares con autoridad consular a los patricios Ser. Cornelio Maluginense, por tercera vez, P. Valerio Potito, por segunda, C. Papirio Crasso y T. Quincio Cincinnato por segunda, Al principiar este año no fue menos favorable para los patricios que para el pueblo la paz exterior; para el pueblo, porque no llamándole el servicio militar, concibió la esperanza, con el auxilio de su poderoso jefe, de destruir la usura; para los patricios, porque libre el ánimo de todo temor exterior, se lisonjearon de poder libertar al fin de todos sus males a la ciudad. Así, pues, los dos partidos se habían levantado con más ardor que nunca, preparándose Manlio también para próxima lucha. Llamado el pueblo a su casa, discute día y noche con los jefes sus proyectos de modificaciones, más dominado que nunca por el orgullo y la cólera. El ultraje que había sufrido, cuando tan poco acostumbrado estaba a experimentarlos, había exasperado su enojo; exaltábase su orgullo, porque el dictador no se había atrevido a tratarle como Quincio Cincinnato trató a Sp. Melio, y porque la indignación que promovió su encarcelamiento había obligado al dictador, no solamente a abdicar, sino mantenido en alarma al mismo Senado. Irritado y enorgullecido a la vez por todas estas cosas, excitó el ánimo ya tan caldeado de la multitud: "¿Hasta cuándo ignoraréis vuestra fuerza, cuando los mismos brutos tienen instinto de la suya? Contad al menos cuántos sois y cuántos enemigos tenéis. Aunque fueseis en esta lucha uno contra uno, creo que combatiríais con más ardor por la libertad que aquéllos por la dominación. Pero así como antes erais muchos

clientes en torno de un solo patrón, así seréis ahora muchos contra un solo enemigo. Mostrad solamente la guerra y conseguiréis la paz. Que os vean dispuestos a sostener vuestro derecho, y por sí mismos lo reconocerán. Necesario es atreverse a algo todos juntos, o que cada uno en particular soporte todas las afrentas. ¿Por qué tenéis siempre la vista fija en mí? Cierto es que no faltaré a ninguno de vosotros; vosotros vigilad para que la fortuna no me falte a mí. Yo, vuestro vengador, en cuanto quisieron mis enemigos personales quedé en seguida anulado, y todos reunidos visteis fríamente llevar a las prisiones al que había separado las cadenas de vuestras manos. ¿Qué puedo esperar si mis enemigos se atreven a más contra mí? ¿Acaso la suerte de Cassio y de Melio? Bien hacéis en rechazar el presagio; los dioses lo impedirán, pero por mí jamás bajarán del cielo. Necesario será que os inspiren entonces valor para impedirlo, como a mí me dieron con las armas y la toga valor para defenderos contra enemigos bárbaros y orgullosos conciudadanos. ¿Tan poco ánimo tiene este gran pueblo que le basta siempre tener un recurso contra sus enemigos y jamás se atreve a combatir a los patricios sino para fijar los límites del imperio que han de tener sobre él? En esto no os inspira la naturaleza, sino que os domina la costumbre. ¿Por qué mostráis tanto valor contra el extranjero, que os parece justo tener imperio sobre él? Porque estáis acostumbrados a luchar con él por el imperio, y contra éstos a ensayar más bien que a defender vuestra libertad. Sin embargo, cualesquiera que hayan sido vuestros jefes, como quiera que hayáis sido vosotros mismos, todo lo que habéis pedido hasta ahora, por importante que fuese, lo habéis conseguido por la fuerza o la fortuna: tiempo es ya de que aspiréis a mayores conquistas. Procurad solamente poner a prueba vuestra fortuna y a mí mismo, de quien creo habéis hecho un ensayo bastante feliz: menos trabajo os costará imponer un amo a los patricios, que os ha costado imponerles hombres que les resistían cuando eran los dueños. Es necesario arrojar por tierra dictaduras y consulados para que el pueblo romano pueda levantar la cabeza. En fin, vosotros impedid que se persiga a los deudores. Yo me proclamo patrono del pueblo; mi celo y mi fidelidad me dan este título: si vosotros dais a vuestro jefe un título que sea la señal de su poder o de un honor más grande, tened presente que le haréis más poderoso para conseguir lo que deseáis." Dícese que desde este día empezó a aspirar a la realeza; pero la tradición no muestra claramente quién le ayudó ni hasta dónde llegó.

19. El Senado trató de aquella reunión del pueblo en una casa particular, situada casualmente en la fortaleza, posición amenazadora para la libertad. El mayor número de senadores exclama: "Que se necesitaría un Servilio Ahala, que sin hacer llevar a las prisiones a un enemigo público, a quien esta medida irritaría más, supiese terminar con la muerte de uno solo aquella guerra intestina." La decisión que se adoptó, más suave en la forma, tenía la misma fuerza: "Cuidarán los magistrados de que los perniciosos proyecto de M. Manlio no hagan experimentar detrimento a la república." Entonces, los tribunos que tenían autoridad de cónsules, y los mismos tribunos del pueblo, que habían comprendido que su autoridad terminaría con la libertad de todos y se habían puesto de parte del Senado, se concertaron acerca de la determinación que debía tomarse. Como no se imaginaba

otro medio que la violencia y la muerte, y se preveía un conflicto terrible, M. Menio y Q. Publilio, tribunos del pueblo, tomaron la palabra: "¿Por qué, dicen, hemos de hacer una guerra de los patricios contra el pueblo de lo que no pasa de ser lucha de la ciudad contra un ciudadano que quiere su pérdida? ¿Por qué atacar al pueblo por ese hombre, cuando es mucho más seguro atacarle por el pueblo mismo para que sucumba abrumado por sus propias fuerzas? Pensamos demandarle: nada hay más impopular que la realeza. En cuanto haya comprendido la multitud que no es a ella a la que se ataca, que los defensores se convertirán en jueces, que aparecerán acusadores plebeyos, que verán un patricio acusado y el crimen de realeza en medio, entonces nada habrá que prefiera a la libertad."

20. Habiendo aprobado todos este plan, citan a Manlio. El pueblo se conmovió al pronto, viendo al acusado cubierto de harapos y ni un senador a su lado, ni siquiera parientes o afines, en fin, ni sus hermanos A. y T. Manlio; abandono sin precedentes, porque en circunstancias tan graves, jamás habían dejado los parientes del acusado de cambiar también de traje. Cuando fue encarcelado Appio Claudio, C. Claudio, su enemigo personal, y toda la familia Claudia vistieron trajes de luto. Poníanse de acuerdo ahora para perseguir a un hombre popular, porque era el primer patricio que había pasado al pueblo. El día designado, los acusadores, además de las reuniones del pueblo, los discursos sediciosos, las generosidades y la calumnia del tesoro escondido debieron presentar contra el acusado cargos relacionados directamente con la tentativa criminal de la realeza. En ningún autor los encuentro; sin embargo, tuvieron que ser bastante graves, puesto que la vacilación del pueblo dependió, no de la causa, sino del sitio. Nótese aquí, para la instrucción de los hombres, cómo la vergonzosa pasión de reinar hace a las veces, no solamente estériles, sino odiosas las acciones más nobles. Dícese que Manlio presentó más de cuatrocientos ciudadanos, cuyas deudas había pagado sin interés de ninguna clase, impidiendo que se vendieran sus bienes o se adjudicasen sus personas. Después de esto, no limitándose a recordar los honores que había recibido en la guerra, adujo brillantes pruebas: los despojos de treinta enemigos muertos por él y cuarenta recompensas recibidas de sus generales, entre las que se destacaban dos coronas murales y ocho cívicas. Presentó además los ciudadanos que había salvado del poder del enemigo, entre otros C. Servilio, jefe de los caballeros, que se encontraba ausente, y a quien nombró. Añádese que después de recordar sus hazañas en lenguaje digno del asunto, hablando lo mismo que había obrado, se desnudó el pecho cubierto de nobles cicatrices; que en seguida, vueltos los ojos al Capitolio, pidió a Júpiter y a los otros dioses que le socorriesen en su infortunio, y que en su desgracia, inspirasen al pueblo romano los sentimientos con que le animaron para la defensa del Capitolio y del mismo pueblo romano; que, en fin, rogó a los jueces juntos y separadamente, que contemplasen el Capitolio y la fortaleza, y se volviesen hacia los dioses inmortales al pronunciar la sentencia. Como el pueblo se reunía en el Campo de Marte para los comicios por centurias, y el acusado, tendidas las manos hacia el Capitolio, había dejado de rogar a los hombres para suplicar a los dioses, juzgaron los tribunos que si no separaban la vista de los ciudadanos del recuerdo de tantas glorias, en sus ánimos pre-

ocupados con los beneficios de Manlio no penetraría jamás el convencimiento de su crimen; prorrogóse, por tanto, el juicio y se convocó al pueblo al bosque sagrado de Petelia, fuera de la puerta Nomentana, desde donde no podía verse el Capitolio. Allí prevaleció la acusación, y aquellos hombres inflexibles pronunciaron una sentencia fatal, odiosa a los mismos jueces. Dicen algunos que fue condenado por decenviros establecidos para juzgar los crímenes contra el Estado. Los tribunos le precipitaron de la roca Tarpeya, y el mismo paraje fue para el mismo hombre monumento de gloria insigne y terrible castigo. Después de su muerte fue infamado dos veces: una por la república, porque como su casa se encontraba en el punto donde hoy se alza el templo de Moneta, el pueblo decretó que ningún patricio habitase en lo sucesivo en la fortaleza o en el Capitolio; la otra por su familia, porque los Manlios acordaron "que en adelante ningún individuo de esta familia pudiese llamarse M. Manlio". Así terminó aquel hombre, que de no haber nacido en una ciudad libre habría sido digno de memoria. El pueblo, no teniendo ya nada que temer de él, no recordó más que sus buenas cualidades y le deploró; y habiendo sobrevenido una peste poco después, aquella triste calamidad, cuyas causas eran desconocidas, pareció a la mayor parte consecuencia del suplicio de Manlio. "Se había violado el Capitolio con la sangre de su libertador, y los dioses habían soportado a disgusto que se inmolase a su vista, por decirlo así, al hombre que había arrancado sus templos de las manos de los enemigos."

21. A la peste siguió la escasez, y sabiéndose estos males, al año siguiente estallaron muchas guerras a la vez. Eran entonces tribunos militares con autoridad de cónsules L. Valerio por cuarta vez, A. Manlio, por tercera, Ser. Sulpicio por trecera, L. Lucrecio, L. Emilio, por tercera y M. Trebonio. Además de los volscos, que parecían criados por la suerte para ejercitar eternamente al soldado romano; además de las colonias de Circeya y de Velitres, que desde mucho antes preparaban su defección, y el Lacio, con el que no podía contarse, nuevos enemigos, los mismos lanuvios, pueblo tan fiel hasta entonces, surgieron de repente. Persuadidos los senadores de que tanta audacia dependía de que habían dejado por mucho tiempo impune la traición de sus conciudadanos los veliternos, decretaron que a la primera ocasión se propondría al pueblo se les declarase la guerra. Para prepararle mejor para esta campaña, creáronse quinqueviros para la repartición de las tierras del Pontino, y triunviros para el establecimiento de una colonia en Nepetes. Entonces se propuso al pueblo que ordenase la guerra, y contra la opinión de los tribunos del pueblo, todas las tribuos la ordenaron. En este año se hicieron los preparativos, pero la peste impidió la marcha del ejército. Esta detención dio tiempo a los colonos para suplicar al Senado, y mucha parte de los habitantes hubiese apoyado el envío de una humilde legación a Roma, si el temor de algunos particulares no hubiese, como siempre, puesto obstáculo al interés público. Los autores de la defección, temiendo se les hiciese responsables del crimen, y que en castigo se les entregase a la indignación de los romanos, separaron a los colonos de las medidas de conciliación, y no contentos con oponerse en el Senado al envío de legados, arrastraron a mucha parte del pueblo para que devastase el territorio de Roma; nuevo ultraje que quitaba toda

esperanza de paz. Por primera vez corrió también este año el rumor de la defección de los prenestinos, quienes aliándose con los volscos marcharon al siguiente sobre Sutrium, colonia del pueblo romano, y a pesar del tesón con que la defendieron los colonos, la tomaron por asalto y abusaron horriblemente de la victoria.

22. Indignados con esta conducta, los romanos crearon tribuno militar por séptima vez a M. Furio Camilo, dándole por colegas a A. y L. Postumio Regilo y a L. Furio con L. Lucrecio y M. Fabio Ambusto. Designóse extraordinariamente a M. Furio la guerra con los volscos, eligiendo la suerte para ayudarle al tribuno L. Furio, circunstancia menos afortunada para la república que para Camilo, a quien esta elección dio margen para aumentar su gloria, porque restableció, como general, el negocio casi perdido por su colega, y como particular, antes procuró adherírselo por esta falta que hacer de ella título de gloria. Encontrándose muy avanzado en edad, dispuesto estaba Camilo a prestar en los comicios el juramento acostumbrado por exención de salud; el pueblo no quiso consentirlo; viril ánimo vivificaba aún aquel robusto pecho; sus sentidos estaban íntegros, y si el cuidado de los asuntos civiles comenzaba a fatigarle, la guerra le reanimaba. Después de levantar cuatro legiones de cuatro mil hombres cada una, convocó al ejército para la mañana siguiente en la puerta Esquilina, y marchó hacia Sutrium. Confiando en el número de sus tropas, los vencedores de la colonia le esperaban sin miedo ninguno; y a la noticia de la llegada de los romanos, avanzan en seguida en batalla, queriendo trabar en el acto el combate decisivo, con objeto de esterilizar la habilidad de su jefe único, que era el mejor apoyo de los contrarios.

23. Idéntico ardor animaba al ejército romano y al otro jefe, no reteniendo el resultado de aquella lucha inminente más que la prudencia y el imperio de un solo hombre, que prolongando la guerra procuraba auxiliar las fuerzas con la razón. La audacia del enemigo iba en aumento; ya no se contentaba con desplegar sus líneas delante de su campamento, sino que avanzaba en medio de la llanura y llevaba sus enseñas casi al pie de las empalizadas enemigas, mostrando orgullosa confianza en sus fuerzas. El soldado romano soportaba con dificultad estas manifestaciones, y con mayor dificultad aún las soportaba el otro tribuno, L. Furio, quien, vehemente por carácter y por la edad, se exaltaba más por las esperanzas de la multitud y la inseguridad misma del éxito. Este tribuno excitaba más y más la irritación de los soldados, atacando en el único punto posible, esto es, en la edad, la autoridad de su colega; diciendo con frecuencia: "La guerra es para los jóvenes; el valor florece y desmaya con el cuerpo; el guerrero más activo pasa a ser contemporizador; y el mismo general que acostumbraba tomar a la llegada campamentos y ciudades al primer choque, aletargado ahora perdía el tiempo detrás de las empalizadas. ¿Qué esperaba con esto? ¿Aumentar sus fuerzas o disminuir las del enemigo? ¿Qué ocasión, qué momento, qué paraje pedía para disponer emboscadas? Aquellos eran claramente proyectos lánguidos y fríos de un anciano. Camilo tenía ya saciedad de vida y de honores: ¿convenía dejar envejecer con su cuerpo mortal las fuerzas de una ciudad que debía ser inmortal?" Estos discursos le habían ganado el ejército entero; y como por todas partes pedían combatir, "M. Furio, no po-

demos, dijo, contener el ardor del soldado; y el enemigo, cuya audacia hemos aumentado con nuestras lentitudes, nos insulta con intolerable desprecio. ¡Solo contra todos, serás más pronto vencedor en el combate". A esto contestó Camilo, que "jamás, hasta aquel día, en las guerras dirigidas bajo sus auspicios únicamente, ni él ni el pueblo romano habían tenido que quejarse de sus planes ni de la fortuna: hoy sabe que tiene un colega que le iguala en autoridad y que le supera en el vigor de la edad. En cuanto al ejército, acostumbra mandarle y no ser mandado por él; pero no puede oponerse a la voluntad de su colega. Que haga, pues, con el auxilio de los dioses, lo que crea conveniente a la república. Por su parte pide, como gracia debida a su edad, no ocupar la primera fila, aunque está dispuesto a llenar todos los deberes de un anciano en la guerra. La única plegaria que dirige a los dioses inmortales es que no justifique un revés la prudencia de su consejo". Pero ni los hombres escucharon tan saludable advertencia, ni los dioses tan piadosa súplica. El que quería el combate ordena en batalla la primera fila; Camilo refuerza la reserva, coloca delante del campamento fuerte guardia, y desde una altura observa como espectador atento el resultado de una lucha que otro ha aconsejado.

24. Apenas había resonado el primer choque de las armas, el enemigo retrocede, no por temor, sino por astucia. A su espalda, entre su línea, el campamento tenía una colina de suave pendiente, y gracias al número de sus tropas, había podido dejar en el campamento algunas valientes cohortes, armadas y dispuestas, que una vez trabada la lucha, al acercarse el enemigo al campamento debían caer sobre él. Persiguiendo el romano en desorden al enemigo, que retrocede, se deja arrastrar a una posición desventajosa, y favorece de esta manera la salida de la reserva. Entonces surge el miedo entre los vencedores; la presencia del segundo enemigo y la pendiente del terreno hacen ceder al ejército romano. Estréchanle las tropas de refresco de los volscos, y las que fingían huir comienzan de nuevo el combate. Ya no se retiraba el soldado romano, sino que olvidando su ardor reciente y su antigua gloria, había vuelto la espalda, huía a la carrera y volvía derrotado al campamento. Entonces Camilo, colocado sobre un caballo por los que le rodeaban, se lanza hacia ellos y les opone su cuerpo de reserva: "¿Ése es el combate que pedíais, soldados? dice: ¿a qué dios o a qué hombre podéis acusar? ¡Culpa vuestra es! ¡Imprudentes antes y ahora cobardes! Después de haber seguido a otro jefe, seguid ahora a Camilo; y, como siempre, bajo mi dirección sabed vencer. ¿Por qué miráis las empalizadas del campamento? Ni uno de vosotros entrará si no es vencedor." La vergüenza les detuvo primero en la fuga; después, viendo avanzar las enseñas, volver el ejército contra el enemigo, y su jefe, tan famoso por tantas victorias y tan venerable por su edad, lanzarse a las primeras filas, donde eran más recios el trabajo y el peligro, dirígense mutuas reconvenciones, y se animan unos a otros con alegres gritos que recorren todas las líneas. Tampoco falta a su deber el tribuno: enviándole a la caballería su colega, que rehacía los peones, no la reconviene (habiendo participado de su fuga, no tenía autoridad para censurarla); pero cambiando el tono de mando por el de súplica, ruega a cada jinete y a todos juntos "que le salven del oprobio de aquel día, cuyas responsabilidades caerán sobre él. A pesar de la negativa, de la prohibición de mi colega, he preferido

asociarme a la temeridad de todos antes que a la prudencia de uno solo. Sea el que quiera el resultado, para Camilo será glorioso; yo, si el combate no se restablece (lo que sería terrible desgracia), además de mi participación en el infortunio general, sufriré toda la vergüenza". Parecióles conveniente, en medio de aquellas líneas movibles, dejar los caballos y atacar a pie al enemigo, y tan notables por su valor como por su armadura, acuden adonde ven en mayor apuro a los peones. Ni el ánimo de los jefes ni el de los soldados desmaya un momento en aquella lucha decisiva, y el éxito corresponde a tan valeroso esfuerzo; en completa derrota recorren los volscos el mismo camino que recorrieron en fingida fuga, pereciendo gran número en el combate y en la huída, y muchos también en el campamento, que fue tomado en el mismo ataque, habiendo, sin embargo, más prisioneros que muertos.

25. Como al reconocer a los prisioneros se encontraron muchos tusculanos, los separaron de los demás y los llevaron a los tribunos, declarando, al ser interrogados, que habían tomado las armas por consentimiento de su nación. Movido Camilo a temor por la proximidad de este enemigo, dijo: "Que él mismo iba a llevar en seguida aquellos prisioneros a Roma, para que el Senado se enterase de que los tusculanos se habían separado de su alianza. Entre tanto tendría el mando del ejército y el campamento su colega solo, si consentía en ello." Un solo día enseñó a éste a posponer su opinión a mejor consejo; sin embargo, ni él ni nadie en el ejército podía suponer que Camilo fuese muy indulgente con una falta que había puesto en tan grave peligro a la república; porque era opinión general, tanto en Roma como en el ejército, que en el combate con los volscos el fracaso y la derrota debían imputarse a L. Furio y a M. Furio todo el honor de la victoria. Presentados al Senado los prisioneros, decretóse la guerra contra los tusculanos y que se encargase de ella Camilo; pidió éste que se le diese un coadjutor para la empresa, y autorizado para elegir entre sus colegas, contra lo que todos esperaban eligió a L. Furio; con cuya moderación, al mismo tiempo que disminuía la vergüenza de su colega aumentaba inmensamente su gloria. No tuvieron que guerrear con los tusculanos, quienes con porfiada paz desvanecieron la venganza de Roma, cosa que no hubiesen podido conseguir con las armas. Cuando vieron a los romanos invadir su territorio, no abandonaron los parajes inmediatos al camino y no cesaron de cultivar sus campos; abiertas las puertas de la ciudad, multitud de habitantes con toga salieron a recibir a los generales; de la ciudad y de los campos llevaron víveres para el ejército. Camilo estableció su campamento delante de las puertas. Deseando saber si en la ciudad existían iguales apariencias de paz que en los campos, entró en ella, encontrando las casas y las tiendas abiertas, todas las mercancías expuestas y extendidas como de ordinario, y los obreros ocupados en su trabajo; oíase en las escuelas la voz de los niños que aprendían sus lecciones; el pueblo llenaba las calles, especialmente niños y mujeres que iban de una parte a otra, según sus costumbres o sus negocios; en ningún paraje se observaba nada que revelase temor ni siquiera asombro. Contemplábalo todo en derredor, buscando con la vista algún síntoma guerrero, pero no observó ni el menor indicio de objeto quitado de su sitio habitual o puesto a la vista intencionalmente, sino tan constante y

tranquila paz por todas partes, que podía creerse que no había llegado allí ni leve rumor de guerra.

26. Vencido por la paciencia de los enemigos, manda convocar el Senado. "Hasta ahora, dijo, habéis sido los únicos, ¡oh, tusculanos! que habéis encontrado las verdaderas armas, las verdaderas fuerzas para defenderos contra la cólera de Roma. Id al Senado romano, y los senadores juzgarán qué habéis merecido más, si el castigo antes o el perdón ahora; por mi parte no puedo prevenir un favor que debe ser un beneficio público; bastante es que os deje libertad para pedirlo; el Senado acogerá como crea conveniente vuestra súplica." Los tusculanos acudieron a Roma, y cuando se vio llegar tristemente al vestíbulo de la Curia al Senado de un pueblo en otro tiempo fiel aliado, los senadores romanos se enternecieron y les hicieron llamar con palabras hospitalarias antes que hostiles. El dictador tusculano habló de esta manera: "Nos habéis declarado y llevado la guerra, Padres conscriptos, y así como nos habéis visto presentarnos hoy en el vestíbulo de vuestra Curia, de la misma manera con iguales armas y aparato hemos salido al encuentro de vuestros generales y de vuestras legiones. Ésta es y será siempre nuestra conducta y la de nuestro pueblo, a menos que algún día no recibamos armas de vosotros y para vosotros. Damos gracias a vuestros generales y a vuestros ejércitos porque han creído a sus ojos más que a sus oídos, y porque donde nada hostil han encontrado, no han cometido hostilidades. Imploramos de vosotros la paz que hemos observado, y os rogamos que llevéis la guerra allí donde os la hacen. Si necesitáis experimentar dolorosamente lo que pueden vuestras armas sobre nosotros, lo soportaremos desarmados. Éste es nuestro propósito: ¡plegue a los dioses inmortales que nos sea tan provechoso como es sincero! En cuanto a las ofensas que os han movido a declararnos la guerra, sin contradecir con palabras lo que está refutado por hechos, creemos, sin embargo, que, aún siendo ciertos, el reconocimiento por nuestra parte de esos hechos, después de nuestro público arrepentimiento, no nos sería peligroso. Se os puede ultrajar mientras seáis dignos de tales satisfacciones." Éste fue, sobre poco más o menos, el lenguaje de los tusculanos, que obtuvieron, primero la paz, y poco después el derecho de ciudadanía. Las legiones regresaron de Túsculum.

27. Camilo, que tanto se había distinguido por su prudencia y valor en la guerra contra los volscos, por su fortuna en la expedición de Túsculum, y en una y otra por su paciencia y extraordinaria lenidad con su colega, salió de la magistratura. Creóse tribunos militares para el año siguiente a L. y P. Valerio, Lucio, por quinta vez, y Publio, por tercera, C. Sergio, también por tercera, L. Menenio, por segunda, Sp. Papirio y Ser. Cornelio Maluginense. Eran necesarios también, censores este año, a causa de algunos vagos rumores que corrían acerca de las deudas, cargo cuya odiosidad exageraban los tribunos del pueblo, y desvirtuado por otra parte por los que tenían interés en atribuir el apuro de los deudores antes a mala fe que al estado de su fortuna. Nombráronse censores a C. Sulpicio Camerino y a Sp. Postumio Regilense. Ya habían entrado en funciones, cuando la muerte de Postumio, cuyo remplazo impedía las preocupaciones religiosas, interrumpió los trabajos. Por consecuencia de esto, Sulpicio abdicó su magistratura y se crearon otros censores, pero un vicio en la elección les impidió ejercer el cargo, no atre-

viéndose a elegir por tercera vez, porque parecía que no querían los dioses aquel año la censura. Decían los tribunos que aquello era verdadera irrisión: "El Senado retrocede ante esas tablas públicas que pondrían de manifiesto el censo de cada uno; no quiere dejar ver esa masa de deudas, que demostraría que una parte de los ciudadanos devora la otra, y entre tanto el pueblo, agobiado de deudas, se encuentra a merced de todos sus enemigos. Búscase la guerra por todos lados indistintamente; llévanse las legiones de Anzio a Sutrium, de Sutrium a Velitres y de aquí a Túsculum. Amenázase actualmente a los latinos, hérnicos y prenestinos, y esto más por odio a los ciudadanos que al enemigo, con objeto de anonadar al pueblo bajo las armas, sin permitirle respirar en la ciudad, ni dejarle espacio para que piense en la libertad, para que asista a las asambleas públicas, donde de vez en cuando escucharía a la voz tribunicia pidiendo alivio a tantas cargas y término a tantas injusticias de toda clase. Porque si el pueblo recuerda la libertad de sus antepasados, no consentirá la adjudicación del ciudadano por dinero prestado, ni que se hagan levas antes de ocuparse de las deudas, antes de escogitar medios para aminorarlas, antes que cada uno sepa bien lo que le pertenece, lo que es de otro, si es libre su cuerpo o si tiene que entregarlo al látigo." El premio ofrecido a la sedición la excitó en el acto. En el momento en que multitud de deudores acababan de ser condenados, y cuando el Senado, ante el rumor de los armamentos de los prenestinos, acababa de decretar el alistamiento de nuevas legiones, el pueblo, secundado por los tribunos, se opuso a que se realizasen aquellas medidas. Los tribunos no permitían que se llevara a los ciudadanos sentenciados, y los jóvenes se negaban a dar sus nombres. En el momento no inquietaban tanto a los senadores las sentencias contra los deudores como el alistamiento; porque se anunciaba ya que el enemigo, saliendo de Prenesto, se había situado en el campo gabino. Esta noticia, lejos de asustar a los tribunos del pueblo, sirvió para afirmarles más en su proyecto de resistencia, y nada pudo calmar la sedición en Roma, sino la guerra cuando, por decirlo así, llegó a sus mismas murallas.

28. Cuando los prenestinos supieron que no habían levantado ejército en Roma ni nombrado general, que los patricios y el pueblo estaban en lucha, sus jefes, aprovechando la ocasión, hicieron avanzar rápidamente las fuerzas, devastando los campos a su paso, y llevaron las enseñas hasta muy cerca de la puerta Colina. Grande fue el temor en la ciudad: gritóse a las armas; corrieron a las murallas y a las puertas; abandonaron al fin la sedición por la guerra y nombraron dictador a T. Quineio Cincinnato. Éste nombró jefe de los caballeros a A. Sempronio Atratino. Al saberlo (tan terrible era esta magistratura) se alejaron de las murallas los enemigos y la juventud romana se sometió al edicto sin resistencia. Mientras levantan un ejército en Roma, el enemigo marcha a establecer su campamento cerca del río Alia, desde donde tala hasta muy lejos los campos, lisonjeándose de "haberse establecido en un paraje fatal a la ciudad de Roma, y de que iba a presenciar igual terror, igual derrota que en la guerra de los galos. Porque si solamente el día de Alia es objeto de temor para los romanos, hasta el punto de haberlo señalado con un interdicto religioso y distinguido con el nombre de aquel paraje, ¿cuánto más deberían temer al mismo Alia, que recordaba tan gran desastre? Allí

creerían ver sin duda los hoscos semblantes y oír los terribles gritos de los galos". Forjando vanos pensamientos en cosas tan vanas, habían encomendado sus esperanzas a la fortuna de aquellos lugares. Los romanos, por su parte, "donde encuentran un enemigo latino saben bien que es el mismo que vencieron en el lago Regilo y mantenido en paz y en la opresión durante cien años. Aquel paraje que les recuerda un desastre les animará a borrar la memoria de su vergüenza, lejos de hacerles creer que existe un terreno donde el destino les niega la victoria. Más aún: si los mismos galos se presentasen de nuevo en aquel punto, los romanos combatirían como combatieron en Roma para reconquistar su patria y como el día siguiente en Gabias, donde consiguieron por su denuedo que de tantos enemigos como penetraron en el recinto de Roma ni uno solo pudiese llevar a los suyos la noticia de sus victorias y de su adversa fortuna".

29. Con estas disposiciones se encontraron frente a frente los dos ejécitos en las orillas del Alia. Cuando el dictador romano se halló delante de un enemigo alineado y dispuesto al combate: "¿No ves, A. Sempronio, dijo, que han confiado en la fortuna de este paraje al situarse sobre el Alia? ¡Ojalá no les hayan dado los dioses inmortales prenda más segura de confianza ni mejor socorro! Tú que confías en tus armas y en tu valor, ponte a la cabeza de los jinetes y lánzales en medio del ejército enemigo; yo llevaré las legiones con nuestras enseñas contra sus líneas rotas y perturbadas. ¡Ayudadme, oh dioses, testigos de los juramentos! ¡Venid a castigar como merecen a los que os han ultrajado colocándose bajo vuestro patrocinio para hacernos traición!" Los prenestinos no resistieron a los jinetes ni a las legiones; al primer choque, al primer grito quedaron rotas sus filas, y no pudiendo pelear en ningún punto, volvieron la espalda consternados, dispersos y arrastrados por el miedo más allá de su campamento, no deteniendo su carrera hasta llegar a Prenesto. Allí se reunieron los fugitivos y ocuparon una posición que fortificaron apresuradamente, temiendo que si se refugiaban en sus murallas, quemarían en seguida sus campos, y que después de completa devastación sitiarían la ciudad. Pero cuando después de saquear su campamento del Alia se presentó el romano vencedor, abandonaron también aquellas fortificaciones, no creyéndose seguros en ellas, y se encerraron en la ciudad de Prenesto. Además de esta ciudad existían otras ocho con la denominación de Prenestinas; a todas ellas llevaron la guerra sucesivamente, tomándolas sin mucho trabajo, y en seguida marchó el ejército a Velitres. También se apoderaron de esta plaza y entonces regresaron a Prenesto, que era objeto principal de la guerra,no necesitando emplear la fuerza, porque se entregó la plaza. T. Quincio, después de vencer en batalla campal, apoderarse de dos campamentos enemigos, forzado nueve ciudades y recibido la capitulación de Prenesto, regresó a Roma, donde entró en triunfo, y llevó al Capitolio una estatua de Júpiter Imperátor cogida en Prenesto. Dedicóse ésta entre el santuario de Júpiter y el de Minerva; y debajo de ella se fijó una lápida, monumento de sus hazañas, con una inscripción que decía, sobre poco más o menos: "Júpiter y todos los dioses han concedido a T. Quincio, dictador, que se apodere de nueve ciudades." Al vigésimo día de su elección abdicó la dictadura.

30. En seguida se celebraron comicios para la elección de tribunos

militares con autoridad de cónsules, resultando igual número de patricios y plebeyos. Los patricios nombrados fueron P. y C. Manlio con L. Julio; del pueblo, a C. Sextilio, M. Albinio y L. Antiscio. Los Manlios, que eran superiores a los plebeyos por el nacimiento y a Julio por influencia, sin consultar la suerte y sin previo examen, recibieron por extraordinario el encargo de la campaña contra los volscos, de lo que se arrepintieron muy pronto ellos mismos y los senadores que les confiaron el mando. Antes de reconocer el terreno, enviaron cohortes a merodear; a la falsa noticia de que estaban cercadas, corrieron a socorrerlas, sin cuidar siquiera de apoderarse del portador de la noticia, que era un enemigo latino que se presentó fingiéndose soldado romano, y ellos mismos cayeron en una emboscada. Mientras se defendían en terreno desventajoso, por el solo valor del soldado que se hace matar y que mata, el enemigo se apodera del campamento romano situado en la llanura. En una y otra parte quedaron perjudicados los intereses de la república por la imprudencia y falta de habilidad de los generales; todo lo que pudo salvarse de la fortuna del pueblo romano lo salvó el valor del soldado, que resistió con firmeza hasta sin jefe. En cuanto se conocieron en Roma estos acontecimientos, quísose al pronto nombrar dictador; pero como se supo que los volscos permanecían tranquilos y pareció que no iban a aprovechar la victoria ni la ocasión, llamaron al ejército y a los generales. Entonces quedaron tranquilos, al menos por el lado de los volscos, porque al fin del año hubo alguna alarma a consecuencia de una insurrección de los prenestinos y de los pueblos latinos que ellos levantaron. En el mismo año se alistaron nuevos colonos para Secia, que se quejaba de carecer de habitantes. En medio de las desgracias de la guerra, tuvieron por consuelo paz interior, conseguida por los tribunos plebeyos, gracias a la influencia que tenían sobre su orden.

31. El principio del año siguiente quedó señalado por una sedición que estalló bajo los tribunos militares, con autoridad consular, Sp. Furio, L. Servilio, elegido por segunda vez, C. Licinio, P. Clelio, M. Horacio y L. Geganio. El objeto y causa de la sedición eran las deudas; Sp. Servilio Prisco y Q. Clelio Sículo, nombrados censores para entender en ellas, quedaron detenidos en su trabajo por la guerra. Alarmantes mensajes primero, y fugitivos de los campos en seguida, anunciaron que las legiones de los volscos habían invadido las fronteras y devastaban en todas direcciones el territorio romano. En esta crítica situación, en vez de comprimir el miedo las luchas intestinas, el poder tribunicio se opuso con mayor violencia a los alistamientos, siendo indispensable que consintiese el Senado que quedasen suspendidas por todo el tiempo que durase la guerra la percepción del tributo y las persecuciones contra los deudores. Cuando el pueblo consiguió este aplazamiento, nada se opuso ya a las levas. Con las legiones recientemente alistadas formaron dos ejércitos, y los dirigieron separadamente al territorio volsco. Sp. Furio y M. Horacio marchan a la derecha hacia las costas del mar, sobre Anzio; Q. Servilio y L. Geganio a la izquierda hacia las montañas, sobre Ecetra. Ni el uno ni el otro encontraron al enemigo, por lo que comenzó el pillaje, pero no un merodeo desordenado y a la carrera, como el de los volscos, a quienes alentaban las discordias del enemigo y los espantaba su valor, sino como justa venganza de un ejército irritado, ven-

ganza más terrible aún por su duración. En efecto, los volscos, que temían a cada momento ver salir de Roma un ejército, limitaron sus correrías a las fronteras; el romano, por el contrario, que quería atraer al enemigo al combate, tenía interés en permanecer en su territorio. Así fue que quemó todas las casas dispersas por los campos y algunos pueblos; no dejó ni un árbol frutal, ni sementeras que pudiesen dar cosecha; arrebató cuantos hombres y bestias encontró fuera de las murallas; y hecho esto, volvieron a Roma los dos ejércitos.

32. Después de corto intervalo concedido a los deudores para que respirasen, cuando quedaron tranquilos por parte del enemigo, comenzaron a perseguirlos con mucha viveza, y lejos de obtener alguna disminución en sus antiguas deudas, tuvieron que contraer otras nuevas, a causa de un tributo impuesto para la construcción con piedras de sillería de un muro designado por los censores. El pueblo se vio obligado a levantar esta carga, no teniendo sus tribunos alistamiento que combatir. Más aún: vencido por la influencia de los ciudadanos principales, solamente nombró patricios para los cargos de tribunos militares, L. Emilio, P. Valerio, por cuarta vez, C. Veturio, Ser. Sulpicio, L. y C. Quincio Cincinnato. Merced a la misma influencia, para rechazar a los latinos y a los volscos, cuyas legiones reunidas acampaban delante de Sutrium, consiguióse que prestase juramento sin obstáculo toda la juventud y levantar tres ejércitos. Uno debía guardar la ciudad; otro, en caso de alarma, marcharía a los primeros movimientos que se observasen por cualquier lado, y el tercero, mucho más fuerte, marchó hacia Sutrium, bajo el mando de P. Valerio y L. Emilio. Encontrando allí al ejército enemigo formado en la llanura, le atacaron en el acto; pero en el momento en que, si no habían vencido aún, esperaban fundadamente vencer, torrentes de lluvia pusieron término al combate. A la mañana siguiente comenzaron de nuevo, y durante algún tiempo las legiones latinas principalmente, que por larga alianza estaban impuestas en la disciplina de la milicia romana, resistieron con valor; pero atacando la caballería, desordenó sus filas. Aprovechó el momento la infantería y avanzó sus enseñas: tanto terreno como ganaba el ejército romano lo perdía el enemigo, y en cuanto cedió la línea de batalla, nada pudo resistir al valor de los romanos. Derrotados los enemigos, no corrieron hacia su campamento, sino hacia Sutrium, distante dos millas de allí; la caballería principalmente los destrozó; el campamento fue tomado y saqueado. A la noche siguiente abandonaron a Sutrium, y con marcha que parecía fuga, se dirigieron a Anzio. El ejército romano los siguió de cerca; el miedo fue más ligero que la cólera, y los enemigos entraron en la ciudad antes de que los romanos pudieran hostilizar su retaguardia. El ejército destinó algunos días a devastar los campos, por no tener las máquinas necesarias para asaltar murallas, ni encontrarse el enemigo en estado para correr los riesgos de un combate.

33. En medio de estas cosas sobrevinieron desavenencias entre los latinos y los anziatos. Vencidos éstos por los males que habían experimentado y reducidos por la guerra, en la que habían nacido y envejecido, pensaban rendirse. Descansados los latinos por larga paz, veíanse impulsados por el ardor de reciente defección a perseverar obstinadamente en la guerra; esta lucha cesó cuando todos reconocieron que no estaba en poder de ninguno de los dos pueblos impedir

que el otro realizase sus designios. Los latinos se retiraron no considerándose comprometidos por una paz que encontraban deshonrosa; y libres los anziatos de aquellos molestos árbitros de sus proyectos pacíficos, entregaron su ciudad y sus campos a los romanos. Dominados entonces por la ira los latinos, en vista de que no habían podido hacer daño a los romanos por la guerra, ni retener a los volscos armados, incendiaron la ciudad de Sutrium, su primer asilo en la derrota, y de toda aquella ciudad, cuyos lugares sagrados tampoco respetaron las antorchas, solamente queda el templo de Matuta Madre. Y dícese que no fue escrúpulo religioso ni respeto a los dioses lo que les contuvo, sino una voz terrible que salió del templo pronunciando fatales amenazas si no llevaban sus impías antorchas lejos del santuario. El mismo arrebato de furor los llevó a Túsculum, a cuyos habitantes querían castigar, porque después de abandonar la línea común del Lacio, habíanse hecho, no solamente aliados, sino ciudadanos de Roma. Cayendo de improviso sobre la ciudad, cuyas puertas estaban abiertas, apoderáronse de ella al primer grito; sin embargo, no se hicieron dueños de la fortaleza, en la que se refugiaron los tusculanos con sus mujeres e hijos y desde donde enviaron mensajeros a Roma para enterar al Senado de su desgracia. Con aquella celeridad que la fe del pueblo romano consideraba un deber, partió para Tusculum un ejército, bajo el mando de los tribunos militares L. Quincio y Ser. Sulpicio. Éstos encontraron cerradas las puertas de Túsculum, y los latinos, convertidos al mismo tiempo en sitiadores y sitiados, tuvieron que defender de una parte las murallas y por otra que atacar la fortaleza: asustar y temblar a la vez. La llegada de los romanos cambió las disposiciones de uno y otro partido; los tusculanos pasaron de profundo terror a extrema alegría; y los latinos, después de contar firmemente con que se apoderarían muy pronto de la fortaleza, como habían tomado la ciudad, comenzaban a no tener más que débil esperanza de salvarse. Al grito que lanzaron los tusculanos desde la fortaleza, el ejército romano contestó con otro grito más terrible aún. Los latinos se encuentran estrechados por dos lados; no pueden resistir ni el brío de los tusculanos, que se lanzan desde la fortaleza, ni el ímpetu de los romanos, que escalan las murallas y trabajan para destruir el herraje de las puertas. Suben primeramente a las murallas con el auxilio de escalas; en seguida caen destrozadas las barreras de las puertas. Oprimidos entre dos líneas, por delante y por detrás, los enemigos, a quienes ya no les queda fuerza para combatir ni salida por donde escapar, son exterminados hasta el último. Recobrado Túsculum, regresó el ejército a Roma.

34. A medida que los prósperos negocios de la guerra producían la paz exterior por todas partes, en la ciudad aumentaban diariamente la violencia de los patricios y las miserias del pueblo, porque queriendo obligarle a pagar sus deudas, le imposibilitaban para pagarlas. Así, pues, una vez agotados sus recursos, pagaron con honor y con su cuerpo los deudores, que condenados y adjudicados satisficieron a los acreedores, libertándose de la promesa con la pena. Por consecuencia de esto, los plebeyos, no solamente los más humildes, sino los principales de entre el pueblo, habían llegado a ser de tal manera sumisos, que lejos de disputar a los patricios el tribunado militar, por el que tanto habían luchado otras veces, ni siquiera solicitaban ni querían desempeñar las magistraturas plebeyas:

ni uno solo era bastante osado, bastante emprendedor para arriesgarse a tanto, y parecía que la posesión de una dignidad que el pueblo solamente había conseguido algunos años, parecía recobrada para siempre por los patricios. Mas para que esta clase no se regocijase demasiado, sobrevino un ligero incidente, que, como de ordinario, dio margen a los acontecimientos más graves. M. Fabio Ambusto, varón influyente entre los de su orden y también en el pueblo, que sabía no le despreciaba, había casado la mayor de sus hijas con Ser. Sulpicio y la menor con C. Licinio Stolon, hombre importante aunque plebeyo; este matrimonio, que no desdeñó Fabio, le atrajo el favor de la multitud. Quiso el azar que un día en que las dos hermanas estaban reunidas en casa de Ser. Sulpicio, tribuno militar, pasando el tiempo, como acostumbraban, en conversación, Sulpicio, que regresaba a su casa al salir del Foro, hizo, según costumbre, que el lictor llamase a la puerta con su varilla. Al ruido la joven Fabia, que no conocía aquella costumbre, se asustó y su hermana rio de su ignorancia. Aquella risa ofendió profundamente aquel ánimo mujeril, pronto a conmoverse por las cosas más pequeñas. Creo que también la presencia de aquella multitud que seguía al lictor pidiéndole órdenes, le hizo considerar muy afortunado el matrimonio de su hermana, y que la mala disposición que todos tenemos a no querer ser menos que nuestros parientes, hubo de hacerla menospreciar el suyo. Habiéndola encontrado después su padre perturbada por aquella conmoción de su ánimo, y preguntado si estaba mala, ella quiso al pronto ocultarle la causa de su disgusto, que no era ni favorable para su hermana, ni agradable para su esposo; pero insistiendo con dulzura, concluyó por arrancarle la confesión de que su disgusto procedía de aquella unión desigual que la había puesto en una casa en la que no podían entrar honores ni influencia. Ambusto consoló a su hija y la exhortó a tener valor, porque muy pronto vería en su casa iguales honores que había visto en la de su hermana; y desde entonces comenzó a concertarse con su yerno, después de haberse ganado a L. Sextio, joven muy valeroso, al que solamente le faltaba cuna patricia para poder aspirar a todo.

35. Presentábase como oportuna ocasión para introducir innovaciones la enorme masa de deudas. "El pueblo no podía esperar alivio para aquel mal, sino colocando a los suyos en el poder más elevado. Tal era el fin a que se debía llegar. Ensayando e insistiendo los plebeyos, habían dado ya un gran paso; algunos esfuerzos más y llegarían a la cima, pudiendo igualar en las dignidades a aquellos patricios a quienes igualaban en mérito." Considerando conveniente empezar por hacerse nombrar tribunos del pueblo, esta magistratura les abrió el camino a las otras dignidades. Creados tribunos C. Licinio y L. Sextio, propusieron muchas leyes, contrarias todas al poder de los patricios y favorables al pueblo. La primera, acerca de las deudas, tenía por objeto hacer deducir del capital los intereses recibidos ya, el resto debía pagarse en tres años por partes iguales. Otra limitaba la propiedad y prohibía que ningún ciudadano poseyese más de quinientas yugadas de tierra. Otra ley suprimía las elecciones de tribunos militares y restablecía los cónsules, de los que uno se elegiría siempre del pueblo. Todas estas leyes eran sumamente importantes y no podían pasar sin luchas violentísimas. Así, pues, al ver atacar a la vez todas las cosas que más excitan la ambición de los hombres, la propiedad, el di-

nero y los honores, asustados y temblorosos los patricios, no encontraron después de muchas reuniones públicas y particulares más que un solo remedio, esto es, aquella oposición tribunicia, tantas veces utilizada ya en las luchas anteriores, consiguiendo de algunos tribunos que combatiesen los proyectos de sus colegas. En cuanto vieron éstos que Licinio y Sextio citaron a los tribunos para que votasen, acudieron sostenidos por buen golpe de patricios e impidieron la lectura de los proyectos de ley, así como también las demás formalidades usadas para tomar el voto del pueblo. Habiéndose convocado frecuentemente nuevas asambleas, aunque sin resultado, parecían suprimidos para siempre los proyectos de ley. "Muy bien, dijo entonces Sextio: puesto que tanta fuerza se reconoce aquí al poder tribunicio, con esa misma arma defenderemos al pueblo. Adelante, patricios, señalad comicios para elegir tribunos militares: haré que os agrade menos la palabra VETO que tanto os gusta hoy en boca de nuestros colegas." Esta amenaza fue harto grave, y en lo sucesivo no pudieron celebrarse otras elecciones que las de ediles y tribunos del pueblo. Reelegidos Licinio y Sextio, no dejaron crear ningún magistrado curul, y como el pueblo reelegía siempre a los dos tribunos y éstos impedían siempre la elección de tribunos militares, la ciudad careció de estos magistrados por espacio de cinco años.

36. Por fortuna estaban suspendidas las otras guerras; pero los colonos de Velitres, aprovechando la inacción de Roma, que no tenía ejército, hicieron muchas correrías por territorio de la república y se atrevieron a poner sitio a Túsculum. Ante esta noticia y ante la voz de los tusculanos, de aquellos antiguos aliados y nuevos ciudadanos que pedían socorro, no solamente los patricios sino que también el pueblo, exprimentaron profundo sentimiento de vergüenza; y desistiendo los tribunos del pueblo, celebró los comicios un interrey, siendo elegidos tribunos militares L. Furio, A. Manlio, Ser. Sulpicio, Ser. Cornelio, P. y C. Valerio, quienes encontraron al pueblo más resistente a las levas que a los comicios, y solamente a costa de mucho trabajo consiguieron alistar un ejército. Al fin partieron, rechazaron de Túsculum al enemigo y le arrollaron hasta sus murallas; después fue sitiada Velitres con más vigor que lo había sido Túsculum: sin embargo, los que comenzaron el sitio no pudieron tomarla. Antes crearon nuevos tribunos militares: Q. Servilio, C. Veturio, A. y M. Cornelio, Q. Quincio y M. Fabio, y ni estos tribunos hicieron nada notable en Velitres. En Roma habían estallado debates más importantes aún: de acuerdo con Sextio y Licinio, que propusieron los proyectos de ley y que habían sido nombrados tribunos del pueblo, uno de los tribunos militares, el suegro de Stolon, primer autor de aquellas leyes, declaraba en alta voz la participación que había tenido en el asunto. En el colegio de tribunos del pueblo se encontraron primeramente ocho adversarios; ya no quedaban más que cinco, y éstos, como sucede ordinariamente a los que se separan de los suyos, apurados y contrariados, limitaban su oposición a repetir palabras de otros como lección aprendida: "Considerable parte del pueblo está fuera, delante de Velitres: se deben aplazar los comicios hasta el regreso de los soldados, para que todo el pueblo pueda votar en asunto que le interesa." Sextio y Licinio, apoyados por sus colegas y por el tribuno militar Fabio, y por efecto de tantos años de experiencia, hábiles para manejar el ánimo de la multitud, hablaban se-

paradamente a los patricios principales y los abrumaban con preguntas relativas a las leyes presentadas al pueblo: "¿Se atraverían, cuando se distribuyesen dos yugadas de tierra a los plebeyos, a reclamar para ellos el libre goce de más de quinientas yugadas? ¿Querría cada uno poseer los bienes de cerca de trescientos ciudadanos, cuando el campo del plebeyo apenas bastaría para su casa y su tumba? ¿Les agrada ver al pueblo agobiado por la usura, cuando el pago del capital debería libertarle, y obligado a entregar su cuerpo a los azotes y suplicios?; ¿y a los deudores adjudicados y sacados como rebaños del Foro?; ¿y las casas de los nobles llenas de prisioneros?; ¿y donde habite un patricio, una cárcel para los ciudadanos?"

37. Cuando los tribunos, con el relato de estas indignidades, hubieron excitado a sus oyentes, que experimentaban por sí mismos mayor indignación aún de la que ellos sentían, continuaron diciendo a voces: "Los patricios no cesarán de ocupar los bienes del pueblo, de matarle con la usura, si el pueblo no nombra de su seno un cónsul que vele por su libertad. En adelante se despreciará a los tribunos del pueblo, porque este poder ha quebrantado su fuerza con su oposición. No es posible la igualdad cuando el mando les pertenece a ellos y los tribunos solamente tienen el derecho de defensa: si al pueblo no se le asocia al mando, jamás tendrá en la república la parte de poder que le corresponde. Nadie puede pensar que los plebeyos deban contentarse con su admisión a los comicios consulares; si no se establece imperiosamente que se elija del pueblo uno de los cónsules, jamás se tendrá cónsul plebeyo. ¿Se habrá olvidado ya que después que se juzgó conveniente reemplazar a los cónsules con tribunos militares, para que el pueblo pudiese llegar a la dignidad suprema, durante cuarenta y cuatro años ni un solo plebeyo ha sido nombrado tribuno militar? ¿Cómo creer ahora que no habiendo más que dos puestos consentirán conceder al pueblo su parte de honor, cuando están acostumbrados a ocupar las ocho plazas en las elecciones de tribunos militares, y que se presten a darle ingreso en el consulado, cuando por tanto tiempo le negaron el tribunado? Indispensable es conseguir por una ley lo que nunca podrá obtenerse como favor en los comicios; es necesario poner fuera de concurso uno de los consulados para asegurar el acceso al pueblo; porque si los dos quedan en concurso, los dos serán siempre presa del más poderoso. Ahora no pueden decir ya los patricios lo que no cesaban de repetir antes, que no hay entre los plebeyos hombres aptos para las magistraturas curules. ¿Por ventura se ha administrado peor o con apatía la república desde la época de P. Licinio Calvo, primer tribuno elegido del pueblo, que durante aquellos años en que solamente se elegían patricios para tribunos militares? Todo lo contrario; se han condenado patricios después de su tribunado; a plebeyos jamás. Desde hace algunos años se eligen también cuestores, lo mismo que los tribunos militares, del pueblo, y nunca ha tenido que arrepentirse el pueblo romano. Solamente falta a los plebeyos el consulado; éste es el castillo, el complemento de su libertad: que se llegue a él, y entonces podrá creer realmente el pueblo que se ha expulsado de la ciudad a los reyes y que está bien cimentada su libertad. Desde este día gozará el pueblo de todas las ventajas que enaltecen a los patricos: la autoridad, los honores, la gloria de las armas, el nacimiento, la nobleza; y después de gozar de estos grandes bienes, los deja-

rán mayores aún a sus hijos." Cuando vieron que se acogían favorablemente esta clase de oraciones, publicaron otro proyecto de ley que remplazaba a los decenviros encargados de los ritos sagrados con decenviros, mitad del pueblo y mitad patricios: pero los comicios en que debían discutirse todas estas modificaciones quedaron aplazados hasta el regreso del ejército que sitiaba a Velitres.

38. Transcurrió el año antes de que regresasen las legiones y suspendido por ende el asunto, pasó a otros tribunos militares; porque tribunos del pueblo eran siempre los mismos, obstinándose éste en reelegirles, especialmente a los dos autores de los proyectos de ley. Creáronse tribunos militares a T. Quincio, Ser. Cornelio, Ser. Sulpicio, L. Papirio y L. Veturio. Desde principio del año, con motivo de la discusión de las leyes, se trabaron violentos debates, y como sus autores habían convocado a las tribus sin cuidarse de la oposición de sus colegas, alarmados los patricios, recurrieron a los dos únicos medios de salvación que les quedaban, al primer poder y al primer ciudadano, decidiendo nombrar dictador, y nombraron a M. Furio Camilo, quien eligió jefe de los caballeros a L. Emilio. Ante estos preparativos de sus adversarios, los autores de las leyes hicieron nuevos esfuerzos de valor por la causa del pueblo, y convocada la asamblea, llaman a votar a las tribus. Cuando el dictador, escoltado por multitud de patricios, encolerizado y amenazador, ocupó su asiento, comenzó el debate entre los tribunos del pueblo, de los que unos proponían la ley y otros la rechazaban; pero si la oposición triunfaba por el dercho, quedaba vencida por la simpatía que inspiraban las leyes y los que las habían presentado. Ya habían dicho las primeras tribus *Uti rogas* (como pides) cuando dijo Camilo: "Puesto que ahora, ¡oh, romanos!, obedecéis al capricho de los tribunos y no a la soberanía del tribunado, y ese derecho de oposición que conquistasteis en otro tiempo por medio de la retirada del pueblo lo destruís hoy por la fuerza, lo mismo que lo adquiristeis, yo, dictador, por el común interés de la república, así como por el vuestro, ayudaré a la oposición y protegeré con mi autoridad vuestro derecho que destruyen. En consecuencia de esto, si C. Licinio y L. Sextio ceden a la intervención de sus colegas, no haré intervenir una magistratura patricia en una asamblea popular; pero si a despecho de la intervención, pretenden imponer aquí leyes como en una ciudad conquistada, no consentiré que el poder tribunicio se destruya por sí mismo." Como, a pesar de estas palabras, los tribunos del pueblo proseguían en sus operaciones, encendido en cólera Camilo, mandó a los lictores que dispersasen la multitud; amenazando además, si resistían, con obligar a toda la juventud al servicio militar y sacar inmediatamente de la ciudad el ejército. Esto infundió profundo terror al pueblo; pero la lucha más reanimó que abatió el valor de los jefes; sin embargo, antes de que el éxito se declarase por un partido o por otro, abdicó la magistratura, bien porque adoleciese de algún defecto su elección, como han dicho algunos escritores, bien porque los tribunos propusieran al pueblo, y éste consintiese en ello, condenar a M. Furio, si ejercía actos de dictador, a una multa de quinientos mil ases. Pero imagino que los auspicios le asustaron mucho más que esta proposición sin ejemplo; llevándome a creerlo, primeramente el carácter de aquel hombre y después el nombramiento de otro dictador, P. Manlio, que le reemplazó inmediatamente.

(¿A qué crear otro dictador para sostener una lucha en que había sucumbilo ya M. Furio?) Además, al año siguiente fue dictador el mismo M. Furio, que seguramente hubiese rehusado volver a ejercer una autoridad que el año anterior se había quebrantado en sus manos. Además, en el mismo tiempo en que se propusiera la multa de que se ha hablado, podía resistir a aquella ley que, como veía bien, se encaminaba a mermar su autoridad, o dejar pasar todas las otras, por cuyo motivo había sido presentada. En fin, en todo tiempo y hasta nuestra época, desde que luchan las fuerzas tribunicias y las consulares, la dictadura ha estado siempre en lo más alto.

39. Entre la abdicación del primer dictador y la entrada de Manlio en funciones, habiendo aprovechado los tribunos una especie de interregno para convocar una asamblea del pueblo, pudo conocerse qué proyectos de ley prefería el pueblo y cuáles sus autores; aceptábanse las leyes sobre la usura, pero se rechazaba el consulado plebeyo, y se hubiese votado de distinta manera acerca de cada una de estas cosas, a no declarar los tribunos que el pueblo debía votar sobre todas a la vez. El dictador P. Manlio hizo inclinar el asunto en favor del pueblo, nombrando jefe de los caballeros al plebeyo C. Licinio, que había sido tribuno militar. Dícese que el Senado se quejó de la elección; pero el dictador se excusó con los senadores, alegando el parentesco que le unía con Licinio y negando que la dignidad de jefe de los caballeros fuese superior a la de tribuno consular. En cuanto se señalaron comicios para la elección de tribunos del pueblo, tan bien trabajaron Licinio y Sextio, que diciendo que no querían el tribunado, excitaron poderosamente al pueblo a que les mantuviese en el cargo que solicitaban hasta disimulando. "Nueve años ya se encontraban como en batalla con los patricios, corriendo graves peligros personales sin provecho alguno para la república: con ellos habían envejecido las leyes que habían propuesto y todo el vigor del poder tribunicio. Primeramente combatieron sus leyes por medio de la intervención de sus colegas; después con el envío de la juventud a la guerra de Velitres, y últimamente se lanzó contra ellos el rayo dictatorial. Ahora que ya no tenían que temer obstáculos ni de sus colegas ni de la guerra ni del dictador, que hasta ha presagiado el consulado al pueblo, al nombrar jefe de los caballeros, el mismo pueblo es el que se perjudica y perjudica sus intereses. De él solamente depende libertar la ciudad y el Foro de sus acreedores, rescatar los campos de sus injustos poseedores, y esto en el instante mismo. ¿Pero cuándo apreciará estos beneficios con la gratitud que merecen, si al aceptar las leyes que le favorecen quita la esperanza de los honores a los que las han hecho? Poco generoso sería en el pueblo romano reivindicar el alivio de sus deudas y la posesión de los terrenos que los patricios han usurpado, y dejar, no solamente sin honores, sino hasta sin la esperanza de conseguirlos, a los antiguos tribunos que le han hecho triunfar. Que comience, pues, por fijarse bien en lo que quiere, y después declarará su voluntad en los comicios tribunicios. Si quiere aceptar a la vez todas las leyes propuestas, puede reelegir los mismos tribunos, porque éstos presentarán entonces sus proyectos de leyes; si por el contrario, no quiere aceptar más que los que le interesen directamente, no deben continuar los mismos en una dignidad tan odiada: ellos no serán tribunos ni el pueblo obtendrá las leyes propuestas."

40. Con objeto de contestar a

esta imprudente oración de los tribunos, cuya indigna conducta mantenía mudos y estupefactos a los demás senadores. Ap. Claudio Crasso, nieto del decenviro, queriendo desengañar al pueblo, dícese que se adelantó, con más odio y cólera que esperanza, y habló, sobre poco más o menos, de esta manera: "No sería nuevo ni inesperado para mí, ¡oh, romanos!, que se me dirigiesen las reconvenciones que constantemente dirigen a mi familia los tribunos sediciosos. —Desde su origen la familia Claudia no ha atendido en la república más que a la majestad de los patricios; siempre se ha opuesto a los intereses del pueblo—. La primera reconvención no la rechazo ni la combato: desde que a todos se nos admitió en la ciudad y el patriciado, hemos procurado que pudiese decirse con verdad que, gracias a nosotros, antes había crecido que menguado la majestad de este orden en el que vosotros nos colocasteis. En cuanto a la otra reconvención, me atreveré, ¡oh, romanos!, en mi nombre y en el de mis antepasados, a sostener que jamás (a no ser que disposiciones ventajosas para toda la república se hayan considerado perjudiciales para el pueblo, como si habitase otra ciudad), ni en nuestras relaciones particulares ni en nuestras magistraturas hemos perjudicado deliberadamente al pueblo, y no se podría citar con verdad ni un solo hecho ni una sola palabra contraria a vuestros intereses, si alguna vez lo fueron contra vuestros deseos. En último caso, aunque no perteneciese a la familia Claudia ni a la clase patricia, sino un romano cualquiera, con tal de saber que he nacido de padre o madre libres, y que vivo en una ciudad libre, ¿podría callar? Consentiría en silencio que ese L. Sextio y ese C. Licinio, tribunos perpetuos, si place a los dioses, hayan tomado durante los nueve años que imperan tal autoridad que os nieguen el libre ejercicio del sufragio en los comicios para la aceptación de leyes. Bajo condición, dicen, consentiremos en ser reelegidos por décima vez. ¿Qué quiere decir esto, si no es, de tal manera despreciamos lo que otros ambicionan, que solamente con grandes ventajas lo aceptaremos? Pero en fin, ¿qué ventajas son ésas mediante las cuales podremos teneros por tribunos del pueblo perpetuos? Son, dicen, que nuestros proyectos, os agraden o no, os favorezcan u os perjudiquen, los aceptéis en conjunto. Yo os ruego, ¡oh, tribunos Tarquinos!, suponed en mi puesto a otro ciudadano que desde en medio de la asamblea os dice: con vuestro permiso, que se nos consienta elegir entre vuestros proyectos de leyes los que creamos saludables para nosotros y rechazar los demás. No, contestan, no se puede. Votarías las leyes sobre la usura y sobre las tierras que os convienen a todos, y nunca, lo que sería en Roma verdadero prodigio, querrías ver cónsules a L. Sextio y C. Licinio, a quienes aborreces y abominas. Tómalo todo, o no concedo nada. Esto es presentar al hambriento veneno y pan, y mandarle que no toque al alimento que le dará la vida o mezclarle lo que le dará la muerte. A la verdad Sextio, si esta ciudad fuese libre, ¿no te habrían gritado por todas partes: "Márchate con tus tribunados y tus proyertos de leyes?" ¡Cómo! Si tú rehúsas presentar leyes provechosas para el pueblo, ¿no habrá quien las presente? Si un patricio, si (lo que según ellos es peor aún) Claudio dijese: Tomadlo todo o no concedo nada, ¿quién de vosotros, ¡oh, romanos!, lo consentiría? ¿No atenderéis jamás a las cosas antes que a los hombres? ¿Escucharéis siempre con agrado cuanto os digan vuestros tribunos y con desagrado a nosotros? Pero ¡por Hércules!, este lenguaje no es el de un ciudadano. Pues bien; el proyecto que se indignan de veros rechazar, está del todo conforme con este lenguaje. Pido, dice Sextio, que no se os permita nombrar cónsules a los que queráis. Porque ¿no es esto lo que pide, cuando os manda elegir uno de los cónsules entre el pueblo, quitándoos la facultad de nombrar dos patricios? Que sobrevenga hoy una guerra como la de los etruscos, cuando Porsena se estableció en el Janículo, o como en otro tiempo la de los galos, cuando todo, exceptuando la fortaleza y el Capitolio, estaba en poder del enemigo, y que ese L. Sextio aspirase al consulado en competencia con M. Furio o cualquier otro patricio, ¿podríais consentir que L. Sextio estuviese seguro de ser cónsul y que Camilo luchase con una negativa? ¿Acaso es poner en común los honores autorizar el nombramiento de los plebeyos para el consulado y no el de los patricios?; ¿querer que un plebeyo sea necesariamente llamado a uno de los dos puestos, y permitir que los patricios sean excluidos de los dos? ¿Qué nueva repartición es ésta?, ¿qué nueva igualdad? ¿Es poco para ti venir a participar de un derecho de que no habías participado hasta ahora, o necesitas además, al reclamar esta parte, hacerte dueño del todo? Temo, dice, que si se permite nombrar dos patricios, jamás nombréis un plebeyo. ¿No es esto lo mismo que decir: como nunca elegiréis indignos por vuestra propia voluntad, os impondré la necesidad de elegir a los que no queréis? ¿Qué se deduce de esto sino que el plebeyo que concurra solo con dos patricios no deberá ningún agradecimiento al pueblo y podrá decir que es elegido por la ley y no por vuestros sufragios?

41. "Más atienden que a solicitar los honores a arrebatarlos, y de esta manera conseguirán los cargos más elevados sin deberos nada, ni siquiera lo que os deberían por los menores; prefiriendo conseguir los honores por las circunstancias antes que por el mérito. Así, he aquí uno a quien molesta que se le examine y aprecie; a quien parece muy justo tener seguros los honores cuando los demás luchan por conseguirlos; que se liberta de vuestra elección y quiere hacer vuestros votos obligatorios y serviles, cuando son libres y espontáneos. Prescindo de Licinio y Sextio, cuyos años de poder perpetuo contáis como los reyes en el Capitolio: ¿quién es hoy en Roma el ciudadano tan humilde a quien esta ley no facilite más el acceso al consulado que a nosotros y a nuestros hijos? Porque, aun queriéndolo, no podríais siempre elegirnos, mientras que tendríais que elegir a aquéllos aunque no quisieseis. Bastante he hablado ya para que se comprenda la inconveniencia de esta ley (la conveniencia no afecta más que a las personas); pero ¿qué diré de la religión y de los auspicios, cuya violación es desprecio o injuria a los dioses inmortales? Por los auspicios se fundó esta ciudad; por los auspicios se regulan todas las cosas en paz o en guerra, en el interior y en el exterior. ¿Quién ignora esto? Ahora bien; según las costumbres de nuestros antepasados, ¿a quiénes pertenece la facultad de consultarlos? A los patricios sin duda; porque no se recurre a los auspicios para el nombramiento de ningún magistrado plebeyo. De tal manera nos son propios los auspicios, que no solamente el pueblo, si crea magistrados patricios, no puede crearlos sin los auspicios, sino que nosotros mismos nombramos con auspicios el interrey, sin necesitar el voto del pueblo, y que nosotros tenemos para nuestro uso privado

los auspicios que él no tiene ni siquiera para sus magistraturas. ¿No abolir en esta ciudad los auspicios, quitarlos, al nombrar cónsules plebeyos a los patricios, que son los únicos que tienen derecho a ellos? Que se burlen ahora de nuestras prácticas religiosas. ¿Qué importa que los pollos no coman, que salgan demasiado tarde de la jaula, si canta un ave? Estas cosas son pequeñeces; pues no despreciando ninguna de estas pequeñeces hicieron nuestros mayores tan grande esta república. Ahora, como si en adelante no necesitásemos estar en paz con los dioses, profanamos todas las ceremonias. Elíjanse, pues, entre la multitud los pontífices, augures, reyes de los sacrificios; pongamos en la cabeza del primero que encontremos, con tal que sea hombre, la ramilla del flamín; entreguemos los escudos, los santuarios, los dioses y su culto a manos profanas; nada de auspicios para la presentación de las leyes, para la elección de magistrados; que los comicios por centurias y por curias puedan reunirse sin la aprobación del Senado. Que Sextio y Licinio, como Rómulo y Tacio, reinen en la ciudad de Roma, puesto que conceden graciosamente el dinero y los campos ajenos. ¡Es tan dulce tomar los bienes de otro! Y no se piensa que una ley de esas lleva a los campos la devastación y la soledad, arrojando de su propiedad a los antiguos dueños, y que la otra destruye la buena fe, con lo que perece toda la sociedad humana. Por todas estas razones opino que debéis rechazar las leyes propuestas. ¡Cualquier cosa que hagáis, que los dioses os sean favorables!"

42. La oración de Apio sólo alcanzó retrasar la época de la aceptación de las leyes. Reelegidos por décima vez Sextio y Licinio, hicieron aprobar la ley que creaba para las ceremonias sagradas decenviros en parte plebeyos; eligiéronse cinco entre los patricios y cinco entre los plebeyos, viéndose que éste era ancho camino abierto hacia el consulado. Contento con esta victoria, el pueblo concedió a los patricios que, sin ocuparse de los cónsules por el momento, se nombraran tribunos militares. Nombráronse a A. y M. Cornelio, por segunda vez, M. Geganio, P. Manlio, L. Vetulio y P. Valerio, por sexta vez. A excepción del sitio de Velitres, cuyo resultado era más tardío que dudoso, los asuntos exteriores de Roma eran tranquilos, cuando el repentino rumor de una invasión de los galos decidió a la ciudad a crear dictador por quinta vez a M. Furio, quien nombró jefe de los caballeros a T. Quincio Penno. Según Claudio, en este año se dio a los galos la batalla del río Anio, teniendo lugar sobre un puente aquel notable combate en que T. Manlio, provocado por un galo, salió a su encuentro delante de los dos ejércitos le mató y quitó el collar. Escritores numerosos me inclinan a creer que estos acontecimientos se verificaron diez años después; en cuanto a este año, el dictador M. Furio trabó batalla con los galos en los campos de Albano. Aunque el recuerdo de su antigua derrota causó temor a este pueblo, la victoria no fue para ellos incierta ni difícil. En la llanura quedaron muertos muchos millares de bárbaros y otros muchos después de tomar el campamento; los demás, puestos en derrota, se refugiaron en su mayor parte en la Apulia, y gracias a la distancia del paraje de donde huyeron, así como también a la turbación y terror, que les dispersó por todos lados, no pudieron alcanzarles. Por consentimiento del Senado y del pueblo se otorgó el triunfo al dictador. Apenas terminada la guerra, le recibió en Roma una sedición más terrible. Habiendo sucumbido en violenta

lucha, adoptáronse las leyes tribunicias, y a pesar de la nobleza se abrieron comicios consulares, en los que, por primera vez, se nombró a un plebeyo, L. Sextio. No cesaron por esto los debates, porque rehusando los patricios aprobar la elección, el pueblo estuvo a punto de retirarse después de haber hecho espantosas amenazas de guerra civil. El dictador presentó condiciones que calmaron la discordia; la nobleza concedió al pueblo un cónsul plebeyo, y el pueblo a la nobleza un pretor encargado de administrar justicia en Roma y elegido entre los patricios. De esta manera, después de grandes disentimientos se restableció la paz entre los dos órdenes, y el Senado, considerando que en ninguna circunstancia podría darse gracias más merecidas a los dioses, decretó que se celebrarían grandes juegos, añadiéndose un día a los tres de costumbre; pero como los ediles del pueblo retrocedían ante esta carga, los patricios jóvenes dijeron que la aceptaban gustosos para honrar a los dioses inmortales y que con este objeto se hacían ediles. Diéronseles universales gracias, y por medio de un senatus- consulto se mandó al dictador que pidiese al pueblo la creación de dos ediles patricios, y al Senado la aprobación de todos los comicios del año.

LIBRO SÉPTIMO

Sumario: Creación de dos magistraturas nuevas; la pretura y la edilidad curul.—Peste en que muere Furio Camilo.—Establécense los primeros juegos escénicos.—Citación de L. Manlio ante el pueblo.—Sacrificio de Curcio.—Cobate singular de T. Manlio.—Creación de las tribus Pontina y Publilia.—Condenación de Licinio Stolon.—Combate singular de M. Valerio: su título de Corvo; su nombramiento para el consulado.—Alianza con los cartagineses.—Petición de socorro contra los samnitas por parte de los campanios: entrega de su ciudad y tierras al pueblo romano.—Peligro del ejército mandado por A. Cornelio.—Hecho heroico del tribuno militar P. Decio Mus.—Conspiración de los soldados romanos que guarnecían a Capua: su deserción; su vuelta a la disciplina por esfuerzos de M. Valerio Corvo.—Guerras contra los hérnicos, tiburtinos, privernatos, tarquinos, samnitas y volscos.

1. Este año se distinguirá por el consulado de un hombre nuevo; por el establecimiento de dos magistraturas nuevas, la pretura y la edilidad curul. Los patricios reivindicaron estas dignidades como compensación por el consulado cedido al pueblo. El pueblo dio a L. Sextio el consulado que había conquistado, los patricios dieron la pretura a Sp. Furio, hijo de Camilo, y la edilidad a Cn. Quincio Capitolino y a P. Cornelio Escipión, tres individuos de su orden, que hicieron nombrar por la influencia de las tribus campesinas. Dióse a L. Sextio un colega patricio, L. Emilio Mamercino. A principios del año agitaron los espíritus el rumor de que los galos, dispersos en la Apulia, se habían reunido, y la noticia de una defección de los hérnicos; y como de intento se aplazaba tc do acuerdo, para que el cónsul plebeyo no tuviese ocasión de obrar, sobrevino paralización de todos los negocios como en los días en que ésta se decretaba. Solamente los tribunos no pudieron soportar en silencio que la nobleza hubiese recibido por un cónsul plebeyo tres magistrados patricios, sentándose en silla curul y vestidos con la pretexta, de la misma manera que los cónsules; sin contar el pretor, que administraba la justicia y era colega de los cónsules, nombrado bajo los mismos auspicios; de manera que el Senado se avergonzó de exigir que los ediles curules se nombrasen también de entre los patricios. Al principio se convino en nombrarles de dos en dos años de entre el pueblo; más adelante se dejó libre la elección. Algún tiempo después, bajo el consulado de L. Genucio y de Q. Servilio, mientras permanecían en calma sediciones y guerras, no pudiendo estar exenta por mucho tiempo Roma de alarmas y peligros, desarrollóse mortífera peste. Dícese que sucumbieron un censor, un edil curul y tres tribunos del pueblo, y entre los ciudadanos estuvo en igual proporción la mortandad. Pero lo que hizo memorable esta peste fue el fallecimiento de M. Furio, que no por la avanza-

da edad de la víctima fue menos deplorable. Este varón, en efecto, fue verdaderamente único en todo; antes de su destierro era el primero en la paz y en la guerra; durante su destierro se engrandeció más, bien por las desgracias de la ciudad que, viéndose en manos de enemigos, imploró su protección, bien por su fortuna al no volver a su patria, sino constituyendo la patria misma. Después de haber gozado durante veinticinco años que vivió todavía de una gloria que no era superior a su mérito, fue digno de que se le llamase segundo Rómulo, segundo fundador de Roma.

2. En este año y el siguiente, bajo el consulado de C. Sulpicio Petico y de C. Licinio Stolon, continuó la peste. No ocurrió nada notable, como no sea que para pedir paz a los dioses se celebró por tercera vez, después de la fundación de Roma, un lectisterno. Y como ni los remedios humanos ni la misericordia de los dioses podían calmar la violencia del mal, apoderóse de los ánimos la superstición, y entonces, entre otros medios para aplacar el enojo de los dioses, se imaginaron, según se cuenta, los juegos escénicos, que fueron una novedad para aquel pueblo guerrero, que hasta entonces solamente había tenido los del circo. Por lo demás, esta innovación (como todas al empezar) tuvo en sus comienzos muy poco aparato, y hasta se tomó del extranjero. Algunos barqueros, venidos de la Etruria, bailaban al sonido de una flauta, ejecutando, según el uso toscano, movimientos que no carecían de gracia, pero sin canto, versos ni gestos. Muy pronto comenzaron a imitarles los jóvenes romanos, lanzándose en rudos versos alegres bromas que acompañaban con gestos conformes con la voz. Una vez aceptada la costumbre, se repitió con frecuencia y agradó. Como en lengua toscana el batelero se lamaba *hister,* dióse el nombre de histriones a los actores romanos, que ya no lanzaban como antes aquellos versos que constituían bufonadas rudas y sin arte, que improvisaban alternativamente, sino que representaban sátiras melodiosas, con canto regulado por las modulaciones de la flauta, siguiéndolo el gesto a compás. Algunos años después, Livio, que renunciando a la sátira se atrevió a elevarse a composiciones dramáticas (y que, como todos los escritores de aquella época, representaba sus propias obras), llamado muchas veces y habiendo perdido la voz, dícese que consiguió permiso para colocar delante del flautista un joven esclavo que cantase por él, pudiendo entonces representar con más vigor y expresión no teniendo que atender a la propia voz. Desde entonces tuvo el histrión a sus órdenes al cantor, reservando su voz para la declamación. Desde que prevaleció este uso en las representaciones, desapareció la loca y ruidosa alegría de los jóvenes y poco a poco la diversión llegó a ser arte. Entonces abandonó la juventud el drama a los histriones, volvió a la costumbre de las antiguas bufonadas, mezcladas con versos, y que más adelante con el nombre de *exodios* tomaron sus asuntos de las fábulas Atelanas. La juventud se apropió este género de diversión que había recibido de los oscos y no consintió que lo profanasen los histriones. De esto resulta comprobado que los autores de Atelanas no estaban excluidos de la tribu ni del servicio militar, por no considerárselos como verdaderos comediantes. He creído poder colocar entre los humildes principios de otras instituciones el origen de estos juegos, con objeto de demostrar cuán sano fue el principio de esta diversión, tan costosa hoy y a la que apenas

bastan las riquezas de los reinos más opulentos.

3. Estos juegos, sin embargo que fueron en sus comienzos expiación religiosa, no despojaron ni los ánimos de sus religiosos terrores ni los cuerpos de sus padecimientos. Más aún: desbordado el Tíber, inundó un día el circo en medio de los juegos, que quedaron interrumpidos; y todos consideraron este contratiempo como prueba de la aversión y desprecio de los dioses por aquellos medios de aplacarlos, aumentando, por tanto, los temores. En consecuencia de esto, bajo el consulado de Cn. Genucio y de L. Emilio Mamercino, elegidos ambos por segunda vez, inquietábanse más los ánimos por encontrar un remedio expiatorio, que los cuerpos por sus padecimientos. Dícese que al fin recordaron los ancianos que en otro tiempo un dictador, clavando el clavo, hizo cesar la peste. Entonces consideró el Senado como deber sagrado mandar que se nombrase un dictador con objeto de que clavase el clavo, y se nombró a L. Manlio Imperioso, quien nombró a L. Pinario jefe de los caballeros. Existe una ley antigua que dice en caracteres y lenguaje primitivos que el pretor supremo clave el clavo en los idus de septiembre, y se fijó a la derecha en el templo de Júpiter Óptimo Máximo, del lado del santuario de Minerva. En aquellos tiempos en que apenas se conocía la escritura, dícese que se empleaba el clavo para marcar los años, y la ley fue consagrada en el santuario de Minerva porque Minerva inventó los números. Los volsinios designaban también el número de años por medio de clavos fijados en el templo de Norcia, diosa etrusca, según asegura Cincio, que tan bien estudió todos los monumentos de este género. En conformidad con la ley, el cónsul M. Horacio puso el clavo en el templo de Júpiter Óptimo Máximo el año que siguió a la expulsión de los reyes; después la ejecución de esta ceremonia pasó de los cónsules a los dictadores, como revestidos de mayor autoridad. Andando los tiempos quedó abandonada esta costumbre; pero ahora se creyó que la situación merecía que se crease un dictador, y éste fue L. Manlio. Mas como había sido llamado para gobernar la república y no para ponerla en paz con los dioses, deseando hacer la guerra a los hérnicos, agitó a la juventud con rigurosos alistamientos, hasta que, al fin, habiendo irritado contra él a todos los tribunos del pueblo, por fuerza o por pudor, abdicó la dictadura.

4. En el año siguiente, bajo el consulado de Q. Servilio Ahala y L. Genucio, el tribuno del pueblo M. Pomponio demandó a Manlio. El rigor que había empleado en las levas castigando no solamente con multas sino que también con penas corporales, ora azotando, ora llevando a las prisiones a los que no respondían al llamamiento, era odioso; pero lo era mucho más su carácter duro y su dictado de Imperioso, malsonante para una ciudad libre, que le movió a tal lujo de severidad que la ejercía indistintamente sobre los extraños, sus afines y hasta sobre los de su propia sangre. Entre otros delitos, el tribuno le acusaba de que "su hijo, adolescente, que jamás había ofendido a nadie, había sido desterrado por él de la ciudad, del hogar, del seno de sus parientes, privado del foro, de la luz, de la compañía de sus amigos, condenado a trabajos serviles casi a lo más profundo de una prisión y de un calabozo de esclavos, donde este joven de tan elevada alcurnia, este hijo de dictador, aprendía por diario suplicio que había nacido de un padre digno de su dictado. ¿Y cuál era su crimen? Que se expresaba con trabajo, que care-

cía de agilidad su lengua. Pero un padre, por poca humanidad que tuviese, ¿no debía corregir con la educación este vicio de la naturaleza en vez de castigarlo y revelarlo a los demás por medio de vejaciones? Ni los brutos dejan de alimentar y acariciar a sus hijos hasta cuando tienen algún defecto. Pero L. Manlio aumenta, a fe mía, a su hijo el mal con el mal, entorpece más su tardo espíritu, y si queda en el joven algo de vigor natural, lo extingue con esa vida salvaje, esas costumbres rudas, manteniéndole entre los rebaños".

5. Esta acusación irritó a todos menos al joven, quien, por el contrario, afligido de ser causa de odio y persecuciones contra su padre, y queriendo que los dioses y los hombres supiesen que acudía en socorro suyo y no ayudaba a sus enemigos, en su rudo y salvaje ánimo concibió un proyecto que no estaba exento de peligro en una ciudad libre, pero que merece alabanza por el amor filial que lo inspiró. Ignorándolo todos, con un cuchillo escondido llegó una mañana a la ciudad, y desde la puerta marchó directamente a la casa del tribuno M. Pomponio, donde dijo al portero: "Que necesitaba hablar en el acto a su amo, que es T. Manlio, hijo de Lucio." Introducido en seguida (porque esperaban que irritado contra su padre traería nuevos cargos o advertencias acerca de la marcha del asunto), hecho y devuelto el saludo, dijo: "Tengo que hablar al tribuno sin testigos." Dada la orden, alejáronse todos, y sacando el cuchillo, manteniéndose sobre el lecho con el arma levantada, amenaza al tribuno con matarle en el acto si no jura en los términos que le dicte: "No convocar jamás asambleas del pueblo para acusar a su padre." Asústase el tribuno porque el hierro brillaba ante sus ojos; encontrábase solo, sin armas, y tenía delante un joven robusto, y lo que era muy de temer, teniendo brutal confianza en sus fuerzas. Repitió, pues, el juramento que le impuso, y más adelante declaró que a consecuencia de aquella violencia había desistido de la empresa. Y aunque el pueblo hubiese preferido que le dejasen la facultad de fallar acerca de la suerte de un acusado tan cruel y arrogante, sin embargo, no le disgustó lo que el hijo hizo por su padre, pareciéndole tanto más loable aquella acción, cuanto que toda la dureza paternal no había podido destruir su cariño de hijo. Así, pues, no contento con renunciar a perseguir al padre, quiso honrar al hijo; y como por primera vez en este año se entregó a los votos la elección de los tribunos de legión (porque antes elegían los generales a los llamados *Rufuli)*, T. Manlio obtuvo la segunda de las seis plazas, sin haber merecido este favor por ningún título civil o militar, habiendo pasado su juventud en los campos y fuera del trato de los hombres.

6. Dícese que en aquel mismo año un terremoto u otra causa desconocida produjo un hundimiento del suelo en medio del Foro, abriendo profundísimo hoyo, hasta el punto que no pudo cegar aquel abismo la tierra que cada uno llevó según sus fuerzas. Por aviso de los dioses se comenzó a buscar lo que formaba la principal fuerza del pueblo romano, porque, según los adivinos, esto era lo que se había de sacrificar allí, si se quería la perpetuidad de la república. Dícese que entonces, M. Curcio, joven que se había distinguido mucho en la guerra, se indignó al ver que se vacilaba, como si el mayor bien de Roma no consistiese en el valor y las armas. Habiendo conseguido silencio, volvióse hacia los templos de los dioses inmortales que domi-

naban el Foro, y levantando los ojos hacia el Copitolio, dirigendo unas veces las manos hacia el cielo y otras hacia la entreabierta tierra, se sacrificó a los dioses manes, montando en seguida en un caballo lo más ricamente enjaezado que pudo, lanzóse completamente armado en el abismo, donde multitud de hombres y mujeres derramaron sobre él montones de frutos y ofrendas expiatorias. De éste y no de Curcio Meto, el antiguo soldado de T. Tacio, tomó su nombre el lago Curcio. No hubiese omitido trabajo, si algún camino pudiese llevar a la verdad; pero hoy es necesario atenerse a la tradición, puesto que la antigüedad del hecho no permite comprobar su autenticidad, y además la fábula más moderna de éstas da mayor brillo al nombre del lago. Después de la expiación de aquel gran prodigio, en el mismo año se ocupó de los hérnicos el Senado, a los que había mandado sin éxito a los feciales a pedir explicaciones; decidió desde el primer día proponer al pueblo declarar la guerra a esta nación, y el pueblo en asamblea general ordenó la guerra. Tocó por suerte el mando al cónsul L. Genucio, y la ciudad estaba en expectación, porque era el primer cónsul plebeyo que dirigía una guerra bajo sus auspicios personales, y el resultado debía justificar o reprobar la admisión del pueblo a los honores. Quiso el destino que Genucio, marchando precipitadamente contra el enemigo, cayese en una emboscada; sorprendidas y atacadas las legiones, se dispersaron, y el enemigo rodeó al cónsul, a quien mató sin conocerle. Cuando llegó a Roma la noticia, los patricios, menos afligidos por el desastre que contentos por la desgracia de la expedición del cónsul plebeyo, repetían en todas partes desdeñosamente: "¡Id, nombrad cónsules plebeyos! ¡Trasmitid los auspicios a los profanos! Se ha podido despojar a los patricios de sus dignidades por un plebiscito, pero esa ley contra los auspicios ¿tiene valor también contra los dioses inmortales? Ellos han vengado su divinidad, sus auspicios; apenas los han visto en manos de un hombre que no tenía facultad ni derecho para tocarlos, el ejército ha perecido con su jefe: este ejemplo servirá de lección a cuantos en adelante quieran confundir en los comicios los derechos de las familias." Esto era lo que incesantemente se oía en la Curia y en el Foro. Ap. Claudio que había rechazado la ley, acusaba ahora, con más autoridad que antes, el resultado de una disposición que él rechazó. El cónsul Servilio, con el consentimiento de los patricios, le nombró dictador, y dispuso una leva y la suspensión de negocios *(Justitium)*.

7. Antes de que el dictador y las nuevas legiones llegasen en presencia de los hérnicos, el legado C. Sulpicio había tenido tiempo de operar con éxito contra ellos. Después de la muerte del cónsul, los hérnicos habían avanzado atrevidamente contra el campamento romano seguros de tomarlo; pero animados por el legado los soldados, que estaban dominados por la indignación, hicieron una salida, y los hérnicos tuvieron que renunciar a la esperanza de acercarse a las empalizadas, quedando derrotados y teniendo que retirarse en desorden. A la llegada del dictador, el nuevo ejército se reunió al anterior, duplicándose las fuerzas; reúne las tropas, delante de ellas colma de alabanzas al legado y a los soldados por su valor, que había impedido la pérdida del campamento, y con estas alabanzas, honrando a los que lo merecían, inspira a los demás noble emulación. El enemigo por su parte se prepara con no menos ardor a la pelea; recuerda su primer triunfo,

y no ignorando que los romanos han aumentado sus fuerzas, aumenta también las suyas. Todos los que llevan el nombre hérnico, todos los que tienen la edad militar reciben armas; alístanse ocho cohortes, de cuatrocientos hombres cada una, formando temible grupo. A esta flor de la juventud se le asigna por un decreto doble paga, y esto aumenta su valor. Exceptúasele también de los trabajos militares, con objeto de que, reservados exclusivamente para el combate, comprendan que deben más que los otros en esfuerzos y valor. Una llanura de dos millas separaba el campamento romano de los hérnicos, y allí, a casi igual distancia de los dos campamentos, se libró el combate. Al principio estuvo dudosa la victoria; en vano habían tratado varias veces los jinetes romanos de romper la línea enemiga, y viendo que el resultado de aquella lucha no respondía a sus esfuerzos, consultan al dictador, y con su permiso dejan los caballos: en seguida, lanzando formidable grito, corren delante de las enseñas y comienzan de nuevo el combate. El enemigo no habría podido resistir el choque si las cohortes extraordinarias no hubiesen opuesto igual resistencia corporal e igual valor.

8. Entonces se trabó el combate entre los más valientes de los dos pueblos. Las pérdidas de una y otra parte, cualquiera que sea el número de los que caen arrastrados por la suerte común de la guerra, se acrecientan con la cualidad de los muertos: los demás soldados habían, por decirlo así, delegado el combate en aquellos valientes y entregado sus destinos a sus esfuerzos. Muchos murieron de uno y otro lado y muchos más quedaron heridos .Al fin los desmontados jinetes se excitan mutuamente preguntándose: "¿Qué esperan? A caballo no han podido rechazar al enemigo, a pie no pueden tampoco. ¿Qué tercera especie de combate quieren? ¿De qué sirve que se hayan arrojado valerosamente delante de las enseñas y que batallen en lugar de los otros?". Animándose con estas palabras y arrojando nuevo grito se lanzan adelante, comenzando por hacer perder terreno al enemigo, y después de obligarle a retroceder, le ponen en completa derrota. No es fácil decir qué fue lo que entre fuerzas tan iguales decidió la victoria, a menos que la constante fortuna de los dos pueblos aumentase las fuerzas del uno y disminuyese las del otro. Los romanos persiguieron hasta su campamento a los hérnicos fugitivos, pero como era tarde aplazaron el asalto. Los sacrificios, muchas veces repetidos sin éxito, habían impedido al dictador dar la señal antes de mediodía, y el combate se había prolongado por esta razón hasta la noche. A la mañana siguiente encontróse desierto el campamento de los hérnicos, que habían desaparecido dejando solamente algunos heridos abandonados. Los habitantes de Signia, bajo cuyos muros pasó, vieron el grupo poco numeroso de los fugitivos, y los dispersaron y mataron en los campos. Esta victoria fue cruenta para los romanos, que perdieron la cuarta parte del ejército, y lo que no fue el menor daño, sucumbieron muchos caballeros.

9. Al año siguiente, habiendo los cónsules C. Sulpicio y C. Licinio Calvo llevado el ejército contra los hérnicos, y no encontrándoles en campaña, se apoderaron de una ciudad de este pubelo, llamada Ferentino, por lo que, a su regreso, les cerró Tíbur sus puertas. Este motivo, añadiéndose a otros muchos, y después de tantas quejas como mediaban entre los dos pueblos, decidió a Roma a mandar que los feciales pidiesen explicaciones a

los tiburtinos y a declararles la guerra. Parece cierto que este año fue dictador T. Quincio Penno y Ser. Cornelio Maluginense, jefe de los caballeros. Según Macer Licinio, solamente para celebrar los comicios eligió este dictador el cónsul Licinio, quien viendo que su colega, en vez de ocuparse de la guerra, apresuraba la celebración de los comicios para mantenerse en el consulado, quiso burlar aquella culpable ambición. Pero alabando a un individuo de su propia familia, Licinio quita valor a su testimonio, y como no encuentro mención de este hecho en nuestros anales más antiguos, me inclino a creer que la guerra de los galos fue la única causa de la elección de dictador. Es cosa cierta que en este año acamparon los galos a tres millas de Roma, sobre la vía Salaria, al otro lado del puente del Anio. Habiendo el dictador proclamado la vacación de negocios a la llegada de los galos, llamó al juramento a toda la juventud, salió de la ciudad con numeroso ejército, y estableció su campamento en la orilla citerior del río. El puente separaba los dos ejércitos y ninguno se atrevía a cortarle por que no se creyese señal de miedo. Con frecuentes combates se disputaban su posesión, pero como peleaban fuerzas casi iguales, era difícil prever quién vencería. Entonces un galo, de imponente corpulencia, avanzó solo sobre el puente, y hablando con toda la fuerza de su voz, dijo: "Que el más valiente de los romanos venga aquí a pelear conmigo, y el resultado del combate demostrará cuál de los dos pueblos vale más en la guerra."

10. Profundo silencio reinó entre los más distinguidos de la juventud romana: todos temen rehusar el combate, pero ninguno quería ser el primero en correr eventualidad tan peligrosa. Al fin T. Manlio, hijo de L., que libró a su padre de la persecución del tribuno, salió de su puesto, y acercándose al dictador, le dijo: "Impe-rátor, sin tu permiso nunca pelearía fuera de las filas, aunque viese cierta la victoria. Si lo permites, deseo demostrar a esa fiera que se presenta arrogante delante de las enseñas enemigas que desciendo de aquella familia que derribó de la roca Tarpeya un ejército de galos." El dictador le contestó: "Valor, T. Manlio; ten por la patria tanta abnegación por tu padre. Ve y muestra con el auxilio de los dioses que el nombre romano es invencible." Los amigos del joven le ayudan a armarse; coge un escudo de infantería y se ciñe una espada española, mejor que todas para combatir de cerca. En cuanto se encuentra equipado y armado, llévanle delante del galo, quien en su estólida alegría (circunstancia que los antiguos creyeron digna de mención), sacaba la lengua por burla. En seguida vuelven a su puesto, dejando frente a frente a los dos adversarios, que más parece se dan en espectáculo, que estar allí por la ley de la guerra, y que, a juzgar por la vista y según las apariencias, no son iguales en fuerza. Aparece el uno de corpulencia notable, vestido con ropas de mil colores y con armas pintadas y cinceladas con oro que las hacen brillar; el otro tiene la estatura ordinaria del soldado y sus armas, más cómodas que bellas, tienen modesto brillo; no canta, no salta, no agita sus armas con arrogancia; pero su ánimo valeroso, excitado por muda cólera, guarda todo su esfuerzo para el combate. Cuando se encuentran frente a frente entre los dos ejércitos, rodeados de tantos hombres, cuyos corazones palpitan entre la esperanza y el temor, el galo, como masa que todo va a aplastarlo, presenta el escudo con el brazo izquierdo, y con el filo de su espada hiere ruidosa, pero inútilmente, las

armas de su enemigo que avanza. El romano, con la espada alta y derecha, comienza por herir con su escudo la parte inferior del otro escudo, penetra completamente bajo esta defensa que le preserva de las heridas, se desliza entre el cuerpo y el escudo del enemigo y le clava dos veces la espada en el vientre y en la ingle y le derriba al suelo, del que cubre largo espacio. Habiéndole muerto, no injuria al cadáver; limitándose a quitarle el collar, colocándoselo lleno de sangre. Sorprendidos y asustados los galos, quedan inmóviles; pero los romanos lánzanse alegres de sus puestos al encuentro de su compañero, le alaban, le felicitan y le llevan al dictador. En medio de sus ingenuas canciones y de los chistes de su alegría militar, oyóse el dictado de Torcuato, sobrenombre que se aceptó después, llegando a ser título honorífico de la familia del vencedor. El dictador añadió el don de una corona de oro, y celebró con grandes elogios el honor de aquel combate.

11. Y, a fe mía, tal fue su efecto en el resultado de toda la guerra, que desde la noche siguiente el ejército galo, abandonando el campo apresuradamente, se retiró a la comarca de Tíbur; y desde allí, después de hacer alianza de guerra con los tiburtinos, que los socorrieron generosamente con víveres, pasó a la Campania. Por esta razón, al año siguiente, mientras el cónsul M. Fabio Ambusto dirigía, designado por la suerte, la campaña contra los hérnicos, su colega C. Petelio Balbo llevó, por orden del pueblo, un ejército contra los tiburtinos. Acuden los galos desde la Campania en socorro de sus aliados, y devastaciones espantosas, aconsejadas sin duda alguna por los tiburtinos, destruyen los territorios de Lavico, de Túsculum y de Alba. De no tener otros enemigos que los tiburtinos, un cónsul habría bastado a la república; pero la invasión de los galos obligó a crear un dictador, siéndolo L. Servilio Ahala, que nombró jefe de los caballeros a T. Quincio, y que con la aprobación del Senado hizo voto, si el resultado de la guerra era favorable, de celebrar grandes juegos. Para encerrar a los tiburtinos en su propia guerra, el dictador mandó al cónsul que permaneciese donde estaba con su ejército; en seguida llamó al juramento a toda la juventud y ninguno se negó al servicio. Combatióse cerca de la puerta Colina, con todas las fuerzas de la ciudad, a la vista de los padres, de las esposas y de los hijos, y los que hasta de lejos son poderosos incentivos para el valor, presentes y visibles aquel día, hablaban elocuentemente al orgullo y al afecto del soldado. Después de extraordinaria matanza de una y otra parte, los galos volvieron al fin la espalda y huyeron a Tíbur, que era como la fortaleza de aquella guerra gala; pero en su desorden, sorprendidos cerca de Tíbur por el cónsul Petelio, fueron arrollados casi hasta las murallas de la ciudad, con los tiburtinos que habían salido para prestarles socorro. Esta guerra estuvo perfectamente dirigida, sea por el dictador o por el cónsul. Por su parte, el otro cónsul, Fabio, después de algunos ligeros triunfos sobre los hérnicos, acabó por vencerles completamente en una sola y memorable batalla, en la que el enemigo le atacó con todas sus fuerzas. El dictador, después de colmar a los cónsules de alabanzas ante el Senado y el pueblo, y hasta atribuídoles una parte de su gloria, abdicó la dictadura. Petelio triunfó dos veces de los galos y de los tiburtinos. En cuanto a Fabio, creyóse que era bastante concederle la ovación. Los tiburtinos se burlaron del triunfo de Petelio: "¿Dónde les había dado batalla? Algunos habitantes que habían salido de la ciudad para pre-

senciár el terror y la fuga de los galos, viendo que los romanos cerraban también contra ellos y destruían sin distinción a cuantos encontraban a su alcance, se habían refugiado en sus murallas. ¡Y esto era para los romanos hazaña digna del triunfo! No debían glorificarse tanto por haber llevado la alarma a las puertas del enemigo; muy pronto tendrían espanto mayor al pie de sus muros."

12. Así, pues, al año siguiente, bajo los cónsules M. Popilio Lenas y Cn. Manlio, en el momento en que comienza a quedar silenciosa la noche, un ejército enemigo, que había partido de Tíbur, llegó delante de Roma. Bruscamente arrancados del sueño, asústanse los romanos ante aquel repentino ataque y alarma nocturna; además, considerable número ignoraba quién era aquel enemigo y de dónde venía. Sin embargo, grítase a las armas, pónense nuevas guardias en las puertas y se refuerzan las murallas. Pero cuando la luz naciente dejó ver débil tropa delante de los parapetos, y ni más enemigos que los tiburtinos, saliendo los dos cónsules por las dos puertas, atacan a la vez a aquel ejército que se disponía ya a dar el asalto, y fácil fue ver entonces que había contado más con la ocasión que con su valor: tanto trabajo le costó resistir el primer choque de los romanos. Indudablemente aquella invasión fue muy afortunada para los romanos, porque iba a estallar una disensión entre los patricios y el pueblo, y el terror de aquella guerra tan repentina la ahogó. A esta guerra siguió otra, en la que la invasión del enemigo fue más terrible para la campiña que para la ciudad. Los tarquinios invadieron el territorio de Roma y lo devastaron, principalmente por el lado que linda con la Etruria. Como les habían pedido reparación sin obtenerla, los nuevos cónsules C. Fabio y C. Plaucio, por orden del pueblo, les declararon la guerra. Tocó la campaña a Fabio, y a Plaucio la de los hérnicos. Al mismo tiempo aumentaba de día en día el rumor de una invasión gala. Pero en medio de tantas alarmas, tuvo Roma la satisfacción de conceder a los latinos la paz que pedían. Según los términos de un tratado antiguo, que durante largos años no había tenido efecto, recibiéronse de ellos numerosas tropas; socorro que robusteció el poder romano y le hizo soportar con mejor ánimo la noticia de la llegada de los galos a Prenesto y su detención después cerca de Pedum. Nombróse dictador a C. Sulpicio, llamándose al cónsul C. Plaucio para esta elección, dándose al dictador un jefe de los caballeros en M. Valerio. Estos jefes, al frente de los soldados más valientes, elegidos en los dos ejércitos consulares, marcharon contra los galos. La guerra marchó con más lentitud de lo que querían unos y otros; al principio los galos solos deseaban el combate; pero muy pronto el soldado romano excedió en ardor a los galos pidiendo pelear. Viendo el dictador que nada apremiaba, rehusaba aventurarse contra un enemigo que el tiempo debía debilitar diariamente en aquella tierra extraña, donde no podía permanecer sin acopio de víveres y sin fortificaciones robustas; consideraba además que en aquel pueblo los ánimos y los cuerpos, cuya fuerza estaba en el primer impulso, debían enervarse con la dilación. Por estas razones llevaba lentamente la guerra, y había amenazado con severo castigo a quien combatiese sin orden suya. Descontentos los soldados por aquella prohibición, murmuraban en los puestos y las guardias, censurando al dictador, y a veces hasta atacando a todo el Senado porque no había encargado a cónsules la dirección

de aquella guerra: "Han elegido un magnífico general, un jefe sin igual, que cree basta permanecer tranquilo y que la victoria le va a caer del cielo." Estas palabras y otras más atrevidas aún se repitieron muy pronto públicamente; "o combatirían a pesar del general y regresarían formados a Roma". No tardaron los centuriones en unirse a los soldados; ya no se murmura solamente en algunos grupos aislados, mil conversaciones iguales se confunden en el pretorio, delante de la tienda del dictador; la multitud crece a cada instante como en solemne asamblea, y por todos lados se grita: "Es necesario acudir al instante al dictador, y Sex. Tulio hablará por el ejército en forma digna de su valor."

13. Por séptima vez era Tulio primipilario (jefe del primer manípulo), y no había en el ejército, al menos entre los que habían servido en la infantería, ninguno más célebre por sus hazañas. Seguido de un grupo de soldados marchó al tribunal; y como Sulpicio se admirase al ver aquella gente sediciosa, y sobre todo, verla capitaneada por Tulio, soldado sumiso a la disciplina: "Dictador, le dijo, el ejército entero, persuadido de que le condena como cobarde, y que para castigarle con la vergüenza le mantienes desarmado, me ha rogado le defienda en tu presencia. Sin duda, aunque se nos hubiese de censurar el abandono de nuestro puesto, o haber vuelto la espalda al enemigo, o la cobarde pérdida de nuestras enseñas, creo que podríamos conseguir de ti en justicia permiso para reparar nuestra falta por el valor, y borrar con nuevos triunfos el recuerdo del baldón. Las mismas legiones que fueron derrotadas en el Alia y que perdieron la patria por su terror, saliendo muy pronto de Veyas, supieron reconquistarla con su brío; y nosotros, gracias a la bondad de los dioses, a tu fortuna y a la del pueblo romano, hemos conservado intactas la república y nuestra gloria. Mas apenas me atrevo a hablar de gloria, cuando permanecemos ocultos como mujeres detrás de parapetos, insultados y ultrajados de todas maneras por el enemigo; y cuando tú, nuestro general, lo que es más triste para nosotros, crees a tu ejército sin valor, sin armas, sin brazos, y que hasta antes de probarnos desesperas de nosotros, como si creyeras mandar soldados mancos y débiles: ¿cómo si no, un jefe veterano, fortísimo en la guerra, permanecería sentado ahí, con los brazos cruzados, como decirse suele? Sea como quiera, es demasiado cierto que pareces dudar de nuestro valor más que nosotros del tuyo. Pero si no obras así por ti mismo, sino por inspiración de los que gobiernan; si alguna maquinación de los patricios y no la guerra de los galos es lo que nos tiene alejados de la ciudad y de nuestros penates, ruego consideres lo que voy a decirte, no como el lenguaje del soldado al general, sino del pueblo a los patricios; del pueblo, que declara por mi boca que tendrá sus propósitos, como vosotros los tenéis. ¿Y quién verá mal que seamos soldados y no vuestros esclavos, enviados a la guerra y no al destierro, dispuestos, si se nos da la señal, si se nos lleva al enemigo, a combatir como hombres, como romanos; pero más dispuestos, si no son necesarias nuestras armas, a pasar nuestros ocios en la ciudad y no en un campamento? Esto es lo que decimos a los patricios. A ti, nuestro general, te rogamos como soldados tuyos que nos permitas al fin combatir. Si deseamos vencer, es por vencer bajo tus órdenes, por conseguirte insigne laurel, por entrar contigo triunfante en la ciudad y seguir tu carro al templo de Júpiter Óptimo Máximo, glo-

rificándote y dándote gracias." Al discurso de Tulio siguieron los ruegos de la multitud, y por todas partes gritaban al dictador que diese la señal y mandase empuñar las armas.

14. Comprendía el dictador que aquella conducta no daba buen ejemplo, aunque era laudable en sí misma; sin embargo, prometió hacer lo que pedían los soldados. En seguida preguntó secretamente a Tulio qué significaba aquella manera de obrar; suplicándole encarecidamente Tulio "creyese que no había olvidado la disciplina militar, ni lo que es, ni lo que debe a la majestad del mando; añade que ordinariamente una multitud sublevada se conduce como los que la dirigen, y que ha consentido capitanearla por temor de que lo hiciese algún hombre de esos que acostumbran tomar por jefes las tropas sublevadas; porque en cuanto a él, jamás hubiese hecho nada sin el beneplácito del general. Sin embargo, importa mucho al dictador cuidar de tener sometido al ejército. No se pueden imponer nuevas dilaciones a unos ánimos tan exaltados, y si el general no les da hora y lugar para el combate, lo exigirán ellos mismos". Durante esta conversación, habiendo arrebatado un galo caballos que pacían por casualidad fuera de las empalizadas, dos soldados romanos los recobraron. Arrojáronles piedras los galos, y en el acto alzóse un grito en el campo romano: acuden de una y otra parte, e iba a empeñarse verdadero combate si los centuriones no hubiesen llamado rápidamente a sus soldados. Este incidente confirmó la que Tulio había dicho al dictador, y no admitiendo demora el asunto, anuncióse que a la mañana siguiente se daría la batalla. Sin embargo, el dictador, que se aprestaba al combate con más confianza en el valor que en la fuerza de sus tropas, buscaba en derredor suyo algo que le sirviese para causar terror al enemigo, y su imaginación sagaz encontró una cosa completamente nueva, que desde entonces emplearon muchos generales romanos y extranjeros y que todavía emplean algunos en nuestros días. Manda quitar los bastes a los mulos, sin dejarles más que las gualdrapas, y hace qne los monten los muleteros revestidos con las armaduras cogidas al enemigo y las de los enfermos. Después de equipar de esta manera cerca de mil, les agregó cien jinetes y les mandó retirarse durante la noche a las alturas que dominan el campamento, ocultarse en los bosques y no moverse hasta que reciben la señal. Por su parte, al amanecer finge extender su línea al pie de las montañas, para que el enemigo tomase posición enfrente de aquellas alturas. Ante aquel vano aparato de terror, que en cierto modo sirvió al dictador más que sus verdaderas fuerzas, los jefes galos creyeron al pronto que los romanos no bajarían a la llanura; pero cuando de repente les vieron moverse, se lanzaron ardorosamente al combate, y la lucha se trabó antes de dar los jefes la señal.

15. Los galos atacaron especialmente el ala derecha, y no hubiesen podido resistirles, a no estar allí el dictador, que llamó a Sextio Tulio por su nombre y le preguntó en tono de reconvención: "Si era así como había prometido que combatirían los soldados, ¿por qué gritaban pidiendo armas? ¿Por qué amenazaban con trabar batalla sin orden del general? Allí está el general llamándoles a voces al combate y que avanza armado al frente de las enseñas. ¿Se atreverán a seguirle, ellos que querían llevarlo; ellos tan temibles en el campamento y tan tímidos en la batalla?" Comprendiendo que merecían aquellas reconvenciones, sintieron lasti-

mado su honor y se precipitaron delante de los dardos enemigos, como locos y sin atender al peligro. El primer arrebato de furor quebrantó a los galos; la caballería acudió en seguida y les puso en derrota. Viendo el dictador derrotado al enemigo por aquel lado, marcha con las enseñas al ala izquierda, donde se reúnen en gran número, y da a los romanos colocados en las alturas la señal convenida. Álzase de aquel punto nuevo grito, y se ve una tropa que avanza por los costados de la montaña, dirigiéndose al campamento de los galos, que temiendo verse cortados abandonan el combate y regresan a la carrera al campamento; pero encontrando allí a M. Valerio, jefe de la caballería, que después de la derrota del ala derecha maniobraba delante de los parapetos enemigos, dirigen su fuga hacia las montañas y los bosques, donde recibió a muchos de ellos aquella caballería de muleteros, haciéndose espantosa matanza, hasta mucho después del combate, en los que el terror arrastró a los bosques. Después de M. Furio ningún otro fue más digno que C. Sulpicio de triunfar de los galos; y él también pudo formar con los despojos de los galos considerable montón de oro, que encerró bajo piedra cuadrada y consagró al Capitolio. En este mismo año los dos cónsules dirigieron también la guerra, pero con diferentes alternativas: C. Plaucio venció y subyugó a los hérnicos; pero su colega Fabio peleó sin precaución ni prudencia con los tarquinios, siendo derrotado, y si la derrota no fue grave en sí misma, trescientos soldados romanos quedaron prisioneros y fueron sacrificados, haciendo resaltar la vergüenza del pueblo romano el oprobio de aquel suplicio. A este descalabro se unió la devastación del territorio romano por una incursión repentina de los privernatos y después de los veliternos. Aquel mismo año se crearon dos tribus nuevas, la Pontina y la Publilia, y se celebraron también los juegos que había votado el dictador M. Furio. En fin, el tribuno C. Petelio presentó por primera vez al pueblo, con la aprobación del Senado, una ley contra la intriga, creyéndose que por esta ley podría reprimirse especialmente la ambición de los hombres nuevos, que acostumbraban recorrer las ferias y los mercados solicitando votos.

16. Con menos contento vieron los patricios en el año siguiente, bajo el consulado de C. Marcio y Cn. Manlio, la ley que presentaron los tribunos del pueblo M. Duilio y L. Menio sobre el interés al uno por ciento; el pueblo, por el contrario, recibió y aprobó con apresuramiento esta ley. Además de las nuevas guerras decididas el año anterior, resolvióse un ataque contra los faliscos, de los que se tenían dos quejas: en primer lugar, su juventud se había coligado con los tarquinos, y además se habían negado a entregar a los feciales los soldados romanos que se refugiaron en Falerias después de la pérdida de la batalla. Esta campaña tocó a Cn. Manlio. Marcio llevó un ejército contra los privernatos, en un territorio enriquecido merced a larga paz, y cargó a sus soldados de botín, que aumentó en cierto modo con su generosidad, porque no quiso reservar nada para el Tesoro, favoreciendo de esta manera el aumento del caudal particular del soldado. Como los privernatos habían fortificado un campamento delante de sus murallas, atrincherándose en él, convocó y reunió al ejército y le dijo: "Desde este momento os entrego como presa el campamento del enemigo y su ciudad, si me prometéis portaros valerosamente en la batalla y no tener

menos ardor en el combate que en el botín." A gritos pidieron la señal, y entusiasmados y seguros de vencer marchan atrevidamente a la pelea. Entonces al frente de las enseñas Sex. Tulio, de quien ya se ha hablado, exclama: "Mira, general, cómo cumple tu ejército lo prometido." Y arrojando el dardo tira de la espada y se lanza sobre el enemigo. Todas las enseñas siguen a Tulio, y al primer choque quebrantan la línea. Después de poner en fuga al enemigo y perseguídole hasta la ciudad, iban a aproximar las escalas, cuando se rindió la plaza. Celebróse triunfo sobre los privernatos. El otro cónsul no hizo nada notable; solamente, lo que hasta entonces no había tenido ejemplo, habiendo reunido sus tropas por tribus en su campamento de Sutrium, les hizo votar una ley que imponía un vigésimo sobre el precio de los esclavos que se manumitían. Como esta ley proporcionaba considerables ingresos al Tesoro que estaba apurado, el Senado la aprobó. Pero los tribunos del pueblo, cuidándose menos de la ley que de las consecuencias del ejemplo, dictaron pena capital contra el que en adelante convocase al pueblo fuera de la ciudad; porque si se autorizaba aquel procedimiento, nada habría, por funesto que fuese al pueblo, que no se pudiera obtener de los soldados, a quienes su juramento entregaba al cónsul. En el mismo año, C. Licinio Stolon, por acusación de M. Pompilio Lenas, fue condenado, según su propia ley, a diez mil ases de multa, como poseedor de mil yugadas de tierra con su hijo, a quien había hecho emancipar para eludir la ley.

17. Los nuevos cónsules, nombrados los dos por segunda vez, M. Fabio Ambusto y M. Popilio Lenas, tuvieron que sostener dos guerras: una contra los tiburtinos, que hizo sin trabajo Lenas, rechazando al enemigo hasta su ciudad y talando en seguida sus campos; al otro cónsul, en el primer encuentro le derrotaron los faliscos y los tarquinios, habiéndose aterrado los soldados romanos a la vista de sus sacerdotes, que corrían como furias, agitando antorchas y serpientes. Sorprendidos y turbados por este espectáculo, refugiáronse desordenados en sus parapetos; pero el cónsul, lo mismo que los legados y los tribunos, habiendo comenzado a reír y a burlarse de ellos porque, lo mismo que los niños, tenían miedo de vanos aparatos, el despecho les infundió valor y cayeron ciegamente sobre aquellos que les habían ahuyentado. Disipado este fantasma, se lanzaron sobre el verdadero enemigo, rompieron toda su línea, tomaron el campamento en el mismo día, recogieron inmenso botín, y regresaron vencedores, burlándose con militares chistes del artificio del enemigo y de su propio terror. Poco después se sublevó toda la liga de los etruscos, y bajo la dirección de los tarquinios y faliscos, avanzaron hasta Salinas. Como el enemigo era muy temible, se creó dictador a C. Marcio Rutilo, el primer plebeyo que lo fue, y éste nombró jefe de los caballeros a C. Plaucio, plebeyo también. Pareció indigno a los patricios que hasta la dictadura perteneciese a los dos órdenes, y se opusieron con todos sus esfuerzos a las medidas y preparativos que el dictador quería tomar para esta guerra; pero el pueblo se apresuró más por esto a concederle cuanto pidió. Partió de la ciudad y en una y otra orilla del Tíber, trasladando al ejército en barcas, según exigía la marcha del enemigo, consiguió exterminar numerosas bandas destacadas que saqueaban aquí y allá los campos. Habiendo atacado de improviso también el campamento de los etruscos,

se apoderó de él; hizo ocho mil prisioneros, mató o arrojó a los otros del territorio de Roma, y sin acuerdo del Senado, por voluntad del pueblo, volvió para recibir los honores del triunfo. Como no se quería dictador ni cónsul plebeyos para celebrar los comicios consulares, y la guerra retenía a Fabio, el otro cónsul, se recurrió a un interregno, siendo nombrado interreyes Q. Servilio Ahala, M. Fabio, Cn. Manlio, C. Fabio, C. Sulpicio, L. Emilio, Q. Servilio y M. Fabio Ambusto. Bajo el segundo interregno se promovió un disentimiento a propósito de la elección de dos cónsules patricios; los tribunos se oponían a ello y el interrey Fabio decía: "Que una ley de las Doce Tablas disponía que todo aquello que decidiese el pueblo en último lugar sería el derecho y la regla: ahora bien; los votos eran decisión del pueblo." No habiendo producido otro efecto la oposición de los tribunos que la prolongación de los comicios, se crearon cónsules dos patricios, C. Sulpicio Pético, por tercera vez, y M. Valerio Publícola, entrando a desempeñar la magistratura el mismo día.

18. Así, pues, cuatrocientos años después de la fundación de Roma, treinta y cinco después de su rescate de los galos, once después de la conquista del consulado por el pueblo, dos cónsules patricios, C. Sulpicio Pético, por tercera vez y M. Valerio Publícola, entraron juntos en funciones después de un interregno. En este año y en expedición poco memorable, se tomó Empulum a los tiburtinos. Según algunos escritores, dirigióse esta guerra bajo los auspicios de los dos cónsules: según otros, el cónsul Sulpicio devastó el territorio de los tarquinios mientras Valerio llevó las legiones contra los tiburtinos. Guerra más ruda tuvieron que sostener los cónsules en Roma contra el pueblo y los tribunos. Creían los cónsules que no solamente era cuestión de valor, sino compromiso de honra, entregar a dos patricios aquel consulado que dos patricios habían recibido: debían, pues, o cederlo todo, si el consulado había venido a ser una magistratura plebeya, o conservar la posesión entera de lo que les transmitieron sus padres. Por su parte murmuraba el pueblo: "¿A qué vivir, a qué ser contados entre los ciudadanos, si aquel derecho que conquistaron con su valor dos hombres, L. Sextio y C. Licinio, no podemos todos juntos conservarlo? Mejor sería soportar a los reyes o a los decenviros o cualquiera otra dominación más triste aún, que tener dos patricios cónsules, que consentir que cada uno de los órdenes no obedezca y mande a su vez, y que uno de ellos, establecido eternamente en el poder, imagine que el pueblo no ha nacido más que para servirle." No dejaron los tribunos de provocar conmociones, pero en aquel movimiento universal apenas se distinguían los jefes. Más de una vez se bajó sin resultado al Campo de Marte; muchos días de comicios lo fueron de sediciones; en fin, vencido por la perseverancia de los cónsules, tal dolor experimentó el pueblo, que exclamaron los tribunos: "Ha terminado la libertad; es necesario abandonar el Campo de Marte y hasta la misma ciudad, cautiva y esclava de la tiranía de los patricios", y la multitud afligida les siguió. Abandonados los cónsules por una parte del pueblo, continuaron los comicios en aquella incompleta asamblea, y crearon cónsules a dos patricios, M. Fabio Ambusto, por tercera vez, y T. Quincio. En algunos anales se encuentra en vez de T. Quincio, M. Popilio.

19. Este año fueron dirigidas con fortuna las dos guerras. Com-

batióse a los tiburtinos hasta obligarlos a rendirse, tomándoles la ciudad de Sasula; y sus demás poblablaciones hubiesen tenido igual suerte, si la nación entera, deponiendo las armas, no se hubiese entregado a la bondad del cónsul. Triunfóse de los tiburtinos, pero los vencedores se mostraron clementes; en cambio se cebaron cruelmente contra los tarquinios. Después de prolongada matanza de sus soldados en el campo de batalla, eligióse entre el considerable número de prisioneros trescientos cuarenta y ocho de los más nobles, que enviaron a Roma, siendo todos ellos azotados con varas en medio del Foro y decapitados (vengando así sobre el enemigo a los romanos inmolados en el Foro de Tarquinia. El resultado de esta guerra decidió también a los samnitas a solicitar la amistad de Roma; el Senado contestó favorablemente a sus legados, y por medio de un tratado los admitió a su alianza. No era tan afortunado el pueblo en el interior como en el exterior, porque, a pesar de que la reducción del interés al uno por ciento había aliviado la usura, el capital abrumaba aún al pobre, llevándole a la servidumbre. Por esta razón, ni la elección de dos cónsules patricios ni el cuidado de los comicios y de los asuntos públicos podía distraer al pueblo de sus pesares íntimos. Los dos consulados continuaron en los patricios, creándose a C. Sulpicio Pético por cuarta vez y a M. Valerio Publícola por la segunda. Ocupábase entonces la ciudad en la guerra de Etruria, porque corría el rumor de que los cerites, compadecidos por las desgracias de un pueblo con el que le unían lazos de consanguinidad, se habían unido con los tarquinios; pero legados latinos llamaron la atención sobre los volscos, quienes, según decían, habían levantado y armado un ejército con el que amenazaban ya sus fronteras, y que desde allí vendrían a devastar el territorio de Roma. Creyó el Senado que era necesario prepararse por las dos partes, y ordenó a los cónsules levantar dos ejércitos y sortear sus provincias. Pero muy pronto se fijó principalmente la atención en la guerra de Etruria, a consecuencia de una carta del cónsul Sulpicio, a quien había tocado la campaña contra los tarquinios, y que daba parte de que había sido devastado el territorio cerca de las salinas romanas; que habían llevado una parte del botín a las tierras de los cerites, y que era indudable que la juventud de este pueblo se había unido a los saqueadores. Por esta razón el Senado llamó al cónsul Valerio, que había partido contra los volscos y acampaba ya en tierra de Túsculum, y le ordenó que nombrase dictador, eligiendo a T. Manlio, hijo de L., quien eligió por jefe de los caballeros a A. Cornelio Cosso, y que contentándose con un ejército consular, declaró, en conformidad con la voluntad del Senado y del pueblo, la guerra a los cerites.

20. Los cerites entonces, como si les hubiese parecido más formalmente declarada la guerra por las palabras del pueblo romano que por sus propios actos y aquellas devastaciones que habían provocado a Roma, comenzaron a considerar aquella guerra con terror, seguros de que sus fuerzas no bastaban para la lucha. Arrepentiéronse del pillaje y maldijeron a los tarquinios, que habían aconsejado la defección; nadie se armó ni apretó para la guerra, y todos a porfía desean que se manden legados a pedir perdón por la falta cometida. Cuando los legados se presentaron en el Senado, éste los envió al pueblo, y entonces rogaron a los dioses, cuyo culto habían conservado piadosamente durante la guerra de los

galos que inspirasen a los afortunados romanos en favor de los cerites aquella piedad que éstos no negaron en otro tiempo al pueblo romano en sus desgracias. Volviéndose en seguida hacia el templo de Vesta, invocaron la casta y generosa hospitalidad que dieron a los flamines y a las vestales: "Después de estos favores, ¿cómo creer que de pronto y sin motivo se hayan convertido en enemigos, o que si han obrado como enemigos lo hayan hecho a sangre fría y no extraviados por el delirio, perdiendo así, por recientes ofensas, el precio de antiguos beneficios hechos a corazones tan generosos? ¿Cómo creer que hubiesen elegido por enemigo al pueblo romano, cuando tan floreciente y afortunado es en la guerra, después de haberle tributado amistad en la desgracia? No debe considerarse como acto de voluntad libre lo que solamente ha sido efecto de la fuerza y la necesidad. Al atravesar su territorio con formidable ejército, los tarquinios, que no les habían pedido paso, arrastraron algunos habitantes de los campos, que por esta razón vinieron a ser cómplices del pillaje de que se acusaba a toda la nación. En cuanto a éstos, si quieren apoderarse de ellos, dispuestos están a entregarlos o a castigarlos si se exige su castigo. Pero que Cerea, santuario del pueblo romano, asilo de sus sacerdotes, depositaria de los objetos sagrados de Roma, se conserve intacta e inviolada de los ultrajes de la guerra, por haber recibido a las vestales y mantenido el culto de los dioses." Más impresionado el pueblo por los antiguos favores de aquella ciudad que por su falta reciente, prefirió olvidar la injuria a olvidar el beneficio; concediéndose, por tanto, la paz al pueblo cerite, consignándose en un senatus-consulto que duraría la tregua cien años. De igual crimen se habían hecho culpables los faliscos, y se volvió contra ellos todo el furor de la guerra; pero el enemigo no se presentó en ninguna parte. Después de recorrer y devastar su territorio no quiso sitiar sus plazas, y regresaron las legiones a Roma. El resto del año se empleó en reparar las murallas y las torres y también se dedicó un templo a Apolo.

21. A fines del año, los debates de los patricios y del pueblo interrumpieron los comicios consulares; los tribunos se negaban a la celebración de los comicios si no se hacían las elecciones en conformidad con la ley Licinia, y el dictador se obstinaba en destruir para siempre el consulado en la república antes que compartirlo entre patricios y plebeyos. Como se prolongaron estos debates, expiró el plazo de la dictadura y se volvió al interregno. Los interreyes encontraron al pueblo indignado contra los patricios, y se luchó en medio de sediciones hasta el undécimo interrey. Reivindicaban los tribunos los privilegios de la ley Licinia; el pueblo se veía cada vez más alfigido por el aumento de sus deudas, y el disgusto particular penetraba en los debates públicos. Fatigados por estas querellas, el Senado, por razón de concordia, ordenó al interrey L. Cornelio Escipión que observase la ley Licina en los comicios consulares. A P. Valerio Publícola se dio por colega el plebeyo C. Marcio Rutilo. Dispuestos por este medio los ánimos a la paz, los nuevos cónsules trataron de aliviar la carga de la usura, que parecía el único obstáculo para la unión completa; hicieron del pago de las deudas cuestión de interés, y crearon cinco magistrados encargados de la repartición pecuniaria, llamados por esta razón mensarios, y que por su celo y equidad merecieron que sus nombres quedasen consigna-

dos en los monumentos de la historia. Fueron estos magistrados C. Duilio, P. Decio Mus, M. Papirio, Q. Publilio y T. Emilio. Habían de realizar una de esas difíciles operaciones en que frecuentemente quedan descontentas las dos partes, y siempre, imprescindiblemente, una de ellas; pero empleando acomodos, y por medio de adelantos sobre los fondos públicos antes que por sacrificios, consiguieron su objeto, Encontrábanse muchos pagos retrasados y entorpecidos más por negligencia que por estrechez verdadera de los deudores, y se establecieron en el Foro pagadurías repletas de dinero, abonando el Tesoro después de tomar las convenientes seguridades para el Estado; o bien una estimación a justo precio y una cesión libertaban al deudor. Así, pues, sin injusticia, sin quejas de las partes, se pagó inmenso número de deudas. Después, ante el rumor de la coalición de doce pueblos de la Etruria, vano temor de guerra hizo nombrar dictador, creándose en el campamento, adonde se remitió el senatus-consulto a los cónsules, a C. Julio, que tomó por jefe de los caballeros a L. Emilio. En el resto del año hubo tranquilidad en el exterior.

22. Habiendo intentado el dictador en la ciudad que se nombrase cónsules a dos patricios, la tentativa produjo otro interregno. Los dos interreyes que se sucedieron, C. Sulpicio y M. Fabio, consiguieron lo que el dictador había intentado sin resutado: suavizado el pueblo por un favor reciente, el alivio de las deudas, consintió que se nombrasen dos cónsules patricios; resultando elegidos el mismo C. Sulpicio Pético, que ocupó primero el interregno, y T. Quincio Penno: a éste le llaman algunos libres del cuidado de dos guerras Kæson y otros Cayo. Partiendo ambos para la guerra, Quincio contra los faliscos y Sulpicio contra los tarquinios, y no encontrando al enemigo en ninguna parte, menos guerrearon contra los hombres que contra los campos, incendiándolos y saqueándolos. Esta destrucción, como mal devorador que les debilitaba poco a poco, domó la obstinación de los pueblos, de modo que pidieron una tregua a los cónsules, y remitiéndoles éstos al Senado, la consiguieron por cuarenta años. Cuando por este medio quedaron amenazadoras, estando asegurada la tranquilidad por este lado, como después del pago de las deudas muchos caudales habían cambiado de dueño, creyéndose necesario rehacer el censo. Indicáronse comicios para la elección de censores, pero C. Macio Rutilo, que había sido el primer dictador plebeyo y que aspiraba a la censura, habiendo declarado sus pretensiones, quedó perturbada la unión de los dos órdenes. Aunque parecía que no había elegido bien el momento porque los dos cónsules eran patricios y se negaban a aceptar su petición; sin embargo, consiguió su objeto a fuerza de perseverancia, y gracias al apoyo de los tribunos, que se empeñaron tenazmente en reconquistar el derecho que habían perdido en los comicios consulares. Además, aquel hombre tenía bastante importancia personal para no considerarse inferior a las dignidades más altas: él era quien había abierto a los plebeyos el camino de la dictadura, y por él querían llegar a compartir la censura. No se varió en los comicios, y Marcio fue nombrado con Manlio Enco. En este año hubo también dictador, M. Fabio, no porque se temiese guerra, sino para estorbar el cumplimiento de la ley Licinia en los comicios consulares. Q. Servilio fue el jefe de los caballeros adjunto al dictador. Sin embargo, a pesar de esta dictadura, los patricios no fue-

ron más poderosos en los comicios consulares que en la elección de censores.

23. Por el pueblo fue cónsul M. Popilio Lenas y por los patricios L. Cornelio Escipión. Quiso la fortuna que el cónsul plebeyo fuese quien adquiriese mayor gloria; porque en el momento en que se recibió la noticia de que un inmenso ejército de galos acababa de acampar en tierras de los latinos, encontrándose Escipión atacado de grave enfermedad, encomendóse por extraordinario el cuidado de la guerra a Popilio, quien alistó apresuradamente un ejército, mandó a toda la juventud que se reuniese armada fuera de la puerta Capena, cerca del templo de Marte; a los cuestores que sacasen del Tesoro las enseñas y las llevaran al mismo punto, y después de completar cuatro legiones, encargó el resto de los soldados al pretor P. Valerio Publícola. aconsejando al Senado que levantase otro ejército, y preparar por este medio recurso a la república contra los inciertos resultados de la guerra. En cuanto a él, una vez preparado y dispuesto todo, marchó contra el enemigo; pero queriendo conocer sus fuerzas antes de llegar a prueba decisiva, ocupó una altura todo lo cercana posible al campamento de los galos y lo rodeó de parapetos. En cuanto aquel pueblo fogoso y ávido de combates vio de lejos las enseñas romanas, desplegó sus fuerzas como para trabar batalla en el acto; y en seguida, al ver que los romanos en vez de bajar a la llanura, se retiraban y fortificaban en la altura, creyéndoles dominados por el terror, y por otra parte, tanto más fáciles de vencer cuanto más ocupados estaban en sus trabajos, les acometió lanzando terrible grito. No interrumpieron los romanos su faena, de la que estaban encargados los triarios, y los hastatos y los príncipes, que vigilaban delante de los obreros protegiéndoles con sus armas, sostuvieron el ataque. Además del valor, tenían la ventaja de la posición; porque en la llanura los dardos generalmente caen de pleno y a corta distancia, mientras que lanzados desde alto, herían de punta y se clavaban. Agobiados los galos por aquellas armas que les traspasaba el cuerpo o se clavaban en sus escudos, haciéndoles más pesados, habían llegado a la carrera casi delante de los romanos, cuando de pronto vacilan y se paran. Habiendo enfriado su ardor este momento de vacilación y aumentado el del enemigo, son rechazados, ruedan unos sobre los otros y el estrago de la derrota es superior al de la matanza, porque resultaron más aplastados por los fugitivos que muertos por la espada.

24. Pero no tenían aún segura la victoria los romanos: otros obstáculos les esperaban en la llanura. El inmenso número de los galos les hacía insensibles a esta pérdida; así fue que de aquella multitud apareció otro ejército que opuso tropas frescas al enemigo vencedor. El romano contuvo su brío y se paró: fatigados los soldados no podían sostener otro combate, y el cónsul, al marchar denodadamente a la primera fila, había recibido un dardo que le había casi atravesado el hombro izquierdo, alejándose un momento del campo de batalla. Con estas alternativas iba a escapárseles la victoria, cuando el cónsul, después de vendarse la herida, volvió al frente de las enseñas y exclamó: "¿Qué esperáis ahí, soldados? No tenéis delante un enemigo latino o sabino del que haríais un aliado después de vencerle. Hemos empuñado la espada contra bestias feroces; es necesario derramar toda su sangre o darles la nuestra. Les habéis rechazado del

campamento, arrojado al fondo del valle y estáis de pie sobre sus cadáveres amontonados. Cubrid la llanura de tantos muertos como habéis cubierto la montaña. No esperéis que huyan si permanecéis parados; que avancen las enseñas y ataquemos al enemigo." A estas exhortaciones se lanzan de nuevo y hacen retroceder los primeros manípulos de los galos; en seguida forman el triángulo y rompen el centro de la línea. Derrotados los bárbaros, que no tenían disciplina ni jefes, vuelven su impetuosidad contra los suyos; dispersos en la campiña y arrastrados por la fuga más allá de su campamento, ganan la línea más elevada que encuentran, el monte Albano, que domina como una fortaleza una cadena de colinas de igual altura. El cónsul no les persiguió más allá de su campamento, condolido como estaba por su herida y no queriendo colocar un ejército fatigado por el combate al pie de las alturas que ocupaba el enemigo; y después de conceder al soldado el saqueo del campamento, regresó a Roma con su ejército victorioso y rico con los despojos de los galos. La herida del cónsul retrasó su triunfo, y el mismo motivo obligó al Senado a crear un dictador para celebrar los comicios por falta de los cónsules enfermos. Nombrado dictador L. Furio Camilo, a quien se le unió como jefe de los caballeros P. Cornelio Escipión, devolvió a los patricios la antigua posesión del consulado, y creado cónsul, en memoria de este favor, por el profundo agradecimiento de los patricios, hizo le diesen por colega a Ap. Claudio Crasso.

25. Antes de que empezasen a desempeñar su magistratura los nuevos cónsules, Popilio triunfó de los galos con sumo regocijo del pueblo; y la multitud se preguntaba en voz baja "si alguien estaba descontento del cónsul plebeyo", atacando al mismo tiempo al dictador que había obtenido el consulado en recompensa de su desprecio a la ley Licinia, y que por otra parte se deshonraba menos por este atentado público que por la ambición que le había llevado a proclamarse él mismo cónsul. El año fue notable por el número y variedad de acontecimientos. Descendiendo los galos de los montes Albanos, donde no habían podido soportar los rigores del invierno, vagaban por las llanuras y las costas marítimas devastándolas. El mar estaba infestado de flotas griegas que desolaban las playas de Anzio, el territorio laurentino y las bocas del Tíber; de manera que en una ocasión vinieron a las manos los bandidos del mar y los bandidos terretres. El resultado del combate quedó indeciso, retirándose los galos a su campamento y los griegos a sus naves, sin saber unos ni otros si eran vencidos o vencedores. Muy pronto tuvo Roma mayor motivo de alarmas, porque los pueblos latinos celebraron consejos en el bosque sagrado de Ferentina, y contestaron en seguida a los romanos, que les pedían suministrasen tropas: "que no debían mandar a aquellos a quienes necesitaban, y que los latinos preferían empuñar las armas por su propia libertad que para aumentar el poder de otro". Teniendo ya que sostener a la vez dos guerras extranjeras, preocupó al Senado la defección de sus aliados; pero comprendiendo que el temor contendría a los que la fe pactada no había podido contener, ordenó a los cónsules desplegasen en una leva todas las fuerzas de la república. Roma debía contar con un ejército de sus hijos cuando le faltaban sus aliados. Por todas partes se alistó, no solamente a los jóvenes de la ciudad, sino también a los de los campos, y dícese que formaron diez

legiones, cada una de cuatro mil doscientos infantes y trescientos jinetes. No sería cosa fácil levantar hoy un ejército igual al primer rumor de invasión extranjera, ni siquiera reuniendo las fuerzas de este poder romano que el universo entero contiene; tan cierto es que solamente hemos aumentado en lo que nos perjudica, en riqueza y lujo. Entre las demás desgracias de este año debe contarse la pérdida del cónsul Ap. Claudio, que murió en medio de los preparativos de guerra. Entregóse el poder a Camilo, quedando único cónsul. Gracias a su mérito, que no se atrevieron a someter a la autoridad dictatorial, o tal vez a su nombre, que pareció de feliz augurio en una lucha contra los galos, no creyeron conveniente los patricios sustituirle con un dictador. Este cónsul dejó dos legiones para la custodia de la ciudad, compartió las otras ocho con el pretor L. Pinario, y animado con el recuerdo del valor paternal tomó a su cargo, sin recurrir a la suerte, la guerra contra los galos, encargando al pretor la defensa de la parte marítima y rechazar a los griegos del litoral. En seguida bajó al territorio del Pontino, y como no quería combatir en campo llano mientras no se viese obligado a ello, y como pensaba además que con un enemigo que solamente podía vivir de rapiñas el mejor medio de reducirle era oponerse a sus devastaciones, eligió un punto favorable y se fortificó.

26. Mientras el ejército estacionaba en aquella posición, adelantóse un galo, notable por su corpulencia y armadura: hirió con la lanza su escudo, y cuando obtuvo silencio provocó por medio de intérprete a un romano a pelear con él. Encontrábase allí M. Valerio, tribuno de los soldados, joven que no se consideraba menos digno de aquel honor que T. Manlio, y después de pedir permiso al cónsul, adelantóse con sus armas entre los dos campamentos. La intervención de los dioses en aquella lucha hizo perder al hombre parte de su gloria porque en el momento en que comenzaba el combate el romano, posóse sobre su casco un cuervo, dando frente al enemigo; lo que desde luego consideró gozoso el tribuno como augurio enviado del cielo; en seguida rogó, si así era, al dios o a la diosa que le enviaba aquel dichoso mensaje, que se dignase serle propicio. ¡Cosa maravillosa! No solamente permaneció el ave en el lugar que había elegido, sino que cada vez que comenzaba el combate, levantando vuelo, atacaba con pico y uñas el rostro y los ojos del enemigo, hasta que al fin, asustado con aquel prodigio, turbados a la vez los ojos y el ánimo, cayó el galo degollado por Valerio, remontando entonces el cuervo su vuelo hacia el Oriente y desapareciendo. Hasta entonces habían permanecido inmóviles los dos ejércitos; pero cuando el tribuno comenzó a despojar el cadáver de su enemigo, los galos no quedaron en sus puestos, y los romanos corrieron más rápidamente aún hacia el vencedor. Entonces se trabó terrible combate en derredor del cadáver del galo; no eran ya los manípulos avanzados, sino las legiones confundidas de los dos lados las que chocan. Viendo Camilo a sus soldados tan orgullosos por la victoria de su tribuno, regocijado por el auxilio y protección de los dioses, manda marchar al combate, y mostrando al tribuno adornado con los despojos, les dice: "Imitadle, soldados, y en derredor del cadáver de su jefe tended a las hordas de los galos." No flaquearon ni los dioses ni los hombres en aquel combate, no siendo ni por un momento dudosa la derrota de los galos: ¡tanto había impresionado los áni-

mos en los dos ejércitos el resultado de aquel combate singular! La lucha no fue empeñada más que en los primeros puestos, adonde el encuentro había llevado a los otros: todo el resto, antes de llegar al alcance de los dardos, volvió la espalda. Aquella multitud vagó al principio dispersa por territorio de los volscos y por el de Falerno, pasando en seguida a la Apulia y al mar interior. El cónsul reunió el ejército, hizo el elogio del tribuno y le dio diez bueyes y una corona de oro; y después, habiéndole ordenado el Senado que se encargase de la guerra marítima, reunió sus fuerzas con las del pretor. Pero viendo que la cobardía de los griegos, que rehusaban el combate, prolongaría la guerra, por orden del Senado nombró dictador, para la celebración de los comicios, a T. Manlio Torcuato. El dictador nombró jefe de los caballeros a A. Cornelio Cosso, celebró los comicios consulares y proclamó cónsul, aunque ausente, con aplauso del pueblo, a su rival en gloria M. Valerio Corvo (porque así se le llamó en adelante), de veintitrés años de edad. Diose por colega plebeyo a Corvo a M. Popilio Lenas, que fue cónsul por cuarta vez. Nada memorable hizo Camilo contra los griegos, que combatían tan mal en tierra como los romanos en el mar. Rechazados al fin de todas las costas, y careciendo de agua, como también de otras cosas necesarias, abandonaron la Italia. No podría decir a qué comarca o a qué pueblo pertenecía aquella flota; pero creo probable que la enviasen los tiranos de Sicilia; porque la Grecia ulterior, fatigada en aquella época por guerras intestinas, temía ya al poder de Macedonia.

27. Disueltos los ejércitos, mientras se disfrutaba paz en el exterior y tranquilidad en el interior por la buena armonía entre los dos órdenes, como si esta felicidad fuese excesiva, atacó la peste a Roma y obligó al Senado a mandar a los decenviros que consultasen los libros sibilinos, y por el informe de éstos se celebró un lectisterno. En este mismo año establecieron los anziatos una colonia en Sutrium y reedificaron la ciudad destruida por los latinos. En Roma se concluyó un tratado con los legados de Cartago, que habían venido a pedir alianza y amistad. La misma tranquilidad continuó reinando dentro y fuera bajo el consulado de T. Manlio Torcuato y de C. Plaucio. Redújose a la mitad el interés fijado en el uno por ciento, y se decretó que las deudas se pagarían en cuatro plazos iguales, el primero al contado y los restantes en tres años; y a pesar de que este arreglo fuese oneroso todavía para una parte del pueblo, el respeto a la fe pública mereció más consideración al Senado que el malestar particular. Mucho alivió a la ciudad el aplazamiento de levas y tributos. Tres años después de la reedificación de Sutrium por los volscos, recibióse del Lacio la noticia de que legados anziatos recorrían las ciudades latinas para sublevarlas; y sin esperar a que aumentase el número de enemigos, M. Valerio Corvo, elegido por segunda vez cónsul con C. Petelio, recibió orden de hacer la guerra a los volscos, y marchó hacia Sutrium, al frente de temible ejército. Los anziatos y demás volscos que estaban allí preparados para operar al primer movimiento de Roma, salieron a su encuentro; y entre pueblos animados por odios tan antiguos, no tardó en trabarse el combate. Los volscos, que eran más ardientes que hábiles en la pelea, quedaron vencidos; en derrota llegaron a los parapetos de Sutrium; y como no confiaban mucho en las murallas de la ciudad, cuando las vieron ro-

deadas de tropas, próxima a ser escalada y tomada, rindiéronse en número de cuatro mil soldados y multitud de habitantes desarmados. La ciudad fue demolida y quemada, respetando el fuego únicamente el templo de Matuta Madre. Concedióse al soldado todo el botín, exceptuando los cuatro mil hombres que se habían rendido: el cónsul les llevó encadenados delante de su carro triunfal, vendiéndoles después y entregando el precio, que fue considerable, al Tesoro público. Pretenden algunos escritores que todos aquellos prisioneros eran esclavos, y esto es más verosímil que haber vendido soldados rendidos.

28. Sucedieron a estos cónsules M. Fabio Dorso y Ser. Sulpicio Camerino. Una invasión repentina de los auruncos hizo temer que este acto de un pueblo solo estuviese aconsejado por toda la confederación latina; y como si se encontrase ya en armas el Lacio, creóse dictador a L. Furio, quien nombró jefe de los caballeros a Cn. Manlio Capitolino. Después de proclamar la vacación de negocios, según costumbre observada en las grandes alarmas, hízose la leva sin exceptuar a nadie, y las legiones marcharon apresuradamente contra los auruncos que más eran merodeadores que enemigos. El primer encuentro decidió la victoria. Sin embargo, como ellos mismos habían traído la guerra y no habían vacilado en presentarse al combate, el dictador, creyendo no le serían inútiles los socorros de los dioses, durante la pelea votó un templo a Juno Moneta; obligado por este voto, regresó en triunfo a Roma y abdicó la dictadura. El Senado acordó la creación de duunviros para que cuidasen que aquel templo fuese digno de la majestad del pueblo romano, y se destinó para la construcción en la fortaleza el terreno que ocupó la casa de M. Manlio Capitolino. Aprovechando los cónsules para combatir a los volscos el ejército del dictador, atacaron al enemigo que estaba desprevenido y le arrebataron Sora. El templo de Moneta fue dedicado al año siguiente del en que se votó siendo cónsules C. Marcio Rutilo y T. Manlio Torcuato, éste por segunda vez y aquél por tercera. A esta dedicación acompañó un prodigio muy parecido al antiguo del monte Albano, porque cayó una lluvia de piedras y se oscureció la luz del día. Consultados los libros, como dominaba en la ciudad religioso terror, el Senado creyó deber nombrar un dictador para que celebrase las ferias. Nombraron, pues, a P. Valerio Publícola y le dieron como jefe de los caballeros a Q. Fabio Ambusto. No se contentaron con enviar las tribus en rogativas solemnes, sino que llamaron también a ellas a los pueblos vecinos, designando el pueblo y el día en que debían asistir. Dícese que aquel año hubo algunas sentencias crueles del pueblo contra los usureros demandados ante él por los ediles. En fin, hubo también un interregno cuya causa no se conoce; cesando, y esto podría indicar su objeto, con la creación de dos cónsules patricios, M. Valerio Corvo, por tercera vez, y A. Cornelio Cosso.

29. Vamos a ocuparnos ahora de guerras más importantes, tanto por las fuerzas del enemigo, como por el alejamiento de su teatro y el tiempo de su duración. En este año tuvo lugar la guerra contra los samnitas, nación poderosa por sus riquezas y sus armas. Después de la guerra con los samnitas, por largo tiempo incierta, se tuvo por enemigo a Pirro, y después de Pirro a los cartagineses ¡Qué empresas tan grandes! ¡Qué terribles peligros se atravesaron antes de que el imperio pudiese levantarse a la grande-

za que tanto le cuesta mantener! Extraño fue el origen de la guerra de los romanos con los samnitas, que hasta entonces habían vivido en alianza y amistad; esta guerra no procedió de los samnitas. Comprendiendo este pueblo que era el más fuerte, llevó sin motivo sus armas contra los sidicinos, quienes, en su desgracia, obligados a recurrir al auxilio de una nación más poderosa, se aliaron a los campanios. Ayudaron éstos más con su nombre que con sus fuerzas a sus aliados; enervados por la molicie, fueron derrotados en las tierras de los sidicinos por hombres avezados al manejo de las armas y se atrajeron todo el peso de la guerra, porque dejando a los sidicinos, los samnitas atacaron a los que eran muralla de sus vecinos, a los mismos campanios, cuya conquista debía serles igualmente fácil y que les prometía mucho más botín y más gloria. Habiéndose apoderado de los montes Tifatos que dominan a Capua, y habiéndolos guarnecido con fuerte destacamento, bajaron formando cuadro a la llanura que se extiende entre las ciudades y las montañas. Allí se libró otro combate; los campanios fueron derrotados de nuevo y rechazados a sus murallas, y como había perecido la flor de su juventud y no veían esperanza en derredor suyo, viéronse obligados a pedir socorro a los romanos.

30. Introducidos sus legados en el Senado, hablaron sobre poco más o menos en estos términos: "El pueblo campanio nos envía como legados cerca de vosotros, padres conscriptos, para que os pidamos en su nombre perpetua amistad y auxilio en este momento. Si esta amistad la hubiésemos pedido cuando nuestros negocios prosperaban, formada más de prisa, hubiese quedado trabada con débiles lazos, porque entonces hubiésemos creído que tratábamos de igual a igual, y siendo amigos vuestros, como lo somos, os hubiésemos estado menos sometidos y menos atentos. Vencidos ahora por vuestra compasión, defendidos por vuestro socorro en nuestros peligros, el agradecimiento por el beneficio recibido será en nosotros un deber, so pena de aparecer ingratos e indignos de toda protección divina y humana. Y, a fe mía, si los samnitas han sido antes que nosotros amigos y aliados vuestros, creo que no será razón para que nos neguéis vuestra amistad; a lo sumo, tendrán sobre nosotros derecho de antigüedad, un grado más de honor; porque no se estipuló en vuestras alianzas con los samnitas que no habíais de ajustar otras nuevas; y en todo tiempo, el solo deseo de ser amigos vuestros ha sido para vosotros título suficiente para vuestra amistad. Los campanios, aunque nuestra presente desgracia nos veda alabarnos demasiado, no ceden por la grandeza de su ciudad y fertilidad de sus campos a ningún pueblo, como no sea el vuestro, y creo que no añadirán poco a vuestra prosperidad hacienda amistad con vosotros. Si se mueven los equos y los volscos, eternos enemigos de esta ciudad, nosotros estaremos allí sobre sus pasos, y lo que vosotros habréis hecho primero por nuestra salvación, nosotros lo haremos siempre por vuestro imperio y vuestra gloria. Cuando queden dominados, todos esos pueblos que nos separan de vosotros, cosa que no puede tardar mucho, porque responden de ello vuestro valor y fortuna, vuestro imperio se extenderá sin interrupción hasta nosotros. ¡Cruel y deplorable confesión que nos arranca nuestra desgracia! Hemos llegado al caso, padres conscriptos, en que nosotros los campanios hemos de pertenecer en adelante a nuestros amitros amigos o a nuestros enemigos. Si nos protegéis, os perteneceremos; si

nos rechazáis, perteneceremos a los samnitas. Considerad vosotros lo que preferiís: o que Capua y la Campania entera se agreguen a vuestras fuerzas, o que aumenten las de los samnitas. Justo es ¡oh, romanos! abrir a todos fácil acceso a vuestra misericordia y auxilio, pero especialmente a aquellos que, al conceder a otros un auxilio que imploraban, han traspasado sus fuerzas y se encuentran a su vez en igual apuro. Si en apariencia combatíamos por los sidicinos, en realidad era por nosotros mismos: habíamos visto un país vecino amenazado por el nefando latrocinio de los samnitas y pronto a propagarse hasta nosotros el incendio que devoraría a los sidicinos. Hoy, si los samnitas vienen a invadirnos, no es por venganza del ultraje, sino con el regocijo de que se les haya dado pretexto. Si su invasión tuviese por motivo la venganza y no la satisfacción de su avidez, ¿acaso no les bastaría la destrucción de nuestras legiones, primero en los campos de los sidicinos y después en los mismos territorios de la Campania ¿Qué ira tan grande es ésa que no ha podido calmarla la sangre de dos ejércitos? Añadid a esto la devastación de los campos, el botín de hombres y ganados, las granjas incendiadas y arruinadas y todo nuestro país asolado por el hierro y el fuego. ¿No era esto bastante para satisfacer su cólera? Pero es necesario saciar su avidez; ésta es la que los lleva a la conquista de Capua: quieren destruir esta ciudad tan hermosa o poseerla. Vosotros ¡oh, romanos! apoderaos de ella por vuestra generosidad antes que consentir la dominen por un crimen. No hablo a un pueblo que rehúse guerras justas; pero que se presenten solamente vuestros socorros, y creo que ni siquiera necesitaréis combatir. El desprecio de los samnitas ha llegado hasta nosotros, pero no ha podido remontar más. La sombre de vuestra protección, ¡oh, romanos! bastará para ponernos en seguridad; y en adelante, todo cuanto tengamos, todo cuanto seamos lo consideraremos como vuestro. Para vosotros se labrará el suelo de la Campania; para vosotros se poblará la ciudad de Capua; os honraremos al igual de nuestros fundadores, de nuestros padres y de nuestros dioses inmortales; ni una sola de vuestras colonias tendrá para vosotros más adhesión y fidelidad. Consentid, Padres conscriptos; conceded a los campanios vuestra divina e invencible protección; permitidles esperar la salvación de Capua. ¿Qué multitud de ciudadanos de todas las clases creéis que nos han acompañado a nuestra salida? ¿Cuántas lágrimas se han derramado y cuántas súplicas se han dirigido a los dioses? ¿En qué ansiedad se encuentran en este instante el Senado y e pueblo campanio, nuestras esposas y nuestros hijos? La multitud permanece en las puertas de la ciudad mirando a lo lejos el camino por donde hemos de regresar, y, seguro de ello estoy, Padres conscriptos, esperando angustiada la respuesta que nos encarguéis darle. Una palabra vuestra puede llevarles salvación, victoria, vida y libertad; pero tiemblo al pensar lo que otra palabra vuestra les llevaría. Decidid, pues, si hemos de ser vuestros aliados y amigos, o perecer."

31. Habiéndose retirado los legados, deliberó el Senado; y aunque a los ojos de considerable número, aquella ciudad, la más grande y opulenta de Italia, con sus campos tan fértiles y cercanos al mar, pareció un recurso contra la eventualidad de las malas cosechas y granero del pueblo romano, la buena fe prevaleció sobre aquellas ventajas, y el cónsul contestó a nom-

bre del Senado: "El Senado os juzga dignos ¡oh, campanios! de su protección; pero no debe, al pactar amistad con vosotros, violar amistad y alianza más antiguas. Estamos unidos a los samnitas por un tratado; atacarles sería ofender a los dioses más aún que a los hombres, y por esa razón nos negamos a ello. Pero en conformidad con lo que mandan la justicia y el deber, enviaremos legados a nuestros aliados y amigos para rogarles que no os hagan violencia." Al oír esto, el jefe de la legación, según las órdenes recibidas, repuso: "Puesto que no queréis encargaros de la justa defensa de nuestros intereses contra la violencia y la injusticia, al menos defenderéis los vuestros. Así, pues, el pueblo campanio, la ciudad de Capua, tierras, templos de los dioses, en una palabra, todas las cosas divinas y humanas, os las entregamos, os las damos todas, Padres conscriptos, a vosotros y al pueblo romano; si en adelante se nos ultraja, se ultrajará a súbditos vuestros." Dicho esto, tendiendo todos las manos hacia los cónsules, se prosternaron llorando en el vestíbulo de la Curia. Conmovidos estaban los patricios por aquel ejemplo de la instabilidad de los destinos humanos, al ver un pueblo tan rico y poderoso, citado por su lujo y su orgullo, al que antes llamaron sus vecinos en su auxilio, perder la energía hasta el punto de entregarse con sus bienes en poder de otro. Creyóse entonces que no se podía abandonar a los que se entregaban, y que los samnitas obrarían contra la equidad si continuaban atacando un territorio y una ciudad que, por aquella cesión, pertenecían al pueblo romano. Decidióse, pues, que sin dilación se enviarían legados a los samnitas con el encargo de exponer a este pueblo la "súplica de los campanios, la respuesta del Senado, fiel a la amistad de los samnitas, y, en fin, la cesión hecha a Roma. Debían pedirles a nombre de la alianza y de la amistad que existía entre ellos, que perdonasen a los súbditos de Roma y no entrasen como enemigos en un territorio perteneciente al pueblo romano. Si las vías pacíficas no producían efecto, intimarían a los samnitas por orden del pueblo romano y del Senado que respetasen la ciudad de Capua y el territorio campanio". Habiendo cumplido su misión los legados, el consejo de los samnitas contestó con altivez que continuarían la guerra; y hasta sus magistrados, al salir de la Curia, llamaron delante de los legados a los jefes de las cohortes, y les mandaron marchar en el acto a saquear los campos campanios.

32. Enterados en Roma del resultado de la legación, el Senado, suspendiendo todos los demás asuntos, envió feciales a pedir reparación a los samnitas, y ante su negativa, les declaró solemnemente la guerra, decretando que inmediatamente se sometiese el asunto a la aprobación del pueblo. Por orden de éste, partiendo de la ciudad los dos cónsules con dos ejércitos, entraron, Valerio en la Campania y Cornelio en el Samnium, acampando el uno cerca de los montes Gauros y el otro cerca de Satícula. Valerio fue el primero que encontró a los samnitas, quienes habían previsto que lo recio de la guerra se inclinaría a este lado; además, la cólera les animaba contra los campanios, que tanto se habían apresurado a pedir socorros contra ellos. Al ver el campamento romano, todos a porfía pidieron a su jefe la señal del combate, asegurando que los romanos, al proteger la Campania, tendrían la misma suerte que los campanios al proteger a los sidicinos. Valerio, después de probar durante algunos días al ene-

migo con escaramuzas, dio la señal de la batalla y arengó en breves palabras a sus soldados: "Una guerra nueva, un enemigo nuevo no debe inspirarles temor; a medida que lleven sus armas más lejos de la ciudad, encontrarán pueblos menos aguerridos. No se debe juzgar el valor de los samnitas por la derrota de los sidicinos y de los campanios; fuesen quienes fuesen los combatientes, indispensable era que uno de los bandos quedase vencido. En cuanto a los campanios, más que el esfuerzo del enemigo, les ha vencido su inmoderado lujo, su relajación y su molicie. Y después de todo, ¿qué valen estos dos triunfos de los samnitas en el espacio de tantos siglos, en comparación de tantas grandes hazañas del pueblo romano, que tal vez cuenta desde la fundación de la ciudad más victorias que años? ¿qué ha dominado en derredor suyo, por medio de las armas, sabinos, etruscos, latinos, hérnicos, equos, volscos y auruncos? ¿que después de derrotar a los galos en tantos combates ha concluido por no dejarles otro refugio que el mar y sus naves? Al marchar a la pelea, cada cual debe confiar en su gloria militar, en su valor, y considerar también bajo qué órdenes, bajo qué auspicios se traba el combate; si su jefe no es más que un excelente orador, bueno solamente para que se le escuche, valiente en las palabras nada más y sin pericia alguna en la guerra, o si es hombre que sepa manejar las armas, marchar al frente de las enseñas y arrojarse valientemente en medio de la pelea. Deseo, ¡oh, soldados! que os guiéis por mis hechos y no por mis palabras, pedidme no solamente órdenes, sino ejemplo. No por la intriga, no por los acostumbrados manejos de los nobles, sino por esta diestra he conseguido tres consulados y toda mi gloria. Hubo un tiempo en que pudo decirse: Eras patricio y descendiente de los libertadores de la patria, y tu familia obtuvo el consulado el mismo año en que Roma tuvo cónsul. Hoy, abierto sin distinción a nosotros patricios y a vosotros plebeyos, el consulado no es, como antes, premio del nacimiento, sino del mérito; y por esta razón, soldados, vosotros también podéis aspirar a los honores supremos. Aunque por la voluntad de los dioses me hayáis dado el nuevo nombre de Corvo, no he olvidado el de Publícola, antiguo de mi familia. Siempre en paz como en guerra, ciudadano en las magistraturas más elevadas como en las más humildes, tribuno o cónsul, y con el mismo ánimo en todos mis consulados, amo y amaré al pueblo romano. Ahora apremia el tiempo; adelante, y con el concurso de los dioses consigamos juntos completo triunfo de los samnitas."

33. Jamás existió general más familiar para el soldado, compartiendo hasta con el más humilde todos los trabajos del servicio. Además, en los juegos militares, en que los iguales luchan en agilidad y vigor, afable y de ánimo igual, vencido o vencedor, no despreciaba ningún adversario que se presentaba. Era benéfico oportunamente en sus actos; en sus discursos no atendía menos a la independencia ajena que a su propia dignidad; y lo que sobre todo agradaba al pueblo, ejercía las magistraturas con el mismo espíritu que las solicitaba. Así, pues, el ejército entero, antes de salir del campamento, contestó con extraordinaria alegría a la arenga del jefe. El combate se trabó con igual esperanza en la victoria por ambas partes, cosa que no había sucedido jamás en otras batallas, con mucha fuerza y mucha confianza propias, pero sin despreciar al contrario. Los samnitas es-

taban ufanos con sus últimas hazañas y con su doble triunfo de los días anteriores; los romanos con sus cuatrocientos años de gloria y con aquella victoria que remontaba a la época de la fundación de la ciudad. Sin embargo, los dos bandos estaban inquietos al tener que luchar con un enemigo nuevo. La batalla reveló bien el espíritu que les animaba, porque se peleó largo tiempo antes que cediese ninguno de los dos ejércitos. Queriendo al fin el cónsul poner en desorden aquel ejército que no podían rechazar por la fuerza trató, por medio de un ataque de la caballería, de deshacer las primeras filas del enemigo. Pero viendo que esta maniobra no producía resultado, y que encerradas en estrecho espacio las turbas se agitaban y giraban sobre sí mismas sin poder abrirse paso, volvió al frente de las legiones, y apeándose del caballo, dijo: "Este asunto, soldados, nos pertenece a los peones. Adelante, y a medida que me veáis avanzar y abrir camino con el hierro en las filas enemigas, obrad como yo y derribad cuanto encontréis delante. Esa llanura, en la que en este momento brillan tantas lanzas, vais a verla muy pronto aclarada y barrida por la matanza." Así habló el cónsul, y por orden suya, replegándose los jinetes a las dos alas, dejan libre a las legiones el paso del centro. El cónsul ataca delante de todos al enemigo, derribando a cuantos la casualidad pone a su alcance. Inflamados por el ejemplo, los soldados, a derecha e izquierda, cada uno delante de sí, traban memorable lucha. Los samnitas resisten, pero reciben más daño que hacen. Batiéndose estaban ya mucho tiempo, y había extraordinaria matanza en derredor de las enseñas de los samnitas, sin que ninguno huyese, tan empeñados estaban en que no les venciese más que la muerte; pero conociendo los romanos que comenzaban a flaquear sus fuerzas y que ya quedaba poca luz, arrebatados por la ira cierran con el enemigo. Entonces retrocede éste y se prepara a huir; en el acto se coge y se mata al samnita, y pocos habrían escapado si la noche no hubiese puesto término a la victoria, que ya no era combate. Confesaban los romanos que nunca habían luchado con enemigo más obstinado; y los samnitas, cuando les preguntaban por qué siendo tan resistentes habían huido, contestaban: "Que les pareció ver encendidos los ojos de los romanos, y que tuvieron miedo de sus rostros de locos y de sus furiosas bocas." Y este terror lo confesaron no solamente por el resultado del combate, sino que también por su retirada nocturna. Al día siguiente se apoderaron los romanos del campamento abandonado por el enemigo, y la multitud de los campanios acudió para darles gracias.

34. Pero muy poco faltó para que la alegría de esta victoria desapareciese ante una catástrofe en el Samnium. Porque el cónsul Cornelio, habiendo partido de Satícula, internó imprudentemente su ejército en un defiladero que se abría sobre un valle profundo, ocupado en todo su rededor por el enemigo, y solamente cuando era ya imposible la retirada vio al enemigo en las alturas. Mientras los samnitas esperan a que todo el ejército bajase al fondo del valle, el tribuno militar P. Decio vio en el desfiladero una colina elevada que dominaba el campamento enemigo, y cuyo acceso, demasiado rudo para soldados cargados de bagaje, era fácil para tropas ligeras. En consecuencia de esto, dirigiéndose al cónsul asustado le dijo: "A. Cornelio, ¿ves aquella eminencia que domina al enemigo? Aquella montaña que los samnitas han tenido la cegue-

dad de descuidar será la trinchera de nuestras esperanzas y de nuestra salvación si nos apoderamos en seguida de ella. Dame solamente los príncipes y los hastatos de una legión; cuando haya subido con ellos a la cumbre, avanza sin temor y ponte en seguridad con el ejército; porque teniendo al enemigo a nuestros pies y como blanco de nuestros golpes, no podrá moverse sin perderse. En cuanto a nosotros, nos sacará del empeño la fortuna del pueblo romano o nuestro valor." Alabado por el cónsul y con la fuerza pedida avanza con ellos cubierto por las malezas, no viéndole el enemigo hasta que estuvo muy cerca del sitio que quería ocupar. La sorpresa y el terror de los samnitas, fijos todos en él, dio tiempo al cónsul para llevar el ejército a terreno mejor, estableciéndose él en lc alto de la colina. Los samnitas, volviendo las enseñas primero a un lado y luego a otro, dejan escapar dos ocasiones: no pueden ya perseguir al cónsul a menos de penetrar a su vez en aquel valle, donde antes le tenían expuesto a sus dardos, ni hacer subir a sus tropas a aquella altura que ocupaba Decio encima de ellos. Pero la cólera les impulsa preferentemente contra los que les han arrebatado la probabilidad de la victoria, excitándoles la proximidad y el corto número de enemigos; en tanto quieren rodear por todos lados la colina para separar a Decio del cónsul; en tanto imaginan dejarle el camino expedito, con objeto de que baje al valle, donde le exterminarán. En estas vacilaciones les sorprendió la noche. Decio tuvo al principio esperanza de que subiesen hacia él y de poder batirles desde su elevada posición; pero muy pronto comenzó a extrañar no verles, ni arriesgar el ataque, ni al menos, si les detenía la desventaja de posición, rodearse de fortificaciones y parapetos. Entonces, llamando a los centuriones, les dijo: "¡Qué ignorancia de la guerra y qué pereza! ¿Cómo han podido esas gentes vencer a los sidicinos y a los campanios? Mirad sus enseñas: las llevan de derecha a izquierda, entran y salen y ninguno piensa en poner mano al trabajo, cuando podríamos estar rodeados ya de una trinchera. Tan insensatos seríamos como ellos si permaneciésemos aquí más tiempo del que nos conviene. Venid, pues, conmigo; aprovechemos lo que queda de día para reconocer dónde han colocado su guardia y si tenemos alguna salida." Cubierto con la túnica del soldado, y haciendo que los centuriones que le acompañaban tomasen traje de manipularios, para que el enemigo no comprendiese que hacían un reconocimiento los jefes, lo observó todo en derredor.

35. En seguida colocó centinelas e hizo dar a todos los demás esta consigna (tessera). "Cuando la bocina anuncie la segunda vigilia, los soldados se reunirán armados en derredor suyo." En cuanto, obedeciendo la orden, se reunieron siciosamente, les dijo: "Necesario es, soldados, que guardéis ese silencio escuchándome y prescindir de toda aclamación militar. Cuando haya expuesto mi pensamiento, los que lo aprueben pasarán sin ruido a mi derecha y seguiremos la opinión del mayor número. Ahora, oíd mi proyecto. No hemos venido huyendo a este punto donde nos rodea el enemigo, y tampoco permanecemos en él por cobardía; por vuestro valor os habéis apoderado de él, y con vuestro valor es necesario salir. Al venir aquí habéis salvado un hermoso ejército al pueblo romano; al salir de aquí os salvaréis vosotros mismos. Sois dignos de elogio cuando en tan corto número habéis socorrido tan bien

a tantos hombres y por no necesitar para vosotros el socorro de nadie. Tenemos que habérnoslas con un enemigo que pudo ayer destruir al ejército entero y no se le ocurrió aprovechar su fortuna; que no comprendió la ventaja de esta colina que amenaza su cabeza hasta que nos vio en ella; que a pesar de nuestro corto número, con sus millares de hombres no pudo impedirnos que subiésemos, ni cuando nos apoderamos de la posición aprovechar todo el día que le quedaba para encerrarnos por medio de una trinchera. Cuando de esta manera os burlabais de él, veía claro, vigilaba; ahora que está dormido es necesario, más aún, es indispensable que le burléis también. Porque tal es nuestra situación, que antes que aconsejaros os muestro una ley de la necesidad. En efecto, no se trata ahora de deliberar si debemos quedarnos o partir, ahora que la fortuna solamente os ha dejado las armas y el valor que sabe aprovecharlas; ahora que moriríamos de hambre y de sed si temiésemos el hierro más de lo que deben temerlo los hombres, y sobre todo los romanos. Así, pues, no podemos salvarnos más que partiendo de aquí; y es indispensable que esto sea de día o de noche. Ahora bien: este último partido es el más seguro; porque si esperamos el día, ¿cómo no temer que el enemigo nos rodee con una trinchera y un foso continuo, cuando, como sabéis, ha cercado ya con soldados la colina? Si pues, la noche puede servir para una evasión, esta hora de la noche es seguramente la más favorable. Ya estáis reunidos a la señal de la segunda vigilia y éste es el momento en que los mortales están sumidos en el sueño más profundo. Marchando entre esos cuerpos dormidos, nuestro silencio les ocultará el paso; y si despiertan, vuestros repentinos gritos les aterrarán. Seguidme ahora como ya me habéis seguido; por mi parte, seguiré la fortuna que me ha traído aquí. Los que en èste proyecto vean nuestra salvación que pasen a la derecha.

36. Todos pasaron y siguieron a Decio, que se dirigía por los intervalos que dejaban las guardias. Ya habían atravesado la mitad del campamento, cuando un soldado, al saltar por encima de los centinelas acostados y dormidos, chocó con un escudo. Al ruido despierta un centinela y empuja al inmediato quien se levanta llamando a los otros, sin saber si es grupo de los suyos o del enemigo; si es el destacamento que se escapa, o el cónsul que se apodera del campamento. No pudiendo Decio ocultarse más, manda gritar a los soldados y abate con el miedo a aquellos enemigos entorpecidos por el sueño, que no tienen fuerza ni para armarse con presteza, para resistir ni para perseguir. En medio del espanto y desorden de los samnitas, el grupo romano degüella las guardias que encuentra y marcha rápidamente hacia el campamento del cónsul. Aún quedaba algo de noche y podían creerse en seguridad al fin, cuando exclamó Decio: "¡Ánimo, soldados romanos, en todos los siglos se alabarán vuestra marcha a la colina y vuestro regreso! Mas para que pueda contemplarse tanto valor se necesita la luz del día: indigno sería de vosotros, siendo tan gloriosos, entrar en el campo a favor del silencio de la noche. Permanezcamos quietos aquí esperando el día." Siguieron el consejo, y en cuanto amaneció, envió al cónsul un mensajero que excitó inmensa alegría en el campamento: por medio de un tésera se anuncia al ejército la salvación y regreso de aquellos que, por la salvación de los demás, habían expuesto su vida a peligro cierto. En seguida todos a porfía salen a su encuentro,

les felicitan, les llaman separadamente y a todos juntos sus salvadores; glorifícase y dase gracias a los dioses; levántase al cielo a Decio, que recibe en el campamento una especie de triunfo, avanzando entre las filas al frente de sus soldados armados, atrayéndose todas las miradas y todos los aplausos del ejército, que igualaba al tribuno con el cónsul. Al llegar el pretorio, el cónsul mandó tocar la bocina para que se reuniese el ejército, y comenzaba un digno elogio de Decio, cuando éste mismo le interrumpió invitándole a disolver la asamblea, diciendo que era necesario suspender todo asunto, mientras se tenía en la mano la ocasión. Decidió, pues, al cónsul a atacar al enemigo, turbado todavía con la alarma de la noche y disperso por grupos en derredor de la colina. "Muchos también, añadió, enviados en persecución mía, deben vagar aquí y allá en el desfiladero." Las legiones reciben orden de empuñar las armas; salen del campamento, y como, gracias a los exploradores, se conocía mejor el terreno, marchan por mejor camino hacia el enemigo. Atácanle de improviso; los soldados samnitas, desparramados por todos lados, y la mayor parte sin armas, no pueden reunirse, ni armarse ni refugiarse detrás de sus empalizadas; asustados, son rechazados hacia su campamento, y el campamento mismo, cuyas guardias se aterran, cae en seguida en poder de los romanos. El grito de los romanos cundió en derredor de la colina y dispersó todas las guardias que la ocupaban; de manera que considerable número cedió el puesto a un enemigo que ni siquiera había visto. Los que el miedo llevó al interior de las empalizadas (eran cerca de treinta mil) fueron exterminados y el campamento saqueado. ,

37. Realizado esto, el cónsul reunió el ejército, y no solamente terminó el comenzado elogio de Decio, sino que añadió otras alabanzas por aquella nueva hazaña, y además de los acostumbrados regalos militares, diole una corona de oro, cien bueyes y además otro extraordinariamente blanco y hermoso con los cuernos dorados. A los soldados que le habían acompañado se les señaló a perpetuidad doble ración de trigo, y por una vez un buey y dos túnicas a cada uno. Después del cónsul, queriendo las legiones recompensar también a Decio, le colocaron en la cabeza entre aclamaciones y aplausos la corona obsidional de musgo, y su destacamento le ciñó otra corona, signo de igual honor. Adornado con estas insignias, sacrificó a Marte el buey blanco y regaló los otros ciento a los soldados que le habían acompañado en su expedición. Las legiones distribuyeron a cada soldado de aquellos una libra libra de harina y un sextario de vino; se ofrecieron todos estos dones con extraordinaria alegría, en medio de las aclamaciones del ejército, testimonios del universal asentimiento. Otro combate se libró cerca de Suesula, donde el ejército de los samnitas, derrotado por Valerio, habiendo llamado a la juvetnud más vigorosa de su país, quiso probar fortuna con el último esfuerzo. De Suesula llegaron a Capua correos aterrados y se expidieron jinetes al cónsul Valerio para implorar socorro. En el instante mismo levantaron las enseñas, dejan en el campamento los bagajes bajo la custodia de fuerte guarnición, avanzan apresuradamente, y cerca del enemigo, en territorio poco extenso, pero suficiente para una tropa que solamente llevaba caballos de combate, sin bestias de carga ni bagajeros, se coloca el campamento. Creyendo los samnitas que se iba a librar el combate, se forman en batalla; pero como nadie acude a su encuentro,

avanzan insolentemente sus enseñas hasta el pie del campamento enemigo. En cuanto vieron al soldado en las trincheras, y se enteraron por medio de exploradores enviados en todos sentidos de lo pequeño que era el campamento, de lo que debían deducir lo poco numeroso del enemigo, todo el ejército exclamó que era necesario cegar los fosos, arrasar las empalizadas, y penetrar en el campamento, y esta temeridad hubiese terminado la guerra, a no contener los jefes el arrebato de los soldados. Por lo demás, como aquella multitud, tan difícil de mantener durante su permanencia en Suesula, y después esperando el combate, había consumido casi todos sus recursos, discurrieron, mientras el temor tenía encerrado al enemigo, enviar sus soldados a recoger trigo por los campos: entre tanto el romano, que para caminar de prisa no había tomado más trigo del que podía llevar con sus armas, concluiría por carecer de todo. Viendo el cónsul disperso por el campo al enemigo y desguarnecidas sus guardias, arenga en pocas palabras a sus soldados y les lleva al ataque del campamento. Habiéndose apoderado de él al primer grito, al primer asalto, y habiendo perecido mayor número de enemigos en las tiendas que en las puertas y en las empalizadas, mandó reunir en montón las enseñas cogidas. Dejando en seguida dos legiones para guardar y defender lo conquistado, con orden expresa de abstenerse de todo pillaje hasta su regreso y marchando en buen orden hacia los samnitas, cuando la caballería, que había partido delante, había reunido como en una red todas sus bandas dispersas hizo gran matanza en ellos; porque en su terror no sabían ni a qué señal reunirse, ni si regresarían al campamento o si huirían aún más lejos. Tales fueron la derrota y espanto, que llevaron al cónsul más de cuarenta mil escudos, aunque el número de muertos no fuese tan considerable, y ciento setenta enseñas, además de las que habían cogido en el campamento. En seguida regresaron al campamento enemigo y se entregó todo el botín a los soldados.

38. El resultado de esta campaña llevó a los faliscos, que solamente disfrutaban de una tregua, a pedir un tratado al Senado, y a los latinos, que acababan de levantar tropas contra Roma, a volverlas contra Peligno. La fama de estas hazañas traspasó los límites de Italia, y los cartagineses enviaron legados a Roma para felicitarla y regalarle una corona de oro, con objeto de que fuese colocada en el Capitolio, en el santuario de Júpiter; aquella corona pesaba veinticinco libras. Los dos cónsules triunfaron de los samnitas, siguiéndoles Decio con todo el brillo de su gloria y de sus recompensas, y en los rudos cánticos de los soldados no era menos alabado el nombre del tribuno que los de los cónsules. Recibiéronse en seguida legados de Capua y de Suesula; y a ruego suyo, se les enviaron tropas para invernar y rechazar las invasiones de los sanmitas. Aquella estancia era funesta ya para la disciplina militar; Capua con sus placeres blandeó el corazón de los soldados y les separó del recuerdo de la patria; así, pues, en los cuarteles de invierno formaron el proyecto de arrebatar por un crimen Capua a los campesinos, que de la misma manera la arrebataron a sus antiguos poseedores. "Con razón, decían, se volverá contra ellos su propio ejemplo. ¿Por qué este territorio, el más hermoso de talia, y esa ciudad, tan digna de su territorio, ha de pertenecer a los campanios, que no saben defender ni sus personas ni sus bienes, y no a este ejér-

cito victorioso, que ha dado su sudor y su sangre para expulsar a los samnitas? ¿Es justo que los súbditos disfruten de un territorio tan fértil y delicioso, mientras que ellos, fatigados con la guerra, continuarán luchando en los alrededores de Roma contra un suelo árido y pestilente, o en la misma Roma contra un mal persistente y que aumenta de día en día, como es la usura?" Estos proyectos agitados en reuniones secretas y que todavía no habían traspirado al exterior, fueron descubiertos por el nuevo cónsul C. Marcio Rutilo, a quien había tocado en suerte la provincia de Campania y que había dejado en Roma a su colega Q. Servilio. Habiendo sabido por los tribunos cómo se habían formado aquellas tramas, y aleccionado por la edad y la experiencia (porque era cónsul por cuarta vez y había sido dictador y censor), creyó que el mejor partido para impedir la ejecución de aquel proyecto sería dejar a los soldados la esperanza de realizarlo cuando quisieran y enfriar así su ardor. Con este objeto difundió el rumor de que al año siguiente pasarían también el invierno en los mismos puntos; porque se encontraban repartidos en los diferentes pueblos de la Campania, y desde Capua se había extendido la conjuración por todo el ejército. Con más espacio para sus proyectos, la conjuración se contuvo por entonces.

39. El cónsul sacó sus tropas a campaña, y no teniendo nada que temer de los samnitas, decidió purgar el ejército despidiendo a los más turbulentos; expulsando a unos so pretexto de que habían cumplido su tiempo de servicio, a otros como demasiado ancianos y poco fuertes, y a otros con licencia, primero uno a uno, después por cohortes enteras, pretextando que no debían pasar el invierno alejados de sus familias y de sus negocios. Alegando también las necesidades del ejército, les dirigía hacia diferentes puntos, desembarazándose así de considerable número. Éstos llegaron juntos a Roma, donde el otro cónsul y el pretor pretextaban diferentes motivos para retenerles. Al principio, ignorando que les engañaban, alegrábanse mucho de volver a ver sus hogares; pero cuando vieron que los que partieron primero no regresaban a las enseñas y que solamente despedían a los que habían invernado en la Campania, y especialmente a los jefes de la expedición, comenzaron por extrañarlo, y después temieron que sus proyectos estuviesen descubiertos. "Ahora tendrían que sufrir los interrogatorios, las delaciones, las ejecuciones secretas y aisladas y al fin la tiranía insolente y cruel de los cónsules y de los patricios." Éstos eran los rumores que difundían en sus reuniones secretas los que habían permanecido en el campamento y que veían aquel haz de la conspiración disperso por el artificio del cónsul.

Una cohorte que se encontraba cerca de Anxur marchó a apostarse cerca de Lantulas, en estrecho desfiladero, entre el mar y las montañas, con objeto de recoger al paso a los que licenciaba el cónsul, como ya se ha dicho, bajo diferentes pretextos. Aquella tropa era ya bastante considerable por el número, y para ser verdadero ejército no le faltaba más que un jefe. Sin orden y saqueando llegaron a territorio albano y se encerraron en un campamento fortificado al pie del declive de Alba Longa. Terminado este trabajo, ocuparon el resto del día en debatir la elección de general, pero no se atrevieron a confiar en ninguno de ellos: "¿A quién podrían llamar de Roma ¿Quién, patricio o plebeyo, consentiría de buen grado en exponerse a tan extraordinario peligro, o a tomar a su cargo, sin hacerle traición, la causa de un ejército que se había comportado con tanta demencia?" A la mañana siguiente, cuando continuaban deliberando sobre el mismo asunto, algunos merodeadores se enteraron en sus excursiones y trajeron la noticia de que T. Quincio se encontraba cultivando sus campos cerca de Túsculum, y allí olvidaba la ciudad y los honores. Este varón, de familia patricia, había guerreado gloriosamente por mucho tiempo; pero herido en un pie y quedando cojo, habíase retirado del servicio y se había decidido por vivir en el campo, alejado de las intrigas y del Foro. En cuanto se oyó su nombre, se reconoció al hombre que se necesitaba, y se decidió, no pudiéndose hacer cosa mejor, ir a buscarle; mas como no podía esperarse obtener su consentimiento, se convino conseguirle por fuerza o por temor. Así, pues, en el silencio de la noche, los soldados encargados de aquella misión penetraron en la casa donde dormía profundamente Quincio; apoderáronse de él, diciéndole que no hay medio, o acepta el mando y el honor que le ofrecen, o muere si resiste o rehúsa seguirles, y le arrastran al campamento. A su llegada le proclaman general, le revisten con las insignias de esta dignidad, y asustado aún por aquel acontecimiento tan inesperado, le mandan llevarles a Roma. En seguida, cediendo a su propio ardor y sin consultar a su jefe, levantan las enseñas y llegan desordenadamente a la octava piedra de la vía que hoy se llama Apia, y hubiesen continuado sin detenerse hasta la ciudad, a no enterarse que mandaban contra ellos un ejército con M. Valerio Corvo, nombrado expresamente dictador, y L. Emilio Mamertino, jefe de los caballeros.

40. Cuando se encontraron en presencia de aquellas armas, de aquellas conocidas enseñas, el recuerdo de la patria calmó todos los odios. No tenían valor todavía para derramar la sangre de sus conciudadanos; no conocían otra guerra que la extranjera, y sus furores más grandes solamente llegaban a una retirada a mano armada. Así, pues, de una y otra parte, jefes y soldados solamente buscaban medio para acercarse y entenderse. Cansado Quincio de empuñar las armas hasta en favor de la patria, estaba muy lejos de querer utilizarlas en contra de ella. Corvo, que amaba a todos sus conciudadanos, especialmente a los soldados y sobre todo a su ejército, se adelantó para hablar. Reconociéronle los rebeldes, y en seguida, penetrados de tanto respeto como los suyos, le prestaron silencio: "Soldados, dijo, al partir de la ciudad he implorado a los dioses inmortales, esos dioses de la patria, que son los vuestros y los míos; en mis súplicas les he pedido como una gracia, no la victoria sobre vosotros, sino la gloria de atraeros a buen acuerdo. He tenido, y tendré muchas veces todavía, ocasión de conquistar fama en la guerra; aquí solamente quiero conquistar la paz. Esta súplica, que dirigía humildemente a los dioses inmortales, de vosotros depende que se realice; solamente tenéis que recordar que no acampáis en el Samnium ni entre los volscos, sino en territorio romano; que esas colinas que veis son vuestra patria, esos soldados vuestros conciudadanos; que yo, en fin, soy vuestro cónsul, bajo cuyas órdenes y auspicios derrotasteis dos veces el año pasado las legiones samnitas y dos veces tomasteis por asalto su campamento. Yo soy M. Valerio Corvo, soldados, que solamente os ha hecho conocer su nobleza por sus beneficios, no por ultrajes; que no ha aconsejado contra vosotros ninguna ley despótica, nin-

gún senatus-consulto riguroso; que siempre, en sus diferentes mandos, ha sido más severo para sí mismo que para vosotros. Sin embargo, si el linaje, si el valor, si la grandeza, si las dignidades han podido enorgullecer alguna vez a un hombre, tal es mi origen, tales pruebas he dado de mí, a tal edad había obtenido el consulado, que siéndolo a los veintitrés años, hubiese podido tratar con orgullo, no solamente a los plebeyos, sino a los mismos patricios. ¿Me habéis visto, siendo cónsul, obrar o hablar con más dureza que cuando era tribuno? De la misma manera obré durante mis otros dos consulados, y así obraré también en esta dictadura soberana, y no tendré para esos soldados, que son los míos y de la patria, más benevolencia que para vosotros, que sois, ¡horror me causa decirlo!, mis enemigos. Necesario será que empuñéis el hierro contra mí antes que yo contra vosotros. De vuestro lado partirá la señal; de vuestro lado partirá el grito de guerra y comenzará el ataque, si hemos de pelear. Decidíos a hacer lo que no osaron vuestros padres y antepasados, ni los que se retiraron al monte Sacro, ni los que después acamparon en el Aventino. Esperad que, como en otro tiempo con Coriolano, las madres y las esposas, suelto el cabello, vengan de la ciudad a imploraros. Entonces las legiones de los volscos, porque tenían un jefe romano, se detuvieron; y vosotros, que sois todos romanos, ¿no renunciaréis a esta guerra impía? T. Quincio, de cualquier manera que te encuentres ahí, de grado o por fuerza, si se traba el combate, retírate a las últimas filas: más gloria conquistarás huyendo, volviendo la espalda ante un ciudadano, que combatiendo contra la patria. Si, por el contrario, tratamos de la paz, será bello, será glorioso para ti permanecer en la primera fila para ser intérprete de esta afortunada mediación. Pedid y proponed cosas justas; y mejor es escuchar proposiciones hasta injustas, que levantar manos impías unos contra otros."

41. T. Quincio, con los ojos bañados en lágrimas, se volvió hacia los suyos: "Yo también, soldados, dijo, si puedo serviros, me encontraréis mejor jefe para la paz que para la guerra. No es a un volsco, a un samnita, sino a un romano al que acabáis de oír; es vuestro cónsul, es vuestro general. En provecho vuestro habéis experimentado lo que valen sus auspicios; cuidad de no reconocerlo a costa vuestra. Para combatiros sin piedad, tenía el Senado otros jefes; pero porque éste había, más que ningún otro, de contemplar en vosotros sus antiguos soldados, y porque vosotros habíais de tener más confianza en vuestro antiguo general, le ha elegido. Los mismos que pueden vencer quieren la paz. ¿Podremos nosotros querer otra cosa? Renunciemos a la ira y la ambición, engañosos consejeros, y abandonémonos nosotros y nuestros intereses a una bondad tan conocida."

Aprobando todos a gritos, T. Quincio avanza al frente de las enseñas y declara que los soldados están desde luego a las órdenes del dictador: exhórtale a que proteja la causa de aquellos desgraciados ciudadanos y a que les defienda con aquella lealtad que mostró siempre en los asuntos de la república. "En cuanto a él particularmente, nada teme, confiando en su inocencia. Pero implora para los soldados lo que el Senado concedió una vez al pueblo y otra a las legiones, que no se les castigue por aquella defección." Después de colmar de elogios a Quincio y exhortar a los otros a confiar, el dictador corrió a caballo hasta Roma, y con el consentimiento del Senado consiguió del pueblo, en el bosque Petelino, que no se perseguiría a los soldados por la defección. También pidió como gracia a los romanos que ninguno, ni jocosa ni seriamente, les dirigiese censuras. Además se dio una ley sagrada para que no se pudiese borrar sin su consentimiento el nombre de ningún soldado una vez inscrito; añadiéndose a la ley que ninguno, después de haber sido tribuno de legión, podría ser jefe de centuria. Esta adición la pidieron los conjurados por causa de P. Salonio, que era alternativamente un año tribuno de legión y otro primer centurión, lo que ahora se llama primipilario. Los soldados le querían mal porque constantemente había combatido sus proyectos de sublevación y huido de Lantulas para no ser cómplice suyo; así fue que por consideración a Salonio, el Senado les negaba este artículo; pero habiendo suplicado Salonio a los Padres conscriptos que atendiesen más a la paz y a la unión de la ciudad que a su honor personal, consiguió la sanción. Las tropas pidieron con igual impetuosidad que se redujese el sueldo de los jinetes (triple entonces del de los infantes) porque habían sido contrarios a la sublevación.

42. Además de estas cosas encuentro en algunos autores que el tribuno del pueblo L. Genuncio, presentó una ley contra la usura; después, que se prohibió por otros plebiscitos ejercer dos veces la misma magistratura en el espacio de diez años y desempeñar dos en el mismo año, y al fin se pidió que se pudiesen crear dos cónsules plebeyos. Por todas estas concesiones, si se otorgaron al pueblo, parece que la sublevación tenía considerables fuerzas.

Según otros anales, Valerio no fue nombrado dictador, y los cónsules reprimieron la conjuración. Tampoco fue antes de llegar a Roma, sino en la ciudad misma, donde aquella multitud levantó las armas: no fue T. Quincio en su casa de campo, sino C. Manlio en su casa de la ciudad, a quien los soldados asaltaron de noche, apoderándose de él para nombrarle jefe; desde allí marcharon a cuatro millas de Roma a establecerse en un punto fortificado. Tampoco fueron los generales los que primeramente propusieron la paz, sino los dos ejércitos, que repentinamente, puestos en presencia y preparados a combatir, se saludaron; entonces se confundieron las filas, los soldados se estrecharon las manos, se abrazaron llorando, y los cónsules, viendo que las tropas se negaban a combatir, tuvieron que acudir al Senado rogándole que aprobase aquella reconciliación. Así, pues, el único hecho cierto en los antiguos autores es que estalló una sublevación y que fue reprimida. El rumor de esta sedición y de la peligrosa guerra emprendida contra los samnitas separó algunos pueblos de la alianza con Roma, y sin mencionar a los latinos, desde mucho tiempo infieles a los tratados, los privernatos invadieron repentinamente en sus cercanías Norba y Secia, colonias romanas que devastaron.

LIBRO OCTAVO

Sumario: Defección de los latinos y campanios.—Muerte del pretor latino Annio.—El cónsul T. Manlio manda decapitar a su hijo.—Sacrificio de P. Decio.—Sumisión de los latinos.—Regreso de T. Manlio a Roma.—Condenación de la vestal Minucia.—Derrota de los ausonios.—Toma de Cales y establecimiento de una colonia.—Envíase otra colonia a Fregelas.—Señoras romanas envenenadoras.—Ley contra el envenenamiento.—Sublevación de los privernatos.—Rendición de los palepolitanos.—Triunfo de Q. Publilio.—Derechos de los acreedores.—Ocasión de la reforma de estos derechos.—Dictadura de L. Papirio Cursor.—Victoria de Q. Fabio.—Cuestiones con el dictador Papirio.—Diferentes triunfos de los romanos contra los samnitas.

1. Estaban ya desempeñando el cargo los nuevos cónsules C. Plaucio por segunda vez y L. Emilio Mamercino. cuando los habitantes de Secia y de Norba vinieron a anunciar a Roma la defección de los privernatos y a quejarse de los desastres de que habían sido víctimas. Difúndese también la noticia de que el ejército de los volscos, con los anziatos al frente, se ha situado cerca de Satricum. Ésta doble guerra tocó en suerte a Plaucio, quien dirigiéndose primeramente a Priverna trabó en seguida el combate. Sin grande esfuerzo fue derrotado el enemigo, tomada la ciudad y devuelta en seguida a los privernatos, a condición de que quedaría en ella fuerte guarnición. Despojóseles de dos terceras partes de su territorio; y desde allí, el ejército victorioso se dirigió a Satrica contra los anziatos, trabándose allí por ambas partes lucha terrible con espantosa carnicería. Una tempestad que sobrevino en el momento preciso en que la esperanza del éxito era incierta aún, separó a los combatientes; los romanos, sin debilitarse en nada por un combate cuyo resultado era tan dudoso, se preparaban para comenzar otra vez al día siguiente; pero los volscos, habiendo contado los hombres que dejaban en el campo de batalla, no se encontraban con valor para ensayar de nuevo sus fuerzas; de noche, como vencidos, precipitadamente y en desorden, abandonando sus heridos y una parte de sus bagajes, huyeron a Anzio. Encontróse gran cantidad de armas entre los cadáveres enemigos y hasta en el campamento; el cónsul dijo que hacía homenaje de ellas a Lua Madre, y después se dedicó a talar el territorio enemigo hasta la orilla del mar. El otro cónsul, Emilio, que había entrado en el Samnio, no encontró en ninguna parte para resistirle ni campamento ni las legiones de los samnitas; y ya paseaba el hierro y la antorcha por sus campos, cuando llegaron a pedir la paz legados samnitas. Enviados por el cónsul al Senado, obtuvieron permiso para hablar, y deponiendo entonces su natural altivez, suplicaron al Senado les concediese la paz para ellos y el derecho de hacer la guerra a los sidicinos; petición tanto más justa, cuanto que en la prosperidad y no en la desgracia, como los campanios, solicitaron la amistad del

pueblo romano; que era contra los sidicinos, sus enemigos de todo tiempo y jamás amigos del pueblo romano, contra los que querían empuñar las armas; que este pueblo, por otra parte, no había solicitado, como los samnitas, su amistad durante la paz, ni como los campanios, su auxilio en la guerra; que además no estaba bajo la protección ni bajo el dominio de Roma.

2. Habiendo sometido el pretertor T. Emilio a la deliberación del Senado la petición de los samnitas, y habiendo opinado los padres que era necesario renovar el tratado, el pretor contestó a los samnitas: "Que no ha dependido del pueblo romano que su alianza con ellos no fuese duradera; nada, sin embargo, se opone, puesto que están cansados de la guerra, que ellos solos han provocado, a que se restablezcan entre los dos pueblos relaciones de buena amistad. En cuanto a lo que se refiere a los sidicinos, no hay obstáculo para que el pueblo samnita sea libre en ejecutar su derecho de paz y de guerra." Una vez concluido el tratado y ellos de regreso en su país, el ejército romano lo evacuó en seguida, después de recibir un año de sueldo y tres meses de víveres, condición que había impuesto el cónsul por la tregua convenida hasta el regreso de los legados. Entonces los samnitas, con las mismas tropas que habían opuesto al ejército romano, marcharon contra los sidicinos, esperando apoderarse en seguida de su ciudad. Los sidicinos, por su parte, trataron primeramente de entregarse a los romanos; pero como los senadores rechazaron aquel ofrecimiento demasiado tardío y arrancado por la necesidad, se entregaron a los latinos, quienes espontáneamente habían empuñado ya las armas. Los campanios mismos, recordando más el ultraje de los samnitas que el socorro de los romanos, se asociaron también a esta guerra. De todos estos pueblos reunidos se formó un solo e inmenso ejército, que bajo la dirección de un latino invadió el Samnio, causando allí más daño con sus devastaciones que con los combates que libró; y aunque vencedores en todos los encuentros los latinos, por no tener que combatir sin cesar, se retiraron voluntariamente. Esta circunstancia dio tiempo a los samnitas para enviar legados a Roma, quienes se presentaron al Senado quejándose de sufrir lo mismo siendo aliados que enemigos de Roma. Después, con la mayor humildad, ruegan a los romanos "se contenten con haberles arrancado su victoria sobre los campanios y los sidicinos, y que no les dejen vencer por los enemigos más cobardes. Si los latinos y los campanios están bajo el dominio de los romanos, en virtud de su soberanía puede Roma prohibirles el territorio samnita; y si no reconocen esta soberanía, contenerlos al menos con la fuerza de las armas". Estas quejas solamente obtuvieron vaga respuesta, porque les repugnaba confesar que los latinos no estaban ya bajo la autoridad de Roma, y podía temerse que las reconvenciones los indispusiesen para siempre. "En cuanto a los campanios, su posición es muy diferente, puesto que no por tratado, sino por cesión, están bajo el patronato de Roma. Así, pues, los campanios, quieran o no, permanecerán quietos; pero nada hay en el tratado con los latinos que les prohíba guerrear con quienes les plazca."

3. Esta contestasión, que dejaba inciertos a los samnitas acerca del partido que iba a tomar Roma, asustó y concluyó por alejar a los campanios; pero los latinos, como si los romanos renunciasen a todo derecho sobre ellos, se hicieron más altivos. Así, pues, bajo pretexto de preparativos de guerra contra los samnitas, celebraron fre-

cuentes asambleas; y en todas sus deliberaciones los jefes se concertaron para madurar secretamente sus proyectos de guerra contra Roma. Hasta los mismos capanios estaban en estas deliberaciones contra sus libertadores. Pero a pesar de su cuidado por ocultarlo todo, y aunque querían, antes de provocar a Roma, deshacerse de los samnitas, que los amenazarían por la espalda, algunos latinos, unidos a los romanos por lazos particulares de hospitalidad y amistad, dejaron escapar indicios de aquella conjuración. Los cónsules recibieron orden de abdicar antes de tiempo, porque era el medio de nombrar otros más pronto, para soportar el peso de tan importante guerra. Pero se oponía una exigencia religiosa a que reuniesen los comicios aquellos cuya autoridad se encontraría por este hecho mismo tan restringida. Entonces comenzó un interregno, habiendo dos interreyes, M. Valerio y M. Fabio; en seguida se nombró cónsules a T. Manlio Torcuato por tercera vez y a P. Decio Mus. Esto fue el año en que Alejandro, rey de Epiro, abordó a Italia con su flota, según parece cierto; y si al principio hubiese conseguido bastante éxito, sin duda habría llevado su expedición hasta Roma. También fue esta la época de las hazañas del Grande Alejandro, de aquel príncipe hijo de la hermana del primero que, en otra parte del mundo, joven aún y nunca vencido, sucumbió en una enfermedad al capricho de la fortuna. Por lo demás, aunque los romanos no dudasen ya de la defección de sus aliados y de los pueblos latinos, fingieron ocuparse de los samnitas y no de ellos, llamando a Roma a diez jefes latinos para manifestarles su propósito. Había entonces en el Lacio dos pretores, L. Annio Setino y L. Numisio Circeyense, ambos colonos romanos, y que además de Signia y Velitres, colonias romanas también, habían arrastrado a los volscos a la guerra. Resolvióse llamarlos en particular, pero ni el uno ni el otro pudieron engañarse acerca del objeto del llamamiento. Así, pues, estos dos pretores reunieron antes de su marcha el consejo común para informarle de la orden que les llevaba a Roma, y sujetar a deliberación la respuesta que habían de dar a lo que suponían habían de preguntarles.

4. No opinando todos de igual manera, dijo Annio: "Aunque yo mismo he sometido a discusión la respuesta que se debe dar, estoy sin embargo convencido de que es mucho más importante para nosotros ocuparnos de lo que hemos de hacer que de lo que hemos de decir. Una vez adoptada una resolución, fácil será acomodar las palabras a las cosas. Porque si todavía hoy, aliados en la apariencia, podemos soportar no ser realmente más que esclavos, ¿por qué vacilar en hacer traición a los sidicinos, en someternos a la voluntad, no solamente de los romanos, sino también de los samnitas, en contestar a Roma que a la menor indicación suya depondremos las armas? Pero si pesa en vosotros el recuerdo de la libertad perdida; si existe un tratado; si en una alianza hay igualdad de derechos; si somos consanguíneos de los romanos, lo cual ocasionaba antes nuestra vergüenza y hoy debe formar nuestra gloria; si este ejército social es de tal manera para ellos que duplican sus fuerzas reuniéndolo al suyo, y que sus cónsules, para emprender o terminar sus guerras, no quieren separarse de él, ¿por qué no es todo igual entre nosotros? ¿Por qué no se nombra uno de los cónsules entre los latinos? Donde se participa de la fuerza debe participarse del poder. Y no es ciertamente pretender demasiado, cuando consentimos que Ro-

ma sea la capital del Lacio. Sin embargo, estas pretensiones podrán parecer excesivas, gracias a nuestra larga paciencia. Si alguna vez habéis deseado ocasión de asociaros al imperio y de reconquistar la libertad, ahora se os presenta, traída por vuestro valor y por la bondad de los dioses. Habéis puesto a prueba la paciencia de los romanos al negarles nuestros soldados: ¿quién dudaba que no estallase entonces su enojo cuando destruíamos una costumbre de más de doscientos años? Sin embargo, soportaron la afrenta. En nuestro propio nombre hemos hecho la guerra a los pelignos; y esos amos, que antes llegaban hasta no permitirnos defender por nosotros mismos nuestras fronteras, no se opusieron a ello. Los sidicinos se han colocado bajo nuestra protección; los campanios los han dejado para venir a nosotros; nuestro ejército se prepara para marchar contra los samnitas, unidos con ellos por un tratado; lo saben y ni siquiera han salido de su ciudad. ¿De qué procede tanta moderación sino del conocimiento que tienen de nuestras fuerzas y de las suyas? Tengo datos ciertos de que en su contestación a las quejas de los samnitas contra nosotros, el Senado no ha temido dejar ver que Roma no pretendía ya tener a los latinos bajo su dominio. Entrad, pues, en posesión de lo que tácitamente os conceden. Si el temor os impide hablar, aquí me tenéis; yo mismo, delante del pueblo romano, delante del Senado y hasta de ese Júpiter, que habita en su Capitolio, me obligo a decirles que si quieren tenernos por aliados y amigos es necesario que en adelante reciban de nosotros uno de los cónsules y una parte del Senado." A estas palabras de Annio, que no solamente daba un consejo atrevido, sino que prometía obrar, oyóse universal grito de aprobación, encargándole hacer y decir todo cuanto le inspirara el interés general del nombre latino y su conciencia.

5. Cuando llegaron los legados a Roma les recibió el Senado en el Capitolio. Allí, el cónsul T. Manlio, autorizado por el Senado, entró en discusión con ellos, para comprometerles a no hacer la guerra a los samnitas ligados a Roma por un tratado. Entonces Annio, como vencedor y dueño del Capitolio por derecho de conquista, y no como legado bajo la salvaguardia del derecho de gentes, se expresó así: "Manlio y vosotros, padres conscriptos, ya era tiempo de que no obraseis con nosotros como amos, cuando veis al Lacio tan poderoso por sus armas y soldados, gracias a la bondad de los dioses, a sus victorias sobre los samnitas, a su alianza con los sidicinos y los campanios, a la reciente unión de los volscos y también a la preferencia que nos han dado sobre vosotros vuestras antiguas colonias. Pero como por vosotros mismos no podéis poner término a vuestro insaciable deseo de reinar, aunque por la fuerza de las armas podemos asegurar la libertad del Lacio, venimos por consideración a los lazos de sangre que nos unen a proponeros la paz en condiciones iguales para los dos pueblos, puesto que los dioses inmortales han querido hacernos iguales en fuerzas. En adelante se elegirá un cónsul en Roma y otro en el Lacio; el Senado se formará por partes iguales de una y otra nación; no habrá más que un solo pueblo, una sola república, y con objeto de que la sede del imperio sea la misma, que tampoco haya más que un nombre para todo; pero como en esto una de las dos partes ha de ceder necesariamente a la otra, en interés de todos, vuestra ciudad será preferentemente la patria común y todos llevaremos el nombre de romanos." Quiso la casualidad que en aquella época pu-

diese oponer Roma a Annio un hombre igualmente impetuoso, el cónsul T. Manlio, quien no pudiendo contener la cólera, declaró en seguida: "Que si los padres conscriptos cometiesen la locura de recibir la ley de un hombre de Secia, vendría al Senado armado con una espada, y mataría con su propia mano a todo latino que encontrase en la curia." Y volviéndose en seguida hacia la estatua de Júpiter: "Oye estas blasfemias, ¡oh, Júpiter! ¡Oídlas vosotros también, Derecho y Justicia! ¡Extranjeros por cónsules, extranjeros por senadores! ¡Y en tu templo inaugurado, oh, Júpiter, tú debes presenciarlo! ¡Tú mismo cautivo, tú mismo oprimido! ¿Son éstos los tratados de Tulo, rey de Roma, con los albanos, vuestros ascendientes, oh, latinos? ¿Son éstos los que más adelante ajustó con vosotros L. Tarquino? ¿No recordáis ya la batalla del lago Regilo? ¿Y vuestras antiguas derrotas y nuestros antiguos beneficios, todo lo habéis olvidado?"

6. Muestras de la indignación de los senadores siguieron al discurso del cónsul. Refiérense que durante las reiteradas súplicas de los cónsules que invocaban los dioses testigos de los tratados, Annio pronunció palabras despreciativas para la divinidad del Júpiter romano. Pero lo cierto es que en su cólera, y habiéndose lanzado bruscamente fuera del vestíbulo del templo, cayó sobre las gradas, se hirió gravemente en la cabeza y rodó hasta abajo con tal violencia que quedó aturdido. Según los historiadores, expiró en el acto; pero como no están todos conformes en este punto, nada afirmo, como tampoco acerca de aquel formidable trueno seguido de tempestad en el instante de la apelación a los dioses contra la violación de los tratados. Todo esto puede ser verdadero; pero también puede ser una ficción imaginada para expresar con mayor viveza el enojo de los dioses. Torcuato, enviado por el Senado para despedir a los legados, al ver a Annio tendido en el suelo, exclamó bastante alto para que le oyesen el pueblo y los senadores; "¡Bien está! ¡Esta guerra es justa, los dioses mismos la quieren! ¡Hay un dios en el cielo! ¡Sí, tú existes, oh, Júpiter! ¡No en vano te proclamamos padre de los dioses y de los hombres en esta mansión consagrada a tu culto! ¿Por qué tardáis, oh, romanos, por qué tardáis, padres conscriptos, en tomar las armas, cuando los dioses marchan delante de vosotros? Así os entregaré las legiones latinas como el legado que veis tendido a vuestros pies." El pueblo aplaudió este lenguaje del cónsul; y tan excitados se encontraban los ánimos, que menos por el respeto al derecho de gentes que el de los magistrados encargados por el cónsul de acompañar a los legados a su partida, les protegió de la cólera y arrebato de la multitud. El Senado dio también su consentimiento para la guerra; y los cónsules, con dos ejércitos que acababan de levantar, emprendieron la marcha por el territorio de los marsos y de los pelignos, reuniéronse al ejército de los samnitas, y establecieron su campamento delante de Capua, donde se habían reunido ya los latinos y sus aliados. Dícese que allí tuvieron los dos cónsules, mientras dormían, la misma visión; aparecióseles un hombre más corpulento de lo natural, de exterior imponente y majestuoso, que les dijo: "Un general por un lado y por el otro un ejército se deben a los dioses Manes y a la madre Tierra; el general de una de las dos naciones; el general que sacrifique las legiones enemigas y él mismo se sacrifique después, dará la victoria a su pueblo y su partido." Los cónsules se comunicaron respectivamente su visión nocturna, y para aplacar la cólera

de los dioses decidieron sacrificar víctimas, a fin de que si las entrañas daban presagios conformes a lo que habían visto en sueños, uno de los dos cónsules cumpliría el fallo del destino. Las contestaciones de los arúspices concordaron con las secretas impresiones religiosas que embargaban sus ánimos. Convocaron, pues, a los legados y a los tribunos, les expusieron francamente el fallo de los dioses, y para que la muerte voluntaria de uno de los cónsules no infundiese temor en el ejército durante el combate, convinieron en que en el lado en que el ejército romano comenzara a ceder, el cónsul se sacrificaría por el pueblo romano y los caballeros. Hablóse también de disciplina en el consejo; si en alguna guerra había sido necesaria la mayor severidad en el mando y que se devolviese a la disciplina militar su antiguo rigor, era en la presente. Hacía indispensable esta precaución el temor del enemigo que iban a combatir; eran los latinos, cuyo lenguaje, costumbres, armas, instituciones, especialmente las militares, tan conformes estaban con las de los romanos; de soldados a soldados, de centuriones a centuriones, de tribunos a tribunos la semejanza era completa; eran compañeros, colegas que se habían encontrado juntos en las mismas guarniciones, frecuentemente en los mismos manípulos. Así, pues, para evitar equivocaciones en los soldados, los cónsules prohibieron terminantemente en un edicto que se atacase al enemigo fuera de las filas.

7. La casualidad hizo que entre los prefectos de la caballería enviados para practicar reconocimientos en todos sentidos se encontrase T. Manlio, hijo del cónsul, que con sus soldados rebasó el campamento de los enemigos, de tal suerte, que se encontró a menos de tiro de flecha de la primera guardia, compuesta de jinetes tusculanos y mandada por Gemino Mecio, distinguido entre los suyos por su nacimiento y su valor. En cuanto éste vio a los jinetes romanos y reconoció a su frente al hijo del cónsul (porque todos se conocían, especialmente las personas ilustres), exclamó: "¿Acaso venís los romanos con una turma sola a hacer la guerra a los latinos y sus aliados? ¿Qué van a hacer entre tanto vuestros cónsules y vuestros dos ejércitos consulares?" "Vendrán en cuanto convenga, contestó Manlio, y con ellos vendrá también Júpiter, testigo de los tratados que habéis violado, y él es el más fuerte y poderoso. Si en el lago Regilo combatimos hasta saciarnos, aquí procuraremos quitaros el deseo de mediros con nosotros." Al oír esto, avanzando un poco Gemino el caballo delante de los suyos, dijo: "¿Quieres tú, mientras llega la hora en que vuestros ejércitos despliegan tan grandes esfuerzos, medirte conmigo, para que por el resultado de nuestro combate pueda comprenderse desde este momento cuán superior es el caballero latino al romano?" Conmovióse profundamente el carácter altivo del joven, y fuese por ira, por vergüenza de rehusar el combate, o bien por fuerza invencible del destino, olvidó la autoridad de su padre y los edictos del cónsul, precipitándose ciegamente a un combate en el que importaba poco fuese vencedor o vencido. Los demás jinetes se alinearon como para presenciar el espectáculo, y en el espacio que quedó libre los dos campeones lanzaron sus caballos uno contra otro, atacándose lanza en mano. La de Manlio resbaló sobre el casco de su adversario, y la de Mecio rozó el cuello del caballo de Manlio. Entonces hicieron dar media vuelta a los caballos, y Manlio el primero se alzó para descargar el segundo golpe clavando la lanza entre las orejas al caballo de su enemigo; al sentirse

herido el animal se encabritó, sacudiendo violentamente la cabeza, y derribó al jinete; y en el momento en que éste, apoyándose en la lanza y el escudo, se levanta de su fuerte caída, Manlio le clava la suya en la garganta, le atraviesa los costados y le clava en el suelo. Recoge en seguida los despojos del enemigo, vuelve a los suyos, y con ellos profundamente regocijados, entra en el campamento, dirigiéndose en seguida a la tienda de su padre, sin pensar en lo que había hecho, ni en lo que podía resultar; sin reflexionar siquiera si merecía alabanza o castigo. "Con objeto de demostrar a todos, padre mío, dijo, que pertenezco a tu sangre, te traigo los despojos de un caballero que me ha retado y a quien he dado la muerte." En cuanto el cónsul hubo escuchado a su hijo, apartando de él los ojos, mandó tocar la bocina para reunir el ejército; y en cuanto la asamblea fue bastante numerosa, dijo: "Puesto que tú, sin respetar la autoridad consular y la majestad paterna, contra nuestra prohibición y fuera de las filas has combatido con un enemigo; puesto que, en cuanto de ti ha dependido, has infringido la disciplina militar, que hasta hoy ha sido la salvaguardia de Roma, y me has puesto en la necesidad de perder el recuerdo de la república o de mí mismo y de los míos, soportemos la pena de nuestro delito, antes que hacer expiar con mayores daños nuestras faltas a la república. El ejemplo que vamos a dar es muy triste para nosotros, pero saludable para la juventud venidera. Verdad es que mi natural cariño a mis hijos, y también esta primera prueba de tu valor, cegado por vana imagen de gloria, me hablan en favor tuyo; pero como tu muerte va a sancionar las órdenes consulares, o tu impunidad a abrogarlas para siempre, creo que no rehusarás, por poca sangre mía que tengas, restablecer con tu suplicio la disciplina militar, destruida por tu falta. Avanza lictor, átale al poste." Esta terrible orden consternó al ejército; cada uno creyó ver el hacha levantada sobre su cabeza, y más por temor que por falta de compasión permanecieron inmóviles. Pero cuando después de algunos momentos de sombrío silencio, la vista de aquella cabeza que caía, de aquella sangre que brotaba, arrancó a la multitud de su estupor, dio libre curso a sus quejas y dolorosos gritos, no omitiendo lamentos ni imprecaciones. Cubrieron el cadáver del joven con los despojos del enemigo que mató, y con todo el aparato que podía permitir una solemnidad militar lo quemaron en una pira fuera de las empalizadas. La sentencia de Manlio no debe ser horrorosa para su siglo solamente, sino que debe dejar triste recuerdo en la posteridad.

8. La enormidad de este castigo hizo al soldado más obediente; además de que las guardias, las rondas de día y de noche, todo el servicio militar, en fin, se hizo con mayor atención y vigilancia, también en la última batalla, cuando bajaron a la llanura, aquella severidad fue igualmente útil. Por lo demás,aquel combate tuvo toda la apariencia de una guerra civil: tanto, exceptuando en el valor, se parecían los latinos a los romanos. Éstos se servían antes de los escudos; más adelante, y después del establecimiento del sueldo, la rodela reemplazó al escudo; antes también se formaban en falanges como los macedonios; después formaron sus tropas por manípulos; dividiéndolos después en varias compañías *(ordines)*, teniendo cada una sesenta soldados, dos centuriones y un vexilario. Dispuestos en batalla ocupaban la primera fila los hastatos, formando quince manípulos, separados entre sí por corto intervalo; el manípulo tenía veinte hombres de tropas ligeras y el resto arma-

do con rodelas; los ligeros llevaban solamente lanza y dardo. Esta línea de batalla la formaba la flor de la juventud más aguerrida. Después venían los hombres de edad más robusta, divididos en igual número de manípulos, llamados príncipes, llevando todos escudo largo y distinguiéndose por la belleza de sus armas; estos treinta manípulos formaban un solo cuerpo y se llamaban antepilanos porque bajo las enseñas formaban delante de los otros quince cuerpos. Cada cuerpo de éstos estaba dividido en tres partes, llamándose cada una de ellas primipila; tenía tres banderas y cada una reunía ciento ochenta y seis hombres. Bajo la primera bandera marchaban los triarios, veteranos de valor probado; bajo la segunda los rorarios, de menos edad y cuyas hazañas no eran tan numerosas, y bajo la tercera los accensos, cuerpo que inspiraba poca confianza, por cuya razón se dejaba en las últimas filas. Formado el ejército en este orden, los hastatos comenzaban el combate; si éstos no podían desordenar al enemigo, retirábanse paso a paso en medio de los príncipes, que se abrían para recibirlos; entonces hacían frente los príncipes y seguían los hastatos; los triarios quedaban inmóviles bajo sus banderas, doblada la pierna izquierda, apoyado el escudo en el hombro, fija en el suelo la lanza, con la punta hacia arriba, y en esta posición presentábanse como ejército resguardado por una empalizada. Si los príncipes no triunfaban tampoco en el ataque, retrocedían de frente poco a poco hacia los triarios, de aquí el conocido proverbio: "Esto toca a los triarios", que se dice en los grandes peligros. Levántanse entonces los triarios, abren sus filas para recibir a los príncipes y hastatos y las cierran en seguida como para cortar todo paso; y formando de esta manera una sola masa muy compacta, que constituía la última esperanza, caían sobre el enemigo; este momento era terrible para él, porque cuando creía no tener más enemigos que perseguir, veía surgir de pronto un ejército nuevo y considerablemente aumentado. Casi siempre se levantaban cuatro legiones de cinco mil infantes y trescientos jinetes cada una. Añadíanse igual número de tropas suministradas por los latinos, que ahora eran enemigos de los romanos y habían dispuesto su ejército en el mismo orden de batalla; así, pues, los triarios sabían que tenían que medirse con los príncipes y hasta los centuriones con los centuriones, si no se confundían las filas en el combate. Entre los triarios de uno y otro bando había dos primipilarios, el uno romano, que era más robusto de cuerpo, y además muy valeroso y diestro; el otro latino, de prodigiosa fuerza y el primer guerrero del ejército, muy conocidos el uno del otro, porque sus compañías *(ordines)* habían marchado siempre a la par. El romano, que desconfiaba de sus fuerzas, había obtenido de los cónsules en Roma permiso para elegir un subcenturión que le defendiese del adversario que le estaba destinado. Este joven, oponiéndose en la pelea al centurión latino, consiguió sobre él la victoria. La batalla se dio casi al pie del monte Vesubio, en el camino que llevaba a Veseris.

9. Los cónsules romanos, antes de forma el ejército en batalla, hicieron un sacrificio. Dícese que el arúspice mostró a Decio que en la parte que consultaba la cabeza del hígado aparecía mutilada; por lo demás, añadía, la víctima era agradable a los dioses y el sacrificio de Manlio había tenido éxito: "Entonces todo va bien, puesto que mi colega ha hecho un sacrificio agradable a los dioses." Una vez formadas las tropas, como antes se ha dicho, marcharon al combate.

Manlio mandaba el ala derecha y Decio la izquierda. Al principio, por ambas partes se peleó con igual ardor e iguales fuerzas; pero muy pronto, no pudiendo en el ala izquierda sostener el choque de los latinos, los hastatos romanos se replegaron sobre los príncipes. En aquel momento de desorden, el cónsul Decio llamó a gritos a M. Valerio: "Necesitamos el auxilio de los dioses. ¡Adelante, pontífice máximo del pueblo romano! Díctame las palabras que debo pronunciar al sacrificarme por las legiones." El pontífice le mandó tomar la toga pretexta, y con la cabeza velada, una mano levantada debajo de la toga hasta la barba, de pie sobre un dardo tendido en el suelo, pronunciar estas palabras: "Jano, Júpiter, Marte, padre de los romanos; Quincio, Belona, Lares, dioses novensiles, dioses indígetos, dioses que tenéis en vuestras manos nuestra suerte y la de los enemigos; y a vosotros también, dioses Manes, yo os conjuro y os suplico, os pido gracia y confío en ella, para que dispenséis al pueblo romano de los caballeros la merced de darle fuerza y victoria, y enviéis a los enemigos del pueblo romano de los caballeros el terror, el espanto y la muerte. Como ya he declarado por mis palabras, me sacrifico por la república de los caballeros, por el ejército, las legiones, los auxiliares del pueblo romano de los caballeros, y ofrezco conmigo a los dioses Manes y a la Tierra las legiones y los auxiliares de los enemigos." Pronunciadas estas palabras, envió sus lictores a Manlio para que le dijesen que se sacrificaba por el ejército; y él, ceñido el cinturón gabino, lánzase completamente armado sobre su caballo y se precipita en medio de los enemigos. Entonces pareció a los dos ejércitos mayor que la forma humana, cual enviado del cielo, encargado de aplacar el enojo de los dioses, libertar a su patria de los males y llevarlos sobre los enemigos. Así, pues, pasando con él al ejército latino el terror y el espanto, desordenaron primeramente las enseñas y en seguida se propagó la confusión por todas las filas. Cosa evidente fue para todos que por donde le llevaba su caballo, el enemigo quedaba sobrecogido de terror cual si le hiriese un astro maligno. En el momento en que cayó traspasado de dardos, las cohortes latinas fueron puestas claramente en derrota, y en su fuga ofrecieron a lo lejos el espectáculo de la desolación. Al mismo tiempo los romanos, libre el espíritu de todo terror religioso, lanzándose como a la primera señal del combate, comenzaron de nuevo la lucha, porque habiendo acudido los rorarios a las filas de los antepilanos, aumentaron las fuerzas de los hastatos y de los príncipes. Los mismos triarios, con la rodilla izquierda en el suelo, no esperaban para levantarse más que una señal del cónsul.

Durante la batalla, como en algunos puntos llevaban la ventaja los latinos por la superioridad del número, el cónsul Manlio, a la noticia del sacrificio de su colega, después de rendir, como mandaban las leyes divinas y humanas, justo tributo de lágrimas y de elogios a un fin tan memorable, se preguntó si no sería aquel el momento de mandar levantar a los triarios; pero pensando en seguida que mejor sería reservar para el momento decisivo aquella fuerza fresca aún y completa, mandó avanzar los accensos de la última fila a la primera. A este movimiento, los latinos avanzan sus triarios, creyendo que el enemigo acababa de encarnizado combate, después de fatigarse durante algún tiempo en encarnizado combate, después de romper o embotar sus lanzas, consiguen hacer retroceder al enemigo; créense entonces dueños del combate, y cuando llegan a la última línea grita de pronto el cónsul a los triarios: "Levantaos ahora fuertes contra cansados; pensad en vuestra patria, en vuestros padres, en vuestras madres, en vuestras esposas y en vuestros hijos, en el cónsul que para daros la victoria acaba de entregarse a la muerte." Los triarios se levantan en seguida animosos y resplandecientes con el brillo de sus armas. Esta repentina aparición de un ejército nuevo, aumentado con los antepilanos recibidos en sus filas y el grito que lanza, contribuye a poner en desorden las primeras filas de los latinos. Pínchanlos en el rostro con las lanzas; destrozan las primeras filas, la flor del ejército enemigo; avanzan casi incólumes entre los manípulos, casi desarmados; penetran en los grupos y hacen tal estrago, que apenas dejan en pie la cuarta parte de los enemigos. Los samnitas, que estaban a lo lejos formados en batalla al pie de la montaña, contribuyeron también a difundir el terror entre los latinos. En último caso, entre todos los ciudadanos y aliados, la primera y principal parte de la gloria perteneció a los cónsules: el uno atrajo sobre sí todas las amenazas y todas las venganzas de los dioses superiores e inferiores; el otro mostró en esta batalla tanto valor y prudencia, que todos los escritores romanos o latinos que han trasmitido a la posteridad su recuerdo, convienen en que en cualquier parte que hubiese mandado Manlio, habría conseguido infaliblemente la victoria. Los latinos se retiraron después de su derrota a Minturnas. Tomóse el campamento a continuación del combate, haciéndose en él considerable número de prisioneros, especialmente campanios. Aquel día no pudo encontrarse el cadáver de Decio por haber sorprendido la noche a los que lo buscaban; encontrósele a la mañana siguiente debajo de un montón de cadáveres enemigos, acribillado de dardos. Su colega le hizo funerales dignos de su muerte. Paréceme deber añadir que el cónsul, el dictador o el pretor, cuando votan las legiones enemigas, no está obligado por ello a sacrificarse él mismo, pudiendo designar libremente cualquier otro ciudadano, con tal que pertenezca a una legión romana. Si el hombre votado perece, considérase el sacrificio completamente consumado; si sobrevive, entonces se sepulta en tierra su efigie de siete pies de alta y se sacrifica una víctima expiatoria. El magistrado romano no puede atravesar, sin cometer crimen, el lugar donde está enterrada la efigie; pero si quiere sacrificarse él mismo, como hizo Decio, y no muere, el que así se ha sacrificado, no podrá realizar puramente ningún sacrificio público ni privado. Si quiere sacrificar sus armas a Vulcano o a cualquier otro dios con una víctima u otra ofrenda, podrá hacerlo. El dardo que el cónsul ha tenido bajo sus pies durante el ruego, no debe caer nunca en poder del enemigo; si cae, se ofrecen a Marte suovetoriles expiatorias.

11. Aunque ha desaparecido la memoria de nuestras costumbres civiles y religiosas, por la preferencia otorgada a los nuevos usos extranjeros sobre nuestras antiguas instituciones patrias, no he creído inútil consignar estos detalles en los mismos términos en que han sido transmitidos y enunciados. Solamente cuando la batalla estaba ya ganada se vieron los romanos sostenidos por los samnitas, que habían esperado el éxito del combate; al menos así opinan algunos escritores. Por otra parte, Lavinio, que quería socorrer a los latinos, perdió el tiempo en deliberaciones, y los latinos estaban ya derrotados cuando apenas se habían puesto en camino los socorros. Acababan de salir de las murallas las primeras

enseñas de una parte de las tropas, cuando llegó la noticia de la derrota de los latinos, y en seguida retrocedieron volviendo a la ciudad, lo que hizo decir a su pretor, llamado Milionio, "que haría pagar muy caro a los romanos los pocos pasos que acababa de dar". Los latinos que habían escapado del combate y estaban dispersos por muchos caminos, se reunieron en un solo cuerpo y se retiraron a la ciudad de Vescia. Allí, en sus consejos, su general Numisio aseguraba "que los desastres de la guerra eran comunes a los dos bandos; en uno y otro ejército había habido igual matanza y ruina; los romanos no tenían de la victoria más que el nombre, y en lo demás experimentaban igual suerte que los vencidos; los pretorios de los dos cónsules estaban de luto, el uno por la muerte de un hijo sacrificado por su padre, el otro por la de un cónsul que se ha sacrificado voluntariamente; su ejército mismo destrozado; exterminados sus hastatos y sus príncipes; delante y detrás de las enseñas, por todas partes matanza, y solamente habían restablecido el combate al final los triarios. Los latinos han sufrido sin duda mucho también; pero para recibir refuerzo se encuentran más cerca del Lacio o de los volscos que los romanos de Roma. Así, pues, si se cree conveniente, marchará con toda premura a hacer un llamamiento a la juventud volsca y latina y volverá muy pronto a Capua con un ejército, para caer sobre los romanos que en manera alguna esperan un combate y a quienes aterrará este imprevisto ataque". Repártense por todo el Lacio y la confederación volsca falsos relatos de la batalla; y como los que no habían asistido al combate les prestaban inconsiderada fe, formóse en seguida un ejército, levantado apresuradamente y de todas partes. El cónsul Torcuato marchó a su encuentro y le alcanzó cerca de Trifana, entre Sinuesa y Minturno. Sin tomar siquiera tiempo para acampar, arrojaron por una y otra parte los bagajes en montón, corrieron al ataque, y aquel combate terminó la guerra. El desastre de los latinos fue tan terrible que, viendo al cónsul llevar su ejército victorioso al pillaje de sus campos, todos se sometieron, haciendo lo mismo los campanios. Los latinos y Capua sufrieron por castigo la pérdida de parte de su territorio. Las tierras del Lacio, comprendiendo en ellas una parte del territorio de los privernatos, y las de Falerno, que habían pertenecido a los campanios, hasta el río Volturno, fueron distribuidas al pueblo de Roma; dándose por lote dos yugadas del Lacio, con un complemento de tres cuartos de yugadas de terreno privernato, o bien tres yugadas de terreno de Falerno, es decir, una cuarta parte más por razón de la distancia. Exceptuóse de la pena impuesta a los latinos, los laurentinos y los caballeros de Capua que no tomaron parte en la defección. Hízose renovar el tratado de los laurentinos, y desde entonces, todavía se renueva todos los años seis días después de las ferias latinas. Dióse el derecho de ciudadanía a los caballeros campanios, y para conservar el recuerdo, consignóse esta distinción en una plancha de bronce, que se colocó en el templo de Cástor en Roma; impúsose además a los campanios la obligación de pagar anualmente cada uno de ellos (eran mil seiscientos) un tributo de cuatrocientos cincuenta dineros.

12. Terminada de esta manera la guerra y aplicadas las penas y recompensas según los merecimientos de cada uno, regresó a Roma T. Manlio. Es cosa averiguada que ancianos solamente salieron a recibirlo; entonces y durante toda su vida le aborreció la juventud. Los

anziatos hicieron incursiones por las tierras de Ostia, de Ardea y de Solona. El cónsul Manlio, enfermo y no pudiendo dirigir hasta su término esta guerra, nombró dictador a L. Papirio Crasso, que casualmente era pretor entonces. Tomó éste por jefe de los caballeros a L. Papirio Cursor. El dictador no hizo nada notable entre los anziatos, limitándose a permanecer acampado durante algunos meses en el territorio de Anzio. A este año tan memorable por victorias sobre tantos pueblos poderosos, por la gloriosa muerte de un cónsul y por la cruel sentencia con que el otro ilustró su memoria, sucedieron los cónsules T. Emilio Mamercino y L. Publilio Filo, a quienes no ofrecieron las circunstancias iguales ocasiones de distinguirse, y que se ocuparon mucho más de sus intereses y de su partido en la república que en la patria misma. Irritados los latinos por la pérdida de parte de su territorio, habían vuelto a empuñar las armas, siendo derrotados en las llanuras de Fenectum y despojados de su campamento. Mientras Publilio, bajo cuyas órdenes y auspicios se dio el combate, recibía la sumisión de los pueblos latinos cuya juventud había sido destrozada en aquel combate, Emilio dirigía el ejército contra Pedum, defendida por los tiburtinos, los prenestinos y los veliternos, habiendo recibido también socorros de Lanuvio y de Anzio. Los romanos vencieron sin duda en todos los combates, pero nada habían hecho aún en cuanto a la ciudad de Pedum y el campamento anejo, cuando el cónsul dejó de pronto la guerra sin terminar, habiéndose enterado de que habían concedido el triunfo a su colega, y marchando a Roma para solicitar el triunfo antes de haber vencido. Indignados ante aquella petición, los senadores se lo niegan hasta la toma o rendición de Pedum. Desde entonces rompió Emilio con el Senado, e hizo además de su consulado una manera de tribunado sedicioso. En efecto, mientras fue cónsul, no cesó de desacreditar al Senado ante el pueblo, sin la más pequeña oposición por parte de su colega, que era plebeyo. Apoyaba sus acusaciones en la repartición de terrenos del Lacio y de Falerno, hecha al pueblo con tanta parsimonia. Cuando deseoso el Senado de poner término a la autoridad de los cónsules, les mandó nombrar dictador para combatir a los latinos sublevados, Emilio, que en aquel momento tenía los haces, nombró dictador a su colega, quien eligió para jefe de los caballeros a Emilio Bruto. Esta dictadura fue popular por sus arengas acusadoras contra los patricios y por la promulgación de tres leyes favorables al pueblo y contrarias a la nobleza. Por la primera quedaban sujetos a los plebiscitos todos los ciudadanos romanos; por la segunda, las leyes presentadas a los comicios por centurias, antes de la votación, debía ratificarlas el Senado; por la tercera, uno de los censores se elegiría del pueblo, que ya había conseguido nombrar dos cónsules plebeyos. En este año experimentó Roma en su interior por parte de los cónsules y del dictador más desastres que engrandecimiento en el exterior por sus victorias y triunfos militares; así opinaba el Senado.

13. Al año siguiente, bajo el consulado de L. Furio Camilo y C. Menio, para mortificar a Emilio, cónsul del año anterior y hacer más amarga la reprobación de su conducta por el abandono de su expedición, declaró el Senado en plena asamblea que era necesario por fuerza de armas y de hombres y por todos los medios apoderarse y arrasar a Pedum. Obligados los nuevos cónsules a ocuparse ante todo de este asunto, se pusieron en marcha. El Lacio se encontraba en situación de no poder soportar la guerra ni

la paz; faltábanle recursos para la guerra, y el disgusto al verse arrebatar una parte de su territorio le hacía despreciar la paz. Creyóse deber adoptar un término medio, el de encerrarse en las ciudades, temiendo que los antiguos suministrasen a los romanos pretexto para declarar la guerra. Convínose además que, a la noticia del sitio de alguna plaza, de todas partes acudirían todos los pueblos en socorro de los sitiados. Sin embargo, los habitantes de Pedum apenas recibieron socorro, y esto de algunos pueblos solamente. Los tiburtinos y los prenestinos, que estaban en las inmediaciones, llegaron hasta Pedum; a los aricinos, lanuvienses y los veliternos, en el momento en que se unían con los volscos de Anzio, les sorprendió Menio y les derrotó cerca del río Astura. Camilo dio batalla cerca de Pedum a los tiburtinos cuyo ejército era muy fuerte; la lucha fue más tenaz; pero el resultado igualmente ventajoso. Una brusca salida de los habitantes produjo confusión en medio del combate. Camilo mandó contra ellos una parte del ejército, los rechazó hasta las murallas, y el mismo día, después de derrotarlos a ellos y a sus auxiliares, escaló y se apoderó de la ciudad. Los dos cónsules, con nuevo y más poderoso esfuerzo de valor, decidieron pasar de la toma de una ciudad a la conquista del Lacio; pasearon por todas partes su ejército victorioso, y no se detuvieron hasta haber tomado por asalto y forzado las ciudades a rendirse sucesivamente y subyugado todo el Lacio. Después de dejar guarniciones en las ciudades conquistadas, regresaron a Roma, donde por unánime consentimiento se les había otorgado el triunfo. A este honor se añadió otro muy raro en aquel tiempo, el de la estatua ecuestre erigida a cada uno de ellos en el Foro. Antes de convocar los comicios consulares del año siguiente, Camilo hizo una proposición en el Senado acerca de los pueblos latinos, hablando de esta manera: "Padres conscriptos, todo lo que en el Lacio había de tratarse por la guerra y las armas, gracias a la bondad de los dioses y al valor de los hombres, está terminado; los ejércitos enemigos han quedado destruidos en Pedum y en Astura. Todas las plazas latinas, lo mismo que Anzio, de los volscos, han sido tomadas a viva fuerza u obligadas a rendirse, y las ocupan vuestros soldados. Solamente os queda que atender a que los pueblos latinos no tengan medios para sublevarse y mantenerles en perpetuo estado de tranquilidad. De tal manera os han otorgado el poder los dioses inmortales, que de vosotros dependerá en lo sucesivo que el Lacio exista o no exista. Por lo que atañe a los latinos, podéis aseguraros paz eterna, bien por la severidad, bien por la clemencia. ¿Queréis obrar cruelmente con pueblos sometidos y vencidos? Podéis destruir todo el Lacio, y convertir en vasto desierto un país del que recibisteis aquel hermoso ejército social, que aprovechasteis en tan importantes y tan gloriosas guerras. ¿Queréis, imitando a nuestros mayores, aumentar el poder de Roma admitiendo a los vencidos en el número de vuestros conciudadanos? Hermosa es la ocasión de engrandeceros cubriéndoos de gloria; porque el imperio más asegurado es aquel en que es grata la obediencia. Pero se necesita decidir pronto, cualquiera que sea el partido que os plazca adoptar. Están esperando veinte pueblos, suspensos entre la esperanza y el temor. Libertaos cuanto antes de la inquietud que os ocasionan, y mientras la expectación les mantiene en el estupor, herid vivamente sus ánimos con el castigo o el beneficio. Misión nuestra era someter a vuestra deliberación estas cosas, a vosotros toca decidir lo que puede ser mejor para vosotros y para la república."

14. Los principales del Senado aprobaron las palabras del cónsul acerca de aquel asunto; pero como no era igual la causa de todos los pueblos, creyeron que podría apreciarse el mérito de cada uno si se hacía una información separada de cada pueblo. Hubo, pues, informe y decisión especial para cada uno. A los habitantes de Lanuvio se concedió el derecho de ciudadanía y se les devolvió el uso de sus festividades religiosas, a condición, sin embargo, de que el templo y el bosque sagrado de Juno Sospita serían comunes entre los municipios lanuvienses y el pueblo romano. Aricia, Numentum y Pedum recibieron con igual título que Lanuvio el derecho de ciudadanía. Túsculum conservó este derecho que tenía ya; no se dirigió contra el pueblo la acusación de sublevación, cayendo solamente sobre algunos jefes. Los veliternos, antiguos ciudadanos romanos, en atención a sus numerosas sublevaciones, fueron tratados con más rigor; derribáronse sus murallas, trajéronse sus senadores y se les obligó a habitar al otro lado del Tíber; a todo el que se sorprendiese del lado de acá, se le castigaría con la clarigación de una multa de mil ases, y hasta el completo pago de la cantidad quedaría preso por aquel que le hubiese sorprendido. A las tierras de los senadores enviaron nuevos colonos que se reunieron a los antiguos, y Velitres recibió su anterior población. Anzio recibió también una colonia nueva, concediéndose permiso a los anziatos para inscribirse, si querían, en el número de los colonos; retiráronles sus naves, prohibióse el acceso al mar al pueblo de Anzio, y se le dio el derecho de ciudadanía. Los tiburtinos y los prenestinos quedaron privados de una parte de su territorio en castigo, no solamente de su complicidad en la revuelta común de todos los latinos, sino por haber en otro tiempo, por disgusto del dominio romano, unido sus armas con las de los agrestes galos. A las demás ciudades latinas se les prohibieron los matrimonios, relaciones y reuniones entre sí. A los campanios, en consideración a que sus caballeros se negaron a secundar la revuelta de los latinos, y a los fundanos y formianos por haber consentido en todo tiempo libre y seguro paso por sus tierras, se les recompensó con el derecho de ciudadanía sin el de sufragio. Cumas y Suesula obtuvieron el mismo derecho y la misma condición que Capua. Llevóse a Roma una parte de las naves de Anzio y se quemaron las demás; con sus espolones se adornó la tribuna de las arengas, levantada en el Foro, llevando desde entonces este templo el nombre de Rostros.

15. Bajo el consulado de C. Sulpicio Longo y de P. Elio Peto, cuando el poder de Roma y a la vez la gratitud de los pueblos conquistada por los beneficios consolidaba la paz, se promovió una guerra contra los sidicinos y los auruncos. Éstos no se habían movido desde que recibió su sumusión el cónsul T. Manlio; título era éste para reclamar el auxilio de los romanos. Pero antes de que los cónsules sacaran el ejército de la ciudad (porque el Senado había dado orden de defender a los auruncos), llegó la noticia de que asustados éstos, habían abandonado su ciudad, refugiándose con sus mujeres y sus hijos en Suesa, donde se habían fortificado y que por esta razón se llama hoy Aurunca; añadíase que los sidicinos habían destruido sus antiguas murallas. Irritado entonces el Senado contra los cónsules cuya lentitud había entregado a los aliados, les mandó nombrar un dictador, siéndolo C. Claudio Regilense, que eligió para jefe de los caballeros a C. Claudio Hor-

tator. Pero surgió una dificultad religiosa para esta dictadura, y en cuanto declararon los augures que el nombramiento parecía visioso, abdicaron el dictador y el jefe de los caballeros. En este año, la vestal Minucia, sospechosa ya a causa de sus trajes demasiado mundanos, fue acusada ante los pontífices por la declaración de un esclavo, ordenándosele por un decreto que renunciase a sus funciones y a que no diese libertad a ningún esclavo; después se celebró el juicio, y fue enterrada viva cerca de la puerta Colina, a la derecha del camino pavimentado, en el campo del Crimen *(Scelerato)*, creo que llamado así por el de la vestal. Aquel mismo año Q. Publilio Filo fue nombrado pretor, el primero entre los plebeyos, a pesar del cónsul Sulpicio, que se negaba a reconocer este nombramiento. El Senado, que no había podido cerrar al pueblo el acceso a las primeras dignidades, le disputó menos la pretura.

16. El siguiente año, bajo el consulado de L. Papirio Crasso y de K. Duilio, fue notable por la novedad, más que por la importancia, de una guerra con los ausones. Este pueblo habitaba la ciudad de Cales y había unido sus armas con las de sus vecinos los sidicinos. Un solo combate, poco memorable además, dispersó el ejército de los dos pueblos; la proximidad de sus ciudades, además de tentarlos para huir más pronto, dio seguridad a su fuga. Sin embargo, el Senado no quiso quedar así con los sidicinos, porque con demasiada frecuencia habían empuñado las armas ellos mismos, o habían ayudado a tomarlas, u ocasionado la guerra. Así fue que empleó todos sus esfuerzos en hacer nombrar cónsul por cuarta vez al mejor general de su tiempo, M. Valerio Corvo. Diósele por colega a M. Atilio Régulo; y para prevenir todo error del acaso, consiguióse de los cónsules que sin la prueba del sorteo se encargaría Corvo del mando. Recibió de los cónsules anteriores el ejército victorioso; dirigióse a Cales, foco de la guerra; puso en fuga al primer grito y al primer choque a sus enemigos, temblorosos aún con el recuerdo de su primera derrota, y decidió el ataque de la ciudad. Tal era el ardor de los soldados, que querían aplicar en el momento las escalas a la muralla, pretendiendo que triunfarían; pero Corvo, comprendiendo la dificultad, quiso realizar la empresa antes a costa de las fuerzas que de la sangre de sus soldados. Hizo, pues, elevar terraplenes y manteletes y acercar las torres a las murallas; pero una circunstancia afortunada le dispensó de usarlas. Un prisionero romano, llamado Marco Fabio, en un día de fiesta y gracias a la falta de vigilancia, había roto sus cadenas, y por medio de una cuerda atada a una almena se había deslizado hasta el pie de la muralla donde trabajaban los romanos. Éste fue quien decidió al general a atacar a un enemigo dormido en el vino y los festines, y no se necesitó más esfuerzos para apoderarse de los ausones y su ciudad que para vencerlos en batalla campal. El botín fue inmenso. En Cales quedó una guarnición y las legiones regresaron a Roma. El cónsul, por un senatus-consulto, obtuvo el triunfo; y para que Atilio pudiese conseguir gloria también, recibieron los cónsules orden de llevar juntos el ejército contra los sidicinos. Antes de partir, y en virtud de un senatus-consulto, nombraron dictador para la celebración de los comicios a L. Emilio Mamercino, quien tomó por jefe de los caballeros a Q. Publilio Filo. En estos comicios que celebró el dictador, fueron elegidos cónsules T. Veturio y Sp. Postumio. Aunque no había terminado completamente la guerra con los sidicinos, con objeto de adelantarse con un beneficio a los de-

seos del pueblo, propusieron al Senado el envío de una colonia a Cales; disponiéndose por un senatusconsulto que se inscribirían dos mil quinientos hombres para aquella ciudad, y creándose a K. Duilio, T. Quincio y M. Fabio triunviros para el establecimiento de la colonia y repartición de tierras.

17. Los nuevos cónsules, después de recibir de los antiguos el mando del ejército, entraron por territorio enemigo y llegaron talándolo hasta las murallas de la ciudad. Allí estaba reunido formidable ejército; no teniendo los sidicinos otra esperanza, parecían decididos a una lucha encarnizada, y corría el rumor de que se removía el Samnium para tomar parte en la guerra. Los cónsules, por orden del Senado, nombraron dictador a P. Cornelio Rufo, quien eligió para jefe de los caballeros a M. Antonio. Sobrevinieron dificultades religiosas con motivo de estos nombramientos, que parecieron viciosos, y abdicaron. Como se declaró una peste, creyóse que todos los auspicios estaban contaminados con el mismo vicio y se recurrió al interregno. Hasta el quinto interrey, que lo era M. Valerio Corvo, no fue posible crear cónsules a A. Cornelio por segunda vez y a Cn. Domicio. Todo estaba tranquilo, pero ligero rumor de guerra con los galos, teniéndose por bastante grave para declarar la república en peligro, juzgóse conveniente nombrar un dictador, siéndolo M. Papirio Crasso, y P. Valerio Publícola jefe de los caballeros. Mientras estos magistrados aceleraban las levas con más actividad que se había empleado en las guerras con los vecinos, los exploradores enviados vinieron diciendo que todo estaba tranquilo entre los galos. Más de un año hacía ya que se sospechaban por parte del Samnium proyectos e intenciones hostiles; por cuya razón el ejército romano no abandonó el territorio de los sidicinos. Pero la guerra de Alejandro de Epiro atrajo a los samnitas a Lucania; estos dos pueblos reunieron sus tropas contra el rey que había bajado hasta cerca de Pestum y le dieron batalla. Alejandro, vencedor en el combate, hizo la paz con los romanos, ignorándose hasta qué punto hubiese guardado fidelidad de ser en lo sucesivo igualmente afortunado. Aquel mismo año se hizo el censo, en el que se comprendieron las tribus Mecia y Scapcia; esta adición la hicieron los censores, en funciones entonces, Q. Publilio Filo y Sp. Postumio. Por una ley del pretor L. Papirio, que les concedió el derecho de ciudadanía sin el de sufragio, los acerranos fueron hechos romanos. Éstos fueron los acontecimientos civiles y militares de este año.

18. Desastroso fue el año siguiente por la dureza del cielo o por la perfidia de los hombres. Eran cónsules entonces M. Claudio Marcelo y C. Valero. El sobrenombre de uno de los cónsules varía en los anales, encontrándose el de Flaco y el de Potito; en último caso, la variación es poco importante. Preferiría (porque los testimonios no están de acuerdo) que se hubiesen engañado al atribuir al veneno la mortandad de este año, tan tristemente célebre por la epidemia que reinó. Sin embargo, para no contradecir el testimonio de ningún autor, voy a narrar el asunto tal como se refiere. Como los principales ciudadanos de Roma sucumbían de enfermedades iguales y casi todos con los mismos síntomas, presentóse una esclava a Q. Fabio Máximo, edil curul, y le ofreció revelar la causa de aquella calamidad pública si le prometía que su revelación no le reportaría daño. Fabio enteró en seguida del caso a los cónsules, que dieron cuenta al Senado, y todo el orden consintió en dar completa seguridad a la esclava. Entonces descubrió que la desolación

de la ciudad se debía a la perfidia de las mujeres; que señoras romanas preparaban aquellos venenos, y que si querían seguirla en el acto, pronto tendrían la prueba. Siguiéronla y sorprendieron algunas mujeres cociendo drogas, encontrándose venenos cuidadosamente ocultos. Llevóse todo al Foro, y el viator condujo cerca de veinte matronas en cuyas casas se había encontrado. Dos de ellas, Cornelia y Sergia, pertenecientes a familias patricias, pretendieron que eran medicinas saludables; la esclava lo negó y se las mandó beber para convencerlas de impostura. Piden algunos momentos para ponerse de acuerdo; sepárase el pueblo, y a la vista de todos conferencian con las demás; éstas tampoco se niegan a la prueba; todas beben, y todas perecen víctimas de su propia perfidia. Sus cómplices presas denuncian en seguida a considerable número de matronas, siendo condenadas cerca de ciento setenta. Hasta aquel día jamás se había hablado en Roma de envenenamientos. Consideróse el caso como prodigio, viéndose en ello mentes extraviadas más que criminales. Así, pues, como las tradiciones decían que en otras épocas, cuando la retirada del pueblo, un dictador clavó el clavo, y que esta ceremonia expiatoria atrajo a la razón los ánimos extraviados por la discordia, creyóse que se debía nombrar un dictador para clavar el clavo. Este dictador fue Cn. Quincio, quien nombró a L. Valerio jefe de los caballeros. Clavado el clavo, abdicaron.

19. Nombróse cónsules a L. Papirio Crasso por segunda vez y a Plaucio Venno. Al comenzar este año llegaron a Roma legados de los volscos, fabraternos y de la Lucania, pidiendo colocarse bajo la protección del pueblo romano, prometiendo, si los defendían contra los samnitas, obediencia y fidelidad a la dominación romana. El Senado envió legados a los samnitas para invitarlos a abstenerse de toda hostilidad contra el territorio de aquellos dos pueblos. Dióse oídos a estos legados, no tanto porque deseasen la paz los samnitas como porque no estaban preparados para la guerra. Aquel mismo año se trabó guerra con los privernatos, que tenían por aliados a los fundanios y hasta a un fundanio por jefe. Era éste Vitruvio Vacco, varón muy célebre, no solamente en su país, sino también en Roma, donde tenía en el Palatino una cosa en el terreno que después se llamó Prados de Vacco *(Vacciprata)* cuando se derribó la casa y se confiscó el terreno. Contra este enemigo cuyas devastaciones se extendían a lo lejos por los territorios de Sacia, Norba y Cora, marchó L. Papirio, tomando posición a corta distancia de su campamento. No tuvo Vitruvio la firmeza ni la prudencia de mantenerse detrás de sus fortificaciones ante un enemigo de superiores fuerzas, ni valor para marchar a combatir lejos del campamento. Cerca de la puerta desplegó su ejército que apenas pudo desenvolverse allí, y cuyas miradas antes buscaban a la espalda por donde huir, que delante por donde atacar al enemigo; en seguida, sin discreción como sin osadía, trabó el combate. Verdad es, sin embargo, que si su derrota fue pronta y segura, pudo cómodamente, por la corta distancia y fácil acceso a su campamento, preservar a sus soldados de la matanza; en la pelea apenas cayeron algunos, y muy pocos en la derrota, en el momento en que la multitud penetraba precipitadamente en el campamento. Al acercarse la noche, el enemigo se refugió en desorden en Priverno, con objeto de encontrar abrigo más seguro detrás de sus murallas que de las empalizadas de campamento. El otro cónsul, Plaucio, talaba a lo lejos el territorio de Priverno, y cargado de

botín, llevó su ejército a las tierras de Fundi. A su llegada a las fronteras, salió a recibirle el Senado de esta ciudad: "No vienen a suplicarle por Vitruvio y sus partidarios, sino por el pueblo de Fundi, cuya inocencia en lo concerniente a esta guerra ha reconocido el mismo Vitruvio, puesto que en su fuga se ha refugiado en Priverno y no en Fundi, su patria. En Priverno, pues, hay que buscar y perseguir a los enemigos del pueblo romano, que a la vez han abandonado el partido de Roma y el de Fundi, siendo igualmente ingratos para una y otra patria. Los fundanios quieren la paz; sus sentimientos son completamentero manos, y conservan el recuerdo del derecho de ciudadanía con que se les ha honrado. Ruegan al cónsul libre a un pueblo inocente de los horrores de la guerra; sus tierras, su ciudad, sus propias personas, las de sus mujeres y de sus hijos están y estarían siempre en poder del pueblo romano." El cónsúl, después de felicitar a los fundanios, escribió a Roma que Fundi había permanecido fiel, y en seguida se dirigió a Priverno. Según Clodio, el cónsul, antes de partir, se apoderó de los jefes de la sedición, enviando a Roma cargados de cadenas cerca de tresicentos cincuenta conjurados; pero el Senado ni quiso aceptar el acto de sumisión, persuadido de que el pueblo de Fundi había querido reparar su falta a expensas de pobres y oscuros ciudadanos.

20. Mientras los dos ejércitos consulares sitiaban a Priverno, llamaron a Roma para celebrar los comicios a uno de los cónsules. En este año se construyeron en el circo las cárceles. No estaban libres aún de los cuidados de la guerra privernata cuando circuló el rumor de una invasión gala, rumor terrible, que siempre alarmó al Senado. En el acto los nuevos cónsules L. Emilio Mamercino y C. Plaucio, el día mismo de las calendas de julio, en que entraron en funciones, recibieron orden de arreglar entre sí sus atribuciones, y Mamercino, a quien tocó la guerra contra los galos, de levantar un ejército sin conceder ninguna exención; dícese que fueron alistados los artesanos y obreros sedentarios, gentes muy poco a propósito para el servicio de las armas. Reunióse en Veyas un ejército considerable para marchar desde allí al encuentro de los galos; pero no se le permitió alejarse por temor de no encontrar el enemigo, si se dirigía a Roma por otro camino. Algunos días después, cuando quedaron bien seguros de que todo estaba en calma, las fuerzas destinadas contra los galos se volvieron contra Priverno. Aquí se encuentran dos versiones: unos aseguran que la ciudad fue tomada y que Vitruvio cayó vivo en poder de los romanos; otros, que los sitiados, sin esperar el asalto, acudieron, con el caduceo en la mano, a someterse al cónsul, entregando a Vitruvio. Consultado el Senado acerca de Vitruvio y los privernatos, mandó al cónsul Plaucio arrasar las murallas de la ciudad, dejar en ella fuerte guarnición y regresar para decibir el triunfo. Decidió además que Vitruvio permanecería preso hasta la vuelta del cónsul, y en seguida se le azotaría con varas y se le daría la muerte: que su casa, situada en el Palatino, sería demolida y consagrados sus bienes a Semo Sanco. De la cantidad que se obtuvo de la venta se mandó construir bolas de bronce, que se colocaron en el santuario de Sanco, del lado del templo de Quirino. En cuanto al Senado privernato, decidióse que los senadores que habían permanecido en Priverno desde la sublevación contra los romanos, habitarían al otro lado del Tíber, en iguales condiciones que los veliternos. Arregladas así las cosas, hasta el triunfo de Plaucio no

se habló de los privernatos; después de su triunfo, una vez muertos Vitruvio y sus cómplices, opinó el cónsul que el suplicio de los culpables había satisfecho la vindicta pública, y que era oportuno volver sobre el asunto de los privernatos. "Puesto que los autores de la sublevación, dijo, han recibido de los dioses inmortales y de vosotros mismos el justo castigo de su crimen, ¿cuáles son vuestras intenciones, padres conscriptos, relativamente a aquella multitud inocente? Por mi parte, aunque estoy más obligado a preguntar la opinión de los demás que a dar la mía, cuando considero que los privernatos son vecinos de los samnitas, con los que tenemos hoy una paz bastante insegura, no quisiera que quedase entre ellos y nosotros ningún motivo de resentimiento."

21. La cuestión en sí misma era difícil de resolver, aconsejando cada uno, según su carácter, o demasiada severidad o demasiada dulzura; y las incertidumbres aumentaron por el hecho de un legado privernato que pensó más en la condición en que había nacido que en el estado desgraciado en que se encontraba. Habiéndole preguntado un partidario de la severidad "¿qué castigo merecían, según él, los privernatos? —El que merecen, contestó, los hombres que se creen dignos de la libertad". La altivez de esta contestación irritó más a los que ya eran contrarios a los privernatos; observólo el cónsul, y con objeto de provocar por medio de una pregunta benévola, contestación más suave, le dijo: "Y si os perdonásenos todo castigo, ¿qué paz podríamos esperar de vosotros? —Si nos la otorgáis ventajosa, será duradera y segura; si nos es desventajosa, durará poco." Entonces exclaman que los privernatos amenazan abiertamente; que con tales palabras se excita a la sublevación a los pueblos sometidos. La mejor parte del Senado interpreta con más suavidad la contestación: "Las palabras que acaban de oírse son propias de un hombre valeroso y libre. ¿Puede creerse que un pueblo, un hombre quiera permanecer en un estado insoportable más tiempo del que le imponga la necesidad? La paz es segura desde el momento en que se ajusta voluntariamente, pero allí donde se ve la esclavitud no puede esperarse fidelidad." A estas ideas quiso atraer los ánimos el cónsul, dirigiéndose de tiempo en tiempo a los consulares que emitían primeramente su parecer, diciéndoles bastante alto, para que le oyese el mayor número. "Después de todo, puesto que solamente piensan en la libertad, son muy dignos de ser romanos." Así, pues, la causa de los privernatos se ganó en el Senado, y por orden de los senadores se propuso al pueblo concederles el derecho de ciudadanía. Aquel mismo año se enviaron a Anxur trescientos colonos, recibiendo cada uno dos yugadas de tierra.

22. En el siguiente año nada notable ocurrió en el ejército ni en la ciudad, siendo cónsules P. Plaucio Próculo y P. Cornelio Scápula. Envióse una colonia a Fregelas, cuyo territorio había pertenecido a los sidicinos y después a los volscos, y se hizo una distribución al pueblo de la carne de las víctimas por M. Flavio en los funerales de su madre. Díjose entonces que so pretexto de honrar a su madre, pagaba una deuda al pueblo que le había absuelto de una acusación que le dirigieron los ediles por violación de una señora romana. Esta distribución, hecha en agradecimiento del primer favor, le valió ser elegido, aunque ausente, tribuno del pueblo, con preferencia a los que se presentaron. Palépolis estaba a corta distancia del sitio donde ahora se encuentra Nápoles, habitando estas dos ciudades un mismo pueblo originario de Cumas. Los cumanos tienen su ori-

gen de Calcis en Eubea. Con auxilio de la flota que les había traído de su país se habían hecho poderosos en las costas marítimas que habitaban. Primeramente habían abordado a las islas Aenaria y Pitecusa; después tuvieron el atrevimiento de establecerse en el continente. Esta ciudad, contando con las fuerzas y con la alianza de los samnitas, que hacían traición a Roma, contando quizá también con la peste, que según se decía, acababa de invadir la ciudad romana, había realizado numerosas hostilidades contra los romanos establecidos en los territorios de Capua y de Falerno. L. Cornelio Léntulo y Q. Publilio Filo eran entonces cónsules por segunda vez; los feciales, enviados para pedir explicación de aquellas hostilidades, trajeron arrogante respuesta de aquel pueblo griego, más valeroso en palabras que en acciones; y a propuesta del Senado el pueblo decretó se hiciese la guerra a los palepolitanos. Publilio tomó a su cargo combatir a los griegos, y Cornelio, con el otro ejército, oponerse a los samnitas, en caso de movimiento de éstos. Y como corría el rumor de que estos últimos, acechando el instante de la defección de los campanios, debían llevar su campamento hacia este lado, Cornelio juzgó conveniente establecerse allí.

23. Como los cónsules, cada cual por su parte, confiaban muy poco en conservar la paz con los samnitas, lo advirtieron al Senado.

Publio le enteró de que dos mil nolanos y cuatro mil semnitas, más por imposición de los nolanos que por voluntad de los griegos, habían sido recibidos en Palépolis. Cornelio, por su parte, participó que los magistrados samnitas habían ordenado levas; que todo el Samnio estaba levantado, y que era evidente trataban de sublevar las ciudades vecinas Priverno, Fundano y Formiano. Para atender a esto decidióse enviar legados a los samnitas antes de declarar la guerra, recibiéndose insolente respuesta. Acusaban a los romanos de las primeras ofensas y procuraban justificarse de las que les imputaban. "La nación no ha dado consejos ni socorros a los griegos; no ha tratado de sublevar a Fundano y Formiano, porque no sentiría en lo más mínimo atenerse a sus propias fuerzas si se quiere la guerra. Por lo demás, la nación de los samnitas ve con disgusto que Fregelas, tomada por ella a los volscos y destruida, haya sido reedificada por el pueblo romano y que haya impuesto al territorio samnita una colonia que los colonos llaman todavía Fregelas. En esto hay ultraje e injuria, cuyo autor les debe reparación; y a falta de ésta, ellos sabrán hacer justicia." Un legado romano quería acudir a aliados y amigós comunes. "¿A qué tantos rodeos? le replicaron. Nuestras disensiones, ¡oh, romanos! no pueden terminar ni por discursos de legados ni por mediación de árbitros; las llanuras de la Campania, donde tendremos que combatir, las armas, los comunes destinos de la guerra decidirán. Que entre Capua y Suesula se encuentren nuestros campamentos, que allí se decida si el samnita o el romano ha de mandar en Italia." Los legados romanos contestaron que irían, no donde les llamase el enemigo, sino donde les llevasen sus jefes. Publilio, que se había apoderado ya de una posición ventajosa entre Palépolis y Nápoles, había interceptado las comunicaciones entre estas dos ciudades, que hasta entonces se habían socorrido mutuamente en todas sus necesidades. Por esta razón, como se acercaba el día de los comicios, y el llamamiento de Publilio en el momento en que tan de cerca amenazaba las murallas enemigas no era conveniente para la república, pusiéronse de acuerdo con los tribunos para proponer al pueblo dejar a Publilio Filo, al terminar su consulado, el mando en puesto de cónsul hasta que terminase la guerra con los griegos. Por su parte L. Cornelio había entrado ya en el Samnio, y como tampoco se quería detenerle en sus operaciones, se le escribió para que nombrase dictador para los comicios. Nombró a M. Claudio Marcelo, quien eligió para jefe de los caballeros a Sp. Postumio. Sin embargo, el dictador no reunió los comicios porque surgieron dificultades acerca de la validez de su elección, y consultados los augures, contestaron que parecía viciosa la elección del dictador. Arguyendo los tribunos en contra de esta decisión, la hicieron sospechosa y la desacreditaron. "No es un defecto fácil de conocer, decían, puesto que el cónsul se levanta a media noche y nombra al dictador en el mayor silencio. El cónsul, además, no ha escrito sobre este asunto a nadie, ni magistrado ni simple particular; no existe un mortal que diga haber visto u oído algo que pueda viciar el auspicio, y los augures desde Roma no han podido adivinar un vicio ocurrido en medio del campamento donde se encuentra el cónsul. ¿Quién no ve que a los ojos de los augures el vicio consiste en que el dictador es plebeyo?" A pesar de estos argumentos y de otros que propusieron los tribunos, pasóse a un interregno. Por una u otra causa se aplazaron los comicios, y al fin el decimocuarto interrey, L. Emilio, creó cónsules a C. Petelio y L. Papirio Mugilano o Cursor, según encuentro en otros anales.

24. Dícese que en este mismo año tuvo lugar la fundación de Alejandría en Egipto y la muerte de Alejandro, rey de Epiro, asesinado por un lucano desterrado, acontecimiento que confirmó el oráculo de Júpiter de Dodona. Cuando los tarentinos le llamaron a Italia, el oráculo le contestó: "que se guardase de la onda Aquerusiana y de la ciudad de Pandosia, porque allí se encontraba el término de su destino". Alejandro pasó con mayor apresuramiento a Italia, a fin de alejarse todo lo posible de la ciudad de Pandosia, en el Epiro, y del río Aquerón, que desde la Melosida corre a las lagunas infernales y se pierde en el golfo de Tesprocia. Pero, como casi siempre, al huir del destino se le sale al encuentro, este rey, después de deshacer frecuentemente las legiones brucias y lucanas, arrebatado la colonia de Heraclea a los tarentinos, Consencia y Siponto a los lucanos, Terina a los brucios y en seguida otras ciudades a los mesapianos y lucanos; después de enviar al Epiro trescientas familias ilustres como rehenes, marchó a ocupar cerca de Pandosia, ciudad vecina de las fronteras de la Lucania y del Brucio, tres alturas situadas a corta distancia una de otra, desde donde hacía incursiones sobre todos los puntos del territorio enemigo. En derredor suyo tenía cerca de doscientos desterrados lucanos, con cuya fidelidad contaba, pero cuyo carácter versátil, como el de casi todos los hombres de su nación, cambiaba con la fortuna. Lluvias continuas, inundando toda la campiña, habían interrumpido las comunicaciones entre los tres cuerpos de ejército que no podían socorrerse; los dos cuerpos en que no se encontraba el rey quedan súbitamente sorprendidos por brusco ataque del enemigo, que les destruyó, y se dirigió contra el del mismo rey para atacarle con todas sus fuerzas. Los desterrados lucanos envían entonces mensajeros a sus compatriotas, y por precio del llamamiento les ofrecen entregarles al rey muerto o vivo. Éste, entre tanto, con gente escogida y con valeroso arranque de audacia, se abre paso entre los enemigos y mata por su mano al jefe de los lucanos que

venía hacia él; después, reuniendo su ejército disperso y fugitivo, llegó a un río donde las recientes ruinas de un puente arrastrado por la violencia de las aguas le señalaban su camino. Mientras sus soldados le cruzan por inseguro vado, un soldado, extenuado por el temor y el cansancio, exclama, execrando el abominable nombre de aquel río: "Con razón te han llamado Aqueronte." El rey oye aquellas palabras, que le recuerdan en el acto su destino; detiénese y vacila en pasar. Entonces Sotino, uno de sus jóvenes servidores, le pregunta qué puede detenerle en aquel gran peligro, y le advierte que los lucanos acechan la ocasión de sorprenderle. Volviéndose el rey, violes a lo lejos venir en grupo hacia él; entonces desenvainó la espada y lanzó el caballo en medio de las aguas. Ya había pasado el vado y salía del río, cuando un dardo, lanzado desde lejos por un desterrado lucano, le traspasó de parte a parte; cayó, y su cadáver, en el que continuaba clavado el dardo, lo arrastró la corriente hasta los puestos enemigos, y allí hicieron en aquel cuerpo espantosa mutilación. Cortáronle en dos partes; enviaron una mitad a Consencia, y conservada la otra para que sirviese de burla, lanzábanle desde lejos piedras y dardos, cuando una mujer, en medio de aquella multitud entregada a los arrebatos de una rabia y crueldad verdaderamente increíbles en hombres, suplica que se detengan y exclama llorando: "Que su esposo y sus hijos son prisioneros del enemigo, y que espera rescatar su familia con aquel cadáver real, a pesar de encontrarse mutilado." Así cesaron aquellos feroces extravíos, y lo que quedó de aquellos miembros desgarrados aquella misma mujer lo enterró en Consencia; las osamentas se enviaron al enemigo a Metaponte, y desde allí las llevaron a Epiro, a su esposa Cleopatra y a su hermana Olimpia, de las que una era madre y otra hermana de Alejandro el Grande. Éste fue el fin de Alejandro, rey de Epiro; aunque la fortuna le impidió medirse con los romanos, como guerreó en Italia, bastante es lo que acaba de decirse.

25. En este mismo año se celebró en Roma un lectisterno, el quinto después de la fundación de la ciudad, también para aplacar los mismos dioses. En seguida nuevos cónsules, después de haber enviado, por orden del pueblo, a declarar la guerra a los samnitas, hicieron, para sostenerla, preparativos mucho más importantes que para la expedición contra los griegos, añadiendo otros refuerzos completamente nuevos, que de ninguna manera esperaban entonces. Los lucanos y apulios, pueblos con los que hasta entonces no había tenido Roma ningún género de relaciones, vinieron a pedir su alianza, prometiendo hombres y armas para la guerra, concluyéndose un tratado y aceptándose su amistad. En esta misma época prosperaban las cosas en el Samnio; tres plazas habían caído en poder de los romanos, Alifa, Califa y Rufrio, y a la llegada de los cónsules se saqueó el territorio en toda su extensión. Cuando comenzaba tan felizmente esta guerra, tocaba a su término la que se hacía a los griegos, que continuaban sitiados. En efecto, el enemigo, cuyas comunicaciones estaban interceptadas y divididas sus fuerzas, tenía que soportar dentro de sus murallas calamidades más espantosas que las que temía en el exterior: prisionero, por decirlo así, de sus defensores, tenía que soportar los ultrajes hechos a sus esposas y hasta a sus mismos hijos y todas las miserias de las ciudades conquistadas. Así fue que, cuando corrió el rumor de que venían de Tarento y de Samnio nuevos refuerzos, considerando que tenía ya

dentro de sus murallas más samnitas de los que hubiese querido, deseó vivamente la llegada de los tarentinos, esperando que éstos, griegos también y en una ciudad griega, la protegerían tanto contra los nolanos y samnitas, como contra los romanos, sus enemigos. Al fin la capitulación pareció el mal más soportable. Carilao y Nimfio, los varones más notables de la ciudad, después de ponerse de acuerdo, se dividieron los cargos para llevar a término la empresa: el uno debía presentarse como desertor al general romano, el otro permanecería en la plaza con objeto de tenerla dispuesta para la ejecución del proyecto. Carilao fue el que se presentó a Publilio Filo: "Por el bien, el interés y la felicidad de los palepolitanos y del pueblo romano, se ha decidido a entregar la plaza. ¿Podrá decirse que por este hecho vende o salva su patria? Esto depende de la fe romana. Para él nada exige ni pide; pero para su país pide, antes que exigir que, si la empresa triunfa, se digne considerar el pueblo romano que se ha necesitado más abnegación y valor para volver a su amistad que locura e imprudencia para separarse del deber." El general celebró su conducta y le confió tres mil soldados para apoderarse de la parte de la ciudad donde se habían establecido los samnitas. Este cuerpo se puso a las órdenes del tribuno militar L. Quincio.

26. Nimfio, entre tanto, empleando la astucia con el pretor de los samnitas, le había decidido, diciéndole que todo el ejército romano estaba alrededor de Palépolis y de Samnio, a permitirle que marchase con una flota a invadir el territorio de Roma y devastar no solamente la marina, sino también los campos vecinos de la ciudad misma. Sin embargo, decía, para esta sorpresa se necesitaba partir de noche, y era indispensable, sin pérdida de momento, poner a flote las naves. Con objeto de acelerar la partida, todo el ejército de los samnitas, menos la guardia necesaria para el servicio de la ciudad, fue enviado a la playa. Allí, mientras Nimfio en medio de la oscuridad y de aquella multitud que se estorba a sí misma, todo lo confunde de intento con órdenes contradictorias, ganando tiempo. Carilao, de acuerdo con sus amigos, penetra en la plaza, cubre con soldados romanos las alturas, y les manda lanzar el grito de alarma: advertidos los griegos por sus jefes, permanecen tranquilos. Los nolanos marchan hacia el otro extremo de la ciudad y huyen por el camino que coduce a Nola. En cuanto a los samnitas, que se encontraban fuera de la plaza, tanto como les pareció fácil la fuga en el primer momento, tanto la encontraron vergonzosa cuanto estuvieron a cubierto del peligro. Sin armas, sin bagajes, habiéndolo dejado todo en poder del enemigo, convertidos en objeto de burla para los extranjeros y para sus propios compatriotas, despojados y careciendo de todo, regresaron a su país. No ignoro otra opinión que atribuye a los samnitas la rendición de aquella plaza; pero además de que este relato se apoya en autoridades que merecen más confianza, el tratado de Nápoles (que más adelante vino a ser el centro de los negocios griegos) hace más verosímil la opinión de que volvieron por voluntad propia a la amistad de los romanos. Concedióse el triunfo a Publilio, por la opinión bastante fundada de que el sitio había obligado al enemigo a la rendición. Este varón fue el primero que obtuvo dos honores singulares; la prórroga del mando, que no se había concedido a nadie antes de él, y el triunfo después del consulado.

27. Otra guerra estalló con los griegos de la otra ribera. Los tarentinos, que habían mantenido por

algún tiempo a Palépolis, con vana esperanza de socorro, a la noticia de que los romanos se habían apoderado de la ciudad, se irritaron contra los palepolitanos, como si les hubiesen hecho traición y no ellos a los otros. Su cólera y odio contra los romanos se trocó en rabia sobre todo cuando supieron que los lucanos y los apulios (porque estos dos tratados se concluyeron en este mismo año) se habían puesto bajo la protección del pueblo romano. "Han llegado casi hasta nosotros, repetían, y muy pronto nos veremos en el caso de tener a los romanos por enemigos o por dueños. Verdad es que la suerte de su país depende de la guerra con los samnitas y del resultado que tenga; éste es el mismo pueblo que resiste y no es tampoco bastante fuerte después de la defección de los lucanos; hay, pues, que impulsar al lucano a que rompa la alianza romana; todavía puede hacerse si se saben emplear artificios para producir discordias." Habiendo prevalecido estas razones en los ánimos ansiosos de novedades, se recurrió al dinero para atraer jóvenes lucanos, más notables en su país que dignos de estima: éstos se azotaron mutuamente con varas y se presentaron despojados de sus vestidos en la asamblea de sus conciudadanos, donde dijeron que por haberse atrevido a entrar en el campamento romano, el cónsul había mandado azotarles y había estado cerca de decapitarles. Tan espantoso tratamiento antes parecía obra de violencia que estratagema; así, pues, la multitud sublevada constreñía con sus gritos los magistrados para que convocasen el Senado. Rodeando la asamblea, piden unos la guerra con Roma; otros corren a llamar a las armas a los habitantes de los campos. Los más prudentes se dejan arrastrar también por aquel tumultuoso movimiento, y se decide la renovación del tratado de alianza con los samnitas, partiendo legados con este encargo. Como la resolución era tan repentina, pareció tanto más sospechosa, cuanto menos fundada en razón; los samnitas exigieron rehenes y que recibiesen guarnición en las plazas fuertes; y los lucanos, ciegos por la ira, nada negaron. Poco después se descubrió la impostura cuando vieron retirarse a Tarento a los autores de aquellas falsas acusaciones; pero habiendo perdido la libertad de disponer de sí mismos, sólo quedaba inútil arrepentimiento.

28. En este año el pueblo romano recibió en cierta manera una libertad nueva con la abolición de la servidumbre por deudas; este cambio en el derecho se debió a la infame pasión y tremenda crueldad de un usurero llamado L. Papirio. Éste retenía en su casa a C. Publilio que se había entregado para rescatar las deudas de su padre. La edad y belleza del joven, que debían excitar su compasión, sólo sirvieron para inflamar su inclinación al vicio y al libertinaje más odioso. Considerando aquella flor de juventud como aumento de su crédito, trató primeramente de seducirle con obscenas palabras; y después, como Publilio, despreciándole no daba oídos a sus impúdicas instancias, trató de asustarle con amenazas, poniéndole constantemente delante de los ojos su espantosa miseria: al fin, viendo que piensa más en su condición de hombre libre que en su situación presente, le hace desnudar y azotar con varas. Lacerado el joven por los golpes, consigue escapar por la ciudad, que llena con sus quejas contra la infamia y crueldad del usurero; la multitud, que se había engrosado, compadecida por su juventud, indignada por el ultraje, animada también por la consideración de lo que le aguarda, tanto a ella como a sus hijos, marcha al Foro y desde allí se dirige precipitadamente hacia la curia. Obligados los cónsules por aquel tumulto imprevisto, habiendo

convocado el Senado, a medida que los senadores entraban el pueblo se arrojaba a sus pies, mostrándoles el lacerado cuerpo del joven. Por el atentado y violencia de un solo hombre, aquel día quedó roto uno de los lazos más fuertes de la fe pública. Los cónsules recibieron orden de proponer al pueblo que en adelante ningún ciudadano podría, sino por pena merecida y esperando el suplicio, quedar sujeto con cadenas o grillos; de la deuda debían responder los bienes y no el cuerpo del deudor. Por esta razón pusieron en libertad a todos los detenidos por deudas y se tomaron disposiciones para que en adelante ningún deudor pudiese ser reducido a prisión.

29. En este mismo año, cuando la guerra con los samnitas, la inesperada defección de los lucanos y la complicidad de los tarentinos en esta defección inquietaban bastante a los senadores, súpose que el pueblo vestino debía unirse también a los samnitas. Esta noticia más bien fue vago objeto de conversaciones en la ciudad que materia real de discusión pública; pero al año siguiente, el cónsul L. Furio Camilo, elegido por segunda vez, y Junio Bruto Sceva no encontraron asunto más importante ni más perentorio que proponer al Senado, y aunque la cosa era nueva, tanto preocupó al Senado que temió igualmente tratarla que descuidarla; porque por una parte, la impunidad de los vestinos aumentaría la audacia y la insolencia, y por otra, su castigo por la guerra infundiría temor y cólera en los pueblos inmediatos. Y todos ellos eran tan fuertes en la guerra como los samnitas, los marsos, pelignios, marrucinos, teniéndoles a todos por enemigos si se atacaba a los vestinos. Sin embargo, prevaleció esta última opinión, que parecía inspirada más por el valor que por la prudencia; pero el éxito demostró que la fortuna ayuda a los fuertes. Según la decisión del Senado, el pueblo decretó la guerra contra los vestinos; encargóse Bruto de la expedición y Camilo de la del Samnio. A cada uno de estos países se dirigió un ejército, y el cuidado de defender sus fronteras impidió al enemigo reunir sus fuerzas. Por lo demás, el cónsul L. Furio, a quien había tocado la tarea más pesada, habiendo caído gravemente enfermo, se encontró por esta razón alejado del teatro de la guerra, habiendo recibido orden para nombrar dictador que continuase la expedición, nombró al guerrero más ilustre de aquella época, L. Papirio Cursor, quien eligió a Q. Fabio Máximo para jefe de los caballeros; pareja famosa por sus hazañas durante su magistratura, más aún que por las desavenencias que les impulsaron a las últimas hostilidades. El otro cónsul hizo contra los vestinos una guerra en cierta manera múltiple, pero siempre con fortuna; taló los campos, saqueó e incendió las casas y las cosechas de los enemigos; de esta manera le atrajo a pesar suyo al combate, y en una sola batalla destruyó tan completamente sus fuerzas, aunque no sin pérdida de hombres, que los vestinos no sólo huyeron a su campamento, sino que no creyéndose seguros detrás de sus empalizadas y fosas, se dispersaron en las ciudades fortificadas cuya posición y murallas podían defenderles. Al fin se propuso también tomar aquellas ciudades por asalto, primero Cutina, que gracias al ardor y a la ira de los soldados romanos, de los que casi ninguno había resultado ileso del combate, tomó escalándola, y después Cinglia. El botín de estas dos ciudades se abandonó a los soldados, a quienes no habían podido detener puertas ni murallas enemigas.

30. Con inciertos auspicios se partió para Samnium; circunstancia desgraciada que se volvió, no contra la guerra, que fue afortunada, sino contra los generales, divididos por odios y animosidades. En efec-

to, el dictador Papirio, en el momento de regresar a Roma por aviso del pulario para tomar los auspicios, había dado orden al jefe de los caballeros de mantenerse en su posición, y durante su ausencia no trabar combate alguno con el enemigo. Fabio, después de la marcha del dictador, se enteró por sus exploradores, que el enemigo lo tenía todo tan descuidado como si no hubiese un solo romano en el Samnium. Entonces aquel joven de valeroso corazón, sea indignado porque todo parecía descansar sobre el dictador, sea arrastrado por la ocasión de hacer algo notable, dispone y prepara su ejército, haciéndole marchar sobre el Imbrinio (así se llama aquel paraje) y da la batalla a los samnitas; en que no se cometió ni la falta más pequeña y que ni el mismo dictador habría dirigido mejor; el general no faltó al soldado ni el soldado al general. Los jinetes, por consejo de Cominio, tribuno militar, después de intentar en vano durante algún tiempo y en diferentes veces romper las líneas enemigas, quitaron la brida a los caballos, y excitándolos con los acicates, los lanzaron con tal fuerza, que nada pudo resistirles, y llevaron a lo lejos, entre las armas y los hombres, el desastre y la muerte. Los peones se lanzaron detrás de los jinetes, precipitándose con sus enseñas entre las desordenadas filas. Dícese que perecieron veinte mil enemigos en la batalla. Algunos autores pretenden que, durante la ausencia del dictador, se combatió dos veces con el enemigo y que se consiguieron dos triunfos. En los escritores más antiguos no se encuentra más que esta batalla, y algunos anales no la mencionan. El jefe de los caballeros, que recogió numerosos despojos de aquella gran derrota, hizo reunir en inmenso montón y quemar las armas cogidas al enemigo, bien porque las ofreciese a alguna divinidad, sea que quisiera, si hemos de creer al historiador Fabio, impedir al dictador que recogiese el fruto de su propia gloria e inscribir su nombre debajo de aquellos trofeos, o llevar aquellos despojos en su triunfo. La carta que con motivo de esta victoria escribió al Senado y no al dictador, demuestra además que no le admitía a compartir su gloria. Verdad es también que el dictador, a la noticia de aquella victoria, lejos de regocijarse como los otros, mostró cólera y pesar. Despidió en seguida al Senado, salió bruscamente de la Curia, y por todas partes anduvo repitiendo que, más que las legiones samnitas, la majestad dictatorial y la disciplina militar resultarían vencidas y destruidas por el jefe de los caballeros, si quedaba impune su desprecio a la autoridad. Henchido de cólera partió para el campamento, y aunque caminaba a largas jornadas, no pudo adelantarse al rumor de su llegada. De la ciudad habían acudido para anunciar que llegaba el dictador ansioso de castigar y que casi no hablaba más que para celebrar la acción de T. Manlio.

31. Convocando en seguida Fabio una asamblea, ruega a los soldados "que empleen aquel valor con que han defendido la república contra sus enemigos más encarnizados, en protegerle a él, bajo cuya dirección y auspicios han vencido, contra la implacable crueldad del dictador. Viene, cegado por la envidia, irritado contra el valor y la fortuna de otro, furioso porque durante su ausencia ha sido bien servida la república: si pudiese cambiar la fortuna, hubiese preferido la victoria de los samnitas a la de los romanos. Habla de su autoridad despreciada, como si no hubiese prohibido combatir con el mismo ánimo que se aflige porque se ha combatido; por envidia, pues, quería encadenar el valor de los demás, arrancar las armas a sus soldados impacientes para que no pudiesen combatir en su ausencia; hoy no está

furioso e indignado sino porque sin L. Papirio, los soldados han hecho uso de las armas y de sus brazos, porque Q. Fabio se ha creído jefe de los caballeros y no un accenso del dictador. ¿Qué habría hecho si por uno de esos casos, por una de esas casualidades comunes a todos en la guerra, se hubiese sufrido un descalabro; cuando viendo al enemigo vencido y bien servida la república, que mejor no podía estarlo por el dictador, ese jefe único amenaza con la muerte al jefe de los caballeros? Y no es que esté más enojado con el jefe de los caballeros que con los tribunos militares, con los centuriones, con los soldados; si pudiese se ensañaría con todos; pero como le es imposible se ensaña con uno solo. La envidia, por otra parte lo mismo que la llama, ataca a todo lo que es grande; los odios se dirigen contra la cabeza, contra el jefe de la expedición; si el dictador puede hacer desaparecer a la vez al hombre con su gloria, entonces dominará como vencedor sobre un ejército cautivo, y todo lo que haya podido hacer contra el jefe de los caballeros lo intentará contra los soldados. Así, pues, en la causa de Fabio servirán la libertad de todos. Si el dictador ve que el ejército que ha estado unánime para marchar al combate lo está igualmente para defender su victoria, y que todos velan por el bien de uno solo, sin duda se inclinará a sentimientos más benignos. En fin, confía su vida y fortuna a su fe y su valor."

32. De todos lados de la asamblea se le grita que confíe, que nadie tocará a su persona mientras existan las legiones romanas. Poco después llega el dictador, y en seguida resuena la bocina para reunir el ejército. En el acto reina silencio, y el pregonero cita a comparecer a Q. Fabio, jefe de los caballeros. Éste, que se encontraba bastante lejos, debajo del tribunal, acudió en seguida, y el dictador le dijo: "Quiero saber de ti, Q. Fabio, puesto que la dictadura es el poder supremo al que obedecen los cónsules investidos con autoridad real, y los pretores, creados bajo los mismos auspicios que los cónsules; quiero saber de ti, repito, si crees justo o no que se someta a sus órdenes un jefe de los caballeros. Te pregunto además, si convencido como estaba a mi partida para Roma de la inseguridad de los auspicios, debía jugar a la casualidad la salud del Estado, a pesar de nuestras santas ceremonias, o renovar los auspicios, con objeto de no hacer nada sin tener claramente los dioses en favor nuestro. Y te pregunto, en fin, si cuando un escrúpulo religioso impedía obrar al dictador, el jefe de los caballeros podía considerarse completamente libre y desligado. Pero ¿a qué todas estas preguntas? Aun en el caso de que hubiese partido sin dar órdenes, debías haber arreglado tu conducta según las interpretaciones que podías hacer de mi voluntad. Contesta: ¿no te había prohibido intentar nada durante mi ausencia? ¿No te había prohibido venir a las manos con el enemigo? Con desprecio de nuestra prohibición, a pesar de la inseguridad de los auspicios, de nuestras santas ceremonias, con daño de nuestras leyes militares, en contra de la disciplina de nuestros antepasados y de la voluntad de los dioses, te has atrevido a librar combate. Esto es lo que pregunto; responde, responde a esto solo; ni una palabra fuera de ello; ten cuidado. Acércate, lictor." No era cosa fácil contestar a cada una de estas preguntas; así fue, que en tanto se quejaba Fabio de tener a la misma persona por acusador y juez, en tanto exclamaba que podrían arrancarle la vida, pero no la gloria de sus acciones, y sucesivamente también se justificaba y acusaba al dictador. Encendido entonces Papirio más y más en ira, manda despojar de sus ropas al jefe de los caballeros y preparar las

varas y las hachas. Fabio entonces invocando la fe de los soldados mientras los lictores le arrancan las ropas, se refugia entre los triarios, que ya excitaban el desorden en las filas. Los gritos se propagan en seguida por toda la asamblea; óyense súplicas aquí, amenazas allá; los que por casualidad se encontraban más cerca del tribunal, y que colocados a la vista, el general podía reconocerlos, le ruegan perdone al jefe de los caballeros y no condene al ejército con él. En las últimas filas de la asamblea, y en el grupo que rodeaba a Fabio, atacábase en voz alta al implacable dictador, y estaba muy cerca de estallar una sedición; tampoco estaban tranquilos alrededor del tribunal. Los legados que rodeaban la silla del dictador le suplicaban que aplazara el asunto para el día siguiente, que aplacase su cólera y diese tiempo a la reflexión. "Estaba bastante castigada la juventud de Fabio, bastante empañada su victoria, y era inútil llevar el suplicio al último extremo, manchar con tan grande ignominia a aquel joven tan distinguido, a su padre tan ilustre y a toda la familia Fabia." Como sus plegarias, lo mismo que sus razones, tenían poco resultado, mostrábanle la asamblea enfurecida ya; decíanle que no sería propio de su edad ni de su prudencia caldear más el ánimo del soldado, tan excitado ya, y dar así motivo a la sedición; que nadie acriminaría a Fabio por haber querido librarse del suplicio, pero que se censuraría al dictador si, ciego por la ira, provocaba contra él, por funesta obstinación, los furores de la multitud. En fin, que no creyese que hablaban así por afecto a Fabio; que estaban dispuestos a jurarlo, pero que no creían ser conveniente en aquel momento a la república mostrar severidad con él.

33. Estas observaciones, antes atrajeron sobre ellos la animosidad del dictador que la separaron del jefe de los caballeros, y les mandó bajar del tribunal. El pregonero procuró en vano restablecer el silencio; el ruido y el tumulto aumentan, no pudiendo oírse la voz del dictador ni de los aparitores, y solamente la noche, como en un combate, puso fin a aquella lucha. El jefe de los caballeros recibió orden de presentarse a la mañana siguiente; pero asegurándole todos que excitado Papirio, exasperado por aquella tenaz resistencia, se mostraría más ardiente e implacable, se fugó del campamento y marchó a Roma. Allí, por consejo de su padre M. Fabio, que había sido cónsul tres veces y dictador, convocó en seguida al Senado; y cuando se quejaba allí con viveza de la violencia y de la injusticia del dictador, óyese de pronto en la puerta el ruido de los lictores que separan a la multitud: era el implacable dictador, que a la noticia de la marcha de Fabio, le había seguido con algunos soldados de caballería ligera. Comenzó de nuevo la lucha, y Papirio mandó apoderarse de Fabio. A pesar de los ruegos de los senadores principales y del Senado entero, aquel ánimo inflexible persiste en su resolución. Entonces, M. Fabio, el padre del acusado, exclama: "Puesto que nada tiene influencia sobre ti, ni la autoridad del Senado, ni mi ancianidad, a la que quieres privar de un hijo, ni el valor ni la nobleza del jefe de los caballeros, que tú mismo nombraste, ni las súplicas, que muchas veces han aplacado al enemigo y que calman el enojo de los dioses, voy a dirigirme a los tribunos del pueblo y apelo al pueblo mismo; él es, puesto que quieres sustraerte al juicio de tu ejército, al juicio del Senado; él es quien yo te doy por juez; él, que tiene solo más fuerza y más poder que tu dictadura. Yo veré si cedes a esta apelación, a la que cedió un rey de Roma, Tulo Hortilio." De la curia pasaron a la asamblea del pueblo el dictador seguido de muy pocos y el jefe de los caballeros rodeado de los ciudadanos más dis-

tinguidos de Roma; éste había subido a la tribuna de las arengas; Papirio le manda bajar y ocupar puesto menos elevado. El padre había seguido al hijo: "Bien haces, dijo al dictador, en mandarnos bajar a un puesto desde el que podremos hacernos oír como simples particulares." Al principio hubo más altercados que largos discursos; pero el ruido quedó dominado muy pronto por la voz del viejo Fabio reconviniendo amargamente al dictador por su tiranía y crueldad: "Él también ha sido dictador; y nadie, ni hombre del pueblo, ni centurión, ni soldado ha recibido ultraje de él. Papirio, como si se tratase de un enemigo, reivindica la victoria y el triunfo sobre un general romano. ¡Qué diferencia entre la moderación de otro tiempo y la tiranía, la crueldad de hoy! El dictador Quincio Cincinnato, después de libertar al cónsul L. Minucio, sitiado en su campamento, se contenta para castigarle con dejarle en el ejército en calidad de legado en vez de cónsul. M. Furio Camilo, aunque L. Furio, con desprecio de su ancianidad y de su edad, comprometió un combate que perdió vergonzosamente, no solamente fue en el momento mismo bastante dueño de sí para no escribir nada al pueblo ni al Senado que fuese desfavorable a su colega, sino que a su regreso, cuando el Senado le dejó árbitro de elegir colegas, le tomó con preferencia a todos los tribunos consulares para asociarle a su mando. El pueblo mismo, que en todo tiene el poder soberano, en su indignación contra aquellos que por imprudencia o incapacidad han perdido ejércitos, jamás ha impuesto pena más grave que una multa pecuniaria. Hasta ahora ningún jefe había visto su cabeza en peligro por el éxito desgraciado de las armas. Pero hoy los generales romanos se encuentran amenazados con las varas y el hacha, y lo que ni siquiera se permite con los vencidos se intenta contra vencedores dignos de los triunfos más justos. Porque en último caso, ¿qué más podía haber sufrido su hijo si hubiese perdido el ejército, si hubiese sido derrotado, puesto en fuga, despojado de su campamento? ¿La cólera y la violencia de ese hombre podía haber llegado más lejos que los azotes y la muerte? ¡Cuán conveniente sería que aquel que es para la ciudad causa de regocijo, de victoria, de preces, de acciones de gracias; aquel por quien están abiertos los templos de los dioses, para que humeen en medio de los sacrificios los altares cargados de honor y de ofrendas, fuese desnudado y desgarrado con las varas delante del pueblo romano, a la vista del Capitolio, de la fortaleza, de esos dioses que no ha invocado en vano en las batallas! ¿Con qué ánimo el ejército que ha vencido bajo sus órdenes y auspicios presenciaría tal espectáculo? ¡Qué luto en el campo romano y cuánta alegría en el enemigo!" De esta manera, en tanto con reconvenciones, en tanto con quejas, implorando el auxilio de los dioses y de los hombres, o abrazando a su hijo y derramando lágrimas, defendió su causa el viejo Fabio.

34. Tenía en favor suyo la majestad del Senado, el favor del pueblo, el apoyo de los tribunos y el recuerdo del ejército ausente. Su adversario recordaba "la autoridad invencible del pueblo romano y la disciplina militar, el mando del dictador, respetado siempre como un oráculo, la famosa sentencia de Manlio y el amor paternal sacrificado al interés público. De la misma manera había obrado en otro tiempo con sus dos hijos Bruto, el fundador de la libertad romana; hoy, padres débiles, ancianos que toleran el desprecio de una autoridad que no tienen, perdonan a la juventud, como falta ligera, la destrucción de la disciplina militar. En cuanto a él, no dejará de persistir en su resolución, y el que ha combatido contra sus órdenes, a pesar de las

santas ceremonias y a pesar de la inseguridad de los auspicios, no conseguirá perdón del castigo que justamente ha merecido. No puede hacer que la majestad del mando sea respetada siempre; pero L. Papirio no consentirá que se debiliten sus derechos. Desea que el poder tribunicio, inviolable en sí mismo, no viole con su oposición la autoridad de Roma, y sobre todo que el pueblo no se pronuncie contra él anulando al dictador y los derechos de la dictadura. Si ocurre esta desgracia, no acusará la posteridad a L. Papirio, sino a los tribunos y al juicio erróneo del pueblo; censura inútil, porque una vez envilecida la disciplina militar, el soldado no obedecerá al centurión, el centurión al tribuno, el tribuno al legado, el legado al cónsul, ni el jefe de los caballeros al dictador: que nadie respetará a los hombres ni a los dioses: que no se observarán las órdenes de los generales ni los mismos auspicios de los dioses: que errantes sin permiso, los soldados se dispersarán en desorden por las tierras conquistadas como por las del enemigo: que, sin recordar su juramento, por el hecho solo de esta excesiva libertad tomarán licencia según su capricho: que en corto número en derredor de las enseñas concluirán por abandonarlas completamente: que no se reunirán ya a la orden, y que, sin distinción, de día o de noche, en buena o mala posición, por orden o contra la orden del jefe, trabarán el combate: que no seguirán ya sus enseñas ni se mantendrán en sus filas; en fin, que en vez de una milicia solemne y sagrada, solamente habrá un bandidaje ciego y ejercido al acaso. De estas deshonrosas desgracias, vosotros, tribunos del pueblo, tendréis que responder delante de los siglos: prestad vuestras frentes al oprobio por complacer a Q. Fabio".

35. Vacilantes estaban los tribunos, y más inquietos por sí mismos que por el que imploraba su apoyo, cuando les libró del apuro la intervención del pueblo romano, que recurrió a los ruegos y súplicas para conseguir del dictador el perdón del jefe de los caballeros. Ellos mismos, siguiendo el impulso que les arrastra, suplican encarecidamente al dictador que perdone la debilidad humana, la juventud de Fabio; repitiendo que estaba bastante castigado. En fin, el mismo joven y su padre M. Fabio, abandonando su animosidad, se arrojan a los pies del dictador, y con sus ruegos aplacan su enojo. "Bien está, romanos; vence la disciplina militar; vence la majestad del mando, que han estado a punto de perecer en este día. Q. Fabio no queda absuelto del delito de haber dado la batalla contra la orden del general, sino que, condenado por este delito, debe su perdón al pueblo romano, lo debe al poder tribunicio, que le ha prestado su apoyo a título de ruego y no de justicia. Vive, Q. Fabio, más afortunado por este unánime acuerdo de la ciudad para defenderte, que por la victoria de que te glorificabas hace poco; vive, después de haber osado cometer un delito que tu mismo padre, puesto en lugar de Q. Papirio, no te hubiese perdonado. Podrás volver a mi gracia cuando quieras; en cuanto al pueblo romano, al que debes la vida, no puedes prestarle mayor servicio que el de haber aprendido en el día de hoy a someterte en paz como en guerra a las autoridades legítimas." Después de declarar en seguida que no conservaba más al jefe de los caballeros, bajó del templo en medio del regocijo de los senadores, de la alegría mayor aún de sus conciudadanos, que se estrechaban en derredor suyo, y que al felicitar en tanto al jefe de los caballeros, en tanto al dictador, les seguían a los dos en grupos. No parecía menos asegurada la autoridad militar por la peligrosa prueba de Fabio que por el deplorable suplicio del joven Manlio. La casualidad quiso que aquel año,

cuantas veces se separó del ejército el dictador, hiciese algún movimiento el enemigo en el Samnio; pero el legado M. Valerio, que mandaba el campamento, no perdía de vista el ejemplo de Q. Fabio y temía menos los ataques del enemigo que la implacable venganza del dictador. Por esta razón, habiendo sido sorprendidos y exterminados en una emboscada unos merodeadores, creyóse generalmente que el legado pudo socorrerles, si no hubiese estado amedrentado por amenazadoras prohibiciones. Esta dureza de Papirio contribuyó a enajenarle la simpatía de los soldados, que estaban ya disgustados con él porque había sido implacable con Q. Fabio, y que después de negarle perdón por sus ruegos, se lo había concedido por los del pueblo romano.

36. El dictador, después de dejar en la ciudad a L. Papirio Crasso por jefe de los caballeros y prohibir a Q. Fabio todo acto de su magistratura, regresó al campamento, donde su llegada produjo poca satisfacción a sus conciudadanos y ningún temor a sus enemigos. En efecto, al día siguiente, sea que éstos ignorasen el regreso del dictador, o que se cuidasen tan poco de su presencia como de su ausencia, acercáronse al campamento formados en batalla. La presencia de L. Papirio, de aquel hombre solo, tuvo tal importancia, que si la buena voluntad de los soldados hubiese secundado las disposiciones del general, aquel día hubiese sido indudablemente el último de la guerra con los samnitas: tan bien aprovechó las condiciones del terreno y sus cuerpos de reserva para asegurar sus operaciones. Sus soldados no le secundaron, y de intento, para rebajar el mérito de su jefe, pusieron obstáculos a la victoria. Los samnitas tuvieron más muertos, los romanos más heridos. El hábil general comprendió bien lo que le impedía ser vencedor, conociendo que tenía que reprimir su carácter y mezclar la dulzura con la severidad. Con este propósito, haciéndose acompañar de los legados, visitó los soldados heridos, inclinando la cabeza sobre ellos, preguntando a cada uno cómo se encuentra, tomando sus nombres, recomendándolos a los prefectos, a los legados y a los tribunos. Esta manera de obrar tan popular y tan hábil hizo que antes de la curación de sus cuerpos el general hubiese ganado las simpatías de sus soldados, y nada fue tan eficaz para aquella curación como la gratitud que sentían por tanto interés. Restablecido el ejército, libró batalla sin que él ni los soldados dudasen del éxito. Los samnitas quedaron de tal suerte derrotados y puestos en desorden, que fue el último combate que libraron con el dictador. El ejército victorioso marchó en seguida adonde le llamaba la esperanza del botín, y recorrió todo el territorio enemigo sin encontrar en parte alguna soldados ni resistencia abierta ni emboscada. El hecho de abandonar el botín el dictador al soldado aumentaba el ardor de éste; no animándole contra el enemigo los odios nacionales tanto como aquella ocasión de provechos. Domados los samnitas por aquellos desastres, pidieron la paz al dictador, quien convino con ellos en que darían a cada soldado un traje y una anualidad de paga, y los envió al Senado. Contestaron éstos que no irían sino detrás del dictador, encomendando su causa a él solo, a su fe y probidad. De esta manera dejó el ejército el Samnio.

37. El dictador entró en triunfo en la ciudad. Quería abdicar la dictadura; pero antes de esta abdicación y por orden del Senado creó cónsules a C. Sulpicio Longo por segunda vez y a Q. Emilio Cerretano. No habiéndose podido hacer la paz, por no convenir en las condiciones, los samnitas solamente consiguieron un año de tregua, y ni siquiera fueron fieles a la santidad del juramento: tanto despertó su valor la

noticia de la abdicación de Papirio. Bajo estos mismos cónsules, C. Sulpicio y Q. Emilio (algunos anales dicen Aulio), a la defección de los samnitas se agregó otra guerra: la de los apulios. Envióse un ejército a cada país de éstos, tocando por suerte a Sulpicio los samnitas y a Emilio los apulios Según algunos escritores, no se hizo la guerra con los apulios, sino que se protegió a los pueblos aliados de esta nación contra las violencias e injusticias de los samnitas. Por lo demás, el estado del Samnio, que en aquella época apenas podía defender su territorio, hace menos verosímil la agresión de los samnitas contra los apulios, que la unión de estos dos pueblos para hacer la guerra a Roma. Sin embargo, nada memorable aconteció; la Apulia y el Samnio quedaron completamente devastados, y el enemigo no se presentó en ninguna parte. Una alarma nocturna en Roma arrancó repentinamente el sueño a la ciudad sobresaltada, hasta el punto que el Capitolio y la fortaleza, las murallas y las puertas se llenaron de hombres armados. Después de correr y gritar a las armas en todos los barrios, al amanecer había desaparecido el autor y causa de la conmoción. En este mismo año, por petición de Flavio, celebróse juicio del pueblo contra los tusculanos. M. Flavio, tribuno del pueblo, propuso por una ley que se castigase a los tusculanos que con auxilios y consejos habían impulsado a los veliternos y a los privernatos a hacer la guerra a los romanos. El pueblo de Túsculum con sus esposas e hijos vino a Roma. Aquella multitud, con trajes y aspecto de acusados, recorrió las tribus, postrándose delante de todos los ciudadanos; haciendo más la compasión para que se les perdonase que el examen de su causa para justificarles de la acusación. Todas las tribus rechazaron la ley, exceptuando la de Polia, cuya opinión fue que a los púberes se les azotase y diese la muerte, y que las mujeres y los niños se vendiesen en subasta, según el derecho de la guerra. Sabido es que los tusculanos no lo olvidaron, y que su resentimiento contra los que votaron tan atroz venganza duró hasta la misma época de nuestros padres, y que nunca candidato alguno de la tribu Polia obtuvo votos de la tribu Papiria.

38. Al año siguiente, bajo el consulado de Q. Fabio y de L. Fulvio, A. Cornelio Arvina, dictador, y M. Fabio Ambusto, jefe de los caballeros, temiendo una guerra más grave en el Samnio (decíase que el enemigo había tomado a sueldo la juventud de los pueblos vecinos) hicieron levas con mucho cuidado y llevaron un ejército escogido contra los samnitas. Los romanos habían establecido su campamento en el territorio samnita sin grandes precauciones, como si el enemigo se encontrase muy distante, cuando de pronto avanzan las legiones samnitas con tal audacia que llegaron a clavar sus empalizadas cerca de los puestos romanos. Acercábase la noche, lo que les impidió atacar las defensas; pero mostraban claramente que al amanecer lo harían. Viendo el dictador que tendría que pelear antes de lo que esperaba y temiendo que la desventaja de la posición perjudicase al valor de sus soldados, dejó por todas partes las hogueras encendidas para engañar al enemigo y mandó salir en silencio las legiones; pero los dos campamentos estaban tan inmediatos, que no pudo ocultar este movimiento. La caballería samnita siguió de cerca su marcha, pero de modo que no tuviese que aventurar combate antes que fuese de día. Al amanecer se atrevió a atacar al enemigo, y hostigando la retaguardia o apretando al ejército en los pasos difíciles, supendió su marcha. Pronto alcanzó la infantería a la caballería y el samnita se aprestaba para atacar a los romanos con todas sus fuerzas. No pudiendo el dictador pasar adelante

sin experimentar grandes pérdidas, mandó trazar un campamento en el mismo paraje en que se encontraba; pero la caballería enemiga, envolviendo al ejército, le imposibilitó para buscar las estacas y ponerse a la obra. Viendo, pues, que era igualmente imposible avanzar o permanecer allí, después de mandar sacar los bagajes fuera de las filas, formó sus tropas en batalla. Otro tanto hicieron los enemigos por su lado, encontrándose iguales en fuerzas y en valor: lo que principalmente había contribuido a enardecerles era que, ignorando que habían retrocedido ante una posición ventajosa y no ante ellos, creían haber perseguido a un enemigo dominado por el terror que le habían infundido. Esto mantuvo por un momento equilibrado el combate, aunque hacía mucho tiempo que el samnita no podía resistir el grito de guerra del ejército romano. Pero a fe mía, en el día aquel, desde la hora tercera hasta la octava, dícese que el combate se mantuvo tan constantemente igual, que el grito, una vez lanzado en el primer choque, no se repitió; que las enseñas permanecieron siempre en el mismo punto sin retroceder, y que por ningún lado se atacó dos veces. Resistiendo a pie firme, rechazando con el escudo, casi sin tomar aliento y sin separar del frente la vista, sostenía cada uno el combate. Por ambas partes era tan igual el encarnizamiento y el furor, que no podía terminar sino por extraordinaria fatiga o por la noche. Ya no tenían vigor los soldados ni fuerza el hierro; los jefes mismos no sabían qué partido tomar, cuando de pronto la caballería samnita, enterándose por una turma que había avanzado algo de que los bagajes romanos estaban lejos del ejército sin guardias ni nadie que les defendiese, se lanza sobre ellos ávida de pillaje. Apresuradamente traen la noticia al dictador: "Dejémosles que se carguen con ese botín", contestó. En seguida llegan sucesivamente otros mensajeros gritando que saquean, que arrebatan la fortuna de los soldados. Entonces llama al jefe de la caballería: "¿No ves, M. Fabio, le dice, que los jinetes enemigos han abandonado el combate? Ahora están cogidos y enredados en lo que nos estorbaba a nosotros. Atácales mientras se encuentran dispersos como toda multitud que se entrega al pillaje: muy pocos encontrarás a caballo, muy pocos con las armas en la mano. Mientras cargan sus caballos de botín, destroza a esos soldados desarmados y haz que ese botín, sea muy sangriento para ellos. Yo voy a ocuparme de las legiones y del combate de la infantería; a ti el honor de guiar la caballería."

39. La fuerza de caballería, atacando en perfecto orden a los enemigos desparramados e impedidos con la carga, todo lo llenó de muertos: sorprendidos entre aquellos bagajes que abandonan en seguida y que caen entre las patas de sus caballos que huyen asustados, los samnitas, sin poder defenderse ni huir, se dejan matar. Entonces, destruida casi por completo la caballería enemiga, M. Fabio, después de ligero rodeo, ataca por la espalda a la infantería. El nuevo grito que brota entonces infunde terror a los samnitas: el dictador, al ver que las primeras filas enemigas miran a la espalda, al ver las enseñas en desorden, que todo el cuerpo de batalla vacila y cede, excita y anima con sus palabras a los soldados: llama por sus nombres a los tribunos y a los centuriones, para impulsarles a renovar con él el combate; repítese el grito de guerra, avanzan las enseñas, y a medida que se adelanta, se ve mejor al enemigo presa de la turbación y del desorden. Entre tanto acababa de verse desde las primeras filas a la caballería, y volviéndose Cornelio hacia los manípulos, mostróles con la voz y con el gesto que veía las enseñas y los escudos de la caballería romana. Ante

aquella noticia y aquella aparición, olvidan un día casi entero de fatiga, olvidan sus heridas, y como tropas frescas que saliesen del campamento a la señal de combate, se lanzan sobre el enemigo. Los samnitas no pudieron resistir más tiempo ya contra el miedo a la caballería y el brío de la infantería: unos quedaron muertos en sus puestos, otros en fuga y dispersión. Los que aún resistían quedaron rodeados y fueron exterminados por la infantería, haciendo lo mismo con los dispersos la caballería, pereciendo entre ellos su general. Esta última batalla destruyó las fuerzas de los samnitas, y en todas sus asambleas se decía murmurando, "que no era de extrañar que una guerra impía, emprendida con desprecio de un tratado, en que con justicia les eran los dioses más adversos que los hombres, no hubiese sido afortunada; que se necesitaba una reparación, una grande expiación por aquella guerra, y que lo que importaba era saber si para aquel sacrificio debía tomarse solamente la sangre de algunos culpables o la sangre inocente de todos los samnitas". Ya se atrevían algunos a nombrar a los jefes de la sublevación, designando uno especialmente por unánimes clamores, el de Brutulo Papio, varón noble y poderoso, reconocido generalmente como autor de la ruptura de la última tregua.

Obligados los pretores a sentenciar, decretaron: "que Brutulo Papio sería entregado a los romanos; que con él se enviarían a Roma todo el botín y todos los prisioneros romanos, y que los objetos reivindicados por los feciales, según los términos del tratado, se entregarían con arreglo al derecho y la justicia". En conformidad con esta decisión, enviaron a Roma sus feciales con el cadáver de Brutulio, quien, con muerte voluntaria, se sustrajo al oprobio y al suplicio. Decidióse también que, con su cuerpo se entregarían todos sus bienes; pero solamente se aceptaron los prisioneros y lo que pudo ser reconocido en el botín, rechazándose el ofrecimiento de todo lo demás. Por un senatus-consulto se concedió el triunfo al dictador.

40. Pretenden algunos escritores que pusieron fin a esta guerra los cónsules, que fueron los únicos que triunfaron de los samnitas, y que Fabio avanzó en la Apulia, de donde trajo inmenso botín. Convienen en que Cornelio fue dictador aquel año; dudándose solamente si fue nombrado para dirigir la guerra o para presidir los juegos romanos, en lugar del pretor L. Plaucio, gravemente enfermo entonces, y dar en ellos la señal a las cuadrigas, y si fue después de desempeñar estas funciones, pero a propósito para hacer memorable su magistratura, cuando abdicó la dictadura. No es fácil preferir un hecho a otro, ni un escritor a otro escritor. Estoy persuadido de que los elogios fúnebres y las falsas inscripciones de las imágenes han alterado los recuerdos del pasado, porque cada familia quiere, con ayuda de falsedades y artificios, atraerse toda la gloria de las hazañas y de las magistraturas. De aquí nace la confusión en los hechos de cada uno y en los monumentos públicos de la historia. De esta época no nos queda ningún escritor cuyo testimonio sea bastante seguro.

LIBRO NOVENO

Sumario: Los cónsules T. Veturio y Sp. Postumio comprometen el ejército en las Horcas Caudinas.—Pasa el ejército romano bajo el yugo de los samnitas.—Proposición de Sp. Postumio al Senado.—Entrega a los samnitas de todos los firmantes del tratado de paz.—Negativa de los samnitas a recibirlos.—Papirio Cursor derrota y hace pasar bajo yugo a los samnitas.—Creación de las tribus Ufentina y Valerina.—Colonias enviadas a Suesa y Poncia.—Censura de Ap. Claudio.—Triunfos de los romanos contra los apulios, etruscos, umbrios, marsos, pelignos, equos y samnitas.—Edilidad curul de Flavio.—Turbulencias en los comicios y asambleas del Campo de Marte.—Censura de Q. Fabio; recibe el epíteto de Máximo.—Mención de Alejandro.—Paralelo de su poder con el de los romanos.

1. Al año siguiente celebróse la paz de Caudio, famosa por la derrota de los romanos bajo el consulado de T. Veturio Calvino y de Sp. Postumio. Aquel año tenían los samnitas por general a C. Poncio, hijo de Herennio, nacido de padre muy hábil y colocado él mismo en primera fila como guerrero y como general. Cuando los legados enviados para dar satisfacción a los romanos regresaron sin haber concluido la paz, dijo a sus conciudadanos: "No creáis infructuosa esta legación, porque por ella se ha aplacado el enojo del cielo contra nosotros por la ruptura del tratado. Persuadido estoy de que las divinidades, cualesquiera que sean, que han querido reducirnos a la necesidad de dar satisfacción según los términos del tratado, no han quedado satisfechas de que los romanos rechacen con tanta altivez la reparación ofrecida. ¿Y qué más podía hacerse para aplacar a los dioses y calmar a los hombres que lo que hemos hecho? Hemos devuelto el botín cogido al enemigo y que parecía pertenecernos por derecho de guerra; a los autores de ésta, no pudiendo entregarlos vivos, los hemos entregado muertos; hemos llevado a Roma sus mismos bienes, para que nada contaminado con su crimen quedase en nuestras manos. ¿Qué más te debo, romano; que más debo al tratado y a los dioses garantes del mismo? Cualquiera que sea el juez de tu animosidad, pueblo o simple particular, no lo rehúso. Que si la debilidad luchando contra el poder nada puede esperar de la justicia de los hombres, apelaré al menos a los dioses vengadores de tan insoportable orgullo y les conjuraré para que vuelvan su cólera contra aquellos a quienes no puede satisfacerse, ni devolviéndoles lo que les pertenece, ni colmado la medida con todo lo que pertenece a los demás; cuya crueldad no puede quedar satisfecha ni con la muerte de los culpables, ni con el abandono que les ha hecho de sus cadáveres, ni con el sacrificio de sus bienes que les entregan sus dueños; que no podríamos calmar sino dándoles nuestra sangre a beber y nuestras vísceras a desgarrar. Samnitas, la guerra es justa cuando es necesaria; y las armas son inocentes cuando no queda otra esperanza que las armas. Así, puesto que lo que importa más en las cosas

humanas es tener a los dioses propicios o adversos, considerad como cierto que si las guerras anteriores las habéis hecho más contra los dioses que contra los hombres, la que os amenaza la haréis bajo la dirección misma de los dioses."

2. Después de estas palabras, que eran feliz augurio y justa predicción, parte con el ejército y marcha lo más secetamente posible a acampar en las cercanías de Caudio. Desde allí envía a Calacia, donde sabía que estaban acampados los cónsules romanos, diez soldados disfrazados de pastores, recomendándoles que lleven sus rebaños por diferentes lados a pastar a corta distancia de los puestos romanos; y que cuando caigan en poder de los merodeadores, digan todos: "Que las legiones de los samnitas están en la Apulia; que han puesto sitio a Luceria con todas sus fuerzas, y que están a punto de tomarla por asalto." Este rumor, difundido de intento, había llegado a los romanos, y los prisioneros lo hicieron tanto más verosímil, cuanto que su lenguaje estaba de acuerdo. No era dudoso que los romanos debían socorrer a los lucerinos, que eran buenos y fieles aliados; pudiendo temerse además que, asustada la Apulia con el peligro presente, pasase toda entera al enemigo. Así, pues, solamente se deliberó acerca del camino que debía seguirse: dos llevaban a Luceria; uno que seguía la costa del mar superior, llano y despejado, pero más largo en proporción de lo más seguro que era; y el otro más corto, por las Horcas Caudinas. Este paraje es como sigue: dos desfiladeros profundos, muy estrechos, cubiertos de bosques y reunidos por una cadena de montañas. Entre estos dos desfiladeros se extiende una llanura pequeña, bastante descubierta, cerrada en derredor por el bosque, cubierta de vegetación y de agua y cruzándola por el centro el camino. Pero antes de llegar a ella es necesario recorrer la primera garganta, y entonces puede elegirse entre retroceder para regresar por el mismo camino, o si se quiere continuar, salir por la otra garganta más estrecha aún y más difícil que la primera. Ahora bien; a esta llanura habían bajado los romanos por una roca hueca de una de las gargantas,y en el acto se dirigieron a la segunda, pero la encontraron cerrada por árboles cortados y enormes masas de rocas. Apenas habían reconocido el ardid del enemigo, vieron un cuerpo de tropas en las alturas del desfiladero. Apresúranse a retroceder para ganar el primer paso y lo encuentran cerrado por iguales obstáculos y fuerzas samnitas. Al ver esto, se detienen sin que nadie hubiese dado la orden; todos están estupefactos y sus miembros extraordinariamente entorpecidos. Míranse fijamente unos a otros, creyendo cada cual que encontrará en el otro más fuerza de ánimo y más recursos y quedando por largo tiempo inmóviles y silenciosos. Cuando vieron levantar las tiendas de los cónsules y dedicarse algunos a los preparativos necesarios de campamento, aunque comprendían que iban a exponerse a las burlas del enemigo trabajando para fortificarse en una posición tan espantosa en que estaba perdida hasta la esperanza, sin embargo, por no añadir culpa a la desgracia, cada cual por su lado, sin que nadie le exhorte ni le mande, pone mano a la obra. Establecen cerca de los manantiales un campamento fortificado, al mismo tiempo que con dolorosa ironía confiesan ellos mismos la inutilidad de sus defensas y de sus esfuerzos, objeto de amargas burlas del enemigo. Abatidos los cónsules, ni siquiera pensaban en convocar consejo, porque en aquella posición no podían pedir consejo ni socorro; los legados y tribunos van espontáneamente a verles; y los soldados, con los ojos fijos en la tienda de los cónsules,

parece que piden a sus jefes un auxilio que apenas podrían prestarles los dioses inmortales.

3. Quejándose más que deliberando estaban cuando les sorprendió la noche. Con impaciencia decían, cada cual según su carácter, unos: "Avancemos a pesar de todos los obstáculos del camino"; otros: "Escalemos esos montes, crucemos esos bosques, marchemos por donde podamos avanzar con las armas. Lleguemos solamente hasta ese enemigo que estamos batiendo hace cerca de treinta años, y todo se allanará, todo será fácil para el romano combatiendo con el pérfido samnita"; otros: "¿Dónde y por dónde iremos?, ¿podemos arrancar de su asiento esas montañas? Mientras tengamos delante esas alturas, ¿por dónde llegaremos hasta el enemigo? Armados o sin armas, valientes o cobardes, todos igualmente nos encontramos encerrados; estamos vencidos. El enemigo ni siquiera nos prestará el hierro para que tengamos una muerte honrosa; sin moverse de su puesto terminará la guerra." En tales conversaciones, sin que nadie pensara en tomar alimento o descanso, pasaron la noche. Los samnitas por su parte no sabían cómo aprovechar aquel inmenso triunfo, decidiendo escribir para consultarle a Herennio Poncio, padre de su general. Este anciano, abrumado por los años, había renunciado, no solamente a las empresas militares, sino que también a las funciones civiles; sin embargo, en aquel cuerpo, debilitado por la edad, existía aún sumo vigor de espíritu y de juicio. Cuando supo por el mensaje de su hijo que los ejércitos romanos estaban encerrados en las Horcas Caudinas entre las dos gargantas, opinó que se les debía dejar salir a todos en el acto sin tratarles como vencidos. No aceptaron el consejo y le consultaron de nuevo, enviándole el mismo mensajero; entonces dijo que les exterminara hasta el último. Al recibir estas dos contestaciones tan opuestas y que parecían tener la ambigüedad de los oráculos, su hijo, aunque uno de los primeros en pensar que la edad había envejecido a la vez el cuerpo y el espíritu de su padre, no dejó de ceder al deseo general, haciendo venir al consejo al mismo anciano, que no vaciló en acudir al campamento, al que llegó, según dicen, llevado en un carro, y llamado al consejo, habló en él casi de la misma manera, sin cambiar en nada su opinión, añadiendo solamente estas razones: "Por el primer consejo, que creía el mejor, asegurarían para siempre por un gran beneficio la paz y amistad con una nación poderosa; por el segundo aplazarían la guerra para muchas generaciones, teniendo apenas los romanos bastante tiempo para reparar sus fuerzas, después de la pérdida de dos ejércitos completos; en cuanto a un término medio, no lo encontraba." Su hijo y los otros jefes insistían preguntándole "si no podía adoptarse el medio de dejar salir sanos y salvos a los enemigos, imponiéndoles las leyes que el derecho de la guerra permite imponer a los vencidos". "Ese medio, contestó, no puede granjearos su amistad ni libraros de su odio. Si les dejáis la vida después de irritarles con un ultraje, tal es el carácter de los romanos, que no pueden permanecer tranquilos después de una derrota. En sus corazones vivirá siempre el recuerdo de todo lo que la necesidad les haya hecho sufrir de humillante en esta circunstancia; y este recuerdo no les dejará reposar hasta que se hayan vengado muchas veces de vosotros."

4. No se aceptó ninguna de las dos opiniones del anciano, que dejó el campamento, siendo llevado a su casa. Entre tanto, los romanos habían hecho numerosas e inútiles tentativas para escapar, y comenzaban a carecer de todo. Vencidos al fin por la necesidad, envían le-

gados con la misión de pedir primeramente una paz honrosa, y si no podían conseguirla, provocar al enemigo al combate. Poncio contestó: "Que la guerra estaba terminada, y si vencidos y prisioneros no sabían confesar su posición, les haría pasar bajo el yugo, desarmados y con una sola prenda de ropa, y que las otras condiciones de la paz serían iguales entre vencedores y vencidos; que si los romanos evacuaban el territorio samnita y retiraban las colonias, en adelante vivirían independientes las dos naciones, cada una según sus leyes, con arreglo a un tratado basado en la justicia; que con estas condiciones estaba dispuesto a tratar con los cónsules; que en el caso de no aceptarse todas, prohibía a los legados se le presentaran otra vez." En cuanto se conoció el resultado de esta legación, por todas partes brotaron tristes gemidos; no habría sido menos profunda la consternación, si les hubiesen anunciado que todos iban a morir donde se encontraban. Después de largo silencio, y como los cónsules no se atrevían a hablar ni en favor de un tratado tan vergonzoso ni contra un tratado tan necesario, L. Léntulo, que entonces era primer legado por su mérito y por los honores a que había sido elevado, dijo: "Cónsules, frecuentemente oí decir a mi padre que en el Capitolio fue el único de los senadores que no opinó se rescatase con oro la ciudad del poder de los galos, cuando ni fosos ni empalizadas separaban a los romanos de un enemigo que despreciaba el trabajo de fortificarse, y cuando les era posible abrirse paso por medio de sus filas, no sin gran peligro, pero al menos sin destrucción cierta; si, como los romanos de entonces pudieron caer desde el Capitolio sobre el enemigo con las armas en la mano, y como muchas veces los sitiados han podido hacerlo sobre los sitiadores, pudiésemos solamente nosotros venir a las manos con el enemigo en buena o mala posición, no me faltaría el carácter de mi padre para dar el consejo. Verdad es, lo confieso, que es hermoso morir por la patria, y dispuesto estoy, sea a sacrificarme por el pueblo romano y sus legiones, sea a precipitarme en medio de los enemigos. Pero aquí veo la patria; aquí veo cuanto hay de legiones romanas; y si estas legiones no quieren por sí mismas correr a la muerte, con esa muerte ¿qué van a conservar? Diráse que las casas de la ciudad, sus murallas y esa multitud que compone los habitantes de Roma. Pero ¿no es entregarlos, y no salvarlos, sacrificar este ejército? Porque ¿quién les defenderá? ¿Acaso esa multitud endeble, incapaz de servirse de las armas? Sí; como les defendió contra el ataque de los galos. ¿Irán a pedir suplicando un ejército a los veyos y un Camilo para jefe? Aquí están todas nuestras esperanzas y todas nuestras fuerzas; conservarlas, es conservar la patria; sacrificarlas, es abandonar y hacer traición a la patria. Pero esa capitulación es vergonzosa, es humillante. Tan grande, sin embargo, es el amor a la patria, que exige la salvemos a costa de nuestro honor, si es necesario, como con peligro de la vida. Suframos, pues, esa humillación, sea la que quiera, y cedamos a la necesidad que los dioses mismos no podrían evitar. ¡Adelante, cónsules, rescatad con nuestras armas esa ciudad que vuestros mayores rescataron con su oro!"

5. Los cónsules marcharon a conferenciar con Poncio, y como el vencedor insistía sobre la necesidad de un tratado, dijéronle que el tratado no podía concluirse sin la autoridad del pueblo, sin los feciales y las demás solemnidades religiosas. Así, pues, la paz no se hizo como generalmente se cree y como refiere también Claudio, con un tratado, sino con la promesa de un tratado. En efecto, ¿qué necesidad

había de cauciones y rehenes en un tratado consagrado por estas imprecaciones? "Que el pueblo que quebrante las condiciones ajustadas caiga bajo los golpes de Júpiter, como los cerdos bajo los de los feciales." Prestaron caución los cónsules, los legados, los cuestores y los tribunos militares; y los nombres de todos los que garantizaron la capitulación constan en el acta, mientras, que si hubiesen ajustado un tratado, no se encontrarían en él más que los de los feciales. Y a causa de las dilaciones que necesariamente había de imponer la conclusión de un tratado, se exigió además seiscientos rehenes tomados de entre los caballeros, que debían pagar con su cabeza la infracción del tratado. Fijóse en seguida el momento en que habrían de entregarse los rehenes, y en el que el ejército desarmado había de pasar bajo el yugo. El regreso de los cónsules reprodujo la desolación en el campamento, hasta el punto que costó trabajo a los soldados no poner la mano sobre aquellos cuya imprudencia les había llevado a aquel paraje y cuya cobardía les iba a hacer salir más vergonzosamente que habían entrado. Censúranles no haber tomado guía, no haber mandado reconocer el terreno, haberse precipitado ciegamente en un foso como las fieras; míranse unos a otros, contemplan aquellas armas que entregarán muy pronto, aquellos brazos que en breve serán desarmados, aquellos cuerpos que quedarán a merced del enemigo; represéntanse el yugo bajo el que los hará pasar el enemigo, las burlas del vencedor, su insultante altivez, aquel paso de hombres desarmados en medio de gentes armadas; después, aquella deplorable marcha de soldados deshonrados atravesando las ciudades aliadas para volver a su patria, a sus familias, donde tantas veces sus padres y ellos mismos habían regresado triunfantes. "Ellos solos han sido vencidos sin heridas, sin hierro, sin combate; ellos solos no han desenvainado la espada, no han podido luchar con el enemigo; en vano les han dado armas, fuerzas y valor." Cuando murmuraban estas quejas llegó el momento fatal de la ignominia, que todo había de hacérselo ver más espantoso que habían imaginado. En primer lugar, se les mandó salir de las empalizadas con un solo vestido y sin armas, entregándose primeramente los rehenes y llevándolos aprisionados; en seguida llegó su turno a los cónsules, a quienes se quitó el manto, y cuyos lictores fueron despedidos. Al ver esto, aquellos mismos que pocos momentos antes los execraban, querían sacrificarlos y destrozarlos, quedaron tan penetrados de compasión, que cada uno, olvidando su propia desgracia, apartó la vista de aquella degradación de tan suprema majestad como de nefando espectáculo.

6. Los primeros que pasaron bajo el yugo fueron los cónsules, casi desnudos; después cada jefe según su grado sufrió a su vez esta ignominia; en eguida cada legión, una tras otra. Formados y armados los enemigos en derredor de los romanos, los abrumaban con insultos y burlas, hasta se alzaron espadas sobre el mayor número, y muchos fueron muertos o heridos por haber ofendido al vencedor, revelando demasiado en el rostro la indignación que les causaba tanta injuria. Así inclinaron la cabeza bajo el yugo, y lo que en cierto modo era más cruel, a la vista del enemigo. Cuando hubieron salido de la garganta, aunque arrancados, por decirlo así, de los infiernos, parecíales que veían la luz por primera vez; pero aquella misma luz, poniendo al desnudo toda la ignominia de aquella marcha, les fue más insoportable que la muerte. Hubiesen podido llegar a Capua antes de la noche, pero poco seguros de la fidelidad de sus aliados, y retenidos también por la vergüenza, se detuvieron en las cer-

canías, a cierta distancia de la ciudad, careciendo de todo y no teniendo más lecho que la tierra. Cuando se enteraron del caso en Capua, justa compasión por los aliados venció en el corazón de los capuanos su insensibilidad natural. En seguida enviaron a los cónsules las insignias de su dignidad, feciales y lictores, y a los soldados armas, caballos, ropas y víveres. Al llegar los romanos a Capua salieron a recibirlos el Senado y todo el pueblo, particulares y magistrados, todos, en fin, cumplieron con ellos los deberes de justa hospitalidad. Pero ni la afable acogida de los aliados, ni su bondad, ni sus cariñosas exhortaciones pudieron arrancarles una sola palabra, ni siquiera hacerlos levantar la vista y mirar a la cara a aquellos amigos que querían consolarlos; tan poderoso era en ellos, además del dolor, cierto sentimiento de confusión que los hacía huir toda conversación y la sociedad de los hombres. Cuando a la mañana siguiente partieron de Capua, algunos jóvenes nobles recibieron encargo de acompañarlos hasta las fronteras de Campania. A su regreso, llamados al Senado, contestaron a los más ancianos: "Que les habían parecido los romanos demasiado tristes y abatidos; que durante su marcha habían estado silenciosos y casi mudos. En su opinión, el carácter romano había concluido; les habían arrebatado el valor con las armas; no devolvían el saludo ni dirigían una palabra a los que los saludaban; parecían tan asustados, que no podían desplegar los labios, como si les pesase todavía sobre el cuello el yugo bajo el cual habían pasado. Los samnitas habían conseguido una victoria brillante que les aseguraba el porvenir, porque habían reducido, no la ciudad, como los galos, sino lo que era mucho más decisivo, el valor y la altivez de los romanos."

7. Cuando tales cosas se decían y oían, y se deploraba en aquel Senado de aliados fieles casi la extinción del nombre romano, Ofilio Calavio, hijo de Ovio, ilustre por su cuna y por sus hazañas, venerable por su edad, dijo que no pensaba de aquella manera en cuanto a los romanos: "Ese obstinado silencio, esos ojos fijos en tierra, esos oídos sordos a todo consuelo, esa vergüenza de ver la luz, son, a su entender, otros tantos indicios de un hacinamiento de odios aglomerados en su ánimo. O conoce mal el carácter romano, o ese silencio arrancará muy pronto a los samnitas gritos de dolor y amargas lágrimas; el recuerdo de la paz de Caudio será más cruel para ellos que para los romanos; porque el romano tendría siempre consigo su valor, pero los samnitas no tendrán en todas partes Horcas Caudinas." En Roma se conocía ya este vergonzoso desastre. Súpose primeramente que los ejércitos estaban envueltos; después se tuvo noticia de aquella paz ignominiosa, y esta nueva produjo más consternación que la del peligro. Al primer rumor de que el ejército estaba rodeado, comenzaron a hacerse levas; pero cuando se conoció aquella bochornosa capitulación, se renunció a los preparativos y a toda idea de socorro; y en el acto, sin la intervención de la autoridad pública y de común acuerdo, apareció luto general. Cerráronse las tiendas en el Foro; por sí misma se estableció la vacación de negocios sin haber sido proclamada; despojáronse de las lacticlavias y de los anillos de oro, y la desolación de la ciudad casi sobrepujaba a la del ejército. No estaban irritados solamente contra los generales y contra aquellos que habían aconsejado o garantizado la paz; miraban mal hasta a los mismos soldados, aunque inocentes, hablándose de negarles la entrada en la ciudad y en sus mismas casas. La fermentación calmó a la vista de aquel ejército digno de la compasión hasta de los más irritados; por-

que no con la alegría de hombres que regresan sanos y salvos a su patria, sino con el aspecto de desgraciados cautivos se presentaron en Roma, de noche y corriendo a ocultarse en sus casas; de manera que ni a la mañana siguiente, ni en los días sucesivos ninguno quiso presentarse en el Foro o en público. Encerrándose los cónsules en la vida privada, no realizaron ningún acto de su magistratura; ordenóseles, sin embargo, por un senatusconsulto que nombrasen dictador para la celebración de los comicios, y eligieron a Q. Fabio Ambusto, siendo P. Elio Peto el jefe de los caballeros; pero resutando viciosa la elección, se les sustituyó con M. Emilio Papo al dictador, y con L. Valerio Flaco al jefe de los caballeros. Tampoco reunieron éstos los comicios, y como el pueblo estaba disgustado de todos los magistrados de aquel año, pasóse a un interregno. Fueron interreyes Q. Fabio Máximo y M. Valerio Corvo, quien nombró cónsules a Q. Publilio Filo y a L. Papirio Cursor por segunda vez, elección aprobada por todos los ciudadanos, siendo incontestablemente aquellos dos varones los generales más ilustres de su tiempo.

8. En el mismo día de su creación entraron en funciones (el Senado lo había dispuesto así); y una vez terminadas las ceremonias religiosas, se deliberó acerca de la paz de Caudio. Publilio, que tenía los haces, dijo entonces a Postumio: "Habla, Sp. Postumio." Levantóse éste en seguida, y con igual tristeza que pasó bajo el yugo, dijo: "No ignoro, ¡oh, cónsules! que es para humillarme y no para ensalzarme por lo que se me ordena que me levante y hable el primero, no como senador, sino como culpable a la vez de una guerra desgraciada y de una paz ignominiosa. Sin embargo, como no habéis hablado de nuestro castigo, voy, absteniéndome de una justificación, que no sería muy difícil ante hombres que conocen los destinos y las necesidades humanas, a exponer brevemente mi parecer acerca del objeto de vuestra deliberación. Esta opinión demostrará si por libertarme yo o por libertar vuestras legiones me ligué con una promesa tan vergonzosa como necesaria: sea como quiera, esta promesa hecha sin orden del pueblo, no le obliga en manera alguna; y hasta por la promesa misma nada se debe a los samnitas a excepción de nuestras personas. Que nos entreguen desnudos y encadenados los feciales; libertemos la conciencia del pueblo si la hemos ligado de alguna manera; que nada divino o humano os impida comenzar de nuevo una guerra justa e intachable. Entre tanto, vuestros cónsules pueden hacer levas, equiparlas y ponerlas en campaña; pero es necesario no pisar el territorio enemigo antes de realizar todas las formalidades necesarias para entregar nuestras personas. Y a vosotros, dioses inmortales, yo suplico y ruego que si no habéis querido que los cónsules Sp. Postumio y T. Veturio fuesen afortunados en la guerra con los samnitas, que al menos os baste habernos visto pasar bajo el yugo, ligados por una promesa vergonzosa y habernos visto entregados al enemigo desnudos, encadenados y recibiendo sobre nuestras cabezas todo el peso de su cólera. Permitid que los nuevos cónsules y las legiones romanas hagan con los samnitas una guerra tan afortunada como todas las que se han hecho antes de nuestro consulado." Tanta admiración y tanta compasión excitaron estas palabras en la asamblea que apenas podía creerse fuese el mismo Sp. Postumio el autor de una paz tan vergonzosa, y se deploraba amargamente que un hombre como aquel, entregado en manos de un enemigo irritado, hubiese de ser el primero que sufriese el castigo por la ruptura de la paz. Pero aunque colmándolo de justos elogios, limitábanse a opinar como él, haciendo ligera

tentativa de oposición los tribunos L. Livio y Q. Melio. "No se libertaba la conciencia del pueblo entregando sus personas, a menos que, en lo referente a los samnitas, no se restableciese todo en el estado en que estaba antes de la paz de Caudio; y no merecen ser castigados por haber salvado al ejército del pueblo romano, al prestarse como garantía de la paz; en fin, no podían ser entregados al enemigo, ni expuestos a ultraje por la inviolabilidad de que gozaban."

9. Postumio replicó: "Entregadnos, sin embargo; somos profanos y podéis entregarnos sin atentado a la religión; más adelante entregaréis estos varones inviolables, en seguida que dejen de ejercer el cargo; pero si queréis escucharme, hacedles antes azotar con varas en los comicios, para que paguen de esta manera el aplazamiento del castigo. Porque, en cuanto a lo que dicen de que no se liberta la conciencia del pueblo romano al entregarnos, ¿acaso hay aquí alguno tan ignorante de la legislación de los feciales que no comprenda que les inspira ese lenguaje el temor de verse entregados más que el convencimiento de lo que dicen? No es que niegue yo, padres conscriptos, que las promesas son tan sagradas como los tratados para aquel que respeta tanto la buena fe entre los hombres como la religión; pero niego que, sin el consentimiento del pueblo, pueda hacerse algo que obligue al pueblo. Si con la misma altivez con que los samnitas nos arrancaron esta promesa nos hubiesen hecho pronunciar las palabras sagradas con que se rinden las ciudades, ¿diríais vosotros, ¡oh, tribunos! que el pueblo romano se había rendido, que esta ciudad, sus templos, sus altares, que esta tierra, estas aguas pertenecen a los samnitas? Pero ¿a qué hablar de cesión, cuando se trata de una promesa? ¿Qué sucedería si hubiésemos prometido que el pueblo romano abandonaría esta ciudad? ¿que la incendiaría? ¿que no tendría en adelante magistrados, Senado ni leyes? ¿que obedecería a reyes? ¡No lo quieran los dioses! decís: pero la indignidad de las condiciones no destruye los lazos de la obligación. Si hay un punto acerca del cual puede quedar ligado el pueblo, puede quedarlo en todos; y no importa tampoco, aunque esto puede impresionar a algunos, que sea cónsul, dictador o pretor el que haya salido garante. Los mismos samnitas lo comprendieron así cuando no se contentaron con la palabra de los cónsules y exigieron la de los legados, los cuestores y los tribunos militares. Y no se me pregunte ahora por qué me comprometí de esta manera cuando aquel acto excedía de las facultades del cónsul, puesto que no podía garantizarles la paz ni en mi nombre ni en el vuestro, no teniendo de vosotros orden para ello. Padres conscriptos, nada de lo acontecido en Caudio lo ha sido por voluntad humana. Los dioses inmortales cegaron a vuestros generales y a los de vuestros enemigos. A nosotros nos faltó previsión en la guerra; y aquellos, la victoria que ganaron tan mal, la inutilizaron torpemente, contando muy poco con los parajes que les hicieron vencer, y apresurándose a arrancar a toda costa las armas a hombres nacidos para ellas. Si no hubiesen estado tan obcecados, ¿tan difícil les era, mientras hacían traer de su ciudad ancianos para consultarles, enviar legados a Roma? ¿hacer con el Senado y el pueblo un tratado de paz y alianza? Apresurándose, con tres días de marcha tenían bastante. Entre tanto podía haberse celebrado un armisticio hasta el regreso de los legados, que les habrían traído de Roma una victoria cierta o la paz. Entonces hubiese sido compromiso verdaderamente obligatorio el que contrajésemos por orden del pueblo. Pero ni vosotros habríais soportado se-

mejante compromiso, ni nosotros lo habríamos contraído. Las cosas no debían tener otro desenlace: menester era que los samnitas fuesen como juguete de un sueño demasiado hermoso para que sus ánimos pudieran soportar la embriaguez; que la misma fortuna que llevó a nuestro ejército a un lazo, le mantuviese en él; que una victoria vana fuese completamente inútil por una paz más vana todavía; que de todo ello no quedase más que una promesa que no obligase más que a los que la garantizaban. En efecto: ¿qué tratado, padres conscriptos, han ajustado con vosotros o con el pueblo romano? ¿Quién puede decirse engañado por vosotros? ¿el enemigo o el ciudadano? Al enemigo nada le habéis prometido; al ciudadano, a nadie habéis encargado que prometa por vosotros. Nada tenéis que debatir, ni con nosotros, porque nada nos habíais ordenado, ni con los samnitas, con quienes nada habíais tratado. Los samnitas no tienen otros garantes que nosotros, garantes harto solventes en lo que nos toca y que podemos entregar nuestras personas y nuestra vida: en ellas deben vengarse, contra ellas deben aguzar sus espadas y encender el fuego de su ira. Por lo que atañe a los tribunos, ved si podéis entregarlos ahora o si es necesario aplazamiento: nosotros entre tanto, T. Veturio y los demás que participáis de nuestra suerte, para libertar nuestra palabra, vamos a llevar al enemigo estas cabezas, que tan poco valen, y por nuestro suplicio devolvamos la libertad a las armas romanas."

10. Este debate y su autor conmovieron a los padres conscriptos, a todos los demás y a los mismos tribunos, que declararon estaban a la disposición del Senado. En el acto abdicaron y fueron entregados a los feciales para que los llevasen con los otros a Caudio. Una vez dado este senatus consulto pareció que Roma renacía a la luz. Todos repetían el nombre de Postumio, se le alababa, se le subía al cielo, se comparaba su abnegación con la del cónsul P. Decio y con todas las hazañas célebres: Roma se había levantado de una paz humillante por sus cónsules y sus esfuerzos. Él mismo iba a ofrecerse a los suplicios, a la cólera del enemigo como víctima expiatoria del pueblo romano. Una sola idea dominaba los ánimos: las armas y la guerra. "¿Se presentará pronto la ocasión de encontrarse con los samnitas en el campo de batalla?" En la ciudad, en medio de aquellos arrebatos de cólera y odio, casi todos los alistamientos fueron voluntarios; los mismos soldados formaron las nuevas legiones, y el ejército se dirigió a Caudio. Los feciales, que se habían adelantado, en cuanto llegaron a las puertas del campamento enemigo mandaron despojar de sus vestidos a los garantes de la paz y atarles las manos a la espalda. Como el aparitor, por respetos a la dignidad de Postumio apenas le apretaba, "¿por qué no aprietas la correa, le dijo éste, para que sea entregado como debo serlo?" Cuando llegó a la asamblea de los samnitas y ante el tribunal de Poncio, el fecial A. Cornelio Arvina habló de esta manera: "Puesto que estos hombres, sin orden del pueblo romano de los caballeros, han prometido que se ajustaría un tratado de paz, y por esto se han hecho culpables de un delito, para que el pueblo no tenga que responder de un crimen impío, os entrego estos hombres." Cuando ya el fecial pronunciaba estas últimas palabras, Postumio le dio con toda su fuerza un rodillazo en el muslo y le dijo en alta voz "que él mismo era un ciudadano samnita, y el fecial un embajador; que había violado el derecho de gentes en la persona del fecial, por lo cual los romanos harían la guerra con mayor razón."

11. Poncio contestó: "Y yo no acepto esas satisfacciones, como

tampoco las aceptarán los samnitas. ¿Por qué Sp. Postumio, si crees que existen dioses, por qué no declaras nulo todo lo que se ha hecho, o cumples nuestros acuerdos? Se le deben al pueblo samnita todos los que ha tenido en su poder, o en su defecto la paz. Mas ¿por qué he de dirigirme a ti, que vienes con la buena fe que te es posible, a entregarte prisionero al vencedor? Me dirijo al pueblo romano: si se arrepiente del compromiso contraído en las Horcas Caudinas, que ponga sus legiones en las gargantas donde las teníamos encerradas. Nada de sorpresas por ningún lado; téngase todo por no habido: que vuestros soldados recobren las armas que nos entregaron por una capitulación; que vuelvan a sus campamentos; que tengan todo lo que tenían la víspera de la conferencia. Que se decidan entonces por la guerra, por las viriles resoluciones; que se rechace toda idea de capitulación y de paz. Hagamos la guerra con las mismas probabilidades, en los mismos parajes que antes de las proposiciones de paz; y que el pueblo romano no acuse más las promesas de los cónsules que nosotros la buena fe del pueblo romano. ¿No careceréis jamás de pretextos para no cumplir vuestros compromisos cuando os encontréis vencidos? Entregasteis rehenes a Porsena y se los arrebatasteis por astucia; rescatasteis con oro vuestra ciudad de manos de los galos, y fueron exterminados cuando recibían el oro. Habéis ajustado con nosotros una paz para que os devolviésemos vuestras legiones prisioneras, y anuláis esa paz, cubriendo siempre vuestras perfidias con alguna apariencia de justicia. ¿No aprueba el pueblo romano que se le hayan devuelto sus legiones por una paz ignominiosa? Pues que no apruebe esa paz; pero en ese caso que devuelva al vencedor las legiones prisioneras: esto era lo digno de la buena fe, de los tratados y de las ceremonias feciales. ¿Obtendréis por un tratado lo que deseabais, la vida de tantos ciudadanos, y yo no conseguiré esa paz que he estipulado al devolvéroslos sanos y salvos? ¿Es este, A. Cornelio, es este, fecial, el derecho que enseñáis a las naciones? Por mi parte no recibo esos que entregáis para salvar las apariencias; no los considero como entregados, y no les impido regresar a su patria ligados por el compromiso contraído, para que arrostren la cólera de todos los dioses, cuyo poder se insulta aquí. Haced la guerra porque Sp. Postumio ha golpeado con la rodilla a un fecial, enviado vuestro. Sí, los dioses creerán que Postumio es ciudadano samnita y no ciudadano romano; que un samnita ha ofendido al legado de Roma, y que por tanto nos hacéis legítimamente la guerra. ¡Y no causa vergüenza burlarse tan abiertamente de la religión! ¡Y son ancianos varones consulares los que, para faltar a su palabra, buscan astucias dignas de niños! Avanza lictor, quita las ligaduras a esos romanos; que no se impida a ninguno de ellos marchar adonde quiera." Después de satisfacer de esta manera los romanos a lo que personalmente debían a la nación, volvieron incólumes a su campamento.

12. Cuando los samnitas vieron renacer, en vez de una paz soberbia, una guerra encarnizada, no solamente se presentó a su espíritu, sino que vieron por sus ojos cuanto había de sucederles. Entonces, pero demasiado tarde ya, reconocieron la prudencia de los consejos del viejo Poncio, conociendo que al buscar el medio en el estrecho espacio que les dejaban aquellos dos consejos, habían cambiado una victoria segura por una paz incierta, y que habiendo perdido la ocasión de hacer el bien o el daño, tendrían que combatir con aquellos mismos hombres de los que pudieron desembarazarse o hacerse amigos. Aunque ningún combate había inclinado todavía la balanza de un lado ni de otro, de

tal manera había cambiado la disposición de los ánimos desde la paz de Claudio, que Postumio brillaba más entre los romanos por su abnegación que Poncio entre los samnitas por una victoria incruenta; y que los romanos consideraban ya como victoria cierta la posibilidad de hacer la guerra, mientras que los samnitas se contaban vencidos desde el momento en que los romanos comenzaron las hostilidades. Entre tanto, los satricanos se pasaron a los samnitas, y la colonia de Fregelas, a la que bruscamente se dirigieron éstos con los satricanos, según parece averiguado, fue sorprendida durante la noche. Desde aquel instante hasta el día, mutuo temor retuvo a los dos bandos en la inacción. El regreso de la luz fue la señal del combate: los fregelanos, que combatían por sus templos y sus hogares, y a los que ayudaba el resto de la población desde los techos, sostuvieron por algún tiempo el combate con igual ventaja; pero una astucia hizo inclinar la balanza; un pregonero gritó, y lo soportaron: "Que se perdonaría a los que depusiesen las armas." Esta esperanza enfrió el valor de los combatientes, y por todas partes comenzaron a arrojar las armas. Los más obstinados se abrieron paso por la puerta opuesta con hierro en mano, dándoles mejor resultado su audacia que a los otros el miedo que les hizo tan imprudentemente crédulos: los samnitas los quemaron, mientras invocaban inútilmente a los dioses y la fe de las promesas. Habiéndose repartido las provincias los cónsules, Papirio marchó directamente a Luceria, en la Apulia, donde se guardaba a los caballeros romanos que se dieron como rehenes en Caudio. Publilio se detuvo en Samnio ante las legiones de las Horcas Caudinas. Este plan puso en grave aprieto a los samnitas, que no se atrevían a dirigirse a Luceria por temor de que el enemigo les atacase por la espalda, ni a quedarse allí por miedo a que los romanos tuviesen tiempo para arrebatarles Luceria. Parecióles lo mejor entregarse a la casualidad y concluir con Publilio librando batalla, por lo que ordenaron el ejército para el combate.

13. Antes de venir a las manos, creyendo oportuno Publilio dirigir la palabra a los soldados, mandó reunirles. Con extraordinario apresuramiento acudieron al pretorio; pero los gritos de los que pedían el combate no dejaron oír ni una palabra de la arenga del general. Cada cual encontraba motivo de animación en el recuerdo del ultraje que había sufrido. Al combate corrieron empujando las enseñas; y en su impaciencia por lanzarse a la liza, no queriendo detenerse en arrojar los dardos para desnudar la espada, todos, como a una señal dada, arrojando al suelo los dardos, se lanzaron sobre el enemigo con la espada en la mano. En aquella ocasión de nada sirvieron la habilidad del general y las acertadas manobras. La ira del soldado, que le llevaba a una especie de frenesí, lo decidió todo. Así fue que no solamente fueron derrotados los enemigos, sino que sin atreversee a parar en su campamento, se dispersaron y ganaron la Apulia; sin embargo, llegaron a Luceria reunidos en ejército. Con el mismo ímpetu que les precipitó a través de las filas enemigas, penetraron los romanos en su campamento, derramando allí más sangre y haciendo más estragos que en el campo de batalla e inutilizando en su furor la mayor parte del botín. El otro ejército, a las órdenes del cónsul Papirio, siguiendo las costas marítimas, había llegado a Arpi, atravesando un territorio que no se movió, no porque debiese ningún beneficio al pueblo romano, sino porque odiaban a los samnitas por sus injusticias. Éstos, que en aquella época habitaban las montañas, donde se cobijaban en caseríos, devastaban la llanura y las orillas del mar, por el desprecio que ordinaria-

mente tienen los montañeses a los habitantes del llano, cuyo carácter es más dulce y ordiniariamente tiene algo del suelo que cultivan. Si aquella comarca hubiese sido fiel al partido de los samnitas, el ejército romano se habría encontrado en la imposibilidad de llegar a Arpi o de mantenerse allí; porque detenidos sus convoyes en el intervalo que separa a Arpi de Roma, le hubiesen reducido a la total carencia de todo. Y cuando, partiendo de allí, llegaron los romanos delante de Luceria, experimentaron como sitiadores tantas privaciones como los sitiados. Todo lo sacaban de Arpi, pero en cantidad muy pequeña. La infantería se ocupaba en la custodia de los puestos y de los trabajos, y la caballería sola iba a Arpi a buscar granos y traerlos en saquitos de cuero; algunas veces el encuentro del enemigo obligaba a los jinetes a arrojar la carga para combatir. En cuanto a los sitiados, antes de que llegase el otro cónsul con su ejército victorioso, recibieron de los samnitas por las montañas víveres y refuerzos. La llegada de Publilio disminuyó mucho todos estos recursos; porque dejando a su colega el cuidado de continuar el sitio, empleaba todas sus fuerzas en batir la campiña e interceptar los convoyes del enemigo. No pudiendo esperar que los sitiados soportasen por más tiempo la escasez, los samnitas, que estaban acampados cerca de Luceria, se vieron obligados a reconcentrar sus fuerzas en un solo punto v dar batalla a Papirio.

14. Cuando por ambas partes se preparaban para el combate, llegaron legados de Trento conminando a los samnitas y a los romanos para que cesasen en la guerra y amenazando a aquel de los dos partidos que continuase las hostilidades con tomar contra él las armas en favor del otro. Después de escuchar Papirio esta legación, fingiendo afectarse por lo que acababa de oír, contestó que conferenciaría con su colega. En seguida, habiendo llamado a éste, en vez de conferenciar acerca de un punto decidido de antemano, empleó todo el tiempo en preparativos y mandó dar la señal de combate. Mientras los cónsules se ocupaban de las ceremonias religiosas y de todas las determinaciones acostumbradas en el momento de una batalla, acudieron los legados de Tarento, esperando respuesta. Papirio les dijo: "Tarentinos, el pulario anuncia que los auspicios son favorables; además, las entrañas de las víctimas ofrecen felices pronósticos. Ya lo veis: por voluntad de los dioses vamos a combatir." En seguida mandó avanzar las enseñas y salir las tropas, burlándose de la necia vanidad de un pueblo que, incapaz de gobernarse a sí mismo, a causa de sus discordias y sediciones, se creía con derecho a dictar a los otros la paz o la guerra. Por su parte los samnitas, que habían descuidado toda precaución, porque deseaban sinceramente la paz o porque les interesaba hacerlo creer para ganarse la simpatía de los tarentinos, al ver a los romanos avanzar de pronto en orden de batalla, comenzaron a gritar: "Que se atienen a la declaración de los tarentinos; no, no bajarán a combatir; que no saldrán de sus empalizadas; que prefieren verse engañados, sucédales lo que quiera, que aparecer como despreciadores de las proposiciones de paz de los tarentinos." Los cónsules contestan: "Que acepten el presagio, que piden a los dioses inspiren a los samnitas la idea de no defender siquiera sus parapetos." Dividiéndose en seguida las tropas, avanzan hasta el pie del campamento enemigo, y lo atacan a la vez por todos lados; unos ciegan los fosos, otros arrojan en ellos las empalizadas arrancadas; impulsados todos, no solamente por su natural intrepidez, sino que también por la cólera que impulsa sus corazones, heridos por el ultraje, se precipitan en el campamento: un solo grito brota por

todos lados: "No son éstas las Horcas, no es Caudio, ni aquellas gargantas sin salida, donde con tanto orgullo triunfó la astucia de la imprudencia; pero ahora ha llegado la vez al valor romano que no detendrán fosos ni empalizadas." Exterminan igualmente a los que resisten y a los que huyen, a los que no tienen armas como a los armados, a los esclavos y a los hombres libres, a los niños y a los jóvenes, y ningún ser viviente habría escapado si los cónsules no hubieran mandado tocar retirada y empleado autoridad y amenazas para hacer salir del campamento a los soldados ebrios de sangre. Como les irritaba que les arrebatasen las dulzuras de la venganza, les arengaron para hacerles comprender: "que los cónsules no cedían ni cederían a ningún soldado en odio al enemigo; que lo mismo que les habían llevado al combate, les hubiesen llevado a la venganza, a no detener su ardor la consideración de los seiscientos caballeros retenidos como rehenes en Luceria, y si no hubiesen temido que, reducido a la desesperación el enemigo y cegado por la ira, se revolviese contra aquellos desgraciados, gozando en dar la muerte antes de recibirla." Los soldados aplaudieron estas razones y hasta se alegraron de que hubiesen contenido su cólera, diciendo en voz alta que era necesario soportarlo todo antes que poner en peligro aquella hermosa porción de la juventud romana.

15. Disuelta la asamblea, se celebró un consejo para decidir si se atacaría con todas las fuerzas a Luceria o si uno de los dos ejércitos, guiado por su cónsul, marcharía a hacer una tentativa en la Apulia, cuyas disposiciones habían parecido muy equívocas hasta entonces. Partiendo el cónsul Publilio para recorrer la Apulia, sometió por fuerza en una sola expedición muchos pueblos romanos. Papirio, por su parte, que había quedado para sitiar a Luceria, no tardó en ver corresponder el resultado a sus esperanzas; porque habiendo hecho vigilar todos los caminos por donde llegaban víveres de Samnio, dominados por el hambre los samnitas que guarnecían la plaza, enviaron legados al cónsul romano invitándole a levantar el sitio en cuanto le entregasen los caballeros que eran la causa de la guerra. Papirio les contestó: "Que debían haber consultado a Poncio, hijo de Herennio, por cuyo consejo hicieron pasar a los romanos bajo el yugo, para saber qué tratamiento creía que debía darse a los vencidos; pero ya que habían preferido dejar al enemigo el cuidado de hacerles justicia, que hacérsela ellos mismos, les manifestaba que anunciasen en Luceria que tenían que dejar en la plaza las armas, los bagajes, los caballos y todo lo que no se encontraba en estado de llevar las armas; en cuanto a los soldados, les haría pasar a todos bajo el yugo, con un solo vestido, para vengar la ignominia que ellos hicieron sufrir y que, en último caso, no era él el primero que la imponía." Nada rehusaron: siete mil soldados pasaron bajo el yugo; recogieron en Luceria inmenso botín; recobraron todas las enseñas y todas las armas que los soldados habían perdido en Caudio; y lo que causó más alegría que todo lo demás, libertaron los seiscientos caballeros que los samnitas habían enviado a Luceria para que los guardara allí como rehenes de la paz. Tal vez no se debió nunca victoria tan brillante del pueblo romano a tan repentino cambio de fortuna, porque veo en algunos anales que Poncio, hijo de Herennio, general de los samnitas, para expiar la ignominia de los cónsules, pasó también bajo el yugo con los otros. Por lo demás, menos extraño parece que no se sepa bien si fue entregado el jefe enemigo y pasó bajo el yugo: lo más extraordinario es que se dude si fue el dictador Lucio Cornelio, con el jefe de los caballeros L. Papirio Cursor, quien consiguió en

Caudio y luego en Luceria todos estos triunfos, y que después de vengar él solo el oprobio del pueblo romano, recibió los honores del triunfo, tal vez el decretado con más justicia hasta entonces, después del de Furio Camilo, o si la gloria pertenece a los cónsules, especialmente a Papirio. A esta duda se añade otra: tampoco se sabe si en los comicios siguientes fue Papirio Cursor el que por su victoria sobre Luceria continuó en su cargo, nombrándosele cónsul por tercera vez con Q. Aulio Cerretano, o si fue L. Papirio Mugilano, habiéndose equivocado el nombre.

16. Lo averiguado es que a partir de esta época los cónsules terminaron la guerra. Aulio le puso fin con un solo combate contra los forentanos, que deshizo completamente, recibiendo en avenencia la ciudad a que se había refugiado el ejército batido después de exigirles rehenes. No tuvo menos fortuna el otro cónsul contra los satricanos, que eran ciudadanos romanos, quienes después del desastre de Caudio se pasaron a los samnitas, recibiendo en su ciudad guarnición de este pueblo. Cuando el ejército llegó bajo los muros de Satrico, enviaron legados para suplicar la paz al cónsul, quien les contestó de esta terrible manera: "Que a menos que degollasen o entregasen la guarnición samnita, no volviesen a su presencia." Estas palabras aterraron a la colonia más que la aproximación de las armas romanas. Los legados insistieron con el cónsul, preguntándole cómo creía que un corto número de vecinos desarmados podía apoderarse de una guarnición tan fuerte y bien armada. El cónsul los despidió, enviándoles a consultar a los que les habían aconsejado recibir la guarnición en su ciudad. Con sumo trabajo consiguieron de él poder deliberar con su Senado y regresar a enterarle del resultado, volviendo en seguida a la ciudad. El Senado se dividió en dos partidos: uno capitaneado por los autores de la defección; el otro formado de ciudadanos fieles a Roma. Sin embargo, unos y otros, para obtener la paz, se apresuraron a servir al cónsul. Pero como la guarnición samnita, que no tenía nada preparado para sostener un sitio, se disponía a salir en la noche siguiente, uno de los partidos creyó bastante enterar al cónsul a qué hora de la noche y por qué puerta saldría el enemigo y qué camino tomaría; el otro partido, contra cuya opinión se habían pasado a los samnitas, durante la misma noche abrió una puerta al cónsul y recibió secretamente en la ciudad romanos armados. Gracias a esta doble traición, los samnitas fueron atacados de pronto por los romanos, que se habían ocultado en los bosques, cerca del camino, mientras los otros ocupaban la ciudad lanzando fuertes gritos. En el espacio de una hora fueron destrozados los samnitas, tomado Satrico y quedando todo en poder del cónsul. Papirio mandó procesar a los autores de la defección, y a cuantos encontró culpables los hizo azotar y decapitar; después, dejando en la ciudad fuerte guarnición, desarmó a los satricanos. Entonces regresó a Roma Papirio Cursor para recibir allí el triunfo, según testimonio de los mismos historadores, que atribuyen a este general el honor de haberse apoderado de Luceria y haber hecho pasar a los samnitas bajo el yugo. Indudable es que no hubo gloria militar que no mereciese aquel varón, que a grande vigor de espíritu, reunía extraordinaria fuerza corporal. Su agilidad especialmente era poderosa, y a esto debe su sobrenombre de Cursor (Corredor), no pudiendo ningún contemporáneo suyo, según se dice, igualarle en la carrera; y fuese por la fuerza de su temperamento, o resultado de un ejercicio continuo, nadie comía ni bebía más que él. Como era infatigable en el trabajo, nunca fue tan rudo el servicio militar para la infantería lo

mismo que para la caballería como bajo su mando. Los jinetes le pidieron un día que en recompensa del triunfo que acababan de obtener aliviase algo sus trabajos. "Para que no digáis que no os dispenso nada, les contestó, os dispenso de pasar la mano por la grupa de vuestros caballos cuando desmontáis." Ejercía la autoridad del mando con extraordinaria energía, tanto contra los aliados como contra los ciudadanos. Un pretor de Prenesto dudó por temor hacer avanzar sus fuerzas de reserva a la primera línea. Paseando Papirio delante de su tienda le hizo llamar, y mandó al lictor que preparase el hacha. Al oír estas palabras, el pretor quedó inmóvil de miedo: "Vamos, lictor, dijo Papirio, corta esa raíz incómoda para el que pasea." Después de aterrar de esta manera al pretor con la idea del último suplicio, le impuso un multa y le despidió. Seguramente, de aquel siglo, el más fecundo de todos en grandes hombres, no hubo quien ofreciese apoyo más sólido al poder romano, llegándose a asegurar que no hubiese cedido ni al Grande Alejandro, ni en talento ni en valor, si este príncipe, después de conquistar el Asia, hubiese vuelto sus armas contra Europa.

17. Se ha podido ver que desde el principio de esta obra he procurado no separarme más de lo necesario del orden de los sucesos, ni buscar por medio de digresiones variedad en el relato, con objeto de distraer agradablemente a los lectores por medio de amenos rodeos y dar descanso a mi espíritu. Sin embargo, al nombrar tan gran rey y tan gran general, me siento movido a consignar aquí algunas reflexiones que más de una vez han ocupado secretamente mi pensamiento. Séame, pues, permitido examinar cuál habría sido para el poder romano el resultado de una guerra si hubiese tenido que luchar con Alejandro. Lo que más parecía contribuir al éxito del combate era el número y el valor de los soldados, la habilidad de los generales y, en fin, la fortuna, cuya influencia tan grande es en los asuntos humanos y sobre todo en la guerra. Ahora bien: atendiendo a estas razones separadamente y en su conjunto, el imperio romano no hubiese sido menos invencible para Alejandro que para los demás reyes y naciones. En primer lugar, comenzando por la comparación de los jefes, no negaré seguramente que Alejandro fue un gran general; sin embargo, lo que le da más esplendor es haber mandado solo, haber muerto joven, cuando iban en aumento sus prosperidades y antes de experimentar la inconstancia de la fortuna. No mencionando otros reyes y otros generales que han sido grandes ejemplos de las vicisitudes humanas, a aquel Ciro, tan célebre para los griegos, ¿qué otra cosa sino su larga vida le expuso a los caprichos de la fortuna, como al gran Pompeyo en sus últimos tiempos? Consideremos ahora los generales romanos, no todos los de todas las épocas, sino solamente aquellos que podían ser cónsules o dictadores en el momento de la guerra con Alejandro: M. Valerio Corvo, C. Marcio Rutilo, C. Sulpicio, T. Manlio Torcuato, Q. Publilio Filo, L. Papirio Cursor, Q. Fabio Máximo, los dos Decios, L. Volumnio y M. Curio. Más adelante habría encontrado también a grandes hombres por adversarios si hubiese hecho la guerra a los cartagineses antes de hacérsela a los romanos y si solamente en su vejez hubiese pasado a Italia. Entre todos los que acabo de nombrar no hay uno en el que no se encuentren los rasgos de valor y del gran carácter del Alejandro; añadid a estas cualidades la disciplina militar, que transmitida de unos a otros desde el origen de Roma, había llegado a formar entre los romanos un arte sujeto a principios invariables. Estos principios eran los que los reyes siguieron en sus guerras, los que observaron después los autores de su

expulsión, los Junios y los Valerios, y más adelante los Quincios, los Cornelios y en seguida Furio Camilo, a quien conocieron en su ancianidad todos estos jóvenes que habrían opuesto a Alejandro. En el combate desplegaba Alejandro toda la intrepidez del soldado, y no es este uno de sus menores títulos de gloria; pero colocado en un campo de batalla frente a Manlio Torcuato o a Valerio Corvo, ¿habría hecho retroceder a estos guerreros, ilustres como soldados, antes de serlo como generales? ¿Hubiese hecho retroceder a los Decios, que se sacrificaron y precipitaron en medio de las filas enemigas? ¿Hubiese hecho retroceder a Papirio Cursor, dotado de tanta fuerza de cuerpo y de ánimo? ¿Hubiese sido aquel joven solo superior en sabiduría a todo el Senado, por no citar a todos sus miembros, del que solamente formaba cabal idea el que lo representaba "como una asamblea de reyes"? ¿Era de temer que Alejandro mostrase más habilidad que cualquiera de los que acabo de nombrar para elegir sus campamentos, hacer subsistir sus tropas, precaverse de las emboscadas, para aprovechar el momento de una batalla, para dirigir bien sus operaciones, para secundarlas con toda especie de recursos? No hubiese dejado de decir que no tenía que habérselas con un Darío, arrastrando en pos de sí un ejército de mujeres y eunucos, afeminado entre la púrpura y el oro, cargado con todos los atavíos de su grandeza, pareciendo más bien una presa que un enemigo, y al que Alejandro venció sin combatir, y sin otro mérito que el de haberse atrevido felizmente a arrostrar un vano aparato. La Italia le hubiese parecido muy diferente de la India, que recorrió al frente de un ejército ebrio y en continuos desórdenes, cuando hubiese visto las gargantas de la Apulia, los montes lucanos y las recientes huellas del desastre de su propia familia, en aquellos parajes donde su tío Alejandro, rey de Epiro, acababa de morir.

18. Y hablo de Alejandro cuando aún no estaba embriagado por la prosperidad, que nadie supo soportar menos que él. Si se le considera por la disposición de ánimo en que le colocó su nueva fortuna y el carácter que le dieron sus victorias, hubiese llegado a Italia mucho más semejante a Darío que a Alejandro, y hubiese traído un ejército olvidado de la Macedonia y degenerado por la adopción de las costumbres persas. Con disgusto recuerdo en aquel gran rey el desdén que le hizo cambiar de traje, los homenajes de adulación que quería le tributasen prosternándose hasta el suelo, homenajes que hubiesen sido insoportables para los macedonios vencidos, y que con mucha mayor razón lo eran para los macedonios vencedores; aquellos espantosos suplicios que ordenaba, aquellos asesinatos de sus amigos en medio del regocijo de los festines, aquella vanidad que le llevaba a decirse falsamente de raza divina. ¿Qué digo? Si se hubiese decidido más y más su afición al vino, y si sus arrebatos de cólera hubiesen sido más violentos y más terribles (nada digo que no esté atestiguado por los historiadores), ¿puede creerse que tales vicios no hubieron perjudicado a sus talentos militares? ¿Pero podía temerse quizá, como repiten algunos griegos, cuya opinión tiene poco peso, y que además celebran hasta la gloria de los partos en detrimento del nombre romano, podía temerse quizá que los romanos no pudiesen resistir ante la majestad del nombre de Alejandro (del que creo que no oyeron hablar), y que un hombre, contra quien en Atenas, que había pasado a ser conquista de las armas macedonias, cerca de Tebas, cuyas ruinas humeantes aún podía ver, se atrevería a hablar libremente en las asambleas (como lo prueban las oraciones que se conservan de aquella época), este hombre no hubiese en-

contrado entre los romanos de rango distinguido un adversario, una voz libre y altiva que se alzase contra él? Cualquiera que sea la idea que se forme de la grandeza de Alejandro, no será, sin embargo, más que grandeza individual y el resultado de poco más de diez años de prosperidades. Los que tan alto le elevan, por la razón de que el pueblo, romano, si no ha sido vencido en ninguna guerra, lo ha sido en muchos combates, mientras que Alejandro no libró ni uno solo en que no le fuese favorable la fortuna, éstos no consideran que comparan los hechos de la vida de un solo hombre, y de un hombre muerto en plena juventud, con las acciones de un pueblo que estaba combatiendo ochocientos años ya ¿Cómo puede extrañarse si cuando por un lado se cuentan más generaciones que años por el otro, la fortuna haya cambiado más en tan largo espacio de tiempo que en un periodo de trece años a lo más? ¿Por qué no comparar hombre con hombre, general con general, fortutuna con fortuna? ¡Cuántos generales romanos podría nombrar que jamás experimentaron reveses en los combates! En los anales y en los fastos de los magistrados pueden verse las páginas concernientes a los cónsules y dictadores de cuyo valor y fortuna no tuvo que quejarse ni un solo instante el pueblo romano Y lo que los hace más admirables sobre Alejandro o cualquier otro rey, es que algunos solamente ejercieron diez o veinte días la dictadura, y ninguno más de un año el consulado; es que en el levantamiento de tropas les oponían dificultades los tribunos del pueblo; es que algunas veces partían demasiado tarde para la guerra; es que les llamaban demasiado pronto los comicios; es que en el momento mismo de sus mayores esfuerzos terminaba su anualidad; es que en tanto la temeridad de un colega, en tanto su malevolencia entorpecía o destruía sus operaciones; es que algunas veces sucedían a hombres que habían dirigido mal los asuntos; es que frecuentemente recibían un ejército bisoño o mal disciplinado. Los reyes, por el contrario, libres de todos estos entorpecimientos, dueños de las cosas y de los momentos, lo arrastran todo por su voluntad, sin doblegarse a la de otros. Alejandro hubiese hecho, por consiguiente, la guerra contra generales que, como él, no habían sido vencidos, y no hubiese llevado a la lucha otras probabilidades de triunfo que las que aquéllos llevasen. Y hasta hubiese sido tanto más peligrosa la prueba para él, cuanto que los macedonios hubiesen tenido solo al que no solamente estaba expuesto a todos los azares de la guerra, sino que además los buscaba; mientras que los romanos hubiesen podido oponer a Alejandro multitud de concurrentes iguales suyos en gloria, en grandeza de hazañas, y cuya vida o muerte solamente habría influido en sus destinos personales, sin detrimento de los públicos.

19. Solamente queda que comparar las tropas, sea por la calidad de los soldados, sea por el número, sea por el de sus auxiliares. Los censos hechos en cada lustro de aquella época daban doscientos cincuenta mil ciudadanos. Así fue que en todo el tiempo que duró la defección de los latinos, Roma suministró casi sola diez legiones. En esta época hubo frecuentemente cuatro o cinco ejércitos que hacían la guerra en Etruria, en la Umbría contra los galos, y en el Samnio contra los lucanos. Auxiliares eran todo el Lacio con los sabinos, los volscos, los equos, la Campania entera, una parte de la Umbría y de la Etruria, los picentinos, los marsos, los pelignos, los vestinios, los apulios; añadiendo a éstos toda la costa de la Grecia mayor, desde Turio hasta Nápoles y Cumas, y desde aquí hasta Anzio y Ostia. Alejandro no hubiese encontrado entonces en los samnitas más que poderosos alia-

dos de Roma o enemigos extenuados por la guerra. Él mismo no hubiese pasado el mar con más de treinta mil infantes de sus antiguas bandas macedónicas y cuatro mil hombres de caballería, tesalianos la mayor parte, que formaba toda la fuerza de su ejército. Si les hubiese añadido los persas, los indios y otros pueblos del Asia, habría arrastrado en pos más impedimenta que socorro. Añádase que los romanos, encontrándose en su casa, habrían tenido auxilios a la mano; mientras que Alejandro (como más adelante ocurrió a Aníbal), haciendo la guerra en país extranjero, hubiese visto debilitarse su ejército con el tiempo. Los macedonios llevan por armas escudo pequeño y pica; el escudo de los romanos, siendo más ancho, cubría mejor el cuerpo, y su *pilum* era una especie de dardo que hería más fuertemente y alcanzaba más que la jabalina. Una y otra infantería peleaba a pie firme conservando la alineación. Pero la falange macedonia estaba inmóvil y solamente la formaba una clase de combatientes; las legiones romanas, por el contrario, menos uniformes, se componían de varias clases de soldados, que fácilmente se dividían o reunían según la necesidad. ¿Y cuánto valía para el trabajo el soldado romano? ¿Quién resistía mejor la fatiga? Vencido Alejandro en un solo combate, vencido quedaba para siempre. ¿Qué pérdida de batalla habría abatido a los romanos, cuyo valor no pudieron menoscabar las jornadas de Caudio y de Cannas? Aunque Alejandro hubiese conseguido triunfos al principio, frecuentemente habría echado de menos a los persas, a los indios, y aquella Asia tan poco adecuada para la guerra; habría dicho que hasta entonces solamente había combatido con mujeres; como, según se refiere, aquel otro Alejandro, rey de Epiro, cuando herido por el golpe de que murió, comparaba el resultado de las guerras de este joven en Asia con la que él había emprendido. A la verdad, cuando considero que la primera guerra púnica costó veinticuatro años de combate por el mar con los cartagineses, quedo persuadido de que apenas habría bastado para una sola guerra la vida de Alejandro. Quizá también, uniendo entonces antiguos tratados los intereses de los cartagineses con los de los romanos, y armando el interés propio contra el enemigo común dos ciudades tan poderosas y guerreras, Alejandro habría quedado abrumado a la vez por las fuerzas de Cartago y las de Roma. A la verdad, no fue bajo el mando de Alejandro ni en el tiempo de su esplendor cuando los macedonios guerrearon con los romanos; sin embargo, macedonios eran los que encontraron los romanos en sus guerras contra Antíoco, contra Filipo y contra Perseo, guerras que sostuvieron no solamente sin experimentar descalabros, pero ni siquiera con peligro grave. Prescindiendo de parcialidad y haciendo abstracción de las guerras civiles, nunca nos causaron inquietud caballería enemiga, infantería, batalla campal, ni posición favorable o igualmente ventajosa por ambas partes. La caballería, las flechas, los desfiladeros impracticables, los parajes inaccesibles a los convoyes pueden ser objeto de temor para el soldado romano tan pesadamente armado; pero mil cuerpos de batalla, más temibles que el de los macedonios mandados por Alejandro, hubiesen sido derrotados por él y lo serán siempre, con tal, sin embargo, que el amor a la paz interior de que gozamos se conserve entre nosotros y que cuidemos de mantener la concordia entre los ciudadanos.

20. Los cónsules siguientes fueron M. Foslio Flaccinator y L. Plaucio Venno. En este año llegaron legados de casi todos los pueblos del Samnio con encargo de renovar los tratados. Aquellos legados se prosternaron hasta el suelo y conmovieron al Senado; remitidos al pueblo, sus

ruegos estuvieron muy lejos de ser igualmente eficaces. Negóseles, pues, el tratado, y solamente, gracias a las súplicas con que durante muchos días fatigaron a cada ciudadano en particular, obtuvieron dos años de tregua. En la Apulia, los habitantes de Teano y de Canusio, desalentados por la devastación de su territorio, entregaron rehenes al cónsul L. Plaucio y se sometieron a los romanos. Por primera vez se crearon prefectos en este mismo año para que fuesen a Capua a administrar justicia según las leyes redactadas por el pretor L. Furio; los mismos capuanos habían hecho la petición, considerando aquellos magistrados y aquellas leyes como el único remedio a las disensiones intestinas que les minaban. En Roma se aumentaron dos tribus, la Ufentina y la Falerina. Una vez impreso el primer movimiento a la Apulia, los teatos, otro pueblo apuliano, envió legados a los nuevos cónsules C. Junio Bubulco y Q. Emilio Barbula para pedirles un tratado de alianza, comprometiéndose a llevar toda la Apulia a la paz con el pueblo romano. Consumada la sumisión de la Apulia (porque Junio se había apoderado de Forento, otra plaza fuerte), marcharon contra los lucanos, y llegando de pronto el cónsul Emilio, tomó por la fuerza la ciudad de Nérulo. Cuando la fama llevó a los aliados la noticia de que se había restablecido el orden en Capua por la disciplina romana, los anziatos, que se quejaban también de no tener leyes fijas ni magistrados, consiguieron del Senado patronos nombrados de la misma colonia para darles leyes; de esta manera se propagaban a lo lejos no solamente las armas, sino que también las leyes romanas.

21. Al terminar el año los cónsules C. Junio Bubulco y Q. Emilio Barbula entregaron las legiones, no a los cónsules creados por ellos, Sp. Naucio y M. Popilio, sino al dictador L. Emilio. Habiendo emprendido éste con L. Fulvio, su jefe de los caballeros, el sitio de Satícula, suministró pretexto a los samnitas para tomar de nuevo las armas. Doble alarma tuvieron entonces los romanos; por un lado los samnitas, que habían reunido un ejército numeroso para librar del sitio a sus aliados, vinieron a acampar cerca de los romanos; por el otro los saticulanos, abriendo de pronto sus puertas, cayeron sobre los puestos romanos, produciendo inmenso tumulto; en seguida los unos y los otros se enardecieron, más con la esperanza de ser socorridos que con la confianza en sus propias fuerzas, trabándose formal combate, en el que se vieron muy estrechados los romanos. Aunque el resultado de la lucha fue dudoso, el dictador resistió en todos los puntos. Además de que había ocupado una posición en que no era fácil envolverle, hizo frente por diferentes lados a la vez; desplegando más vigor contra los saticulanos, que habían hecho una salida, consiguiendo, sin gran trabajo, rechazarlos a sus murallas. Entonces volvió todas sus fuerzas contra los samnitas, encontrando en ellos mayor resistencia; sin embargo, aunque tardía, no fue incierta ni equívoca la victoria. Rechazados los samnitas a su campamento, apagaron las hogueras y se retiraron furtivamente de noche; y renunciando después a la esperanza de defender a Satícula, para causar igual disgusto al enemigo marcharon a sitiar Plistia, ciudad aliada de los romanos.

22. Terminado el año, fue encargado de continuar la guerra otro dictador; Q. Fabio, quedando en Roma los nuevos cónsules como los anteriores. Fabio marchó a Satícula con algunos refuerzos para recibir de Emilio el mando del ejército. Los samnitas no habían permanecido delante de Plistia; en cuanto recibieron de su país nuevas tropas, fuertes con el número, vinieron a acampar en el mismo punto, y hostigando

incesantemente a los romanos, se esforzaron en distraerlos del sitio. El dictador fijó más la atención en la ciudad enemiga, porque no veía de la guerra más que el sitio que sostenía. Cuidándose poco de los samnitas, contentábase con tener por aquel lado algunas guardias para impedir que le atacasen en el campamento. Los samnitas, con mayor audacia, hacían avanzar su caballería hasta las mismas empalizadas, no dando punto de reposo a los romanos. Encontrábase ya el enemigo en el instante de entrar en el campamento, cuando el jefe de la caballería Q. Aulio Cerretano, sin consultar al dictador, salió estrepitosamente con todas las turmas y rechazó al enemigo. En el género de combate que menos campo deja a la impetuosidad, plugo a la fortuna demostrar su poder en uno y otro bando por medio de pérdidas lamentables y la muerte de los generales. El de los samnitas primero; viendo con pena que después de haber avanzado tanto, se veía obligado a retroceder y a huir, conjura, exhorta a sus jinetes y consigue volverlos al ataque. Mientras que se distingue en medio de los suyos por su valor, el general de la caballería romana corre sobre él lanza en mano a toda la velocidad de su caballo, y de un solo bote le desmonta, arrojándole sin vida. Lejos de desalentarse con la muerte del jefe, sus soldados se encarnizan más. Todos los que le rodeaban lanzan una nube de dardos contra Aulio, metido temerariamente entre las turmas enemigas; pero dejan al hermano del general samnita el honor de vengar su muerte. Éste derriba del caballo al jefe de la caballería ya vencedor, y en su rabia le degüella sin compasión, faltando poco para que su cuerpo, que había caído en medio de los jinetes enemigos, quedase en poder de los samnitas. Los romanos echan pie a tierra, y los samnitas se ven obligados a hacer lo mismo. Entonces, en derredor de los cadáveres de los generales, se traba un combate de infantería, en el que era incontestablemente superior el soldado romano. Recobróse el cadáver de Aulio, y los vencedores le llevaron a su campamento con alegría mezclada de tristeza. Los samnitas, después de perder su general y haber ensayado sus fuerzas en un combate de caballería, renuncian al sitio de Satícula, que desesperan de poder salvar, y marchan a emprender de nuevo el sitio de Plistia. Al cabo de algunos días Satícula se rindió a los romanos, y los samnitas tomaron por asalto a Plistia.

23. Desde entonces cambió el territorio de la guerra, dirigiéndose las legiones a Sora desde el Samnio y la Apulia. Sora había adoptado la causa de los samnitas después de degollar a los colonos venidos de Roma. El ejército romano, en la impaciencia de vengar la matanza de sus ciudadanos y de recobrar aquella colonia, se adelantó con marchas forzadas al enemigo; exploradores repartidos a lo largo del camino venían sucesivamente anunciando que llegaban las legiones samnitas y que ya distaban poco. Marchóse al encuentro del enemigo, y cerca de Lentula se trabó un combate que no fue decisivo. Ni las pérdidas ni la retirada de uno de los enemigos, sino la noche separó a los combatientes, ignorantes si eran vencidos o vencedores. Algunos autores dicen que la desventaja fue de los romanos, y que en aquel combate pereció Q. Aulio, jefe de los caballeros. Nombróse en su lugar a C. Fabio, que llegó de Roma con nuevo ejército. Enterado por los mensajeros que envió de antemano al dictador acerca del sitio en que había de detenerse, del momento y el punto en que atacaría al enemigo, colocóse en emboscada después de tomar todas las medidas. El dictador, que durante muchos días después del último combate había tenido a sus soldados encerrados en las

empalizadas, pareciendo sitiados más bien que sitiadores, hizo dar de pronto la señal del combate; y persuadido de que nada era tan propio para inflamar el valor de hombres enérgicos como no dejar a ninguno otra esperanza que la de sí mismo, no habló a sus soldados del jefe de los caballeros ni de otro ejército, sino que como si no hubiese otro recurso que una salida, les dijo: "Soldados, sorprendidos como lo estamos en estrecho espacio, no tenemos otra salida que la que vamos a abrirnos con la victoria. Nuestro campamento está bastante defendido, pero podemos temer la escasez; porque en derredor nuestro, el país de que podíamos esperar víveres nos ha hecho traición, y aunque los habitantes quisieran ayudarnos, tenemos el terreno en contra nuestra. No os engañaré dejando aquí un campamento donde podáis, como anteriormente, retiraros sin haber terminado la victoria. Las armas deben proteger a las fortificaciones y no las fortificaciones a las armas; que tengan campamento y se retiren a él los que puedan llevar despacio la guerra. Por nuestra parte, soldados, no tengamos otro recurso que la victoria. Marchad al enemigo, y en cuanto el ejército haya salido del campamento, los que han quedado encargados de ello que le prendan fuego; vuestras pérdidas, soldados, las recompensará ampliamente el botín que vais a recoger en todos esos pueblos sublevados." Esta arenga del dictador, indicando que estaban reducidos al último extremo, inflamó a los soldados, que cayeron sobre el enemigo. El campamento ardiendo, aunque según la orden del dictador solamente habían encendido la parte más próxima, aumentó mucho el enardecimiento; así fue que, como arrebatados por el furor, al primer choque rompieron las filas enemigas. El jefe de los caballeros, al ver el incendio del campamento, que era la señal convenida, ataca con oportunidad al enemigo por retaguardia; y los samnitas, rodeados de esta manera, huyen en dispersión. Inmensa multitud, aglomerada en un punto y entorpeciéndose ella misma con su desorden, fue destrozada en medio de los dos ejércitos romanos. Tomóles el campamento enemigo. El dictador volvió a llevar al campamento al soldado cargado de despojos, alegre, no tanto de haber vencido como de encontrar intacto, contra lo que esperaba, lo que había dejado, exceptuando la pequeña parte que había deteriorado el incendio.

24. En seguida regresaron a Sora; los nuevos cónsules M. Petilio y C. Sulpicio, recibieron entonces del dictador Fabio el mando del ejército, y después licenciaron gran parte de los soldados veteranos, reemplazándolos con las nuevas cohortes traídas con este propósito. Por lo demás, como a causa de las dificultades que presentaba la situación de aquella ciudad, todavía no se había concertado ningún plan de ataque y no era posible la victoria sin mucha pérdida de tiempo y correr grandes peligros, un desertor de Sora, escapado secretamente de la plaza, llegó hasta los centinelas romanos, pidió le llevasen inmediatamente a los cónsules, y llegado a su presencia, promete entregar la ciudad. Cuando por la pregunta de los cónsules explicó cómo esperaba conseguirlo, pareció que no mentía, y por consejo suyo alejaron seis millas el campamento romano, que casi tocaba las murallas. Como consecuencia de esto había de acontecer que tanto de día como de noche hubiese menos vigilancia en la guarda de la ciudad. El mismo, a la noche siguiente, después de hacer colocar las cohortes en parajes cubiertos de bosques, toma consigo diez soldados escogidos y los lleva a la fortaleza, cruzando precipicios y asperezas casi inaccesibles. Allí habían acumulado proyectiles de

todo género en mayor cantidad de la necesaria para tan corto número de hombres. Tenían también piedras, tanto las que cubrían el suelo, como ordinariamente sucede en los parajes escarpados, como las que los habitantes habían amontonado para defender mejor la plaza. Después de situar allí a los romanos y de mostrarles un sendero áspero y estrecho que subía desde la ciudad a la fortaleza, les dijo: "Tres hombres armados cierran fácilmente este paso a la multitud más numerosa; vosotros sois diez, y lo que vale más, sois romanos y los más valientes de los romanos. Os favorecerán el terreno, la obscuridad que todo lo agranda, la incertidumbre y el miedo. Yo voy corriendo a difundir el terror por todas partes; vosotros atended cuidadosamente a la defensa de la fortaleza." Dicho esto, parte a la carrera, sembrando el espanto, y gritando aquí y allá: "¡A las armas, a las armas! ¡Lo juro por los dioses, ciudadanos, el enemigo está en la fortaleza; acudid, defendeos!" Siguiendo su camino lanza estos gritos en las puertas de los ciudadanos principales, y los repite a los que encuentra, a aquellos a quienes el terror precipita fuera de sus casas. Esta alarma que produce uno solo, la difunden muchos por toda la ciudad. Los magistrados, aturdidos, envían a reconocer la ciudadela; y al saber que la ocupan hombres armados, cuyo número les exageran, ellos mismos hacen perder a los habitantes la esperanza de recobrarla. La fuga lo pone todo en desorden; las puertas caen derribadas por los mismos vecinos, casi dormidos y la mayor parte desarmados. Advertido por los gritos, por una puerta de éstas penetra un destacamento romano que degüella a cuantos llenos de temor encuentra en las calles. Sora estaba tomada a la llegada de los cónsules, que tuvo lugar al amanecer. Cuantos quedaron de aquella matanza y fuga nocturna se rindieron. De este número, doscientos veinticinco, a quienes unánime grito designaba como autores de la horrible matanza de los colonos y de la sedición, fueron encadenados y remitidos a Roma. A los demás los perdonaron, dejándolos en Sora, convenientemente guarnecida. Todos los remitidos a Roma fueron azotados con varas en el Foro y decapitados con gran contentamiento del pueblo, al que importaba mucho que los numerosos ciudadanos que enviaban a las colonias estuviesen seguros en todos conceptos.

25. De Sora marcharon los cónsules a llevar la guerra al país de los ausones; porque a la llegada de los samnitas y en el momento de la batalla de Lentula, todo aquel territorio se había sublevado y por todas partes en la Campania se habían formado conjuraciones, acusándose a Capua misma de tomar parte en ellas. Las sospechas llegaron a Roma, haciéndose investigaciones acerca de los personajes principales. Por lo demás, lo mismo aconteció con los ausones que con Sora: la traición entregó sus ciudades, Ausona, Minturno y Vescia. Doce jóvenes de las principales familias de estas ciudades, habiendo formado el proyecto de entregarlas, se presentaron a los cónsules, diciéndoles: "que sus conciudadanos, que desde mucho tiempo deseaban la llegada de los samnitas, no bien se enteraron del combate de Lentula, considerando vencidos a los romanos, enviaron a los samnitas tropas y armas; que desde la derrota de los samnitas, permanecían en un estado de paz equívoca, no cerrando sus puertas a los romanos, por temor de atraerse la guerra, pero decididos a cerrarlas si veían acercarse un ejército; que en este estado los ánimos, un ataque imprevisto daría resultado fácilmente". Por consejo suyo marcharon a acampar más cerca de las ciudades, y al mismo tiempo enviaron alrededor de las tres plazas soldados, unos arma-

dos, que se emboscaron cerca de las murallas, otros con togas, con las espadas ocultas debajo, que debían entrar en las ciudades por la mañana al abrirse las puertas. Éstos degollaron a los centinelas al mismo tiempo que daban a los otros la señal de salir de las emboscadas. Apoderáronse de las puertas, y a la misma hora y con igual astucia fueron tomadas las tres plazas. Pero como esta sorpresa se realizó en ausencia de los generales, no se puso freno a la matanza, y el pueblo de los ausones, cuya traición no estaba bien demostrada, fue exterminado como si hubiese hecho una guerra a muerte.

26. Aquel mismo año, por una traición que entregó al enemigo la guarnición romana, cayó otra vez Luceria en poder de los samnitas; pero los traidores no quedaron por mucho tiempo impunes. Los romanos, que se encontraban cerca, recobraron al primer ataque la ciudad, situada en una llanura. Lucerios y samnitas fueron implacablemente exterminados; y tan lejos llegó la ira, que en Roma, cuando se discutió enviar colonos a Luceria, muchos senadores propusieron arrasar la ciudad. Además del odio implacable que habían excitado aquellas dos sublevaciones sucesivas, no podían menos de considerar con temor la idea de relegar ciudadanos a tanta distancia de la patria, en medio de pueblos tan encarnizados contra Roma. Sin embargo, prevaleció la opinión contraria, y se enviaron a aquella colonia dos mil quinientos hombres. Aquel mismo año, en que por todas partes se encontraban infieles a Roma, en Capua también tramaban secretamente conjuraciones los ciudadanos principales. De ello se dio aviso al Senado, que desplegó mucha actividad en este asunto. Decretáronse investigaciones, y para dirigirlas pareció conveniente nombrar dictador. Fue elegido C. Menio, quien nombró a M. Foslio jefe de los caballeros. Esta magistratura inspiraba terror; y bien por terror o por convencimiento de su delito, los dos Calavios, Ovio y Novio, que habían sido los jefes de la conspiración, no esperaron a que se les citase a presencia del dictador, y muerte, sin duda alguna voluntaria, les sustrajo al juicio. Cuando terminaron los procesos en la Campania, vinieron a continuarlos en Roma: decíase que no se refería solamente a Capua, sino en general a toda clase de reunión y trama contra la república, el decreto de investigaciones del Senado, y que eran contrarias a la república las reuniones ocultas para alcanzar los honores. Por medio de esta interpretación, la comisión extendía su poder sobre más objetos y más personas, prestándose sin trabajo el dictador al aumento sin límites de su derecho de investigación. Citábase, pues, a los hombres de elevada clase, y aunque apelasen a los tribunos, no se presentaba nadie para borrar sus nombres. La nobleza al fin, y no solamente los encausados, sino la nobleza en masa, protestó contra aquellas acusaciones: "¿Debían alcanzar únicamente a los nobles a quienes tan sólo el fraude podía cerrar la carrera de los honores, y no más bien a los hombres nuevos, como el dictador y el jefe de los caballeros, a quienes hubiese convenido más el papel de acusados que el de jueces? Esto no tardarían en comprenderlo en cuanto saliesen de la magistratura." Más celoso Menio de su reputación que de su puesto, se presentó ante la asamblea del pueblo, y habló en estos términos: "Todos vosotros, romanos, sois testigos de mi vida pasada, y este mismo honor que se me ha concedido, prueba es de mi inocencia. Porque ahora no exigía el interés de la república, como tantas otras veces, que se eligiese entre los capitanes más ilustres, sino entre los ciudadanos más extraños a las culpables intrigas que queréis castigar, un dictador que presidiese las investiga-

ciones. Pero ya que algunos nobles, por motivos que vosotros apreciaréis, y acerca de los cuales no debo en el ejercicio de una magistratura emitir aventurada opinión, se han esforzado primeramente en desvirtuar, en cuanto de ellos dependía, las investigaciones mismas; y que, viendo inútiles todos sus esfuerzos, por no presentar su defensa, han reclamado el apoyo de sus adversarios, colocándose ellos, que son patricios, bajo el patronato de los tribunos del pueblo: en fin, puesto que rechazados por este lado, han llegado (tan cierto es que el partido más inseguro para ellos sería el intento de demostrar su inocencia) hasta encararse con nosotros y no se han avergonzado de dar el ejemplo de un dictador acusado por simples particulares, yo, para que los dioses y los hombres sepan bien que mientras ellos intentan hasta lo imposible por no dar cuenta de su vida, quiero entregarme como acusado a mis enemigos, abdico la dictadura. Yo os ruego, ¡oh, cónsules! si el Senado os da el encargo, que informéis primeramente contra mí, en seguida contra M. Foslio aquí presente, para que sea evidente que nuestra inocencia y no la majestad de nuestras funciones nos salva de esas acusaciones." En el acto abdicó la dictadura, y M. Foslio hizo lo mismo del cargo de jefe de los caballeros; y llevados los primeros ante los cónsules a quienes el Senado había encargado su proceso, a pesar de las declaraciones de los nobles quedaron brillantemente absueltos. Por lo demás, como sucede siempre, solamente al principio se sostuvo la investigación por los esclarecidos nombres de los acusados; muy pronto no alcanzó más que a los nombres más obscuros, y cesó ahogada por las intrigas y las facciones contra quienes se había decretado.

27. El rumor de estas disensiones, y más aún la esperanza de la defección de la Campania, trajo de nuevo hacia Caudio a los samnitas, que se habían dirigido a la Apulia. En esta nueva posición, debían estar más al alcance, si les daba ocasión algún movimiento, de arrebatar Capua a los romanos. Los cónsules marcharon allá a la cabeza de fuerte ejército, pero perdieron algún tiempo en derredor de los desfiladeros, porque eran muy difíciles los caminos que por ambos lados llevaban al enemigo. En cuanto a los samnitas, habiendo descrito ligero rodeo, por caminos descubiertos hicieron bajar su ejército al terreno llano de la Campania, donde por primera vez acamparon a la vista del enemigo. Entonces los dos bandos se tantearon en escaramuzas, de caballería con más frecuencia que de infantería; y el romano no debió quedar descontento ni del éxito de los combates ni del sistema de contemporización que había adoptado. Los generales samnitas, por el contrario, viendo debilitarse diariamente sus fuerzas con pérdidas pequeñas, y que las minaba insensiblemente la lentitud de la guerra, avanzaron en batalla, llevando la caballería repartida en las alas: ésta había recibido la orden de atender al campamento que podía ser atacado, más bien que al enemigo que tenía delante; la infantería debía bastar para la seguridad del ejército. Los cónsules se colocaron, Sulpicio en el ala derecha y Petelio en la izquierda. Viendo el ala derecha que los samnitas, bien para envolver al enemigo, bien para evitar que les envolviese, habían extendido mucho su línea, presentó también considerable frente de batalla; la izquierda, además de que las filas estaban allí más apretadas, recibió nueva fuerza por haber dispuesto repentinamente Petelio llevar desde el principio a las primeras filas las cohortes de reserva, que generalmente se guardaban para las necesidades de larga batalla. Empleando así desde el primer choque la totali-

dad de sus fuerzas, hizo retroceder al enemigo. Quebrantada de esta manera la infantería de los samnitas, avanzó a su vez la caballería, y como se presentaba a través entre las dos líneas de batalla, los romanos lanzan también sus caballos, derriban la caballería del enemigo, confunden sus enseñas y sus filas y los ponen a todos en derrota en aquel punto. No solamente había animado a los soldados de esta ala Petelio; Sulpicio, cuyas tropas no estaban todavía comprometidas, acudió al primer grito de ataque que partió de la izquierda. Viendo asegurada la victoria en este lado, volvió con mil doscientos hombres escogidos al ala derecha, donde todo lo encontró en diferente situación; perdiendo terreno los romanos, y el enemigo vencedor estrechando vivamente las desalentadas tropas. La llegada del cónsul produjo repentino cambio. Los soldados recobraron valor a la vista del general, y además recibieron un socorro mucho mayor del que podían esperar por su corto número de aquellos valerosos soldados que le habían seguido. La victoria de la otra parte del ejército que se les anunció y cuyos efectos vieron en seguida, restableció el combate. Pronto quedó vencedor el romano en toda la línea, y no pudiendo resistir más los samnitas, se dejaron matar o coger, exceptuando los que huyeron a Malavento, ciudad llamada hoy Benevento. Según se asegura, cerca de treinta mil samnitas quedaron muertos o prisioneros.

28. Después de esta señalada victoria llevaron los cónsules aceleradamente las legiones a Boviano para sitiar esta ciudad. Allí pasaron el invierno hasta el momento en que los nuevos, L. Papirio Cursor y C. Junio Bubulio, que lo eran el uno por quinta vez y el otro por la segunda, entregaron el ejército a C. Petelio, nombrado dictador, quien tuvo a M. Foslio por jefe de los caballeros. A la noticia de que los samnitas habían tomado la plaza de Fregelas, el dictador dejó a Boviano y marchó a Fregelas, que fue recobrada sin combate, habiéndola abandonado los samnitas durante la noche. Dejando allí fuerte guarnición, volvió a la Campania, donde se proponía principalmente apoderarse de Nola. En la época de la llegada del dictador todas las tropas de los samnitas y todos los habitantes del territorio de Nola estaban reunidos en sus murallas. Después de reconocer el recinto, Petelio, para dejar despejadas las inmediaciones de la plaza hasta el pie de las murallas, mandó quemar todos los edificios, cuyo número era considerable, que se encontraban delante de los muros. Poco después fue tomada Nola, sea por el dictador Petelio, sea por el cónsul Junio, acerca de lo cual no hay acuerdo. Los que atribuyen la gloria de la toma al cónsul, le conceden también la de Atina y de Calacia. Según estos historiadores, Petelio no fue nombrado dictador durante la peste que se había declarado, sino para clavar el clavo sagrado. En este año se establecieron las colonias de Suesa y de Poncia. Suesa había pertenecido a los auruncos; los volscos habían poseído a Poncia, isla situada enfrente de sus costas. Dióse también un senatus-consulto determinando que se llevarían colonias a Iteramna y Casino; pero el nombramiento de los tribunos y el envío de los colonos, en número de cuatro mil, tuvo lugar bajo los cónsules siguientes, M. Valerio y P. Decio.

29. Casi terminada estaba la guerra con los samnitas; pero antes de que el Senado quedase completamente libre de este cuidado, súpose que se preparaba otra guerra etrusca. No había entonces, después de los galos, nación más temida de los romanos, tanto por la proximidad de su territorio como por la muchedumbre de sus habitantes. Así, mientras uno de los cónsules

permanecía en el Samnio para perseguir allí los restos de la guerra, P. Decio, retenido en Roma por grave enfermedad, por orden del Senado nombró dictador a C. Junio Bubilio. Éste, conforme exigía la gravedad de las circunstancias, impuso el juramento a toda la juventud, hizo preparar con la mayor actividad armas y cuanto podía necesitarse; y sin que le deslumbrasen tan grandes preparativos, suspendio todo proyecto de agresión, decidiendo permanecer tranquilo, como los etruscos no comenzasen las hostilidades. Éstos, por su parte, hacían iguales preparativos y guardaban la misma prudencia. Ni unos ni otros atravesaron la frontera.

Aquel año se distinguió también por la memorable censura de Ap. Claudio y C. Plaucio. Sin embargo, la posteridad conservará con más agrado la memoria de Apio porque construyó un camino romano y trajo aguas a Roma, trabajos que terminó él solo. No atreviéndose su colega a arrostrar las enemistades y odios de que fue causa la revisión del Senado, había abdicado la magistratura. Apio, que tenía la obstinación de carácter hereditaria en su familia, conservó sólo la censura. Por autorización de este mismo Apio, los Poticios, en posesión de servir el altar principal de Hércules, para libertarse de este ministerio, adiestraron esclavos públicos para las ceremonias de este culto. Refiérese con este motivo una cosa extraordinaria y muy a propósito para reprimir la audacia de los innovadores en achaque de religión, y es que la familia de los Poticios, que en aquella época tenía doce ramas, y que contaba hasta treinta varones en la edad de la pubertad, pereció toda en aquel año, quedando extinguida. No se limitó la cólera de los dioses a hacer desaparecer el nombre de los Poticios; alcanzó también al censor Apio, que murió pocos años después.

30. Los cónsules del año siguiente C. Junio Bubulco y Q. Emilio Barbula, el uno por tercera vez y el otro por segunda, se quejaron al pueblo desde principios del año de que se había degradado al Senado por medio de una revisión viciosa, rechazando los hombres más recomendables para sustituirles con otros; declararon que no respetarían en manera alguna la obra de los censores, hecha sin distinguir lo bueno de lo malo y dirigida por el capricho y la pasión; y en el acto reprodujeron la lista antigua, tal como existía antes de la censura de Ap. Claudio y C. Plaucio. Este año nombró también el pueblo por primera vez para dos mandos, pertenecientes los dos al servicio del ejército. Uno era el de tribunos de los soldados; decidiéndose que el pueblo elegiría diez y seis de ellos para cuatro legiones; cuando antes, exceptuando un número muy pequeño, cuya elección estaba reservada a los votos del pueblo, todos los demás los nombraban los dictadores o los cónsules. Los tribunos del pueblo L. Atilio y C. Marcio presentaron esta ley. El otro era el de decenviros navales, encargados del armamento y reparación de la armada; decidióse también que la elección de estos dos magistrados pertenecería al pueblo. M. Decio, tribuno del pueblo, fue el autor de este plebiscito. Pasaría en silencio un acontecimiento del mismo año, poco digno de ser referido, si no hubiese parecido que interesaba a la religión. Disgustados los flautistas porque los últimos censores les habían prohibido los banquetes sagrados del templo de Júpiter, a los que se les había admitido desde tiempo inmemorial, se retiraron en masa a Tíbur, de manera que no quedó ninguno que tocase durante los sacrificios. Este incidente alarmó la religiosidad del Senado, que envió delegados a Tíbur para conseguir que devolviesen aquellos hombres a los romanos. Habiendo prometido los tiburtinos hacer cuanto dependiese de ellos,

llamaron primeramente a los flautistas a su Senado y les exhortaron a regresar a Roma. Viendo que nada podían conseguir de ellos, recurrieron a una estratagema, muy conforme con el carácter de aquellos hombres. Un día de fiesta, so pretexto de dar con la música mayor esplendor a las comidas, cada cual les invitó separadamente; el vino, por el que ordinariamente son apasionados los hombres de esta profesión, se les sirvió profusamente, y cuando les hubo adormecido la embriaguez, les colocaron en carros y les trasladaron a Roma. Nada notaron, hasta que a la mañana siguiente les sorprendió la luz, aturdidos por el vino, en los carros abandonados en el Foro. Entonces acudió en tropel el pueblo y se consiguió que permaneciesen en Roma, concediéndoles que cada año, durante tres días, pudiesen pasear por la ciudad su magnífico cortejo en medio de cantos y de aquella libre y loca alegría cuya tradición no se ha perdido, y devolviéndoles también el derecho de participar de los banquetes de Júpiter cuando tocasen durante los sacrificios. Estas cosas ocurrían entre los preparativos de dos grandes guerras.

31. Los cónsules se repartieron las provincias; a Junio tocó el Samnio y a Emilio la nueva guerra de la Etruria. En el Samnio, Cluvia, defendida por guarnición romana, no pudo ser tomada a viva fuerza; pero rendida por hambre, se entregó a los samnitas, que, con odiosa barbarie, desgarraron los soldados bajo las varas y los exterminaron a pesar de la capitulación. Indignado Junio con aquella atrocidad, formó empeño en atacar a Cluvia; apoderóse de esta plaza en el primer día y pasó a cuchillo a todos los púberes. Desde allí el ejército victorioso marchó a Boviano, capital de los samnitas pentrinos y de todas las ciudades de la comarca, la más rica y mejor pertrechada de armas y de guerreros. Como los soldados no estaban animados allí por la cólera, se les excitó con el cebo del botín y se apoderaron de la ciudad. Tratóse con menos rigor al enemigo, casi se arrebató más botín que se sacó jamás de todo el Samnio y se abandonó generosamente al soldado. Y como los romanos habían adquirido tal superioridad por las armas, que ningún ejército, ningún campamento, ninguna ciudad podía en adelante resistirles, los jefes de los samnitas solamente pensaron en buscar paraje a propósito para una emboscada, donde el ejército romano, atraído en desorden por la esperanza del botín, pudiese ser sorprendido y envuelto. Algunos campesinos fingiéndose desertores, varios prisioneros, de los que unos habían caído por casualidad en poder de los romanos y los otros se habían dejado coger de intento, se pusieron de acuerdo para decir al cónsul, lo que por otra parte era verdad, que habían reunido inmensa cantidad de ganados en praderas retiradas, y le deciden a llevar las legiones hacia aquella presa. A lo largo de los caminos habíase situado en emboscada numeroso cuerpo de enemigos. Cuando vieron a los romanos comprometidos en el desfiladero lanzaron de repente tremendos gritos y cayeron en desorden sobre las legiones cogidas de improviso. Al pronto produjo turbación la sorpresa, mientras preparaban las armas y llevaban al centro los bagajes; pero en cuanto cada uno se hubo desembarazado de su carga y armado, todos se agruparon en derredor de sus enseñas, recobrando sus puestos como veteranos acostumbrados a las maniobras, y por sí mismo, sin orden de nadie, el ejército se formó en batalla. Corriendo entonces el cónsul adonde era mayor el peligro, saltó del caballo y juró por Júpiter, por Marte y todos los dioses "que no el deseo de gloria, sino el de proporcionar botín al soldado le había llevado a aquel pa-

raje; que solamente se le podía censurar su excesivo apresuramiento en enriquecer al soldado a expensas del enemigo; que si ha incurrido en alguna falta, solamente el valor de los soldados puede lavarla; que les basta hacer un esfuerzo y marchar todos con igual espíritu contra un enemigo vencido en batalla campal, despojado de sus campamentos, arrojado de sus ciudades, que intentaba su último recurso en la estratagema de una emboscada, y que confía en su posición y no en sus armas; ¿pero qué posición era ya inexpugnable para el poder romano?" Recordábales la fortaleza de Fregelas, la de Sora y todos los combates en que habían triunfado de los obstáculos del terreno. Inflamado por estas palabras el soldado, olvidando todas las dificultades, marcha contra el enemigo situado en las alturas. Algo tuvo que sufrir mientras escalaba aquellas escarpadas breñas; pero desde el momento en que las primeras enseñas coronaron la meseta que las dominaba, y que el ejército sintió terreno más igual bajo sus pies, el espanto pasó a las filas enemigas, que se dispersan y arrojan las armas, procurando ganar los profundos escondrijos donde se habían ocultado pocos momentos antes; pero víctimas de su propia astucia, las dificultades del paraje donde habían querido atraer al enemigo les detenían a su vez. Pocos de ellos consiguieron escapar: cerca de veinte mil fueron muertos, y el romano vencedor corrió a apoderarse de aquellos ganados que el enemigo había cuidado de ofrecerle.

32. Mientras acontecen estas cosas en el Samnio, todos los pueblos de la Etruria, a excepción de los arretinos, habían tomado ya las armas; y en aquella formidable guerra habían comenzado por el ataque de Sutrium, ciudad aliada de los romanos, que era como la llave de la Etruria. El otro cónsul, Emilio, acudió con un ejército para libertar a los aliados, sitiados por el enemigo. A la llegada de los romanos, los sutrinios hicieron llevar abundantes víveres a su campamento, establecido al pie de sus murallas. Los etruscos emplearon el primer día en deliberar si impulsarían la guerra con vigor, o si la dejarían marchar lánguidamente; pero como los jefes preferían las decisiones más prontas a las más seguras, a la mañana siguiente dióse al amanecer la señal de combate, y el ejército avanzó en orden de batalla. Habiendo recibido aviso el cónsul, manda que el soldado coma, y se arme después de cobrar fuerza por este medio; las órdenes se cumplieron en seguida. Cuando el cónsul los vio armados y dispuestos, mandó sacar del campamento las enseñas y formó su ejército a corta distancia del enemigo. Los dos ejércitos permanecieron algún tiempo observándose, esperando que con el grito de ataque comenzase el combate por uno u otro lado; y más de mediodía era cuando todavía no se había lanzado ni un solo dardo por ningún bando. En fin, por no retirarse sin haber hecho nada, los etruscos lanzan el grito de ataque, responden sus bocinas y avanzan sus enseñas. No se apresuran menos los romanos en marchar al enemigo, chocando los dos ejércitos con impetuosidad; el enemigo es más fuerte en número, el romano en valor. En aquel indeciso combate caen por ambos lados multitud de guerreros de los más valientes, y el éxito no comienza a pronunciarse hasta que la segunda línea de los romanos hubo reemplazado a la primera y tropas frescas sucedieron a tropas cansadas. Los etruscos, que no tenían reservas para sostener sus primeras filas, perecieron todos delante o en derredor de sus enseñas. En ninguna batalla hubiese habido jamás menos derrota y más matanza, si la noche no hubiera protegido a los etruscos, obstinados en morir, cesando los vencedores

en el combate antes que los vencidos. Después de ponerse el sol dióse la señal de retirada, y los dos ejércitos volvieron de noche a sus campamentos. En este año no aconteció nada memorable cerca de Sutrium, porque por parte del enemigo, habiendo quedado completamente destruida la primera línea en una sola batalla, apenas bastaban las tropas de reserva para defender el campamento; y los romanos tuvieron tantos heridos, que perdieron más gente después del combate que la que cayó en el combate mismo.

33. Q. Fabio, cónsul al año siguiente, encontró la guerra bajo las murallas de Sutrium; diéronle por colega a C. Marcio Rutilo. Fabio llevó de Roma refuerzos, y los etruscos recibieron un ejército nuevo. Hacía muchos años que no se había suscitado ninguna desavenencia entre los magistrados patricios y los tribunos, cuando comenzó la lucha por un miembro de aquella familia, cuyos destinos parecían pesar sobre los tribunos y el pueblo. El censor Ap. Claudio, después de cumplir sus diez y ocho meses, término que fijaba la ley Emilia para la duración de la censura, aunque su colega C. Plaucio abdicó su magistratura, ningún poder pudo obligarle a seguir aquel ejemplo. Era tribuno del pueblo P. Sempronio, e intentó una acción contra el censor para obligarle a dejar el cargo en la época determinada, acción tan popular como justa, y que no agradó menos a la multitud que a los mejores ciudadanos. Cuando releía diferentes veces el texto de la ley Emilia y colmaba de alabanzas al autor de aquella ley, el dictador Mam. Emilio, por haber reducido a diez y ocho meses la censura, que antes era quinquenal, y cuya larga duración la convertía en una especie de reinado: "Dinos por favor, Apio, añadió, lo que hubieses hecho si en la época en que C. Furio o M. Geganio fueron censores lo hubieses sido tú también." Apio contestó: "Que la interpelación del tribuno no tenía mucha relación con su causa; que la ley Emilia obligó a aquellos censores porque se dio durante su magistratura, y que el pueblo ordenó su ejecución después de su nombramiento, siendo los últimos decretos del pueblo los que forman ley y regla; pero que ni él ni ninguno de los que habían sido creados censores posteriormente a aquella ley estaban obligados a someterse a ella."

34. Esta inútil argucia de Apio no obtuvo la aprobación de nadie: "Allí tenéis, romanos, replicó el tribuno, al descendiente de aquel Apio, que nombrado decenviro por un año, se nombró a sí mismo para el segundo; que en el tercero, sin nombrarse él ni que le nombrase nadie, retuvo por autoridad propia los haces del consulado, y que no renunció a su magistratura, que hubiese querido conservar siempre, hasta que quedó abrumado por un poder mal adquirido, mal ejercido, no menos malamente retenido. Ésta es aquélla misma familia, ¡oh, romanos! cuya violencia e injusticia os obligaron a desterraros de vuestra patria y a buscar asilo en el Monte Sacro. Contra ella os procurasteis la defensa tribunicia; a causa de ella, dos ejércitos del pueblo se apoderaron del monte Aventino; ella fue la que combatió siempre las leyes contra la usura y las agrarias; ella la que entorpeció la alianza entre los patricios y el pueblo; ella la que ha cerrado al pueblo el acceso a las magistraturas curules; su nombre es mucho más funesto que el de los Tarquinos para vuestra libertad. ¡Cómo, Ap. Claudio, más de cien años han transcurrido desde la dictadura de Mam. Emilio!; ¿y de tantos personajes de la alcurnia más elevada y del valor más admirable, ni uno solo habría leído las leyes de las Doce Tablas, ni uno solo sabría que lo que hace ley es lo último que dispone el pueblo? Lejos de eso, todos lo sabían, y por

esta razón se sometieron a la ley Emilia más bien que a la antigua ley que creó los primeros censores, porque la ley Emilia se votó después, y cuando se encuentran dos leyes contradictorias, la antigua está siempre abrogada por la nueva. ¿Dirás tú, Apio, que el pueblo no está obligado por ley Emilia? ¿o bien que él lo está y tú solo no lo estás? La ley Emilia ha obligado a C. Furio y a M. Geganio, esos censores cuya violencia ha demostrado cuánto daño podía hacer a la república esa magistratura, cuando por despecho de ver limitado su poder privaron del derecho de sufragio a Mam. Emilio, el primer ciudadano, el primer capitán de su época. Después ha obligado durante cien años a todos los censores; obliga actualmente a tu colega C. Plaucio, creado bajo los mismos auspicios y en virtud del mismo derecho. ¿No te ha creado el pueblo censor para que goces de todos los derechos inherentes a esa magistratura, o bien eres tú el censor por excelencia a quien se haya de reservar este único privilegio? Aquél a quien tú nombres rey de los sacrificios, habiendo recibido el título de rey, ¿pretenderá haber sido creado en virtud de las leyes rey verdadero de Roma? ¿Quién se contentará en adelante con una dictadura de seis meses, con un interregno de cinco días? ¿A quién podrás nombrar confiadamente dictador para clavar el clavo sagrado o para presidir los juegos? ¡Cuán estúpidos e insensatos debe considerar Apio, oh, romanos, a los que al cabo de veinte días, después de realizar grandes cosas, han abdicado la dictadura o han renunciado inmediatamente su magistratura por algún vicio en la elección! ¿Mas a qué buscar ejemplos tan lejos? En estos últimos tiempos, no hace todavía diez años, el dictador C. Menio, haciendo investigaciones, con tal severidad que alarmaba a algunos varones influyentes, le acusaron sus enemigos de ser él miscómplice de un crimen que tenían encargo de perseguir, y para salir al encuentro de la acusación, dejando su carácter público, abdicó la dictadura. No exijo yo de ti tanta moderación; no degeneres de la soberbia y costumbres imperiosas de tu familia; no dejes el cargo un día, una hora antes de lo necesario, con tal de que no excedas del tiempo establecido. Demasiado sería ya ocupar la censura un mes, un día más de lo que quiere la ley. Pero escuchadle: "Conservaré la censura, dice, tres años y seis meses más de lo que permite la ley Emilia, y la conservaré solo." Esto es ser rey ya. ¿Reemplazarás tu colega? La religión no lo permite ni siquiera por la muerte de un censor. ¡Oh, censor religioso! poco es, en efecto, haber hecho pasar de manos de los pontífices más nobles a las de esclavos vuestra solemnidad más antigua, la única que estableció el mismo Dios, que es objeto de ella. Una familia más antigua que Roma, una familia santificada por la hospitalidad de los dioses inmortales, gracias a ti y a tu censura ha sido extinguida en un año, y tal vez caerá tu sacrilegio sobre la república entera, presagio cuya sola idea me estremece. Roma fue tomada durante el lustro en que L. Papirio Cursor, por no salir de la magistratura, se dio nuevo colega, subrogando al censor C. Julio, que acababa de morir, M. Cornelio Maluginense. Y sin embargo, Apio, ¡cuánto más moderada era su ambición que la tuya! L. Papirio no permaneció siendo censor ni solo ni más tiempo del señalado por la ley; sin embargo, no ha encontrado nadie que quisiera seguir su ejemplo; todos los censores posteriores a él han abdicado después de la muerte de su colega. Y a ti no te detienen ni el término de tu censura que ha expirado, ni el ejemplo de tu colega que ha dimitido, ni la ley ni el honor: tú pones la virtud en el orgullo, en la audacia, en el desprecio de los dioses y de los hombres. En cuanto a mí, Apio Claudio, por respeto a la magistratura de que has estado investido, no solamente no quisiera que pusieran mano en tu persona, sino que hubiese deseado dispensarte de toda palabra severa. Cuanto he dicho, tu obstinación y tu orgullo me han obligado a decirlo. Si no obedeces la ley Emilia, mandaré que te lleven a la prisión; porque si nuestros antepasados establecieron para los comicios censorios, que si los candidatos no reunían el número de votos que exige la ley, debían aplazarse los comicios, sin proclamar a ninguno de los candidatos, no consentiré que tú, que solo no habrías sido elegido censor, ejerzas solo la censura." Dicho esto, mandó apoderarse del censor y llevarle a las prisiones. Seis tribunos aprobaron la acción de su colega, pero los otros tres admitieron la apelación de Apio; y con grave disgusto de todos los órdenes, ejerció solo la censura.

35. Mientras ocurrían estas cosas en Roma, los etruscos habían puesto ya sitio a Sutrium. El cónsul Fabio se había puesto en marcha tomando por la parte baja de las montañas para socorrer a los aliados y hasta para atacar, si encontraba oportunidad, las líneas de los sitiadores, cuando se le presentó el enemigo en orden de batalla. La inmensa llanura en que se desplegaba, permitíale emplear su extraordinaria multitud, y el cónsul, para suplir el corto número de los suyos con la ventaja de la posición, se separó un poco, hizo ganar a sus tropas las primeras alturas, cuyo suelo escabroso estaba lleno de piedras, y desde allí hizo frente al enemigo. No considerando los etruscos más que su multitud, que formaba toda su seguridad, y olvidando lo demás, corren al combate con tanta precipitación y tal ardor, que arrojando los dardos para llegar más pronto a las manos, desenvainan las espadas al mismo tiempo que van al enemigo. Los romanos, por el contrario, lanzan en tanto dardos, en tanto piedras, armas que el suelo les suministra con abundancia. Esta lluvia, cayendo sobre escudos y cascos, aturdía a los que no quedaban heridos. No era fácil al enemigo llegar al pie de la altura para combatir más de cerca, ni tampoco combatir de lejos, porque carecían de dardos; quedando, pues, en el mismo punto expuestos a golpes de los que nada podía preservarlos. Algunos comenzaban ya a retroceder, y todo el ejército estaba indeciso y vacilante, cuando los hastatos y los príncipes, repitiendo el grito de ataque, corren a ellos con las espadas en las manos. Los etruscos no pudieron resistir aquella impetuosidad; vuelven la espalda, y se dirigen a su campamento en el mayor desorden. Pero los jinetes romanos, que habían atravesado oblicuamente la llanura, se presentan a su encuentro; entonces abandonan el camino del campamento y procuran ganar las montañas. Desde allí, aquel ejército sin armas y acribillado de heridas penetra en la selva Ciminia. El romano, después de haber dado muerte a muchos millares de etruscos, se apoderó de treinta y cinco enseñas, del campamento y de considerable botín. En seguida se pensó en perseguir al enemigo.

36. La selva Ciminia era entonces más impenetrable y de aspecto más tétrico que lo eran en estos últimos tiempos las de la Germania; y hasta entonces ni siquiera un mercader había penetrado en ella; solamente el general se atrevía a entrar allí; en cuanto a los demás, no habían olvidado aún las Horcas Caudinas. Uno de los presentes (hermano del cónsul M. Fabio, llamado Kæson, según unos, y C. Claudio, según otros) se ofreció para reconocer el terreno, prometiendo traer muy pronto noticias ciertas. Educado en Cerea, entre huéspe-

des, había aprendido las letras etruscas y conocía perfectamente el lenguaje. Aseguran algunos escritores que en aquella época generalmente se instruía a los jóvenes romanos en las letras etruscas, como hoy se les instruye en las griegas; pero es más verosímil que algo más particular concurriese en él para que por medio de un disfraz tan atrevido se mezclase entre los enemigos. Dícese que solamente le acompañaba un esclavo, educado con él, y que por consiguiente sabía también el etrusco. Limitáronse al partir a tomar nociones generales acerca de la naturaleza de la comarca en que iban a entrar, y a enterarse de los nombres de los que ejercían autoridad en los pueblos, por temor de que en las conversaciones les descubriese su vacilación en puntos tan importantes. Partieron disfrazados de pastores, con armas de campesinos, hoces y dos picas. Pero ni el conocimiento de la lengua, ni sus vestidos ni armas les sirvieron tan bien como lo poco verosímil que era que un extranjero pudiese aventurarse en la selva Ciminia. Dícese que penetraron hasta el territorio de los Camestos umbríos, y que allí se atrevió el romano a decir quién era; que introducido en el Senado habló a nombre del cónsul de un tratado de alianza y amistad; que después de recibirle con benevolencia se le autorizó para que dijese a los romanos que si penetraban en aquellos parajes encontrarían víveres para treinta días, y que toda la juventud de los Camestos umbríos se encontraría dispuesta para marchar armada a sus órdenes. Comunicadas al cónsul estas noticias hizo marchar a la primera vigilia los bagajes y detrás las legiones, quedando él con la caballería. Al amanecer el día siguiente marchó a presentarse delante de las guardias etruscas, situadas fuera de la selva; y después de distraer por algún tiempo al enemigo se retiró a su campamento, del que salió por la otra puerta, alcanzando antes de la noche a su ejército. Al día siguiente, al amanecer, ocupó las cumbres del monte Ciminio, desde donde descubría las opulentas campiñas de la Etruria. Extendió por ellas sus soldados, poseedores ya de rico botín, y de pronto encontraron cohortes de campesinos etruscos, reunidos apresuradamente por los principales habitantes del país; pero reinaba tan poco orden en sus filas, que al querer recobrar las presas estuvieron ellos mismos a punto de serlo. Después de destrozarlas y ponerlas en fuga, después de devastar el país, el romano, vencedor y cargado de toda clase de riquezas, volvió a su campamento, donde se encontraban ya cinco legados acompañados de dos tribunos del pueblo, para prevenir a Fabio, en nombre del Senado, que no penetrase en la selva Ciminia. Regocijados por haber llegado demasiado tarde para detener el curso de la guerra, volvieron a Roma llevando la noticia de una victoria.

37. Esta expedición del cónsul había extendido la guerra en vez de ponerle fin. Todo el país situado al pie del monte Ciminio, devastado por los romanos, había movido la indignación, no solamente de los pueblos de la Etruria, sino también de los umbríos, sus vecinos. Un ejército, tan considerable como no se había visto jamás, vino a Sutrium, y no solamente levantaron el campo que tenían en la selva los etruscos, sino que, en la impaciencia de combatir, llevaron todas sus tropas a la llanura. Después de formarlas en batalla no hicieron al pronto ningún movimiento, dejando de esta manera bastante espacio a los romanos para que pudiesen ordenar también sus líneas. Viendo después que el enemigo se negaba a combatir, se acercaron a las empalizadas. Cuando observaron que hasta habían retirado las primeras guardias al interior de los

parapetos, gritaron de pronto a sus jefes: "que les llevasen del campamento los víveres que debían recibir aquel día; que permanecerían sobre las armas y que aquella noche, o a lo sumo al amanecer, invadirían el campamento de los enemigos". La autoridad del general retenía al ejército romano, tan impaciente como el enemigo. A la hora décima del día el cónsul hizo comer a los soldados y los mandó estar dispuestos para cualquier hora del día o de la noche que les diese la señal, y les dirigió corta alocución celebrando la guerra con los samnitas y rebajando a los etruscos: Díjoles "que estos dos enemigos de Roma no eran comparables, como tampoco lo eran los ejércitos de que disponen; que por lo demás, él les haría ver, cuando llegase el momento, un arma oculta que tenía en reserva; pero que al presente no podía decir más". Con estas misteriosas palabras quería hacer creer que se tramaba una traición, para tranquilizar los ánimos de los soldados asustados por el número de los enemigos; y como éstos habían hecho alto sin fortificarse, esta suposición debía parecer verosímil. Terminada la comida se entregaron al descanso, y despertados en silencio cerca de la cuarta vigilia, tomaron las armas. Distribuyéronse hachas pequeñas a los siervos del ejército para derribar las empalizadas y cegar los fosos; formáronse en batalla en el interior del campamento; cohortes escogidas se colocan en el paso de las puertas, y se da la señal poco antes de amanecer, en la hora en que en estío es más profundo el sueño; derriban las empalizadas y el ejército sale en batalla, cayendo sobre los enemigos, tendidos aquí y allá, y la muerte hiere ciegamente a aquellos hombres sorprendidos, unos sin movimiento, otros semidormidos, y la mayor parte corriendo tumultuosamente a las armas. Pocos tuvieron tiempo para empuñarlas; y a estos mismos, no teniendo señal cierta ni jefe en cuyo derredor agruparse, los romanos les derrotaron, persiguiéndoles la caballería. Dirigíanse unos al campamento, otros hacia la selva; ésta les ofrecía refugio más seguro; porque el campamento, situado a campo raso, fue tomado el mismo día. El cónsul se hizo entregar el oro y la plata, abandonando al soldado el resto del botín. En esta jornada mataron al enemigo cerca de sesenta mil hombres. Algunos escritores pretenden que esta memorable batalla se dio al otro lado de la selva Ciminia, cerca de Perusa, y que en Roma se experimentaron graves alarmas, porque teniendo el ejército cortada la retirada por aquella selva tan peligrosa, podía ser exterminado por los etruscos y los umbríos, que se habían levantado en todas partes. Pero en cualquier lado que se combatiese triunfaba la fortuna de Roma, así fue que llegaron legados de Perusa, Cortona y Arrecio, que eran entonces las ciudades más importantes de la confederación etrusca, pidiendo paz y alianza a los romanos, consiguiendo una tregua de treinta años.

38. Mientras ocurren estos acontecimientos en la Etruria, el otro cónsul, C. Marcio Rutilo, tomó a viva fuerza Alifas a los samnitas. Otras muchas plazas y pueblos fueron implacablemente arrasados o se rindieron sin asalto. Entre tanto la flota romana, dirigida por P. Cornelio, a quien el Senado había encargado el mando de la costa marítima, arribó a Pompeya e hizo un desembarco en Campania. Desde allí, queriendo las tripulaciones de la flota devastar el territorio de Luceria, se entregaron primero al pillaje de la parte más inmediata, desde donde podían ganar con seguridad sus naves; pero arrastrados, como sucede siempre, por el cebo del botín, avanzaron demasiado y dieron la alarma al enemigo. Nadie se presentó contra ellos, cuan-

do dispersos por todos lados en la campiña pudieron ser completamente exterminados; pero como se retiraban sin precaución, los campesinos les alcanzaron a corta distancia de sus naves, les despojaron del botín y mataron algunos, siendo rechazados en desorden hasta las naves los que escaparon. Tanto temor como causó en Roma la expedición de Q. Fabio al otro lado de la selva Ciminia, tanta alegría produjo a los enemigos cuando llegó la noticia a Samnio, donde decían "que rodeado el ejército romano, no tenía salida alguna para escapar; que se encontraba en otras Horcas Caudinas; que la misma temeridad había llevado a impracticables desfiladeros a una nación ávida siempre de ensancharse; que allí los obstáculos del terreno y las armas del enemigo les opondrían infranqueable barrera". A su regocijo mezclábase ya cierta envidia, porque la fortuna había llevado de los samnitas a los etruscos la gloria de humillar las armas romanas; y con cuantas armas y soldados tenían acudieron para aplastar al cónsul C. Marcio, decididos a llegar inmediatamente a la Etruria, atravesando el territorio de los marsos y los sabinos, si Marcio les ponía en la imposibilidad de combatir. El cónsul marchó a su encuentro; la lucha fue encarnizada por una y otra parte y el resultado indeciso. Aunque las pérdidas se equilibraron, aquel combate tuvo, sin embargo, el aspecto de derrota para los romanos, porque perdieron algunos caballeros, tribunos de los soldados, un legado, y el cónsul, cosa que se notó mucho más, recibió una herida. Como a todo esto se unían las ordinarias exageraciones de la fama, profundo terror sobrecogió al Senado, y se convino que se nombraría un dictador. Nadie dudaba que se elegiría a Papirio Cursor, considerado como el mejor general de la época. Pero no se podía hacer llegar con seguridad un mensaje al Samnio a través de tantos obstáculos, ni se tenía seguridad tampoco acerca de la existencia del cónsul. Fabio, el otro cónsul, era enemigo personal de Papirio, y temiendo que su enemistad llegase a ser obstáculo al bien público, el Senado creyó oportuno enviarle una diputación formada por varones consulares, quienes por propia autoridad, además del carácter público de que estaban investidos, debían decidir a Fabio a que sacrificase a la patria sus enemistades personales. Habiendo entregado los legados al cónsul el senatus-consulto, y dirigídole un discurso en conformidad con sus instrucciones, éste, los ojos fijos en el suelo, se retiró sin pronunciar palabra, dejándoles en la incertidumbre de lo que iba a hacer. Después, en el silencio de la noche, según es costumbre, nombró dictador a L. Papirio; y como los legados le felicitasen por aquella hermosa victoria que había conseguido sobre sí mismo, guardó obstinado silencio, y sin contestarles nada, sin decir nada de lo que había hecho, les despidió con aspecto que revelaba el profundo dolor que escondía en su elevado ánimo. Papirio nombró a C. Junio Bubulco jefe de los caballeros; y en el momento en que presentaba a las curias la ley que debía conferirle la autoridad sobre los soldados, vióse obligado a aplazar esta formalidad por consecuencia de un presagio funesto, porque fue llamada la primera para emitir su sufragio la curia Faucia, circunstancia que se había presentado en dos épocas fatales: cuando la toma de Roma y la paz de Caudio. Licinio Macer atribuye también a esta tribu lo odioso de otra catástrofe: la derrota de Cremera.

39. Al día siguiente, habiendo consultado otra vez los auspicios el dictador, presentó la ley; y habiendo partido con las tropas recientemente levantadas cuando el paso del ejército al otro lado de la sel-

va Ciminia difundió el terror, llegó a Longula. Allí, después de haber recibido del cónsul Marcio los antiguos soldados, marchó a presentar batalla al enemigo, que no mostró rehusarla, permaneciendo formados y sobre las armas hasta la noche, que llegó sin que por ningún lado se diese la señal de ataque. Durante algún tiempo continuaron tranquilamente acampados a corta distancia de los romanos, sin desconfiar de sus fuerzas y sin despreciar las enemigas. Entre tanto continuaban en Etruria los acontecimientos. En primer lugar se ganó una batalla sobre los umbrios, que más fueron derrotados que batidos, porque después de trabar vivamente el combate no lo sostuvieron. En otro encuentro, cerca del lago Vadimón, los etruscos, cuyo ejército había sido alistado según la ley Sacra, teniendo cada soldado un compañero elegido por él, combatieron en mayor número y también con más valor que nunca. Con tal animosidad se alcanzaron, que por ningún bando se pensó en lanzar los dardos; el combate se trabó a espada, y habiendo sido al principio muy vivo el ataque, lo fue más aún durante la lucha, cuyo éxito estuvo dudoso por mucho tiempo, pareciendo que no se combatía con etruscos, tantas veces vencidos, sino con un pueblo nuevo. Por ningún lado se pensó en retroceder: los que se encuentran delante de las enseñas, caen, y para que las enseñas no queden indefensas, la segunda línea ocupa el puesto de la primera. Recúrrese en seguida a las últimas reservas, y el peligro y el aprieto fueron tan extraordinarios, que los jinetes romanos, dejando los caballos, se lanzaron a las primeras filas a través de montones de armas y cadáveres. Este ejército, que parecía nuevo, presentándose en medio de tropas fatigadas, puso en desorden las enseñas etruscas: su impetuosidad arrastró a las demás tropas a pesar del cansancio, y al fin se consiguió desordenar las filas enemigas. Entonces se venció la obstinación: algunos manípulos volvieron la espalda, y este principio de fuga produjo completa derrota. Esta batalla dio el primer golpe al poder de los etruscos, que contaban muchos años de prosperidad. Toda la fuerza de la nación quedó destruida aquel día y con el mismo ímpetu fue tomado y saqueado el campamento.

40. Con igual peligro, tuvo igual glorioso resultado la guerra con los samnitas. Entre otros preparativos, quisieron hacer brillar a sus combatientes con nueva armadura. Tenían dos ejércitos, al uno le dieron escudos cincelados en oro y al otro cincelados en plata. Estos escudos eran anchos en la parte que cubre el pecho y los hombros, tenían igual anchura en la parte superior y terminaban en punta por la inferior para que fuesen más manejables. El pecho del soldado lo cubría la esponja; un botín la pierna izquierda; el casco, coronado con un penacho, aumentaba la estatura. Los soldados de los escudos dorados llevaban túnicas multicolores *(versicolores)*; los de escudos plateados llevaban túnicas blancas. Éstos forman el ala derecha y aquéllos la izquierda. Los romanos conocían ya aquel aparato de armas brillantes, y habíanles dicho sus generales "que el soldado debe tener aspecto rudo y fiero; que no debe llevar armas cinceladas en oro y plata, sino que debe protegerle el hierro y su valor; porque de otra manera, menos eran armas que presa para el enemigo; que todas aquellas armaduras resplandecientes antes del combate, quedaban muy pronto empañadas por la sangre y las heridas; sabían que el valor es el mejor adorno del soldado y que aquellos brillantes aparatos siguen la suerte de la victoria y pasan del enemigo rico al vencedor indigente". Estas reflexiones habían ani-

mado a los soldados; Cursor les llevó al combate; colócase en el ala derecha, y confía la izquierda al jefe de los caballeros. En cuanto se alcanzaron, trabóse reñido combate con el enemigo, no siendo menor el del dictador y el jefe de la caballería, rivalizando para decidir la victoria. Junio fue el primero en rechazar al enemigo que se oponía al ala izquierda que él mandaba; era el ala derecha del enemigo, cuyos hombres, dedicados a los dioses, según la costumbre de los samnitas, se reconocían por la blancura de sus ropas y sus armas: Junio exclamó que los inmolaba a los dioses infernales; el ataque desordena sus filas y les hace retroceder visiblemente. Obsérvalo el dictador y exclama: "¿Comenzará la victoria por el ala izquierda? Y el ala derecha, la batalla del dictador, en vez de llevar la mejor parte, ¿no hará más que arrastrarse detrás de otro?" Excita a sus soldados, y ni el peón cede al jinete en valor, ni el legado al general en celo. M. Valerio en el ala derecha; P. Decio en la izquierda, los dos consulares, se lanzan hacia los jinetes alineados en las alas, y exhortándoles a venir con ellos a tomar parte en la victoria, se precipitan al través sobre los flancos del enemigo. Ésta fue nueva causa de terror que se difundió desde los extremos al cuerpo de batalla. El ejército romano, para aumentar el espanto del enemigo, lanza nuevo grito de ataque y marcha vivamente adelante: entonces comienza la derrota en el ejército samnita. Ya estaba cubierto el campo de sus muertos y pedazos de sus magníficas armaduras: en su terror, les ofreció primeramente refugio su campamento, pero muy pronto no pudieron conservarlo siquiera; tomáronlo los romanos y le prendieron fuego antes de anochecer. El dictador obtuvo el triunfo por un senatus-consulto, y las armas cogidas al enemigo dieron extraordinario brillo a aquella solemnidad. Tan magníficas les parecieron, que colocaron los escudos dorados delante de las tiendas de los plateros para decorar el Foro. Dícese que de aquí nació la costumbre de los ediles de adornar el Foro cuando paseaban las estatuas de los dioses. Los romanos utilizaron aquellas brillantes armas para la pompa de su culto; pero los campanios, por orgullo y por odio a los samnitas, adornaron con ellas a los gladiadores, de cuyo espectáculo gozaban durante sus festines y les dieron el nombre de samnitas. Aquel mismo año combatió el cónsul Fabio al resto del ejército etrusco, en las cercanías de Perusa, ciudad que también había violado la tregua. La victoria no fue dudosa ni difícil y hubiese tomado aquella plaza, a la que se acercó después de su victoria, a no haber llegado legados anunciando su sumisión. Después de dejar guarnición en Perusa y de hacer que le precediesen en Roma, enviados al Senado, los legados de la Etruria que pedían la paz, el cónsul entró triunfante en la ciudad, después de una victoria más brillante todavía que la conseguida por el dictador. El honor de la victoria alcanzada sobre los samnitas, atribuyóse en gran parte a los legados P. Decio y M. Valerio, a quienes nombró el pueblo por considerable mayoría de votos en los comicios siguientes, al uno cónsul y al otro pretor.

41. Fabio continuó en el consulado como premio de sus gloriosos y decisivos triunfos en la Etruria, dándole a Decio por colega. Valerio fue creado pretor por cuarta vez. Los cónsules se repartieron las provincias, tocando la Etruria a Decio y a Fabio el Samnio. Habiendo marchado éste hacia Luceria y Alfaterna, negó a sus habitantes la paz que pedían entonces, para castigarlos por haberla rehusado cuando se la concedía, y con sus vigorosos ataques les obligó a someterse. Combatióse en batalla campal con los

samnitas, que quedaron vencidos sin grandes esfuerzos, y no se hubiese conservado la memoria de este combate a no ser por haberse encontrado entonces los marsos por primera vez peleando con los romanos. Arrastrados los peligros por la defección de los marsos, experimentaron la misma suerte. El otro cónsul, Decio, guerreaba con igual suerte. Por el terror había obligado a los habitantes de Tarquinia a suministrar trigo al ejército y a pedir una tregua de cuarenta años. Tomó por fuerza algunas plazas a los volsinios; arrasólas en parte, por temor a que sirviesen de refugio al enemigo; y llevando la guerra por todos lados, difundió tal espanto, que la confederación entera de los auruncos le pidió un tratado de alianza. Pero nada pudo conseguir en este punto, concediéndoles solamente tregua de un año, durante el cual pagó el enemigo el sueldo al ejército romano y quedó obligado a dar dos túnicas a cada soldado; éste fue el precio de la tregua. La tranquilidad que se gozaba ya por el lado de los etruscos, quedó turbada por la repentina defección de los umbrios, pueblo que hasta entonces había permanecido al abrigo de los estragos de la guerra, exceptuando el paso del ejército por su territorio. Habiendo armado a toda su juventud e impulsado a la sublevación a gran parte de la Etruria, reunieron un ejército tan poderoso, que dejando a su espalda a Decio en la Etruria, decían públicamente que marchaban a sitiar a Roma, hablando enfáticamente de sí mismos y con desprecio de los romanos. Enterado de este proyecto de los umbrios, el cónsul Decio, retrocedió hacia Roma apresuradamente y se situó en el territorio de Pupinia, atento a los movimientos del enemigo. No se despreciaba en Roma esta guerra de los umbrios: las mismas amenazas inspiraban temor a los hombres que habían comprendido durante la guerra de los galos la poca seguridad de la ciudad que habitaban. Así, pues, enviaron mensajeros al cónsul Fabio para decirle que, en el caso de que la guerra con los samnitas le dejase algún respiro, llevase prontamente su ejército a la Umbría: obedeció el cónsul, y con precipitada marcha llegó a Mevania, donde se encontraban entonces las huestes umbrias. La repentina llegada del cónsul, a quien creían lejos de allí, ocupado en otra guerra en el Samnio, de tal manera asustó a los umbrios, que opinaron, unos por retirarse a sus plazas fuertes y otros hasta renunciar a la guerra. Uno de sus cantones (le llaman ellos Materina), no solamente mantuvo a los otros sobre las armas, sino que les arrastró en el acto al combate, atacando a Fabio mientras colocaba las empalizadas del campamento. En cuanto les vio el cónsul precipitarse desordenadamente sobre sus parapetos, mandó suspender los trabajos y formó a sus soldados, según permitían la naturaleza del terreno y las circunstancias; y por toda exhortación, recordándoles la gloria positiva que habían conquistado, tanto en la Etruria como en el Samnio, les mandó concluir con aquel exiguo resto de la guerra etrusca, y vengarse de las impías amenazas de un enemigo que se lisonjeaba de apoderarse de Roma. Con tanto regocijo escucharon los soldados aquellas palabras, que lanzando involuntario grito, interrumpieron al general en medio de su discurso: en seguida, sin esperar la orden, al sonido de las bocinas y de los cuernos, caen a la carrera sobre el enemigo. ¡Cosa admirable; parecía que no luchaban con hombres ni con guerreros! Arrancan las enseñas a los signíferos y las arrastran hacia el cónsul; de la misma manera llevan a los soldados, a los que trasladan de su línea a la propia; si en alguna parte oponen resistencia, el combate termina con el escudo más que con la espada, empujándoles violentamente con el escudo y con el codo y derribánles; cógense más hombres que se matan, y por todas partes les gritan que rindan las armas. Así, pues, en medio del mismo combate, se someten los primeros que empuñaron las armas. Al día siguiente y en los sucesivos se sometieron también los demás pueblos de la Umbría. Los ocrilulanos recibieron la promesa de alianza.

42. Después de aquella victoria sobre un enemigo que no le había correspondido en el sorteo, llevó de nuevo Fabio el ejército a su provincia. Como premio de aquel triunfo, a ejemplo del pueblo, que el año anterior le había reelegido para el consulado, el Senado le prorrogó el mando para el año siguiente, a pesar de la oposición de Ap. Claudio, que aquel mismo año fue nombrado cónsul con L. Volumnio. Veo en algunos anales que Apio pidió el consulado durante su censura y que L. Furio, tribuno del pueblo, combatió su elección hasta que abdicó la censura. Creado cónsul, y viendo que se asignó a su colega la guerra contra un enemigo nuevo, los salentinos, permaneció en Roma para aumentar su influencia por las vías pacíficas, puesto que otros iban a conquistar la gloria militar. No pudo quedar descontento de su provincia Volumnio; trabó muchos combates con éxito y tomó por la fuerza algunas ciudades al enemigo. Era pródigo del botín, y a esta generosidad, tan agradable por sí misma, añadía nueva merced con su afabilidad: esta hábil conducta había hecho al soldado ávido de peligros y de fatigas. El procónsul Fabio libró batalla al ejército de los samnitas, cerca de la ciudad de Alifas, no siendo dudoso el resultado ni por un instante. El enemigo fue derrotado y rechazado hasta su campamento, que ni siquiera hubiese podido conservar, a no estar tan avanzado el día: rodeáronle, sin embargo, antes de oscurecer, y le vigilaron bien para que nadie pudiese escapar. A la mañana siguiente, cuando apenas despuntaba el día, vinieron a capitular. Convínose que cuantos samnitas había allí saldrían con un solo vestido, haciéndoles pasar a todos bajo el yugo y vendiendo en subasta cerca de siete mil. Los que dijeron ser ciudadanos hérnicos quedaron aparte y cuidadosamente vigilados. Fabio les envió a todos al Senado romano, y después de una investigación para averiguar si por mandato de sus magistrados o por voluntad propia habían hecho la guerra a los romanos en favor de los samnitas, les entregaron para su custodia a los diferentes pueblos latinos. Los nuevos cónsules, que estaban ya nombrados; P. Cornelio Arvina y Q. Marcio Trémulo, recibieron orden de someter todo aquel asunto a la deliberación del Senado. Indignó a los hérnicos tanta severidad, y celebraron una asamblea general en Anagnia, en el circo llamado Marítimo, y todos los pueblos del nombre hérnico, exceptuando Alatrio, Terentino y Verulano, declararon la guerra al pueblo romano.

43. Después de la retirada de Fabio estallaron también nuevos movimientos en el Samnio. Calacia y Sora, con las guarniciones romanas que las ocupaban, cayeron en poder del enemigo, que ejecutó horribles crueldades en los prisioneros; P. Cornelio fue enviado allá con su ejército. Los nuevos enemigos (porque estaba ya terminada la guerra con los anagnios y los hérnicos) fueron designados a Marcio. Ocupando primeramente puestos ventajosos, interceptaron toda comunicación entre los campamentos de los cónsules, de tal manera, que hubiese sido imposible el paso a un simple mensajero, y durante algunos días cada cónsul permaneció en completa ignorancia de la posición del otro. La alarma llegó hasta Roma, y se alistó a todos los ciudadanos jóvenes aún, para tener en caso necesario otros dos ejércitos. Pero

en realidad, la guerra con los hérnicos estuvo muy lejos de justificar el terror que causaba entonces y de responder a la antigua gloria de aquella nación. En ninguna parte hicieron cosa memorable; perdieron sus tres campamentos en el espacio de pocos días, y para conseguir una tregua de treinta días que les permitiesé enviar legados al Senado romano, se obligaron a suministrar el sueldo y el trigo durante dos meses y además una túnica para cada soldado. El Senado los envió a Marcio, a quien por un senatusconsulto se confirió autoridad para disponer de la suerte de aquel pueblo, recibiéndole éste a discreción. El otro cónsul, superior en fuerzas, tenía en el Samnio la desventaja del terreno. El enemigo había cerrado todos los caminos; habíase apoderado de los pasos para que no pudiese llegar ningún convoy al cónsul, quien todos los días les presentaba batalla sin poder decidirles al combate. Veíase claramente que el samnita todo lo temía de una batalla general, y el romano de la prolongación de la guerra. La llegada de Marcio, que después de su victoria sobre los hérnicos se apresuró a socorrer a su colega, no permitió ya al enemigo aplazar el combate. Comprendiendo que si no se habían creído capaces de luchar con un ejército solo, si dejaban que los dos ejércitos consulares se uniesen, nada padrían esperar, atacaron a Marcio sorprendiéndole en el desorden de la marcha. Apresuradamente trasladaron los bagajes al centro; y en cuanto lo permitían las circunstancias, formóse el ejército en batalla. Primeramente los gritos que llegaron al campamento, y en seguida el polvo que se levantaba a lo lejos, alarmaron al ejército del otro cónsul. Éste hizo en seguida tomar las armas, forma sus tropas en batalla y cayó sobre el flanco del ejército enemigo ocupado en el otro combate, gritando a sus soldados: "Que sería el colmo de la ignominia si consentían que el otro ejército alcanzase dos victorias y si se dejaban arrebatar el honor de una guerra que les pertenecía." Penetra por el punto que atacó, y a través de las tropas enemigas marcha derecho a su campamento; y encontrándole sin defensores le toma y le prende fuego. En cuanto los soldados de Marcio vieron las llamas en frente de ellos y los samnitas las vieron detrás, éstos comienzan a huir en todas direcciones; pero por todas partes se extiende la matanza y en ninguna encuentran seguro refugio. Después de matar treinta mil hombres al enemigo, los cónsules dieron la señal de retirada; y ya verificaban su unión felicitándose recíprocamente, cuando de pronto percibieron a lo lejos nuevas cohortes enemigas: eran soldados bisoños, que sirvieron para que aumentase la matanza. Sin esperar las órdenes de los cónsules, sin recibir la señal, los vencedores se lanzan sobre ellos, gritando "que habían de tener aquellos jóvenes samnitas duro aprendizaje." Los cónsules ceden al ardor de las legiones, comprendiendo que soldados novicios confundidos entre veteranos desalentados por la derrota, ni siquiera tendrían valor para intentar el combate. No se engañaron en sus cálculos; todas las tropas samnitas, cansadas y de refresco, ganan las montañas vecinas; el ejército romano sube a aquellas alturas; no hay paraje seguro para los vencidos, y los precipitan de las cumbres que habían ocupado. Todos pedían ya a una voz la paz, y se les obligó a suministrar víveres para tres meses, un año de sueldo y una túnica para cada soldado. Cornelio permaneció en el Samnio, Marcio regresó a Roma y triunfó de los hérnicos, decretándole una estatua ecuestre, que fue colocada delante del templo de Cástor. Concedióse a tres pueblos hérnicos, Alatrio, Verulano y Ferentino, las leyes que preferían al derecho de ciudadanía, y se les permitió aliarse entre sí, privilegio que gozaron sólo por algún tiempo entre los hérnicos. En cuanto a los anagnios y los demás que habían tomado las armas, se les concedió el derecho de ciudadanía sin el de sufragio; prohibiéronles sus asambleas y también la libertad de contraer matrimonio entre vecinos de una y otra ciudad; las funciones de sus magistrados quedaron limitadas a lo concerniente a los sacrificios. Aquel mismo año comenzó el censor Bubulco la construcción del templo de la diosa Salud que votó siendo cónsul durante la guerra con los samnitas, y en unión con su colega M. Valerio Máximo hizo caminos vecinales pagados por el tesoro. En este año también se renovó por tercera vez el tratado con los cartagineses; y sus legados, que para este objeto vinieron a Roma, fueron agasajados y recibieron regalos.

44. En este año se tuvo por dictador a P. Cornelio y por jefe de los caballeros P. Decio Mucio. Éstos celebraron los comicios consulares para los que se les había nombrado, no pudiendo separarse del teatro de la guerra ninguno de los dos cónsules; fueron creados cónsules L. Postumio y T. Minucio. Pisón coloca estos cónsules después de Q. Fabio y P. Decio, suprimiendo los dos años de consulado de Claudio y Volumnio y de Cornelio con Marcio; ignórase si por olvido en la redacción de sus anales omitió estos dos consulados o si de propósito, creyéndolos apócrifos. Este año hicieron incursiones los samnitas en las llanuras de Stela, que formaban parte del territorio campanio. Por esta razón partieron los cónsules para el Samnio, dirigiéndose Postumio sobre Tiferno y Minucio sobre Boviano. Postumio combatió primeramente en Tiferno, asegurando algunos que fueron vencidos los samnitas y se les cogieron veinte mil hombres, y afirmando otros que se retiraron los dos bandos con iguales ventajas; que Postumio, con fingida desconfianza, marchó de noche e hizo ganar las montañas a sus tropas; que habiéndole seguido el enemigo, se situó a dos millas de su campamento, sobre alturas igualmente fortificadas. Queriendo hacer creer el cónsul que solamente se había propuesto conseguir campamento seguro y absolutamente provisto (como lo estaba), se fortificó en su posición, haciendo llevar gran cantidad de todas las cosas necesarias; pero a la tercera vigilia, dejando fuerte destacamento para la custodia del campo, llevó por el camino más corto sus legiones a su colega, que permanecía inactivo también delante de otro ejército. Por consejo de Postumio, Minucio trabó combate con los samnitas; y habiéndose prolongado sin éxito sensible, mucho antes de amanecer, el cónsul Postumio cayó de pronto con sus legiones descansadas sobre el fatigado enemigo. Impidiéndoles huir el cansancio y las heridas, los samnitas fueron exterminados, tomándoles veintiuna enseñas. En seguida marcharon al campamento de Postumio; y allí, atacando los dos ejércitos victoriosos a un enemigo abatido ya por la noticia que acaba de recibir, le desordenan y ponen en fuga, cogiéndole veintiséis enseñas, al general de los samnitas Stanio Gelio y otros muchos prisioneros, apoderándose también de los dos campamentos. A la mañana siguiente comenzaron el sitio de Boviano, que tomaron muy pronto, coronando el honor de tantas victorias el triunfo de los dos cónsules. Dicen algunos historiadores que el cónsul Minucio, trasladado gravemente herido a su campamento, murió; que fue nombrado cónsul M. Fulvio para reemplazarle, y que habiendo recibido éste el mando del ejército de Minucio, tomó a Boviano. En este mismo año recobraron los samnitas Sora, Arpino y Censennia. En el Capitolio se colocó una estatua colosal de Hércules y se hizo su dedicación.

45. Siendo cónsules P. Sulpicio Severrio y P. Sempronio Sofo, los samnitas, bien por poner término a la guerra, bien por ganar tiempo, enviaron legados a Roma para pedir la paz. Pero no obstante el tono de súplica que adoptaron, se les contestó: "Que si los samnitas no hubiesen pedido frecuentemente la paz en el momento en que se preparaban para la guerra, se habría podido, discutiendo por una y otra parte las condiciones, llegar a un arreglo; pero que habiendo sido falaces las promesas hasta entonces, no podían atenerse más que a los hechos. El cónsul Sempronio se presentaría muy pronto con su ejército en el Samnio; no podrían engañarle acerca de la disposición de los ánimos para la paz o para la guerra; enteraría al Senado de cuanto por sí mismo observase, y que podían seguir al cónsul cuando se retirase del Samnio." En este año, encontrando el ejército romano al atravesar el Samnio disposiciones pacíficas en todas partes y sumo apresuramiento en suministrar víveres, se renovó el antiguo tratado con los samnitas. Los romanos volvieron en seguida sus armas contra los equos, sus antiguos enemigos, pero que habían permanecido tranquilos durante muchos años bajo la apariencia de una paz engañosa. Mientras los hérnicos conservaron su independencia, no habían cesado, de acuerdo con ellos, de socorrer a los samnitas: y después de la sujeción de los hérnicos, casi la nación entera, sin tratar de disimular una resolución tomada abiertamente, pasó a los enemigos. Cuando los feciales, después de concluido el tratado de Roma con los samnitas, fueron a pedirles satisfacción, dijeron: "Que se les tendía un lazo para que el temor de la guerra les obligase a hacerse romanos; que los hérnicos habían hecho ver lo apetecible que era aquel título, puesto que aquellos a quienes se había dejado la libertad habían preferido sus leyes al derecho de ciudadanía romana, y que aquellos que no habían podido elegir lo que querían, considerarían siempre como castigo un título impuesto por la fuerza." Por estas ofensivas palabras, dichas públicamente en sus asambleas, el pueblo romano mandó declarar la guerra a los equos. Los dos cónsules, marchando para hacerla, se situaron a cuatro millas de su campamento. El ejército de los equos, que desde muchos años no había guerreado por su propia cuenta, parecía levantado apresuradamente, sin jefes, sin disciplina, entregado a la confusión y al desorden. Unos quieren que se marche al combate, otros que se defienda el campamento; la mayor parte piensan en sus tierras que van a ser taladas y en sus ciudades donde solamente han dejado débiles guarniciones, y cuya ruina es segura. Así, pues, cuando entre considerable número de opiniones se propuso una que, sacrificando el provecho común, inclinaba todos los ánimos al interés particular, y que consistía en salir del campamento a la primera vigilia cada uno por su lado, para trasladarlo todo a las ciudades y defenderse en ellas detrás de las murallas, todos la adoptaron con singular apresuramiento. Mientras los enemigos se dispersaban por los campos, los romanos salen de su campamento al amanecer y se forman en batalla; y como nadie avanzaba a su encuentro, marchan apresuradamente al campamento enemigo; pero allí, no viendo guardias delante de las puertas ni un hombre en los parapetos, se detienen temiendo una emboscada. Atravesando en seguida las empalizadas y encontrándolo todo abandonado, se ponen en seguimiento del enemigo; pero como se habían dispersado por todos lados, consiguieron despistar al pronto a los romanos, quienes supieron en seguida por sus exploradores el partido que había tomado el enemigo; y entonces, llevando sucesivamente la gue-

rra de una plaza a otra, y en el espacio de cincuenta días, tomaron cuarenta y una plazas, arrasando e incendiando la mayor parte de ellas, de tal manera que casi quedó completamente abolido el nombre de los equos. Triunfóse de los equos, y su desastre sirvió de ejemplo a los marrucinios, los marsos, los pelignos y los frentanos, quienes enviaron legados a Roma pidiendo paz y amistad. A estos pueblos se concedió la alianza que solicitaban.

46. En este mismo año, el escriba Cn. Flavio, hijo de Cn., nieto del liberto, nacido en humilde fortuna, pero astuto y elocuente, llegó a la edilidad curul. Veo en algunos anales, que sirviendo de aparitor a los ediles, viendo que la primera tribu le nombraba edil y que no se quería aceptar su nombre a causa de su humilde profesión de escriba, dejó las tablillas y juró que no volvería a cogerlas; Licinio Macer dice que había renunciado algún tiempo antes la profesión, y se funda en que Flavio había sido tribuno antes y nombrado para dos triunviratos, el nocturno y el de las colonias. Por lo demás (y en esto no hay discrepancia), siempre discutió de igual a igual con los nobles que despreciaban su humilde nacimiento. Divulgó las fórmulas de la jurisprudencia ocultas hasta entonces, como en el fondo de una santuario, en manos de los pontífices; hizo fijar en el Foro la lista de los días fastos para que se supiese cuándo se podía litigar; dedicó a la Concordia un templo construido sobre el solar del de Vulcano, cosa que sublevó la indignación de los nobles; y el pontífice Máximo Cornelio Barbato se vio obligado, por decisión unánime del pueblo, a dictarle las fórmulas sagradas, aunque protestaba que, según las costumbres antiguas, la dedicación de templos solamente podían hacerla cónsules o generales. Ésta fue la razón de que se presentase por autoridad del Senado una ley para que nadie pudiese dedicar templo ni altar sin orden del Senado o de la mayor parte de los tribunos del pueblo. Referiré una cosa poco importante en sí misma si no mostrase la soberbia que oponía el pueblo al orgullo de los nobles. Flavio había ido a visitar a su colega, que estaba enfermo, y cierto número de jóvenes se pusieron de acuerdo para que nadie se levantase al entrar Flavio. Mandó éste traer su silla curul, y desde el asiento de su dignidad contempló el despecho y la confusión de sus enemigos. Por lo demás, Flavio había sido nombrado edil por el partido del Foro, robustecido bajo la dictadura de Apio, quien había degradado primeramente al Senado introduciendo nietos de libertos. Como nadie tuvo en cuenta estas elecciones, privado Apio de la influencia que había creído conseguir en el Senado, corrompió el Foro y el Campo de Marte, distribuyendo la ínfima plebe en todas las tribus; y tal indignación excitaron los comicios en que fue nombrado Flavio, que la mayor parte de los nobles se despojaron de sus anillos de oro y de sus collares. Desde entonces quedó Roma dividida en dos partidos: formado uno de hombres honrados, adherido a los buenos ciudadanos y queriendo llevarlos a las magistraturas; el otro, de la facción del Foro. Este estado de cosas perseveró hasta la censura de P. Decio y de Q. Fabio, el cual, queriendo restablecer la concordia e impedir que los comicios quedasen en manos del populacho, sacó aquella hez del Foro y la arrojó a las cuatro tribus, que llamó urbanas. Según se refiere, con tanto agrado se recibió esta sabia operación, que el epíteto de Máximo, que no pudo conseguir con tantas victorias, fue el premio de aquel feliz restablecimiento del equilibrio entre los órdenes. Dícese que también estableció en favor de los caballeros la fiesta ecuestre de los idus de julio.

LIBRO DÉCIMO

Sumario: Envío de colonias a Sora, Alba y Carseolis.—Aumento del colegio de los augures.—Ley de apelación al pueblo.—Añádense dos tribus a las anteriores, la Aniense y la Terentina.—Guerra con los samnitas.—Expediciones de los generales P. Decio y Q. Fabio contra los etruscos, umbrios, samnitas y galos.—Grave peligro del ejército romano.—P. Decio se sacrifica por el ejército.—Papirio Cursor derrota a los samnitas.—Censo de los ciudadanos y clausura del lustro.—Laguna que comprende toda la primera guerra púnica.

1. Siendo cónsules L. Genucio y Ser. Cornelio, habían cesado las guerras exteriores. Enviáronse colonias a Sora y Alba. Seis mil colonos se inscribieron para Alba, en el país de los equos. A Sora, que pertenecía al territorio de los volscos, y de la que se habían apoderado los samnitas, enviaron cuatro mil colonos. En el mismo año recibieron el derecho de ciudadanía los arpinatos y tribulanos. Convictos los frusinatos de haber tratado de sublevar a los hérnicos, fueron condenados a perder la tercera parte de su territorio: los cónsules hicieron una investigación en virtud de un senatus-consulto, y los jefes de esta conjuración fueron azotados con varas y decapitados. Mas para que no pasase sin guerra este año, tuvo lugar una expedición poco importante a la Umbría, por la noticia de que bandidos armados, desde el fondo de una caverna hacían excursiones por los campos. Penetróse en aquella caverna con las enseñas al frente, y por causa de la oscuridad resultaron heridos muchos soldados, especialmente de pedradas. Al fin, cuando se descubrió la otra salida de la caverna (porque tenía dos), amontonaron leña en las dos bocas y le prendieron fuego. Cerca de dos mil hombres que estaban encerrados allí, quedaron ahogados por el humo y el calor, o perecieron en las llamas, en las que se precipitaron buscando la fuga. Bajo los cónsules Marco Livio Denter y Emilio, volvió a comenzar la guerra con los equos, quienes no pudiendo resignarse a ver una colonia restablecida sobre sus fronteras como fortaleza amenazadora, acudieron a atacarla con extraordinaria energía, siendo rechazados por los mismos colonos. Por lo demás, era tan poco creíble que, debilitados como estaban los equos, se moviesen espontáneamente a la guerra, que produjeron profundo terror en Roma y a causa de aquella conmoción se nombró dictador a C. Junio Bubulco, quien se puso en campaña con Titinio, jefe de los caballeros, sometió a los equos desde el primer encuentro, entró triunfalmente en Roma al cabo de ocho días, e hizo, como dictador, la dedicación del templo de la diosa Salud, que votó siendo cónsul y comenzó siendo censor.

2. Aquel mismo año una flota griega, mandada por el lacedemonio Cleonimo, abordó a las costas de Italia, apoderándose de la ciudad de Thurias, en el territorio de los salentinos. El cónsul Emilio, enviado contra estos enemigos, les dio batalla y les rechazó a sus naves.

Devolvióse Thurias a sus antiguos poseedores, y quedó asegurada la paz en el país salentino. En algunos anales encuentro que fue el dictador Junio Bubulco quien marchó a socorrer a los salentinos, y que Cleonimo, previendo la llegada de los romanos, abandonó la Italia, dobló el cabo de Brindis y le arrastraron los vientos al medio del mar Adriático. Entonces, temiendo por la izquierda la costa sin puertos de Italia, y por la derecha los ilirios, los liburnios y los istrios, pueblos rudos, famosos sobre todo por sus depredaciones marítimas, penetró hasta el fondo del golfo, hacia la costa de los venetos. Haciendo desembarcar allí algunos de los suyos para reconocer el terreno, supo que la costa era una estrecha lengua de tierra; que cruzándola, se encontraban al otro lado lagunas bañadas por el agua del mar; que a corta distancia se veía la tierra, que presentaba primeramente una llanura continua y después colinas; que a continuación se encontraba la desembocadura de su río más profundo (éste era el Meduaco), en el que vieron entrar naves como en segura rada. Mandó Cleonimo dirigir la flota hacia aquel lado y remontar el río, cuyo lecho no era bastante profundo para las naves mayores, por lo que se hizo pasar a las pequeñas multitud de soldados, que llegaron a campiñas muy pobladas, donde los paduanos tenían tres caseríos cercanos a la costa. Desembarcando allí y dejando muy pocos para la custodia de las naves, apoderáronse los griegos de los caseríos, los incendiaron, arrebataron muchos hombres y ganados, y arrastrados por el cebo del pillaje se alejan cada vez más de sus naves. Al enterarse de esto los habitantes de Padua, a quienes la vecindad de los galos tenía constantemente armados, dividen en dos cuerpos sus jóvenes guerreros; dirígese uno hacia el lado donde habían visto al enemigo disperso por el pillaje; el otro, temiendo encontrar en el camino alguna tropa de aquellos bandidos, tomó otra ruta y se dirigió al punto donde habían dejado las naves (distaba catorce millas de la ciudad). Mataron a los que las guardaban y se precipitaron sobre las embarcaciones pequeñas: asustados los marineros tienen que navegar hacia la otra orilla del río. Con igual éxito habían combatido en tierra contra los merodeadores. Dispersos por los campos, cuando los griegos quisieron volver a sus naves, encuentran a los venetos que se oponen a su paso, siendo envueltos por todas partes y destrozados. Por los prisioneros supieron que a tres millas de allí se encontraba la flota y el rey Cleonimo; y dejando en seguida los prisioneros custodiados en el caserío más inmediato, los habitantes de Padua, embarcándose unos en naves fluviales, muy a propósito por tener el fondo plano para atravesar las lagunas, y otros en los barcos pequeños de que se habían apoderado, se dirigen a la flota y rodean las naves, que permanecían inmóviles, temiendo, más que al enemigo, aquellos parajes que no conocían. Más apresurados en ganar el mar que en resistir aquellas naves son perseguidas hasta la desembocadura del río, regresando los vencedores después de haber tomado e incendiado algunas, que por la precipitación encallaron en los bajos. Cleonimo se retiró llevando apenas la quinta parte de su flota y no habiendo experimentado más que reveses en toda la parte del litoral del mar Adriático, donde había intentado desembocar. Los espolones de las naves y los despojos arrebatados al enemigo permanecieron por mucho tiempo en su antiguo templo de Juno, donde los han visto muchos que viven todavía. En Padua se celebra anualmente el aniversario de este combate naval con un certamen solemne de barcas en el río que cruza la ciudad.

3. En este mismo año se ajustó en Roma un tratado con los vestinos, a petición de éstos. Decíase que iba a sublevarse la Etruria, habiendo comenzado el movimiento por turbulencias de los arretinos, que habían tomado las armas para arrojar a los Cilnios, familia muy poderosa, cuyas grandes riquezas eran objeto de envidia. Decíase también que, decididos los marsos a resistir, defendían el territorio de Carseolis, a donde se había enviado una colonia de cuatro mil hombres. Estos movimientos fueron causa de que se nombrase dictador a M. Valerio Máximo, quien tomó como jefe de los caballeros a M. Emilio Paulo, y no, como con menos probabilidad se ha dicho, a Q. Fabio, quien por su edad y después de haber obtenido los honores más grandes, no podía pasar a las órdenes de Valerio. En último caso, no creo imposible que el error proceda del epíteto de Máximo. Habiéndose puesto en camino el dictador al frente de un ejército, le bastó un combate para dispersar a los marsos; después, obligándoles a encerrarse en sus plazas, les tomó en pocos días Milionia, Plestina y Fresilia. Contentóse con imponerles por castigo la pérdida de parte de sus tierras y les devolvió la alianza romana. Entonces llevaron la guerra a los etruscos. Durante la ausencia del dictador, que volvió a Roma para consultar de nuevo los auspicios, el jefe de los caballeros salió para forrajear y cayó en una emboscada, viéndose envuelto por todos lados. Perdió algunas enseñas, y después de terrible derrota y matanza de sus soldados, fue rechazado hasta su campamento. Esta derrota no puede atribuirse a Fabio, no solamente a causa de sus talentos militares, que le valieron muy especialmente su glorioso epíteto, sino porque, recordando la severidad de Papirio, jamás hubiese combatido sin las órdenes del dictador.

4. Estos reveses, exagerados en Roma, produjeron consternación, y como si hubiese quedado destruido el ejército, se proclamó la vacación de negocios *(justitium)*; colocáronse guardias en las puertas, destacamentos recorrieron los diferentes barrios y se llevaron a las murallas armas de todas clases. Alistaron a cuantos se encontraban en edad de manejar las armas, y el dictador partió para el ejército, encontrándolo allí todo más tranquilo de lo que esperaba, restablecido el orden por los cuidados del jefe de los caballeros, las cohortes que habían perdido las enseñas dejadas sin tiendas fuera de las empalizadas, y los soldados impacientes por combatir para borrar la vergüenza de la derrota. Avanzó y fue a acampar al territorio de Rusela, a donde le siguieron los enemigos. Sus primeros triunfos les habían inspirado mayor confianza hasta para una batalla en campo raso; sin embargo, habiendo ensayado con fortuna la astucia, quisieron recurrir a ella otra vez. A corta distancia del campamento de los romanos, se encontraban las ruinas de un caserío incendiado en la devastación del país. En estas ruinas se ocultó un cuerpo de tropas, y se hizo marchar a algunos rebaños a la vista de un destacamento romano mandado por el legado Cn. Fulvio. No dejándose engañar ningún romano ni separándose de su puesto, un pastor avanzó hasta el pie mismo de la empalizada y grita a los otros que vacilaban en apoderarse de los matorrales con los rebaños: "¿Qué teméis? Podéis atravesar con seguridad el campamento romano." Explicando estas palabras al legado algunos cerites, y habiendo excitado profunda indignación en los manípulos, aunque nadie se atrevía a moverse no habiendo recibido orden, el legado mandó a los que sabían la lengua de los enemigos que observasen si el lenguaje de aquellos pastores no era más bien el de la ciudad que el

de los campos. Éstos le dijeron que, efectivamente, el acento, la apostura y ademanes no revelaban sencillos pastores. Entonces mandó decirles que era trabajo inútil ocultar sus emboscadas; que el romano lo sabe todo, y que en adelante no es más posible sorprenderle por astucia que vencerlo con las armas. Apenas se oyeron y repitieron estas palabras a los que estaban emboscados, cuando saliendo bruscamente de las ruinas, se desplegaron en campo raso. El legado no consideró bastante fuerte su destacamento para resistir a tantas tropas, y envió en seguida a pedir refuerzos al dictador, resistiendo entre tanto al enemigo.

5. Al recibir la noticia, el dictador manda levantar las enseñas, prepararse al combate y ponerse en marcha; pero, en cierto modo, se habían adelantado a sus órdenes. Acto continuo se levantan las enseñas y corren a las armas; apenas podían contener los soldados el ardor que les dominaba, animados como estaban por la cólera de su reciente derrota y por los gritos de sus compañeros, más penetrantes a medida que se hacía más enérgico el combate. Hostíganse, pues, unos a otros y exhortan a los signíferos para que aceleren el paso. Cuando más apresurados los ve el dictador, más contiene su marcha, prohibiéndoles acelerarla. Los etruscos, por el contrario, habiendo salido al principio del combate, tenían empleadas todas sus fuerzas. El dictador recibe mensajero tras mensajero para decirle que todas las legiones de los etruscos han tomado parte en la batalla, y que los suyos no pueden resistir más tiempo; él mismo ve desde una altura el inminente peligro en que se encuentra el destacamento; pero persuadido de que su legado puede resistir aún, y viéndose al alcance de sacarle del peligro si es necesario, quiere que el enemigo se fatigue todo lo posible para que sus soldados, descansados, encuentren un enemigo extenuado. A pesar de la lentitud de la marcha, no quedaba ya más que el espacio que necesita la caballería para un ataque impetuoso. Habían formado las primeras líneas de legiones de manera que quitasen al enemigo el temor de toda emboscada o de cualquier ataque repentino, pero dejando entre las filas de peones espacio suficiente para el paso de la caballería. En el momento mismo en que el ejército lanzó el grito de combate, los jinetes parten a toda brida, caen sobre el enemigo como un huracán, y este inesperado ataque difunde repentinamente el terror; de suerte que si en poco estuvo llegase demasiado tarde el socorro a los romanos, ya casi envueltos, pudieron entonces respirar libremente. Las tropas descansadas continuaron el combate, que no fue largo ni dudoso. Fatigados los enemigos, regresaron a su campamento; y viendo a los romanos dispuestos a atacarlo, retroceden y se amontonan en el extremo opuesto. Demasiado estrecha la puerta para la multitud que se precipita por ella, detienen la huida; gran parte de ellos suben a los parapetos, esperando defenderse gracias a una posición alta o encontrar algún paso y escapar. Casualmente el borde del foso, poco firme en un punto, se derrumba al foso mismo bajo los pies de los que se mantenían encima. Entonces exclaman que los dioses les abren aquel camino para huir; la mayor parte arrojan las armas y escapan por aquella salida. Este combate descargó el segundo golpe al poder de los etruscos. El dictador, después de exigirles un año de sueldo para su ejército y víveres para dos meses, les permitió enviar legados a Roma para tratar de la paz; negóseles, y solamente se les concedió tregua por dos años. El dictador entró en Roma con los honores del triunfo. Tengo entre manos autores que aseguran no fue necesario librar ninguna batalla para pacifi-

car la Etruria, y que las hazañas del dictador se limitaron a calmar las sediciones de los arretinos y a reconciliar con el pueblo la familia de los Cilnios. M. Valerio fue nombrado cónsul al dejar la dictadura. Han creído algunos historiadores que obtuvo este honor sin solicitarlo, hasta en ausencia suya, y que un interrey celebró los comicios. El único punto en que están de acuerdo es en que desempeñó el consulado en Apuleyo Pansa.

6. Siendo cónsules M. Valerio y Q. Apuleyo, todo se mantuvo bastante tranquilo en el exterior. El etrusco, abatido por sus derrotas y contenido por la tregua, no se movía; el samnita, domado por larga serie de desastres, no pensaba todavía en romper una alianza reciente. En Roma también permanecía tranquilo el pueblo, aliviado por la marcha de multitud de ciudadanos a las colonias. Sin embargo, para que la paz no reinase en todas partes a la vez, arrojaron tea de discordia entre los principales de la ciudad, patricios y plebeyos, los tribunos del pueblo Q. y Cn. Ogulnio. Éstos, después de buscar mil pretextos para acusar a los patricios ante el pueblo, imaginaron, tras muchas tentativas inútiles, un proyecto de ley a propósito para excitar, no al populacho, sino a los principales del pueblo y a los consulares y triunfadores plebeyos, a cuyos honores solamente faltaban los sacerdocios, que todavía no eran accesibles a todos. Como entonces no había más que cuatro augures y cuatro pontífices y debía aumentarse el número de sacerdotes, pidieron que los cuatro pontífices y cinco augures que se querían aumentar fuesen nombrados de los plebeyos. Que el número de augures estuviese reducido a cuatro, no veo medio de explicarlo, sino por la muerte de dos de ellos; porque es regla invariable de los augures que su número sea siempre impar, para que las tres tribus antiguas Ramnenses, Titinios y Luceiros, tenga cada una el suyo; de manera que si era necesario un aumento, era indispensable seguir el mismo procedimiento en el número, como se practicó en esta ocasión, cuando se añadieron cinco augures a los cuatro antiguos, para completar el número de nueve, a fin de que hubiese tres por cada tribu. Por lo demás, este aumento de sacerdotes, tomados todos del pueblo, no ofendía a los patricios más de lo que les ofendió el repartimiento del consulado entre los dos órdenes; pero tomaban por pretexto "que esta innovación se refería a los hombres; que los dioses impedían la profanación de su culto; que en cuanto a ellos, se limitaban a desear que no sobreviniese ningún daño a la república". Estando acostumbrados a verse vencidos en este género de combates, no fue muy obstinada la resistencia; porque contemplaban a sus adversarios, no deseando ya las supremas dignidades en que antes ni siquiera se atrevían a pensar, sino en plena posesión de los títulos que habían disputado con inciertas esperanzas y contando ya con numerosos consulados, censuras y triunfos.

7. Sin embargo, en el momento de discutir la ley, hubo debates animados entre Ap. Claudio y P. Decio Mus. Después que adujeron acerca de los derechos de los patricios y los plebeyos casi las mismas razones que se alegaron en otro tiempo en contra de la ley Licinia, en la época en que se pedía el consulado para los plebeyos, Decio, según se refiere, presentó ante la imaginación de los presentes el cuadro de su padre tal como le vieron muchos de los que asistían en la asamblea, ceñido como los gabinos, los pies sobre la pica, en la actitud en que se sacrificó por el pueblo romano y las legiones. "Entonces, exclamó, ¿no pareció a los dioses el cónsul P. Decio víctima tan pura y santa como lo hubiese sido su colega? ¿Se hubiese creído que aquel

mismo no podía, sin profanación, ser elegido ministro de los sacrificios del pueblo romano? Y en cuanto a él, ¿puede temerse que los dioses sean menos favorables a sus súplicas que a las de Ap. Claudio? ¿Hace Apio con más casto corazón los sacrificios domésticos y se muestra más religioso adorador de los dioses? ¿Tenían que arrepentirse de los votos hechos en favor de la república por tantos cónsules plebeyos, por tantos dictadores, sea en el momento de partir para los ejércitos, sea durante las guerras. Contar los generales de cada ejército desde la época en que comenzaron los plebeyos a mandar como jefes y a dar los auspicios, equivaldría a contar otros tantos triunfos. En adelante los plebeyes no podían hacer otra cosa que felicitarse de sus nobles. Tenía por cierto que si estallaba alguna guerra inesperada, la esperanza del Senado y del pueblo romano no descansaría con menos confianza en los jefes nobles que en los plebeyos. Puesto que tanto en la guerra como en la paz han competido los jefes plebeyos con los nobles en hechos gloriosos, ¿qué dios o qué hombre podrá extrañar que los varones a quienes habéis honrado con la silla curul, la pretexta y la túnica palmeada, la toga bordada, el laurel de la corona triunfal, cuyas casas, que brillan entre todas, decoradas por vuestras propias manos con los despojos enemigos, que tales varones añadan a tantos títulos las insignias de pontífices y augures? Quien, ostentando los mismos ornamentos que Júpiter Óptimo Máximo, haya subido al Capitolio después de atravesar la ciudad en dorado carro, ¿podrá causar extrañeza si se le ve con el *capis* o el *lituus,* o con la cabeza cubierta, inmolando una víctima y consultando los augurios en lo alto de la fortaleza? ¿Leeráse sin asombro al pie de la imagen de un ciudadano la inscripción de su consulado, de su censura y de su triunfo, y si se añade que fue augur o pontífice, no podrá soportarlo la vista del lector? A la verdad (y que los dioses me perdonen lo que digo), me lisonjeo de que en el punto en que nos han colocado los beneficios del pueblo romano, podemos dar al sacerdocio, desempeñándolo dignamente, el brillo que redundará sobre nosotros, antes por interés de los dioses que por el nuestro, al ver encargados de honrar en las solemnidades públicas a aquellos mismos a quienes rendimos culto privadamente.

8. "Pero ¿qué estoy diciendo, como si hubiese de decidirse todavía acerca de las pretensiones de los patricios, y no estuviésemos ya en posesión de uno de los sacerdocios más augustos? Entre los decenviros ministros de la religión, intérpretes de los versos de la Sibila y de los destinos de este pueblo, presidiendo el sacrificio de Apolo y otras ceremonias, vemos plebeyos. No se hace injusticia alguna a los patricios aumentando el número de estos ministros, que hasta el presente se han fijado en dos en favor de los plebeyos; y si hoy un tribuno enérgico y valeroso añade para el pueblo cinco plazas de augures y cuatro pontífices, no es para desposeeros, Apio, sino para que los plebeyos os ayuden en la administración de las cosas divinas, como os ayudan con todo su poder en la administración de las humanas. No te avergüence, Apio, tener por colega en el pontificado al que hubieses podido tener por compañero en el consulado y en la censura; aquel de quien puedes ser jefe de los caballeros si es nombrado dictador, como puede serlo tuyo si se te eleva a esa magistratura suprema. Aquel sabino, aquel extranjero, tronco de vuestra nobleza, a quien llamáis Ato Clauso o Apio Claudio, recibido fue en sus filas por los patricios antiguos: no desdeñes tú admitirnos en el número de los sacerdotes. Ostentamos muchos títulos; no diré más, pero sí los mismos que os han he-

cho tan soberbio. L. Sextio fue el primer cónsul plebeyo, C. Licinio Estolo el primer jefe de los caballeros, C. Marcio Rutilo el primer dictador, el primer censo; P. Publilio Filo el primer pretor. Siempre os hemos oído igual lenguaje: que a vosotros solos corresponden los auspicios; que vosotros solos habéis recibido de los antepasados títulos legítimos para mandar bajo vuestros propios auspicios en la paz y en la guerra. Sin embargo, hasta ahora, el plebeyo no ha mandado con menos éxito que el patricio, y siempre sucederá lo mismo. ¿No habéis oído nunca decir que los primeros patricios no bajaron del cielo, sino que se reconoció como tales a los que pudieron citar sus padres, es decir, hombres nacidos de padres libres y nada más? En cuanto a mí, puedo citar ya por padre a un cónsul, y mi hijo podrá muy pronto citarle como abuelo. En el fondo, ¡oh, romanos! todo se reduce a que, para conseguir, soportamos siempre una negativa. Los patricios solamente desean oponerse, sin atender al resultado de su oposición. Por mi parte solamente deseo que para honra y felicidad del pueblo y de la república, esta ley, en conformidad con la petición que se os hace, reciba vuestra aprobación."

9. Quería el pueblo que se convocasen inmediatamente las tribus, y parecía cierto que se adoptaría la ley; pero la oposición de algunos tribunos impidió que se hiciese nada aquel día. Al siguiente no quisieron persistir los que se oponían, y se aprobó la ley por gran mayoría. Crearon pontífices a P. Decio Mus, que había defendido la ley; a P. Sempronio Sofo, C. Marcio Rutilo y M. Livio Denter. Los cinco augures, nombrados también del pueblo, fueron C. Genucio, P. Elio Peto, M. Minucio Teso C. Marcio y T. Publilio. Así, pues, el número de los pontífices se elevó a ocho, y a nueve el de los augures. En el mismo año, el cónsul M. Valerio presentó en favor de la apelación al pueblo una ley, nueva, redactada con más cuidado que las anteriores; era la tercera vez, después de la expulsión de los reyes, que se presentaba una ley semejante, y siempre por individuos de la misma familia. No puedo explicar esta frecuente renovación de la misma ley, si no es suponiendo que la influencia de algunos grandes conseguía siempre triunfar de la libertad del pueblo. Sin embargo, parece que la ley Porcia fue la única que garantizó la inviolabilidad del ciudadano, porque contenía disposiciones severas contra el que azotase o diese muerte a un romano. La ley Valeria prohibía azotar o decapitar al que hubiese apelado al pueblo, sin añadir más que cometería mala acción el que contraviniese a la ley. La honradez de aquella época hizo, a lo que creo, que se considerase esto suficiente para asegurar el cumplimiento de la ley. Hoy apenas osarían hacer formalmente estas amenazas. El mismo cónsul hizo a los equos una guerra que en manera alguna merece la atención de la historia, no habiendo conservado aquel pueblo de su antigua fortuna más que su carácter levantisco. Apuleyo, el otro cónsul, puso sitio a la ciudad de Nequino en la Umbria; el paraje era escarpado y cortado a pico por el lado en que actualmente se encuentra Narnia; y no era posible tomar la plaza a viva fuerza ni por trabajos de fortificación. Así fue que lo dejó todo por nombrar a los nuevos cónsules M. Fulvio Petino y T. Manlio Torcuato. Según el relato de Macer Licinio y de Tuberón, Fabio, a quien todas las centurias querían nombrar cónsul aquel año, sin que lo hubiese pedido, persuadió a la asamblea a que dejase su consulado para un año en que se temiesen guerras más serias; que en el presente serviría mejor a la república en una magistratura civil. Así, pues, no ocultan-

o lo que prefería, aunque sin so-icitar nada, fue nombrado edil cu-ul con Papirio Cursor. Lejos estoy le considerar ciertos estos hechos, orque Pisón, analista más antiguo, efiere que este año fueron ediles urules C. Domicio Calvino, hijo le Cneo y Sp. Carvilio Máximo, hi-o de Quinto. Supongo que el epíte-o de Máximo ha sido causa del rror con relación a los ediles y que después se inventaría esta fá-ula complicada con elecciones edi-licias y consulares. En este año tam-bién tuvo lugar la clausura del lus-tro por los censores P. Sempronio Sofo y P. Sulpicio Saverrio; aña-diéndose a las anteriores dos tribus, la Aniense y la Terentina. Esto fue lo que ocurrió en Roma.

10. Entre tanto prolongábase el sitio de Nequino, cuando dos veci-nos de la ciudad, cuyas casas esta-ban contiguas a la muralla, habien-do abierto un subterráneo, llegaron por este camino secreto a los pri-meros puestos de los romanos: lle-vados desde allí al cónsul, se com-prometieron a introducir alguna fuerza armada en la ciudad. No se despreció aquel ofrecimiento, aun-que se creyó prudente no confiar con excesiva ligereza, envióse con uno de ellos (el otro quedó en re-henes) dos romanos encargados de examinarlo todo cuidadosamente. Por el tranquilizador relato que hi-cieron, trescientos soldados arma-dos, bajo la dirección del desertor, penetraron en la plaza, y se apode-raron durante la noche de la puerta más cercana; y cuando la rompieron, el cónsul y el ejército entraron sin combatir en la ciudad. De esta ma-nera cayó Nequino en poder del pueblo romano. Para contener a los umbrios, mandóse allí una colonia que se llamó Narnia a causa del río que pasa por allí. El ejército regresó a Roma con botín conside-rable. Aquel mismo año los etrus-cos despreciando la tregua, se dis-ponían para la guerra; pero mien-tras hacían los preparativos, inva-dió su territorio un ejército de ga-los, y les separó por algún tiempo de su proyecto. Después, contando con sus riquezas, que les hacían po-derosos, procuran ganar a los galos y hacerlos aliados suyos con objeto de ayudarse con aquel ejército en su guerra contra Roma. No rechaza-ron los bárbaros la alianza y trata-ron del precio. Entregóse la canti-dad, y estando ya dispuesto todo para la guerra, el etrusco manda a los galos que le sigan; niegan éstos que se hayan comprometido a ha-cer la guerra a los romanos, pre-tendiendo haber recibido el dinero que se les ha dado para no devas-tar los campos de la Etruria y no inquietar a los habitantes: "Sin em-bargo, si los etruscos lo exigen, to-marán parte en la guerra, pero bajo la condición expresa de que les ce-derán una parte del territorio y que al fin se establecerán sólidamente." Con este motivo se celebraron fre-cuentes reuniones en los pueblos de la Etruria; pero nada pudo ultimar-se, menos a causa del sacrificio de parte del territorio, que por la re-pugnancia que todos experimenta-ban a recibir en su proximidad hombres de tan tosco carácter. De esta manera fueron despedidos los galos, cargados de riquezas que no les habían costado trabajo ni peli-gro. Experimentáronse en Roma grandes alarmas cuando se oyó de-cir que se unía a la guerra con la Etruria una invasión de los galos, por lo que se apresuraron a concluir alianza con el pueblo picentino.

11. Los asuntos de Etruria toca-ron en suerte al cónsul T. Manlio; quien apenas entrado en territorio enemigo, en una maniobra de caba-llería, su caballo, que revolvía con extraordinaria rapidez, le arrojó con tal violencia, que estuvo a punto de expirar en el acto: murió tres días después por consecuencia de la caí-da. Esto fue a los ojos de los etrus-cos buen agüero para la guerra; y repetían que los dioses, declarados en su favor, habían descargado el

primer golpe, entregándose a brillantes esperanzas. La noticia entristeció en Roma a los ciudadanos, porque se deploraba al cónsul y se deducían funestos presagios de aquella desgracia. El resultado de los comicios, conforme con el deseo de los ciudadanos principales, pudo solamente impedir que los senadores mandasen nombrar dictador. Todas las centurias por unanimidad de votos nombraron cónsul a M. Valerio, a quien el Senado hubiese pedido por dictador, mandándole partir inmediatamente para la Etruria. Su llegada comprimió a los etruscos, hasta el punto de no atreverse a salir de sus parapetos, mostrándose abatidos como sitiados. El nuevo cónsul no pudo atraerles al combate ni por la devastación de los campos, ni por el incendio de sus casas, aunque por todos lados, no solamente las moradas aisladas, sino los caseríos más poblados, solamente presentaban a sus ojos humeantes ruinas. Mientras se hacía esta guerra con más lentitud que era de esperar, sobrevino otra, que por los sangrientos reveses que sucesivamente habían experimentado los dos partidos, debía inspirar profundos cuidados. Los picentinos, nuevos aliados de Roma, vinieron a decir que "los samnitas se preparaban para la rebelión y la guerra, y que les habían solicitado". Decretóse se diesen públicas gracias a los picentinos, y casi toda la atención del Senado pasó de la Etruria a los samnitas. También produjo inquietud en Roma la carestía de víveres, y se hubiesen visto reducidos a la escasez más espantosa, si, como han escrito los que pretenden que Fabio Máximo fue edil aquel año, la actividad que aquel varón eminente había desplegado con tanta frecuencia en sus operaciones militares, no la hubiese aplicado a su administración, tanto en el reparto de subsistencias, como en la compra y transporte de trigo. En este año, aunque no se dice la razón, hubo un interregno; siendo interreyes Ap. Claudio y después P. Sulpicio. Éste celebró los comicios consulares, creando cónsules a L. Cornelio Escipión y Cn. Fulvio. Al principio de este año presentáronse a los nuevos cónsules legados de la Lucania quejándose de los samnitas, que disgustados porque no habían podido arrastrarles con sus ofrecimientos a sus proyectos de guerra, habían entrado armados en su territorio para devastarlo y obligarles a la guerra por la guerra. El pueblo lucano había errado mucho en el pasado; pero ahora estaba irrevocablemente decidido a soportarlo todo, antes que faltar al nombre romano. Rogaban, pues, al Senado, tomase al pueblo lucano bajo su protección y le defendiese contra las violentas agresiones de los samnitas. Aunque al declararse en contra de éstos, se habían puesto en la necesidad de ser en adelante fieles a Roma, estaban, sin embargo, dispuestos a entregar rehenes.

12. Breve fue la discusión del Senado; opinando todos sin excepción que era necesario hacer alianza con los lucanos y pedir satisfacción a los samnitas. Mostróse mucha benevolencia a los lucanos y se celebró un tratado con ellos. Enviáronse feciales para que intimasen a los samnitas la evacuación del territorio de los aliados y sacasen su ejército de los confines de la Lucania; enviados samnitas les salieron al encuentro, manifestándoles que "si se presentaban en una asamblea del Samnio, no saldrían incólumes". Cuando se supo en Roma lo ocurrido, el Senado decretó y el pueblo ordenó la guerra contra los samnitas. Los cónsules se repartieron las provincias, tocando a Escipión la Etruria y el Samnio a Fulvio, partiendo cada uno para su guerra. Esperaba Escipión una guerra lenta, una campaña parecida a la del año anterior, pero el enemigo vino a Volterra a presentarle batalla. Combatióse durante la mayor parte

del día, con grandes estragos por ambas partes, permaneciendo indecisa la victoria cuando sobrevino la noche. La luz de la mañana hizo ver quién era el vencedor y quién el vencido; los etruscos habían abandonado el campo durante el silencio de la noche. El romano, que había salido en batalla, viéndose en posesión de la victoria por la retirada de los enemigos, avanza hasta su campamento, que encuentra abandonado, se apodera de él y recoge inmenso botín, porque aquel campamento estaba organizado para larga estancia y lo habían abandonado con suma precipitación. Habiendo acudido todas las tropas al territorio de los faliscos, dejaron los bagajes en Falerias, bajo la guarda de débiles fuerzas, y no teniendo el ejército nada que estorbase su marcha, se dedicó a talar el país enemigo; todo quedó asolado por el hierro y el fuego; arrebatóse el botín por todos lados; no se limitaron a dejar al enemigo un suelo despojado, los castillos y los caseríos fueron incendiados; pero renunciaron por el momento a poner sitio a las ciudades, en donde se habían refugiado por terror los etruscos. El cónsul Cn. Fulvio dio en el Samnio, cerca de Boviano, un combate memorable, cuyo resultado no fue dudoso: en seguida atacó a Boviano y poco después a Anfidena, de la que se apoderó por la fuerza.

13. En el mismo año se llevó una colonia a Caseolos, en el territorio de los equícolos. El cónsul Fulvio triunfó de los samnitas. Al acercarse los comicios consulares, corrió el rumor de que levantaban grandes ejércitos los etruscos y los samnitas; que en todas las asambleas lanzaban violentas reconvenciones a los jefes etruscos porque no habían arrastrado a toda costa a los galos a la guerra; que se censuraba abiertamente a los magistrados samnitas por no haber opuesto a los romanos más que el ejército destinado a marchar contra los lucanos; que los enemigos iban a entrar en campaña con las fuerzas de sus aliados reunidas con las propias, y que tendría que sostenerse una lucha muy desigual. En medio de estas alarmas, todos los ojos no obstante la importancia de los que pedían el consulado, se fijaron en Q. Fabio Máximo, que al principio no estaba en el número de los candidatos, y que viendo los ánimos inclinados a su elección, llegó a rehusar. "¿Para qué lanzar de nuevo a los negocios a un anciano que ya había recorrido su carrera de trabajos y honores? Ya no tenía el mismo vigor de cuerpo y de espíritu; temía hasta a su fortuna, que podía parecer a algún dios más grande y duradera de lo que permiten las vicisitudes humanas. Si había sucedido en gloria a jefes más antiguos, a su vez veía con satisfacción que otros se elevaban a la altura de su gloria. En Roma no faltaban las grandes dignidades a los hombres de mérito, ni hombres de mérito para las grandes dignidades." Esta moderación excitaba más y más el entusiasmo de los ciudadanos. Creyendo deber obligarles por la autoridad de las leyes, mandó dar lectura a la que impedía nombrar cónsul al mismo ciudadano antes de haber transcurrido diez años; lectura que apenas se escuchó a causa del ruido; y los tribunos del pueblo decían que no había obstáculo por este lado y que proponían al pueblo le dispensase de las leyes; pero él persistía en su negativa, preguntando: "¿De qué servía dar leyes si habían de eludirlas aquellos mismos que las presentaban? Ahora se doblegaban las leyes en vez de doblegarse ante ellas." El pueblo, sin embargo, marchaba a la votación, y cada centuria, a medida que era llamada al recinto, nombraba cónsul a Fabio por considerable mayoría. No pudiendo entonces resistir al deseo general, dijo: "¡Que los dioses aprueben lo que acabáis de hacer y en adelante hagáis, oh, romanos! Por

lo demás, puesto que obráis conmigo como os place, que valga mi recomendación para elegir mi colega; yo os ruego que nombréis cónsul conmigo a P. Decio, a quien tuve ya por compañero en un consulado anterior, varón digno de vosotros y digno de su padre." Justa pareció la petición, y todas las centurias que quedaban nombraron cónsules a Q. Fabio y a P. Decio. Los ediles demandaron a muchos ciudadanos porque poseían más terreno del que permitía la ley, y no se abvolvió casi a ninguno, severidad que fue poderoso freno contra las invasiones de la codicia.

14. Mientras los nuevos cónsules Q. Fabio Máximo y P. Decio Mus, que lo eran el primero por cuarta vez y el segundo por tercera, discutían cuál de ellos se encargaría de los etruscos o de los samnitas, qué número de tropas exigía cada guerra y para cuál de ellas era más a propósito el uno o el otro general, llegaron legados de Sutrio, Nepente y Falerias, anunciando que se celebraban asambleas en Etruria para decidir condiciones de paz; esta noticia hizo descargar sobre el Samnio todo el peso de la guerra. Partieron los cónsules, y con objeto de procurarse más fácilmente víveres y mantener al enemigo en mayor incertidumbre acerca del punto por donde comenzaría la guerra, llevaron las legiones al Samnio, Fabio por el territorio de Sora y Decio por el de Sedicino. Cuando llegaron a las fronteras enemigas, uno y otro cónsul diseminaron sus tropas y avanzaron talando el país; pero con la precaución, sin embargo, de adelantar los reconocimientos más que el pillaje. Por esta precaución no les sorprendió el enemigo, que se había apostado cerca de Tiferno, en un valle cubierto de bosques, donde lo preparó todo para caer desde lo alto de una eminencia sobre el ejército romano, comprometido en la parte estrecha del valle. Fabio, después de colocar en sitio seguro sus bagajes bajo la custodia de algunas fuerzas y prevenido a sus soldados que se iba a combatir hizo avanzar al ejército formando cuadro hacia la emboscada del enemigo que acabamos de mencionar. Habiendo perdido los samnitas la esperanza de sorprender a los romanos, y viendo que ya no podían combatir más que al descubierto, prefirieron correr los riesgos de una batalla campal. Bajan, pues, a la llanura y se entregan a la fortuna con más decisión que confianza; por lo demás, bien porque hubiesen reunido lo más animoso de cada pueblo del Samnio, sea que aquel trance decisivo inflamase su valor, no dejaron de inspirar algún miedo aun en aquel combate a campo raso. Viendo Fabio que el enemigo no perdía terreno en ningún lado, mandó a M. Fulvio y a M. Valerio, tribunos de los soldados, con quienes había acudido a la primera línea, "que marchasen a exhortar a los jinetes en nombre de los señalados servicios que tantas veces habían prestado los caballeros a la república, para que hiciesen aquel día todos los esfuerzos posibles para conservar la inalterable gloria de su orden. En la lucha con la infantería, el enemigo era inquebrantable; nada podía esperarse si no era de un ataque impetuoso de la caballería." Después, dirigiéndose a aquellos dos jóvenes, llamándoles por sus nombres con el acento más afectuoso, les prodiga alabanzas y promesas. Por lo demás, persuadido de que si aquella medida no daba resultado, siendo ineficaz la fuerza, tendría que recurrir a la astucia, mandó a su legado Escipión retirar del campo de batalla a los hastatos de la primera legión, y llevarles por senderos extraviados, lo más secretamente posible, a las montañas inmediatas: en seguida, cuidando constantemente de ocultar su marcha, ganar con ellos la cumbre de aquellas montañas, desde las que se presentarían de pronto al enemigo

por su retaguardia. Los jinetes, guiados por los tribunos, habiéndose colocado bruscamente delante de las enseñas, no perturbaron más al enemigo que a los romanos. El ejército samnita se mantuvo firme ante su ímpetu, y por ningún lado se le pudo desordenar ni hacerle retroceder. Viendo la inutilidad de su tentativa, los jinetes abandonaron el combate y se retiraron detrás de los peones: esto aumentó la audacia del enemigo. Extenuada la primera línea por aquel obstinado combate, no hubiese podido resistir aquel aumento de energía que daba al enemigo el convencimiento de su propia fuerza, si el cónsul no la hubiese hecho reemplazar por la segunda. Estas tropas frescas detuvieron a los samnitas, que se precipitaban ya adelante, y la vista inesperada de las enseñas que aparecieron oportunamente en las alturas, los gritos que lanzó aquel destacamento, difundió terror en los samnitas, aumentándolo Fabio gritando que se acercaba su colega Decio. Al escuchar estas palabras, llenos de regocijo los soldados, se dicen recíprocamente que es el otro cónsul, que llegan sus legiones, y aquel error, al mismo tiempo que es útil a los romanos, produjo espanto a los samnitas, que emprenden la fuga, asustados especialmente por el peligro de verse abrumados, en el cansancio que les dominaba, por tropas de refresco que iban a atacar por primera vez. Pero como se dispersaron por todos lados, su pérdida no estuvo en proporción con la derrota. Matáronles tres mil cuatrocientos hombres, se les cogieron cerca de ochocientos treinta y se apoderaron de veintitrés enseñas.

15. Antes de esta batalla se hubiesen unido a los samnitas los apulios, si el cónsul P. Decio no les hubiera detenido cerca de Malavento, atrayéndoles al combate y deshaciéndoles. También allí fue mayor la derrota que la pérdida; los apulios no perdieron más que dos mil hombres, y Decio, despreciando aquel enemigo, llevó sus legiones al Samnio. Entonces recorrieron el país los dos ejércitos consulares en dirección opuesta, y durante cinco meses lo devastaron por completo. Decio ocupó en el Samnio cuarenta y cinco campamentos y el otro cónsul ochenta y seis, todos fáciles de reconocer, menos por los vestigios de las empalizadas y de los foros, que por la devastación y despoblación de las inmediaciones, señal mucho más evidente de su paso por aquellas comarcas. Fabio tomó además la ciudad de Cimetra, haciendo en ella dos mil cuatrocientos prisioneros y mató al enemigo cerca de cuatrocientos treinta hombres. Habiendo regresado desde allí a Roma para celebrar los comicios, apresuróse a terminar esta operación. Como las primeras centurias nombraban unánimemente cónsul a Q. Fabio, Ap. Claudio, candidato consular, hombre ardiente y ambicioso, tanto por su propio interés cuanto por el del patriciado, que hubiese querido volver a poner en posesión de los dos puestos de cónsul, reuniendo a su influencia personal toda la de la nobleza, se obstinó en hacerse nombrar cónsul con Q. Fabio. Éste se negó al principio y empleó casi las mismas razones que adujo el año anterior; la nobleza entera rodea su silla curul: todos le instan para que arranque el consulado del fango plebeyo y devuelva a aquel cargo su anterior majestad y a las familias patricias su antigua gloria. Habiendo impuesto silencio, Fabio calmó aquella excitación de los ánimos con moderadas palabras, diciendo: "Que con gusto habría recibido los nombres de dos patricios, si hubiese visto nombrar cónsul a otro ciudadano que él; pero que sin desprecio de las leyes, no podía ocuparse de sí mismo en los comicios y que jamás daría aquel funesto ejemplo." Así, pues, el plebeyo L. Volumnio fue nombrado cónsul con Ap. Claudio;

éstos fueron colegas en su primer consulado. La nobleza reconvino entonces a Fabio porque había tenido la concurrencia de Ap. Claudio en el consulado, teniendo Apio por su elocuencia y habilidad en los negocios reconocida superioridad.

16. Terminados los comicios, recibieron orden los antiguos cónsules de continuar la guerra en el Samnio y les prorrogaron el mando por seis meses. Así, pues, en el año siguiente, bajo el consulado de L. Volumnio y de Ap. Claudio, P. Decio, a quien su colega había dejado cónsul en el Samnio, nombrado procónsul, no cesó de talar, el país, y concluyó por arrojar completamente al ejército samnita, que nunca quiso correr los riesgos del combate. Este ejército pasó a la Etruria, y allí, lisonjeándose de que la presencia de tan considerable número de soldados, sosteniendo sus peticiones por el terror, obrarían con más eficacia de la que consiguieron sus infructuosas diputaciones, exigieron la reunión de los principales jefes etruscos. Cuando estuvieron reunidos expusieron los samnitas el considerable número de años que estaban combatiendo por la libertad en contra de los romanos. "Todo lo han puesto en obra para sostener con sus propias fuerzas el peso de tan temible guerra; han tratado de conseguir socorros, poco importantes en último caso, de los pueblos vecinos; han pedido la paz al pueblo romano, cuando se han visto en la imposibilidad de continuar la guerra; han empuñado de nuevo las armas, porque la paz con la servidumbre es más insoportable que la guerra con la libertad. Ya no tienen otra esperanza que los etruscos; saben que esta nación es la más poderosa de Italia, por sus armas, sus guerreros y sus riquezas: tiene por vecinos los galos, nacidos entre el hierro y las armas, naturalmente intrépidos y sobre todo contra los romanos, lisonjeándose, no sin razón, de haberles vencido y obligado a rescatarse con oro. Que se penetren los etruscos del mismo espíritu que en otro tiempo animó a Porsena y a sus antepasados, y no se tardará en arrojarles al otro lado del Tíber y en obligar a aquellos tiranos de la Italia a combatir por su propia salvación y no por su odioso mando. Ha llegado un ejército samnita bien equipado, bien provisto de armas y dinero, dispuesto a seguirles por todas partes, hasta para sitiar a la misma Roma."

17. Mientras procuraban conmover la Etruria con este altivo lenguaje, la guerra romana devoraba su país. nformado P. Decio por sus exploradores de la marcha del ejército samnita, reunió inmediatamente su consejo: "¿Por qué hemos de limitarnos, dijo, a vagar por los campos y a pasear la guerra de caserío en caserío? ¿Por qué no atacamos ciudades y murallas? Ya no hay ejército que defienda el Samnio; el enemigo ha abandonado su país, imponiéndose espontáneamente el destierro." Habiendo adoptado todos esta opinión, les llevó al ataque de Murgancia, ciudad fortificada, desplegando tanto ardor los soldados, excitados a la vez por el cariño que profesaban a su jefe y por la esperanza de botín más rico que el que habían recogido en los campos, que en un solo día tomaron por fuerza la plaza. En ella encontraron armados dos mil cien samnitas, que fueron envueltos y hechos prisioneros, recogiendo también considerable botín. Temiendo Decio que el pesado bagaje perjudicara los movimientos del ejército, mandó convocar los soldados: "¿Os contentaréis, les dijo, con esta victoria y este botín? ¿No queréis levantar vuestras esperanzas al nivel de vuestro valor? Todas las ciudades de los samnitas y las riquezas que encierran son vuestras, porque en tantos combates habéis derrotado sus legiones, que al fin las habéis arrojado del territorio. Vended lo que habéis cogido, y con el cebo de la

ganancia atraed al negociante en pos del ejército; muy pronto os proporcionaré nuevos objetos que vender. Marchemos de aquí a la ciudad de Romulea, que no os costará mayores esfuerzos y os dará botín más rico." Una vez vendido el botín, apresurando ellos mismos al general, se dirigen a Romulea. Allí también, sin recurrir a trabajos ni máquinas, una vez puestos al alcance, arrostrando todo lo que podía defender las inmediaciones, corren a apoyar las escalas y llegan a lo alto de las murallas. La ciudad fue tomada y entregada al pillaje. Perecieron allí dos mil seiscientos hombres y fueron hechos prisioneros seis mil. Dueño el soldado de considerable botín, tuvo que venderlo como la primera vez: llevado de allí a Terentino, aunque no le dejaban tiempo para descansar, marchó con extraordinario apresuramiento. Aquí encontraron mayores trabajos y peligros; las murallas fueron defendidas con heroico valor, además de que la plaza estaba protegida por sus fortificaciones y posición; pero acostumbrado al pillaje el soldado, venció todos los obstáculos. Cerca de tres mil enemigos fueron muertos en las murallas; el botín fue para el soldado. Algunos anales atribuyen principalmente a Máximo el honor de estos triunfos; diciéndose en ellos que Decio tomó a Murgancia, y Fabio a Ferentino y Romulea. Algunos historiadores atribuyen la gloria a los nuevos cónsules; otros a uno solamente, L. Volumnio, a quien tocó por suerte el Samnio.

18. Mientras esto acontecía en el Samnio, bajo el mando y los auspicios de uno u otro general, preparábase en Etruria numerosa coalición de pueblos, de la que iba a resultar terrible guerra contra los romanos: habíala formado el samnita Gelio Egracio. Casi todos los toscanos habían tomado las armas: el contagio se había propagado a los pueblos de la Umbría más inmediatos, y se compraba por dinero el socorro de los galos. El punto de cita para aquella multitud era el campamento de los samnitas. Cuando se conocieron en Roma estos imprevistos movimientos, el cónsul Volumnio había partido ya para el Samnio con la segunda y tercera legión de quince mil aliados, y se decidió hacer marchar todo lo más pronto posible a Ap. Claudio para la Etruria. Siguiéronle dos legiones romanas, la primera y la cuarta, y doce mil aliados, marchando a acampar a corta distancia del enemigo. La principal ventaja de la pronta llegada de Claudio, fue que el temor del nombre romano contuvo algunos pueblos de la Etruria dispuestos a tomar las armas; por lo demás, el cónsul mostró poca habilidad y no obtuvo éxito; trabando muchos combates en posiciones y circunstancias desfavorables. La confianza que estas pequeñas ventajas daban al enemigo, le hacían más molesto cada día, y casi se había llegado al extremo de que el soldado no confiaba ya en su general ni el general en el soldado. Encuentro en tres analistas que escribió a su colega para que fuese del Samnio a socorrerle; sin embargo, resisto dar como cierto este hecho, cuando veo que entre dos cónsules del pueblo romano, revestidos ya por segunda vez con esta dignidad, este mismo punto fue objeto de debate, diciendo Apio que no había escrito y asegurando Volumnio que no había marchado sino por la carta de su colega. Volumnio había tomado ya en el Samnio tres fortalezas, en las que había matado al enemigo cerca de tres mil hombres y hecho cerca de mil quinientos prisioneros; además había reprimido en los lucanos sediciones excitadas por los plebeyos e indigentes que les capitaneaban, enviando allí a Q. Fabio con su antiguo ejército, que fue poderosamente secundado por los magnates del país. Dejando a Decio el cuidado de saquear el territorio enemigo, se puso en marcha con sus tropas para unirse con su

colega en la Etruria. Su llegada produjo universal alegría. En mi opinión, Apio, que tenía el convencimiento de lo que había hecho, debió irritarse justamenete, si, en efecto, no había escrito; pero si había necesitado socorros, era pequeñez e ingratitud negarlo. Después de saludarle, adelantándose Apio hacia su colega, le dijo: "¿Marcha todo bien, Volumnio? ¿Cómo están los asuntos del Samnio? ¿Qué motivo ha podido impulsarte a abandonar tu provincia?" Volumnio contestó: "Que los asuntos del Samnio eran satisfactorios; que había venido por la carta en que le llamaba; que si la carta era falsa y no se necesitaban sus servicios en la Etruria, en el mismo momento iba a retroceder." "Parte, pues, le dijo; no se te detiene. Porque no es conveniente que bastando apenas quizá para la guerra de que estás encargado, puedas vanagloriarte de haber venido aquí a socorrernos." Volumnio exclamó: "Quiera Hércules que todo marche bien. Preferible es haber tomado un trabajo inútil a presenciar alguna desgracia que hiciese insuficiente para la Etruria un solo ejército consular."

19. Ya se separaban los cónsules, cuando los legados y tribunos del ejército de Apio les rodean: unos suplican a su general que no rechace un socorro que le ofrecía la fortuna y que él mismo debió solicitar; la mayor parte se lanzan delante de Volumnio que partía y le suplicaban que no perdiese a la república por un deplorable debate con su colega. "Si sobrevenía algún desastre, antes se achacaría al que se habría retirado que al que quedaría abandonado. Las cosas se encontraban en tal estado que la gloria o la vergüenza del resultado de la campaña en la Etruria recaería completamente sobre L. Volumnio: no se fijarían en los discursos de Apio, sino en la suerte de los ejércitos. Si Apio le rechazaba, la república y el ejército le retenían; bastábale observar las disposiciones de los soldados." En medio de estas observaciones y de estas instancias, llevaron a los cónsules, casi forzosamente, a la gran explanada del campamento donde estaban reunidos los soldados. Allí se pronunciaron largos discursos sobre poco más o menos en el mismo sentido de lo que se había dicho hasta entonces en grupos poco numerosos; y como Volumnio, cuya causa era la mejor, había mostrado cierto talento oratorio, hasta delante de la renombrada elocuencia de su colega, Apio le dijo como burlándose: "Que debían agradecerle haber hecho un cónsul elocuente de un hombre cuya lengua parecía trabada; que durante su primer consulado, sobre todo en los primeros meses, no había desplegado los labios y que ahora prodigaba las arengas populares." "Sería incomparablemente mejor, dijo Volumnio, que hubieses aprendido de mí a hacer mejor la guerra, que yo de ti a hablar bien." Y concluyó por proponerle un medio que debía decidir, no quién fuese mejor orador, cosa que importaba muy poco a la república, sino quién era mejor general. Dos provincias había, la Etruria y el Samnio: que tomase Apio la que prefiriese, y él, en la Etruria o en el Samnio, sabría cumplir su deber con su ejército. Entonces comenzaron a gritar los soldados que era indispensable que los dos reunidos emprendiesen la guerra de la Etruria. A esta manifestación de la voluntad de las tropas, dijo Volumnio: "Puesto que me he engañado al interpretar las intenciones de mi colega, no me expondré a engañarme acerca de las vuestras. Dadme a conocer con vuestros gritos si debo permanecer o retirarme." Entonces se alzó tal clamor, que los enemigos salieron de su campamento armados en batalla. Volumnio, por su parte, mandó tocar ataque y sacar las enseñas del campamento. Dícese que Apio vaciló, viendo que, ora combatiese, ora permaneciese en reposo, su colega

alcanzaría la victoria; que temiendo en seguida que sus propias legiones siguiesen a Volumnio, dio también la señal que pedían con insistencia. Por ningún lado hubo bastante orden en las disposiciones. En efecto, el general de los samnitas, Gelio Egnacio, había marchado a forrajear con algunas cohortes; y sus soldados, al lanzarse al combate, seguían más bien su impetuosidad, que la dirección o el mando de un jefe cualquiera: por el otro lado, los dos ejércitos romanos no marcharon en el mismo momento, y no tuvieron tiempo para formarse en batalla. Volumnio trabó el combate antes que Apio estuviese al alcance del enemigo. Así, pues, el primer ataque recayó sobre un frente desigual, y no sé por qué casualidad, que cambió para los dos cónsules los enemigos que se les oponían, los etruscos se lanzaron contra Volumnio, y los samnitas, algo retrasados por la ausencia de su general, contra Apio. Dícese que en lo más recio del combate, alzando Apio las manos al cielo, de manera que fuese visto en los primeras filas, exclamó: "¡Belona, si hoy nos das la victoria, yo te ofrezco un templo!" Después de pronunciar estas palabras, animado en cierto modo por el espíritu de la diosa, igualó en valor a su colega y a su ejército. Los dos jefes se distinguieron como generales, y los soldados de cada ejército se esforzaron para no ceder a los otros el honor de vencer los primeros. Rechazan y ponen en fuga a los enemigos, que no podían resistir a una masa muy superior a la que de ordinario combatían. Estrechándoles a medida que retrocedían y persiguiéndoles en la derrota, les rechazaron hasta su campamento. Allí, la llegada de Gelio con sus cohortes de sabetinos reanimó algo el combate; pero desordenadas muy pronto estas tropas, los vencedores atacaron el campamento; y como Volumnio se lanzó en persona a una puerta, y Apio, repitiendo de tiempo en tiempo el nombre de Belona victoriosa, inflamaba el ánimo de los soldados, atravesaron las empalizadas y los fosos. El campamento fue tomado y saqueado, encontrándose allí considerable botín que se abandonó a los soldados. El enemigo perdió siete mil trescientos hombres muertos y dos mil ciento veinte prisioneros.

20. Mientras se ocupaban en la guerra etrusca los dos cónsules y todas las fuerzas romanas, nuevos ejércitos levantados en el Samnio parten para talar las fronteras del territorio romano, y atravesando el país de Vescia, avanzan por la Campania y el territorio de Falerias, donde recogen inmenso botín. Volumnio retrocedía a largas jornadas al Samnio (porque se acercaba el término del mando prorrogado a Fabio y Decio); pero enterado de los estragos que causaba el ejército samnita en el territorio de los campanios, marcha en socorro de los aliados. Llegado al Caleno, vio por sí mismo las huellas de reciente devastación, y sabe por los calenios que el enemigo llevaba consigo un botín tan considerable ya, que entorpecía la marcha del ejército; que los jefes decían en voz alta que era necesario volver al Samnio para dejar el botín y emprender en seguida sus expediciones, y no exponer a los trances de una batalla tropas tan cargadas. Aunque estos relatos eran verosímiles, creyó conveniente asegurarse de la verdad de los hechos y destacó algunos jinetes para que cogiesen merodeadores de los que se aventuraban dispersos por los campos. Interrogándoles, supo que el enemigo se encontraba en las orillas del Vulturno, que debe levantar el campo a la tercera vigilia y que se dirige al Samnio. Con estos datos precisos, marchó a colocarse a cierta distancia del enemigo, de modo que ocultase su ejército, quedando en disposición de caer sobre el enemigo cuando saliese del campamento. Poco antes de amanecer, se acerca al campamento y envía emi-

sarios que conocían la lengua osca, para examinar lo que pasa. Estos hombres, mezclados entre los enemigos, cosa fácil en el desorden de la noche, se enteran de que los que habían partido no marchaban compactos en derredor de las enseñas; que el botín desfilaba con escolta de soldados, vil rebaño en el que cada cual se dirigía a su antojo, sin unión ni jefe que supiese hacerse obedecer. Pareció muy oportuno para el ataque aquel momento; el día se acercaba ya y el general romano mandó dar la señal y cayó sobre el enemigo. Entorpecidos los samnitas con el botín, desarmados la mayor parte, redoblan el paso, hostigando delante de ellos sus bestias de carga, se detienen sin saber si les convendrá más avanzar o retroceder al campamento y son destrozados en medio de su indecisión. Los romanos habían franqueado ya las empalizadas, y la matanza y confusión estaban en el mismo campamento. El ejército samnita, además del ataque de los enemigos, quedó perturbado por la repentina sublevación de los prisioneros. Los que se encontraban ya libres, se ocupaban en desatar a sus compañeros, y algunos se arrojaban sobre las armas, atadas entre los bagajes. Confundidos con los samnitas, ocasionaron entre ellos mayor desorden que el mismo combate, distinguiéndose en seguida por memorable hazaña. Viendo al general Estayo Minacio que recorría las filas exhortando a los suyos, caen sobre él, dispersan los jinetes que le acompañan, le rodean y llevan con su caballo hacia el cónsul romano. Al oír el tumulto, retrocede la cabeza del ejército samnita, comienza de nuevo el combate, que estaba terminado ya; pero no puede sostenerlo mucho tiempo. Cerca de seis mil hombres fueron destrozados, y quedaron prisioneros dos mil quinientos, entre ellos cuatro tribunos militares. Cogiéronse treinta enseñas, y lo que colmó de alegría a los vencedores, recobraron siete mil cuatrocientos prisioneros y considerable botín que pertenecía a los aliados. El general invitó a los dueños para que fuesen a recoger lo que les pertenecía; y todo lo que no fue reclamado en el término establecido, se abandonó al soldado, teniendo cada cual que vender su botín para no ocuparse más que de las armas.

21. Muchas alarmas había excitado en Roma aquella devastación de la Campania: precisamente se anunció al mismo tiempo desde la Etruria que después de la marcha de Volumnio, los etruscos habían empuñado de nuevo las armas; que Gelio Egnacio, general de los samnitas, impulsaba a los umbrios a la sublevación y procuraba seducir a los galos por medio de importantes ofrecimientos. Asustado el Senado con estas noticias, manda proclamar la suspensión de negocios y dispone levas extraordinarias. Sometióse a la fórmula del juramento, no solamente a los hombres libres y jóvenes, sino también se formaron cohortes de ancianos y centurias de libertos. Ocupáronse además de los medios de defensa de la ciudad, presidiendo el pretor P. Sempronio el conjunto de estas operaciones. Pero alivió de parte de sus preocupaciones al Senado una carta del cónsul L. Volumnio, participando el exterminio de los devastadores de la Campania. En nombre de los cónsules se ordenaron plegarias públicas, a causa de aquel triunfo, y se mandó cesar la vacación de negocios, que había durado diez y ocho días, celebrándose con universal regocijo las acciones de gracias. Pensóse entonces en poner a cubierto de nuevos ataques el país devastado por los samnitas, decidiéndose enviar dos colonias a las inmediaciones de Vescia y Falerno, una hacia la desembocadura del Liris, a la que se dio el nombre de Minturna, y la otra a las gargantas de Vescia, que confinan con el territorio de Falerno, en el punto donde estuvo, según dicen, la ciudad griega de Sinope, y a la que

después dieron los cónsules romanos el nombre de Sinuesa. Encargóse a los tribunos del pueblo autorizar, por medio de un plebiscito, al pretor P. Sempronio para que crease triunviros encargados de llevar las colonias. Pero se encontraban pocos ciudadanos que quisieran alistarse, persuadidos todos de que querían enviarles a un puesto militar donde tendrían que vivir incesantemente con las armas en la mano y no cultivando tierras. Apartó de estos cuidados al Senado la guerra de Etruria que se organizaba, y las frecuentes cartas de Apio advirtiéndole que no descuidase los movimientos de este país. "Cuatro naciones, decía, reúnen sus armas, los etruscos, los samnitas, los umbrios y los galos. Ya se habían establecido dos campamentos, no pudiendo contener uno solo aquella multitud." Estas noticias y los comicios, cuya época se acercaba, hicieron llamar a Roma al cónsul L. Volumnio, quien antes de reunir las centurias para emitir el voto, convocó al pueblo y habló detalladamente acerca de la importancia de la guerra de la Etruria, diciendo: "Que cuando combatió unido con su colega, era tan formidable la guerra, que no hubiesen podido sostenerla un solo general y un solo ejército; que, según se decía, desde entonces habían aumentado las fuerzas del enemigo con las de los umbrios y un gran ejército de galos; que debía pensarse que los cónsules tendrían que hacer la guerra a cuatro pueblos; que a no ser por su convencimiento de que el pueblo romano unánimemente nombraría cónsul al que pasaba, con razón, por el general más hábil, habría nombrado en el acto dictador."

22. Nadie podía dudar que todos los votos serían para Q. Fabio; y la centuria privilegiada de todas las que se llamaron primero, le nombraba cónsul con L. Volumnio. Fabio habló como lo había hecho dos años antes; pero vencido por el deseo general, limitóse a pedir a P. Decio por colega. "Éste sería un apoyo para su vejez: durante la censura y sus dos consulados ejercidos con él, había experimentado que nada contribuía tanto a la fuerza y a la seguridad de la república como la buena inteligencia entre los dos colegas: el carácter de un anciano se acomodaba difícilmente a un nuevo compañero de mando, y se entendería mucho mejor con un hombre cuyo carácter conocía ya." El cónsul suscribió a estas observaciones, como también a los justos elogios tributados a P. Decio, y hasta insistió en las ventajas de la concordia y los funestos incovenientes del desacuerdo de los cónsules en la dirección de las operaciones militares, recordando la espantosa desgracia que estuvo a punto de ocasionar sus disgustos con su colega; recomendando a Decio y a Fabio que conservasen la armonía de acción y pensamiento. Además, los dos habían nacido para la guerra; eran grandes por sus hazañas, poco cursados en la ciencia de las palabras y en los combates oratorios; eran dos caracteres verdaderamente consulares. En cuanto a los ingenios útiles y ejercitados que, como Ap. Claudio, habían estudiado las leyes y el arte de la elocuencia, debían quedar en Roma para la administración civil y los tribunales, nombrándoles pretores para la administración de justicia. El día pasó en estos discursos, y a la mañana siguiente, por orden del cónsul, se celebraron los comicios consulares y pretorianos. Creóse cónsules a Q. Fabio y P. Decio; Ap. Claudio fue nombrado pretor, no estando presentes ninguno de ellos. Un senatus-consulto y un plebiscito prorrogaron el mando por un año a L. Volumnio.

23. Muchos prodigios ocurrieron aquel año. Para conjurar lo malo que anunciaran, el Senado mandó celebrar rogativas públicas durante dos días. El Tesoro sufragó los gastos de vino y de incienso, atrayendo aquellas solemnidades considerable

número de hombres y mujeres, haciéndolas notables un debate que estalló entre las señoras romanas en el reducido templo del Pudor patricio, situado en el Foro boario, cerca de la rotonda dedicada a Hércules. Virginia, hija de Aulo, patricia, había casado con el cónsul L. Volumnio, que era plebeyo, y para castigarla por aquel desigual matrimonio, las matronas la habían separado de sus ceremonias sagradas. De esto nació ligero altercado, que por consecuencia de la natural irritabilidad de las mujeres se llevó hasta disputa violenta. Virginia pretendía haber tenido derecho a entrar en el templo del Pudor patricio, siendo ella patricia púdica, no habiéndose casado más que con un solo hombre, al que fue presentada virgen, no teniendo que avergonzarse de aquella unión, sino por el contrario, lisonjearse por el carácter, honores y hazañas de su esposo. Tan hermosas palabras fueron coronadas por una acción magnífica. En la calle Larga, donde habitaba, separó de su casa terreno suficiente para un templo pequeño y allí erigió un altar: en seguida, habiendo convocado a las matronas plebeyas, se quejó del ultraje que le habían inferido las patricias y dijo: "Yo consagro este altar al pudor plebeyo; que en adelante no haya menor emulación de castidad entre las mujeres, que de valor entre los hombres; haced todo género de esfuerzos para que se diga que este altar se honra más santamente, si es posible, que el otro, y por mujeres más castas." Adoptáronse para este altar casi los mismos ritos que para el antiguo, hasta el punto de no concederse derecho para sacrificar en él más que a las mujeres de castidad reconocida y que solamente se habían casado una vez. Más adelane, este culto, prostituido no solamente a indignas matronas, sino también a mujeres de cualquier condición, concluyó por quedar abandonado. En este mismo año Cn. y Q. Ogulnio, ediles curules, persiguieron a algunos usureros, y con el producto de la confiscación de sus bienes se construyeron la puerta de bronce del Capitolio, vasos de plata para decorar tres mesas colocadas en el santuario de Júpiter, la estatua de este dios con la cuadriga que adorna el coronamiento del edificio, y cerca de la higuera Ruminal, la representación de los dos niños fundadores de Roma, amamantados por la loba; además se hizo pavimentar con losas cuadradas el camino que conducía desde la puerta Capena al templo de Marte. Los ediles plebeyos L. Elio Peto y C. Fulvio Curvo, habiendo hecho condenar a los arrendatarios de los prados públicos, dieron juegos con el dinero procedente de las multas e hicieron colocar copas de oro en el templo de Ceres.

24. Los cónsules Q. Fabio y P. Decio, el primero por quinta vez y por cuarta el segundo, veíanse por tercera vez colegas en esta dignidad, después de haberlo sido en la censura; no consiguiendo mayor gloria de sus hazañas, por grandes que fuesen, que por su concordia; sin embargo, quedó turbada momentáneamente por un debate, debido, a lo que creo, más a la rivalidad de los dos órdenes que a ellos mismos. Pretendían los patricios que se asignase extraordinariamente a Fabio la Etruria, y los plebeyos impulsaban a Decio a que reclamase el derecho de sorteo. Es cierto que hubo alguna discusión en el Senado, y como allí preponderaba Fabio, se llevó inmediatamente el asunto ante el pueblo. El día de la asamblea no fue larga la discusión, tomando el carácter que debía tener entre dos hombres de guerra, que daban más importancia a los hechos que a las palabras. Fabio alegaba "que era odioso recogiera otro el fruto de un árbol que él había plantado; él había abierto la selva Ciminia y labrado camino a las armas romanas a través de aquellos inaccesibles desfiladeros. ¿Por qué haberle suplicado

tanto en su edad si querían encargar a otro la dirección de la guerra"? En seguida dirigió algunas ligeras reconvenciones a Decio: "que se hacía adversario suyo en vez de fiel colega como él había creído elegir y que echaba de menos la concordia que había reinado entre ellos siempre que habían ejercido juntos la misma dignidad". Concluyó diciendo "que no pedía otra cosa que ser enviado a la provincia en el caso de que se le considerase digno de este honor, y que como se había sujetado a la decisión del Senado, de la misma manera se sometía al soberano juicio del pueblo". P. Decio se quejaba de la injusticia del Senado: "En cuanto habían podido los patricios se habían esforzado en cerrar a los plebeyos el acceso a las grandes dignidades; desde que el mérito había conseguido hacerse honrar en todas las clases, procuraban no solamente inutilizarles los votos del pueblo, sino también arrebatarles las probabilidades de la fortuna, para hacerlas servir a corto número. Todos los cónsules anteriores a él habían obtenido por suerte su provincia, y ahora, sin recurrir al sorteo, el Senado daba una a Fabio. Si se quería honrarle, seguramente demasiado había merecido él de su colega y de la república, para que no se esforzase en servir la gloria de Fabio; pero a condición de que no realzase su brillo con su propia vergüenza. ¿Quién no veía que confiar a uno de los cónsules la dirección de la única guerra peligrosa y difícil que había de hacerse, era declarar al otro incapaz e inútil? Si Fabio se alababa por sus triunfos en la Etruria, él también podía celebrar los suyos, y tal vez aquel fuego que Fabio no había podido apagar y que con tanta frecuencia había producido nuevo incendio, conseguiría extinguirlo. En fin, si se trataba de honores y recompensas para su colega, cedería por respeto a su edad y a su dignidad personal; pero allí donde había peligros y combates, no sacrificaba ni sacrificaría nunca su derecho, y si sucumbe en esta lucha, al menos conseguirá la ventaja de que lo que pertenece al pueblo, lo ordenará el pueblo antes que concederlo el Senado a título de favor. Suplicaba a Júpiter Óptimo Máximo y a los dioses inmortales que dispusiesen la suerte tan favorablemente para él como para su colega, si habían de concederles la misma inteligencia y la misma facilidad en la dirección de la guerra." Cierto era sin duda en el fondo y de buen ejemplo, y en ello estaba interesada la fama del pueblo romano, que los dos cónsules fuesen capaces de dirigir bien las operaciones de la guerra etrusca. Fabio se limitó por toda petición a rogar al pueblo que, antes de llamar a las tribus al recinto para votar, se les diese lectura de la carta del pretor Ap. Claudio, llegada de la Etruria, y se retiró de la asamblea. En el pueblo reinó igual unanimidad que en el Senado para asignar a Fabio la Etruria sin recurrir al sorteo.

25. Casi todos los jóvenes acudieron al cónsul mostrando apresuramiento por alistarse: tan grande era el deseo de servir a las órdenes de aquel general. "Me propongo, dijo cuando se vio rodeado de aquella multitud, no alistar más que cuatro mil infantes y seiscientos jinetes: aquellos de vosotros que se inscriban hoy o mañana, vendrán conmigo. Tengo más empeño en haceros volver a todos ricos, que en disponer de muchos soldados para la guerra." Con un ejército tan fácil de conducir, y con tanta confianza como podía apetecerse, avanza para llegar al campamento del pretor Apio hacia la cuidad de Abarna, cerca de la cual se encontraban los enemigos. A pocas millas hacia acá, encuentra merodeadores escoltados por un destacamento. Éstos, apenas vieron los lictores que marchaban delante y oído el nombre del cónsul Fabio, cuando en su alegría dieron gracias a los dioses y al pueblo romano que

les enviaban aquel general. En seguida, rodeando al cónsul para saludarlo, Fabio les preguntó a dónde iban, y a su contestación de que a buscar leña, "¡Cómo!, dijo. ¿No tenéis un campamento rodeado de empalizadas?" Contestaron los soldados que tenían empalizadas dobles y foso, lo que no les evitaba vivir entre alarmas. "Tenéis leña suficiente, les dijo; marchad y arrancad las empalizadas." Regresaron al campamento, y arrancando las empalizadas infundieron terror a los soldados que habían quedado allí y al mismo Apio. Los soldados decían a sus compañeros que se limitaban a cumplir las órdenes del cónsul Fabio. A la mañana siguiente se levantó el campamento y Apio partió para Roma. Desde aquel momento cesó en los ejércitos romanos la costumbre de largos campamentos. Fabio decía que no se ganaba nada permaneciendo mucho tiempo en el mismo punto; que las marchas y cambios de lugar disponían mejor al soldado y le robustecían. Además, las marchas se ordenaban según la estación, no habiendo pasado todavía el invierno. Al comenzar la primavera, habiendo dejado la segunda legión en Clusio, llamado en otro tiempo Camars, y encargada la custodia del campamento al pretor L. Escipión, regresó a Roma, para deliberar allí acerca de la guerra, bien porque se decidiese espontáneamente a dar este paso, bien porque habiendo visto de cerca la guerra, la encontrase más grave de lo que había imaginado por simples relatos; bien que le hubiesen llamado por un senatus-consulto, porque estas dos razones han alegado los historiadores. Pretenden algunos que se le llamó por las observaciones del pretor Ap. Claudio, que se dedicaba (como hizo siempre en las cartas que escribía a inspirar al Senado y al pueblo profundas inquietudes con relación a la guerra de Etruria. "Un solo general y un solo ejército no bastarían contra cuatro pueblos. Era de temer que, ora porque el enemigo operase con todas sus fuerzas sobre un solo punto, ora que llevase la guerra sobre diferentes puntos a la vez, uno solo no pudiese hacer frente a todos al mismo tiempo. Él no había dejado allí más que dos legiones romanas y Fabio había marchado con menos de cinco mil hombres de infantería y caballería. Opinaba que el cónsul P. Decio partiese lo antes posible para reunirse con su colega en la Etruria, y que se diera a L. Volumnio la provincia del Samnio. Si el cónsul prefería marchar a la provincia, Volumnio se reuniría en la Etruria al otro ejército consular completo." Como estas palabras del pretor impresionaban a la mayor parte de los senadores, dícese que el cónsul Decio opinó que no se entorpeciese en nada la libertad de Q. Fabio y que nada se decidiera relativamente a él hasta que viniese a Roma, si podía hacerlo sin daño de la república, o que enviase algún legado suyo para informar al Senado acerca de la gravedad de la guerra de la Etruria y cuántas tropas y generales exigiría.

26. En cuanto regresó Fabio a Roma se presentó al Senado y al pueblo: su lenguaje fue mesurado, sin aumentar ni disminuir las alarmas que ocasionaba la guerra. "Si consentía en tomar con él otro general, más era por conceder algo a la común alarma, que por el temor de algún peligro para él o para la república. Por lo demás, si querían asociarle alguno para el mando y dirección de aquella guerra, ¿cómo había de olvidar a P. Decio, de quien había tenido que felicitarse siempre que fue colega suyo? No había nadie de quien desease más se le uniera; con P. Decio siempre tendría bastantes tropas y nunca demasiados enemigos. Pero si su colega deseaba cualquier otro destino, rogaba le diesen a L. Volumino." Todo quedó a disposición de Fabio por parte del pueblo, del

Senado y de su mismo colega, y cuando P. Decio se mostró tan dispuesto a partir para el Samnio como para la Etruria, tales fueron el regocijo y las felicitaciones, que parecía tenían asegurada de antemano la victoria y que se concedía a los cónsules, no una guerra, sino el triunfo. Veo en algunos historiadores que inmediatamente después de haber tomado posesión del consulado Fabio y Decio partieron para la Etruria, no mencionando el sorteo de las provincias, ni los debates entre los dos cónsules, de que antes hablé. No se limitan otros a referir estas desavenencias, sino que añaden que Apio hizo ante el pueblo inculpaciones a Fabio ausente, inculpaciones que el pretor reprodujo con obstinación en presencia del mismo cónsul, y que hubo además otra desavenencia entre los colegas, pretendiendo Decio que cada cual quedase exclusivamente encargado de su provincia. Los hechos comienzan a concordar desde la marcha de los cónsules para la guerra. Por lo demás, antes de su llegada a la Etruria, los galos senones marcharon hacia Clusio con numerosas tropas para atacar a la región romana y el campamento. Escipión, que mandaba allí, queriendo suplir el número con la ventaja de la posición, hizo ocupar a su tropa una colina que se encontraba entre la ciudad y el campamento. Pero la precipitación no dejó reconocer el camino, y cuando llegó a la altura la encontró ocupada por el enemigo, que había desembocado por la otra parte. Así, pues, atacada por la espalda la legión, quedó destrozada y en seguida envuelta: el enemigo la estrechó por todas partes, destruyéndola por completo, no quedando ninguno para dar la noticia. Esto refieren algunos historiadores, añadiendo que los cónsules, que estaban cerca de Clusio, se enteraron del hecho al ver a los jinetes galos que llevaban las cabezas colgadas en los pretales de los caballos enclavas en las lanzas, celebrando la victoria con sus cantos nacionales. Dicen otros que fueron los umbrios y no los galos, y que la pérdida no fue tan considerable; que habiendo sido envueltos algunos merodeadores a las órdenes del legado L. Manlio Torcuato, el propretor Escipión salió de su campamento para protegrlos; que habiendo comenzado el combate, los umbrios vencedores fueron vencidos a su vez y perdieron sus prisioneros y su botín. Pero es más verosímil que el enemigo que hizo experimentar aquel descalabro fuese el galo más bien que el umbrio, porque en ningún otro año dominó tanto los ánimos el terror del nombre galo. En efecto, además de que los dos cónsules habían partido para la guerra con cuatro legiones, numerosa caballería romana, mil jinetes campanios elegidos y un ejército de aliados y de latinos, existían otros dos ejércitos que, a corta distancia de la ciudad, formaban una barrera por el lado de la Etruria, uno en el territorio de los faliscos y el otro en la campiña del Vaticano. Cn. Fulvio y L. Postumio Megelo, propretores los dos, recibieron orden de establecer en estos parajes campamentos fortificados.

27. Habiendo atravesado el Apenino los cónsules, entraron en el territorio sentino, acampando a cerca de cuatro millas del enemigo. Éste celebró en seguida consejo y decidió que no ocupasen todos el mismo campamento ni que marchasen todos juntos en línea de batalla. Los galos se unieron a los samnitas y los umbrios a los etruscos. Designóse día para el combate, debiendo librarle los samnitas y los galos, y durante la batalla los etruscos y los umbrios atacarían el campamento romano. Estos proyectos quedaron desconcertados merced a tres desertores de Clusio, que durante la noche pasaron furtivamente al campamento de Fabio. Después que revelaron el plan de

los enemigos, despidiéronles con regalos para animarles a que se informaran exactamente de todo lo que se decidiese de nuevo, y a venir para revelarlo. Los cónsules escriben a Fulvio y a Postumio que abandonen las posiciones que ocupan, el uno cerca del territorio falisco y el otro cerca del Vaticano, y que avancen hacia Clusio, haciendo los mayores estragos en el país enemigo. La noticia de esta devastación hizo salir a los etruscos del territorio sentino para defender el suyo. Entonces lo intentaron todo los cónsules para llegar a una batalla, provocando al enemigo durante dos días, en los que nada memorable ocurrió. Por ambas partes perdieron algunos hombres; y estas escaramuzas no tuvieron otro efecto que aumentar el deseo de un combate general sin poder conseguirlo. En el día tercero hicieron salir todas las tropas al campo de batalla. Cuando estuvieron frente a frente, una cierva, arrojada de la montaña por un lobo que la perseguía, atravesó la llanura que ocupaban los dos ejércitos; en seguida los dos animales se dirigieron en opuesto sentido, la cierva hacia los galos y el lobo hacia los romanos, que abrieron las filas dejándole pasar mientras que los galos mataron la cierva. Entonces un soldado romano de la primera fila, alzando la voz, exclamó: "La fuga y la muerte pasan a aquel lado donde veis muerto el animal consagrado a Diana. Por este lado el lobo de Marte, vencedor, escapado ileso del peligro, nos recuerda nuestro fundador y nuestro origen que remonta a Marte." Los galos se colocaron en el ala derecha y los samnitas en la izquierda. Fabio, en el ala derecha, opuso a los samnitas las legiones primera y tercera; Decio, en la izquierda, hizo frente a los galos con la quinta y la sexta; la segunda y la cuarta hacían la guerra en el Samnio con el procónsul L. Volumnio. El combate se sostuvo al principio con tanta igualdad, que si los etruscos y los umbrios hubiesen asistido, en cualquier parte que combatiesen, sea contra el ejército o contra el campamento, la derrota habría sido inevitable.

28. Por lo demás, bien que la suerte de las armas fuese hasta entonces igual para los dos partidos y que la fortuna no hubiese hasta entonces dejado ver hacia qué lado inclinaría la balanza, el ala derecha y el ala izquierda estaban lejos de presentar igual aspecto. Con Fabio, los romanos se defendían más bien que atacaban, procurando prolongar el combate todo lo posible, porque el general sabía que los samnitas y los galos eran terribles en el primer ímpetu, pero que bastaba no ceder a él; que si se prolongaba el combate, el valor de los samnitas decaía insensiblemente; que en cuanto a los galos, pueblo incapaz de soportar la fatiga y el calor, sus cuerpos se derretían por decirlo así, y pareciendo más que hombres al comenzar la batalla, eran menos que mujeres al terminarla. Economizaba, pues, las fuerzas de sus soldados esperando la hora en que el enemigo acostumbraba dejarse vencer. Decio, por el contrario, más ardiente por su edad y por la viveza de su carácter, desplegó cuantas fuerzas tenía desde el principio del combate; y como un ataque de infantería le parecía demasiado lento, mueve su caballería, y colocándose él mismo en medio de una turma de jóvenes de los más intrépidos, exhorta a los jefes de aquella valiente juventud para que caigan con él sobre el enemigo, haciéndoles entrever doble gloria si comenzaba el triunfo por el ala izquierda y por la caballería. Dos veces hicieron volver grupas a la caballería gala; pero al segundo ataque, cuando ganaban terreno y habían penetrado hasta el centro de las turmas enemigas, nuevo género de combate les infundió terror. Montado y armado el enemigo en ca-

rros de diferentes formas, acudió con inmenso estrépito de caballos y de ruedas e hizo espantarse a los caballos romanos, que no estaban acostumbrados a oír aquel fragor. Entonces un pánico que parecía delirio disipó aquella caballería victoriosa, y en la confusión de la huida, hombres y caballos caen en montón. El desorden se propagó también a las legiones, y muchos soldados de las primeras filas quedaron aplastados por el choque de los caballos y de los carros enemigos a través de las líneas. Además, la infantería gala que, habiendo visto el desorden, comenzó en seguida a perseguirles, no les dio tiempo para respirar y rehacerse. Entonces les gritó Decio: "¿A dónde huís? ¿Qué esperanza tenéis en la fuga?" Detiene a los que retroceden y llama a los que ya estaban dispersos. En fin, viendo que ninguna fuerza humana podía contenerles en el terror que les dominaba, dice invocando a su padre P. Decio. "¿Por qué tardar más en sufrir el destino de mi familia? Propio es de los Decios ofrecerse como víctimas para conjurar los peligros públicos. Voy a sacrificarme, a sacrificar las legiones enemigas para ser inmolados a la Tierra y a los dioses manes." Habiendo pronunciado estas palabras, ordena al pontífice M. Livio, al que, al marchar al campo de batalla, le prohibió separarse de él ni un solo momento, que le dictase la fórmula que debía repetir para sacrificarse él y las legiones enemigas por el ejército y el pueblo romano de los caballeros. Después con las mismas palabras y las mismas ceremonias, se sacrificó como lo hizo su padre P. Decio en la guerra con los latinos en las orillas del Veseris; añadiendo a continuación de las palabras solemnes: "Que hacía marchar delante de él el terror y la fuga, la matanza y la sangre, la cólera de los dioses del cielo y la de los dioses del infierno; que lanzaba terribles anatemas contra las enseñas, los dardos, las armas de los enemigos, y que el mismo paraje que le sería mortal, lo sería también para los galos y los samnitas." Después de estas imprecaciones contra él mismo, contra los enemigos, lanzó su caballo contra lo más compacto del ejército galo, cayendo atravesado por los dardos, a cuyo encuentro corría.

29. Desde aquel momento apenas pudo verse la obra de los hombres en aquella batalla. Los romanos, después de la pérdida de su jefe, cosa que de ordinario difunde terror en los ejércitos, se detienen en su fuga y quieren comenzar de nuevo el combate. Los galos, y especialmente los que rodeaban el cadáver del cónsul, como poseídos de vértigo, lanzan a la aventura dardos inútiles: algunos permanecen inmóviles, sin pensar en huir ni en pelear. Pero por el lado opuesto, el pontífice Livio, a quien Decio había entregado los lictores y encargado que desempeñase el puesto de pretor, gritó: "Que la victoria es de los romanos, perdonados por los dioses, merced a la muerte del cónsul; que los galos y samnitas pertenecen a la Tierra, madre de los dioses y a los dioses manes; que Decio arrastraba y llamaba a su ejército que había consagrado con él; que entre los enemigos, todo estaba dominado por las furias y el terror." Mientras que los soldados de esta ala restablecen el combate, llegan L. Cornelio Escipión y C. Marcio con refuerzos que el cónsul Fabio había sacado de su reserva y que enviaba en socorro de su colega. Allí se enteran del sacrificio de Decio, noble ejemplo que a todos les anima a los mayores sacrificios por la república. Como los galos, estrechados unos contra otros, presentaban un parapeto de escudos, y no parecía fácil combatirles cuerpo a cuerpo, recogen por orden del legado los dardos de que estaba sembrado el suelo entre los dos bandos y los lanzan contra la

tortuga que formaba el enemigo. Los escudos quedan acribillados, los soldados tienen el cuerpo erizado de dardos y la barrera que formaban cae derribada. En el terror que les dominó, gran parte de los enemigos caen sin haber recibido heridas. Éstas eran en el ala izquierda las vicisitudes de la fortuna; en la derecha, Fabio, como hemos dicho ya, había prolongado el combate hasta muy entrado el día. Cuando le pareció que no tenían tanta energía los gritos del enemigo, sus movimientos y los dardos que lanzaba, mandó a los prefectos de la caballería que marchasen con el cuerpo que mandaban por los flancos de los samnitas, con objeto de poder, a una señal dada, tomarlos de través y caer sobre ellos con el mayor ímpetu; ordenando al mismo tiempo a los suyos avanzar insensiblemente y empujar al enemigo. Viendo que no resistían y que su cansancio no era dudoso, reunió todos los cuerpos de la reserva, que había guardado para esta ocasión, lanza al mismo tiempo sus legiones adelante y manda a la caballería que ataque al enemigo. Los samnitas no pudieron resistir un empuje tan vigoroso, y pasando cerca de los galos, ganaron su campamento con extraordinaria precipitación, dejando a sus aliados combatiendo con el enemigo. Habiendo formado los galos la tortuga, se mantenían apretados. Enterado entonces Fabio de la muerte de su colega, hace salir de su línea de batalla a los campanios, en número de cerca de quinientos jinetes, con orden de rodear y atacar al ejército galo por la espalda: manda que les sigan los príncipes de la tercera legión, quienes, en el momento en que viesen al enemigo quebrantado por el ataque de la caballería, debían caer sobre él, aprovechando el espanto para destrozarle. En cuanto a él, después de ofrecer a Júpiter Vencedor un templo y todos los despojos de los enemigos, marchó hacia el campamento de los samnitas, donde se precipitaban consternados todos los fugitivos. No pudiendo pasar por las puertas tan considerable multitud, los que no pudieron penetrar en el campamento intentaron el combate al pie mismo de las empalizadas. El general samnita Gelio Egnacio pereció allí: en seguida fueron rechazados los samnitas al interior. Apoderándose del campamento sin grandes esfuerzos, y los galos, cogidos por la espalda, quedaron envueltos. En este día se mataron al enemigo veinticinco mil hombres y se les hicieron ocho mil prisioneros. No fue incruenta la victoria para los romanos, porque perecieron siete mil hombres del ejército de Decio y mil seiscientos del de Fabio. Habiendo mandado éste buscar el cadáver de su colega, hizo amontonar los despojos del enemigo y los quemó en honor de Júpiter Vencedor. Sepultado el cuerpo del cónsul entre montones de cadáveres de galos, no pudo encontrarse aquel día. A la mañana siguiente los soldados, llorando mucho, le llevaron al campamento, y Fabio, abandonando todos los otros asuntos, se ocupó de las exequias de su colega, al que tributó los mayores honores, pagándole el tributo de alabanza que merecía.

30. En estos mismos días obtuvo grandes ventajas en la Etruria el pretor Cn. Fuvio. Además de las enormes pérdidas que hizo experimentar al enemigo con la devastación de sus campos, libró brillante combate, en el que más de tres mil hombres, entre perusinos y clusienos, quedaron en el campo de batalla, tomándoles veinte cureñas. Huyendo los samnitas a las tierras de los pelignos, quedaron envueltos por éstos, quienes les mataron más de mil de los cinco mil que eran. La gloria de aquella memorable batalla de Sentino es bastante resplandeciente, aunque nos atengamos a la estricta verdad. Pero algunos historiadores la han aumentado con exageraciones. Atribuyen al enemigo cuarenta

mil trescientos treinta hombres a pie, seis mil caballos y mil carros, comprendiendo sin duda en estas fuerzas a los umbrios y etruscos, a quienes suponen en la batalla, y para aumentar también las fuerzas de los romanos unen al procónsul L. Volumnio con los cónsules, y a su ejército a las legiones de éstos. Según la mayor parte de los anales esta victoria pertenece exclusivamente a los cónsules. Entre tanto Volumnio hacía la guerra en el Samnio, y después de rechazar al ejército de los samnitas hasta el monte Tiferno, le atacó sin temer las dificultades del terreno, y le puso en fuga. Q. Fabio, dejando en la Etruria el ejército de Decio, llevó sus legiones a Roma y triunfó de los galos, de los etruscos y de los samnitas. Los soldados siguieron el carro del triunfador, y en sus libres cantos guerreros celebraron la gloriosa muerte de P. Decio, al mismo tiempo que la victoria de Fabio, y recordaron la memoria del padre, cuya abnegación, tan bella como la de su hijo, había sido igualmente dichosa para la república. A cada soldado se le dio por su parte de botín ochenta y dos ases de cobre, un manto y túnicas, recompensa muy apreciable en aquella época militar.

31. Estas notables victorias no habían podido pacificar a los samnitas ni la etruria; porque después del regreso del cónsul, los perusinos dieron la señal de nueva guerra, y los samnitas marcharon a saquear los campos de Vescia y de Formiano, y en otro punto los de Esernino y las comarcas vecinas del río Vulturno. Contra ellos enviaron al pretor Ap. Claudio con el ejército de Decio. En la Etruria sublevada, Apio mató a los perusinos cuatro mil quinientos hombres; cogió mil setecientos cuarenta prisioneros, a cada uno de los cuales hizo pagar por rescate trescientos diez ases de cobre; el resto del botín fue abandonado a los soldados. Las legiones de los samnitas, perseguidas de un lado por el pretor Ap. Claudio, y del otro por el procónsul L. Volumnio, se reunieron en el territorio de Stela y allí esperaron al enemigo. Apio y Volumnio se reunieron también. Romanos y samnitas combatieron con extraordinario encarnizamiento, indignados los unos con tantas sublevaciones sucesivas, y los otros sacando nuevas fuerzas de su misma desesperación. Los samnitas perdieron en el campo de batalla diez y seis mil trescientos hombres y además dos mil setecientos prisioneros. En este año, tan afortunado para las armas romanas, se declaró una peste desastrosa y ocurrieron alarmantes prodigios. Hablóse de lluvias de tierra que habían caído en diferentes parajes, y de gran número de soldados del ejército de Apio heridos por el rayo. Consultáronse los libros sibilinos. En este mismo año Q. Fabio Gurges, hijo del cónsul, castigó con multa a algunas matronas que habían sido demandadas ante el pueblo y condenadas por sus licenciosas costumbres: con el dinero procedente de estas multas hizo construir el templo de Venus que se encuentra cerca del Circo. Lejos estoy de haber relatado todas las guerras de los samnitas, aunque han ocupado ya cuatro libros de mi historia y un periodo continuo de cuarenta y seis años, desde el consulado de M. Valerio y de A. Cornelio, que fueron los primeros que llevaron las armas romanas al Samnio. Por no hablar ahora de las sangrientas derrotas que experimentaron una y otra nación durante tantos años, ni de sus pérdidas anteriores, que no pudieron domeñar aquellos pechos obstinados, al año siguiente los samnitas en el campo sentino, en los de los pelignos, en el Tiferno, en las llanuras de Stela, unas veces con sus legiones solas, y otras unidos con extraños, fueron destrozados por cuatro ejércitos romanos. Perdieron el general más ilustre de su nación; veían a sus compañeros de armas, los etruscos, los umbrios y los galos,

en situación parecida a la suya; no podían sostenerse más ni con sus propias fuerzas ni con las extranjeras; sin embargo, no abandonaban la guerra, y la desgracia misma no les hacía renunciar a la defensa de su libertad, prefiriendo verse vencidos a no tentar la victoria. ¿Cuál será el escritor o el lector a quien no fatigue la prolongación de una guerra que no cansó a los que la hacían?

32. Sucedieron en el consulado a Q. Fabio y P. Decio L. Postumio Megelo y M. Atilio Régulo. Los dos tuvieron por provincia el Samnio, habiendo corrido el rumor de que el enemigo había formado tres ejércitos; uno para marchar de nuevo a la Etruria; el segundo, para comenzar otra vez las devastaciones de la Campania; el tercero, para defender sus fronteras. Unà enfermedad retuvo en Roma a Postumio, y Atilio partió en seguida a fin de poder, en conformidad con la instrucciones que había recibido del Senado, caer sobre los enemigos en el Samnio antes que tuviesen tiempo de salir. Allí se encontraron como de intento los dos ejércitos, de tal manera que fue imposible a los romanos penetrar en el Samnio y mucho menos devastarlo, y a su vez impidieron a los samnitas salir para arrojarse sobre comarcas tranquilas y sobre el territorio de los aliados del pueblo romano. Como los dos campamentos estaban colocados frente a frente, lo que el romano, tantas veces vencedor apenas se hubiese atrevido a hacer, lo hicieron los samnitas (tanto atrevimiento infunde la suprema desesperación); atacaron el campamento romano y si tan atrevida empresa no tuvo resultado definitivo, no fue, sin embargo, completamente inútil. Habíase levantado densa niebla, que hasta muy entrado el día de tal manera robó la claridad, que no solamente no podía distinguirse nada más allá de las empalizadas, sino que hasta era imposible reconocerse al acercarse unos a otros. Los samnitas, ocultos en la oscuridad como en secreta emboscada, a la primera claridad del día, que la niebla debilitaba más y más, llegan a la primera guardia de los romanos, que vigilaba con bastante negligencia las puertas del campamento. Atacados de improviso, los soldados no tuvieron bastante valor ni bastantes fuerzas para resistir. Este ataque tuvo lugar en la puerta decumana, a la espalda del campamento, siendo tomado el Cuestorio y muerto el cuestor L. Opimio Pansa. Entonces se gritó, ¡a las armas!

33. Despertado el cónsul por el tumulto, encarga la custodia del pretorio a dos cohortes de aliados, formada una por lucanos y otra por suesanos, las primeras que la casualidad puso a su disposición; en seguida condujo los manípulos de las legiones por el camino principal del campamento. Los soldados, habiendo tenido apenas tiempo para armarse, forman las filas y distinguen al enemigo por la voz antes que por la vista, sin poder calcular el número. En la incertidumbre de su posición, retroceden al pronto y dejan penetrar al enemigo hasta el centro del campamento. En fin, los gritos del cónsul, que les dice "si quieren dejarse arrojar fuera de las empalizadas para atacar su propio campamento", les detienen: reúnen sus fuerzas lanzando gritos, resisten con firmeza, ganan terreno, empujan a su vez al enemigo, y habiéndole quebrantado, le hacen retroceder tan asustado como ellos lo estuvieron antes. Arrójanle fuera de la puerta y de las empalizadas sin atreverse a ir más lejos ni a perseguirle, porque la densidad de la niebla les hacía temer alguna emboscada en las cercanías, y contentos con haber libertado su campamento, entran en las empalizadas después de haber matado al enemigo cerca de trescientos hombres. La pérdida de los romanos, comprendiendo en ella la primera guardia, los centinelas y todos los sorprendidos en derredor del Cuestorio, fue próximamente de se-

tecientos treinta hombres.. Como la audacia no dio mal resultado a los samnitas, se enardeció su valor, y lejos de permitir que los romanos avanzasen en su país, ni siquiera les dejaban forrajear. El ejército tuvo que enviar a buscar forrajes al campo de Sora, que estaba a su espalda. Llegando a conocerse en Roma esta situación que la fama hacía más alarmante, mandóse partir al cónsul L. Postumio, apenas restablecido de su enfermedad. Éste hizo adelantarse a sus tropas con orden de reunirse en Sora, y antes de ir a alcanzarlas dedicó el templo de la Victoria que había hecho construir con el producto de las multas durante su edilidad curul. Incorporado a su ejército, marchó de Sora al Samnio, dirigiéndose al campamento de su colega. En seguida, como los samnitas, desesperando de poder resistir a los dos ejércitos, tomaron el partido de retirarse, los dos cónsules se separaron para talar los campos y sitiar las ciudades.

34. Habiendo intentado primeramente Postumio tomar a viva fuerza a Milonia, vióse obligado, por no darle resultado este medio, a recurrir a los trabajos de sitio y a las máquinas, que adelantó hasta el pie de las murallas. Tomada de esta manera la ciudad, tuvo que sostener en todos los barrios, desde la hora cuarta hasta cerca de la octava, un combate cuyo resultado fue por mucho tiempo incierto: al fin triunfaron los romanos. Tres mil doscientos samnitas quedaron muertos y cuatro mil setecientos prisioneros, sin mencionar el resto del botín. Desde allí se dirigieron las legiones a Terentino. Los habitantes, a favor de la oscuridad de la noche, salieron silenciosamente de la ciudad por la puerta opuesta, llevando consigo todo cuanto pudieron trasportar. Cuando el cónsul llegó delante de la plaza, tomó en seguida todas sus disposiciones, avanzando en buen orden hasta el pie de las murallas, esperando encontrar la misma resistencia que en Milonia. Pero cuando observó el profundo silencio que reinaba en la ciudad, que había quedado desarmada, sin defensores en las torres y murallas, contuvo al soldado, impaciente por escalar aquellos desiertos muros, para no exponerse a caer imprudentemente en alguna emboscada. Mandó a dos turmas de caballería, tomadas de los aliados del nombre latino, que diesen vuelta alrededor de la plaza y lo examinasen todo. Los jinetes ven una puerta y otra a corta distancia, abiertas ambas, y en los caminos que partían de ellas, las huellas de la fuga nocturna de los enemigos. Acércanse en seguida poco a poco a las puertas, y sin exponerse, descubren el interior de la ciudad por las rectas calles que la atravesaban: dicen al cónsul que la plaza está abandonada; que la indudable soledad del interior, las recientes huellas de la fuga y el confuso conjunto de objetos abandonados aquí y allá en el desorden de la noche, son pruebas evidentes de ello. Oído esto, el cónsul lleva las legiones hacia la parte de la ciudad reconocida por los jinetes; detúvose cerca de la puerta, destaca cinco jinetes solamente con orden de penetrar en la ciudad hasta cierta distancia, y si ven que no hay nada que temer, que permanezcan tres en el interior y vuelvan dos a dar la noticia. Éstos dicen que han avanzado hasta un punto desde el que se ven todos los barrios de la ciudad, y que por todas partes reina el mismo silencio y abandono. En el acto hace penetrar el cónsul las cohortes ligeras, y manda al resto de las tropas que fortifiquen entre tanto el campamento. Los soldados que entran en la ciudad, rompen las puertas de las casas, encontrando en ellas corto número de ancianos y de enfermos y los objetos difíciles de trasportar. Estos objetos quedaron entregados al pillaje. Por los prisioneros supieron que algunas ciudades de las cercanías se habían

concertado para una evasión igual; que sus conciudadanos habían partido a la primera vigilia y que debían esperar la misma soledad en las otras ciudades. Creyóse en las declaraciones de los prisioneros, y el cónsul tomó posesión de las ciudades abandonadas.

35. Para el otro cónsul, M. Atilio, no fue la guerra tan fácil. Cuando llevaba sus legiones hacia Luceria, sitiada, según había sabido, por los samnitas, en los confines del territorio de esta ciudad encontró al enemigo que venía a su encuentro: allí igualó las fuerzas la animosidad: el combate, después de muchas peripecias, quedó indeciso; sin embargo, el resultado fue triste para los romanos, tanto porque no estaban acostumbrados a verse vencidos, como porque, al retirarse, vieron mejor que durante la pelea, cuánto más considerable era el número de sus muertos y heridos que los del enemigo. Así fue que se difundió por el campamento tal terror, que si durante el combate les hubiera dominado aquel abatimiento, hubiesen experimentado desastrosa derrota. En angustiosas zozobras pasaron la noche, creyendo que el samnita iba a atacar el campamento, o que al amanecer tendría que comenzar de nuevo la pelea con los vencedores. Con menos pérdidas, no tenían más confianza por parte de los enemigos, y desde los primeros albores del día, sólo aspiraban a retirarse sin combatir. Pero no había camino más que en dirección del ejército romano, de modo que, al seguirle, parecía que marchaban directamente al ataque del campamento. El cónsul manda a sus soldados que tomen las armas y le sigan fuera de las empalizadas, y da a los legados, tribunos y prefectos de los aliados las órdenes necesarias. Todos le manifiestan "que harán seguramente cuanto dependa de ellos, pero que los soldados están desanimados y abatidos; que toda la noche han estado velando en medio de los heridos y lamentos de los moribundos; que si el enemigo hubiese venido antes de amanecer a atacar el campamento, la consternación les hubiese hecho abandonar las enseñas: que a pesar de que les retiene la vergüenza, no dejan de considerarse vencidos". Ante estas observaciones el cónsul creyó conveniente presentarse a los soldados y dirigirles la palabra, y en su revista les reconviene por la lentitud en tomar las armas: "¿Qué podían esperar de aquellas tergiversaciones? El enemigo vendría al campamento, si ellos no salían, y combatirían por sus tiendas, si no querían combatir por sus empalizadas. Armándose y combatiendo, tendrían probabilidades de victoria, mientras que desnudos y desarmados, solamente podían esperar la muerte o la esclavitud." A estas enérgicas reconvenciones del cónsul, contestaban: "Que se encontraban extenuados por el combate de la víspera; que no les quedaba fuerzas ni sangre; que veían avanzar al enemigo en mayor número que el día anterior." Entre tanto se acercaba el ejército contrario; y a menor distancia, los soldados, más ciertos de lo que veían, aseguran que los samnitas traen estacas que sin duda van a emplear en rodear el campamento con una línea de circunvalación. Entonces exclama el cónsul con amenazadora voz: "Que sería la indignidad más repugnante soportar aquella vergüenza, tan enorme ignominia, del enemigo más cobarde. ¿Nos dejaremos sitiar en nuestro campamento para morir cobardemente de hambre, antes que perecer, si es necesario, por el hierro, como hombres de valor? Rogaba a los dioses que fuesen favorables a todos, cualquiera que fuese el partido que tomaran; en cuanto a él, M. Atilio, cónsul, aunque nadie le siguiese, marcharía solo contra el enemigo, y caería en medio de las filas de los samnitas, antes que ver sitiar el campamento romano." Los legados, los tribunos, todas las

turmas de la caballería y los jefes de las primeras centurias, aprobaron las palabras del cónsul. Entonces los soldados, vencidos por la vergüenza, empuñan las armas y salen lentamente del campamento. Desfilando en larga línea, en la que se notan intervalos, avanzan con aspecto abatido y como vencidos ante un enemigo que mostraba igual desconfianza y falta de firmeza; porque apenas vieron los samnitas las enseñas romanas, cuando se dijeron unos a otros, desde la cabeza del ejército hasta la retaguardia: "Que los romanos, conforme habían temido, salían para cortarles el camino; que no les quedaba salida ni siquiera por medio de la fuga; que era necesario perecer allí o derrotar al enemigo y pasar por encima de sus cuerpos."

36. Colocan los bagajes en el centro del ejército; y empuñando las armas, fórmanse en orden de batalla. Corto espacio separaba ya a los dos ejércitos, y cada bando esperaba que el otro avanzase primero, lanzando el grito de ataque. Pero ni uno ni otro deseaba pelear, y se hubiesen retirado sin lazar siquiera un dardo, si recíprocamente no hubiesen temido que les persiguieran en la retirada, En fin, después de largas vacilaciones, trabóse el combate con visible repugnancia de las tropas, que apenas lanzaron el grito de guerra con voz insegura y sin unanimidad: nadie daba un paso adelante. El cónsul romano, para dar energía al combate, manda algunas turmas sobre la línea enemiga; caen del caballo muchos jinetes, y esto produce confusión entre los otros. La infantería samnita se mueve para matar a los caídos y la romana para defender a los suyos. Hízose, pues, el combate algo más vivo; pero los samnitas habían avanzado con alguna más resolución y en mayor número, mientras que la caballería romana, en el desorden en que estaba, pisoteó a los que venían a socorrerla: la fuga, que comenzó entonces, arrastró a todo el ejército romano. Ya perseguían los samnitas a los fugitivos, cuando, adelantándose el cónsul, corre a caballo a la puerta del campamento y coloca en ella una guardia de caballería con orden de tratar como a enemigos a cuantos se acerquen a las empalizadas, sean samnitas o romanos: en seguida volvió, repitiendo las mismas amenazas, a contener a los infantes que se precipitaban hacia el campamento. "¿Adónde vas, soldado?, dijo; allí encontrarás también armas y guerreros; y mientras viva tu cónsul, no entrarás en el campamento sino después de conseguir la victoria. Elige, pues; considera si es mejor combatir contra tu enemigo que contra tu conciudadano." Mientras hablaba así el cónsul, la caballería, lanza en mano, les rodea y conmina para que vuelvan al combate. Al cónsul le ayudaron mucho, no solamente su valor sino también la casualidad; porque el ataque de los samnitas careció de vigor y tuvo tiempo para rehacer el orden de batalla y volver la cara. Entonces se exhortan recíprocamente los soldados a restablecer el combate; los centuriones arrancan las enseñas a los signíferos para llevarlas adelante; hacen observar a los suyos que los enemigos que les perseguían son poco numerosos y que entre ellos reina el desorden y la confusión. Entre tanto, el cónsul, levantando las manos al cielo y alzando la voz para que le oigan, ofrece un templo a Júpiter Stator, si el ejército romano, deteniéndose en la fuga y volviendo al combate, conseguía vencer y destruir a los samnitas. Hízose entonces un esfuerzo general para restablecer el combate; jefes, soldados, jinetes y peones, todos rivalizaron en valor. Hasta los mismos dioses parece que se interesaron por la gloria del nombre romano; tan fácil fue conseguir la ventaja y rechazar lejos del campamento al enemigo, llevándole muy pronto al terreno

donde comenzó el combate. Allí se encontró detenido por el bagaje que había amontonado en medio de la llanura; y para no exponerlo al pillaje, lo encierra en un círculo de soldados. Pero en aquel momento la infantería le estrechaba con viveza de frente y la caballería corre a envolverle por la espalda; encerrados de esta manera por todos lados, fueron muertos o prisioneros. El número de éstos se elevó a siete mil doscientos, que pasaron desnudos bajo el yugo: haciéndose ascender a cuatro mil ochocientos el número de muertos. No dejó de ser costosa la victoria a los romanos. Habiendo hecho el cónsul el censo de los que había perdido en aquellas dos jornadas, reconoció que le faltaban siete mil doscientos hombres. Mientras ocurrían estas cosas en la Apulia, los samnitas, con otro ejército, intentaron apoderarse de Iteramna, colonia romana, en la vía latina, pero no lo consiguieron. Después de devastar el territorio, cuando se retiraban con rico botín en hombres y ganados y muchos colonos prisioneros, encontraron al cónsul victorioso que regresaba de Luceria. No perdieron únicamente el botín, sino que ellos mismos, embarazados con el bagaje y marchando en larga fila, quedaron destrozados. El cónsul, después de invitar por un edicto a los interesados a que fuesen a Iteramna para reconocer y recuperar lo que les pertenecía, y de dejar allí el ejército, regresó a Roma para celebrar los comicios. Pidió el honor del triunfo, pero se le negó a causa de la pérdida de tantos millares de soldados y porque se contentó, sin poner condición alguna a los vencidos, con hacer pasar bajo el yugo a los prisioneros.

37. Postumio, el otro cónsul, no teniendo en qué ocupar su ejército en el Samnio, lo llevó a la Etruria, donde primeramente taló el territorio de los volsinios: saliendo éstos para defender sus campos, les dio batalla cerca de sus murallas, quedando muertos dos mil ochocientos etruscos, salvando a los demás la proximidad de la ciudad. Desde allí marchó el ejército al territorio ruselano, y no solamente lo devastó, sino que tomó la ciudad a viva fuerza. Más de dos mil hombres cayeron prisioneros y menos de dos mil fueron los muertos alrededor de las murallas. Pero lo que distinguió a este año, mucho más que los triunfos en la guerra de Etruria, fue la importancia y brillantez de la paz que se ajustó. Pidiéronla tres ciudades de las más importantes, Volsinia, Perusa y Arrecio; y después de obligarse con el cónsul a suministrar a los soldados trigo y ropas, para que les permitiese enviar legados a Roma, consiguieron una tregua de cuarenta años; imponiéndose además a cada ciudad de éstas, por una vez, quinientos mil ases de multa. El cónsul pidió el triunfo al Senado en recompensa de sus hazañas, más por conformarse con la costumbre que con esperanza de conseguirlo. Viendo que se lo negaban, unos porque había salido de Roma demasiado tarde; otros porque, sin orden del Senado, había pasado del Samnio a la Etruria; éstos como enemigos personales; aquéllos como amigos de su colega, a quien querían consolar del desaire de la negativa haciéndola compartir a Postumio: "Padres conscriptos, dijo, lo que debo a la majestad del Senado no será parte para que olvide que soy cónsul. En virtud del legítimo poder que me ha dado la facultad de hacer la guerra, después de subyugar al Samnio y la Etruria, después de conquistar la victoria y la paz, triunfaré." Dicho esto, salió del Senado. Los tribunos del pueblo no estuvieron de acuerdo; declaraban unos que se opondrían a un triunfo que no estaba autorizado por ningún precedente; otros, que se concedería a pesar de la oposición de sus colegas. Discutióse el asunto delante del pueblo. Invitado el cón-

sul a hablar, recordó que los cónsules M. Horacio, L. Valerio y recientemente C. Marcio Rutilo, padre del que entonces era censor, habían triunfado, no por la autoridad del Senado, sino por orden del pueblo; y añadió: "que hubiese acudido también al pueblo, a no saber que algunos tribunos, vendidos a los nobles, se declararían contra él; que la voluntad y favor del pueblo, manifestando unánimemente su consentimiento, le eran y le serían siempre ley". Y a la mañana siguiente, sostenido por tres tribunos contra siete que se oponían y todo el Senado, triunfó entre las aclamaciones del pueblo. Los historiadores no están muy conformes acerca de los acontecimientos de este año. Refiere Claudio que Postumio, después de haber tomado algunas ciudades en el Samnio, fue derrotado y puesto en fuga en la Apulia; que hasta cayó herido y que regresó a Luceria con poca gente; que la guerra de Etruria la dirigió Atilio y mereció los honores del triunfo. Según Fabio, los dos cónsules hicieron la guerra en el Samnio y se encontraron juntos en Luceria: añade que desde allí (pero no dice cuál de los dos cónsules) el ejército pasó a Etruria; que en Luceria la pérdida fue grande por ambas partes, y que en este combate se ofreció un templo a Júpiter Stator, como lo hizo Rómulo, aunque hasta entonces solamente estaba consagrado el fanum, es decir, el terreno en que había de construirse. Este año, en fin, dispuso el Senado la construcción de este templo: ligada la república segunda vez por el mismo voto, no podía ya demorar su cumplimiento sin faltar a la religión.

38. Todo concurrió para que fuese memorable el año siguiente: el consulado de L. Papirio Cursor, ilustre por la gloria de su padre y por la suya, una guerra terrible y una victoria tan brillante, que ningún general, exceptuando el padre del cónsul, había conseguido hasta entonces de los samnitas. Éstos, con los mismos esfuerzos y aparato que otras veces, habían adornado a sus tropas con todo el lujo de sus magníficas armas; habían hecho intervenir a los dioses, sometiendo a los soldados a una manera de iniciación, por medio de un juramento tomado de un rito antiguo, y haciendo levas en todo el Samnio, según una nueva ley que decía: "Si algún joven no se presenta al llamamiento del general o abandona las enseñas sin su permiso, su cabeza quedará votada a Júpiter." Designóse Aquilonia para punto de reunión del ejército, y acudieron allí cuarenta mil combatientes, que formaban todas las fuerzas del Samnio. En medio del campamento formaron un recinto que tenía doscientos pies en todos sentidos, cerrándole con celosías y tabiques y cubriéndole con lienzo de hilo. En su interior se celebró un sacrificio en la forma prescrita por un ritual antiguo escrito en lienzo. El sacrificador era Ovio Paccio, varón muy anciano, que aseguraba haber encontrado aquellas fórmulas en las antiguas prácticas religiosas de los samnitas, empleadas en otros tiempos por sus antepasados, cuando tomaron disposiciones secretas para arrebatar Capua a los etruscos. Terminado el sacrificio, el general mandó llamar por medio de un viator a los más distinguidos por su nacimiento y hazañas, instruyéndoles uno a uno. El aparato de aquella ceremonia era a propósito, no solamente para infundir en el ánimo religioso terror, sino que en medio de aquel recinto, completamente cubierto, habían levantado altares, rodeados de víctimas inmoladas y guardadas por centuriones, que permanecían de pie, con la espada en la mano. A estos altares hacían acercarse a cada soldado, más como víctima que como participante del sacrificio, y tenía que obligarse por juramento a no revelar nada de lo que viese u oyese en aquel paraje. Obligábanle

en seguida a proferir terribles imprecaciones, cuya fórmula le dictaban, contra él mismo, contra su familia y toda su raza, si no marchaba al combate por todas partes donde le llevasen sus jefes, si huía del campo de batalla, o si no mataba en el acto al primero que viese huir. Al principio se negaron algunos a este juramento; pero les degollaron junto a los altares, y sus cuerpos tendidos entre las ensangrentadas víctimas sirvieron para advertir a los demás que no resistieran. Una vez ligados por estas imprecaciones los samnitas más ilustres, el general nombró diez, que debían nombrar otros tantos, hasta que se completase el número de diez y seis mil. Esta legión se llamó linteata por los lienzos de lino que cubrían el recinto donde se había ligado por juramento la nobleza. Dióse a los que la formaban brillantes armaduras y cascos con penachos para poder distinguirlos en medio de los otros. El resto del ejército ascendía a poco más de veinte mil hombres, que por la estatura o por la reputación de valor y por el equipo cedían a la legión linteata. Tal era el ejército que se reunió en Aquilonia.

39. Los cónsules partieron de Roma. Sp. Carvilio, a quien habían asignado las legiones que M. Atilio, cónsul el año anterior, había dejado en Interamna, entró con ellas en el Samnio; y mientras el enemigo, ocupado en sus supersticiones, solamente pensaba en reuniones secretas, le tomó a viva fuerza la ciudad de Amiterno. Allí quedaron muertos cerca de dos mil ochocientos hombres y fueron hechos prisioneros cuatro mil doscientos setenta. Papirio, después de formar otro ejército, según se había ordenado, tomó a Duronia, donde hizo menos prisioneros que su colega, pero mató alguna más gente al enemigo. En ambas ciudades se apoderaron de rico botín. Los cónsules, después de recorrer el Samnio, y talado especialmente el territorio de Atino, se dirigieron, Carvilio hacia Cominio y Papirio sobre Aquilonia, donde se encontraba el grueso de las tropas samnitas. Durante algún tiempo no cesaron de batirse allí, pero sin comprometer lance serio. Atacar al enemigo cuando estaba tranquilo, replegarse cuando resistía, amenazar más bien que trabar combate, tal era la ocupación diaria. Y como el combate, si se trababa no se sostenía, el resultado de todas las escaramuzas quedaba siempre indeciso. El otro campamento romano distaba veinte millas de allí; pero esta distancia no impedía a los cónsules ponerse de acuerdo para todas las operaciones; y hasta Carvilio atendía más a Aquilonia, donde debían descargarse los golpes más fuertes que a Cominio, cuyo sitio mantenía. L. Papirio, después de tomar casi todas sus disposiciones para una batalla, envió a decir a su colega: "Que intentaba, permitiéndoselo los auspicios, atacar al enemigo al día siguiente; que era necesario que, por su parte, atacase a Cominio con el mayor vigor, por temor de que los samnitas, si se les dejaba, enviasen refuerzos a Aquilonia." El mensajero empleó el día en desempeñar su comisión; regresó por la noche diciendo que el otro cónsul aprobaba la determinación tomada. Papirio,después de enviar al mensajero, reunió a sus soldados. Habló largamente acerca de la naturaleza de la guerra en general, mucho sobre el aparato de los enemigos, vana ostentación que no podía ser medio de triunfo. "¿Causaban heridas los penachos? Los dardos romanos traspasarían el oro y las pinturas de los escudos; y en cuanto a aquellas túnicas tan blancasy brillantes, en cuanto jugase el hierro, las enrojecería de sangre. Su padre exterminó en otro tiempo un ejército de samnitas dorados y plateados, y aquellos magníficos despojos honraron más a los vencedores que las armas a los vencidos. Tal vez era destino de los

jefes de su nombre y su familia resistir, los esfuerzos más grandes de los samnitas, y arrebatarles despojos dignos de adornar los parajes públicos. Ayudáronles los dioses inmortales, vengadores de los tratados tantas veces pedidos y otras tantas violados; y si era lícito penetrar en los pensamientos divinos, jamás les había sido más odioso ningún ejército que aquel que, manchado con un sacrificio nefando, con sangre humana mezclada con la de los animales, doblemente entregado a la cólera celeste, temiendo por un lado a los dioses testigos de los tratados ajustados con Roma, y por otro a las imprecaciones terribles con las que se había comprometido en contra de aquellos tratados, había prestado, a pesar suyo, un juramento que le repugnaba, y temía a la vez a los dioses, a sus conciudadanos y a los enemigos."

40. Cuando hubo revelado estos detalles, que había adquirido por los desertores, delante de los soldados que por sí mismos estaban ya muy irritados contra el enemigo, confiando completamente en los dioses y en sus propias fuerzas, piden con grito unánime el combate; deploran que lo hayan demorado hasta el día siguiente y no pueden soportar el retraso de un día y una noche. A la tercera vigilia de la noche, habiendo recibido ya la respuesta de su colega, levántase silenciosamente Papirio y manda al pulario tomar los auspicios. Ninguno había en el campamento, cualquiera que fuese su clase, que no participase de igual ardor por el combate: los jefes superiores y los últimos soldados experimentaban igual impaciencia. El general confiaba en sus soldados, y éstos en su general. Esta excitación de todos los ánimos se había comunicado hasta a los ministros de los auspicios. Así fue que, a pesar de que las gallinas se negaron a comer, el pulario se atrevió a mentir, anunciando al cónsul que los auspicios eran favorables (*tripudium solistimum*). Regocijado el cónsul con tan feliz noticia, dice a los soldados que les favorecen los dioses, y dio la señal de combate. Ya salía para marchar al enemigo, cuando le anuncia un desertor que veinte cohortes de samnitas (constaban de cerca de cuatrocientos hombres) habían partido para Cominio. Temiendo que fuese sorprendido su colega, le envía en el acto un mensajero, y en seguida manda a los suyos acelerar el paso. A los cuerpos de reserva les había designado sus puestos y sus jefes. Encargó el ala derecha a L. Volumnio, la izquierda a L. Escipión y dio el mando de la caballería a otros dos legados, Cayo Çedicio y Cayo Trebonio. Mandó a Sp. Naucio que hiciese quitar los bastes a los mulos y que marchase apresuradamente con las cohortes auxiliares a rodear una eminencia, y que una vez trabado el combate, se mostrase en aquella altura levantando cuanta polvareda pudiese. Mientras se ocupaba el general en estas disposiciones, promovióse entre los pularios, acerca de los auspicios del día, un altercado que escucharon los jinetes romanos. Comprendiendo éstos que no era cosa de despreciar, previnieron a Sp. Papirio, hijo del hermano del cónsul, que había dudas acerca de los auspicios. Este joven, nacido antes de la doctrina que enseña a despreciar a los dioses, comprueba el hecho para no decir nada sin pruebas y da cuenta al cónsul, quien le contestó: "Conserva siempre la misma exactitud y el mismo celo; pero el que toma el auspicio, si declara en falso, se atrae la maldición. En cuanto a mí, no han anunciado el *tripudium*, que es excelente presagio para el pueblo romano y para el ejército." En seguida mandó a los centuriones que colocasen a los pularios en primera fila. Los samnitas por su parte hacen avanzar sus enseñas, seguidas de un ejército que por sus ricos trajes y sus armas era, hasta para

sus enemigos, magnífico espectáculo. Antes de lanzar el grito de ataque y de que viniesen a las manos, el pulario, herido de un dardo lanzado al acaso, cayó delante de las enseñas. Cuando se lo dijeron al cónsul, contestó: "Los dioses asisten al combate; el culpable ha recibido su castigo." Cuando pronunciaba estas palabras, un cuervo, pasando delante de él, lanzó penetrante grito: contento por este augurio, y asegurando que nunca habían mostrado tan visiblemente los dioses su intervención en las cosas humanas, manda tocar las trompetas y lanzar el grito de ataque.

41. Terrible fue el combate que se trabó, aunque con muy diferentes disposiciones de ánimo por una y otra parte. La cólera,la esperanza y el ardor guerrero arrastraban a los romanos ávidos de la sangre de sus enemigos; a la mayor parte de los samnitas, la necesidad y el imperio de la religión les obliga menos a avanzar sobre el enemigo que a rechazarle; y no habrían podido resistir el primer grito ni el primer choque de los romanos, acostumbrados como estaban desde muchos años a ser vencidos, si no les hubiese impedido huir otro temor más fuerte del que estaban penetrados sus corazones. Ante los ojos tenían todo el aparato de sus espantosos misterios, sus sacerdotes armados, la tierra cubierta de hombres y animales degollados, la sangre humana corriendo sobre los altares con la de las víctimas; aquellas imprecaciones, aquellas fórmulas terribles que les sacrificaban a las furias, a ellos, a sus familias y a su raza. Sujetos por estos lazos, no se atrevían a huir, temiendo más a sus conciudadanos que a sus enemigos. Los romanos les estrechaban en las alas y el centro, y les destrozaban aprovechando el estupor en que les tenía el miedo a los dioses y a los hombres. Los samnitas oponían débil resistencia, como hombres cuya fuga solamente retrasa el miedo. La matanza había llegado ya hasta las enseñas, cuando se descubre una nube de polvo que parecía producido por la marcha de numeroso ejército. Era Sp. Naucio, o según otros Octavio Mecio, que llegaba al frente de las cohortes de las alas, y la nube de polvo que levantaba engañaba acerca del número de sus fuerzas, porque los siervos del ejército, montados en los mulos, arrastraban por el suelo ramas con sus hojas. Distínguense primeramente armas y enseñas en medio de la polvareda que apenas puede penetrar la luz; pero a retaguardia, el polvo, más espeso cada vez, hacía creer que cerraba la marcha un cuerpo de caballería. Engáñanse los samnitas y los mismos romanos, y el cónsul confirma el error, gritando en las primeras filas para que le pudiese oír el enemigo, "que Cominio había caído; que llegaba su colega victorioso; que era necesario vencer para no dejar a otro ejército la gloria de aquel combate". Hablaba de esta manera montado en su caballo, y en seguida manda a los tribunos y a los centuriones que abran paso a la caballería. Había encargado a Trebonio y a Cedicio que, cuando le viesen empinarse y agitar la lanza, lanzasen la caballería contra el enemigo con la mayor impetuosidad. Todo se ejecuta puntualmente: tan bien tomadas estaban las disposiciones. Ábrense las filas, la caballería se lanza en medio de los grupos enemigos, y por todas partes donde ataca rompe las líneas. Volumnio y Escipión la siguen y derriban al enemigo quebrantado. Sobreponiéndose entonces al miedo de los dioses el de los hombres, las cohortes de la legión linteata se desbandan, todos huyen a la vez, los juramentados y los que no lo están, experimentando igual temor al enemigo. Lo que quedó de la infantería fue empujado a su campamento de Aquilonia; la nobleza y la caballería huyerona Boviano. La caballería ro-

mana persiguió a la samnita; la infantería a la infantería, y las alas, tomando opuesto camino, se dirigen, la derecha al campamento samnita, la izquierda a la ciudad. Volumnio se apoderó en seguida del campamento: la ciudad opuso más resistencia a Escipión, no porque los vencidos mostrasen mayor energía, sino porque las murallas son mejores defensas que las empalizadas. Desde lo alto de los parapetos rechazan a pedradas a los que asaltan; y calculando Escipión que si no se termina el lance en el primer momento de consternación y antes de que el enemigo tuviese tiempo para reponerse, el ataque de una ciudad fortificada sería largo, pregunta a sus soldados "si habiéndose apoderado del campamento la otra ala, consentirían, siendo victoriosos, que les rechazasen de las puertas de la ciudad". Todos gritan; él da ejemplo, levanta su escudo sobre la cabeza y marcha hacia la puerta: los demás le siguen formando la tortuga y fuerzan la plaza. Después de derribar a cuantos samnitas estaban cerca de la puerta, ocupan las murallas; pero siendo poco numerosos, no se atreven a penetrar en el interior de la ciudad.

42. El cónsul ignoró al principio estas circunstancias y se ocupaba en hacer regresar al ejército, porque ya declinaba el día, y la noche, que se acercaba, todo lo hacía peligroso y objeto de sospecha hasta para los defensores. Habiendo avanzado, a cierta distancia vio a la derecha el campamento tomado; a la izquierda oye en la ciudad los gritos de espanto mezclados con las voces y el ruido de los combatientes; en aquel mismo momento atacaban la puerta. Lanzando en seguida su caballo más cerca de la ciudad, ve sus soldados sobre las murallas, y como no necesitaba deliberar, porque el arrojo de unos pocos le proporcinaba ocasión de realizar una grande empresa, llama las tropas que había reunido y les manda marchar sobre la ciudad, en la que entraron por el punto más inmediato; pero acercándose la noche, quedaron inactivas. Durante la noche abandonó el enemigo la ciudad. Aquel día mataron a los samnitas treinta mil trescientos cuarenta hombres; les hicieron tres mil ochocientos sesenta prisioneros y se apoderaron de noventa y siete enseñas. Dícese que jamás se mostró más contento un general en el campo de batalla que Papirio, bien por efecto de su carácter, bien por confianza en el éxito. Igual fortaleza de ánimo mostró cuando se promovieron las dudas acerca del auspicio, sin poder hacerle desistir del combate, y cuando en lo más recio del peligro, en uno de los momentos en que se acostumbraba ofrecer templos a los dioses inmortales, hizo voto, si derrotaba las legiones enemigas, de ofrecer a Júpiter vencedor, antes de beber vino, una copita de vino con miel. Este voto agradó a los dioses y los auspicios se inclinaron al favor.

43. Igualmente afortunado fue en Cominio el otro cónsul. Al amanecer, habiendo hecho avanzar todas sus tropas contra las murallas, atacó a la ciudad, y colocó en las puertas fuertes destacamentos para impedir toda salida. Ya iba a dar la señal, cuando llegó a toda brida el mensajero de su colega anunciándole la aproximación de las veinte cohortes enemigas. Este aviso le hizo suspender el ataque y llamar parte de las tropas que estaban preparadas para el asalto y solamente esperaban la señal. Mandó a D. Bruto que marchase con la primera legión, diez cohortes auxiliares y la caballería, al encuentro de la fuerza enemiga, y donde quiera que la encontrase hacerle frente y detenerla, y hasta darle batalla si era necesario, de tal manera, que aquellas fuerzas no pudiesen llegar a Cominio. Por su parte, mandó llevar escalas para asaltar las murallas por todas partes, y al abrigo

de la tortuga, avanzó hasta las puertas. Al mismo tiempo que las rompían, daban el asalto general; y los samnitas, mientras no vieron al enemigo sobre las murallas, mostraron bastante resolución para impedirles que se acercasen; pero desde el momento en que ya no combatían desde lejos con armas arrojadizas, comenzaron a reunirse, perdieron toda esperanza de resistir a hombres que, después de subir trabajosamente desde el pie de las murallas a lo más alto, vencedores de lo que más temían, de las dificultades del terreno, podían ahora combatir fácilmente, en suelo igual, con un enemigo que les era inferior. Abandonando las torres y las murallas, huyeron todos al centro de la ciudad, donde durante algún tiempo intentaron la última probabilidad de combate. Deponiendo al fin las armas, rindiéronse a discreción al cónsul en número de once mil cuatrocientos hombres; habían sido muertos cerca de cuatro mil ochocientos ochenta. De esta manera ocurrieron las cosas en Cominio y Aquilonia. Esperábase otro combate en el espacio que separa estas dos ciudades, pero en ninguna parte se encontraron enemigos. Como distaban éstos siete millas de Cominio, llamados por los suyos, no asistieron a ninguna de las dos batallas. Casi al cerrar la noche, encontrándose ya a la vista del campamento de Aquilonia, oyeron por los dos lados a la vez igual clamor, que les detuvo en la marcha; después, viendo por el lado del campamento, incendiado por los romanos, las llamas que se extendían a lo lejos, esta señal de indudable derrota les quitó el valor para avanzar más, quedando en aquel mismo punto. Tendidos aquí y allá en el suelo, al azar y completamente armados, pasaron toda la noche inquietos, esperando y temiendo el día. Al amanecer, vacilaban acerca del camino que debían seguir, cuando viéndose descubiertos por algunos jinetes, emprendieron desordenada fuga. Aquellos jinetes que iban en persecución de los samnitas escapados de la ciudad durante la noche, habían observado aquella multitud que no tenía empalizadas ni puestos avanzados para su defensa. También la habían visto desde las murallas de Aquilonia, y las cohortes legionarias habían partido también en su persecución. Imposible fue a la infantería alcanzar a los fugitivos; pero habiendo alcanzado la caballería su retaguardia, mató cerca de doscientos ochenta soldados. En su precipitada fuga, los enemigos abandonaron muchas armas y diez y ocho enseñas. El resto de este cuerpo de tropas llegó sin pérdidas a Boviano, a pesar del desorden de la fuga.

44. Cada ejército romano experimentó doblemente la alegría del triunfo al conocer el del otro. Los dos cónsules, puestos de acuerdo, abandonaron al soldado el saqueo de las dos ciudades que acababan de tomar. Cuando lo hubieron sacado todo de las casas, les prendieron fuego, desapareciendo entre las llamas el mismo día Aquilonia y Cominio. Los cónsules, cuyas legiones se felicitaban mutuamente, como se felicitaban ellos mismos, reunieron sus tropas en un solo campamento, y en presencia de los dos ejércitos Carvilio elogió y distribuyó a los suyos recompensas según el mérito de cada uno. Papirio, cuyas tropas habían peleado tantas veces en el ataque del campamento y en derredor de las murallas, dio brazaletes y coronas de oso a Sp. Naucio y a Sp. Papirio, hijos de su hermano, a cuatro centuriones y a un manípulo de hastatos, a Naucio, por haber asustado al enemigo, como pudiera haberlo hecho un ejército numeroso; al joven Papirio, por haberse distinguido al frente de la caballería en el combate, y durante la noche en la persecución de los samnitas escapados secretamente de Aquilonia; a los centuriones y

a los soldados, que fueron los primeros en forzar la puerta y muralla de Aquilonia. A todos los jinetes, por el brillante valor que habían demostrado en todas ocasiones, concedió cuernecitos y brazaletes de plata. En seguida celebraron consejo,porque parecía llegada la ocasión de retirar del Samnio los dos ejércitos, o al menos uno. Creyóse que, cuando más abatidas se encontraban las fuerzas de los samnitas, mayor perseverancia debía desplegarse en proseguir las operaciones para poder entregar el Samnio sometido a los cónsules venideros. Puesto que el enemigo no tenía ya ejército en estado de resistir batalla campal, solamente quedaba por poner sitio a las ciudades. Destruyéndolas, podían aumentar el botín del soldado y exterminar al enemigo obligándole a combatir por sus altares y familias. En consecuencia de esto, después de dirigir al Senado y al pueblo romano cartas en que daban cuenta de sus hazañas, se separaron los cónsules, llevando las legiones Papirio a sitiar a Sepino y Carvilio a Volana.

45. Leídas en el Senado y en la asamblea del pueblo las cartas de los cónsules, excitaron profunda alegría; hubo cuatro días de solemnes acciones de gracias, durante los cuales el apresuramiento de los particulares demostró el regocijo público. Aquella victoria era muy importante para el pueblo romano, teniendo además el mérito de la oportunidad, puesto que al mismo tiempo se supo que se habían sublevado los etruscos. Considerábase cómo se habría podido contener a la Etruria en caso de reveses en el Samnio, cuando la liga de los samnitas había enardecido el valor de los etruscos, quienes, sabiendo que los cónsules y todas las fuerzas romanas estaban ocupadas lejos, en el Samnio, habían aprovechado la ocasión para sublevarse. La diputación de los aliados, presentada en el Senado por el pretor M. Atilio, se quejaba de que los etruscos, vecinos suyos, incendiaban y devastaban sus campos para castigarlos por su fidelidad al pueblo romano, y ellos rogaban a los padres conscriptos que les pusieran a cubierto de las violencias y ultrajes de sus comunes enemigos. Contestaron a los legados: "Que el Senado cuidaría de que los aliados no tuviesen que arrepentirse de su fidelidad: que los etruscos experimentarían muy pronto la misma suerte que los samnitas." Sin embargo, no habrían desplegado mucha actividad en los asuntos de la Etruria, si no hubiesen sabido que los faliscos también, que desde muchos años habían permanecido en la alianza romana, habían reunido sus fuerzas con las de los etruscos. La proximidad de este pueblo despertó la atención de los senadores, que creyeron deber reclamar por medio de los feciales. No habiendo dado satisfacción los faliscos, se les declaró la guerra por un decreto del Senado, confirmado por acuerdo del pueblo; recibiendo orden los cónsules para sortear cuál de ellos había de pasar con su ejército del Samnio a la Etruria. Carvilio había tomado ya a los samnitas Volana, Palumbino y Herculaneo; Volana después de algunos días de sitio; Palumbino en el mismo día en que llegó a sus murallas, y Herculaneo después de dos batallas, cuyo resultado quedó incierto y le costaron más gente que al enemigo. Después de establecer su campamento y encerrado el enemigo en el recinto de sus murallas, atacó a la ciudad y se apoderó de ella. En estas tres ciudades mataron o se apoderaron de diez mil hombres, excediendo muy poco el número de prisioneros al de muertos. Habiendo sorteado los cónsules las provincias, tocó la Etruria a Carvilio, con sumo regocijo de los soldados que no podían resistir ya el rigor del frío en el Samnio. Papirio encontró en Sepino resistencia más enérgica por parte del enemi-

go: combatióse frecuentemente en batalla campal, otras veces en marcha, otras alrededor de la ciudad para rechazar las salidas de los enemigos. No era aquello sitio ni siquiera de iguales probabilidades; porque si los samnitas utilizaban las murallas para su defensa, oponían también las armas y sus guerreros para la defensa de las murallas. En fin, a fuerza de combates se redujo al enemigo a soportar el sitio, y el cónsul, por medio de obras y un asalto se apoderó de la plaza. La irritación que había causado tanta resistencia hizo que se derramase más sangre, y después de la toma de la ciudad fueron muertos siete mil cuatrocientos hombres, quedandando prisioneros poco menos de tres mil. El botín, que era considerable, las riquezas de los samnitas amontonadas en corto número de plazas, quedó abandonado al soldado.

46. Todo el país estaba cubierto de nieve y no era posible permanecer a campo raso, por lo que el cónsul retiró su ejercito del Samnio. Cuando llegó a Roma se le otorgó por unanimidad el triunfo, pues, en el ejerecicio de su magistratura, siendo extraordinaria para aquella época la magnificencia de la ceremonia. Los infantes y los jinetes desfilaron, adornados con distinciones militares, viéndose coronas cívicas, valares y murales. Los despojos de los samnitas atraían todas las miradas, comparándoseles, por el brillo y la belleza, con los que trajo el padre del cónsul, y que, sirviendo para decorar muchos monumentos públicos, todos los conocían. Algunos prisioneros de elevada alcurnia, ilustres por sus hazañas y las de sus padres, aumentaban el esplendor del triunfo. Lleváronse en carros dos millones treinta y tres mil libras de peso de cobre, procedentes, según decían, de la venta de prisioneros; también llevaban mil trescientas treinta libras de plata que habían cogido en las ciudades.Todo aquel cobre y aquella plata la entregaron al tesoro público. Nada se conservó del botín para el soldado, disgustando esto tanto más al pueblo, cuanto que se exigió el tributo para el Senado a las legiones; mientras que si el cónsul hubiese renunciado a la vanagloria de depositar en el tesoro público el dinero cogido al enemigo, se hubiese podido, con el botín, hacer regalos a los soldados y atender al sueldo del ejército. Durante su consulado hizo Papirio la dedicación del templo de Quirino: en ningún historiador encuentro que lo ofreciese durante la batalla misma, y es cosa cierta que no hubiese podido terminarlo en tan poco tiempo: aquel fue voto de su padre durante su dictadura. Papirio lo embelleció con los despojos del enemigo, que ascendían a tal cantidad, que no solamente se aodrnaron el templo y el Foro, sino que se distribuyeron también a los aliados y a las colonias vecinas para que decorasen sus templos y monumentos públicos. Después de su triunfo, llevó Papirio el ejército a invernar en el territorio de Vescia, porque los samnitas inquietaban sin descanso este país. Entre tanto el cónsul Carvilio había comenzado el sitio de Troilio, en Etruria; y habiéndole ofrecido cuatrocientos setenta habitantes de los más ricos, cantidades considerables para que les concediese libertad de salir de la plaza, les dejó partir. De los demás habitantes y de la ciudad misma se apoderó por la fuerza. En seguida tomó cinco castillos colocados en alturas de difícil aceso, matando en ellos al enemigo dos mil cuatrocientos hombres e hizo cerca de dos mil prisioneros. Habiendo pedido la paz los faliscos, solamente les concedió tregua por un año y les abligó a entregarle cien mil libras de peso de cobre, y el sueldo de un año a los soldados. Terminadas estas operaciones vino a triunfar a Roma. La parte que había tomado en los asuntos del Samnio no podía dar

a su triunfo todo el esplendor que tuvo el de su colega; pero la guerra de Etruria hacía desaparecer la diferencia. Llevó al tesoro trescientas ochenta mil libras de peso de cobre; y con el resto del dinero que le pertenecía como general, hizo construir un templo a la diosa Fuerte Fortuna, cerca del que dedicó a la misma diosa el rey Servio Tulio: además, del producto del botín distribuyó a cada soldado doscientos ases y el doble solamente a los centuriones y caballeros; recompensas que hizo mucho más agradable la dureza de su colega. La influencia de este cónsul con el pueblo fue una salvaguardia para su legado L. Postumio. Demandado éste en justicia por el tribuno del pueblo M. Cancio, había pedido, según se dice, el título de legado para libertarse del juicio del pueblo. La acusación pudo formularse, pero no continuar.

47. Habiendo terminado ya el año, habían entrado en cargos nuevos tribunos del pueblo, y al cabo de cinco días, por algún vicio en la eleción, tuvieron que ceder el puesto a otros. Los censores P. Cornelio Arvina y C. Marcio Rutilo cerraron este año el lustro: el censo dio doscientos sesenta y dos mil trescientos veintidós ciudadanos. Eran éstos los vigesimosextos censores desde la creación de estas magistratura y el lustro diez y nueve. En este año asistieron por primera vez los ciudadanos con corona en la cabeza a los juegos romanos, en regocijo por los triunfos de los ejércitos, y por primera vez también se dio a ejemplo de los griegos, palmas a los vencedores: también en este mismo año, los ediles curules que hicieron celebrar aquellos juegos, habiendo condenado a algunos arrendatarios de prados públicos, emplearon el dinero de las multas en pavimentar el camino desde el templo de Marte hasta Bobila. L. Papirio celebró los comicios consulares; creó cónsules a Q. Fabio Gurges, hijo de Máximo, y a D. Junio Bruto Esceva; Papirio fue creado pretor. Tantas prosperidades apenas bastaron durante este año para consolar a Roma de un solo azote, la peste, que asoló a la vez a la ciudad y los campos, tomando ya el mal el carácter de terrible prodigio. Consultóse los libros para saber qué fin tendría aquella calamidad o qué remedio darían los dioses, viéndose que era necesario traer a Esculapio de Epidauro a Roma; pero ocupados constantemente este año los cónsules en la guerra, no tomaron ninguna disposición en cuanto a esto, consagrándose solamente un día a rogativas públicas en honor de Esculapio.

ÍNDICE

Pág.

ESTUDIO PRELIMINAR IX

Libro primero 1
Libro segundo 47
Libro tercero 97
Libro cuarto 150
Libro quinto 195
Libro sexto 238
Libro séptimo 273
Libro octavo 308
Libro noveno 342
Libro décimo 384

Esta obra se acabó de imprimir
El mes de marzo de 1999, en los talleres de

PENAGOS, S.A. DE C.V.
Lago Wetter No. 152 Col. Pensil
11490, México, D.F.

COLECCIÓN "SEPAN CUANTOS..."

128.	ALARCON, Pedro A. de: El Escándalo. Prólogo de Juana de Ontañón.	$ 25.00
134.	ALARCON, Pedro A. de: El niño de la bola. El sombrero de tres picos. El capitán veneno. Notas preliminares de Juana de Ontañón.	30.00
225.	ALAS "Clarín", Leopoldo: La Regenta. Introducción de Jorge Ibargüengoitia.	45.00
449.	ALAS "Clarín", Leopoldo: Cuentos. Pipá. Zurita. Un candidato. El rana. Adiós "Cordera". Cambio de luz. El gallo de Sócrates. El Sombrero del Cura y 35 cuentos más. Prólogo de Guillermo de la Torre.	35.00
572.	ALAS "Clarín", Leopoldo: Su único hijo. Doña Berta. Cuervo. Superchería. Prólogo de Ramón Pérez de Ayala.	25.00
	ALCEO. Véase: Píndaro	
126.	ALCOTT, Louisa M.: Mujercitas. Más cosas de Mujercitas.	30.00
273.	ALCOTT, Louisa M.: Hombrecitos.	25.00
182.	ALEMAN, Mateo: Guzmán de Alfarache. Introducción de Amancio Bolaño e Isla.	35.00
609.	ALENCAR, José Martiniano de: El guaraní. Novela indigenista brasileña.	30.00
	ALFAU DE SOLALINDE, Jesusa. Véase: ARROYO, Anita	
229.	ALFONSO EL SABIO: Antología. Cantigas de Santa María. Cantigas profanas. Primera crónica general. General e grand storia. Espéculo. Las siete partidas. El setenario. Los libros de astronomía. El lapidario. Libros de ajedrez, dados y tablas. Una carta y dos testamentos. Con un estudio preliminar de Margarita Peña y un vocabulario.	30.00
15.	ALIGHIERI, Dante: La Divina Comedia. La vida nueva. Introducción de Francisco Montes de Oca.	30.00
61.	ALTAMIRANO, Ignacio M.: El zarco. La navidad en las montañas. Introducción de María del Carmen Millán.	20.00
62.	ALTAMIRANO, Ignacio M.: Clemencia. Cuentos de invierno. Julia. Antonia. Beatriz. Atenea.	25.00
275.	ALTAMIRANO, Ignacio M.: Paisajes y leyendas. Tradiciones y costumbres de México. Introducción de Jacqueline Covo.	35.00
43.	ALVAR, Manuel: Poesía tradicional de los judíos españoles.	30.00
122.	ALVAR, Manuel: Cantares de Gesta medievales. Cantar de Roncesvalles. Cantar de los siete infantes de Lara. Cantar del cerco de Zamora. Cantar de Rodrigo y el rey Fernando. Cantar de la campana de Huesca.	25.00
151.	ALVAR, Manuel: Antigua poesía española lírica y narrativa. Jarchas. Libro de la infancia y muerte de Jesús. Vida de Santa María Egipciaca. Disputa del alma y el cuerpo. Razón de amor con los denuestos del agua y el vino. Elena y María (disputa del clérigo y el caballero). El planto. ¡Ay Jerusalén! Historia troyana en prosa y verso.	30.00
174.	ALVAR, Manuel: El romancero viejo y tradicional.	35.00
244.	ALVAREZ QUINTERO, Serafín y Joaquín: Malvaloca. Amores y amoríos. Puebla de las mujeres. Doña Clarines. El genio alegre. Prólogo de Ofelia Garza de del Castillo.	25.00
131.	AMADIS DE GAULA. Introducción de Arturo Souto A.	35.00
157.	AMICIS, Edmundo de: Corazón. Diario de un niño. Prólogo de María Elvira Bermúdez.	30.00
505.	AMIEL, Enrique Federico: Fragmentos de un diario íntimo. Prólogo de Bernard Bouvier.	30.00
83.	ANDERSEN, Hans Christian: Cuentos. Prólogo de María Edmée Alvarez.	25.00
	ANDREYEV. Véase: Cuentos Rusos	
636.	ANDREYEV, Leónidas: Los siete ahorcados. Saschka Yegulev. Prólogo de Ettore Lo Gato	35.00
428.	ANONIMO: Aventuras del Pícaro Till Eulenspiegel. WICKRAM, Jorge: El librito del carro. Versión y prólogo de Marianne Oeste de Bopp.	25.00

432. ANONIMO: Robin Hood. Introducción de Arturo Souto A. 30.00

635. ANTOLOGIA DE CUENTOS DE MISTERIO Y DE TERROR. Selección e introducción de Ilán Stavans. 40.00

661. APPENDINI, Guadalupe: Leyendas de provincia. 50.00

674. APPENDINI, Guadalupe: Refranes populares de México. 50.00

301. AQUINO, Tomás de: Tratado de la ley. Tratado de la justicia. Opúsculo sobre el gobierno de los príncipes. Traducción y estudio introductivo por Carlos Ignacio González, S. J. 45.00

317. AQUINO, Tomás de: Suma contra los gentiles. Traducción y estudio introductivo por Carlos Ignacio González, S.J. 60.00

406. ARCINIEGAS, Guzmán: Biografía del Caribe. 35.00

76. ARCIPRESTE DE HITA: Libro de buen amor. Versión antigua, con prólogo y versión moderna de Amancio Bolaño e Isla. 30.00

67. ARISTOFANES: Las once comedias. Versión directa del griego con introducción de Angel María Garibay K. 35.00

70. ARISTOTELES: Etica Nicomaquea. Política. Versión española e introducción de Antonio Gómez Robledo. 30.00

120. ARISTOTELES: Metafísica. Estudio introductivo, análisis de los libros y revisión del texto por Francisco Larroyo. 30.00

124. ARISTOTELES: Tratados de lógica. (El organón). Estudio introductivo, preámbulo a los tratados y notas al texto por Francisco Larroyo. 40.00

82. ARRANGOIZ, Francisco de Paula: México desde 1808 hasta 1867. Prólogo de Martín Quirarte. 120.00

103. ARREOLA, Juan José: Lectura en voz alta. 30.00

638. ARRILLAGA TORRÉNS, Rafael: Grandeza y decadencia de España en el siglo XVI. 35.00

195. ARROYO, Anita: Razón y pasión de Sor Juana. Refutación a Pfandl. El Barroco en la vida de Sor Juana, por Jesusa Alfau de Solalinde. 30.00

431. AUSTEN, Jane: Orgullo y prejuicio. Prólogo de Sergio Pitol. 35.00

327. AUTOS SACRAMENTALES. (El auto sacramental antes de Calderón). LOAS: Dice el sacramento. A un pueblo. Loa del auto de acusación contra el género humano. LOPEZ DE YANGUAS: Farsa sacramental de 1521. Los amores del alma con el príncipe de la luz. Farsa sacramental de la residencia del hombre. Auto de los hierros de Adán. Farsa del sacramento del entendimiento niño. SANCHEZ DE BADAJOZ: Farsa de la iglesia. TIMONEDA: Auto de la oveja perdida. Auto de la fuente de los siete sacramentos. Farsa del sacramento llamado premática del pan. Auto de la fe. LOPE DE VEGA: La adúltera perdonada. La ciega. El pastor lobo y cabaña celestial. VALDIVIELSO: El hospital de los locos. La amistad en el peligro. El peregrino. La Serena de Plasencia. TIRSO DE MOLINA: El colmenero divino. Los hermanos parecidos.Selección, introducción y notas de Ricardo Arias. 35.00

675. AVITIA HERNANDEZ, Antonio: Corrido histórico mexicano. Tomo I. 50.00

676. AVITIA HERNANDEZ, Antonio: Corrido histórico mexicano. Tomo II. 50.00

677. AVITIA HERNÁNDEZ, Antonio: Corrido histórico mexicano. Tomo III. 50.00

678. AVITIA HERNÁNDEZ, Antonio: Corrido histórico mexicano. Tomo IV. 50.00

679. AVITIA HERNÁNDEZ, Antonio: Corrido histórico mexicano. Tomo V. 50.00

701. AZORIN: Los pueblos. La ruta de Don Quijote. España - Castilla. Prólogo de Jorge Manach

702. AZORIN: Lecturas españolas, clásicos modernos. Al margen de los clásicos. Prólogo de Carlos Clavería

625. BABEL, Isaac: Caballería roja. Cuentos de Odesa. Prólogo de Ilán Stavans. 35.00

293. BACON, Francisco: Instauratio Magna. Novum Organum. Nueva Atlántida. Estudio introductivo y análisis de las obras por Francisco Larroyo. 35.00

649. BAINVILLE, Jacques: Napoleón. El hombre del mundo por Ralph Waldo Emerson. 50.00

200. BALBUENA, Bernardo de: La grandeza mexicana y compendio apologético en alabanza de la poesía. Prólogo de Luis Adolfo Domínguez. 25.00

53. BALMES, Jaime L.: El criterio. Estudio preliminar de Guillermo Díaz-Plaja. 20.00

241. BALMES, Jaime L.: Filosofía elemental. Estudio preliminar por Raúl Cardiel. 35.00

112. BALZAC, Honorato de: Eugenia Grandet. La piel de Zapa. Prólogo de Carmen Galindo. 25.00

314. BALZAC, Honorato de: Papá Goriot. Prólogo de Rafael Solana. 20.00

442. BALZAC, Honorato de: El lirio en el valle. Prólogo de Jaime Torres Bodet. 25.00

580. BAROJA, Pío: Desde la última vuelta del camino. (Memorias). El escritor según él y según los críticos. Familia. Infancia y juventud. Introducción de Néstor Julián. 40.00

581. BAROJA, Pío: Desde la última vuelta del camino. (Memorias). Final del siglo XIX y principios del siglo XX. Galería de tipos de la época. 1989. 40.00

582. BAROJA, Pío: Desde la última vuelta del camino. (Memorias). La intuición y el estilo. Bagatelas de otoño. 40.00

592. BAROJA, Pío: Las inquietudes de Shanti Andia. 35.00

335. BARREDA, Gabino: La educación positivista en México. Selección, estudio introductivo y preámbulos por Edmundo Escobar. 40.00

334. BATALLAS DE LA REVOLUCION Y SUS CORRIDOS. Prólogo y preparación de Daniel Moreno. 25.00

426. BAUDELAIRE, Carlos: Las flores del mal. Diarios íntimos. Introducción de Arturo Souto Alabarce. 30.00

17. BECQUER, Gustavo Adolfo: Rimas, leyendas y narraciones. Prólogo de Juana de Ontañón. 30.00

BENAVENTE. Véase: Teatro Español Contemporáneo

35. BERCEO, Gonzalo de: Milagros de Nuestra Señora. Vida de Santo Domingo de Silos. Vida de San Millán de la Cogolla. Vida de Santa Oria. Martirio de San Lorenzo. Prólogo y versión moderna de Amancio Bolaño e Isla. 35.00

491. BERGSON, Henry: Introducción a la metafísica. La Risa. Filosofía de Bergson por Manuel García Morente. 40.00

590. BERGSON, Henry: Las dos fuentes de la moral y de la religión. Introducción de John M. Oesterreicher. 40.00

BERLER, Beatrice. Véase Prescott, William H.

BERMUDEZ, Ma. Elvira. Véase: VERNE, Julio

BESTEIRO, Julián. Véase: HESSEN, Juan

500. BIBLIA DE JERUSALEN. Nueva edición totalmente revisada y aumentada. 230.00

380. BOCCACCIO: El Decamerón. Prólogo de Francisco Montes de Oca. 8a. edición. 35.00

487. BOECIO, Severino: La consolación de la filosofía. Prólogo de Gustave Bardy. 25.00

522. BOISSIER, Gastón: Cicerón y sus Amigos. Estudio de la sociedad Romana del tiempo de César. Prólogo de Augusto Rostagni. 25.00

495. BOLIVAR, Simón: Escritos políticos. El espíritu de Bolívar por Rufino Blanco y Fombona. 25.00

BOSCAN, Juan. Véase: VEGA: Garcilaso de la

278. BOTURINI BENADUCI, Lorenzo: Idea de una nueva historia general de la América Septentrional. Estudio preliminar por Miguel León-Portilla. 35.00

420. BRONTE, Carlota: Jane Eyre. Prólogo de Marga Sorensen. 35.00

119. BRONTE, Emily: Cumbres Borrascosas. Prólogo de Sergio Pitol. 25.00

584. BRUYERE, LA: Los caracteres. Precedidos de los caracteres de Teofrasto. 30.00

667. BUCK, PEARL S.- La buena tierra. 40.00

516. BULWER-LYTTON. Los últimos días de Pompeya. Prólogo de Santiago Galindo. 25.00

441. BURCKHARDT, Jacob: La Cultura del Renacimiento en Italia. Prólogo de Werner Kaegi. 35.00

606. BURGOS, Fernando: Antología del cuento hispanoamericano. 60.00

104. CABALLERO, Fernan: La gaviota. La familia de Alvareda. Prólogo de Salvador Reyes Nevares. 30.00

222. CALDERON, Fernando: A ninguna de las tres. El torneo. Ana Bolena. Herman o la vuelta del cruzado. Prólogo de María Edmée Alvarez. 25.00

74. CALDERON DE LA BARCA, Madame: La vida en México. Traducción y prólogo de Felipe Teixidor. 40.00

41. CALDERON DE LA BARCA, Pedro: La vida es sueño. El alcalde de Zalamea. Prólogo de Guillermo Díaz-Plaja. 25.00

331. CALDERON DE LA BARCA, Pedro: Autos Sacramentales: La cena del Rey Baltasar. El gran Teatro del Mundo. La hidalga del valle. Lo que va del hombre a Dios. Los encantos de la culpa. El divino Orfeo. Sueños hay que verdad son. La vida es sueño. El día mayor de los días. Selección, introducción y notas de Ricardo Arias. 35.00

CALVO SOTELO (Véase: Teatro Español Contemporáneo).

252. CAMOENS, Luis de: Los Lusiadas. Traducción, prólogo y notas de Ildefonso Manuel Gil. 25.00

329. CAMPOAMOR, Ramón de: Doloras. Poemas. Introducción de Vicente Gaos. 50.00

668. CANELLA Y SECADES, Fermín.- Historia de Llanes y su Concejo. 1a. edición. Facsimilar de la edición de 1896. 40.00

435. CANOVAS DEL CASTILLO, Antonio: La campana de Huesca. Prólogo de Serafín Estébanez Calderón. 25.00

285. CANTAR DE LOS NIBELUNGOS. Traducción al español e introducción de Marianne Oeste de Bopp. 30.00

279. CANTAR DE ROLDAN, EL. Versión de Felipe Teixidor. 20.00

624. CAPELLAN, Andrés El: Tratado del amor cortés. Traducción, introducción y notas de Ricardo Arías y Arías. 35.00

640. CARBALLO, Emmanuel.- Protagonistas de la literatura mexicana. José Vasconcelos. Genaro Martínez McGregor. Martín Luis Guzmán. Julio Torri. Alfonso Reyes. Artemio de Valle-Arizpe. Julio Jiménez Rueda. Octavio G. Barreda. Carlos Pellicer. José Gorostiza. Jaime Torres Bodet. Salvador Novo. Rafael F. Muñoz. Agustín Yáñez. Mauricio Magdaleno. Nellie Campobello. Ramón Rubín. Juan Rulfo. Juan José Arreola. Elena Garro. Rosario Castellanos. Carlos Fuentes. 65.00

307. CARLYLE, Tomás: Los Héroes. El culto a los héroes y lo heroico de la historia. Estudio preliminar de Raúl Cardiel Reyes. 25.00

215. CARROLL, Lewis: Alicia en el país de las maravillas. Al otro lado del espejo. Ilustrado con grabados de John Tenniel. Prólogo de Sergio Pitol. 35.00

57. CASAS, Fr. Bartolomé de las: Los Indios de México y Nueva España. Antología. Edición, prólogo, apéndices y notas de Edmundo O'Gormann. Con la colaboración de Jorge Alberto Manrique. 30.00

318. CASIDAS DE AMOR PROFANO Y MISTICO. Ibn Zaydum. Ibn Arabi. Estudio y traducción de Vicente Cantarino. 25.00

223. CASONA, Alejandro: Flor de leyendas. La sirena varada. La dama del alba. La barca sin pescador. Prólogo de Antonio Magaña Esquivel. 25.00

249. CASONA, Alejandro: Otra vez el diablo. Nuestra Natacha. Prohibido suicidarse en primavera. Los arboles mueren de pie. Prólogo de Antonio Magaña Esquivel. 30.00

357. CASTELAR, Emilio: Discursos. Recuerdos de Italia. Ensayos. Selección e introducción de Arturo Souto A. 25.00

372. CASTRO, Américo: La realidad histórica de España. 50.00

268. CASTRO, Guillén de: Las mocedades del Cid. Prólogo de María Edmée Alvarez. 25.00

643. CELLINI, Benvenuto: Autobiografía. Prólogo de Manuel Ramírez. 50.00

25. CERVANTES DE SALAZAR, Francisco: México en 1554 y Túmulo Imperial. Edición, prólogo y notas de Edmundo O'Gorman. 30.00

6. CERVANTES SAAVEDRA, Miguel de: El ingenioso hidalgo Don Quijote de la Mancha. Prólogo y esquema biográfico por Américo Castro. 40.00

9. CERVANTES SAAVEDRA, Miguel de: Novelas ejemplares. Comentario de Sergio Fernández. 35.00

98. CERVANTES SAAVEDRA, Miguel de: Entremeses. Introducción de Arturo Souto A. 20.00

422. CERVANTES SAAVEDRA, Miguel de: Los trabajos de Persiles y Segismunda. Prólogo de Mauricio Serrahima. 25.00

578. CERVANTES SAAVEDRA, Miguel de: Don Quijote de la Mancha. Edición abreviada. Introducción de Arturo Uslar Pietri. 25.00

20. CESAR, Cayo Julio: Comentarios de la guerra de las Galias y Guerra Civil. Prólogo de Xavier Tavera. 25.00

320. CETINA, Gutierre de: Obras. Introducción de D. Joaquín Hazañas y la Rúa. Presentación de Margarita Peña. 55.00

230. CICERON: Los oficios o los deberes. De la vejez. De la amistad. Prólogo de Joaquín Antonio Peñalosa. 35.00

234. CICERON: Tratado de la República. Tratado de las leyes Catilinarias. 25.00

CID: Véase: Poema de Mio Cid

137. CIEN MEJORES POESIAS LIRICAS DE LA LENGUA CASTELLANA, LAS. Selección y advertencia preliminar de Marcelino Menéndez Pelayo. 25.00

29. CLAVIJERO, Francisco Javier: Historia antigua de México. Edición y prólogo de Mariano Cuevas. 40.00

143. CLAVIJERO, Francisco Javier: Historia de la Antigua o Baja California. PALOU, Fr. Francisco: Vida de Fr. Junípero Serra y Misiones de la California Septentrional. Estudios preliminares de Miguel León-Portilla. 45.00

60. COLOMA, P. Luis: Boy. Prólogo de Joaquín Antonio Peñalosa. 20.00

91. COLOMA, P. Luis: Pequeñeces. Jeromín. Prólogo de Joaquín Antonio Peñalosa. 25.00

167. COMENIO, Juan Amós: Didáctica Magna. Prólogo de Gabriel de la Mora. 30.00

340. COMTE, Augusto: La filosofía positiva. Proemio, estudio introductivo, selección y un análisis de los textos por Francisco Larroyo. 30.00

7. CORTES, Hernán: Cartas de relación. Nota preliminar de Manuel Alcalá. Ilustraciones. Un mapa plegado. 25.00

313. CORTINA, Martín: Un rosillo inmortal. (Leyendas de los llanos). Un tlacuache vagabundo. Maravillas de Altepepan (leyendas mexicanas). Introducción de Andrés Henestrosa. 35.00

181. COULANGES, Fustel de: La ciudad antigua. (Estudio sobre el culto. El derecho y las instituciones de Grecia y Roma). Estudio preliminar de Daniel Moreno. 35.00

662. CRONIN, A.J.: Las llaves del reino. 40.00

663. CRONIN, A. J.: La ciudadela. 40.00

100. CRUZ, Sor Juana Inés de la: Obras completas. Prólogo de Francisco Monterde. 80.00

121. CUENTOS DE GRIMM. Prólogo y selección de María Edmée Alvarez. 30.00

342. CUENTOS RUSOS: Gógol. Turguéñev. Dostoievski. Tolstoi. Garín. Chéjov. Gorki. Andréiev. Kuprín. Artsibáshchev. Dímov. Tasin. Surguchov. Korolenko. Gonchárov. Sholojov. Introducción de Rosa Ma. Phillips. 30.00

256. CUYAS ARMENGOL, Arturo: Hace falta un muchacho. Libro de orientación en la vida para los adolescentes. Ilustrada por Juez. 30.00

382. CHATEAUBRIAND, René: El genio del cristianismo. Introducción de Arturo Sotuo A. 40.00

524. CHATEAUBRIAND, René: Atala. René. El último Abencerraje. Páginas autobiográficas. Prólogo de Armando Rangel. 25.00

623. CHAUCER, Geoffrey: Cuentos de Canterbury. Prólogo de Raymond Las Vergnas. 35.00

148. CHAVEZ, Ezequiel A.: Sor Juana Inés de la Cruz. Ensayo de psicología y de estimación del sentido de su vida para la historia de la cultura y de la formación de México. 30.00

CHEJOV, Antón: Véase: Cuentos Rusos

411. CHEJOV, Antón: Cuentos escogidos. Prólogo de Sommerset Maugham. 30.00

454. CHEJOV, Antón: Teatro: La gaviota. Tío Vania. Las tres hermanas. El jardín de los cerezos. Prólogo de Máximo Gorki. 30.00

633. CHEJOV, Antón: Novelas cortas. Mi vida. La sala número seis. En el barranco. Campesinos. Un asesino. Una historia aburrida. Prólogo de Marc Slonim. 40.00

478. CHESTERTON, Gilbert K.: Ensayos. Prólogo de Hilario Belloc. 30.00

490. CHESTERTON, Gilbert K.: Ortodoxia. El hombre eterno. Prólogo de Augusto Assia. 40.00

42. DARIO, Rubén: Azul... El salmo de la pluma. Cantos de vida y esperanza. Otros poemas. Edición de Antonio Oliver. 25.00

385. DARWIN, Carlos: El origen de las especies. Introducción de Richard W. Leakey. 40.00

377 DAUDET, Alfonso. Tartarín de Tarascón. Tartarín en los alpes. Port-Tarascón. Prólogo de Juan Antonio Guerrero 25.00

140. DEFOE, Daniel: Aventuras de Robinson Crusoe. Prólogo de Salvador Reyes Nevares. 20.00

154. DELGADO, Rafael: La calandria. Prólogo de Salvador Cruz. 25.00

280. DEMOSTENES: Discursos. Estudio preliminar de Francisco Montes de Oca. 30.00

177. DESCARTES: Discurso del método. Meditaciones metafísicas. Reglas para la dirección del espíritu. Principios de la filosofía. Estudio introductivo, análisis de las obras y notas al texto por Francisco Larroyo. 30.00

604. DIAZ COVARRUBIAS, Juan: Gil Gómez el Insurgente o la hija del médico. Apuntes biográficos de Antonio Carrión. Los mártires de Tacubaya por Juan A. Mateos e Ignacio M. Altamirano. 35.00

5. DIAZ DEL CASTILLO, Bernal: Historia verdadera de la conquista de la Nueva España. Introducción y notas de Joaquín Ramírez Cabañas. 40.00

127. DICKENS, Carlos: David Copperfield. Introducción de Sergio Pitol. 40.00

310. DICKENS, Carlos: Canción de Navidad. El grillo del hogar. Historia de dos ciudades. Estudio preliminar de María Edmée Alvarez. 25.00

362. DICKENS, Carlos: Oliver Twist. Prólogo de Rafael Solana. 35.00

648. DICKENS, Carlos: Almacen de antigüedades. Prólogo de Juan Diego Mayoux. 40.00

DIMOV. Véase: Cuentos Rusos

28. DON JUAN MANUEL: El Conde Lucanor. Versión antigua y moderna e introducción de Amancio Bolaño e Isla. 25.00

DOSTOIEVSKI, Fedor M.: Véase: Cuentos Rusos

84. DOSTOIEVSKI, Fedor M.: El Príncipe idiota. El sepulcro de los vivos. Notas preliminares de Rosa María Phillips. 30.00

106. DOSTOIEVSKI, Fedor M.: Los hermanos Karamazov. Prólogo de Rosa María Phillips. 45.00

108. DOSTOIEVSKI, Fedor M.: Crimen y castigo. Introducción de Rosa María Phillips. 35.00

259. DOSTOIEVSKI, Fedor M.: Las noches blancas. El jugador. Un ladrón honrado. Prólogo de Rosa María Phillips. 25.00

341. DOYLE, Conan Arthur: Aventuras de Sherlock Holmes: Un crimen extraño. El intérprete griego. Triunfos de Sherlock Holmes: Los tres estudiantes. El mendigo de la cicatriz. K.K.K. La muerte del coronel. Un protector original. El novio de Miss Sutherland. Las aventuras de una ciclista. El misterio de Boscombe. Policía fina. El casado sin mujer. La diadema de Berilos. El carbuncio azul. "Silver Blaze". Un empleo extraño. El ritual de los Musgrave. El "Gloria Scott". El documento robado. Prólogo de María Elvira Bermúdez. 35.00

343. DOYLE, Conan Arthur: Aventuras de Sherlock Holmes: El perro de Baskerville. La marca de los cuatro. El pulgar del ingeniero. La banda moteada. Nuevos triunfos de Sherlock Holmes: El ingenio de Napoleón. El campeón de "Foot-Ball". El cordón de la campanilla. Los Cunningham's. Las dos manchas de sangre. 40.00

345. DOYLE, Conan Arthur: Aventuras de Sherlock Holmes: La resurrección de Sherlock Holmes: Nuevas y últimas aventuras de Sherlock Holmes. La caja de laca. El embudo de cuero, etc. 30.00

73. DUMAS, Alejandro: Los tres mosqueteros. Prólogo de Salvador Reyes Nevares. 35.00

75. DUMAS, Alejandro: Veinte años después. 35.00

346. DUMAS, Alejandro: El Conde de Monte-Cristo. Prólogo de Mauricio González de la Garza. 50.00

364-65. DUMAS, Alejandro: El Vizconde de Bragelonne. 2 Tomos. 100.00

407. DUMAS, Alejandro: El paje del Duque de Saboya. 30.00

415. DUMAS, Alejandro: Los cuarenta y cinco. 30.00

452. DUMAS, Alejandro: La dama de Monsoreau. 30.00

502. DUMAS, Alejandro: La Reina Margarita. 30.00

504. DUMAS, Alejandro: La mano del muerto. 30.00

601. DUMAS, Alejandro: Mil y un fantasmas. Traducción de Luisa Sofovich. 30.00

349. DUMAS, Alejandro (hijo): La dama de las Camelias. Introducción de Arturo Souto A. 20.00

309. ECA DE QUIROZ: El misterio de la carretera de Cintra. La ilustre casa de Rmíres. Prólogo de Monserrat Alfau. 30.00

444. ECKERMANN: Conversaciones con Goethe. Introducción de Rudolf K. Goldschmith Jentner. 35.00

596. EMERSON, Ralph Waldo: Ensayos. Prólogo de Edward Tinker. 30.00

283. EPICTETO: Manual y máximas. MARCO AURELIO: Soliloquios. Estudio preliminar de Francisco Montes de Oca. 35.00

99. ERCILLA, Alonso de: La Araucana. Prólogo de Ofelia Garza de del Castillo. 40.00

ESOPO: Véase: Fábulas

695. ESCUDERO, Angel: El duelo en México. Prólogo de D. Artemio de Valle-Arizpe. 60.00

233. ESPINEL, Vicente: Vida de Marcos Obregón. Prólogo de Juan Pérez de Guzmán. 25.00

202. ESPRONCEDA, José de. Obras poéticas. El pelayo, Poesías líricas. El estudiante de Salamanca. El diablo mundo. Prólogo de Juana de Ontañón. 25.00

11. ESQUILO: Las siete tragedias. Versión directa del griego, con una introducción de Angel María Garibay K. 25.00

24. EURIPIDES: Las diecinueve tragedias. Versión directa del griego, con una introducción de Angel María Garibay K. 35.00

602. EVANGELIOS APÓCRIFOS. Introducción de Daniel Rops. 35.00

16. FABULAS. (Pensador mexicano, Rosas Moreno, La Fontaine, Samaniego Iriarte, Esopo, Fedro, etc.). Selección y notas de María de Pina. 35.00

FEDRO. Véase: Fábulas

593. FEIJOO, Benito Jerónimo: Obras escogidas. Introducción de Arturo Souto A. 35.00

387. FENELON: Aventuras de Telémaco. Introducción de Jeanne Renée Becker. 30.00

503. FERNANDEZ DE AVELLANEDA, Alonso: El ingenioso hidalgo Don Quijote de la Mancha. Que contiene su tercera salida y que es la quinta parte de sus aventuras. Prólogo de Marcelino Menéndez Pelayo. 30.00

1. FERNANDEZ DE LIZARDI, José Joaquín: El Periquillo sarniento. Prólogo de J. Rea Spell. 35.00

71. FERNANDEZ DE LIZARDI, José Joaquín: La Quijotita y su prima. Introducción de María del Carmen Ruiz Castañeda. 25.00

173. FERNANDEZ DE MORATIN, Leandro: El sí de las niñas. La comedia nueva o el café. La derrota de los pedantes. Lección poética. Prólogo de Manuel de Ezcurdia. 30.00

521. FERNANDEZ DE NAVARRETE, Martín: Viajes de Colón. 35.00

211. FERRO GAY, Federico: Breve historia de la literatura italiana. 40.00

512. FEVAL, Paul: El jorobado o Enrique de Lagardere. 30.00

641. FICHTE, Johann Gottlieb: El destino del hombre. Introducciones a la teoría de la ciencia. Prólogo de Federico Jodl. 40.00

FILOSTRATO. Véase: LAERCIO, Diógenes

352. FLAUBERT, Gustavo: Madame Bovary. Costumbres de provincia. Prólogo de José Arenas. 35.00

FRANCE, Anatole: Véase: Rabelais

375. FRANCE, Anatole: El crimen de un académico. La azucena roja. Tais. Prólogo de Rafael Solana. 40.00

399. FRANCE, Anatole: Los dioses tienen sed. La rebelión de los ángeles. Prólogo de Pierre Josserand. 35.00

654. FRANK, Ana. Diario. Prólogo de Daniel Rops. 35.00

391. FRANKLIN, Benjamín Autobiografía y otros escritos. Prólogo de Arturo Uslar Pietri. 30.00

92. FRIAS, Heriberto: Tomóchic. Prólogo y notas de James W. Brown. 20.00

494. FRIAS, Heriberto: Leyendas históricas mexicanas y otros relatos. Prólogo de Antonio Saborit. 35.00

534. FRIAS, Heriberto: Episodios militares mexicanos. Principales campañas, jornadas, batallas, combates y actos heróicos que ilustran la historia del ejército nacional desde la Independencia hasta el triunfo definitivo de la República. 30.00

670. FUENTES DÍAZ, Vicente: Valentín Gómez Farías — Santos Degollado. 70.00

608. FURMANOV, Dimitri: Chapáev. Prólogo de Dionisio Rosales. 40.00

354. GABRIEL Y GALAN, José María: Obras completas. Introducción de Arturo Souto A. 35.00

311. GALVAN, Manuel de J.: Enriquillo. Leyenda histórica dominicana (1503-1533). Con un estudio de Concha Meléndez. 30.00

305. GALLEGOS, Rómulo: Doña bárbara. Prólogo de Ignacio Díaz Ruiz. 30.00

368. GAMIO, Manuel: Forjando patria. Prólogo de Justino Fernández. 25.00

680. GARCIA ICAZBALCETA, Joaquín.- BIOGRAFIAS: Atahualpa. Batolomé Colón. Pedro Córdoba. Núñez de Balboa. Doña Marina. Los Alvarado Díaz del Castillo. Alonso de Molina. Sahagún. Revillagigedo. Boturini. Abad y Queipo... ESTUDIOS: Historiadores de México. Introducción de la imprenta. Los médicos del siglo XVI. La industria de la seda. Autos de fe. Introducción de Manuel Guillermo Martínez. 60.00

251. GARCIA LORCA, Federico: Libro de poemas. Poema del Canto Jondo. Romancero Gitano. Poeta en Nueva York. Odas. Llanto por Sánchez Mejías. Bodas de Sangre. Yerma. Prólogo de Salvador Novo. 25.00

255. GARCIA LORCA, Federico: Mariana Pineda. La zapatera prodigiosa. Así que pasen cien años. Doña Rosita la soltera. La casa de Bernarda Alba. Primeras canciones. Canciones. Prólogo de Salvador Novo. 35.00

164. GARCIA MORENTE, Manuel: Lecciones preliminares de filosofía. 25.00

621. GARCIA MORENTE, Manuel: Estudios y ensayos. Prólogo de Luis Aguirre Pardo. 35.00

GARCILASO DE LA VEGA. Véase: VEGA, Garcilaso de la

22. GARIBAY K., Angel María: Panorama literario de los pueblos nahuas. 25.00

31. GARIBAY K., Angel María: Mitología griega. Dioses y héroes. 30.00

626. GARIBAY K., Angel María: Historia de la literatura Náhuatl. Prólogo por Miguel León-Portilla. 65.00

GARIN. Véase: Cuentos Rusos

373. GAY, José Antonio: Historia de Oaxaca. Prólogo de Pedro Vázquez Colmenares. 45.00

433. GIL Y CARRASCO, Enrique: El señor de Bembibre. El lago de Carucedo. Artículos de costumbres. Prólogo de Arturo Souto A. 25.00

21. GOETHE, J. W.: Fausto. Werther. Introducción de Francisco Montes de Oca. 25.00

400. GOETHE, J. W.: De mi vida. Poesía y verdad. Prólogo de Ernst Robert Curtius. 50.00

132. GOGOL, Nikolai V.: Las almas muertas. La tercera orden de San Vladimiro. (Fragmentos de comedia inconclusa). Prólogo de Rosa María Phillips. 30.00

457. GOGOL, Nikolai V.: Taras Bulba. Relatos de Mirgorod. Prólogo de Emilia Pardo Bazán. 25.00

627. GOGOL, Nikolai V: Novelas breves petersburguesas. Diario de un loco. La nariz. El copete. El retrato. El carruaje. La perspectiva Nevski. Prólogo de Pablo Schostakovski. 35.00

GOGOL, Nikolai V. Véase: Cuentos Rusos

GOMEZ ROBLEDO (Véase: Maquiavelo).

461. GOMEZ ROBLEDO, Antonio: El magisterio filosófico y jurídico de Alonso de la Veracruz. Con una antología de textos. 25.00

GONCHAROV. Véase: Cuentos Rusos

262. GONGORA: Poesías. Romances. Letrillas. Redondillas. Décimas. Sonetos atribuidos. Poemas. Soledades. Polifemo y Galatea. Panegírico. Poesías sueltas. Prólogo de Anita Arroyo. 35.00

568. GONZALEZ OBREGON, Luis: Las calles de México. Leyendas y sucedidos. Vida y costumbres de otros tiempos. Prólogo de Carlos G. Peña y Luis G. Urbina. 30.00

44. GONZALEZ PEÑA, Carlos: Historia de la literatura mexicana. (Desde los orígenes hasta nuestros días). 30.00

254. GORKI, Máximo: La madre. Mis confesiones. Prólogo de Rosa María Phillips. 25.00

397. GORKI, Maximo: Mi infancia. Por el mundo. Mis universidades. Prólogo de Marc Slonim. 35.00

118. GOYTORTUA SANTOS, Jesús: Pensativa. Premio "Lanz Duret" 1944. 30.00

315. GRACIAN, Baltasar: El discreto. El criticón. El héroe. Introducción de Isabel C. Tarán. 40.00

693. GREEN, Graham.- El poder y la gloria. Caminos sin ley. 70.00

GUILLEN DE NICOLAU, Palma. Véase: MISTRAL, Gabriela

169. GÜIRALDES, Ricardo: Don segundo sombra. Prólogo de María Edmée Alavrez. 30.00

GUITTON, Jean. Véase: SERTILANGES, A. D.

19. GUTIERREZ NAJERA, Manuel: Cuentos y cuaresmas del Duque Job. Cuentos frágiles. Cuentos de color de humo. Primeros cuentos. Ultimos cuentos. Prólogo y capítulo de novelas. Edición e introducción de Francisco Monterde. 35.00

438. GUZMAN, Martín Luis: Memorias de Pancho Villa. 68.00

508. HAGGARD, Henry Rider: Las minas del Rey Salomón. Introducción de Allan Quatermain. 35.00

396. HAMSUN, Knut: Hambre. Pan. Prólogo de Antonio Espina. 30.00

631. HAWTHORNE, Nathaniel: La letra escarlata. Prólogo de Ludwig Lewisohn. 35.00

484. HEBREO, León: Diálogos de Amor. Traducción de Garcilaso de la Vega, El Inca. 30.00

187. HEGEL: Enciclopedia de las ciencias filosóficas. Estudio introductivo y análisis de la obra por Francisco Larroyo. 35.00

429. HEINE, Enrique: Libro de los cantares. Prosa escogida. Prólogo de Marcelino Menéndez Pelayo. 25.00

599. HEINE, Enrique: Alemania. Cuadros de viaje. Prólogo de Maxime Alexandre. 35.00

HENRIQUEZ UREÑA, Pedro. Véase: URBINA, Luis G.

688. HEMINGWAY, Ernest: EL viejo y el mar. Las nieves del Kilimanyaro. La vida breve y feliz de Francis Macomber. 30.00

271. HEREDIA, José María: Poesías completas. Estudio preliminar de Raimundo Lazo. 25.00

216. HERNANDEZ, José: Martín Fierro. Estudio preliminar por Raimundo Lazo. 20.00

176. HERODOTO: Los nueve libros de la historia. Introducción de Edmundo O'Gorman. 50.00

323. HERRERA Y REISSIG, Julio: Poesías. Introducción de Ana Victoria Mondada. 25.00

206. HESIODO: Teogonía. Los trabajos y los días. El escudo de Heracles. Idilios de Bión. Idilios de Mosco. Himnos órficos. Prólogo de Manuel Villálaz. 20.00

607. HESSE, Hermann: El lobo estepario. Relatos autobiográficos. Prólogo de F. Martini. 35.00

630. HESSE, Hermann: Demian. Siddhartha. Prólogo de Ernest Robert Curtis. 30.00

686. HESSE, Hermann: Bajo la rueda. Klein y Wagner. El último verano de Klingsor. Herman Hesse una autobiografía. 40.00

351. HESSEN, Juan: Teoría del conocimiento. MESSER, Augusto: Realismo crítico. BESTEIRO, Julian: Los juicios sintéticos "A priori". Preliminar y estudio introductivo por Francisco Larroyo. 30.00

156. HOFFMAN, E. T. G.: Cuentos. Prólogo de Rosa María Phillips. 30.00

2. HOMERO: La Ilíada. Traducción de Luis Segala y Estalella. Prólogo de Alfonso Reyes. 30.00

4. HOMERO: La Odisea. Traducción de Luis Segala y Estalella. Prólogo de Manuel Alcalá. 25.00

240. HORACIO: Odas y épodos. Satiras. Epístolas. Arte poética. Estudio preliminar de Francisco Montes de Oca. 30.00

77. HUGO, Víctor: Los miserables. Nota preliminar de Javier Peñalosa. 80.00

294. HUGO, Víctor: Nuestra Señora de París. Introducción de Arturo Souto A. 35.00

586. HUGO, Víctor: Noventa y tres. Prólogo de Marcel Aymé. 30.00

274. HUGON, Eduardo: Las veinticuatro tesis tomistas. Incluye, además Encíclica Aeterni Patris, de León XIII. Motu Propio Doctoris Angelici, de Pio X Motu Propio non multo post. De Benedicto XV. Encíclica Studiorum Ducem, de Pio XI. Análisis de la obra precedida de un estudio sobre los orígenes y desenvolvimiento de la Neoescolástica, por Francisco Larroyo. 30.00

HUIZINGA, Johan. Véase: ROTTERDAM, Erasmo de

39. HUMBOLDT, Alejandro de: Ensayo político sobre el reino de la Nueva España. Estudio preliminar, cotejos, notas y anexos de Juan A. Ortega y Medina. 90.00

326. HUME, David: Tratado de la naturaleza humana. Ensayo para introducir el método del razonamiento humano en los asuntos morales. Estudio introductivo y análisis de la obra por Francisco Larroyo. 40.00

587. HUXLEY, Aldous: Un mundo feliz. Retorno a un mundo feliz. Prólogo de Theodor W. Adorno. 35.00

78. IBARGÜENGOITIA, Antonio: Filosofía mexicana. En sus hombres y en sus textos. 35.00

348. IBARGÜENGOITIA CHICO, Antonio: Suma filosófica mexicana. (Resumen de historia de la filosofía en México). 30.00

303. IBSEN, Enrique: Peer Gynt. Casa de muñecas. Espectros. Un enemigo del pueblo. El pato silvestre. Juan Gabriel Borkman. Versión y prólogo de Ana Victoria Mondada. 30.00

47. IGLESIAS, José María: Revistas históricas sobre la intervención francesa en México. Introducción e índice de materias de Martín Quirarte. 70.00

682. IGUINIZ, Juan B.- El libro. Epítome de bibliogía. 40.00

63. INCLAN, Luis G.: Astucia. El jefe de los hermanos de la hoja o los charros contrabandistas de la rama. Prólogo de Salvador Novo. 45.00

207. INDIA LITERARIA, LA. Mahabarata. Bagavad Gita. Los vedas. Leyes de Manú. Poesía. Teatro. Cuentos. Apología y leyendas. Antología, introducciones históricas, notas y un vocabulario del hinduismo por Teresa E. Rohde. 30.00

270. INGENIEROS, José: El hombre mediocre. Introducción de Raúl Carrancá y Rivas. 25.00

IRIARTE. Véase: Fábulas

79. IRVING, Washington: Cuentos de la Alhambra. Introducción de Ofelia Garza de del Castillo. 25.00

46. ISAACS, Jorge: María. Introducción de Daniel Moreno. 25.00

245. JENOFONTE: La expedición de los diez mil. Recuerdos de Sócrates. El banquete. Apología de Sócrates. Estudio preliminar de Francisco Montes de Oca. 25.00

66. JIMENEZ, Juan Ramón: Platero y yo. Trescientos poemas (1903-1953). 25.00

374. JOSEFO, Flavio: La guerra de los judíos. Prólogo de Salvador Marichalar. 40.00

448. JOVELLANOS, Gaspar Melchor de: Obras históricas. Sobre la legislación y la historia. Discursos sobre la geografía y la historia. Sobre los espectáculos y diversiones públicas. Descripción del Castillo de Bellver. Disciplina eclesiástica sobre sepulturas. Edición y notas de Elvira Martínez. 35.00

23. JOYAS DE LA AMISTAD ENGARZADAS EN UNA ANTOLOGIA. Selección y nota preliminar de Salvador Novo. 30.00

390. JOYCE, James: Retrato del artista adolescente. Gente de Dublín. Prólogo de Antonio Marichalar. 25.00

467. KAFKA, Franz: La metamorfosis. El proceso. Prólogo de Milán Kundera. 25.00

486. KAFKA, Franz: El castillo. La condena. La gran Muralla China. Introducción de Theodor W. Adorno. 25.00

656. KAFKA, Franz. Carta al padre y otros relatos. Prólogo de José María Alfaro. 35.00

203. KANT, Manuel: Crítica de la razón pura. Estudio introductivo y análisis de la obra por Francisco Larroyo. 40.00

212. KANT, Manuel: Fundamentación de la metafísica de las costumbres. Crítica de la razón práctica. La paz perpetua. Estudio introductivo y análisis de las obras por Francisco Larroyo. 35.00

246. KANT, Manuel: Prolegómenos a toda metafísica del porvenir. Observaciones sobre el sentimiento de lo bello y lo sublime. Crítica del juicio. Estudio preliminar de las obras por Francisco Larroyo. 35.00

30. KEMPIS, Tomás de: Imitación de Cristo. Introducción de Francisco Montes de Oca. 25.00

204. KIPLING, Rudyard: El libro de las tierras virgenes. Introducción de Arturo Souto Alabarce. 30.00

545. KOROLENKO, Vladimir G.: El sueño de Makar. Malas compañías. El clamor del bosque. El músico ciego y otros relatos. Introducción por A. Jrabrovitski. 25.00

KOROLENKO: Véase: Cuentos Rusos

637. KRUIF, Paul de: Los cazadores de microbios. Introducción de Irene E. Motts. 35.00

598. KUPRIN, Alejandro: El desafío. Introducción de Ettore lo Gatto. 30.00

KUPRIN: Véase: Cuentos Rusos

427. LAERCIO, Diógenes: Vidas de los filósofos más ilustres. FILOSTRATO: Vidas de los sofistas. traducciones y prólogos de José OrtízSanz y José M. Riaño. 40.00

LAERCIO, Diógenes. Véase: LUCRECIO CARO, Tito

LAFONTAINE. Véase: Fábulas.

520. LAFRAGUA, José María y OROZCO Y BERRA, Manuel: La ciudad de México. Prólogo de Ernesto de la Torre Villar. Con la colaboración de Ramiro Navarro de Anda. 50.00

155. LAGERLOFF, Selma: El maravilloso viaje de Nils Holgersson. Introducción de Palma Guillén de Nicolau. 30.00

549. LAGERLOFF, Selma: El carretero de la muerte. El esclavo de su finca y otras narraciones. Prólogo de Agustín Loera y Chávez. 35.00

272. LAMARTINE, Alfonso de: Graziella. Rafael. Estudio preliminar de Daniel Moreno. 25.00

93. LARRA, Mariano José de. "Fígaro": Artículos. Prólogo de Juana de Ontañón. 40.00

459. LARRA, Mariano José de. "Fígaro": El doncel de Don Enrique. El doliente. Macías. Prólogo de Arturo Souto A. 30.00

333. LARROYO, Francisco: La filosofía Iberoamericana. Historia, formas, temas, polémica, realizaciones. 35.00

34. Lazarillo de Tormes, El. (Autor desconocido). Vida del buscón Don Pablos de FRANCISCO DE QUEVEDO. Estudio preliminar de Guillermo Díaz-Plaja. 30.00

38. LAZO, Raimundo: Historia de la literatura hispanoamericana. El período colonial (1492-1780). 40.00

65. LAZO, Raimundo: Historia de la literatura hispanoamericana. El siglo XIX (1780-1914). 40.00

179. LAZO, Raimundo: La novela Andina. (Pasado y futuro. Alcides. Arguedas. César Vallejo. Ciro Alegría. Jorge Icaza. José María Arguedas. Previsible misión de Vargas Llosa y los futuros narradores). 25.00

184. LAZO, Raimundo: El romanticismo. (Lo romántico en la lírica hispanoamericana, del siglo XVI a 1970). 30.00

226. LAZO, Raimundo: Gertrudis Gómez de Avellaneda. La mujer y la poesía lírica. 25.00

LECTURA EN VOZ ALTA. (Véase:ARREOLA, Juan José)

247. LE SAGE: Gil Blas de Santillana. Traducción y prólogo de Francisco José de Isla. Y un estudio de Sainte-Beuve. 45.00

321. LEIBNIZ, Godofredo G.: Discurso de metafísica. Sistema de la naturaleza. Nuevo tratado sobre el entendimiento humano. Monadología. Principios sobre la naturaleza y la gracia. Estudio introductivo y análisis de las obras por Francisco Larroyo. 40.00

145. LEON, Fray Luis de: La perfecta casada. Cantar de los cantares. Poesías originales. Introducción y notas de Joaquín Antonio Peñalosa. 25.00

632. LESSING, G. E.: Laocoonte. Introducción de Wilhelm Dilthey. 35.00

48. Libro de los Salmos. Versión directa del hebreo y comentarios de José González Brown. 35.00

304. LIVIO, Tito: Historia Romana. Primera década. Estudio preliminar de Francisco Montes de Oca. 35.00

671. LOCKE, John: Ensayo sobre el Gobierno Civil. 40.00

276. LONDON, Jack: El lobo de mar. El mexicano. Introducción de Arturo Souto A. 30.00

277. LONDON, Jack: El llamado de la selva. Colmillo blanco. 30.00

284. LONGO: Dafnis y Cloé. APULEYO: El asno de oro. Estudio preliminar e Francisco Montes de Oca. 35.00

12. LOPE DE VEGA Y CARPIO, Félix: Fuente ovejuna. Peribañez y el comen-dador de Ocaña. El mejor alcalde, el Rey. El caballero de Olmedo. Biografía y presentación de las obras por J. M. Lope Blanch. 30.00

657. LOPE DE VEGA. Poesía lírica. Prólogo de Alfonso Junco. 65.00

566. LOPEZ DE GOMARA, Francisco: Historia de la conquista de México. Estudio preliminar de Juan Miralles Ostos. 50.00

LOPE DE VEGA. Véase: Autos Sacramentales

	LOPEZ DE YANGUAS. Véase: Autos Sacramentales	
298.	LOPEZ-PORTILLO Y ROJAS, José: Fuertes y débiles. Prólogo de Ramiro Villaseñor y Villaseñor.	30.00
	LOPEZ RUBIO. Véase: Teatro Español Contemporáneo	
574.	LOPEZ SOLER, Ramón: Los bandos de Castilla. El caballero del cisne. Prólogo de Ramón López Soler.	30.00
218.	LOPEZ Y FUENTES, Gregorio: El indio. (Novela mexicana). Prólogo de Antonio Magaña Esquivel.	20.00
297.	LOTI, Pierre: Las desencantadas. Introducción de Rafael Solana.	20.00
	LUCA DE TENA. Véase: Teatro Español Contemporáneo	
485.	LUCRECIO CARO, Tito: De la naturaleza. LAERCIO, Diógenes: Epicuro. Prólogo de Concetto Marchessi.	35.00
353.	LUMMIS, Carlos F.: Los exploradores españoles del Siglo XVI. Prólogo de Rafael Altamira.	30.00
595.	LLUL, Ramón: Blanquerna. El doctor iluminado por Ramón Xirau.	35.00
639.	MACHADO DE ASSIS, Joaquín María. El alienista y otros cuentos. Prólogo de Ilán Stavans.	35.00
324.	MAETERLINCK, Maurice: El pájaro azul. Introducción de Teresa del Conde.	20.00
664.	MANN, THOMAS: La Montaña mágica. Esbozo de mi vida por Thomas Mann.	70.00
178.	MANZONI, Alejandro: Los novios. (Historia milanesa del siglo XVIII). Con un estudio de Federico Baraibar.	30.00
152.	MAQUIAVELO, Nicolás: El príncipe. Precedido de Nicolás Maquia-velo en su quinto centenario por Antonio Gómez Robledo.	25.00
	MARCO AURELIO: Véase: Epicteto	
192.	MARMOL, José: Amalia. Prólogo de Juan Carlos Ghiano.	35.00
652.	MARQUES DE SANTILLANA-GOMEZ MANRIQUE-JORGE MANRIQUE.- Poesía. Introducción de Arturo Souto A.	35.00
367.	MARQUEZ STERLING, Carlos: José Martí. Síntesis de una vida extraordinaria.	35.00
	MARQUINA. Véase: Teatro Español Contemporáneo	
141.	MARTI, José: Sus mejores páginas. Estudio, notas y selección de textos, por Raimundo Lazo.	30.00
236.	MARTI, José: Ismaelillo. La edad de oro. Versos sencillos. Prólogo de Raimundo Lazo.	25.00
338.	MARTINEZ DE TOLEDO, Alfonso: Arcipreste de Talavera o Corbacho. Introducción de Arturo Souto A. Con un estudio del vocabulario del Corbacho y colección de refranes y locuciones contenidos en el mismo por A. Steiger.	30.00
214.	MARTINEZ SIERRA. Gregorio: Tú eres la paz. Canción de cuna. Prólogo de María Edmée Alvarez.	25.00
193.	MATEOS, Juan A.: El cerro de las campanas. (Memorias de un guerrillero). Prólogo de Clementina Díaz y de Ovando.	35.00
197.	MATEOS, Juan A.: El sol de mayo. (Memorias de la intervención). Nota preliminar de Clementina Díaz y de Ovando.	30.00
514.	MATEOS, Juan A.: Sacerdote y caudillo. (Memorias de la insurrección).	35.00
573.	MATEOS, Juan A.: Los insurgentes. Prólogo y epílogo de Vicente Riva Palacio.	35.00
344.	MATOS MOCTEZUMA, Eduardo: El negrito poeta mexicano y el dominicano. ¿Realidad o fantasía. Exordio de Antonio Pompa y Pompa.	25.00
565.	MAUGHAM W., Somerset: Cosmopolitas. La miscelanea de siempre. Estudio sobre el cuento corto de W. Somerset Maugham.	30.00
665.	MAUGHAM, William Somerset.- Servidumbre humana. Leyendo a Maugham, por Rafael Solana.	60.00
697.	MAUGHAM, William Somerset: La luna y seis peniques	40.00
698.	MAUGHAM, William Somerset: El filo de la navaja	60.00
410.	MAUPASSANT, Guy de: Bola de sebo. Mademoiselle Fifi. Las hermanas Rondoli.	30.00
423.	MAUPASSANT, Guy de: La becada. Claror de luna. Miss Harriet. Introducción de Dana Lee Thomas.	35.00
642.	MAUPASSANT, Guy de: Bel-Ami. Introducción de Miguel Moure. Traducción de Luis Ruíz Contreras.	40.00

506. MELVILLE, Herman: Moby Dick o la ballena blanca. Prólogo de W. Somerset Maugham. 45.00

336. MENENDEZ, Miguel Angel: Nayar. (Novela). Ilustró Cadena M. 29.00

370. MENENDEZ PELAYO, Marcelino: Historia de los heterodoxos españoles. Erasmistas y protestantes. Sectas místicas. Judaizantes y moriscos. Artes mágicas. Prólogo de Arturo Farinelli. 65.00

389. MENENDEZ PELAYO, Marcelino: Historia de los heterodoxos españoles. Regalismo y enciclopedia. Los afrancesados y las Cortes de Cadiz. Reinados de Fernando VII e Isabel II. Krausismo y Apologístas católicos. Prólogo de Arturo Ferinelli. 65.00

405. MENENDEZ PELAYO, Marcelino: Historia de los heterodoxos españoles. Epocas romana y visigoda. Priscilianismo y adopcionismo. Mozárabes. Acordobeses. Panteismo semítico. Albigenses y valdenses. Arnaldo de Vilanova. Raimundo Lulio. Herejes en el siglo XV. Advertencia y discurso preliminar de Marcelino Menéndez Pelayo. 65.00

475. MENENDEZ PELAYO, Marcelino: Historia de las ideas estéticas en España. Las ideas estéticas entre los antiguos griegos y latinos. Desarrollo de las ideas estéticas hasta fines del siglo XVII. 65.00

482. MENENDEZ PELAYO, Marcelino: Historia de las ideas estéticas en España. Reseña histórica del desarrollo de las doctrinas estéticas durante el siglo XVIII. 65.00

483. MENENDEZ PELAYO, Marcelino: Historia de las ideas estéticas en España. Desarrollo de las doctrinas estéticas durante el siglo XIX. 65.00

MESSER, Augusto: Véase: HESSEN, Juan

MIHURA: Véase: Teatro Español Contemporáneo

18. MIL Y UN SONETOS MEXICANOS. Selección y nota preliminar de Salvador Novo. 35.00

136. MIL Y UNA NOCHES, LAS. Prólogo de Teresa E. de Rhode. 35.00

194. MILTON, John: El paraíso perdido. Prólogo de Joaquín Antonio Peñaloza. 30.00

MIRA DE AMEZCUA: Véase: Autos Sacramentales

109. MIRO, Gabriel: Figuras de la pasión del señor. Nuestro Padre San Daniel. Prólogo de Juana de Ontañón. 30.00

68. MISTRAL, Gabriela: Lecturas para mujeres. Gabriela Mistral (1922-1924). Por Palma Guillén de Nicolau. 25.00

250. MISTRAL, Gabriela: Desolación. Ternura. Tala. Lagar. Introducción de Palma Guillén de Nicolau. 35.00

144. MOLIERE: Comedias. Tartufo. El burgués gentilhombre. El misántropo. El enfermo imaginario. Prólogo de Rafael Solana. 25.00

149. MOLIERE: Comedias. El avaro. Las preciosas ridículas. El médico a la fuerza. La escuela de las mujeres. Las mujeres sabias. Prólogo de Rafael So-lana. 30.00

32. MOLINA, Tirso de: El vergonzoso en palacio. El condenado por desconfiado. El burlador de Sevilla. La prudencia en la mujer. Edición de Juana de Ontañón. 30.00

MOLINA, Tirso de: Véase: Autos Sacramentales

600. MONTAIGNE: Ensayos completos. Notas prologales de Emiliano M. Aguilera. Traducción del francés de Juan G. de Luaces. 65.00

208. MONTALVO, Juan: Capítulos que se le olvidaron a Cervantes. Estudio introductivo de Gonzalo Zaldumbide. 30.00

501. MONTALVO, Juan: Siete tratados. Prólogo de Luis Alberto Sánchez. 35.00

8. MONTES DE OCA, Francisco.- Ocho siglos de poesía en lengua castellana. 100.00

381. MONTES DE OCA, Francisco: Poesía hispanoamericana. 40.00

191. MONTESQUIEU: Del espíritu de las leyes. Estudio preliminar de Daniel Moreno. 50.00

282. MORO, Tomás: Utopía. Prólogo de Manuel Alcalá. 30.00

129. MOTOLINIA, Fray Toribio: Historia de los indios de la Nueva España. Estudio crítico, apéndices, notas e índice de Edmundo O'Gorman. 30.00

588. MUNTHE, Axel: La historia de San Michele. Introducción de Arturo Uslar-Pietri. 35.00

286. NATORP, Pablo: Propedéutica filosófica. Kant y la escuela de Marburgo. Curso de pedagogía social. Presentación introductiva. (El autor y su obra). Y preámbulos a los capítulos por Francisco Larroyo. 25.00

527. NAVARRO VILLOSLADA, Francisco: Amaya o los Vascos en el siglo VIII 45.00

171. NERVO, Amado: Plenitud, perlas negras. Místicas. Los jardines interiores. El estanque de los Lotos. Prólogo de Ernesto Mejía Sánchez 25.00

175. NERVO, Amado: La amada inmóvil. Serenidad. Elevación. La última luna. Prólogo de Ernesto Mejía Sánchez. 30.00

443. NERVO, Amado: Poemas: Las voces. Lira heróica. El éxodo y las flores del camino. El arquero divino. Otros poemas. En voz baja. Poesías varias. 30.00

NEVILLE. Véase: Teatro Español Contemporáneo

395. NIETZSCHE, Federico: Así hablaba Zaratustra. Prólogo de E. W. F. Tomlin. 30.00

430. NIETZSCHE, Federico: Más allá del bien y del mal. Genealogía de la moral. Prólogo de Johann Fischl. 30.00

700. NIETZSCHE, Federico: El origen de la tragedia. 40.00

576. **NUÑEZ CABEZA DE VACA, Alvar: Naufragios y comentarios. Apuntes sobre la vida del adelantado por Enrique Vedia.** 35.00

356. **NUÑEZ DE ARCE, Gaspar: Poesías completas. Prólogo de Arturo Souto A.** 30.00

45. **O'GORMAN, Edmundo: Historia de las divisiones territoriales de México.** 50.00

8. Ocho siglos de poesía en lengua española. Introducción y Compilación de Francisco Montes de Oca. 100.00

OLMO: Véase: Teatro Español Contemporáneo

ONTAÑON, Juana de: Véase: Santa Teresa de Jesús

462. ORTEGA Y GASSET, José: En torno a Galileo. El hombre y la gente. Prólogo de Ramón Xirau. 40.00

488. ORTEGA Y GASSET, José: El tema de nuestro tiempo. La rebelión de las masas. Prólogo de Fernando Salmerón. 30.00

497. ORTEGA Y GASSET, José: La deshumanización del arte e ideas sobre la novela. Velázquez. Goya. 30.00

499. ORTEGA Y GASSET, José: ¿Qué es filosofía? Unas lecciones de metafísica. Prólogo de Antonio Rodríguez Húescar. 45.00

436. OSTROVSKI, Nicolai: Así se templó el acero. Prefacio de Ana Karevàeva. 25.00

316. OVIDIO: Las metamorfosis. Estudio preliminar de Francisco Montes de Oca. 35.00

213. PALACIO VALDES, Armando: La hermana San Sulpicio. Introducción de Joaquín Antonio Peñalosa. 25.00

125. PALMA, Ricardo: Tradiciones peruanas. Estudio y selección por Raimundo Lazo. 40.00

PALOU, Fr. Francisco: Véase: CLAVIJERO, Francisco Xavier

421. PAPINI, Giovanni: Gog. El libro negro. Prólogo de Ettore Allodoli. 40.00

424. PAPINI, Giovanni: Historia de Cristo. Prólogo de Victoriano Capánaga. 35.00

644. PAPINI, Giovanni: Los operarios de la viña y otros ensayos. 40.00

266. PARDO BAZAN, Emilia: Los pazos de Ulloa. Introducción de Arturo Souto A. 25.00

358. PARDO BAZAN, Emilia: San Francisco de Asís. (Siglo XIII). Prólogo de Marcelino Menéndez Pelayo. 35.00

496. PARDO BAZAN, Emilia: La madre naturaleza. Introducción de Arturo Souto A. 25.00

577. PASCAL, Blas: Pensamientos y otros escritos. Aproximaciones a Pascal de R. Guardini. F. Mauriac, J. Mesner y H. Küng. 40.00

PASO: Véase: Teatro Español Contemporáneo

3. PAYNO, Manuel: Los bandidos de Río Frío. Prólogo de Antonio Castro Leal. 45.00

80. PAYNO, Manuel: El fistol del diablo. (Novela de costumbres mexicanas). Texto establecido y estudio preliminar de Antonio Castro Leal. 65.00

605.	PAYNO, Manuel: El hombre de la situación. Retratos históricos. Moctezuma II. Cuauhtémoc. La Sevillana. Alfonso de Avila. Don Martín Cortés. Fray Marcos de Mena. El Tumulto de 1624. La Familia Dongo.	30.00
622.	PAYNO, Manuel: Novelas cortas. Apuntes biográficos por Alejandro Villaseñor y Villaseñor.	35.00
	PEMAN: Véase: Teatro Español Contemporáneo	
	PENSADOR MEXICANO: Véase: Fábulas	
64.	PEREDA, José María de: Peñas arriba. Sotileza. Introducción de Soledad Anaya Solórzano.	30.00
165.	PEREYRA, Carlos: Hernán Cortés. Prólogo de Martín Quirarte.	25.00
493.	PEREYRA, Carlos: Las huellas de los conquistadores.	30.00
498.	PEREYRA, Carlos: La conquista de las rutas oceánicas. La obra de España en América. Prólogo de Silvio Zavala.	35.00
188.	PEREZ ESCRICH, Enrique: El mártir del Gólgota. Prólogo de Joaquín Antonio Peñalosa.	35.00
69.	PEREZ GALDOS, Benito: Miau. Marianela. Prólogo de Teresa Silva Tena.	40.00
107.	PEREZ GALDOS, Benito: Doña perfecta. Misericordia	30.00
117.	PEREZ GALDOS, Benito: Episodios nacionales: Trafalgar. La corte de Carlos IV. Prólogo de María Eugenia Gaona.	30.00
130.	PEREZ GALDOS, Benito: Episodios nacionales: 19 de marzo y el 2 de mayo. Bailén.	30.00
158.	PEREZ GALDOS, Benito: Episodios nacionales: Napoleón en Chamartín. Zaragoza. Prólogo de Teresa Silva Tena.	30.00
166.	PEREZ GALDOS, Benito: Episodios nacionales: Gerona. Cádiz. Nota preliminar de Teresa Silva Tena.	30.00
185.	PEREZ GALDOS, Benito: Fortunata y Jacinta. (Dos historias de casadas). Introducción de Agustín Yáñez.	50.00
289.	PEREZ GALDOS, Benito: Episodios nacionales: Juan Martín el Empecinado. La batalla de los Arapliles.	30.00
378.	PEREZ GALDOS, Benito: La desheredada. Prólogo de José Salavarría.	35.00
383.	PEREZ GALDOS, Benito: El amigo manso. Prólogo de Joaquín Casalduero.	25.00
392.	PEREZ GALDOS, Benito: La fontana de oro. Introducción de Marcelino Menéndez Pelayo.	40.00
446.	PEREZ GALDOS, Benito: Tristana. Nazarín. Prólogo de Ramón Gómez de la Serna.	25.00
473.	PEREZ GALDOS, Benito: Angel Guerra. Prólogo de Emilia Pardo Bazán.	35.00
489.	PEREZ GALDOS, Benito: Torquemada en la hoguera. Torquemada en la cruz. Torquemada en el purgatorio. Torquemada y San Pedro. Prólogo de Joaquín Casalduero.	35.00
231.	PEREZ LUGIN, Alejandro: La casa de la Troya. Estudiantina.	25.00
235.	PEREZ LUGIN, Alejandro: Currito de la Cruz.	25.00
263.	PERRAULT, CUENTOS DE: Griselda. Piel de asno. Los deseos ridículos. La bella durmiente del bosque. Caperucita roja. Barba azul. El gato con botas. Las hadas. Cenicienta. Riquete el del copete. Pulgarcito. Prólogo de María Edmée Alvarez.	25.00
308.	PESTALOZZI, Juan Enrique: Cómo Gertrudis enseña a sus hijos. Cartas sobre la educación de los niños. Libros de educación elemental. Prólogos, estudio introductivo y preámbulos de las obras por Edmundo Escobar.	30.00
369.	PESTALOZZI, Juan Enrique: Canto del cisne. Estudio preliminar de José Manuel Villalpando.	25.00
492.	PETRARCA: Cancionero. Triunfos. Prólogo de Ernst Hatch Wilkins.	35.00
221.	PEZA, Juan de Dios: Hogar y patria. El arpa del amor. Noticia preliminar de Porfirio Martínez Peñalosa.	25.00
224.	PEZA, Juan de Dios: Recuerdos y esperanzas. Flores del alma y versos festivos.	35.00
557.	PEZA, Juan de Dios: Leyendas históricas tradicionales y fantásticas de las calles de la ciudad de México. Prólogo de Isabel Quiñónez.	35.00
594.	PEZA, Juan de Dios: Memorias. Reliquias y retratos. Prólogo de Isabel Quiñonez.	35.00

248. PINDARO: Odas. Olímpicas. Píticas. Nemeas. Istmicas y fragmentos de otras obras de Píndaro. Otros líricos griegos: Arquíloco. Tirteo. Alceo. Safo. Simónides de Ceos. Anacreonte. Baquílides. Estudio preliminar de Francisco Montes de Oca. 25.00

13. PLATON: Diálogos. Estudio preliminar de Francisco Larroyo. 55.00

139. PLATON: Las leyes. Epinomis. El político. Estudio introductivo y preámbulos a los diálogos de Francisco Larroyo. 40.00

258. PLAUTO: Comedias: Los mellizos. El militar fanfarrón. La olla. El gorgojo. Anfitrión. Los cautivos. Estudio preliminar de Francisco Montes de Oca. 30.00

26. PLUTARCO: Vidas paralelas. Introducción de Francisco Montes de Oca. 40.00

564. POBREZA Y RIQUEZA. En obras selectas del cristianismo primitivo. Selección de textos, traducción y estudio por Carlos Ignacio González S. J. 30.00

210. POE, Edgar Allan: Narraciones extraordinarias. Aventuras de Arturo Gordon. Pym. El cuervo. Prólogo de Ma. Elvira Bermúdez. 35.00

85. POEMA DE MIO CID. Versión antigua, con prólogo y versión moderna de Amancio Bolaño e Isla. Seguida del ROMANCERO DEL CID. 25.00

102. POESIA MEXICANA. Selección de Francisco Montes de Oca. 50.00

371. POLO, Marco: Viajes. Introducción de María Elvira Bermúdez. 25.00

510. PONSON DU TERRAIL, Pierre Alexis: Hazañas de Rocambole. Tomo I. 40.00

511. PONSON DU TERRAIL, Pierre Alexis: Hazañas de Rocambole. Tomo II 40.00

518. PONSON DU TERRAIL, Pierre Alexis: La resurrección de Rocambole. Tomo I. Continuación de "Hazañas de Rocambole". 40.00

519. PONSON DU TERRAIL, Pierre Alexis: La resurrección de Rocambole. Tomo II. Continuación de "Hazañas de Rocambole". 40.00

36. POPOL WUJ. Antiguas historias de los indios Quichés de Guatemala. Ilustradas con dibujos de los códices mayas. Advertencia, versión y vocabulario de Albertina Saravia E. 25.00

150. PRESCOTT, William H.: Historia de la conquista de México. Anotada por Don Lucas Alamán. Con notas, críticas y esclarecimientos de Don José Fernando Ramírez. Prólogo y apéndices por Juana A. Ortega y Medina. 80.00

666. PRESCOTT, William H: La Conquista de México. Versión abreviada de Beatrice Berler. Traducción de Magdalena Ruiz de Cerezo. 30.00

198. PRIETO, Guillermo: Musa callejera. Prólogo de Francisco Monterde. 25.00

450. PRIETO, Guillermo: Romancero nacional. Prólogo de Ignacio M. Altamirano. 35.00

481. PRIETO, Guillermo: Memorias de mis tiempos. Prólogo de Horacio Labastida. 60.00

54. PROVERBIOS DE SALOMON Y SABIDURIA DE JESUS DE BEN SIRAK. Versión directa de los originales por Angel María Garibay K. 30.00

QUEVEDO, Francisco de: Véase: Lazarillo de Tormes

646. QUEVEDO, Francisco de: Poesía. Introducción de Jorge Luis Borges. 35.00

332. QUEVEDO Y VILLEGAS, Francisco de: Sueños. El sueño de las calaveras. El alguacil alguacilado. Las zahúrda de Plutón. Visita de los chistes. El mundo por dentro. La hora de todos y la fortuna con seso. Poesías. Introducción de Arturo Souto A. 30.00

97. QUIROGA, Horacio: Cuentos. Selección, estudio preliminar y notas críticas e informativas por Raimundo Lazo. 30.00

347. QUIROGA, Horacio: Más cuentos. Introducción de Arturo Souto A. 30.00

360. RABELAIS: Gargantúa y Pantagruel. Vida de Rabeláis por Anatole France. Ilustraciones de Gustavo Doré. 45.00

219. RABINAL-ACHI: El varón de Rabinal. Ballet-drama de los indios Quichés de Guatemala. Traducción y prólogo de Luis Cardoza y Aragón. 20.00

RANGEL, Nicolás. Véase: URBINA, Luis G.

366. REED, John: México insurgente. Diez días que estremecieron al mundo. Prólogo de Juan de la Cabada. 35.00

669. REMARQUE, Erich Maria.- Sin novedad en el frente. Etiología y cronología de la Primera Guerra Mundial. 30.00

597. RENAN, Ernesto: Marco Aurelio y el fin del mundo antiguo. Precedido de la plegaria sobre la acrópolis. 35.00

101. RIVA PALACIO, Vicente: Cuentos del general. Prólogo de Clementina Díaz y de Ovando. 25.00

474. RIVA PALACIO, Vicente: Las dos emparedadas. Memorias de los tiempos de la inquisición. 30.00

476. RIVA PALACIO, Vicente: Calvario y Tabor. 30.00

507. RIVA PALACIO, Vicente: La vuelta de los muertos. 30.00

162. RIVAS, Duque de: Don Alvaro o la fuerza del Sino. Romances históricos. Prólogo de Antonio Magaña Esquivel. 25.00

172. RIVERA, José Eustasio: La vorágine. Prólogo de Cristina Barros Stivalet. 25.00

ROBIN HOOD. (Véase: Anónimo)

87. RODO, José Enrique: Ariel. Liberalismo y Jacobinismo. Ensayos: Rubén Darío, Bolívar, Montalvo. Estudio preliminar, índice biográfico, cronológico y resumen bibliográfico por Raimundo Lazo. 30.00

115. RODO, José Enrique: Motivos de Proteo y nuevos motivos de Proteo. Prólogo de Raimundo Lazo. 30.00

88. ROJAS, Fernando de: La Celestina. Prólogo de Manuel de Ezcurdia. Con una cronología y dos glosarios. 25.00

ROMANCERO DEL CID. Véase: Poema de Mío Cid

650. ROPS, Daniel: Jesús en su tiempo. Jesús ante la crítica por Daniel Rops. 60.00

ROSAS MORENO: Véase: Fábulas

328. ROSTAND, Edmundo: Cyrano de Bergerac. Prólogo, estudio y notas de Angeles Mendieta Alatorre. 30.00

440. ROTTERDAM, Erasmo de: Elogio de la locura. Coloquios. Erasmo de Rotterdam, Por Johan Huizinga. 30.00

113. ROUSSEAU, Juan Jacobo: El contrato social o principios de Derecho Político. Discurso sobre las ciencias y las artes. Discurso sobre el origen de la desigualdad. Estudio preliminar de Daniel Moreno. 25.00

159. ROUSSEAU, Juan Jacobo: Emilio o de la educación. Estudio preliminar de Daniel Moreno. 30.00

470. ROUSSEAU, Juan Jacobo: Confesiones. Prólogo de Jeanne Renée Becker. 50.00

265. RUEDA, Lope de: Teatro completo. Eufemia. Armelina. De los engañados. Medora. Colloquio de Camelia. Colloquio de Tymbria. Diálogo sobre la invención de las Calcas. El deleitoso. Registro de representantes. Colloquio llamado prendas de amor. Colloquio en verso. Comedia llamada discordia y questión de amor. Auto de Naval y Abigail. Auto de los desposorios de Moisén. Farsa del sordo. Introducción de Arturo Souto A. 35.00

10. RUIZ DE ALARCON, Juan: Cuatro comedias. Las paredes oyen. Los pechos privilegiados. La verdad sospechosa. Ganar amigos. Estudio, texto y comentarios de Antonio Castro Leal. 30.00

451. RUIZ DE ALARCON, Juan: El examen de maridos. La prueba de las promesas. Mudarse por mejorarse. El tejedor de Segovia. Prólogo de Alfonso Reyes. 25.00

RUIZ IRIARTE: Véase: Teatro Español Contemporáneo

51. Sabiduría de Israel. Tres obras de la cultura judía. Traducciones directas de Angel María Garibay K. 30.00

SABIDURIA DE JESUS BEN SIRAK: Véase: Proverbios de Salomón

300. SAHAGUN, Fr. Bernardino de: Historia general de las cosas de la Nueva España. La dispuso para la prensa en esta nueva edición, con numeración, anotaciones y apéndices Angel María Garibay K. 90.00

299. SAINT-EXUPERY, Antoine de: El principito. Nota preliminar y traducción de María de los Angeles Porrúa. 20.00

322. SAINT-PIERRE, Bernardino de: Pablo y Virginia. Introducción de Arturo Souto A. 30.00

659. SAINTE-BEUVE. Retratos literarios. Prólogo de Gerard Bauer. 40.00

456. SALADO ALVAREZ, Victoriano: Episodios Nacionales: Santa Anna. La reforma. La intervención. El imperio: su alteza serenísima. Memorias de un Polizonte. Prólogo biográfico de Ana Salado Alvarez 30.00

460. SALADO ALVAREZ, Victoriano: Episodios Nacionales: Santa Anna. La reforma. La intervención. El imperio: el golpe de estado. Los mártires de Tacubaya. 30.00

464. SALADO ALVAREZ, Victoriano: Episodios Nacionales: Santa Anna. La reforma. La intervención. El imperio: la reforma. El plan de pacificación. 30.00

466. SALADO ALVAREZ, Victoriano: Episodios Nacionales: Santa Anna. La reforma. La intervención. El imperio: las ranas pidiendo rey. Puebla. 30.00

468. SALADO ALVAREZ, Victoriano: Episodios Nacionales: Santa Anna. La reforma. La intervención. El imperio: la Corte de Maximiliano. Orizaba. 30.00

469. SALADO ALVAREZ, Victoriano: Episodios Nacionales: Santa Anna. La reforma. La intervención. El imperio: Porfirio Diaz. Ramón Corona. 30.00

471. SALADO ALVAREZ, Victoriano: Episodios Nacionales: Santa Anna. La reforma. La intervención. El imperio: la emigración. Querétaro. 30.00

477. SALADO ALVAREZ, Victoriano: Memorias. Tiempo viejo. Tiempo Nuevo. Nota preliminar de José Emilio Pacheco. Prólogo de Carlos González Peña. 35.00

220. SALGARI, Emilio: Sandokan. La mujer del pirata. Prólogo de María Elvira Bermúdez. 30.00

239. SALGARI, Emilio: Los piratas de la Malasia. Los estranguladores. Nota preliminar de María Elvira Bermúdez. 30.00

242. SALGARI, Emilio: Los dos rivales. Los tigres de la Malasia. Nota preliminar de María Elvira Bermúdez. 30.00

257. SALGARI, Emilio: El rey del mar. La reconquista de Mompracem. Nota preliminar de María Elvira Bermúdez. 30.00

264. SALGARI, Emilio: El falso Bracman. La caída de un imperio. Nota preliminar de María Elvira Bermúdez. 30.00

267. SALGARI, Emilio: En los junglares de la India. El desquite de Yáñez. Nota preliminar de María Elvira Bermúdez. 30.00

292. SALGARI, Emilio: El capitán Tormenta. El León de Damasco. Nota preliminar de María Elvira Bermúdez. 30.00

296. SALGARI, Emilio: El hijo del León de Damasco. La galera del Bajá. Nota preliminar de María Elvira Bermúdez. 30.00

302. SALGARI, Emilio: El corsario negro. La venganza. Nota preliminar de María Elvira Bermúdez. 35.00

306. SALGARI, Emilio: La reina de los caribes. Honorata de Wan Guld. 30.00

312. SALGARI, Emilio: Yolanda. Morgan. 30.00

363. SALGARI, Emilio: Aventuras entre los pieles rojas. El rey de la pradera. Prólogo de María Elvira Bermúdez. 30.00

376. SALGARI, Emilio. En las fronteras del Far-West. La cazadora de cabelleras. Prólogo de María Elvira Bermúdez. 30.00

379. SALGARI, Emilio: La soberana del campo de oro. El rey de los cangrejos. Prólogo de María Elvira Bermúdez. 30.00

465. SALGARI, Emilio: Las "Panteras" de Argel. El filtro de los Califas. Prólogo de María Elvira Bermúdez. 30.00

517. SALGARI, Emilio: Los náufragos del Liguria. Devastaciones de los piratas. 30.00

533. SALGARI, Emilio: Los mineros de Alaska. Los pescadores de ballenas. 30.00

535. SALGARI, Emilio: La campana de plata. Los hijos del aire. 30.00

536. SALGARI, Emilio: El desierto de fuego. Los bandidos del Sahara. 30.00

537. SALGARI, Emilio: Los últimos filibusteros. 30.00

538. SALGARI, Emilio: Los misterios de la selva. La costa de marfil. 30.00

540. SALGARI, Emilio: La favorita del Mahdi. El profeta del Sudan. 30.00

542. SALGARI, Emilio: El capitán de la "D'Jumna". La montaña de luz. 30.00

544.	SALGARI, Emilio: EL hijo del corsario rojo.	30.00
547.	SALGARI, Emilio: La perla roja. Los pescadores de perlas.	30.00
553.	SALGARI, Emilio: El mar de las perlas. La perla del río rojo.	30.00
554.	SALGARI, Emilio: Los misterios de la India.	30.00
559.	SALGARI, Emilio. Los horrores de Filipinas.	30.00
560.	SALGARI, Emilio: Flor de las perlas. Los cazadores de cabezas.	30.00
561.	SALGARI, Emilio: Las hijas de los faraones. El sacerdote de Phtah.	30.00
562.	SALGARI, Emilio: Los piratas de las Bermudas. Dos abordajes.	30.00
563.	SALGARI, Emilio: Nuevas aventuras de cabeza de piedra. El castillo de Montecarlo.	30.00
567.	SALGARI, Emilio: La capitana del Yucatán. La heroína de Puerto Arturo. Nota preliminar de María Elvira Bermúdez.	30.00
579.	SALGARI, Emilio: Un drama en el Océano Pacífico. Los solitarios del Océano.	30.00
583.	SALGARI, Emilio: Al Polo Norte a bordo del "Taimyr".	30.00
585.	SALGARI, Emilio: El continente misterioso. El esclavo de Madagascar.	30.00
288.	SALUSTIO: La conjuración de Catilina. La guerra de Jugurta. Estudio preliminar de Francisco Montes de Oca.	25.00
	SAMANIEGO: Véase: Fábulas	
393.	SAMOSATA, Luciano de: Diálogos. Historia verdadera. Introducción de Salvador Marichalar.	35.00
59.	SAN AGUSTIN: La ciudad de Dios. Introducción de Francisco Montes de Oca.	50.00
142.	SAN AGUSTIN: Confesiones. Versión, introducción y notas de Francisco Montes de Oca.	30.00
40.	SAN FRANCISCO DE ASIS. Florecillas. Introducción de Francisco Montes de Oca.	35.00
228.	SAN JUAN DE LA CRUZ: Obras completas. Subida del Monte Carmelo. Noche oscura. Cántico espiritual. Llama de amor viva. Poesías. Prólogo de Gabriel de la Mora.	45.00
199.	SAN PEDRO, Diego de: Cárcel de amor. Arnalde e Lucenda. Sermón. Poesías. Desprecio de la fortuna. Seguidas de questión de amor. Introducción de Arturo Souto A.	30.00
	SANCHEZ DE BADAJOZ: Véase: Autos Sacramentales	
655.	SAND, George.- Historia de mi vida. Prólogo de Ramón Anguita.	35.00
50.	SANTA TERESA DE JESUS: Las moradas. Libro de su vida. Biografía de Juana de Ontañón.	35.00
645.	SANTAYANA, George: Tres poetas filósofos. Lucrecio - Dante -Goethe. Diálogos en el Limbo. Breve historia de mis opiniones de George Santayana.	40.00
49.	SARMIENTO, Domingo F.: Facundo. Civilización y Barbarie. Vida de Juan Facundo Quiroga. Ensayo preliminar e índice cronológico por Raimundo Lazo.	25.00
	SASTRE: Véase: Teatro Español Contemporáneo	
138.	SCOTT, Walter: Ivanhoe o El Cruzado. Introducción de Arturo Souto A.	25.00
409.	SCOTT, Walter: El monasterio. Prólogo de Henry Thomas.	30.00
416.	SCOTT, Walter: El pirata. Prólogo de Henry Thomas.	30.00
434.	SCHILLER, Federico: Don Carlos. La conjuración de Fiesco. Intriga y amor. Prólogo de Wilhelm Dilthey.	30.00
401.	SCHILLER, Federico: María Estuardo. La doncella de Orleans. Guillermo Tell	25.00
458.	SCHILLER, Federico: Wallenstein. El campamento de Wallenstein. Los Piccolomini. La muerte de Wallenstein. La novia de Mesina. Prólogo de Wilhelm Dilthey.	30.00
419.	SCHOPENHAUER, Arturo: El mundo como voluntad y representación. Introducción de E. Friedrick Sauer.	35.00
455.	SCHOPENHAUER, Arthur: La sabiduría de la vida. En torno a la filosofía. El amor, las mujeres, la muerte y otros temas. Prólogo de Abraham Waismann. Traducción del alemán por Eduardo González Blanco.	35.00
603.	SCHWOB, Marcel: Vidas imaginarias. La cruzada de los niños. Prólogo de José Emilio Pacheco.	30.00
281.	SENECA: Tratados filosóficos. Cartas. Estudio preliminar de Francisco Montes de Oca.	30.00

653. SERRANO MIGALLON, Fernando: El grito de independencia. Historia de una pasión nacional. Prólogo de Andrés Henestrosa. 35.00

658. SERRANO MIGALLON, Fernando: Toma de posesión.:El rito del poder. Presentación de Lorenzo Meyer. 35.00

673. SERRANO MIGALLÓN, Fernando: Isidro Fabela y la diplomacia mexicana. Prólogo de Modesto Seara Vázquez. 50.00

437. SERTILANGES, A. D.: La vida intelectual. GUITTON, Jean: El trabajo intelectual. 30.00

86. SHAKESPEARE: Hamlet. Penas por amor perdidas. Los dos hidalgos de Verona. Sueño de una noche de verano. Romeo y Julieta. Con notas preliminares y dos cronologías. 30.00

94. SHAKESPEARE: Otelo. La fierecilla domada. Y vuestro gusto. El rey Lear. Con notas preliminares y dos cronologías. 35.00

96. SHAKESPEARE: Macbeth. El mercader de Venecia. Las alegres comadres de Windsor. Julio César. La tempestad. Con notas preliminares y dos cronologías. 30.00

687. SHELLEY, Mary W.: Frankenstein. 35.00

SHOLOJOV: Véase: Cuentos Rusos

160. SIENKIEWICZ, Enrique: Quo vadis? Prólogo de José Manuel Villalaz. 40.00

146. SIERRA, Justo: Juárez: su vida y su tiempo. Introducción de Agustín Yáñez. 40.00

515. SIERRA, Justo: Evolución política del pueblo mexicano. Prólogo de Alfonso Reyes. 30.00

81. SITIO DE QUERETARO, EL: Según sus protagonistas y testigos. Selección y notas introductorias de Daniel Moreno. 35.00

14. SOFOCLES: Las siete tragedias. Versión directa del griego con una introducción de Angel María Garibay K. 25.00

89. SOLIS Y RIVADENEIRA, Antonio de: Historia de la conquista de México. Prólogo y apéndices de Edmundo O'Gorman. Notas de José Valero. 40.00

472. SOSA, Francisco: Biografías de mexicanos distinguidos. (Doscientas noventa y cuatro). 60.00

319. SPINOZA: Etica. Tratado teológico-político. Estudio introductivo, análisis de las obras y revisión del texto por Francisco Larroyo. 50.00

684. STEINBECK, John: Las uvas de la ira 60.00

651. STAVANS, Ilán: Cuentistas judíos. Sforim. Schultz. Appelfeld. Perera. Kafka. Peretz. Bratzlav. Kis. Aleichem. Goldemberg. Ash. Oz. Goloboff. Yehoshua. Shapiro. Agnon. Amichai. Svevo. Singer. Paley. Szichman. Stavans. Babel. Gerchunoff. Bellow. Roth. Dorfman. Lubitch. Ozic. Scliar. Bleister. Roenmacher. Introducción Memoria y literatura por Ilán Stavans. 60.00

105. STENDHAL: La cartuja de Parma. Introducción de Francisco Montes de Oca. 25.00

359. STENDHAL: Rojo y negro. Introducción de Francisco Montes de Oca. 30.00

110. STEVENSON, R. L.: La isla del tesoro. Cuentos de los mares del sur. Prólogo de Sergio Pitol. 30.00

72. STOWE, Harriet Beecher: La cabaña del tío Tom. Introducción de Daniel Moreno. 30.00

525. SUE, Eugenio: Los misterios de París. Tomo I. 35.00

526. SUE, Eugenio: Los misterios de París. Tomo II. 35.00

628-29. SUE, Eugenio: El judío errante. 2 Tomos. 144.00

355. SUETONIO: Los doce Césares. Introducción de Francisco Montes de Oca. 25.00

SURGUCHOV. Véase: Cuentos Rusos

196. SWIFT, Jonathan: Viajes de Gulliver. Traducción, prólogo y notas de Monserrat Alfau. 30.00

291. TACITO, Cornelio: Anales. Estudio preliminar de Francisco Montes de Oca. 25.00

33. TAGORE, Rabindranath: La luna nueva. El jardinero. El cartero del rey. Las piedras hambrientas y otros cuentos. Estudio de Daniel Moreno. 30.00

647. TAINE, Hipólito: Filosofía del arte. Prólogo de Raymond Dumay. 40.00

232. TARACENA, Alfonso: Francisco I. Madero. 35.00

386. TARACENA, Alfonso: José Vasconcelos. 25.00

610. TARACENA, Alfonso: La verdadera Revolución Mexicana. (1901-1911). Prólogo de José Vasconcelos. 60.00

611. TARACENA, Alfonso: La verdadera Revolución Mexicana. (1912-1914). Palabras de Sergio Golwarz. 60.00

612. TARACENA, Alfonso: La verdadera Revolución Mexicana. (1915-1917). Palabras de Jesús González Schmal. 60.00

613. TARACENA, Alfonso: La verdadera Revolución Mexicana. (1918-1921). Palabras de Enrique Krauze. 60.00

614. TARACENA, Alfonso: La verdadera Revolución Mexicana. (1922-1924). Palabras de Ceferino Palencia. 60.00

615. TARACENA, Alfonso: La verdadera Revolución Mexicana. (1925-1927). Palabras de Alfonso Reyes.2a. edición. 1992. vii-421 pp. Rústica. 60.00

616. TARACENA, Alfonso: La verdadera Revolución Mexicana. (1928-1929). Palabras de Rafael Solana, Jr. 60.00

617. TARACENA, Alfonso: La verdadera Revolución Mexicana. (1930-1931). Palabras de José Muñoz Cota. 60.00

618. TARACENA, Alfonso: La verdadera Revolución Mexicana. (1932-1934). Palabras de Martín Luis Guzmán. 60.00

619. TARACENA, Alfonso: La verdadera Revolución Mexicana. (1935-1936). Palabras de Enrique Alvarez Palacios. 60.00

620. TARACENA, Alfonso: La verdadera Revolución Mexicana. (1937-1940). Palabras de Carlos Monsiváis. 60.00

TASIN: Véase: Cuentos Rusos

403. TASSO, Torcuato: Jerusalén libertada. Prólogo de M. Th. Laignel. 25.00

325. TEATRO ESPAÑOL CONTEMPORANEO: BENAVENTE: Los intereses creados. La malquerida. MARQUINA. En Flandes se ha puesto el sol. HNOS. ALVAREZ QUINTERO: Malvaloca. VALLE INCLAN: El embrujado. UNAMUNO: Sombras de sueño, GARCIA LORCA: Bodas de sangre. Introducción y anotaciones por Joseph W. Zdenek y Guillermo I. Castillo-Feliú. 35.00

330 TEATRO ESPAÑOL CONTEMPORÁNEO: LOPEZ RUBIO: Celos del aire. MIHURA: Tres sombreros de copa. LUCA DE TENA: Don José, Pepe y Pepito. SASTRE: La mordaza. CALVO SOTELO: La muralla. PEMAN: Los tres etcéteras de Don Simón. NEVILLE: Alta fidelidad. PASO: Cosas de papá y mamá. OLMO: La camisa. RUIZ IRIARTE: Historia de un adulterio. Introducción y anotaciones por Joseph W. Zdenek y Guillermo I. Castillo-Feliú. 35.00

350. TEIXIDOR, Felipe: Viajeros mexicanos. (Siglos XIX y XX). 50.00

37. TEOGONIA E HISTORIA DE LOS MEXICANOS. Tres opúsculos del Siglo XVI. Edición de Angel M. Garibay K. 25.00

253. TERENCIO: Comedias: La andriana. El eunuco. El atormentador de sí mismo. Los hermanos. La suegra. Formión. Estudio preliminar de Francisco Montes de Oca. 25.00

TIMONEDA: Véase: Autos Sacramentales

201. TOLSTOI, León: La guerra y la paz. De "La guerra y la paz" por Eva Alexandra Uchmany. 80.00

205. TOLSTOI, León: Ana Karenina. Prólogo de Fedro Guillén. 40.00

295. TOLSTOI, León. Cuentos escogidos. Prólogo de Fedro Guillén. 25.00

394. TOLSTOI, León: Infancia-Adolescencia-Juventud. Recuerdos. Prólogo de Salvador Marichalar. 35.00

413. TOLSTOI, León: Resurrección. Prólogo de Emilia Pardo Bazán. 35.00

463. TOLSTOI, León: Los Cosacos. Sebastopol. Relatos de guerra. Prólogo de Jaime Torres Bodet. 25.00

479. TORRE VILLAR, Ernesto de la: Los Guadalupes y la independencia. Con una selección de documentos inéditos. 25.00

550. TRAPE, Agostino: San Agustín. El hombre, el pastor, el místico. Presentación y traducción de Rafael Gallardo García O.S.A. 35.00

290. TUCIDIDES: Historia de la guerra del Peloponeso. Introducción de Edmundo O'Gorman. 45.00

453. TURGUENEV, Iván: Nido de Hidalgos. Primer amor. Aguas primaverales. Prólogo de Emilia Pardo Bazán. 30.00

TURGUENEV: Véase: Cuentos Rusos

591. TURNER, John Kenneth. México bárbaro. 30.00

209. TWAIN, Mark: Las aventuras de Tom Sawyer. Introducción de Arturo Souto A. 25.00

337. TWAIN, Mark: El príncipe y el mendigo. Introducción de Arturo Souto A. 25.00

UCHMANY, Eva: Véase: TOLSTOI, León

UNAMUNO, Miguel de. Véase: Teatro Español Contemporáneo

384. UNAMUNO, Miguel de: Cómo se hace una novela. La tía Tula. San Manuel bueno, mártir y tres historias más. Retrato de Unamuno por J. Cassou y comentarios de Unamuno. 30.00

388. UNAMUNO, Miguel de. Niebla. Abel Sánchez. Tres novelas ejemplares y un prólogo. 35.00

402. UNAMUNO, Miguel de: Del sentimiento trágico de la vida. La agonía del cristianismo. Introducción de Ernst Robert Curtius. 25.00

408. UNAMUNO, Miguel de: Por tierras de Portugal y España. Andanzas y visiones españolas. Introducción de Ramón Gómez de la Serna. 30.00

417. UNAMUNO, Miguel de: Vida de Don Quijote y Sancho. En torno al casticismo. Introducción de Salvador de Madariaga. 45.00

523. UNAMUNO, Miguel de: Antología poética. Prólogo de Arturo Souto A. 50.00

480. URBINA, Luis G. y otros: Antología del centenario. Estudio documentado de la literatura mexicana durante el primer siglo de independencia 1800-1821. Obra compilada bajo la dirección de Don Justo Sierra. 40.00

237. USIGLI, Rodolfo: Corona de sombra. Corona de fuego. Corona de luz. 30.00

52. VALDES, Juan de: Diálogos de la lengua. Prólogo de Juan M. Lope Blanch. 25.00

VALDIVIELSO: Véase: Autos Sacramentales

56. VALERA, Juan: Pepita Jiménez y Juanita la Larga. Prólogo de Juana de Ontañón. 30.00

190. VALMIKI: El Ramayana. Prólogo de Teresa E. Rohde. 20.00

135. VALLE-INCLAN, Ramón del: Sonata de primavera. Sonata de estío. Sonata de otoño. Sonata de invierno. (Memorias del Marqués de Bradomín. Estudio preliminar de Allen W. Phillips 30.00

287. VALLE-INCLAN, Ramón del: Tirano Banderas. Introducción de Arturo Souto A. 25.00

VALLE-INCLAN, Ramón del. Véase: Teatro Español Contemporáneo

694. VAN DER MEERSCH, Maxence: Cuerpos y almas. 80.00

55. VARGAS MARTINEZ, Ubaldo: Morelos: siervo de la nación. 35.00

95. VARONA, Enrique José: Textos escogidos. Ensayo de interpretación, acotaciones y selección de Raimundo Lazo. 30.00

660. VASARI, GIORGIO. Vidas de grandes artistas. Las artes plásticas renacentistas, por Rudolf Chadraba. 40.00

425. VEGA, Garcilaso de la y BOSCAN, Juan: Poesías completas. Prólogo de Dámaso Alonso. 40.00

439. VEGA, Garcilaso de la "El Inca": Comentarios reales. Introducción de José de la Riva-Agüero. 50.00

217. VELA, Arqueles: El modernismo. Su filosofía. Su estética. Su técnica. 35.00

243. VELA, Arqueles: Análisis de la expresión literaria. 30.00

339. VELEZ DE GUEVARA, Luis: El diablo cojuelo. Reinar después de morir. Introducción de Arturo Souto A. 25.00

111. VERNE, Julio: De la tierra a la luna. Alrededor de la luna. Prólogo de María Elvira Bermúdez. 25.00

114. VERNE, Julio: Veinte mil leguas de viaje submarino. Nota de María Elvira Bermúdez. 25.00

116. VERNE, Julio: Viaje al centro de la tierra. El doctor Ox. Maese Zacarías. Un drama en los aires. Nota de María Elvira Bermúdez. 30.00

123. VERNE, Julio. La isla misteriosa. Nota de María Elvira Bermúdez. 30.00

168. VERNE, Julio: La vuelta al mundo en 80 días. Las tribulaciones de un chino en China. 20.00

180. VERNE, Julio: Miguel Strogoff. Con una biografía de Julio Verne por María Elvira Bermúdez. 30.00

183. VERNE, Julio: Cinco semanas en globo. Prólogo de María Elvira Bermúdez. 25.00

186. VERNE, Julio: Un capitán de quince años. Prólogo de María Elvira Bermúdez. 30.00

189. VERNE, Julio: Dos años de vacaciones. Prólogo de María Elvira Bermúdez. 25.00

260. VERNE, Julio: Los hijos del capitán Grant. Nota preliminar de María Elvira Bermúdez. 30.00

361. VERNE, Julio. El castillo de los Carpatos. Las indias negras. Una ciudad flotante. Nota preliminar de María Elvira Bermúdez. 30.00

404. VERNE, Julio: Historia de los grandes viajes y los grandes viajeros. 30.00

445. VERNE, Julio: Héctor Servadac. Prólogo de María Elvira Bermúdez. 30.00

509. VERNE, Julio: La Jangada. Ochocientas leguas por el Río de las Amazonas. 30.00

513. VERNE, Julio: Escuela de los Robinsones. Nota preliminar de María Elvira Bermúdez. 25.00

539. VERNE, Julio: Norte contra Sur. 25.00

541. VERNE, Julio. Aventuras del capitán Hatteras. Los ingleses en el Polo Norte. El desierto de hielo. 30.00

543. VERNE, Julio: El país de las pieles. 30.00

551. VERNE, Julio: Kerabán el testarudo. 30.00

552. VERNE, Julio: Matías Sandorf. Novela laureada por la Academia Francesa. 30.00

569. VERNE, Julio: El archipiélago de fuego. Clovis Dardentor. De Glasgow a Charleston. Una invernada entre los hielos. 30.00

570. VERNE, Julio: Los amotinados de la Bounty. Mistress Branican. 30.00

571. VERNE, Julio: Un drama en México. Aventuras de tres rusos y de tres ingleses en el Africa Austral. Claudio Bombarnac. 30.00

575. VERNE, Julio: César Cascabel. 30.00

VIDA DEL BUSCON DON PABLOS: Véase: LAZARILLO DE TORMES.

163. VIDA Y HECHOS DE ESTEBANILLO GONZALEZ. Prólogo de Juana de Ontañón. 25.00

227. VILLAVERDE, Cirilo: Cecilia Valdés. Novela de costumbres cubanas. Estudio crítico de Raimundo Lazo. 24.00

147. VIRGILIO. Eneida. Geórgicas. Bucólicas. Edición revisada por Francisco Montes de Oca. 25.00

261. VITORIA, Francisco de: Reelecciones. Del estado, de los indios y del derecho de la guerra. Con una introducción de Antonio Gómez Robledo. 25.00

447. VIVES, Juan Luis: Tratado de la enseñanza. Introducción a la sabiduría. Escolta del alma. Diálogos. Pedagogía pueril. Estudio preliminar y prólogos por José Manuel Villalpando. 45.00

27. VOCES DE ORIENTE. Antología de textos literarios del cercano Oriente. Traducciones, introducciones, compilación y notas de Angel María Garibay K. 25.00

398. VOLTAIRE: Cándido. Zadig. El ingenuo. Micrómegas. Memmon y otros cuentos. Prólogo de Juan Antonio Guerrero. 25.00

634. VON KLEIST, Heinrich: Michael Kohlhaas y otras narraciones. Heinrich Von Kleist por Stefan Zewig. 35.00

170. WALLACE, Lewis: Ben-Hur. Prólogo de Joaquín Antonio Peñalosa. 30.00

WICKRAM, Jorge: Véase: Anónimo

685. WALTARI, Mika: Sinuhé, el egipcio. 60.00

672. WASSERMAN, Jakob: El hombrecillo de los gansos. 60.00

691. WELLS, H. G.: Breve historia del mundo. 50.00

133. WILDE, Oscar: El retrato de Dorian Gray. El príncipe feliz. El ruiseñor y la rosa. El crimen de Lord Arthur Saville. El fantasma de Canterville. Traducción, prólogo y notas de Monserrat Alfau. 25.00

238. WILDE, Oscar: La importancia de llamarse Ernesto. El abánico de Lady Windermere. Una mujer sin importancia. Un marido ideal. Salomé. Traducción y prólogo de Monserrat Alfau. 30.00

161. WISEMAN, Cardenal: Fabiola o la Iglesia de las Catacumbas. Introducción de Joaquín Antonio Peñalosa. 40.00

692. WOOLF, Virginia: Al faro. 30.00

90. ZARCO, Francisco: Escritos literarios. Selección, prólogo y notas de René Avilés. 22.00

546. ZAVALA, Silvio: Recuerdo de Vasco de Quiroga. 50.00

269.	ZEA, Leopoldo: Conciencia y posibilidad del mexicano. El occidente y la conciencia de México. Dos ensayos sobre México y lo mexicano.	25.00
528.	ZEVACO, Miguel: Los Pardaillán. Tomo I: En las garras del monstruo. La espía de la Médicis. Horrible revelación	35.00
529.	ZEVACO, Miguel: Los Pardaillán. Tomo II: El círculo de la muerte. El cofre envenenado. La cámara del tormento.	30.00
530.	ZEVACO, Miguel: Los Pardaillán. Tomo III: Sudor en sangre. La sala de las ejecuciones. La venganza de Fausta.	35.00
531.	ZEVACO, Miguel: Los Pardaillán. Tomo IV: Una tragedia en la Bastilla. Vida por vida. La crucificada.	35.00
532.	ZEVACO, Miguel: Los Pardaillán. Tomo V: El vengador de su madre. Juan el Bravo. La hija del Rey Hugonote.	35.00
548.	ZEVACO, Miguel: Los Pardaillán. Tomo VI: El tesoro de Fausta. La prisionera. La casa misteriosa.	35.00
555.	ZEVACO, Miguel: Los Pardaillán. Tomo VII: El día de la justicia. El santo oficio. Ante el César.	35.00
556.	ZEVACO, Miguel: Los Pardaillán. Tomo VIII. Fausta la diabólica	35.00
558.	ZEVACO, Miguel: Los Pardaillán. Tomo IX: La abandonada. La dama blanca. El fin de los Pardaillán.	35.00
412.	ZOLA, Emilio: Naná. Prólogo de Emilia Pardo Bazán.	35.00
414.	ZOLA, Emilio: La taberna. Prólogo de Guy de Maupassant.	30.00
58.	ZORRILLA, José: Don Juan Tenorio. El puñal del Godo. Prólogo de Salvador Novo.	25.00
681.	ZORRILLA, José: Recuerdos del tiempo viejo. Prólogo de Emilia Pardo Bazán.	60.00
153.	ZORRILLA DE SAN MARTIN, Juan: Tabaré. Estudio crítico por Raimundo Lazo.	25.00
418.	ZWEIG, Stefan: El mundo de ayer.	30.00
589.	ZWEIG, Stefan: Impaciencia del corazón.	30.00
689.	ZWEIG, Stefan: Fouché el genio tenebroso.	35.00
683.	ZWEIG, Stefan: María Antonieta	60.00
690.	ZWEIG, Stefan.- Momentos estelares de la humanidad. Nuevos momentos estelares.	25.00
696.	ZWEIG, Stefan.- Veinticuatro horas en la vida de una mujer. Carta de una desconocida. Confusión de sentimientos.	30.00

—Encuadernación en Tela $13.00 más por tomo—

PRECIOS SUJETOS A VARIACION SIN PREVIO AVISO

BIBLIOTECA JUVENIL PORRÚA

1. CERVANTES SAAVEDRA, Miguel de.— **Aventuras de Don Quijote.** Primera parte. adaptadas para los niños por Pablo Vila. 2a. edición. 1994. 112 pp. Rústica ....
2. —**Aventuras de Don Quijote.** Segunda parte. Adaptadas para los niños por Pablo Vila. 2a. edición. 1994. 144 pp. Rústica ....
3. **Amadís de Gaula.** Relatada a los niños por María Luz Morales. 1a. edición. 1992. 103 pp. Rústica ....
4. **Historia de Guillermo Tell.** Adaptada a los niños por H. E. Marshall. 2a. edición. 1994. 82 pp. Rústica ....
5. MILTON, John.— **El Paraíso Perdido.** Adaptadas para los niños por Manuel Vallvé. 1a. edición. 1992. 77 pp. Rústica ....
6. Hazaas del Cid Campeador. Adaptación para los niños por Maria Luz Morales. 2a. edición. 1994. 113 pp. Rústica ....
7. CAMOENS, Luis de.— **Los Lusiadas.** Poema épico. Adaptada para los niños por Manuel Vallvé. 1a. edición. 1992. 77 pp. Rústica ....
8. ALIGHIERI, Dante.— **La Divina Comedia.** Adaptación a los niños por Mary Mcgregor. 1a. edición. 1992. 101 pp. Rústica ....
9. **Aventuras del Barn de Munchhausen.** Relatadas a los niños. 1a. edición. 1992. 125 pp. Rústica ....
10. **La Iliada o El Sitio de Troya.** Relatada a los niños por María Luz Morales. 2a. edición. 1994. 98 pp. Rústica ....
11. SCOTT, Walter.— **Ivanhoe.** Adaptación para los niños por Manuel Vallvé. 1a. edición. 1992. 119 pp. Rústica ....
12. **Cantar de Roldán, El.** Adaptación para los niños por H. E. Marshall. 1a. edición. 1992. 93 pp. Rústica ....
13. TASSO, Torcuato.— **La Jerusalén Libertada.** Adaptada para los niños por José Baeza. 1a. edición. 1992. 105 pp. Rústica ....
14. **Historias de Ruiz de Alarcón.** Relatadas a los niños por María Luz Morales. 1a. edición. 1992. 105 pp. Rústica ....
15. RODAS, Apolonio de.— **Los Argonautas.** Adaptado a los niños por Carmela Eulate. 1a. edición. 1993. 101 pp. Rústica ....
16. **Aventuras de Gil Blas de Santillana.** Adaptado para los niños por María Luz Morales. 1a. edición. 1992. 115 pp. Rústica ....
17. CERVANTES SAAVEDRA, Miguel de.— **La Gitanilla. El Amante Liberal.** Adaptado a los niños por María Luz Morales. 1a. edición. 1992. 103 pp. Rústica ....
18. **Cuentos de Hoffman.** Relatados a los niños por Manuel Vallvé. 1a edición. 1992. 101 pp. Rústica ....
19. HOMERO.— **La Odisea.** Relatada a los niños por María Luz Morales. 2a. edición. 1994. 109 pp. Rústica ....
20. **Cuentos de Edgard Allan Poe.** Relatados a los niños por Manuel Vallvé. 2a. edición. 1994. 78 pp. Rústica ....
21. ARIOSTO, Ludovico.— **Orlando Furioso.** Relatado a los niños. 1a. edición. 1993. 91 pp. Rústica ....
22. **Historias de Wagner.** Adaptado a los niños por C. E. Smith. 1a. edición. 1993. 105 pp. Rústica ....
23. **Tristán e Isolda.** Adaptado a los niños por Manuel Vallvé. 1a. edición. 1993. 87 pp. Rústica ....
24. **Historias de Moliére.** Relatadas a los niños por José Baeza. 1a. edición. 1993. 73 pp. Rústica ....
25. **Historias de Lope de Vega.** Relatadas a los niños por Ma. Luz Morales. 1a. edición 1993. 93 pp. Rústica ....
26. **Mil y una Noches, Las.** Narradas a los niños por C. G. 1a. edición. 1993. 85 pp. Rústica..
27. **Historias de Tirso de Molina.** Relatadas a los niños. 1a. edición. 1993. 95 pp. Rústica
28. **Cuentos de Schmid.** Relatada a los niños por E.H.H. 1a. edición. 1993. 124 pp. Rústica ....
29. IRVING, Washington.— **Cuentos de la Alhambra.** Relatada a los niños por Manuel Vallvé. 1a. edición. 1993. 78 pp. Rústica ....

30. WAGNER, R.— **El Anillo del Nibelungo.** Relatada a la juventud por Manuel Vallvé. 1a. edición. 1993. 109 pp. Rústica ....

31. **Historias de Juan Godofredo de Herder.** Adaptado a los niños por Leonardo Panizo. 1a. edición. 1993. 75 pp. Rústica ....

32. **Historias de Plutarco.** Adaptado a los niños por Manuel Vallvé. 1a. edición. 1993. 93 pp. Rústica ....

33. IRVING, Washington.— **Más Cuentos de la Alhambra.** Adaptado a los niños por Manuel Vallvé. 1a. edición. 1993. 91 pp. Rústica ....

34. **Descubrimiento del Perú.** Relatadas a los niños por Fray Celso Garca (Agustino). 1a. edición. 1993. 125 pp. Rústica ....

35. **Más Historias de Hans Andersen.** Traduccin y Adaptación de Manuel Vallvé. 1a. edición. 1993. 83 pp. Rústica ....

36. KINGSLEY, Charles.— **Los Héroes.** Relatado a los niños por Mary MacGregor. 1a. edición. 1993. 103 pp. Rústica ....

37. Leyendas de Peregrinos. (Historia de Chaucer.) Relatadas a los niños por Janet Harvey Kelma. 1a. edición. 1993. 89 pp. Rústica ....

38. **Historias de Goethe.** Relatado a los niños por María Luz Morales. 1a. edición. 1993. 107 pp. Rústica ....

39. VIRGILIO MARON, Publio.— **La Eneida.** Relatada a los niños por Manuel Vallvé. 1a. edición. 1993. 81 pp. Rústica ....

40. **Los Caballeros de la Tabla Redonda.** Leyendas relatadas a los niños por Manuel Vallvé. 1a. edición. 1993. 95 pp. Rústica ....

41. **Historias de Shakespeare.** Explicadas a los niños por Jeanie Lang. 1a. edición. 1993. 127 pp. Rústica ....

42. **Historias de Calderón de la Barca. El Alcalde de Zalamea. La Vida es Sueo.** Relatadas a los niños por Manuel Vallvé. 1a. edición. 1993. 87 pp. Rústica ....

43. **Historias de Eurípides.** Narradas a los niños por María Luz Morales. 1a. edición. 1993. 103 pp. Rústica ....

44. Jonathan.— **Viajes de Gulliver a Liliput y Brobdingnag.** Relatados a los niños por John Lang. 1a. edición. 1993. 100 pp. Rústica ....

45. **Historias de Rojas Zorrilla.** Adaptadas a la juventud por José Baeza. 1a. edición. 1994. 107 pp. Rústica ....

46. **Mßs Historias de Shakespeare.** Relatadas a los niños por Jeanie Lang. 1a. edición. 1994. 101 pp. Rústica ....

47. **Cuentos de Perrault.** Relatada a los niños por María Luz Morales. 1a. edición. 1994. 101 pp. Rústica ....

48. **Historias de Lucano.** Relatadas a los niños por Francisco Esteve. 1a. edición. 1994. 100 pp. Rústica ....

49. CERVANTES, Miguel de.— **Entremeses.** Adaptación por José Baeza. 1a. edición. 1994. 97 pp. Rústica ....

50. **La Cabaa del Tío Tom.** Relatada a los niños por H. E. Marshall. 1a. edición. 1994. 103 pp. Rústica ....

51. **Ramayana de Valmiki, El.** Relatado a la juventud por Carmela Eulate. 1a. edición. 1994. 112 pp. Rústica ....

52. **Conde Lucanor,** El. Relatado a la juventud por Francisco Esteve. 1a. edición. 1994. 134 pp. Rústica ....

53. FENELON, M. de.— **Las Aventuras de Telémaco.** Adaptación por José Baeza. 1a. edición. 1994. 103 pp. Rústica ....

54. Croce, Della.— **Bertoldo, Bertoldino y Cacaseno.** Adaptación por José Baeza. 1a. edición. 1994. 91 pp. Rústica ....

55. **Historias de Hans Andersen.** Relatadas a los niños por Mary Mac Gregor. 1a. edición. 1994. 100 pp. Rústica ....

56. **Historias de Esquilo.** Relatadas a la juventud por María Luz Morales. 1a. edición. 1994. 111 pp. Rústica ....

57. **Más mil y una Noches.** Relatadas a la juventud por C. G. 1a. edición. 1994. 97 pp. Rústica ....

58. **Fausto.** Célebre poema de Goethe. Adaptado para la juventud por Francisco Esteve. 1a. edición. 1994. Rústica ....

59. **Tienda del anticuario,La.** Adaptación para la juventud por José Baeza. 1a. edición. 1994. 105 pp. Rústica ....

60. **Sakuntala de Kalidasa.** Adaptación de Carmela Eulate. 1a. edición. 1994. 104 pp. Rústica ....

61. **Trovas de otros Tiempos.** Leyendas espaolas. Relatadas a los niños por María Luz Morales. 1a. edición. 1994. 83 pp. Rústica ....

62. **Leyendas de Oriente.** Relatadas a los niños por María Luz Morales. 1a. edición. 1994. 121 pp. Rústica ....

63. **Historias de Sófocles.** Adaptadas para los niños por María Luz Morales. 1a. edición. 1994. 97 pp. Rústica ....

64. HURTADO DE MENDOZA, Diego.— **El Lazarillo de Tormes**. Adaptación para los niños por José Escofet. 1a. edición. 1994. 93 pp. Rústica ....

65. **Historias de Lord Byron.** Relatadas a la juventud por José Baeza. 1a. edición. 1994. 93 pp. Rústica ....

66. **Historias de Plauto: Los Cautivos. La Aulularia. Gorgojo.** Adaptadas a la juventud por José Baeza. 1a. edición. 1994. 113 pp. Rústica ....

67. **Cuentos de Grimm.** Adaptada a la juventud por María Luz Morales. 1a. edición. 1994. 107 pp. Rústica ....

68. **Más Cuentos de Grimm.** Adaptada a la juventud por Manuel Vallvé. 1a. edición. 1994. 95 pp. Rústica ....

69. DICKENS, Carlos.— **El Canto de Navidad.** Adaptada a la juventud por Manuel Vallvé. 1a. edición. 1994. 81 pp. Rústica ....

70. SCHLEMIHL, Pedro.— **El Hombre que Vendió su Sombra.** Adaptada a la juventud por Manuel Vallvé. 1a. edición. 1994. 89 pp. Rústica ....

71. **Historias de Till Eulenspiegel.** Adaptada a la juventud por Manuel Vallvé. 1a. edición. 1994. 91 pp. Rústica ....

72. **Beowulf.** Leyendas Heróicas. Relatado para la juventud por Manuel Vallvé. 1a. edición. 1994. 91 pp. Rústica ....

73. **Fábulas de Samaniego.** Cuidadosamente elegidas y adaptadas para los niños. 1a. edición. 1994. 144 pp. Rústica ....

74. HURTADO DE MENDOZA, Diego.— **Los Siete Infantes de Lara.** Leyendas del Romancero Castellano por Manuel Vallvé. 1a. edición. 1994. 97 pp. Rústica ....

75. **Fábulas de Esopo.** Relatadas a la juventud. 1a. edición. 1994. 120 pp. Rústica ....

76. **Leyenda de Sigfrido, La.** Adaptada para la juventud por María Luz Morales. 1a. edición. 1994. 116 pp. Rústica ....

77. DEFOE, Daniel.— **Aventuras de Robinson Crusoe.** Relatadas a la juventud por Jeanie Lang. Versión española de Manuel Vallvé. 1a. edición 1994. 92 pp. Rústica ....

LAS OBRAS MAESTRAS ADAPTADAS AL ALCANCE DE
NIÑOS Y JÓVENES
CON ILUSTRACIONES EN COLOR

PRECIO POR EJEMPLAR $ 20.00

EDITORIAL PORRÚA, S.A. DE C.V.